메가스터디 N제

한국사1 1046제

KB262709

내신·학평 완벽 대비 1등급 필수 문제집

이 책의
구성과 특징

 완성 Point가 바로 여기에!

Point ❶

22개정 교과서 완벽 분석, 핵심이 모두 여기에!

9종 한국사 교과서를 모두 분석하여 내신 시험에 반드시 출제될 내용과 자료로 구성

Point ❷

내신 시험의 출제 원리를 바탕으로!

전국 학교 기출 문제와 학력평가 기출 문제를 모두 분석하여 고빈출, 최다 오답 유형만을 엄선하여 구성

Point ❸

만점 달성 고난도, 수능 유형 문제까지!

고난도, 수능 유형, 서술형 문제를 포함한 1046개의 문항으로 변별력 높은 내신 시험과 학력평가까지 대비할 수 있도록 구성

 STEP 1 핵심 개념 정리 & O/X 문제로 교과서 핵심 자료 보기

9종 교과서의 핵심 내용을 쉽게 파악할 수 있도록 체계적으로 정리하고,
핵심 자료를 선별하여 OX 문제를 풀며 개념 학습을 강화할 수 있도록 했습니다.

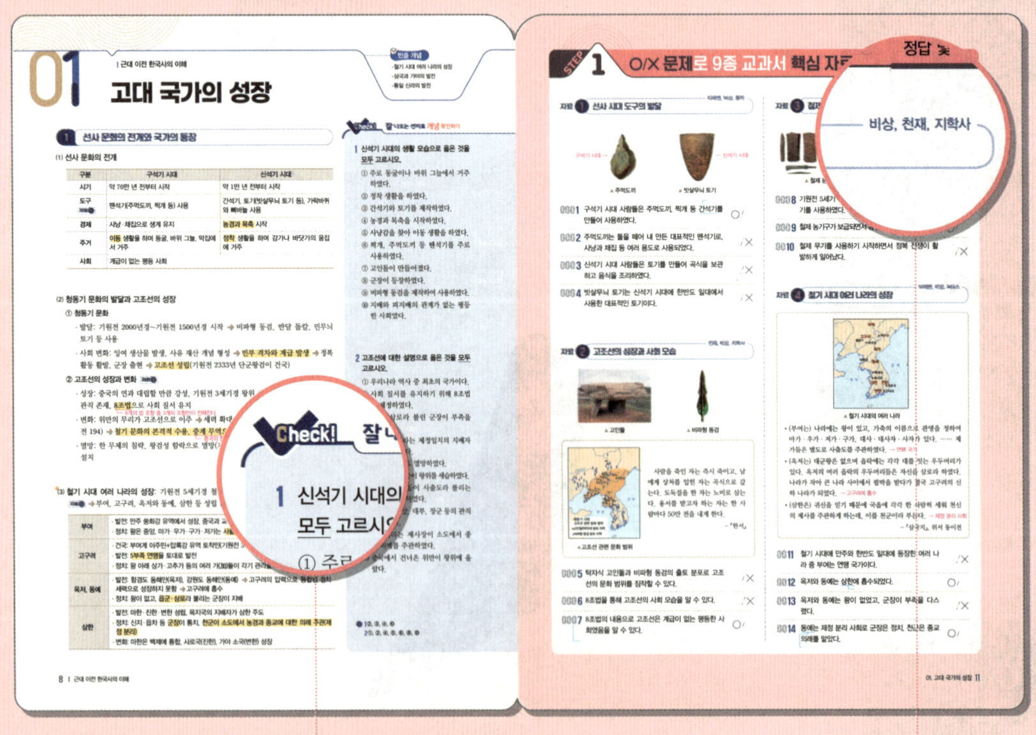

Check! 잘 나오는 선지로 개념 확인하기에서 학습한 주요 개념을 바로 확인할 수 있도록 했습니다.

자료 출처 교과서를 표시했습니다.

STEP 2 객관식 풀어 보기

내신, 학력평가의 다양한 유형에 대비할 수 있는
많은 양의 객관식 문제를 제공하였습니다.

난이도가 높은 문제는
난이도 상으로 표시했습니다.

QR 코드를 통해 시크릿
특강을 확인할 수 있습니다.

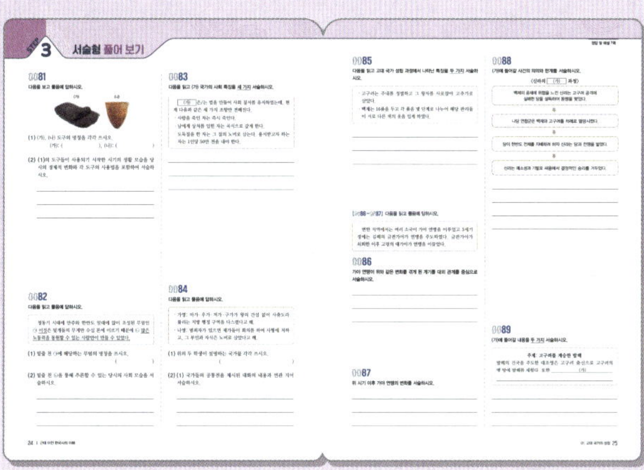

STEP 3 서술형 풀어 보기

내신 기출 문제 분석을 통해 출제 가능성이 높은 주제를 서술형 문제로 구성하였습니다.

STEP 4 대단원 정리하기

내신에 완벽하게 대비할 수 있도록 대단원별로 학교 시험 문제와
매우 유사한 형태의 예상 문제를 제시했습니다. 내신 만점에 자신감을 가지세요.

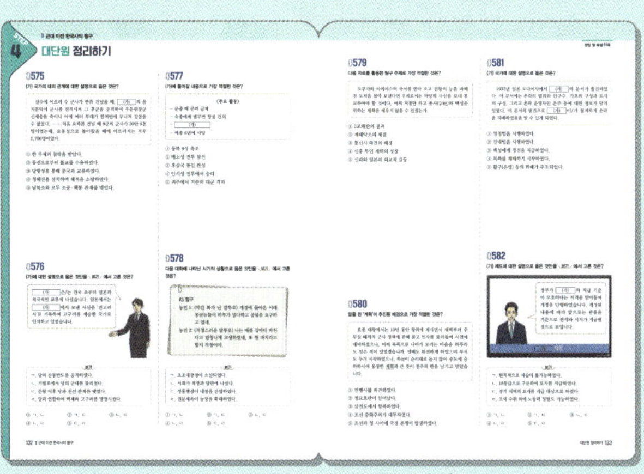

Ⅲ 근대 국가 수립의 노력

I

근대 이전
한국사의 이해

🔍 내 교과서 맞춤 목차

한국사1 1046제	미래엔	비상교육	천재교육	동아출판
01 고대 국가의 성장	1. 고대 국가의 성장	1. 고대 국가의 성장	1. 고대 국가의 형성과 발전	1. 고대 국가의 성장
02 고려의 통치 체제와 정치 변동	2. 고려의 통치 체제	2. 고려의 통치 체제와 정치 변동	2. 고려의 통치 체제와 정치 변동	2. 고려의 건국과 발전
03 조선 사회의 성립과 발전	3. 조선의 성립과 발전	3. 조선 사회의 성립과 발전	3. 조선 사회의 성립과 발전	3. 조선의 성립과 발전
04 조선 후기의 새로운 흐름	4. 조선 후기의 변화	4. 조선 후기의 새로운 흐름	4. 조선 후기의 새로운 흐름과 변화	4. 조선 후기의 변화

지학사	씨마스	해냄교육	리베르스쿨	한국학력평가원
1. 고대 국가의 성장	1. 고대 국가의 성장	주제01 ~ 주제04	1. 고대 국가의 성장	1. 고대 국가의 성장
2. 고려의 통치 체제와 정치 변동	2. 고려의 통치 체제와 정치 변동	주제05 ~ 주제07	2. 고려의 통치 체제와 정치 변동	2. 고려의 통치 체제와 정치 변동
3. 조선 사회의 성립과 발전	3. 조선 사회의 성립과 발전	주제08 ~ 주제10	3. 조선 사회의 성립과 발전	3. 조선 사회의 성립과 발전
4. 조선 후기의 새로운 흐름	4. 조선 후기의 새로운 흐름	주제11 ~ 주제12	4. 조선 후기의 새로운 흐름	4. 조선 후기의 새로운 흐름

01 고대 국가의 성장

1 선사 문화의 전개와 국가의 등장

(1) 선사 문화의 전개

구분	구석기 시대	신석기 시대
시기	약 70만 년 전부터 시작	약 1만 년 전부터 시작
도구 자료❶	뗀석기(주먹도끼, 찍개 등) 사용	간석기, 토기(빗살무늬 토기 등), 가락바퀴와 뼈바늘 사용
경제	사냥·채집으로 생계 유지	농경과 목축 시작
주거	이동 생활을 하며 동굴, 바위 그늘, 막집에서 거주	정착 생활을 하며 강가나 바닷가의 움집에 거주
사회	계급이 없는 평등 사회	

(2) 청동기 문화의 발달과 고조선의 성장

① 청동기 문화
- 발달: 기원전 2000년경~기원전 1500년경 시작 ➡ 비파형 동검, 반달 돌칼, 민무늬 토기 등 사용
- 사회 변화: 잉여 생산물 발생, 사유 재산 개념 형성 ➡ 빈부 격차와 계급 발생 ➡ 정복 활동 활발, 군장 출현 ➡ 고조선 성립(기원전 2333년 단군왕검이 건국)

② 고조선의 성장과 변화 자료❷
- 성장: 중국의 연과 대립할 만큼 강성, 기원전 3세기경 왕위 세습, 상·대부·장군 등의 관직 존재, 8조법으로 사회 질서 유지
  └ 8개의 법 조항 중 3개의 조항만이 전해진다.
- 변화: 위만의 무리가 고조선으로 이주 ➡ 세력 확대 후 준왕을 내쫓고 왕위 차지(기원전 194) ➡ 철기 문화의 본격적 수용, 중계 무역으로 번영
  └ 중국의 한과 한반도 남부의 진 사이를 중계하였다.
- 멸망: 한 무제의 침략, 왕검성 함락으로 멸망(기원전 108) ➡ 고조선 영토에 한 군현 설치

★ (3) 철기 시대 여러 나라의 성장
기원전 5세기경 철제 농기구와 무기 보급으로 사회 변동 자료❸ ➡ 부여, 고구려, 옥저와 동예, 삼한 등 성립 자료❹

부여	• 발전: 만주 쑹화강 유역에서 성장, 중국과 교류하여 세력 확대 • 정치: 왕은 중앙, 마가·우가·구가·저가는 사출도 지배
고구려	• 건국: 부여계 이주민+압록강 유역 토착민(기원전 37) • 발전: 5부족 연맹을 토대로 발전 • 정치: 왕 아래 상가·고추가 등의 여러 가(加)들이 각기 관리를 거느림
옥저, 동예	• 발전: 함경도 동해안(옥저), 강원도 동해안(동예) ➡ 고구려의 압력으로 통합된 정치 세력으로 성장하지 못함 ➡ 고구려에 흡수 • 정치: 왕이 없고, 읍군·삼로라 불리는 군장이 지배
삼한	• 발전: 마한·진한·변한 성립, 목지국의 지배자가 삼한 주도 • 정치: 신지·읍차 등 군장이 통치, 천군이 소도에서 농경과 종교에 대한 의례 주관(제정 분리) • 변화: 마한은 백제에 통합, 사로국(진한), 가야 소국(변한) 성장

1 신석기 시대의 생활 모습으로 옳은 것을 모두 고르시오.
① 주로 동굴이나 바위 그늘에서 거주하였다.
② 정착 생활을 하였다.
③ 간석기와 토기를 제작하였다.
④ 농경과 목축을 시작하였다.
⑤ 사냥감을 찾아 이동 생활을 하였다.
⑥ 찍개, 주먹도끼 등 뗀석기를 주로 사용하였다.
⑦ 고인돌이 만들어졌다.
⑧ 군장이 등장하였다.
⑨ 비파형 동검을 제작하여 사용하였다.
⑩ 지배와 피지배의 관계가 없는 평등한 사회였다.

2 고조선에 대한 설명으로 옳은 것을 모두 고르시오.
① 우리나라 역사 중 최초의 국가이다.
② 사회 질서를 유지하기 위해 8조법을 제정하였다.
③ 읍군, 삼로라 불린 군장이 부족을 다스렸다.
④ 단군왕검이라는 제정일치의 지배자가 통치하였다.
⑤ 한의 침략으로 멸망하였다.
⑥ 부왕과 준왕 등이 왕위를 세습하였다.
⑦ 마가, 우가 등이 사출도라 불리는 지역을 관장하였다.
⑧ 왕 아래에 상, 대부, 장군 등의 관직을 두었다.
⑨ 천군이라는 제사장이 소도에서 종교 의례를 주관하였다.
⑩ 중국에서 건너온 위만이 왕위에 올랐다.

답 1 ②, ③, ④, ⑩
2 ①, ②, ④, ⑤, ⑥, ⑧, ⑩

2 중앙 집권 국가의 형성

(1) 삼국의 등장과 중앙 집권 국가의 형성

① 초기 삼국의 특징

- 여러 부의 **연맹체**, 왕과 부의 대표들은 국가 중대사를 귀족 회의에서 결정(고구려– 제가 회의, 백제– 정사암 회의, 신라– 화백 회의) 자료❺
- 삼국의 건국과 성장

고구려	• 압록강 중류 졸본 지역에서 성장 ➡ 도읍을 국내성으로 옮기고 5부 연맹을 토대로 세력 확대 • 태조왕(1세기)의 옥저 정복, 고국천왕 때 5부 지배층을 중앙 귀족으로 편입
백제	• 부여와 고구려계 유이민이 한강 유역의 토착 세력과 연합하여 건국 • 마한 지역 소국 중 하나로 출발, 선진적인 철기 문화와 한강 유역의 지리적 이점을 활용한 대외 교류
신라	진한의 사로국에서 발전, 초기에는 박, 석, 김씨가 번갈아 왕위에 오름

② 중앙 집권 국가로의 성장

- **왕권 강화**: 정복 활동으로 영토 확장, 관등제와 공복 제정, 신분제 확립(신라의 골품제)
- **율령 반포**: 통치 체제 정비
- **불교 수용**: 국가 구성원의 정신적 통합 강화

(2) 삼국과 가야의 발전

백제	• 고이왕(3세기): 한강 유역 장악, 6좌평·16관등제 정비, 공복 제정 • **근초고왕**(4세기): 왕위의 부자 계승 확립, 동진과 국교 수립 및 가야·왜와 교류, 고구려 평양성 공격(고국원왕 전사) 자료❻ • 5세기 후반의 변화: 고구려의 공격에 맞서 나제 동맹 결성, 웅진(공주)으로 천도(475) ➡ 동성왕(나제 동맹 강화), 무령왕(**22담로를 설치하고 왕족 파견**, 중국 남조와 교류)의 중흥 노력 • 성왕: 사비(부여) 천도(538), **국호 '남부여' 제정**, 신라와 함께 한강 유역 일시 회복 ➡ 신라에 다시 빼앗김 ➡ 관산성 전투에서 전사
★ 고구려	• 태조왕: 옥저 정복, 계루부 고씨의 왕위 독점 세습 확립 • 고국천왕: 5부 개편(부족적 ➡ 행정적), 왕위 부자 계승 확립 • **소수림왕**(4세기): 태학 설립, 율령 반포, 불교 공인 • **광개토 대왕**: 신라에 침입한 왜 격퇴, 요동과 만주 일대 장악, 백제 공격 • 장수왕: **평양 천도**(427), 백제를 공격하여 한성 함락 후 한강 유역 장악(475) 자료❼
신라	• 내물왕(4세기): 광개토 대왕의 도움으로 왜 격퇴, **왕호 '마립간' 사용**, 김씨의 왕위 계승권 확립 • 지증왕: 국호 '신라' 확정, '왕' 칭호 사용, 우산국 복속 • 법흥왕: 병부 설치, **율령 반포**, 공복 제정 및 상대등 설치, 17관등제 정비, **불교 공인**, 금관가야 병합(532) • **진흥왕**: 화랑도 개편, 한강 유역 장악, 함경도까지 진출(단양 신라 적성비와 순수비 건립), 대가야 정복(562) 자료❽
가야 자료❾	• 변한 지역에서 여러 소국이 철기 문화와 농경의 발달에 힘입어 성장 • **금관가야가 전기 가야 연맹 주도** ➡ 해상 활동에 유리한 입지 조건과 풍부한 철 생산으로 주변국에 철 수출, 중계 무역으로 번성 ➡ 5세기에 광개토 대왕이 신라를 돕기 위해 보낸 고구려군의 공격으로 쇠퇴 • **대가야가 후기 가야 연맹 주도** ➡ 섬진강을 통한 교역로 개척, 세력 확대 ➡ 중앙 집권 국가로 성장하지 못하고 신라에 흡수

3 신라의 삼국 통일

(1) 고구려와 수·당의 전쟁

① **고구려 vs 수**
- 6세기 후반 수가 중국 다시 통일 ➡ 고구려 압박 시도, 고구려의 반발
- 수가 여러 차례에 걸쳐 고구려 침략 ➡ 을지문덕이 이끄는 고구려군이 수의 군대 격퇴 (살수 대첩, 612)

② **고구려 vs 당**
- 수에 이어 당이 중국 통일 ➡ 동아시아의 패권을 잡고자 여러 차례 고구려 침입
- 고구려는 안시성 등에서 당의 침입 격퇴

★(2) 신라의 삼국 통일 자료⑩

① **나당 동맹 결성**: 백제의 공격으로 위기를 맞은 신라가 당과 동맹 형성

② **삼국 통일 과정**: 나당 연합군의 공격으로 백제 멸망(660) ➡ 고구려 멸망(668) ➡ 백제와 고구려 유민의 부흥 운동 전개, 실패 ➡ 당이 한반도 전체를 지배하려는 야심 표출 ➡ 나당 전쟁에서 매소성 전투와 기벌포 전투 승리로 삼국 통일 완성(676)

③ **삼국 통일의 한계와 의의**: 대동강 이남의 영토만 확보, 민족 문화의 기틀 마련

4 통일 신라와 발해의 발전

(1) 통일 신라의 발전

① **왕권 강화**: 무열왕 직계 자손의 왕위 계승

★② **신문왕의 개혁**: 김흠돌의 난을 진압하며 귀족 숙청, 9주 5소경 체제 완비, 관료전 지급, 녹읍 폐지, 유학 교육 실시(국학 설립) ➡ 6두품 세력 성장
　└ 귀족의 경제적 기반을 약화시켰다.　　　└ 뛰어난 학문 실력을 바탕으로 왕의 정치적 조언자 역할을 하거나 행정 실무를 담당하였다.

③ **통치 체제 정비**
- 중앙 조직 정비: 집사부 중심으로 운영, 시중(중시)의 권한 강화, 사정부(감찰) 강화
- 지방 통치 제도: 9주(옛 신라, 고구려, 백제의 땅에 3주씩 설치, 주 아래 군현을 두어 지방관 파견), 5소경(군사·행정의 요충지, 수도 금성이 동남쪽에 치우친 점 보완) 자료⑪
- 군사 제도: 9서당(중앙군), 10정(지방군)

④ **신라 말 사회 변화**: 8세기 말 혜공왕 피살 이후 진골 귀족 간 왕위 쟁탈전 지속, 중앙의 지방 통제력 약화 ➡ 농민 봉기 빈번, 호족 성장

(2) 발해의 발전

① **건국**: 대조영이 고구려 유민과 말갈인을 이끌고 만주 동모산에서 건국(698), 고구려 계승 의식 강조

② **발전**
- 무왕: 당의 산둥 지방 공격(장문휴), '인안' 연호 사용
- 문왕: 당과 친선 유지, 상경으로 천도, '대흥' 연호 사용
- 선왕: 최대 영토 확보, '해동성국'이라 불림

③ **통치 제도**
- 중앙: 3성 6부제(당의 제도 수용, 독자적 운영) 자료⑫
- 지방: 5경(전략적 요충지) 15부 62주(지방 행정 중심지나 교통의 요지)로 정비 ➡ 지방관 파견, 말단 행정 구역인 촌락은 토착 세력이 관리

④ **멸망**: 지배층의 내분, 거란의 침입으로 멸망(926)

5 통일 신라에 대한 설명으로 옳은 것을 <u>모두</u> 고르시오.

① 신문왕 때 관리에게 관료전을 지급하고 녹읍을 폐지하였다.
② 9서당 10정의 군사 제도를 정비하였다.
③ 국학을 설립하여 유학 교육을 실시하였다.
④ 6좌평을 비롯한 관등과 공복을 마련하였다.
⑤ 지방 행정 조직을 9주 5소경 체제로 정비하였다.
⑥ 왕의 직속 기구로 집사부를 두었다.
⑦ 박, 석, 김씨가 번갈아 왕위에 올랐다.
⑧ 살수에서 수의 군대를 물리쳤다.
⑨ 중앙 행정 기구로 3성 6부를 두었다.
⑩ 김흠돌의 난 진압을 계기로 진골 귀족들이 숙청되었다.

6 발해에 대한 설명으로 옳은 것을 모두 고르시오.

① '인안', '대흥'이라는 독자적 연호를 사용하였다.
② 혜공왕 피살 이후 왕위 쟁탈전이 전개되었다.
③ 전성기에 '해동성국'이라 불렸다.
④ 상대등을 설치하여 재상의 역할을 부여하였다.
⑤ 거란에 의해 멸망하였다.
⑥ 감찰 기구인 사정부를 두었다.
⑦ 대조영이 만주 동모산에 건국하였다.
⑧ 고구려 계승 의식을 내세웠다.
⑨ 화랑도를 국가적 조직으로 개편하였다.
⑩ 무왕 때 당의 산둥 지방을 공격하였다.

답 5 ①, ②, ③, ⑤, ⑥, ⑩
　6 ①, ③, ⑤, ⑦, ⑧, ⑩

○/✕ 문제로 9종 교과서 핵심 자료 보기

정답 및 해설 2쪽

자료 1 선사 시대 도구의 발달
미래엔, 비상, 동아

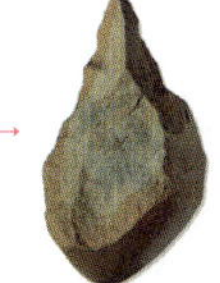

구석기 시대 → ← 신석기 시대

▲ 주먹도끼　　　▲ 빗살무늬 토기

0001 구석기 시대 사람들은 주먹도끼, 찍개 등 간석기를 만들어 사용하였다. ○/✕

0002 주먹도끼는 돌을 떼어 내 만든 대표적인 뗀석기로, 사냥과 채집 등 여러 용도로 사용되었다. ○/✕

0003 신석기 시대 사람들은 토기를 만들어 곡식을 보관하고 음식을 조리하였다. ○/✕

0004 빗살무늬 토기는 신석기 시대에 한반도 일대에서 사용한 대표적인 토기이다. ○/✕

자료 2 고조선의 성장과 사회 모습
비상, 천재, 지학사

▲ 고인돌　　　▲ 비파형 동검

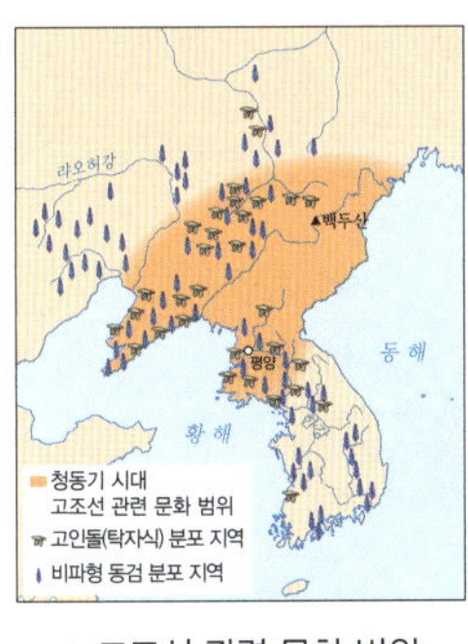

사람을 죽인 자는 즉시 죽이고, 남에게 상처를 입힌 자는 곡식으로 갚는다. 도둑질을 한 자는 노비로 삼는다. 용서를 받고자 하는 자는 한 사람마다 50만 전을 내게 한다.
— 『한서』

▲ 고조선 관련 문화 범위

0005 탁자식 고인돌과 비파형 동검의 출토 분포로 고조선의 문화 범위를 짐작할 수 있다. ○/✕

0006 8조법을 통해 고조선의 사회 모습을 알 수 있다. ○/✕

0007 8조법의 내용으로 고조선은 계급이 없는 평등한 사회였음을 알 수 있다. ○/✕

자료 3 철제 농기구와 무기의 사용
비상, 천재, 지학사

▲ 철제 농기구　　　▲ 철제 무기

0008 기원전 5세기 무렵부터 만주와 한반도 지역에서 철기를 사용하였다. ○/✕

0009 철제 농기구가 보급되면서 농업 생산량이 줄어들었다. ○/✕

0010 철제 무기를 사용하기 시작하면서 정복 전쟁이 활발하게 일어났다. ○/✕

자료 4 철기 시대 여러 나라의 성장
미래엔, 비상, 씨마스

▲ 철기 시대의 여러 나라

- (부여는) 나라에는 왕이 있고, 가축의 이름으로 관명을 정하여 마가·우가·저가·구가, 대사·대사자·사자가 있다. …… 제가들은 별도로 사출도를 주관하였다. → 연맹 국가
- (옥저는) 대군왕은 없으며 읍락에는 각각 대를 잇는 우두머리가 있다. 옥저의 여러 읍락의 우두머리들은 자신을 삼로라 하였다. 나라가 작아 큰 나라 사이에서 핍박을 받다가 결국 고구려의 신하 나라가 되었다. → 고구려에 흡수
- (삼한은) 귀신을 믿기 때문에 국읍에 각각 한 사람씩 세워 천신의 제사를 주관하게 하는데, 이를 천군이라 부른다. → 제정 분리 사회
  — 『삼국지』, 위서 동이전

0011 철기 시대에 만주와 한반도 일대에 등장한 여러 나라 중 부여는 연맹 국가이다. ○/✕

0012 옥저와 동예는 삼한에 흡수되었다. ○/✕

0013 옥저와 동예는 왕이 없었고, 군장이 부족을 다스렸다. ○/✕

0014 동예는 제정 분리 사회로 군장은 정치, 천군은 종교 의례를 맡았다. ○/✕

자료 5 삼국의 회의 제도

미래엔, 씨마스

> - (고구려) 감옥이 없고 범죄자가 있으면 제가들이 의논하여 사형에 처하고, 처자식을 노비로 삼는다. → 제가 회의   − 『삼국지』
> - (백제) 호암사에 정사암이 있다. 재상을 뽑으려 할 때 서너 명의 이름을 써서 상자에 넣고 바위 위에 두었다가 얼마 후 열어 보아 이름 위에 도장이 찍혀 있는 사람을 재상으로 삼았기 때문에 이렇게 불렀다. − 『삼국유사』
> - (신라) 나라에 일이 있으면 반드시 여러 사람과 의논하여 결정하는데, 이를 화백이라 한다. → 화백 회의   − 『신당서』

0015 고구려에는 여러 가(加)들이 화백 회의를 열어 국가의 중요한 일을 결정하였다. ○/✕

0016 백제는 건국 때부터 왕의 권력이 강해 왕이 국가의 중요한 일을 결정하였다. ○/✕

0017 초기 삼국은 여러 부(部)가 모여 형성된 연맹 국가로서 국가의 중요한 일은 왕이 각 부의 대표와 협의해 결정하였다. ○/✕

자료 6 4세기 백제의 발전

미래엔, 동아, 해냄

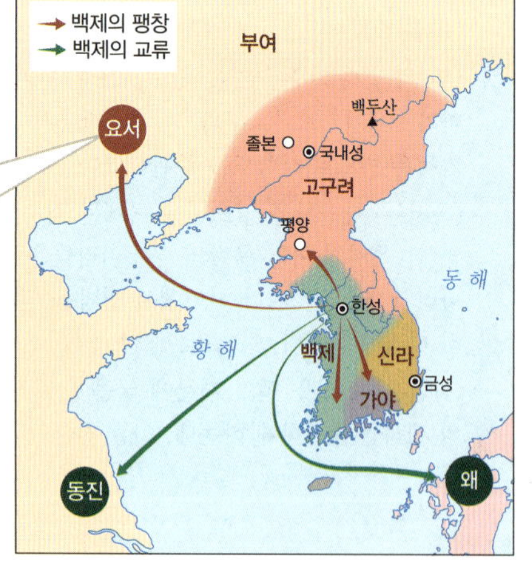

0018 백제는 삼국 중에서 가장 먼저 전성기를 맞았다. ○/✕

0019 근초고왕 시기 백제는 마한의 남은 세력을 정복하고, 황해도 일대를 차지하였다. ○/✕

0020 백제 근초고왕의 공격으로 고국원왕이 전사하였다. ○/✕

0021 칠지도는 4세기 백제에서 만들어 중국의 동진에 전한 것으로 두 나라가 교류하였음을 보여 준다. ○/✕

자료 7 5세기 고구려의 발전

미래엔, 비상, 천재, 동아

0022 고구려는 광개토 대왕 시기에 요동과 만주 지역의 대부분을 장악하였다. ○/✕

0023 광개토 대왕은 내물왕을 도와 신라에 침입한 왜를 물리쳤다. ○/✕

0024 고구려 장수왕은 평양으로 수도를 옮기고, 신라를 공격해 한강 유역을 차지하였다. ○/✕

자료 8 6세기 신라의 발전

미래엔, 천재, 동아, 씨마스

0025 법흥왕은 대가야를 복속해 낙동강 하류 지역을 확보하였다. ○/✕

0026 진흥왕은 고구려에 이어 백제를 공격하여 한강 유역을 모두 차지하였다. ○/✕

0027 진흥왕 시기 영토 확장은 단양 신라 적성비와 순수비 등에서 확인할 수 있다. ○/✕

자료 ⑨ 가야의 성장과 변천

지학사, 씨마스, 해냄

0028 대가야는 전기 가야 연맹을 이끌었다.　　○/✕

0029 금관가야는 섬진강 방면으로 세력을 넓혀 나갔다.　　○/✕

0030 금관가야는 해상 활동에 유리한 지역에 자리 잡았다.　　○/✕

0031 가야는 백제와 신라의 압박을 받아 점차 세력이 약화되었다.　　○/✕

자료 ⑩ 신라의 삼국 통일

비상, 천재, 해냄

0032 나당 연합군은 고구려와 백제를 차례로 무너뜨렸다.　　○/✕

0033 당이 한반도 전체를 지배하려 하자 신라는 당과 전쟁을 벌였다.　　○/✕

0034 신라는 매소성 전투와 기벌포 전투에서 당을 물리치고 삼국 통일을 완성하였다.　　○/✕

자료 ⑪ 통일 신라의 9주 5소경

미래엔, 비상, 천재

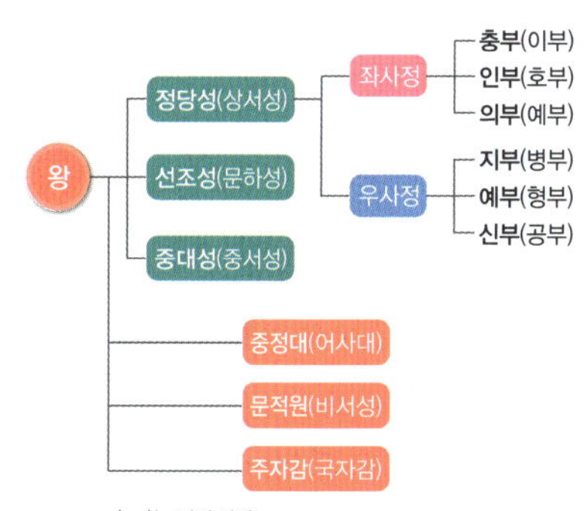

0035 통일 후 신라는 지방을 9주로 나누고 주 아래에는 군과 현을 두었다.　　○/✕

0036 9주는 옛 고구려, 백제, 신라 땅에 각각 3주씩 설치되었다.　　○/✕

0037 통일 신라는 지방 행정의 요충지에 3경을 설치하여 수도가 동남쪽에 치우친 점을 보완하였다.　　○/✕

자료 ⑫ 발해의 중앙 정치 조직

비상, 천재, 지학사

0038 발해의 중앙 정치 조직은 2성 6부로 이루어졌다.　　○/✕

0039 발해는 당의 제도를 수용하여 중앙 정치 조직을 정비하였으나, 명칭과 운영 방식을 달리하였다.　　○/✕

0040 발해의 중앙 정치 조직 중 6부의 명칭은 유교 이념을 반영하였다.　　○/✕

00**41**

다음 유물을 처음 만들어 사용하던 시기의 생활 모습으로 옳지 <u>않은</u> 것은?

① 뗀석기를 사용하였다.
② 계급이 존재하지 않는 평등 사회였다.
③ 먹을거리를 찾아 무리 지어 이동 생활을 하였다.
④ 가락바퀴나 뼈바늘을 사용하여 옷이나 그물을 만들었다.
⑤ 열매 채집이나 사냥, 고기잡이 등으로 식량을 구하였다.

00**42**

밑줄 친 '이 시대'의 생활 모습으로 옳은 것은?

> <u>이 시대</u>에는 인류가 농경과 목축을 시작하여 스스로 식량을 생산하였고, 농경과 함께 정착 생활이 시작되고 인구가 늘어나면서 부족 사회를 형성하였다. 사람들은 주로 강가나 바닷가에 살면서 채집과 사냥, 고기잡이, 농경 등 다양한 방법을 통해 생계를 유지하였다.

① 빗살무늬 토기를 제작하여 사용하였다.
② 잉여 생산물이 발생하면서 빈부의 차이가 생겼다.
③ 철제 농기구의 등장으로 농업 생산력이 증대되었다.
④ 지배자들은 의례용 청동기로 자신의 권위를 드러내었다.
⑤ 식량을 얻는 도구로 주먹도끼와 같은 뗀석기를 주로 사용하였다.

00**43**

다음 도구를 사용하기 시작한 시기의 생활 모습에 대한 설명으로 옳은 것만을 보기 에서 있는 대로 고른 것은?

> **보기**
> ㄱ. 강가에 막집을 짓고 살았다.
> ㄴ. 여러 씨족이 부족 단위로 생활하였다.
> ㄷ. 돌을 갈아 다듬은 간석기를 사용하였다.
> ㄹ. 돌을 떼어 내어 날을 만든 뗀석기를 사용하였다.

① ㄱ, ㄴ   ② ㄴ, ㄷ   ③ ㄷ, ㄹ
④ ㄱ, ㄴ, ㄷ   ⑤ ㄴ, ㄷ, ㄹ

00**44**

다음 유적이 처음 만들어진 시기에 대한 설명으로 옳지 <u>않은</u> 것은?

① 국가가 출현하였다.
② 사유 재산이 발생하였다.
③ 계급이 생기며 지배자가 등장하였다.
④ 비파형 동검, 거친무늬 거울이 만들어졌다.
⑤ 지배와 피지배의 관계가 없는 평등 사회였다.

0045

다음 유물들이 사용되었던 시기의 생활 모습에 대한 학생들의 대화 내용으로 옳은 것은?

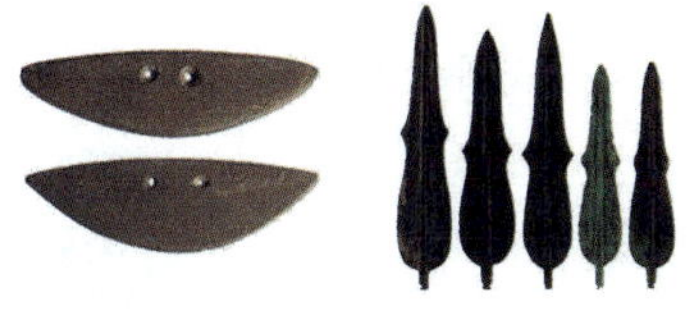

① 가영: 농경과 목축이 시작되었어.
② 나영: 청동으로 농기구와 무기 등을 만들었어.
③ 다영: 한 개의 뗀석기를 여러 용도로 사용하였어.
④ 라영: 개인 간 빈부 격차와 계급의 분화가 나타났어.
⑤ 마영: 강가나 바닷가에 움집을 짓고 정착하기 시작하였어.

0046

고조선에 대한 설명으로 옳지 <u>않은</u> 것은?

① 우리 역사상 최초의 국가이다.
② 신지, 읍차라 불리는 군장이 있었다.
③ 정치 지배자가 제사까지 주관하였다.
④ 왕 밑에 상, 대부, 장군 등의 관직을 두었다.
⑤ 사회 질서 유지를 위해 8조법이 제정되었다.

0047

다음 지도와 같은 문화 범위를 형성한 국가에 대한 설명으로 옳지 <u>않</u>은 것은?

① 청동기 문화를 바탕으로 세워졌다.
② 한의 공격과 지배층의 분열로 멸망하였다.
③ 소도에서 제천 행사를 주관하였던 천군이 있었다.
④ 중국과 한반도 남부 사이에서 중계 무역을 하였다.
⑤ 기원전 194년에 위만이 준왕을 몰아내고 왕이 되었다.

0048 난이도 상

다음은 고조선의 역사를 두 시기로 나누어 정리한 연표이다. (가), (나) 시기에 있었던 사실로 옳은 것은?

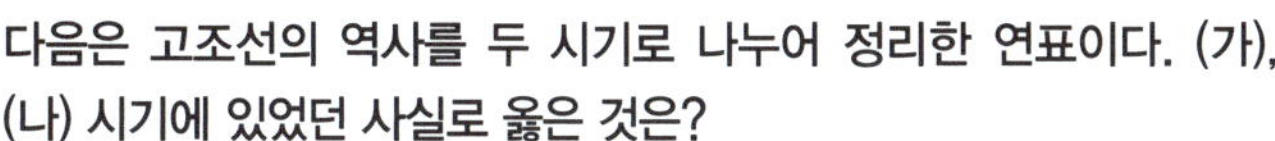
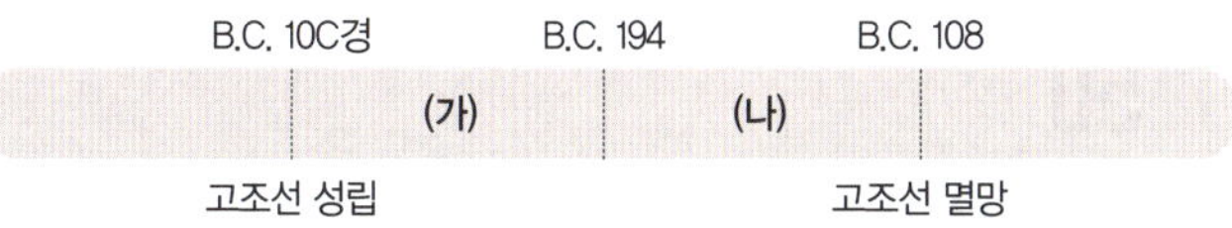

① (가) – 한의 군현이 설치되었다.
② (가) – 중국의 연과 겨룰 만큼 성장하였다.
③ (가) – 철기 문화를 본격적으로 수용하였다.
④ (나) – 청동기 문화가 본격적으로 발전하였다.
⑤ (나) – 왕 아래 상, 대부, 장군 등의 관직을 두기 시작하였다.

0049

(가), (나) 국가에 대한 설명으로 옳은 것은?

> (가) 나라에는 군왕이 있고, 모두 가축의 이름으로 관명을 정하여 마가·우가·저가·구가·대사·대사자·사자가 있다. …… 제가들은 별도로 사출도를 주관하는데, 큰 곳은 수천 가이며 작은 곳은 수백 가였다.
> — 『삼국지』, 위서 동이전
>
> (나) 대군장이 없고, 그들의 관직으로는 읍군과 삼로가 있다. 노인들은 자신이 고구려와 같은 종족이라 말하는데 언어, 법령, 풍속이 대체로 비슷하다.
> — 『후한서』, 동이열전

① (가)– 왕 아래 가들이 관리를 거느렸다.
② (가)– 읍군, 삼로 등 군장이 지배하였다.
③ (가)– 만주 쑹화강 유역에서 성장하였다.
④ (나)– 압록강 유역에서 건국되었다.
⑤ (나)– 중앙 집권 국가로 발전하였다.

0050

삼한에 대한 설명으로 옳은 것은?

① 읍군, 삼로 등 군장이 지배하였다.
② 군장 외에 제사장인 천군이 있었다.
③ 8조법으로 사회 질서를 유지하였다.
④ 청동기 문화를 바탕으로 성장하였다.
⑤ 압록강 유역의 졸본 지역에서 건국되었다.

0051

(가)에서 (나)로 변화하는 과정에서 나타난 모습으로 보기 어려운 것은?

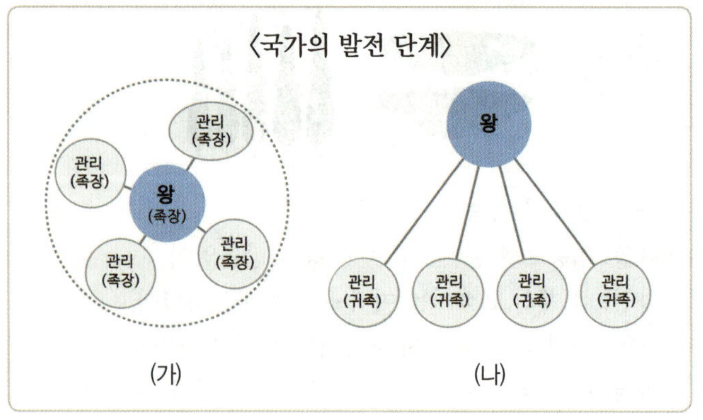

① 불교 수용　② 왕위 세습　③ 영토 확장
④ 율령 반포　⑤ 부족장의 권한 강화

0052

(가), (나)에 해당하는 고구려의 왕을 순서대로 바르게 나열한 것은?

> (가) 옥저를 정복하고, 요동 진출을 꾀하였다.
> (나) 5부의 지배 세력을 중앙 귀족으로 편입하여 여러 행정 구역에 거주하게 하였다.

① 고이왕, 소수림왕　② 미천왕, 고국천왕
③ 태조왕, 고국천왕　④ 태조왕, 소수림왕
⑤ 소수림왕, 고이왕

0053

밑줄 친 '왕'의 업적으로 옳은 것은?

> • <u>왕</u>: 앞으로 내신좌평을 비롯한 6좌평을 두고 관등을 16등
> 급으로 나누도록 하라.
> • 신하: 명을 받들겠습니다.

① 불교를 공인하였다.
② 평양으로 수도를 옮겼다.
③ 관리의 공복을 제정하였다.
④ 국호를 남부여로 바꾸었다.
⑤ 지방에 22담로를 설치하였다.

0054

(가)에 들어갈 내용으로 옳은 것은?

> **백제 ○○○왕의 업적**
> – 고구려 평양성 공격
> – 백제의 최대 영토 확보
> – 중국의 동진과 외교 관계 수립
> –   (가)

① 웅진 천도
② 대가야 정복
③ 남부여로 국호 변경
④ 김씨 왕위 계승 확립
⑤ 마한의 남은 세력 복속

0055

삼국이 다음과 같은 형세를 이루었을 때의 사실로 옳은 것은?

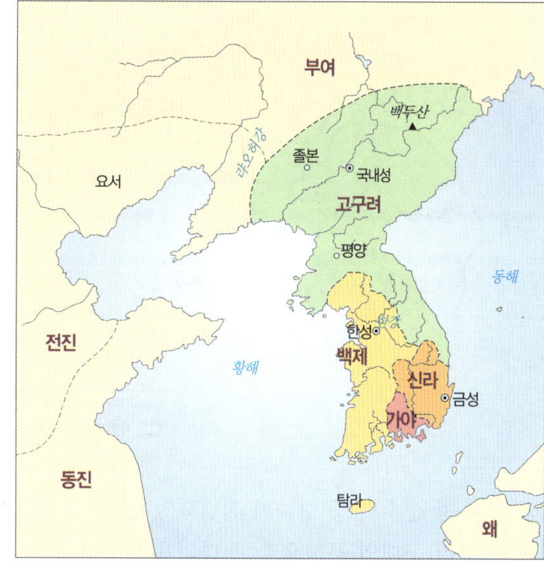

① 성왕이 사비로 천도하였다.
② 고이왕이 관등과 공복을 제정하였다.
③ 백제 성왕이 관산성 전투에서 전사하였다.
④ 금관가야가 신라의 공격을 받아 멸망하였다.
⑤ 고구려의 고국원왕이 근초고왕의 공격으로 전사하였다.

0056

밑줄 친 '이 왕'에 대한 설명으로 옳은 것은?

① 우산국을 복속하였다.
② 백제와 동맹을 맺었다.
③ 고구려의 도움을 받아 왜를 물리쳤다.
④ 대가야를 정벌하여 영토를 확대하였다.
⑤ 이차돈의 순교를 계기로 불교를 공인하였다.

0057 난이도 상

(가), (나) 나라에 대한 설명으로 옳은 것은?

① (가)– 진흥왕 순수비 중 하나가 건립되었다.
② (가)– 고구려 군대의 공격으로 큰 타격을 입었다.
③ (나)– 율령을 반포하여 중앙 집권 국가의 토대를 마련하였다.
④ (나)– 해상 교통의 발달에 힘입어 철을 주변국에 수출하였다.
⑤ (가)와 (나)– 고구려 광개토 대왕의 도움을 받아 왜를 격퇴하였다.

0058

다음 문화유산을 남긴 나라에 대한 설명으로 옳은 것은?

▲ 덩이쇠   ▲ 철제 판갑옷과 투구

① 신라에 흡수되었다.
② 지방에 22개의 담로를 설치하였다.
③ 8조법을 만들어 사회 질서를 유지하였다.
④ 제가 회의에서 국가의 중대사를 결정하였다.
⑤ 관리에게 관직 복무의 대가로 관료전을 지급하였다.

0059

다음 문화유산을 활용한 탐구 활동의 주제로 가장 적절한 것은?

① 신라와 고구려의 관계
② 초기 삼국의 회의 제도
③ 진흥왕의 영토 확대 과정
④ 금관가야의 우수한 철기 문화
⑤ 백제 건국 세력과 고구려와의 관계

0060

(가), (나) 시기 사이에 있었던 일로 옳은 것만을 보기 에서 있는 대로 고른 것은?

> (가) 겨울에 백제 왕이 태자와 함께 정예 군사 3만 명을 거느리고 고구려를 쳐들어가서 평양성을 공격하였다. 고구려 왕이 힘을 다해 싸웠으나 화살에 맞아 전사하였다.
>
> (나) 가을에 고구려 왕이 군사 3만 명을 거느리고 와서 수도인 한성을 함락시켰다. …… 백제 왕은 어찌할 바를 몰라 기병을 거느리고 성문을 나가 서쪽으로 달아났다. 고구려군이 쫓아가 백제 왕을 살해하였다.

보기

ㄱ. 고이왕이 6좌평을 설치하였다.
ㄴ. 미천왕이 대동강 유역을 확보하였다.
ㄷ. 내물왕이 김씨의 왕위 세습을 확립하였다.
ㄹ. 침류왕이 동진으로부터 불교를 수용하였다.

① ㄱ   ② ㄴ, ㄷ   ③ ㄷ, ㄹ
④ ㄱ, ㄴ, ㄷ   ⑤ ㄴ, ㄷ, ㄹ

0061

삼국이 다음과 같은 형세를 이룬 시기에 있었던 일로 옳은 것은?

① 백제가 고구려 평양성을 공격하였다.
② 신라에서는 이사금이라는 왕의 칭호를 사용하고 있었다.
③ 백제는 16관등제의 기틀을 마련하고 공복을 제정하였다.
④ 가야는 금관가야를 중심으로 전기 가야 연맹을 이루었다.
⑤ 고구려는 평양으로 도읍을 옮기고 정복 활동을 전개하였다.

0062

다음 사건이 일어난 시기를 연표에서 옳게 고른 것은?

> 백제는 신라와 동맹을 맺어 고구려에 대항하였다.

	356		412		538		612	
(가)		(나)		(다)		(라)		(마)
	내물왕 즉위		장수왕 즉위		살수 대첩		매소성 전투	

① (가)　　② (나)　　③ (다)　　④ (라)　　⑤ (마)

0063

(가), (나)를 수도로 삼았던 시기의 백제에 대한 설명으로 옳은 것을 보기 에서 고른 것은?

〈백제의 수도 변천 과정〉

―― 보기 ――
ㄱ. (가) – 지방에 22담로를 설치하였다.
ㄴ. (가) – 병부를 설치하고 율령을 반포하였다.
ㄷ. (나) – 일시적으로 한강 유역을 되찾았다.
ㄹ. (나) – 마립간이라는 왕호를 사용하였다.

① ㄱ, ㄴ　　　② ㄱ, ㄷ　　　③ ㄴ, ㄷ
④ ㄴ, ㄹ　　　⑤ ㄷ, ㄹ

0064

(가)에 들어갈 왕에 대한 설명으로 옳은 것은?

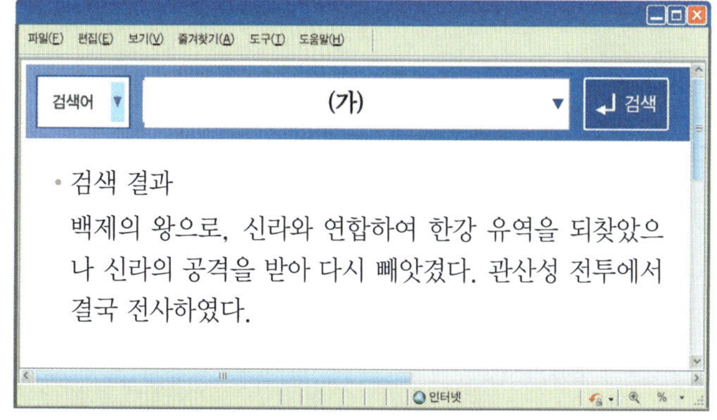

① 요동과 만주 일대를 장악하였다.
② 화랑도를 정비하여 국가 조직화하였다.
③ 22담로를 설치하여 왕족을 파견하였다.
④ 사비로 천도하고, 국호를 남부여로 바꾸었다.
⑤ 남진 정책을 추진하여 한강 유역을 모두 차지하였다.

0065

(가), (나) 시기 사이에 있었던 사실로 옳은 것은?

> (가) (한성을 포위했던) 고구려 병사는 물러갔으나 성이 파괴되고 개로왕이 죽어서 문주가 왕위에 올랐다. …… 웅진으로 도읍을 옮겼다.
> (나) 왕이 신라를 습격하고자 몸소 보병과 기병 50명을 거느리고 …… 신라의 복병이 나타나 그들과 싸우다가 혼전 중에 왕이 병사들에게 살해되었다. 시호를 성(聖)이라 하였다.

① 고구려가 옥저를 정복하였다.
② 백제가 관등제를 정비하였다.
③ 신라가 금관가야를 멸망시켰다.
④ 고구려가 평양으로 천도하였다.
⑤ 신라가 나당 동맹을 추진하였다.

0066

다음 대화가 이루어진 시기의 사실로 옳은 것은?

> • 갑돌: 우리 백제군이 신라군과 연합하여 고구려를 공격하였다네.
> • 을순: 그리하여 고구려에 빼앗겼던 한강 유역을 드디어 되찾았다더군.

① 신라가 금관가야를 병합하였다.
② 고구려가 수도를 평양으로 옮겼다.
③ 백제가 관산성 전투에서 패배하였다.
④ 백제가 동진으로부터 불교를 수용하였다.
⑤ 고구려가 '영락'이라는 연호를 사용하였다.

0067

다음 연보에 해당하는 왕의 업적으로 옳은 것은?

> – 500년 즉위
> – 502년 순장을 금지하고 우경 장려
> – 503년 신하들의 건의를 받아들여 국호를 '신라'로 확정하고 '왕'이라는 칭호 사용

① 내물왕을 도와 왜병을 격퇴하였다.
② 태학을 설립하고 율령을 반포하였다.
③ 이사부를 보내 우산국을 복속하였다.
④ 유학 교육을 위해 국학을 설립하였다.
⑤ '인안'이라는 독자적인 연호를 사용하였다.

0068

(가) 왕이 시행한 정책으로 옳은 것은?

> • ⬜(가)⬜ 의 업적
> – 관등제와 관리들이 입는 공복 제정
> – 이차돈의 순교를 계기로 불교 공인
> – 화백 회의의 대표자로 상대등 설치
> – 금관가야 병합

① 5부의 지배 세력을 관등에 편입시켰다.
② 화랑도를 국가적인 조직으로 개편하였다.
③ 통치 질서 확립을 위하여 율령을 반포하였다.
④ 대군장을 의미하는 마립간 칭호를 사용하였다.
⑤ 영토 확장을 기념하는 단양 신라 적성비를 세웠다.

0069 난이도 상

'신라 진흥왕의 영토 확장'을 주제로 보고서를 작성할 때 조사할 유물 또는 유적으로 적합한 것만을 보기 에서 있는 대로 고른 것은?

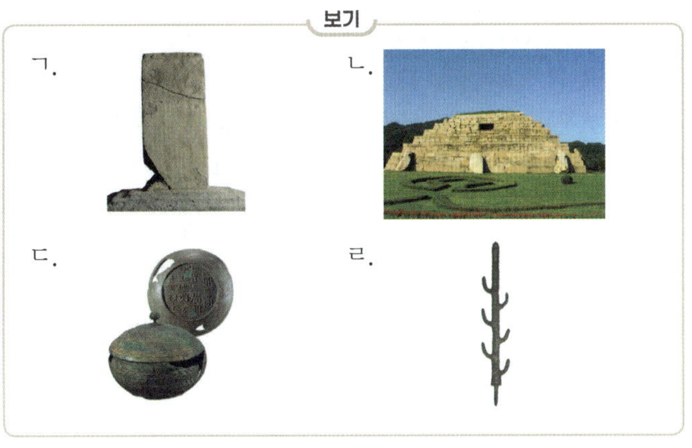

① ㄱ
② ㄴ
③ ㄱ, ㄷ
④ ㄴ, ㄹ
⑤ ㄷ, ㄹ

0070

삼국 간 항쟁 과정에서 있었던 (가)~(라) 사건을 일어난 순서대로 바르게 나열한 것은?

> (가) 백제가 웅진으로 천도하였다.
> (나) 금관가야가 신라에 병합되었다.
> (다) 고구려의 고국원왕이 백제의 공격으로 전사하였다.
> (라) 고구려가 백제를 공격하여 한강 이북을 차지하였다.

① (가) – (나) – (다) – (라)
② (나) – (가) – (라) – (다)
③ (다) – (가) – (나) – (라)
④ (다) – (라) – (가) – (나)
⑤ (라) – (다) – (가) – (나)

0071

(가), (나) 전쟁에 대한 설명으로 옳은 것은?

> (가) 살수에 이르러 …… 아군이 뒤에서 적군을 공격하니 …… 요동성으로 돌아간 것은 겨우 2천 7백 명이었다.
> (나) 여러 장수가 급히 안시성을 공격하였다. …… 아군 수백 명이 성이 무너진 곳으로 나가 싸워서 …… (황제가) 군사를 돌리도록 명령하였다.

① (가)– 나당 연합군이 평양성을 공격하였다.
② (가)– 을지문덕이 이끄는 고구려군이 수의 군대를 크게 물리쳤다.
③ (나)– 고구려의 지원을 받아 왜를 물리쳤다.
④ (나)– 중국을 재통일한 수가 고구려를 침략하였다.
⑤ (가)와 (나)– 백제의 국력이 약해지는 결과를 가져왔다.

0072

다음 상황이 일어나게 된 배경으로 옳은 것은?

> 김춘추와 그의 아들 문왕을 당에 파견하였다. …… 태종이 김춘추에게 소원을 묻자 김춘추가 말하였다. "만약 폐하에게 군사를 보내 그 흉악한 무리들을 없애지 않는다면 우리나라 백성들은 모두 포로가 될 것입니다. 육로와 수로를 거쳐 섬기러 오는 일도 기대할 수 없을 것입니다." 이에 태종이 크게 동감하고 군사를 보낼 것을 약속하였다.

① 대가야가 신라에 병합되었다.
② 백제 유민이 부흥 운동을 일으켰다.
③ 신라가 백제의 공격을 받아 위기를 맞았다.
④ 고구려에 대항하기 위해 백제와 신라가 동맹을 맺었다.
⑤ 고구려 광개토 대왕이 요동과 만주 일대를 장악하였다.

0073

(가) 시기에 일어난 일로 옳지 <u>않은</u> 것은?

| 나당 동맹 형성 | ➡ | (가) | ➡ | 삼국 통일 완성 |

① 백제 부흥 운동이 전개되었다.
② 신라가 고구려 부흥 운동을 지원하였다.
③ 백제가 신라를 공격하여 대야성을 빼앗았다.
④ 당이 웅진도독부와 계림도독부를 설치하였다.
⑤ 매소성과 기벌포에서 신라군이 대승을 거두었다.

0074

밑줄 친 '이 왕'에 대한 설명으로 옳은 것은?

이 왕은 관리들에게 차등을 두어 관료전을 지급하였고, 이후 녹읍을 없애 귀족들의 경제력을 억제하고자 하였다.

① 최초의 진골 출신 왕이다.
② 김유신과 함께 삼국 통일을 완성하였다.
③ 평양으로 수도를 옮기고 남진 정책을 추진하였다.
④ 김흠돌의 난을 계기로 진골 귀족 세력을 숙청하였다.
⑤ 태학을 설립하여 유교적 소양을 갖춘 인재를 양성하였다.

0075

㉠~㉤에 들어갈 통일 신라의 통치 제도로 옳은 것은?

중앙 통치 조직은 왕의 직속 기구인 (㉠)을/를 중심으로 운영되었으며, 그 장관인 (㉡)은/는 국정을 책임졌다. 또한, 감찰 기구인 (㉢)을/를 두어 관리들의 비리와 부정을 방지하고자 하였다. 지방 행정 조직은 수도의 치우침을 보완하기 위해 (㉣)을/를 설치하였으며, 지방 세력의 성장을 견제하기 위해 (㉤)을/를 실시하였다.

① ㉠ – 정당성　　② ㉡ – 상대등　　③ ㉢ – 중정대
④ ㉣ – 5경　　　　⑤ ㉤ – 상수리 제도

0076

다음과 같은 목적으로 시행된 정책으로 옳은 것은?

• 문무왕 13년(673) 백제 사람에게 관직을 주었으며 그 관등은 백제에서 재직하였던 관직에 버금가게 하였다.
• 신문왕 6년(686) 고구려인들에게 중앙 관직을 주었는데, 그 본국 관품을 헤아려 주었다.

① 집사부와 시중의 권한을 강화하였다.
② 국경 지대인 한주에 2정을 배치하였다.
③ 군사상·행정상의 요충지에 5소경을 설치하였다.
④ 녹읍을 폐지하고 관리들에게 관료전을 지급하였다.
⑤ 중앙군인 9서당에 고구려, 백제, 말갈인을 포함시켰다.

0077

다음 제도를 운영한 국가에 대한 설명으로 옳은 것은?

> - 당과 함께 두 나라를 토멸하여 그 지역을 평정하고 …… 본국 경계 내에 3주를 두고, …… 백제국 경내에도 3주를 두고, …… 옛 고구려 남쪽 지경에도 3주를 두니, …….
> - 다섯 번째는 고구려 백성으로 구성된 황금서당이고, …… 여섯 번째는 말갈 백성으로 구성된 흑금서당이고, …… 아홉 번째는 백제 유민으로 구성된 청금서당이다.

① 주자감을 설치하였다.
② 기벌포 해전에서 패배하였다.
③ 사정부를 통해 관리를 감찰하였다.
④ 가(加)들이 각각 관리를 거느렸다.
⑤ '인안', '대흥' 등의 연호를 사용하였다.

0078

다음과 같은 사회 모습이 나타난 시기에 볼 수 있는 모습으로 적절하지 <u>않은</u> 것은?

> 진성 여왕 3년(889) 주와 군에서 공물과 부세를 바치지 않아 나라 창고가 텅 비고 …… 왕이 사자를 보내 독촉하니, 이로 인하여 곳곳에서 도적들이 벌떼처럼 일어났다. 이때 원종, 애노 등이 상주에서 반란을 일으켰다.
> — 『삼국사기』

① 실천 수행을 통한 깨달음을 강조하는 승려
② 스스로 성주를 칭하며 군사력을 과시하는 촌주
③ 호족과 힘을 합쳐 개혁을 도모하는 6두품 출신 학자
④ 재정 악화를 이유로 농민을 강압적으로 수취하는 관리
⑤ 무열왕계의 왕위 세습에 반발하여 난을 일으킨 진골 귀족

0079

(가)에 들어갈 내용으로 옳은 것은?

> 〈발해 왕들의 업적 정리〉
> - 고왕: 고구려인과 말갈인을 이끌고 발해를 건국하였다.
> - 무왕: _______________(가)_______________
> - 문왕: 신라와 상설 교통로를 개설하였다.
> - 선왕: 발해 역사상 최대 영토를 차지하였다.

① 상경으로 천도하였다.
② '해동성국'이라고 불렸다.
③ 당의 산둥 지방을 공격하였다.
④ 당의 문물을 적극적으로 수용하였다.
⑤ '대흥'이라는 독자적인 연호를 사용하였다.

0080

다음 중앙 통치 기구를 정비한 국가에 대한 설명으로 옳은 것은?

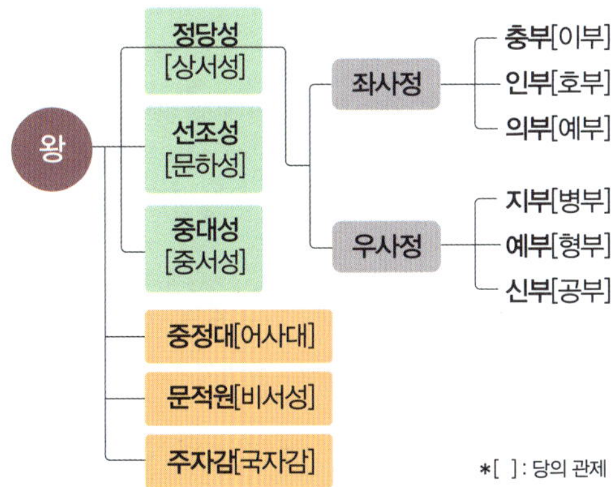

① 중앙 관리가 촌락을 직접 통제하였다.
② 중앙의 6부 명칭에 유교 이념을 반영하였다.
③ 집사부 아래에 여러 관부를 새롭게 설치하였다.
④ 건국부터 멸망 때까지 당 황제의 연호를 사용하였다.
⑤ 5경 15부 62주에 모두 도독이나 자사가 파견되었다.

0081

다음을 보고 물음에 답하시오.

(가)　　　　(나)

(1) (가), (나) 도구의 명칭을 각각 쓰시오.

　　(가): (　　　　　　), (나): (　　　　　　)

(2) (1)의 도구들이 사용되기 시작한 시기의 생활 모습을 당시의 경제적 변화와 각 도구의 사용법을 포함하여 서술하시오.

____

____

____

0082

다음을 읽고 물음에 답하시오.

> 청동기 시대에 만주와 한반도 일대에 많이 조성된 무덤인 ㉠ 이것은 덮개돌의 무게만 수십 톤에 이르기 때문에 ㉡ 많은 노동력을 동원할 수 있는 사람만이 만들 수 있었다.

(1) 밑줄 친 ㉠에 해당하는 무덤의 명칭을 쓰시오.

　　　　　　　　　　　　　　　　(　　　　　　)

(2) 밑줄 친 ㉡을 통해 추론할 수 있는 당시의 사회 모습을 서술하시오.

____

____

____

0083

다음을 읽고 (가) 국가의 사회 특징을 세 가지 서술하시오.

> 　(가)　 은/는 법을 만들어 사회 질서를 유지하였는데, 현재 다음과 같은 세 가지 조항만 전해진다.
> • 사람을 죽인 자는 즉시 죽인다.
> • 남에게 상처를 입힌 자는 곡식으로 갚게 한다.
> • 도둑질을 한 자는 그 집의 노비로 삼는다. 용서받고자 하는 자는 1인당 50만 전을 내야 한다.

____

____

____

____

0084

다음을 읽고 물음에 답하시오.

> • 가영: 마가·우가·저가·구가가 왕의 간섭 없이 사출도라 불리는 지방 행정 구역을 다스렸다고 해.
> • 나영: 범죄자가 있으면 제가들이 회의를 하여 사형에 처하고, 그 부인과 자식은 노비로 삼았다고 해.

(1) 위의 두 학생이 설명하는 국가를 각각 쓰시오.

　　　　　　　　　　　　　　　　(　　　　　　)

(2) (1) 국가들의 공통점을 제시된 대화의 내용과 연관 지어 서술하시오.

____

____

____

0085

다음을 읽고 고대 국가 성립 과정에서 나타난 특징을 <u>두 가지</u> 서술하시오.

- 고구려는 주내를 정벌하고 그 왕자를 사로잡아 고추가로 삼았다.
- 백제는 16품을 두고 각 품을 몇 단계로 나누어 해당 관리들이 서로 다른 색의 옷을 입게 하였다.

[0086~0087] 다음을 읽고 물음에 답하시오.

변한 지역에서는 여러 소국이 가야 연맹을 이루었고 3세기 경에는 김해의 금관가야가 연맹을 주도하였다. 금관가야가 쇠퇴한 이후 고령의 대가야가 연맹을 이끌었다.

0086

가야 연맹이 위와 같은 변화를 겪게 된 계기를 대외 관계를 중심으로 서술하시오.

0087

위 시기 이후 가야 연맹의 변화를 서술하시오.

0088

(가)에 들어갈 사건의 의의와 한계를 서술하시오.

〈신라의 [(가)] 과정〉

백제의 공세에 위협을 느낀 신라는 고구려 공격에 실패한 당을 설득하여 동맹을 맺었다.

⬇

나당 연합군은 백제와 고구려를 차례로 멸망시켰다.

⬇

당이 한반도 전체를 지배하려 하자 신라는 당과 전쟁을 벌였다.

⬇

신라는 매소성과 기벌포 싸움에서 결정적인 승리를 거두었다.

0089

(가)에 들어갈 내용을 <u>두 가지</u> 서술하시오.

주제: 고구려를 계승한 발해
발해의 건국을 주도한 대조영은 고구려 출신으로 고구려의 옛 땅에 발해를 세웠다. 또한 ______________ (가)

---

02 고려의 통치 체제와 정치 변화

1 고려의 건국과 통치 체제의 정비

(1) 후삼국의 성립

후백제(견훤)	완산주에 도읍하여 건국
후고구려(궁예)	송악(개성)에 도읍을 정하고 건국, 이후 도읍을 철원으로 이동하고 국호를 '태봉'으로 함
신라	세력이 약해져 영토 축소

(2) 고려의 건국과 후삼국의 통일

① **고려의 건국**: 궁예의 실정 ➡ 신하들이 궁예를 내쫓고 왕건 추대 ➡ 국호 '고려', 연호 '천수' 사용(918) ➡ 송악으로 천도(919)

② **후삼국 통일**: 후백제에서 내분이 일어나 견훤이 고려에 귀순 ➡ 신라 경순왕의 항복 ➡ 고려의 후백제군 격파, 후삼국 통일(936) `자료 ❶`

★ (3) 국가 기틀의 확립

① 태조
- **호족 정책**: 혼인 정책·성씨 하사, 사심관·기인 제도 실시
- 민생 안정책: 조세 경감, 빈민 구휼(흑창 설치)
- 북진 정책: 서경 중시, 청천강 유역까지 영토 확장
- 민족 통합 정책: 발해 유민 포용
- **'훈요 10조'** 작성: 고려의 정책 방향 제시

② 광종 `자료 ❷`
- **노비안검법** 실시: 본래 양인이었으나 불법으로 노비가 된 사람을 조사하여 양인으로 되돌려 주는 제도 ➡ 호족과 공신들의 경제력 약화
- **과거제** 실시: 유교적 소양을 갖춘 신진 세력 등용
- 왕권 강화: 공복 제정, 황제 칭호와 '광덕'·'준풍'이라는 독자적인 연호 사용

③ 성종 **최승로의 시무 28조 수용, 유교 이념에 따른 통치 체제의 정비** ➡ 2성 6부 설치, 지방관 파견(12목), 국자감과 향교 설립 `자료 ❸`

★ (4) 통치 체제의 정비

중앙 `자료 ❹`	• **2성 6부**: 중서문하성(국정 총괄)과 상서성, 6부(정책 집행) • 중추원: 군사 기밀, 왕명 출납 • 어사대: 관리 감찰, 중서문하성의 낭사와 함께 **대간(간쟁, 봉박, 서경권 행사)** 구성 • 삼사: 화폐와 곡식의 출납 업무 담당 • 회의 기구: **도병마사·식목도감** ➡ 재신과 추밀(추신) 참여
지방 `자료 ❺`	• 5도: 안찰사 파견, 주·군·현 설치, 주현과 속현 존재(관리가 파견되지 않은 속현이 파견되는 주현보다 많음) ┈ 고려만의 독자적인 기구이다. • 양계: 병마사 파견, 진 설치(군사 요충지) • 향·부곡·소: 특수 행정 구역
군사	중앙군(2군 6위), 지방군(5도의 주현군·양계의 주진군) 편성
관리 등용	• 과거: 양인 이상 응시 가능, 문과(제술과와 명경과로 구성, 문관 선발)·잡과(기술관 선발)·승과(승려 대상) • **음서**: 공신이나 5품 이상 고위 관료의 자손 대상, 시험을 거치지 않고 등용

Check! 잘 나오는 선지로 **개념** 확인하기

1 고려 태조의 정책으로 옳은 것을 모두 고르시오.

① 노비안검법을 실시하였다.
② 최승로의 시무 28조를 수용하였다.
③ 서경을 중시하면서 북진 정책을 추진하였다.
④ '광덕', '준풍'이라는 독자적인 연호를 사용하였다.
⑤ 전국에 12목을 설치하여 지방관을 파견하였다.
⑥ 사심관 제도와 기인 제도를 시행하였다.
⑦ 청천강에서 영흥만에 이르는 지역까지 영토를 확장하였다.
⑧ 발해 유민을 포용하였다.
⑨ 백관의 공복을 제정하였다.
⑩ 빈민 구휼을 위해 흑창을 설치하였다.

2 고려의 통치 체제에 대한 설명으로 옳은 것을 모두 고르시오.

① 당의 제도를 참고하였다.
② 2성은 중서문하성과 상서성으로 이루어졌다.
③ 중서문하성은 정책을 집행하는 6부를 관리하였다.
④ 상서성은 국정을 총괄하였다.
⑤ 대간은 간쟁, 봉박, 서경권을 행사하였다.
⑥ 도병마사와 식목도감은 고려의 독자적인 기구였다.
⑦ 삼사는 화폐와 곡식의 출납을 담당하였다.
⑧ 중추원은 왕명을 출납하였다.

답 1 ③, ⑥, ⑦, ⑧, ⑩
2 ①, ②, ⑤, ⑥, ⑦, ⑧

2 문벌 사회의 동요와 무신 정권의 성립

(1) 문벌 사회의 형성과 동요

① **문벌의 형성**: 여러 세대에 걸쳐 고위 관직자 배출, 정치권력 장악, 중첩된 혼인 관계로 결속 강화

② **문벌 사회의 동요**

- **이자겸의 난(1126)**: 왕의 측근 세력과 문벌 세력인 경원 이씨의 대립 ➡ 이자겸·척준경의 반란 ➡ 인종의 이자겸 제거, 척준경 축출

- **묘청의 서경 천도 운동**: 서경 세력(묘청, 정지상 등)과 개경 세력(김부식 등)의 대립 ➡ 묘청 등이 서경 천도, 칭제건원, 금 정벌 주장 ➡ 서경 천도 좌절 ➡ 묘청의 난(1135) ➡ 김부식이 이끄는 관군에 진압

(2) 무신 정권의 성립 자료❻

① **무신 정변(1170)**: 문벌 사회의 폐단, 무신 차별 ➡ 이의방·정중부 등이 정권 장악, 중방 중심으로 권력 행사, 무신 간 권력 다툼 전개

② **최씨 무신 정권**: 최충헌~최의까지 60여년간 정권 안정 ➡ 교정도감에서 국정 운영, 도방·삼별초 등으로 권력 유지, 정방에서 인사권 장악(최우)
└─ 최충헌은 사병 조직인 도방을 확대하였다.

③ **사회 혼란**: 지방 통제력 약화, 지배층의 수탈, 신분제의 동요 ➡ 농민·천민 봉기 발생 (망이·망소이의 난, 만적의 봉기 모의 등)

3 원 간섭기의 정치 변동과 공민왕의 개혁 정치

(1) 몽골의 침략과 고려의 대응

① **몽골의 침략**: 몽골이 고려에 과도한 공물 요구, 사신이 피살된 것을 구실로 고려 침략

② **고려의 대응**: 최씨 무신 정권은 몽골과 강화를 맺은 후 강화도로 천도 ➡ 처인성, 충주성 등에서 몽골군 격퇴 ➡ 몽골의 잇따른 침략으로 국토 황폐화, 백성의 고통 심화

③ **몽골과의 강화**: 무신 정권 붕괴 ➡ 몽골과 강화를 맺고 개경 환도

(2) 원 간섭기의 정치 변동

① **고려의 지위 격하**: 원의 부마국으로 전락, 관제 격하, 원의 내정 간섭 자료❼

② **영토 상실**: 쌍성총관부, 동녕부, 탐라부 설치

③ **각종 수탈**: 일본 원정에 고려군 동원, 공물과 공녀 요구 등

④ **권문세족의 성장**: 기존 문벌 출신, 무신 집권기에 성장한 가문, 원과 관계를 맺은 사람 등 ➡ 친원적 성향, 주로 음서로 관직에 진출, 도평의사사 장악, 불법으로 농장 확대

★**(3) 공민왕의 개혁 정치** 자료❽

배경	원의 쇠퇴, 권문세족의 왕권 위협
내용	• 반원 정책: 친원파 숙청, 정동행성 이문소 폐지, **쌍성총관부 공격**(철령 이북 영토 수복), 관제 회복, 몽골풍 금지 • 왕권 강화 정책: 정방 폐지, 신진 사대부 등용, **전민변정도감 설치**(신돈 등용)
결과	권문세족의 반발, 홍건적과 왜구의 잇따른 침략 ➡ 공민왕 시해로 중단

└─ 권세가가 빼앗은 토지를 원래 주인에게 돌려주고, 억울하게 노비가 된 양인을 풀어주었다.

(4) 고려의 멸망

① **신흥 무인 세력**: 홍건적과 왜구를 격퇴하는 과정에서 성장(이성계, 최영 등)

② **고려 멸망 과정**: 명이 철령 이북의 땅 요구 ➡ 우왕과 최영의 요동 정벌 추진 ➡ 이성계의 위화도 회군(1388) ➡ 과전법 실시(1391) ➡ 고려 멸망, 조선 건국(1392)

---

3 무신 정권에 대한 설명으로 옳은 것을 <u>모두</u> 고르시오.

① 이자겸의 난이 일어나는 데 영향을 주었다.
② 정중부, 이의방 등이 정변을 일으켜 수립하였다.
③ 초기에는 중방을 중심으로 권력을 행사하였다.
④ 금 정벌을 주장하였다.
⑤ 이의민에 의해 무너졌다.
⑥ 무신에 대한 차별에 반발하여 일어났다.
⑦ 도방과 삼별초를 설치하였다.
⑧ 최충헌이 정권을 장악한 후 점차 안정되었다.
⑨ 김부식이 이끄는 관군이 난을 진압하였다.
⑩ 최우는 인사를 담당하는 정방을 자신의 집에 설치하였다.

4 공민왕이 추진한 개혁 정치로 옳은 것을 <u>모두</u> 고르시오.

① 유력한 호족과 혼인하였다.
② 몽골의 풍속을 금지하였다.
③ 기철 등 친원 세력을 숙청하였다.
④ 정동행성 이문소를 폐지하였다.
⑤ 정방을 폐지하였다.
⑥ 이자겸의 난을 진압하였다.
⑦ 전민변정도감을 설치하였다.
⑧ 강화도로 수도를 옮겼다.
⑨ 과전법을 실시하였다.
⑩ 쌍성총관부를 공격하여 철령 이북의 영토를 수복하였다.

답 **3** ②, ③, ⑥, ⑦, ⑧, ⑩
　　4 ②, ③, ④, ⑤, ⑦, ⑩

O/X 문제로 9종 교과서 핵심 자료 보기

자료 ❶ 고려의 후삼국 통일 과정

0090 왕건은 견훤을 몰아내고 왕위에 올랐다. O/X

0091 힘이 약해진 신라는 고려에 항복하였다. O/X

0092 고려는 후고구려와 전투를 벌여 승리한 뒤 후고구려의 항복을 받았다. O/X

자료 ❷ 광종의 왕권 강화 정책

- 광종이 노비를 안검(상세히 조사)하여 옳고 그름을 가리도록 명령하였다. 이 때문에 주인을 배반하거나 업신여기는 노비가 셀 수 없이 많아졌다. 사람들이 모두 탄식하고 왕비도 간곡히 말렸으나 광종은 받아들이지 않았다. → 노비안검법 실시
- 광종이 쌍기의 건의를 받아들여 과거를 실시하여 관리를 뽑았다. …… 과거에는 제술업, 명경업과 의업 등의 잡업이 있었다.
  → 과거제 시행 – 『고려사』

0093 노비안검법은 억울하게 노비가 된 사람을 양인으로 되돌려 주는 제도였다. O/X

0094 광종은 노비안검법을 시행하여 공신과 호족의 힘을 약화시키고 양인의 수를 줄였다. O/X

0095 광종은 과거제를 실시하여 유교적 소양을 갖춘 신진 세력을 등용하였다. O/X

자료 ❸ 최승로의 시무 28조

7조 왕이 백성을 다스리는 것은 집집마다 가서 매일 돌보는 것이 아닙니다. 수령을 파견하여 백성의 이익과 손해를 살피는 것입니다. …… 청컨대 외관(外官)을 두십시오.

11조 예악(禮樂)·시(詩)·서(합)의 가르침과 군신(君臣)·부자(父子)의 도리는 마땅히 중국을 본받아 비루한 풍속은 개혁하되, 그 밖의 거마(車馬)나 의복 제도는 우리 풍속을 따라도 좋을 것입니다.

20조 불교를 믿는 것은 자신을 다스리는 근본이며, 유교를 행하는 것은 나라를 다스리는 근본을 구하는 것입니다.

– 『고려사』

0096 성종은 최승로의 시무 28조를 받아들여 통치 체제를 정비하였다. O/X

0097 성종은 중앙 통치 기구를 정비하고, 전국의 주요 지역에 지방관을 파견하였다. O/X

0098 시무 28조에서 최승로는 불교를 통치 이념으로 삼을 것을 제시하였다. O/X

자료 ❹ 고려의 중앙 행정 조직

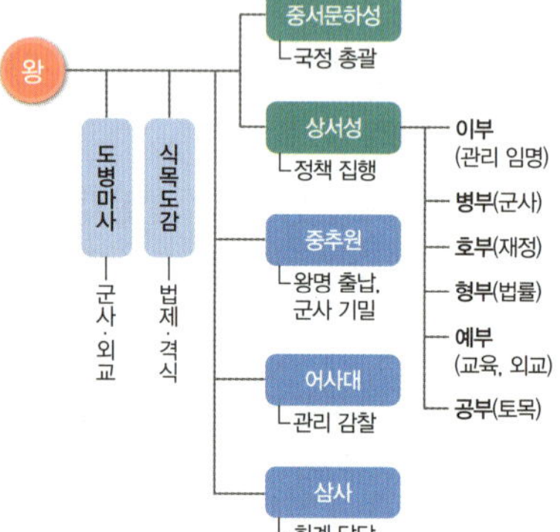

0099 고려는 당의 제도를 참고하여 2성 6부제로 중앙 행정 조직을 갖추었다. O/X

0100 중서문하성이 국정을 총괄하고 삼사가 정책을 집행하였다. O/X

0101 어사대의 관원은 중서문하성의 낭사와 함께 대간으로 불렸다. O/X

0102 도병마사와 식목도감은 중서문하성과 중추원의 고위 관리가 정책을 협의하는 고려의 독자적인 기구였다. O/X

자료 5 고려의 지방 행정 구역

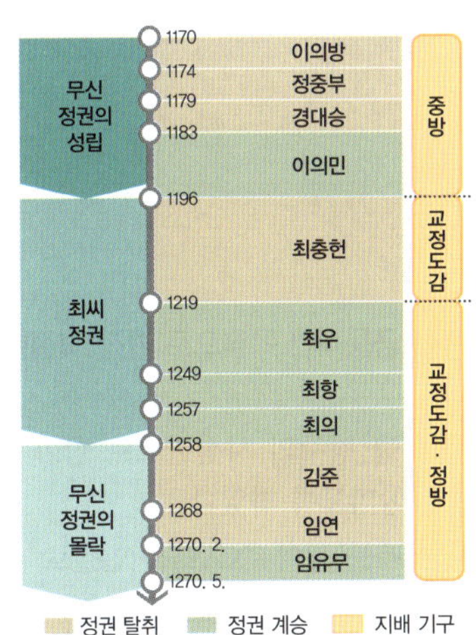

0103 고려는 지방을 경기, 5도와 양계로 나누어 편성하 O/X
였다.

0104 고려 시대에는 모든 군현에 지방관이 파견되었다. O/X

0105 고려 시대에는 도 아래에 향, 부곡, 소 등 특수 행정 O/X
구역이 있었다.

자료 6 무신 정권의 성립과 변화

0106 문신에 대한 차별에 불만을 품은 일부 문신이 정변 O/X
을 일으켰다.

0107 최충헌은 최고 권력 기구로 교정도감을 설치하여 O/X
국가의 중요한 정책을 결정하였다.

0108 최우는 정방을 설치하고 삼별초를 조직하였다. O/X

자료 7 원 간섭기 고려의 변화

왕실 용어		관제 용어	
이전	원 간섭기	이전	원 간섭기
조(祖), 종(宗)	충O왕(忠O王)	중서문하성, 상서성	첨의부로 통합
폐하	전하		
짐	고	중추원	밀직사
태자	세자	6부	4사

▲ 왕실 용어와 관제의 격하

> 기철의 누이동생이 원에 들어가 황후가 되자 기철은 세력을 믿고 방자하였으며, 그의 친척들도 연줄을 믿어 교만하고 횡포하였다. …… 기철 등은 황실과 인척 관계를 맺어 상국의 위엄을 빌려 권세를 떨치면서 임금을 협박하고, 남이 소유한 노비와 토지를 빼앗았다. – 『고려사』

▲ 권문세족의 횡포

0109 원 간섭기에 고려의 왕실 용어와 관제의 격이 낮아 O/X
졌다.

0110 권문세족 중에는 원 황실의 외척, 통역관 등 원과 O/X
관계를 맺은 사람들이 있었다.

0111 권문세족은 고위 관직을 독점하고 도병마사를 장악 O/X
하여 정치권력을 잡았다.

자료 8 공민왕의 개혁 정치

> • 기철 등이 권세를 믿고 임금을 능멸하여 방자하게 위세를 부려 백성에게까지 독을 미쳐 끝이 없었다. …… 몰래 반역을 도모하고 사직을 위태롭게 하였다. 다행히 천지와 신령에게 도움을 받아 기철 등을 다 처형하였다.
> • 신돈이 전민변정도감을 설치할 것을 청하였고, "…… 권세가들이 농민의 토지를 강탈하였다. …… 스스로 토지를 반환하는 자는 과거를 묻지 않는다."라고 공포하였다. 권세가들이 빼앗은 것을 주인에게 많이 돌려주니 전국에서 기뻐하였다.
> – 『고려사』

0112 공민왕은 기철 등 친원 세력을 숙청하고, 고려의 내 O/X
정을 간섭하던 도평의사사를 폐지하였다.

0113 전민변정도감은 불법적으로 차지한 토지를 원래 주 O/X
인에게 돌려주고 억울하게 노비가 된 사람을 양인
신분으로 되돌리고자 설치되었다.

0114 공민왕의 개혁 정치는 권문세족의 지지를 받았다. O/X

0115

(가)~(다) 사건을 일어난 순서대로 옳게 나열한 것은?

> (가) 신라의 경순왕이 고려에 항복하였다.
> (나) 후백제의 견훤이 고려에 귀순하였다.
> (다) 고려가 후백제군을 격파하면서 후백제가 멸망하였다.

① (가) – (나) – (다) ② (가) – (다) – (나)
③ (나) – (가) – (다) ④ (나) – (다) – (가)
⑤ (다) – (나) – (가)

0116 난이도 상

(가)~(마) 지역에서 일어난 사건에 대한 설명으로 옳은 것은?

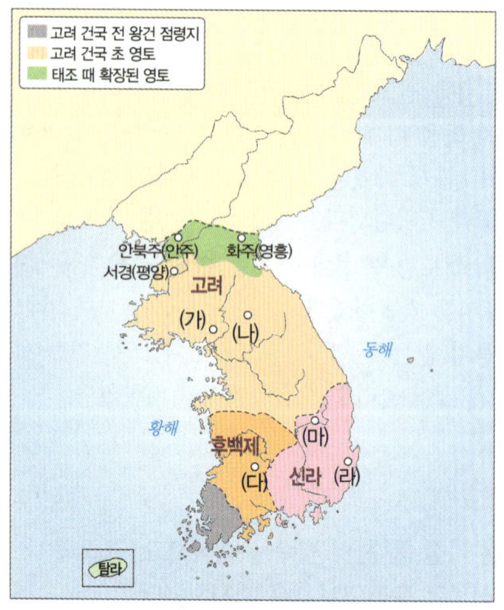

① (가) – 고려가 건국되었다.
② (나) – 왕건이 나라 이름을 '고려'라 하였다.
③ (다) – 신하들이 궁예를 내쫓고 왕건을 추대하였다.
④ (라) – 고려가 후백제군을 격파하고 후삼국을 통일하였다.
⑤ (마) – 경순왕이 고려에 투항하였다.

0117

다음을 후손에게 남긴 왕의 정책으로 옳은 것만을 보기 에서 고른 것은?

> 제1조 우리 국가의 왕업은 반드시 모든 부처의 도움을 받아야 한다.
> 제5조 1년에 100일 이상 서경에 머물러 왕실의 안녕을 이루어야 할 것이다.

보기

> ㄱ. 사심관 제도를 실시하였다.
> ㄴ. 철원에서 송악으로 천도하였다.
> ㄷ. 2성 6부의 중앙 관제를 마련하였다.
> ㄹ. 관리의 기강 확립을 위해 공복을 제정하였다.

① ㄱ, ㄴ ② ㄱ, ㄷ ③ ㄴ, ㄷ
④ ㄴ, ㄹ ⑤ ㄷ, ㄹ

0118

다음 두 제도를 실시한 공통적인 목적으로 가장 적절한 것은?

> • 신라왕 …… 김부를 경주의 사심관으로 삼아 부호장 이하 관직자들의 일을 살피도록 하였다.
> • 국초에 향리의 자제를 뽑아 수도에서 인질로 삼고 그 고을의 일에 대해 자문하게 하니, 이를 기인이라 하였다.

① 지방 세력을 통제하고자 하였다.
② 능력에 따라 관리를 선발하고자 하였다.
③ 지방을 균형적으로 발전시키고자 하였다
④ 수도가 동남쪽에 치우친 점을 보완하고자 하였다.
⑤ 유교 정치 이념을 바탕으로 통치 체제를 확립하고자 하였다.

0119

(가) 시기에 들어갈 사실로 옳은 것은?

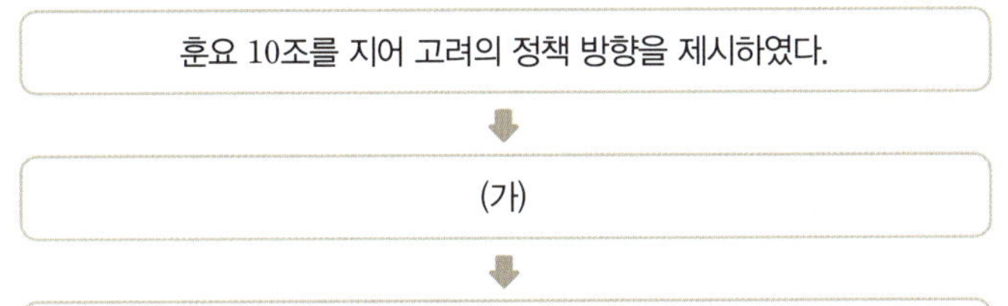

① 국학을 설립하였다.
② 청천강 유역까지 영토를 확장하였다.
③ 전국을 5도와 양계, 경기로 크게 나누었다.
④ 지방에 22담로를 설치하고 왕족을 파견하였다.
⑤ '광덕', '준풍' 등의 독자적인 연호를 사용하였다.

0120

밑줄 친 '이 왕'의 업적으로 옳은 것은?

　이 왕 때에 이르러 처음으로 명령을 내려, 노비들을 자세히 살펴서 원래 노비가 맞는지 아닌지를 판별하도록 하였습니다. 이에 태조 이래의 공신들이 탄식하고 원망하였지만 간언하는 자가 아무도 없었으며, 대목 왕후께서 간절하게 말리셨으나 받아들이지 않았습니다. 그로 인해 천한 노비들이 힘을 얻어서 존귀한 이들을 업신여겼으며, 앞다투어 거짓을 꾸며내어 본래 주인을 모함한 것이 이루 다 헤아릴 수 없을 정도였습니다.

① 관료전을 지급하고 녹읍을 폐지하였다.
② 전국에 12목을 설치하고 지방관을 파견하였다.
③ 쌍기의 건의를 받아들여 과거제를 실시하였다.
④ 쌍성총관부를 공격하여 철령 이북의 땅을 수복하였다.
⑤ 조세를 경감해 주고 빈민 구휼 기관인 흑창을 설치하였다.

0121

(가), (나)와 관련 있는 왕에 대한 설명으로 옳은 것은?

　(가) 국왕이 백성을 다스림은 집집마다 가서 돌보고 날마다 이를 보는 것이 아닙니다. …… 우리 태조께서는 나라를 통일한 후에 외관을 두고자 하였으나, 초창기의 일이 많아서 미처 할 겨를이 없었습니다. …… 청컨대 외관을 두도록 하십시오.
　(나) 우리나라와 중국은 지역과 사람의 인성이 다르므로 중국의 문화를 반드시 따를 필요가 없으며, 거란은 짐승과 같은 나라이므로 그들의 의관 제도는 따르지 말라.

① (가) – 과거제를 처음으로 시행하였다.
② (가) – 노비안검법을 시행하여 호족의 세력 기반을 약화시켰다.
③ (나) – '인안'이라는 연호를 사용해 국가의 위상을 높였다.
④ (나) – 혼인 정책, 관직과 토지 하사 등을 통해 지지 세력을 확보하고자 하였다.
⑤ (가)와 (나) – 민생 안정을 위해 재정 낭비를 가져오는 불교 행사를 억제하였다.

0122

(가) 기구에 대한 설명으로 옳은 것은?

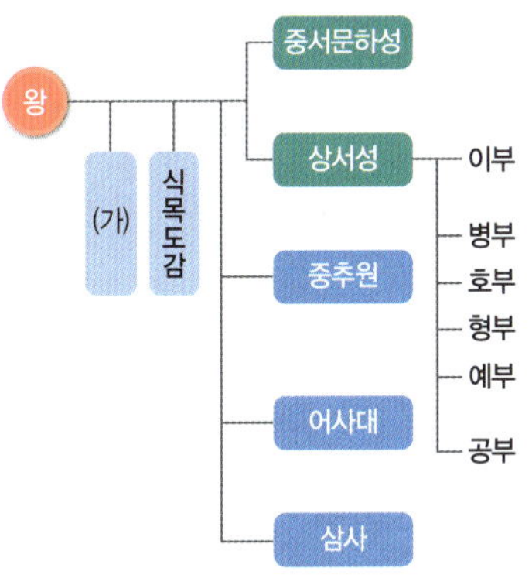

▲ 고려의 중앙 통치 제도

① 최고 기구로서 국정을 총괄하였다.
② 6부를 관리하며 정책을 집행하였다.
③ 왕명을 출납하고 군사 기밀을 담당하였다.
④ 국방과 외교 문제를 회의로 결정하는 기구였다.
⑤ 간쟁, 봉박, 서경을 행사하여 왕과 고위 관리를 감시하였다.

0123 난이도 상

고려 시대의 (가)~(마) 기구에 대한 학생들의 대화 내용으로 옳지 <u>않</u>은 것은?

> (가) 도병마사   (나) 예부   (다) 중추원
> (라) 어사대   (마) 삼사

① 갑: (가)는 국방 및 군사 문제를 논의하였어.
② 을: (나)는 의례와 교육을 담당하였어.
③ 병: (다)는 군사 기밀을 담당하고 왕명을 출납하였어.
④ 정: (라)는 (다)의 낭사와 함께 왕이나 고위 관리를 견제하였어.
⑤ 무: (마)는 국가 재정의 출납과 회계를 담당하였어.

0124

다음은 어느 관리의 가상 업무 일지이다. 이 관리의 업무에 대한 설명으로 옳은 것은?

> • △월 △일: 국상(國喪) 중 궁궐에서 음주가무를 한 상서성 관원의 비리를 적발하여 국왕께 탄핵을 건의함
> • □월 □일: 국왕의 궁궐 수리 명령 건에 대한 논박문을 작성하여 제출함

① 수도의 행정과 치안을 맡아 보았다.
② 군사 기밀과 왕명 출납을 총괄하였다.
③ 국방과 군사 문제를 회의로 결정하였다.
④ 화폐와 곡식의 출납 업무를 담당하였다.
⑤ 관리의 임명에 동의하는 일을 처리하였다.

0125

고려의 지방 행정 제도에 대한 설명으로 옳은 것만을 보기 에서 고른 것은?

> **보기**
> ㄱ. 전국을 9주로 나누었다.
> ㄴ. 주요 지역에 5개의 소경을 두었다.
> ㄷ. 각 도를 감찰하기 위해 안찰사를 파견하였다.
> ㄹ. 지방관이 파견되지 않은 속현이 주현보다 많았다.

① ㄱ, ㄴ   ② ㄱ, ㄷ   ③ ㄴ, ㄷ
④ ㄴ, ㄹ   ⑤ ㄷ, ㄹ

0126

밑줄 친 ㉠과 관련된 설명으로 옳은 것만을 보기 에서 고른 것은?

> 고려는 군사적으로 중요한 지역에는 ㉠ 북계와 동계를 두었고, 국방상의 요충지에는 진을 설치하였다.

> **보기**
> ㄱ. 주현과 속현, 특수 행정 구역이 있었다.
> ㄴ. 병마사를 파견한 군사 행정 구역이었다.
> ㄷ. 북방 민족의 침입에 대비하고자 설치하였다.
> ㄹ. 수도가 동남쪽에 치우친 점을 보완하는 역할을 하였다.

① ㄱ, ㄴ   ② ㄱ, ㄷ   ③ ㄴ, ㄷ
④ ㄴ, ㄹ   ⑤ ㄷ, ㄹ

0127

다음과 같이 지방 행정 제도를 정비한 국가에 대한 설명으로 옳은 것은?

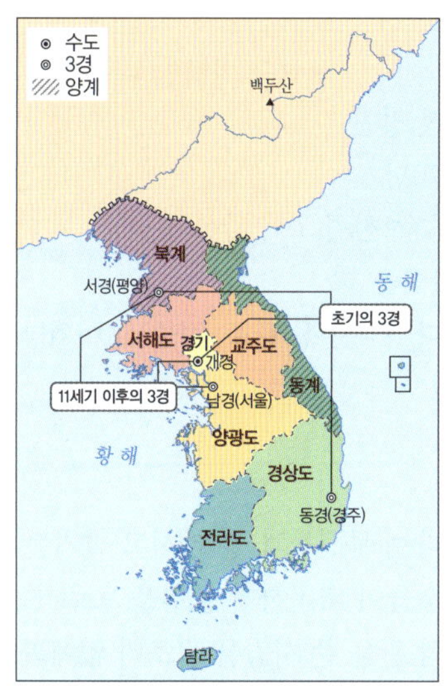

① 주변국으로부터 해동성국이라 불렸다.
② 진흥왕 시기에 한강 유역을 차지하였다.
③ 무열왕의 직계 자손이 왕위를 세습하였다.
④ 사비로 수도를 옮기고 국호를 남부여로 바꾸었다.
⑤ 당의 제도를 참고하여 중앙 정치 제도를 정비하였다.

0128

다음 가상 일기에 나타난 관리 선발 제도에 대한 설명으로 옳은 것만을 〈보기〉에서 고른 것은?

> ○○○○년 ○○월 ○○일 맑음
>
> 국자감시에 합격한 지도 벌써 3년이 다 되었다. 예부시 제술과에 응시해야 하는데, 공부가 잘 되지 않아 걱정이다. 크게 기대하시는 부모님을 생각해서라도 더욱 열심히 해야겠다.

〈보기〉

ㄱ. 문과, 잡과, 승과로 이루어졌다.
ㄴ. 잡과는 문관을 선발하는 시험이었다.
ㄷ. 높은 관직에 오르는 데 음서보다 유리하였다.
ㄹ. 공신이나 5품 이상 관리의 자손을 대상으로 하였다.

① ㄱ, ㄴ   ② ㄱ, ㄷ   ③ ㄴ, ㄷ
④ ㄴ, ㄹ   ⑤ ㄷ, ㄹ

0129

(가) 세력에 대해 알아보는 탐구 활동으로 가장 적절한 것은?

> 고려 시대에는 중앙 집권적 국가 체제가 확립되면서 점차 (가) 이/가 형성되었다. 이들은 여러 대에 걸쳐 높은 관직과 권력을 독차지하였는데, 대표적인 가문으로 경원 이씨가 있다.

① 녹읍의 수급 여부를 살펴본다.
② 화백 회의의 참석 여부를 알아본다.
③ 음서의 혜택을 누린 범위를 조사한다.
④ 노비안검법 실시로 약화된 세력을 찾아본다.
⑤ 기록을 통해 친원적인 정치 성향을 파악한다.

0130

(가) 인물에 대한 설명으로 옳은 것은?

> (가) 은/는 스스로 국공이 되어 왕태자와 대등한 대우를 받았다. 자신의 생일을 인수절이라고 부르고 …… 사방에서 바치는 음식 선물이 넘치게 들어오니 썩어서 버리는 고기가 항상 수만 근이었다.

① 마한의 남은 세력을 정복하였다.
② 성종에게 시무 28조를 지어 바쳤다.
③ 칭제건원과 금국 정벌을 주장하였다.
④ 위화도에서 군사를 돌려 개경으로 돌아왔다.
⑤ 권력 장악을 위해 척준경과 반란을 일으켰다.

0131

(가), (나)와 같이 주장한 정치 세력에 관한 설명으로 옳지 <u>않은</u> 것은?

> (가) 서경 임원역의 땅을 보니 이는 음양가가 말하는 대화세
> 라서 궁궐을 세우고 여기로 옮겨 지내면 천하를 합병할
> 수 있을 것이요, 금이 스스로 항복할 것이며, 36국이 다
> 신하가 될 것입니다.
> (나) 윤언이가 정지상과 결탁하여 서로 죽기로 맹세한 당이
> 되었으니 …… 임금이 서경에 행차하실 때에 글을 올려
> 서 연호를 세우고 황제를 칭하기를 청하였으니 대개 금
> 을 격노시켜 일을 내게 하고 그 틈을 타서 자기 세력이
> 아닌 사람을 처치하고 반역을 꾀하려고 함이었습니다.

① (가)는 황제를 칭하고 연호 사용을 주장하였다.
② (가)는 풍수지리설을 바탕으로 천도를 추진하였다.
③ (가)는 서경에서 난을 일으켰으나 1년여 만에 진압되었다.
④ (나)는 김부식 중심의 개경의 문벌 세력이었다.
⑤ (나)는 서경으로의 천도와 금 정벌을 주장하였다.

0132

밑줄 친 '이 사건'에 대한 설명으로 옳은 것은?

> 이 사건은 낭가 및 불교 대 유교의 싸움이며, 국풍파 대 한
> 학파의 싸움이다. 또 독립당 대 사대당의 싸움이고, 진취 사
> 상 대 보수 사상의 싸움이다. 전자가 패하고 후자가 승리하였
> 으므로, 조선의 역사가 사대적이고 보수적인 유교에 정복되
> 고 말았다. 그러니 어찌 이 싸움을 천년 역사의 가장 큰 사건
> 이라 하지 않으랴.
> — 『조선사연구초』

① 몽골이 침략한 시기에 일어났다.
② 신진 사대부가 새롭게 등장하는 계기가 되었다.
③ 이자겸과 척준경의 싸움으로 이자겸이 축출되었다.
④ 고려를 황제국이라 부르고, 금을 정벌할 것을 주장하였다.
⑤ 풍수지리설에 의해 수도를 남경으로 옮길 것을 건의하였다.

0133

(가)에 들어갈 내용으로 적절하지 <u>않은</u> 것은?

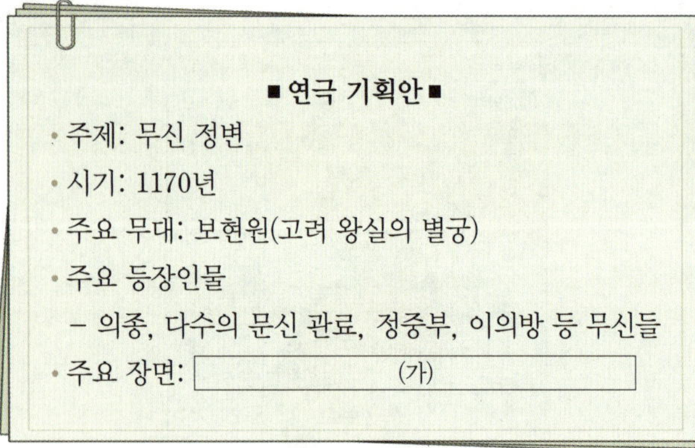

① 의종이 총애하는 문신들과 술 마시고 즐기는 장면
② 호위하던 장수들이 피곤하여 불평을 토로하는 장면
③ 무신이 문관의 관을 쓴 사람은 모조리 없애라고 외치는 장면
④ 문신들이 의기양양하여 취하도록 마시고 배부르게 먹는 장면
⑤ 국왕이 신하들에게 명령하여 금을 정벌하자고 주장하는 장면

0134

(가)~(라)에 들어갈 내용으로 옳은 것만을 보기 에서 고른 것은?

무신 집권기의 주요 기구	
명칭	성격
중방	(가)
도방	(나)
교정도감	(다)
정방	(라)

보기

ㄱ. (가)– 무신 정권 초기 국정을 운영한 기구
ㄴ. (나)– 최우의 집에 설치된 인사 행정 담당 기구
ㄷ. (다)– 최씨 무신 정권에서 국정을 총괄한 최고 권력 기구
ㄹ. (라)– 최씨 무신 정권의 군사적 기반

① ㄱ, ㄴ ② ㄱ, ㄷ ③ ㄴ, ㄷ
④ ㄴ, ㄹ ⑤ ㄷ, ㄹ

0135 난이도 상

(가)~(다)의 인물에 대한 설명으로 옳지 <u>않은</u> 것은?

1170	1174	1179	1183	1196	1219	1249
이의방	정중부	경대승	(가)	(나)	(다)	

① (가)– 천민 출신으로 최고 권력자가 되었다.
② (가)– 교정도감을 만들어 국정의 중심 기구로 삼았다.
③ (나)– 사병 조직인 도방을 확대하였다.
④ (다)– 정방을 설치하여 필요에 따라 문신을 등용하였다.
⑤ (다)– 몽골이 침입하자 강화도로 수도를 옮겼다.

0136

(가)에 들어갈 내용으로 적절하지 <u>않은</u> 것은?

문화 특강– '무신 정변과 최씨 무신 정권의 성립'

12세기 말 무신들은 정변을 일으켜 고려의 새로운 지배 세력으로 등장하였습니다. 우리 박물관에서는 무신 정변과 최씨 무신 정권의 성립에 대한 교양 강좌를 마련하였으니, 관심 있는 분들의 많은 참여 바랍니다.

- 일시: 20○○년 7월 ○○일 오후 2시
- 장소: △△박물관 대강당
- 강의 주제

주제 1 ____________(가)____________
주제 2 최씨 무신 정권의 최고 권력 기구인 교정도감

---

① 무신 정변의 주역인 정중부와 이의방
② 몽골 침입에 대응한 최우의 강화도 천도
③ 정방 설치를 통해 인사권을 장악한 최우
④ 토지와 노비 문제를 바로잡은 무신 집권자들
⑤ 최씨 무신 정권의 군사 기반인 도방과 야별초

0137 난이도 상

(가) 인물에 대한 설명으로 옳은 것은?

사노비 만적 등이 "무신의 난 이래 고관대작이 천민에서 많이 나왔다. 왕후장상(王侯將相)의 씨가 따로 있는가! …… ____(가)____을/를 죽인 뒤 자기 주인을 죽이고, 노비 문서를 불태워 이 땅의 천민을 없애면 우리도 왕후장상이 될 수 있다."라고 말하였다.

－『고려사절요』

---

① 이자겸과 함께 난을 일으켰다.
② 이의민을 몰아내고 권력을 장악하였다.
③ 정방을 설치하여 인사권을 장악하였다.
④ 교정도감과 도방을 처음으로 설치하였다.
⑤ 묘청 등이 서경에서 일으킨 반란을 진압하였다.

0138

(가) 인물이 집권한 시기에 있었던 사실로 옳은 것만을 〔보기〕에서 고른 것은?

백관이 ____(가)____의 집에 가서 인사 관련 장부를 올리니 그가 마루에 앉아서 이를 받았다. 이때부터 ____(가)____은/는 정방을 자기 집에 설치하고 여기에서 백관의 인사를 결정하였다.

〔보기〕

ㄱ. 삼별초가 조직되었다.
ㄴ. 권문세족이 농장을 확대하였다.
ㄷ. 고려가 수도를 강화도로 옮겼다.
ㄹ. 진골 귀족 간에 왕위 쟁탈전이 벌어졌다.

① ㄱ, ㄴ   ② ㄱ, ㄷ   ③ ㄴ, ㄷ
④ ㄴ, ㄹ   ⑤ ㄷ, ㄹ

0139

다음 사건을 주도한 인물에 대한 설명으로 옳은 것은?

> "나라에서 경인·계사년 이후로 고관이 천민과 노비에서 많이 나왔다. 장수와 재상이 씨가 따로 있으랴, 때가 오면 누구나 할 수 있다." …… "우리가 성 안에서 봉기하면 먼저 최충헌 등을 죽인다. 이어서 각각 그 주인을 쳐서 죽이고 천민 호적을 불살라서 우리나라에 천민이 없게 하자."

① 공주 명학소에서 봉기를 일으켰다.
② 개경의 사노비로 신분 해방을 꿈꾸었다.
③ 풍수지리설을 바탕으로 서경 천도를 주장하였다.
④ 정변을 일으켜 많은 문신을 죽이고 권력을 장악하였다.
⑤ 예종과 인종에게 딸을 시집보내며 막강한 권력을 누렸다.

0140

다음 지도와 같은 상황이 전개되던 시기 고려의 모습으로 옳지 <u>않은</u> 것은?

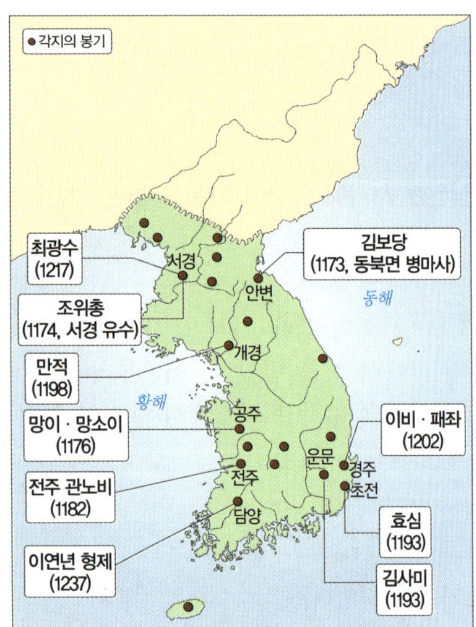

① 천민 출신의 이의민이 최고 권력자가 되었다.
② 무신 집권자와 지방관들이 백성을 수탈하였다.
③ 권문세족이 새로운 지배 세력으로 등장하였다.
④ 무신 간에 권력 다툼으로 지방 통제력이 약해졌다.
⑤ 만적이 신분 해방 운동을 시도하였으나 사전에 발각되었다.

0141

다음은 고려 왕실과 관련된 명칭의 변천을 정리한 표이다. 이러한 변화가 일어난 시기에 대한 설명으로 옳은 것만을 보기 에서 고른 것은?

구분	변경 전	변경 후
왕이 죽은 뒤 붙이는 칭호	조, 종	왕
왕이 스스로를 칭할 때	짐	고
신하가 왕에게 고할 때	폐하	전하
왕위 계승자	태자	세자

보기

ㄱ. 발해가 거란의 침입으로 멸망하였다.
ㄴ. 처인성 전투에서 고려가 몽골군을 상대로 승리하였다.
ㄷ. 고려는 원에 공녀, 환관, 금, 은, 베, 인삼, 매 등을 보냈다.
ㄹ. 원이 고려의 영토에 통녕부, 쌍성총관부, 탐라부를 설치하였다.

① ㄱ, ㄴ   ② ㄱ, ㄷ   ③ ㄴ, ㄷ
④ ㄴ, ㄹ   ⑤ ㄷ, ㄹ

0142

다음 자료에 나타난 시기의 사회 모습으로 옳은 것은?

> 각 도에서 징발한 한산군(閑散軍)을 도평의사사가 검열하려 하니, 규정대로 말을 갖추지 못한 자들은 형벌이 두려워서 농사짓던 토지까지 팔아서 말을 마련하였다.

① 망이·망소이가 난을 일으켰다.
② 다루가치가 고려의 내정을 간섭하였다.
③ 고려 왕이 '준풍' 등의 연호를 사용하였다.
④ 서경 천도를 둘러싸고 신하들이 대립하였다.
⑤ 국가의 중요 정책을 중서문하성에서 총괄하였다.

0143

(가) 시기에 볼 수 있는 모습으로 가장 적절한 것은?

| (가) 시기 관제의 격하 |

구분	이전	(가)
관제	중서문하성, 상서성	첨의부
	6부	4사
	중추원	밀직사

① 백성의 토지를 빼앗는 권문세족
② 교정도감에서 업무를 처리하는 무신
③ 노비안검법의 실시에 반발하는 호족
④ 처인성에서 전투를 벌이는 부곡 주민
⑤ 묘청과 함께 서경 천도를 주장하는 문벌

0144

다음과 같이 영토를 회복한 왕에 대한 설명으로 옳지 <u>않은</u> 것은?

① 기철 일파를 숙청하였다.
② 고려의 관제와 복식을 회복하였다.
③ 최영과 함께 요동 정벌을 추진하였다.
④ 권문세족을 억압하는 정책을 추진하였다.
⑤ 전민변정도감을 설치하여 개혁을 추진하였다.

0145

(가)에 들어갈 내용으로 옳은 것만을 보기 에서 고른 것은?

| 원·명 교체기 공민왕의 개혁 |

목적	내용
· 반원 추진 · 사회 · 경제 문제 해결	(가)

| 보기 |

ㄱ. '광덕', '준풍'과 같은 독자적인 연호를 사용함
ㄴ. 고려의 내정을 간섭하던 정동행성 이문소를 폐지함
ㄷ. 몽골식 생활 풍속을 유지하며 원과의 교류를 확대함
ㄹ. 전민변정도감을 설치하여 토지를 원래 주인에게 돌려줌

① ㄱ, ㄴ ② ㄱ, ㄷ ③ ㄴ, ㄷ
④ ㄴ, ㄹ ⑤ ㄷ, ㄹ

0146

다음을 주장한 정치 세력에 대한 설명으로 옳은 것은?

· 토지 제도를 개혁해야 합니다.
· 성리학 공부를 강화해야 합니다.
· 명과 친선 관계를 맺어야 합니다.
· 불교의 문제점을 바로잡아야 합니다.

① 시무 28조를 제출하였다.
② 권문세족의 비리를 비판하였다.
③ 김사미와 효심의 난을 진압하였다.
④ 개경 환도에 반발하여 봉기하였다.
⑤ 중방을 중심으로 국정을 운영하였다.

0147

신진 사대부에 대한 설명으로 옳은 것만을 보기 에서 고른 것은?

보기
- ㄱ. 권문세족의 부정부패와 횡포를 비판하였다.
- ㄴ. 주로 공민왕 때 과거를 통해 정계에 진출하였다.
- ㄷ. 홍건적과 왜구를 격퇴하는 과정에서 성장하였다.
- ㄹ. 신흥 무인 세력과 손잡고 권문세족을 축출하였다.
- ㅁ. 대대로 고위 관직자를 배출하며 세력을 강화하였다.

① ㄱ, ㄴ, ㄹ
② ㄱ, ㄴ, ㅁ
③ ㄴ, ㄷ, ㄹ
④ ㄴ, ㄹ, ㅁ
⑤ ㄷ, ㄹ, ㅁ

0148

다음 사건의 영향으로 가장 적절한 것은?

명이 쌍성총관부가 있던 철령 이북 지역을 차지하려 하자, 우왕과 최영은 요동 정벌을 추진하였다. 그러나 요동 정벌에 반대한 이성계는 결국 위화도에서 군사를 돌려 개경으로 진격하였다.

① 김흠돌의 반란이 진압되었다.
② 문벌 사회가 더욱 분열하였다.
③ 이성계가 권력을 장악하게 되었다.
④ 정몽주 등이 제거되고 조선이 건국되었다.
⑤ 무신들이 정변을 일으켜 정권을 장악하였다.

0149

(가) 인물에 대한 설명으로 옳은 것은?

| (가) 의 활동 |

① 도방을 설치하였다.
② 강화도 천도를 단행하였다.
③ 진도를 근거지로 항쟁하였다.
④ 홍건적과 왜구를 격퇴하였다.
⑤ 척준경과 함께 난을 일으켰다.

0150

(가)~(라)를 일어난 순서대로 나열한 것은?

- (가) 이성계와 신진 사대부가 과전법을 시행하였다.
- (나) 위화도 회군을 계기로 우왕과 최영이 몰락하였다.
- (다) 명이 철령 이북의 땅을 줄 것을 고려에 요구하였다.
- (라) 이성계는 4불가론을 왕에게 올리며 요동 정벌에 반대하였다.

① (가) – (나) – (다) – (라)
② (가) – (다) – (나) – (라)
③ (나) – (라) – (가) – (다)
④ (다) – (나) – (가) – (라)
⑤ (다) – (라) – (나) – (가)

STEP 3 서술형 풀어 보기

0151

다음을 읽고 물음에 답하시오.

> **(가)**
> • 재위 기간: 918~943년
> • 주요 업적
> – 발해 유민 수용
> – 후삼국 통일 달성
> – 민생 안정 정책 실시
> – (나) 호족을 견제·회유하기 위한 정책 실시

(1) (가)에 들어갈 왕을 쓰시오.

(   )

(2) (나)에 해당하는 정책을 <u>세 가지</u> 이상 서술하시오.

0152

다음은 고려 시대 어느 왕의 가상 일기이다. 밑줄 친 '이 정책'의 명칭을 쓰고, 이 정책이 고려 사회에 미친 영향을 서술하시오.

> 9○○년 ○○월 ○○일
> 　형님들이 일찍 돌아가시고 내가 왕이 되었다. 왕권은 불안정한 상태이다. 이제 나는 호족들의 세력 다툼을 누르고 개혁을 추진해야 한다. 오랫동안 구상해 왔던 <u>이 정책</u>을 실시하여 후삼국 통일 과정에서 불법으로 노비가 된 자를 조사해 양민으로 되돌려 백성의 억울함을 풀어 주고자 한다.

0153

밑줄 친 ㉠에 해당하는 정책을 서술하시오.

> 　고려 성종은 최승로의 건의를 받아들여 유교를 통치 이념으로 삼았고, 이에 따라 ㉠ 지방 행정 제도를 정비하였다.

0154

다음을 읽고 물음에 답하시오.

> • [(가)]: 국방 문제를 담당하였으며, 원 간섭기에 도평의사사로 개편됨
> • [(나)]: 고위 관리들이 회의를 거쳐 법률과 제도의 실시 여부를 결정함

(1) (가), (나)에 들어갈 기구의 명칭을 각각 쓰시오.

(   )

(2) (가), (나) 기구의 공통점과 특징을 서술하시오.

0155

다음 상황을 배경으로 일어난 사건의 전개 과정과 영향을 서술하시오.

> 경원 이씨는 대표적인 문벌로, 여러 대에 걸쳐 왕비를 배출하였다. 특히 이자겸은 세 명의 딸을 예종과 인종의 왕비로 들이고 왕권을 능가하는 권력을 행사하였다.

0156

다음을 읽고 물음에 답하시오.

> 어가가 보현원 가까이 왔을 때 이고가 이의방과 더불어 앞서 가서 거짓 왕명을 꾸며 순검군을 집합시키고는 한뢰 등을 죽이니 문관, 대소 신료, 환관 등이 모두 해를 당하였다. 또 서울에 있는 문신 50여 인을 죽였다. 정중부 등이 왕을 환궁시켰다.
> — 『고려사』

(1) 위 자료에 나타난 사건을 쓰시오.

(   )

(2) (1) 사건이 일어나게 된 배경을 서술하시오.

0157

다음을 읽고 무신 정권 시기에 농민·천민 봉기가 일어나게 된 배경을 추론하여 서술하시오.

> 이의민의 아버지는 소금을 팔아 생계를 이었으며, 이의민의 어머니는 영일현 옥령사의 노비였다. 정변 때 이의민이 많은 사람을 죽였으므로 중랑장이 되었다가 얼마 후 장군으로 승진하였다. …… 백성의 거주지를 많이 빼앗아 자신의 집을 크게 짓고 다른 사람의 땅을 빼앗는 등 탐욕과 포악함이 끝이 없으니, 전국이 두려움에 떨었다.
> — 『고려사』

0158

밑줄 친 '왕'이 실시한 반원 정책을 <u>세 가지</u> 서술하시오.

> 왕이 일개 승려 신돈에게 국정을 맡겼다. …… 전민변정도감을 두기를 청하여 …… "오늘날 나라의 법이 무너져 나라의 토지와 약한 자들의 토지를 힘 있는 자들이 모두 빼앗고, 양민을 자신의 노예로 삼고 있다. 그러므로 백성은 병들고, 나라의 창고는 비어 있으니 큰 문제가 아닐 수 없다."라고 하였다.
> — 『고려사』

0159

다음은 12세기 말부터 고려 지배 세력의 변화를 나타낸 것이다. (가), (나) 세력의 정치적 특징을 비교하여 서술하시오.

무신 → (가) 권문세족 → (나) 신진 사대부

0160

다음을 읽고 물음에 답하시오.

공민왕이 성균관에서 양성한 인재들은 ___(가)___ 을/를 형성하였다. 또한 홍건적과 왜구의 침입에 맞서 싸우며 ___(나)___ 이/가 성장하였다. ㉠ 이들 중 일부는 새로운 세상을 지향하였다.

(1) (가), (나)에 들어갈 정치 세력을 쓰시오.
　　　(가): (　　　　　　), (나): (　　　　　)

(2) 밑줄 친 ㉠에 해당하는 내용을 서술하시오.

0161

다음을 보고 물음에 답하시오.

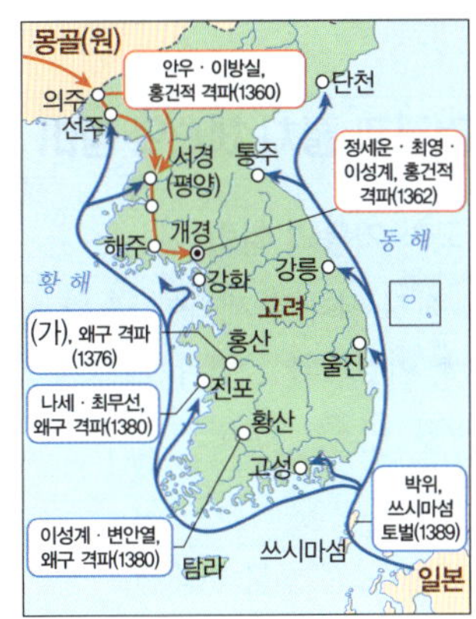

(1) (가)에 들어갈 인물을 쓰시오.
　　　　　　　　　　　　(　　　　　　)

(2) (가) 인물의 활동을 두 가지 서술하시오.

0162

다음을 보고 물음에 답하시오.

| 왕조 지배 세력의 변천 |

호족
↓
(가)
↓
무신
↓
권문세족
↓
(나), 신흥 무인 세력

(1) (가), (나)에 들어갈 정치 세력을 쓰시오.
　　　(가): (　　　　　　), (나): (　　　　　)

(2) (가), (나) 세력의 성장 배경을 서술하시오

03 조선 사회의 성립과 발전

빈출 개념
• 조선 초기 국왕의 정책
• 조선의 통치 체제
• 임진왜란과 병자호란의 전개 과정

1 조선의 건국과 통치 체제의 정비

(1) 조선의 건국과 국가 기틀의 확립

① **조선의 건국**: 신진 사대부 세력이 새 왕조를 세우려는 급진파와 고려를 유지하려는 온건파로 분열 ➡ 이성계와 급진파 신진 사대부가 정몽주 등 온건파 신진 사대부 제거 ➡ 조선 건국(1392)

★② **국가 기틀의 확립**

태조	• 국호 '조선' 제정, 한양 천도 • 성리학을 새로운 통치 이념으로 삼고 국가 기틀 마련
태종	• 정도전 제거, 공신과 왕족이 소유한 사병 혁파 • 6조 직계제 실시 ➡ 재상의 권한 약화 • 양전 사업 추진, 호패법 실시 ➡ 경제적 기반 마련 [자료❶] 16세 이상의 양인 남성에게 호패를 발급하였다.
세종	• 집현전 설치, 경연 활성화 • 의정부 서사제 실시 ➡ 왕권과 신권의 조화 추구 [자료❷]
세조	• 6조 직계제 실시, 집현전과 경연 폐지 ➡ 왕권 강화 [자료❷] • 『경국대전』 편찬 시작
성종	• 집현전을 계승한 홍문관 설치, 경연 활성화 • 『경국대전』 완성, 반포 ➡ 유교적 법치 국가의 토대 마련

★### (2) 통치 체제의 정비

① **중앙 통치 조직** [자료❸]

정책 결정과 집행	의정부	국정 총괄
	6조	정책 실시·행정 분담
언론 담당	3사	사헌부·사간원·홍문관으로 구성, 권력의 독점·부정 방지
기타	승정원	왕명 출납
	의금부	국가의 중죄인 처리
	한성부	수도의 행정과 치안 담당
	춘추관	역사서 편찬·보관

② **지방 행정 조직** [자료❹]

• 조직: 8도(관찰사 파견), 부·목·군·현(수령 파견)
• 특징: 향·부곡·소 폐지, 모든 군·현에 수령 파견, 수령이 행정·사법·군사권 행사, 향리의 지위 격하(수령의 행정 실무 보좌)
• 유향소 설치: 수령 보좌·견제, 풍속 교화, 향리의 비리 감찰

③ **군사 제도**: 중앙군(5위, 궁궐·한성과 수도 수비), 지방군(요충지의 영·진 수비) 편성

④ **관리 등용 제도**

• 과거: 문과(문관), 무과(무관), 잡과(기술관) 실시
• 기타: 음서(고려 시대에 비해 범위 축소), 천거(고위 관리의 추천 인물 등용) 등

⑤ **교육 기관**

• 중앙: 성균관(최고 유학 교육 기관), 4부 학당
• 지방: 향교 설립

Check! 잘 나오는 선지로 개념 확인하기

1 조선 태종에 대한 설명으로 옳은 것을 모두 고르시오.

① 『경국대전』을 반포하였다.
② 6조 직계제를 실시하였다.
③ 호패법을 실시하였다.
④ 위화도 회군으로 정권을 장악하였다.
⑤ 한양으로 천도하였다.
⑥ 집현전을 계승한 홍문관을 설치하였다.
⑦ 의정부 서사제를 실시하였다.
⑧ 훈민정음을 창제하였다.
⑨ 정도전을 제거하였다.
⑩ 공신과 왕족들이 소유한 사병을 혁파하였다.

2 조선의 통치 제도에 대한 설명으로 옳은 것을 모두 고르시오.

① 지방을 5경 15부 62주로 정비하였다.
② 6부의 명칭에는 유교 이념을 반영하였다.
③ 국방과 외교에 관한 일을 도병마사에서 결정하였다.
④ 중앙군으로 2군 6위를 두었다.
⑤ 전국을 8도로 나누어 관찰사를 보냈다.
⑥ 모든 군현에 수령을 파견하였다.
⑦ 국왕의 비서 기구로 승정원을 운영하였다.
⑧ 과거는 문과, 잡과, 승과로 이루어졌다.
⑨ 사헌부, 사간원, 홍문관의 3사가 언론 기능을 담당하였다.
⑩ 중앙 정치 조직은 의정부와 6조를 중심으로 구성하였다.

답 1 ②, ③, ⑨, ⑩
2 ⑤, ⑥, ⑦, ⑨, ⑩

2 | 사림의 성장과 정치 운영의 변화

(1) 사림의 성장과 사화의 발생

① **훈구**: 세조의 즉위 과정에서 공을 세워 정권을 장악한 세력

② **사림**: 지방에서 학문 연구에 힘쓴 사대부, 왕도 정치와 향촌 자치 강조 ➡ 성종 때 3사에 등용되어 훈구 세력 견제

③ **사화의 발생**

연산군	• 김종직의 「조의제문」을 빌미로 사림 축출(무오사화) • 생모의 폐위와 관련된 훈구와 사림 세력 제거(갑자사화)
중종	훈구를 견제하기 위해 조광조 등 사림 적극 등용 ➡ 급진적인 개혁 추진(현량과 실시, 공훈 삭제 등) ➡ 중종과 훈구 세력이 조광조 등 사림 제거(기묘사화)
명종	외척 간의 권력 다툼으로 사화 발생(을사사화)

(2) 붕당의 형성과 공론 정치

① **붕당의 형성**: 서원과 향약을 기반으로 지방에서 사림의 세력 확대 ➡ 선조 때 중앙 정계 장악 ➡ 이조 전랑 임명 문제 등을 둘러싸고 동인과 서인으로 분화 자료❺

② **공론 정치의 전개**: 붕당 내 토론, 서원 활동 등을 통한 여론(공론) 형성 ➡ 붕당 간 상호 비판과 견제를 통한 정국 운영

3 | 왜란과 호란의 발발과 극복

(1) 왜란의 발발과 극복

① **왜란 전 정세**

• 국내: 3포 왜란과 을묘왜변 발생, 조선의 대처 미흡

• 국외: 도요토미 히데요시가 전국 시대 통일 ➡ 불평 세력의 관심을 돌리고, 대륙으로 진출하고자 조선 침략 계획

★② **왜란의 전개와 영향** 자료❻

전개	• 발발: 일본군의 조선 침략(임진왜란, 1592) ➡ 전쟁 초기 조선군의 잇따른 패배 ➡ 선조의 의주 피란, 명에 원군 요청 • 전세 역전: 이순신이 이끄는 수군의 활약, 각지에서 일어난 의병이 일본군에 타격, 조명 연합군의 평양 탈환 • 정유재란(1597): 명과 일본의 휴전 협상 결렬로 일본군 재침입 ➡ 조명 연합군의 방어, 이순신의 활약 • 종결: 도요토미 히데요시 사망 후 일본군 철수(1598)
영향	• 조선: 인구 감소, 국토 황폐화, 토지 대장과 호적 상실, 문화유산 소실 • 명: 전쟁 이후 국력 약화 • 여진: 명이 쇠퇴한 틈을 타 세력 강화, 후금 건국 • 일본: 도쿠가와 이에야스가 새로운 막부 수립, 조선에서 약탈한 문화유산과 끌고 간 학자, 기술자를 통해 문화 발전

(2) 호란의 발발과 극복

① **광해군의 정책**: 전쟁 피해 복구 사업 주력, 명과 후금 사이에서 중립 외교 실시 ➡ 서인 세력이 반정을 일으켜 인조를 왕위로 추대(인조반정)

② **호란의 전개와 결과** 자료❼ 자료❽

정묘호란 (1627)	인조반정 이후 친명배금 정책 실시 ➡ 후금의 침략 ➡ 인조의 강화도 피신, 의병의 활약 ➡ 화의 체결(형제 관계 체결)
병자호란 (1636)	청(후금)의 군신 관계 요구 ➡ 척화론과 주화론 대립 ➡ 척화론 우세, 청의 요구 거부 ➡ 청의 조선 침략 ➡ 인조가 남한산성으로 피란, 항쟁 ➡ 청에 항복(군신 관계 체결)

3 사화와 관련된 설명으로 옳은 것을 모두 고르시오.

① 기철 등 친원 세력이 숙청되었다.

② 조광조 등이 갑자사화로 피해를 입었다.

③ 연산군 때 두 차례의 사화가 발생하였다.

④ 사림이 몰락하는 결과를 가져왔다.

⑤ 사화의 여파로 전국의 서원이 대폭 정리되었다.

⑥ 네 차례에 걸쳐 일어났다.

⑦ 명종 때에는 외척 간의 갈등으로 사화가 일어났다.

⑧ 붕당이 형성되는 계기가 되었다.

⑨ 김종직이 쓴 「조의제문」이 빌미가 되어 무오사화가 일어났다.

4 임진왜란에 대한 설명으로 옳은 것을 모두 고르시오.

① 국왕이 강화도로 피신하였다.

② 이순신이 이끄는 수군이 활약하였다.

③ 명이 원군을 파견하였다.

④ 광해군 집권 시기에 일어났다.

⑤ 각지에서 의병이 일어났다.

⑥ 전국 시대를 통일한 도요토미 히데요시가 일으켰다.

⑦ 에도 막부가 수립되면서 전쟁이 종결되었다.

⑧ 전쟁 중에 조선의 많은 기술자와 학자가 끌려갔다.

⑨ 전쟁의 영향으로 명의 국력이 약화되고 여진이 성장하였다.

⑩ 천명배금 정책이 배경이 되어 일어났다.

답 3 ③, ⑥, ⑦, ⑨
   4 ②, ③, ⑤, ⑥, ⑧, ⑨

자료 ❶ 태종의 정책

미래엔, 천재

▲ 호패

0163 이방원(태종)은 왕자의 난을 일으켜 정도전 등을 제거하고 권력을 장악하였다. ○/✕

0164 태종은 16세 이상의 양인 남성에게 호패를 발급하는 호패법을 시행하였다. ○/✕

0165 양전 사업은 국가 재정을 안정시키고자 실시되었다. ○/✕

자료 ❷ 6조 직계제와 의정부 서사제

미래엔, 천재, 동아

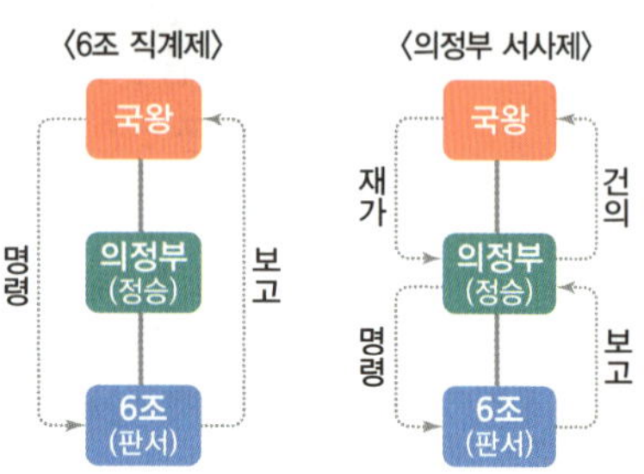

- 의정부의 서사를 나누어 6조에 귀속하였다. …… 의정부가 관장하는 것은 오직 외교 문서와 중죄수의 심의뿐이었다. – 『태종실록』
- 6조는 각기 모든 직무를 의정부에 품의하고, 의정부는 가부를 헤아린 뒤 왕에게 아뢰어 (왕의) 전지를 받아 6조에 내려 시행한다. – 『세종실록』

0166 6조 직계제는 6조가 직접 왕에게 업무를 보고하고 명령을 받아 시행하는 제도였다. ○/✕

0167 의정부 서사제는 재상의 권한을 약화시키고 국왕이 국정을 장악하는 제도였다. ○/✕

0168 태종은 의정부 서사제를 시행하여 왕권과 신권의 조화를 추구하였다. ○/✕

0169 세조는 6조 직계제를 시행하고 집현전과 경연을 폐지하였다. ○/✕

자료 ❸ 조선의 중앙 통치 조직

미래엔, 천재, 리베르

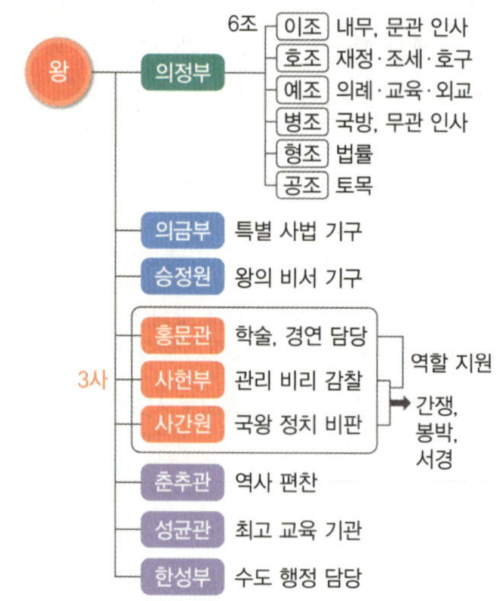

0170 승정원은 최고 정무 기구로 재상들의 합의로 운영되었다. ○/✕

0171 6조는 행정 실무를 맡아 집행하였다. ○/✕

0172 사헌부, 사간원, 홍문관으로 이루어진 3사는 언론 활동을 하는 기구였다. ○/✕

자료 ❹ 조선의 지방 행정 조직

미래엔, 천재, 동아

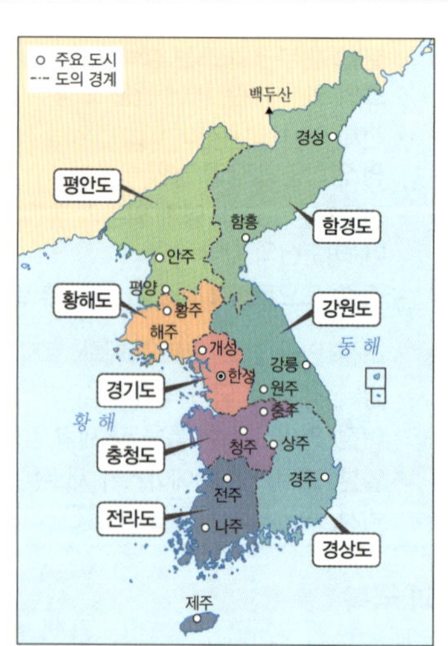

0173 조선은 각 도에 관찰사를 파견하였다. ○/✕

0174 조선 시대에는 수령이 파견되지 않은 속현이 수령이 파견되는 주현보다 많았다. ○/✕

0175 조선 시대에는 특수 행정 구역인 향, 부곡, 소가 있었다. ○/✕

자료 5 붕당의 형성

심의겸이 이조 참의로 있을 때 예전의 잘못을 들어 김효원이 전랑이 되는 것에 반대하였지만, 뒤에 김효원은 전랑이 되었다. 그 후 어떤 사람이 심의겸의 동생 심충겸을 전랑으로 천거하자, 김효원이 "이조의 관직이 외척의 물건인가? 심씨 집안에서 차지하려 한단 말이냐?"라고 반대하였다. …… 동인과 서인이라는 말이 여기서 비롯되었으니, 김효원의 집이 동쪽 건천동에 있고 심의겸의 집은 서쪽 정동에 있기 때문이었다.

– 『연려실기술』

0176 사화로 큰 피해를 입은 사림은 서원과 향약을 기반으로 세력을 키워 다시 중앙 정계에 진출하였다. ○／✕

0177 사림은 외척 세력 청산과 이조 전랑 임명 문제를 둘러싸고 대립하여 동인과 서인으로 나뉘었다. ○／✕

0178 서인은 이황과 조식의 학문을 계승한 사림이 중심을 이루었다. ○／✕

자료 6 임진왜란의 전개

0179 임진왜란 초기 조선군은 일본군에 잇따라 승리하였다. ○／✕

0180 이순신이 이끄는 수군은 평양 등에서 일본군을 상대로 여러 차례 승리를 거두었다. ○／✕

0181 임진왜란이 일어나자 전국 각지에서 의병이 일어나 일본군에 타격을 주었다. ○／✕

0182 선조의 요청으로 청이 지원군을 보냈다. ○／✕

자료 7 척화론과 주화론

• 화의로 백성과 나라를 망치기가 …… 오늘날과 같이 심한 적이 없습니다. 중국(명)은 우리나라에 있어서 곧 부모요, 오랑캐(청)는 우리나라에 있어서 곧 부모의 원수입니다. 신하된 자로서 부모의 원수와 형제가 되어서 부모를 저버리겠습니까. …… 차라리 나라가 없어질지라도 의리는 저버릴 수 없습니다. → 척화론

– 『인조실록』

• 화친을 맺어 국가를 보존하는 것보다 차라리 의를 지켜 망하는 것이 옳다고 하였으나, 이것은 신하가 절개를 지키는데 쓰는 말입니다. …… 자기의 힘을 헤아리지 아니하고 경망하게 큰소리를 쳐서 오랑캐들의 노여움을 도발, 마침내는 백성이 도탄에 빠지고 종묘와 사직에 제사 지내지 못하게 된다면 그 허물이 이보다 클 수 있겠습니까? → 주화론

– 『지천집』

0183 후금이 침략하자 조선에서는 척화론과 주화론이 대립하였다. ○／✕

0184 척화론은 무력으로 청과 맞서 싸워야 한다는 주장이다. ○／✕

0185 주화론은 외교적인 협상으로 해결하자는 주장이다. ○／✕

자료 8 호란의 전개

0186 후금은 경제적 이익을 얻고 평안도 가도에 주둔 중인 명군을 몰아내고자 조선을 침략하였다. ○／✕

0187 정묘호란 때 후금은 조선과 군신 관계를 맺고 철수하였다. ○／✕

0188 인조는 남한산성에서 청에 항전하였지만 결국 청에 항복하였다. ○／✕

0189

(가), (나) 시기 사이에 있었던 일로 옳은 것은?

> (가) 이성계는 최영을 제거하고 정치권력을 장악하였다.
> (나) 태조는 우리 민족이 처음 세운 나라인 고조선을 계승한다는 의미를 담아 국호를 바꾸고 도읍을 한양으로 옮겼다.

① 일본 원정을 위해 정동행성이 설치되었다.
② 군사 조직으로 9서당과 10정이 편성되었다.
③ 호족 세력 약화를 위해 노비안검법이 시행되었다.
④ 신진 관리에게 토지를 재분배하는 과전법이 실시되었다.
⑤ 명이 철령 이북의 땅에 철령위를 두겠다고 고려에 통보하였다.

0190

다음 자료에 나타난 정치 제도에 대한 설명으로 옳은 것만을 보기 에서 고른 것은?

> • 의정부의 서사를 나누어 6조에 귀속시켰다. …… 예조에서 아뢰기를, "6조로 하여금 각각의 직무를 직계하게 하소서." 라고 하니, 임금이 그대로 따랐다.
> • 지금부터 형조의 사형수를 제외한 모든 서무는 6조가 각각 그 직무를 담당하여 직계한다.

보기
ㄱ. 왕의 권한을 강화하였다.
ㄴ. 태종과 세조 때에 실시되었다.
ㄷ. 의정부 대신들의 역할이 커졌다.
ㄹ. 붕당 간의 균형을 이루기 위해 실시되었다.

① ㄱ, ㄴ   ② ㄱ, ㄹ   ③ ㄴ, ㄷ
④ ㄴ, ㄹ   ⑤ ㄷ, ㄹ

0191

밑줄 친 '왕'의 업적으로 옳은 것만을 보기 에서 고른 것은?

> 왕은 두 차례 왕자의 난을 거쳐 왕위에 올랐으며, 6조 직계제를 실시하여 왕권을 강화하였다.

보기
ㄱ. 사병을 혁파하였다.
ㄴ. 호패법을 실시하였다.
ㄷ. 훈민정음을 창제하였다.
ㄹ. 『경국대전』을 완성하였다.

① ㄱ, ㄴ   ② ㄱ, ㄷ   ③ ㄴ, ㄷ
④ ㄴ, ㄹ   ⑤ ㄷ, ㄹ

0192

(가)에 들어갈 왕이 시행한 정책으로 옳은 것은?

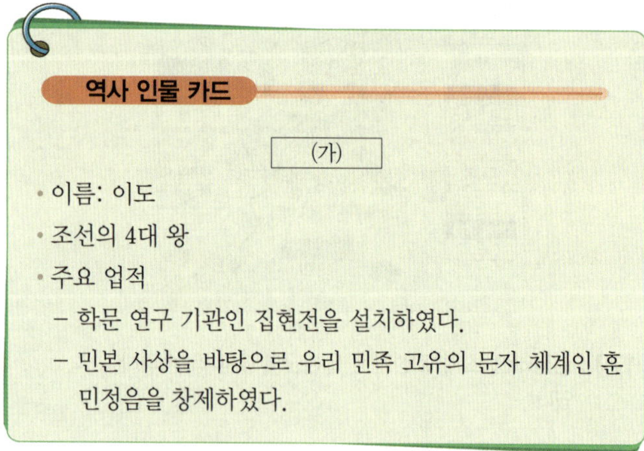

① 국학을 설립하였다.
② 위화도 회군을 단행하였다.
③ 전민변정도감을 설치하였다.
④ 의정부 서사제를 실시하였다.
⑤ 경국대전 편찬을 시작하였다.

0193

다음과 같은 정치 운영이 가져온 결과로 가장 적절한 것은?

> 6조는 각기 모든 직무를 먼저 의정부에 품의하고, 의정부는 가부를 헤아린 뒤에 왕에게 아뢰어 전지를 받아 6조에 내려보내어 시행한다. 다만 이조·병조의 제수(왕이 벼슬을 내리는 일), 병조의 군사 업무, 형조의 사형수를 제외한 판결 등은 종래와 같이 각 조에서 직접 아뢰어 시행하고 곧바로 의정부에 보고한다.
> ― 『세종실록』

① 집현전과 경연이 폐지되었다.
② 훈구가 중요 관직을 차지하였다.
③ 국왕의 업무 부담이 크게 늘어났다.
④ 사간원이 독립 기관으로 발전하였다.
⑤ 국정 운영에서 재상의 역할이 중요해졌다.

0194

(가)에 들어갈 내용으로 가장 적절한 것은?

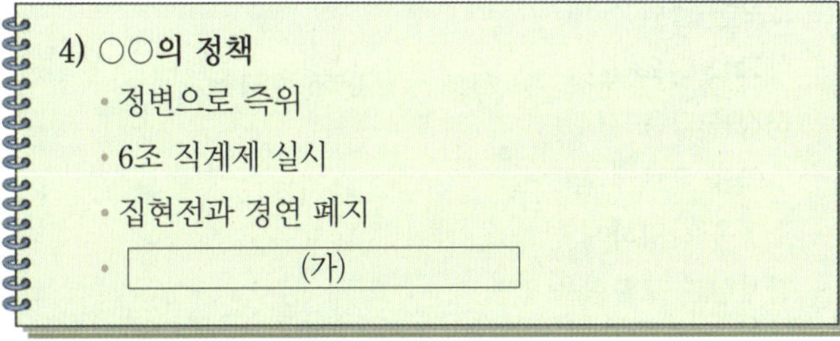

① 국호 확정
② 홍문관 설치
③ 호패법 마련
④ 경국대전 편찬 시작
⑤ 정동행성 이문소 폐지

0195

(가) 서적에 대한 설명으로 옳은 것만을 보기 에서 고른 것은?

> (가)
> • 편찬: 세조 때 시작하여 성종 때 완성
> • 내용: 왕명, 교지, 조례 중 영구히 준수할 것을 모아 엮음
> • 의의: 유교적 법치 국가의 토대 마련

보기

> ㄱ. 왕의 역사를 후대에 남기기 위해 만들어졌다.
> ㄴ. 업무 관련 내용이 일지 형식으로 작성되었다.
> ㄷ. 조선의 기본 통치 방향을 담은 기본 법전이다.
> ㄹ. 이·호·예·병·형·공전의 6전 체제로 구성되었다.

① ㄱ, ㄴ   ② ㄱ, ㄷ   ③ ㄴ, ㄷ
④ ㄴ, ㄹ   ⑤ ㄷ, ㄹ

0196

다음 중앙 정치 조직에 대한 설명으로 옳지 <u>않은</u> 것은?

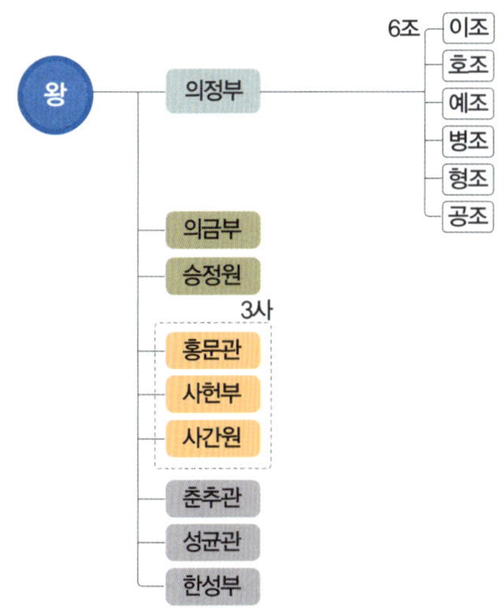

① 춘추관은 역사를 편찬하였다.
② 중앙 통치 조직의 핵심은 의정부와 6조였다.
③ 실질적인 행정 업무는 6조와 여러 관청이 맡았다.
④ 승정원은 왕의 특명으로 죄인을 다스리는 일을 하였다.
⑤ 3사의 관리는 직위가 높지는 않았지만 왕권을 견제하는 역할을 하였다.

0197

(가)~(다) 기구에 대한 설명으로 옳은 것은?

> (가) 시정을 논하여 바르게 이끌고, 모든 관원을 규찰하며, 풍속을 바로잡고, 원통하고 억울한 일을 풀어 주고, 외람되고 거짓된 행위를 금하는 등의 일을 맡는다.
> (나) 간쟁하고 정사의 잘못을 논박하는 직무를 관장한다.
> (다) 궁궐 내의 경적과 문한을 관리하며, 왕의 자문에 대비한다.

① (가)- 관원 모두가 경연관을 겸직하였다.
② (나)- 오늘날의 감사원과 비슷한 기능을 하였다.
③ (다)- 역사서의 편찬과 보관을 담당하였다.
④ (나)와 (다)- 관원들을 대간이라고 하였다.
⑤ (가)~(다)- 권력의 독점과 부정을 막는 역할을 하였다.

0198

조선 시대의 지방 행정 제도를 고려 시대와 비교한 내용 중 옳지 <u>않</u>은 것은?

① 중앙 집권 체제가 더욱 강화되었다.
② 모든 군·현에 지방관이 파견되었다.
③ 향리는 고려 시대에 비해 지위가 낮아졌다.
④ 지방 양반들의 조직인 유향소가 등장하였다.
⑤ 특수 행정 구역인 향·부곡·소가 증가하였다.

0199

다음은 어느 관리의 가상 업무 일지이다. 이 관리에 대한 설명으로 옳은 것은?

> 오전 ○시: 근무 성적 고과표 작성 마무리
> 　　　○시: 미결 소송 처리
> 　　　　　 – 익산군의 노비 분쟁
> 　　　　　 – 김제군의 상속 분쟁
> 오후 ○시: 유향소 임원과의 만남
> 　　　○시: 관내 지역의 순시 일정 점검

① 간쟁, 봉박, 서경의 권한이 있었다.
② 지역 사정에 밝은 그 지역 출신 인물이 임용되었다.
③ 수령이라 불리며 행정·사법·군사권을 행사하였다.
④ 감영에 근무하며 부·목·군·현의 지방관을 감찰하였다.
⑤ 인사의 공정성을 확보하기 위해 서경을 거쳐 임명되었다.

0200

(가)에 대한 설명으로 옳은 것은?

> 도내의 　(가)　에 대한 고과는 『경국대전』에 따라 매해 연말에 실시하며, 다음 일곱 가지 임무에 근거한다.
> – 농상을 성하게 함
> – 호구를 늘림
> – 학교를 일으킴
> – 군정을 닦음
> – 부역을 고르게 함
> – 소송을 간명하게 함
> – 간사함과 교활함을 없앰

① 안찰사라고도 불렸다.
② 대대로 직역을 세습하였다.
③ 지방의 군사적 요충지에 파견되었다.
④ 유향소의 임원으로서 향리를 규찰하였다.
⑤ 국왕의 대리인으로 행정·사법·군사권을 행사하였다.

0201

(가) 기구에 대한 설명으로 옳은 것은?

> • 사족 1: 이번에 [(가)]이/가 사람들의 건의로 다시 세워졌다네.
> • 사족 2: 우리 고을에도 향촌 자치 기구가 설치되었군.

① 향리의 비리를 감찰하였다.
② 국가의 큰 죄인을 다스렸다.
③ 고려 태조 때 처음 설치되었다.
④ 빈민 구제를 주요 목적으로 삼았다.
⑤ 지방의 행정·사법·군사권을 가지고 있었다.

0202

조선 시대의 관리 선발 제도에 대한 설명으로 옳지 않은 것은?

① 고려와 달리 무과도 실시되었다.
② 과거 시험으로 3년마다 식년시가 실시되었다.
③ 천인을 제외하고 누구나 과거에 응시할 수 있었다.
④ 고려에 비해 음서의 혜택을 받는 대상이 늘어났다.
⑤ 잡과를 실시하여 의관, 역관, 율관 등을 선발하였다.

0203

밑줄 친 ㉠~㉤에 대한 설명으로 옳지 않은 것은?

> 조선은 유학 교육의 보급을 위해 한양에 ㉠ 성균관을 두었으며, 중앙에 ㉡ 4부 학당과 지방에 ㉢ 향교를 설치하였다. 한편, 사립 교육 기관으로 ㉣ 서원과 ㉤ 서당 등이 있었는데, 이들은 계통적으로 연결되지 않고 각각 독립된 교육 기관이었다.

① ㉠ – 최고 교육 기관이었다.
② ㉡ – 중등 교육 기관이었다.
③ ㉢ – 사림이 세력을 키우는 기반이 되었다.
④ ㉣ – 유교 윤리를 보급하는 역할을 하였다.
⑤ ㉤ – 양반과 평민의 자제가 교육을 받았다.

0204

밑줄 친 '세력'에 대한 설명으로 옳은 것은?

> 조선의 문물 제도가 정비되어 간 16세기를 전후하여 새로운 정치 세력이 등장하였다. 이들은 중앙의 정치 무대에 진출하여 기존의 세력과 대립하였다.

① 부국강병을 위해 과학 기술을 중시하였다.
② 3사에서 활약하며 향촌 자치를 강조하였다.
③ 신진 세력을 견제하기 위해 사화를 일으켰다.
④ 과전법을 실시하여 경제적 기반을 확보하였다.
⑤ 세조의 집권을 도와 정치적 실권을 장악하였다.

0205

(가)에 들어갈 내용으로 가장 적절한 것은?

> ○○ 고등학교 한국사 학습지
>
> • 주제: [(가)]
>
> • 교과서 용어 풀이
> – 훈구: 세조의 즉위를 도운 공신 세력
> – 사화: 훈구를 비판하던 세력이 화를 입은 사건
> – 반정: 왕을 몰아내고 새로운 왕을 즉위시키는 사건

① 왕자의 난
② 붕당의 형성
③ 사림의 진출과 성장
④ 의정부 서사제의 실시
⑤ 조선 통치 제도의 정비

0206

(가), (나) 시기 사이에 일어난 일로 옳은 것은?

> (가) 김일손이 찬수한 사초에 부도한 말로써 선 왕조의 일을 거짓으로 기록하고 스승의 「조의제문」을 실었도다.
> (나) 김효원이 이조 전랑의 물망에 올랐으나 심의겸이 반대하였다. 그 후 심충겸이 천거되자 이번에는 김효원이 반대하였다.

① 이방원이 왕자의 난을 일으켰다.
② 반정이 일어나 중종이 왕위에 올랐다.
③ 세종이 훈민정음을 창제하여 반포하였다.
④ 후금이 조선과 형제 관계를 맺고 철수하였다.
⑤ 세조 즉위에서 공을 세운 세력이 정권을 장악하였다.

0207

밑줄 친 '그'에 대한 탐구 활동으로 가장 적절한 것은?

> 경연에서 그가 중종에게 아뢰기를, "재행(才行)이 있어 임용할 만한 사람을 천거하여, 대궐의 뜰에 모아 놓고 친히 대책(對策)하게 한다면 인물을 많이 얻을 수 있을 것입니다. …… 덕행은 여러 사람이 천거하는 바이므로 반드시 헛되거나 그릇되는 것이 없을 것입니다."라고 하였다.

① 무오사화의 결과를 알아본다.
② 붕당이 형성된 계기를 파악한다.
③ 기묘사화의 발생 원인을 분석한다.
④ 원 간섭기에 성장한 세력을 찾아본다.
⑤ 시무 28조에 따라 추진된 정책을 조사한다.

0208

(가), (나)가 조선 사회에 공통적으로 끼친 영향으로 옳은 것은?

> • [(가)]
> – 향촌의 공동 조직과 상부상조의 전통에 유교 윤리를 가미한 향촌 규약
> – 조광조가 보급하기 위해 노력함
> • [(나)]
> – 선현에 대한 제사를 지내고 지방 양반들을 가르치는 교육 기관
> – 주세붕이 처음 세움

① 사림이 분열하는 계기가 되었다.
② 수령과 향리의 권한을 강화시켰다.
③ 무오사화가 일어나는 원인이 되었다.
④ 신진 사대부가 성장하는 기반이 되었다.
⑤ 향촌 사회에 대한 사림의 영향력을 확대시켰다.

0209 난이도 상

(가), (나) 세력에 대한 설명으로 옳은 것은?

> 심의겸이 이조 참의로 있을 때 예전의 잘못을 들어 김효원이 전랑이 되는 것에 반대했지만, 뒤에 김효원은 전랑이 되었다. 그 후 어떤 사람이 심의겸의 동생 심충겸을 전랑으로 천거하자, 김효원이 "이조의 관직이 외척의 물건인가?"하고 반대하였다. …… 　(가)　와/과 　(나)　(이)라는 말이 여기서 비롯되었으니, 김효원의 집이 동쪽 건천동에 있고 심의겸의 집은 서쪽 정릉동에 있기 때문이다.

① (가)– 명종 때부터 정치에 참여하였다.
② (가)– 외척 정치 청산에 소극적이었다.
③ (나)– 이이와 성혼의 학문을 계승하였다.
④ (나)– 선조 때 중앙 정계에 진출한 신진 사림이다.
⑤ (가)와 (나)– 서로 대립하는 과정에서 사화를 일으켰다.

0210

(가), (나)가 설치된 공통적인 목적으로 가장 적절한 것은?

> • 주세붕이 　(가)　을/를 창건할 적에 세상에서 의심하였으나, 주세붕의 뜻은 더욱 독실해져 무리의 비웃음을 무릅쓰고 비방을 극복하여 전례에 없던 장한 일을 단행하였으니 …… 앞으로 정몽주, 길재, 김종직 같은 이가 살던 곳에 모두 이것을 건립하게 될 것이다.
> • 무릇 뒤에 　(나)　에 가입하기를 원하는 자에게는 반드시 먼저 규약문을 보여 몇 달 동안 실행할 수 있는가를 스스로 헤아려 본 뒤에 가입하기를 청하게 한다. …… 약정(約正)은 여러 사람에게 물어서 좋다고 한 다음에야 다음 모임에 참석하게 한다.

① 농민 생활의 안정
② 지방 교육 제도의 확립
③ 지방 사족의 향촌 지배력 강화
④ 정부의 농민에 대한 통제 강화
⑤ 강력한 중앙 집권 체제의 확립

0211

다음 지도에 나타난 전쟁에 대한 설명으로 옳지 <u>않은</u> 것은?

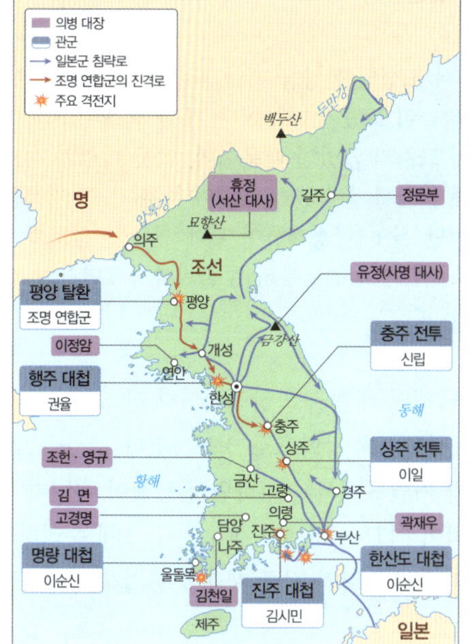

① 이순신이 이끄는 수군이 활약하였다.
② 광해군이 세자가 되어 임시 조정을 이끌었다.
③ 왕과 신하들이 남한산성에 들어가 항전하였다.
④ 명과 일본이 휴전 협상을 벌였으나 결렬되었다.
⑤ 각지에서 일어난 의병이 일본군에 타격을 주었다.

0212 난이도 상

(가)~(라)를 일어난 순서대로 바르게 나열한 것은?

> (가) 신립이 충주 전투에서 패배하였다.
> (나) 조명 연합군이 평양을 탈환하였다.
> (다) 이순신이 명량에서 일본 수군에 대승을 거두었다.
> (라) 이순신이 한산도에서 일본 수군을 크게 물리쳤다.

① (가) – (나) – (다) – (라)
② (가) – (라) – (나) – (다)
③ (나) – (가) – (라) – (다)
④ (나) – (라) – (다) – (가)
⑤ (라) – (다) – (나) – (가)

0213

다음은 어느 전란을 기록한 책의 서문이다. 밑줄 친 '전란'에 대한 설명으로 옳은 것은?

> 임금께서 도성인 한양을 떠나 피란했는데도 오늘날이 있게 된 것은 하늘이 도왔기 때문이다. 또한 백성이 조국을 사모하는 마음이 그치지 않았기 때문이며, 이웃 나라가 우리를 구해 주기 위해 군사를 출정했기 때문이다. 내가 이 기록을 남기는 까닭은 지난 잘못을 정계하여 뒤에 환란이 없도록 대비하고자 함이다. 이에 임진년부터 무술년까지 7년간의 <u>전란</u>을 기술하는 바이다.

① 수군이 남해의 제해권을 장악하였다.
② 장기 항전을 위해 강화도로 천도하였다.
③ 매소성과 기벌포에서 승리하면서 전쟁이 끝났다.
④ 을지문덕이 이끄는 군대가 살수에서 크게 승리하였다.
⑤ 도요토미 히데요시가 전국 시대를 통일하기 전에 일어났다.

0214

밑줄 친 '전쟁' 당시에 볼 수 있는 모습으로 가장 적절한 것은?

① 을사사화로 쫓겨나는 사림
② 경국대전을 반포하는 국왕
③ 국자감에서 공부하는 학생
④ 평양성을 탈환하는 조명 연합군
⑤ 조광조와 함께 상소문을 작성하는 관리

0215

다음 자료를 활용한 보고서의 제목으로 가장 적절한 것은?

> 명나라 조정에서 우리나라에 군사를 파견하기를 청하였는데 …… 명나라 장수 교일기는 우리나라 군사 만여 명을 독촉하여 원수 강홍립 등을 거느리고 그 동쪽을 쳤다. …… 한 오랑캐(여진인)가 진 앞에 와서 연달아 통역관을 부르자 강홍립이 곧 통역관 황연해를 시켜 나가서 응접하게 하고 말하기를, "우리나라가 너희들과 본래 원수진 일이 없는데 무엇 때문에 서로 싸우겠느냐. 지금 여기 들어온 것은 부득이한 것임을 너희 나라에서는 모르느냐."라고 하니, 드디어 적과 왕래하면서 강화를 의논하였다.

① 3포의 개항과 교역
② 광해군의 중립 외교
③ 위화도 회군의 영향
⑤ 병자호란의 전개 과정
④ 친명배금 정책의 목적

0216

(가)에 들어갈 내용으로 가장 적절한 것은?

> 선조의 뒤를 이어 즉위한 그는 안으로는 전후 복구와 국방력 강화에 힘을 기울였다. 밖으로는 후금과 명 사이에서 실리적인 중립 외교를 펼쳐 후금과의 충돌을 피하려 하였다. 그러나 이는 명에 대한 의리와 명분을 중시하였던 서인과 일부 사림들의 반발을 샀다. 결국 ________(가)________

① 왕이 시해되었다.
② 왕자의 난이 일어났다.
③ 인조가 왕위에 올랐다.
④ 무오사화가 발생하였다.
⑤ 위화도 회군이 단행되었다.

0217

(가)에 들어갈 사건이 일어난 시기를 연표에서 옳게 고른 것은?

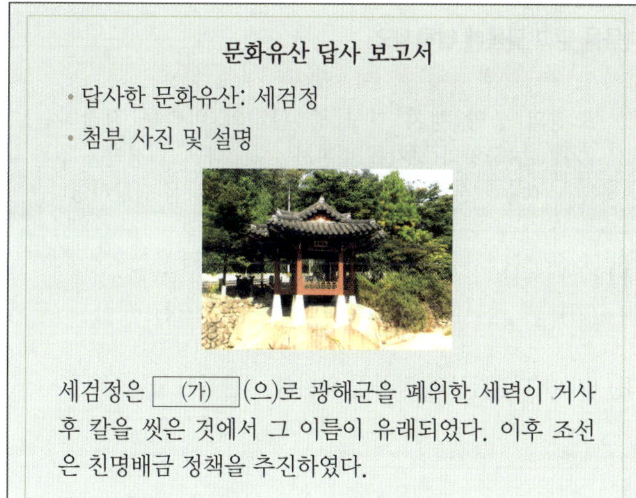

문화유산 답사 보고서

· 답사한 문화유산: 세검정
· 첨부 사진 및 설명

세검정은 　(가)　(으)로 광해군을 폐위한 세력이 거사 후 칼을 씻은 것에서 그 이름이 유래되었다. 이후 조선은 친명배금 정책을 추진하였다.

1392	1443	1498	1592	1636	1680
(가)	(나)	(다)	(라)	(마)	
조선 건국	훈민정음 창제	무오사화	임진왜란 발발	병자호란	경신환국

① (가)　　② (나)　　③ (다)　　④ (라)　　⑤ (마)

0218

다음 논의가 이루어진 직접적인 배경으로 옳은 것은?

· 윤집: 명은 우리나라에 있어서 부모와 같은 나라인데, 부모의 원수인 오랑캐와 어찌 화친을 맺을 수 있겠습니까?
· 최명길: 화친이 그르다고 생각하지 않습니다. 정묘년의 굴욕을 생각하면 의리를 지켜 전쟁을 하는 것보다 화친을 맺어 나라를 보존하는 것이 옳습니다.

① 3포 왜란이 일어났다.
② 평안도 가도에 명군이 주둔하였다.
③ 청이 조선에 군신 관계를 요구하였다.
④ 일본의 침략으로 선조가 의주로 피란하였다.
⑤ 강홍립이 이끄는 부대가 명의 요청으로 파병되었다.

0219 난이도 상

(가)~(라)를 일어난 순서대로 바르게 나열한 것은?

(가) 정봉수가 용골산성에서 항쟁하였다.
(나) 임경업이 백마산성에서 항쟁하였다.
(다) 청이 조선에 군신 관계를 요구하였다.
(라) 인조가 삼전도에서 항복하고 청과 군신 관계를 맺었다.

① (가) – (나) – (다) – (라)
② (가) – (다) – (나) – (라)
③ (다) – (라) – (나) – (가)
④ (라) – (나) – (다) – (가)
⑤ (라) – (다) – (나) – (가)

0220

밑줄 친 '전쟁'의 결과로 가장 적절한 것은?

· 명칭: 서울 삼전도비
· 소재지: 서울특별시 송파구 잠실동 47
· 건립 시기: 1639년
· 설명
　전쟁에서 조선이 항복한 후 상대국의 요구에 따라 세워진 비석이다. 앞면의 왼쪽에는 만주 글자, 오른쪽에는 몽골 글자, 뒷면에는 한자로 쓰여 있다.

① 팔만대장경판이 조판되었다.
② 후금이 청으로 국호를 바꿨다.
③ 일본에서 에도 막부가 세워졌다.
④ 조선이 청과 군신 관계를 맺었다.
⑤ 황룡사 9층 목탑 등이 소실되었다.

0221

다음을 읽고 물음에 답하시오.

> 조선 초기 정치는 정도전, 조준 등 개국 공신이 주도하였다. 이들은 성리학을 바탕으로 재상을 중심으로 한 정치 체제를 추구하였다. 정도전은 국가 통치에 필요한 내용을 정리한 『조선경국전』에서 재상이 통치의 실권을 지녀야 한다는 점을 강조하였다. 반면에   (가)   은/는 국왕이 통치를 주도하는 정치 체제를 갖추려 하였다. 결국   (가)   은/는 두 차례에 걸친 왕자의 난을 거치며 정도전 등을 제거하고 왕위에 올랐다.

(1) (가)에 들어갈 인물을 쓰시오.

(   )

(2) (가) 인물이 추진한 정책을 <u>두 가지</u> 쓰시오.

____

____

0222

다음을 보고 물음에 답하시오.

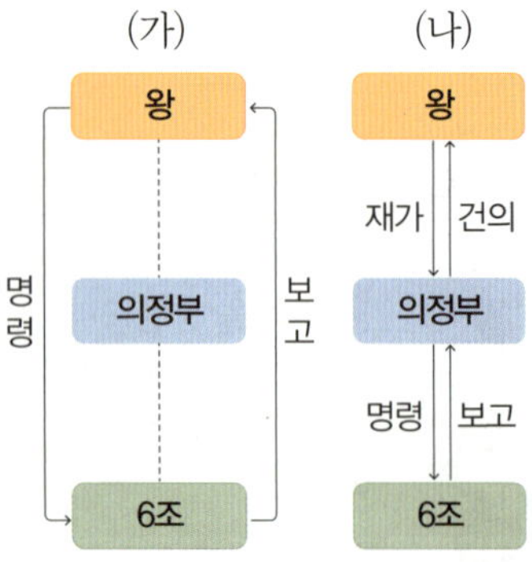

(1) (가), (나) 제도의 명칭을 쓰시오.

(가): (   ), (나): (   )

(2) (가), (나) 제도의 시행 목적을 각각 서술하시오.

____

____

____

0223

다음을 읽고 물음에 답하시오.

> 조선의 중앙 정치 기구 중 관리의 비리를 감찰하는   (가) , 국왕의 정치를 비판하는   (나) , 경연을 주관하는   (다)   은/는 3사라 불리며 언론 기능을 담당하였다.

(1) (가)~(다) 기구의 명칭을 쓰시오.

(가): (   ), (나): (   ), (다): (   )

(2) (가)~(다) 기구의 정치적 의미를 서술하시오.

____

____

____

0224

다음을 통해 알 수 있는 조선 시대 지방 행정 제도의 특징을 서술하시오.

> 모든 군과 현에 지방관이 파견되었으며, 속현과 특수 행정 구역인 향·부곡·소가 일반 군현으로 승격되거나 주변 군현에 통합되었다.

____

____

____

0225

다음을 통해 알 수 있는 조선 시대 관리 선발 제도의 특징을 서술하시오.

조선은 크게 과거, 천거, 음서로 관리를 선발하였다. 과거는 문과, 무과, 잡과가 실시되었는데, 천인을 제외하고는 특별한 제한을 두지 않았다. 고위 관리가 추천하는 인물을 등용하는 방법인 천거는 대개 기존 관리를 대상으로 하였다. 공신이나 일정 품계 이상 관리의 자손이 과거를 거치지 않고 관리가 될 수 있게 한 음서는 고려보다 혜택을 받는 대상이 크게 줄었고, 음서 출신은 과거에 합격하지 않으면 고위 관리가 되기 어려웠다.

0226

밑줄 친 '지난 기묘년'에 일어난 사화의 배경을 자료에서 다루고 있는 인물의 정책과 연관 지어 서술하시오.

아, 이곳은 정말 조 선생(조광조)이 귀양살이를 하던 집이고 또 생을 마친 곳이다. 아, 지난 기묘년은 지금으로부터 149년 전이나 되는데 …… 이곳을 지나는 사람마다 숙연히 공경하지 않는 이가 없으니, 아, 이는 누가 시켜서 그런 것이겠는가?

– 『송자대전』

0227

밑줄 친 ㉠이 일어나게 된 이유를 <u>두 가지</u> 서술하시오.

16세기 이후 사림이 다시 중앙 정계로 진출하여 정치의 주도권을 장악하였다. 이들은 ㉠동서로 분열하여 붕당을 형성하였는데, 동인은 주로 서경덕과 이황, 조식의 학문을 계승하였고, 서인은 주로 이이와 성혼의 문인들을 중심으로 하였다.

0228

다음을 읽고 물음에 답하시오.

명군이 칠성문(평양성 북문)으로 들어가고 우리 군사는 함구문(평양성 서문)으로 들어가 내성에 이르니, 총알을 난사하여 우리 사졸이 많이 다쳤다. …… 포위망을 풀어 적이 달아날 길을 열어 주었더니, 그 밤에 적은 대동강을 따라 얼음을 타고 도주하였다.

– 유성룡, 『서애집』

(1) 위 자료의 전투가 전개된 전쟁을 쓰시오.

(   )

(2) (1) 전쟁이 조선과 주변국에 미친 영향을 <u>세 가지</u> 서술하시오.

04 조선 후기의 새로운 흐름

1 조선 후기 정치의 변화

(1) 통치 체제의 변화

① **비변사의 성장** [자료❶]
- 여진과 왜구의 침입에 대비하려고 설치한 임시 기구로 국방, 군사 문제 논의
- 왜란과 호란을 거치면서 고위 관리가 참여하며 구성원 확대, 인사·재정·외교 등 국정 전반을 관장하는 최고 기구로 성장 ➡ 의정부와 6조를 중심으로 한 통치 체제 유명무실

② **군사 제도의 변화**

급료를 받는 상비군으로 포수, 살수, 사수 등 삼수병으로 구성되었다.

중앙군	• 왜란 중 훈련도감 창설, 어영청·총융청·수어청·금위영 추가 ➡ 5군영 체제 • 서인이 정권 유지를 위한 군사적 기반으로 이용
지방군	• 양반부터 노비까지 모든 신분으로 편성 ➡ 속오군 체제 • 평상시 생업에 종사하다 적이 침입하면 전투에 동원

(2) 붕당 정치의 전개와 변질 [자료❷]

① **붕당 정치의 전개**
- 동안이 서인과 경쟁하는 과정에서 북인과 남인으로 분화
- 광해군 때 북인의 정권 주도 ➡ 인조반정으로 몰락
- 인조반정 이후 서인의 정권 주도, 남인의 참여 ➡ 공론을 바탕으로 운영

② **예송**: 효종과 효종비의 죽음을 계기로 상복 입는 기간을 둘러싸고 벌어진 서인과 남인의 논쟁 ➡ 대립 격화

③ **붕당 정치의 변질**: 숙종 때 국왕의 주도로 환국을 단행하여 서인과 남인이 번갈아 집권 ➡ 상대 붕당에 대한 보복과 탄압, 서인이 노론과 소론으로 분화, 일당 전제화 대두

★(3) 탕평 정치의 전개

① **배경**: 붕당 정치의 변질로 왕권 약화, 정치 불안

② **영조의 정책** [자료❸]
- 탕평파를 중심으로 정국 주도, 산림의 존재 부정, 서원 정리, 이조 전랑의 권한 약화
- 균역법 시행, 신문고 부활, 가혹한 형벌 금지
- 청계천 보수 작업, 『속대전』과 『동국문헌비고』 편찬

③ **정조의 정책** [자료❹]
- 영조의 탕평책 계승 ➡ 노론, 소론, 남인을 고루 등용, 규장각 육성, 초계문신제 실시, 장용영 설치, 수원 화성 건설, 수령의 권한 강화

  └ 젊고 유능한 관리를 재교육하는 제도이다.
- 통공 정책 실시(시전 상인의 특권 축소), 서얼 출신 등용, 공노비 해방 추진
- 『대전통편』 편찬

★(4) 세도 정치의 전개

① **배경**: 나이 어린 순조 즉위 ➡ 왕실과 혼인 관계를 맺은 외척 가문의 정권 장악

② **전개**: 순조, 헌종, 철종의 3대 60여 년간 안동 김씨, 풍양 조씨의 정권 장악

Check! 잘 나오는 선지로 **개념** 확인하기

1 영조의 정책으로 옳은 것을 <u>모두</u> 고르시오.

① 초계문신제를 실시하였다.
② 『대전통편』을 편찬하였다.
③ 수원 화성을 건설하였다.
④ 서원을 대폭 정리하였다.
⑤ 장용영을 설치하였다.
⑥ 성균관에 탕평비를 건립하였다.
⑦ 통공 정책을 실시하여 시전 상인의 특권을 없앴다.
⑧ 서얼 출신 학자를 규장각 검서관으로 등용하였다.
⑨ 이조 전랑이 3사의 관리를 추천하는 관행을 없앴다.

2 세도 정치에 대한 설명으로 옳은 것을 <u>모두</u> 고르시오.

① 정조가 죽고 어린 아들이 즉위하면서부터 시작되었다.
② 집권자들이 권력 유지를 위해 금의 군신 관계 요구를 수용하였다.
③ 과거 시험 부정, 관직 매매 등이 빈번하게 일어났다.
④ 안동 김씨, 풍양 조씨 등의 일부 가문이 권력을 장악하였다.
⑤ 망이·망소이 등이 반발하여 봉기하였다.
⑥ 귀족들의 왕위 쟁탈전이 치열하게 전개되었다.
⑦ 일부 가문이 비변사의 요직을 차지하여 국정을 장악하였다.
⑧ 북인이 정국을 주도하였다.
⑨ 순조, 헌종, 철종의 3대에 걸쳐 이어졌다.

답 1 ④, ⑥, ⑨
2 ①, ③, ④, ⑦, ⑨

③ **특징**: 세도 가문이 비변사를 비롯한 주요 관직 독점, 5군영의 지휘권 장악 ➡ 왕권 약화

④ **영향**: 정치 질서 붕괴 ➡ 과거 시험에서 부정 발생, 매관매직 성행, 지방관의 부정부패와 가혹한 수탈 ➡ 삼정의 문란 발생 자료❺

(5) 농민 봉기의 발생 자료❻

① **배경**: 세도 정치 시기 삼정의 문란과 지방관의 수탈 심화 ➡ 소극적 저항에서 대규모 농민 봉기로 발전

② **홍경래의 난(1811)**

- 배경: 평안도 지역에 대한 차별, 지배층의 수탈
- 경과: 몰락 양반 홍경래가 농민, 광산 노동자, 상인 등을 모아 봉기 ➡ 청천강 이북 점령 ➡ 관군에게 진압됨

③ **임술 농민 봉기(1862)**

- 배경: 관리들의 부정과 수탈 지속, 삼정의 문란 심화
- 경과: 진주 농민 봉기 발생, 진주성 점령 ➡ 전국으로 봉기 확산 ➡ 정부가 안핵사와 암행어사 파견, 삼정이정청 설치 ➡ 성과를 거두지 못함

고종의 아버지로 나이가 어린 고종이 즉위하면서 정치적 실권을 장악하였다.

2 흥선 대원군의 개혁 정치

(1) 통치 체제 재정비

① **세도 정치 해소**: 안동 김씨 등 세도 가문의 힘 약화, 당파에 관계없이 인재 등용

② **정치 기구 재정비**: 비변사의 기능을 축소하여 사실상 폐지, 의정부와 삼군부 기능 부활

③ **통치 규범 재정비**: 『대전회통』, 『육전조례』 등 법전 편찬

★(2) 수취 제도 개선

① **전정**: 양전 사업 전개 ➡ 토지 대장에서 빠진 토지를 찾아 세금 부과

② **군정**: 호포제 실시 ➡ 가호를 기준으로 신분을 구별하지 않고 양반에게도 군포 부과 자료❼

③ **환곡**: 사창제 실시 ➡ 지방관과 향리의 횡포 방지

★(3) 서원 철폐 자료❼

① **배경**: 서원이 면세와 면역 혜택을 누리면서 국가 재정에 부담, 지역 농민 수탈

② **경과**: 47개소를 제외한 나머지 서원 철폐, 서원의 토지와 노비 몰수

③ **결과**: 국가 재정 확충, 백성의 환영, 양반 유생의 반발

(4) 경복궁 중건 자료❽

① **목적**: 왕실의 권위 회복

② **경과**: 원납전 강제 징수, 통행세 부과, 당백전 발행, 백성을 강제로 공사에 동원, 양반의 묘지림 벌목

③ **영향**: 경제적 혼란 발생, 양반과 백성 모두의 반발

3 임술 농민 봉기에 대한 설명으로 옳은 것을 모두 고르시오.

① 진주 농민 봉기가 그 시작이었다.

② 몰락 양반 홍경래가 주도하였다.

③ 한때 청천강 이북을 점령하기도 하였다.

④ 개경의 사노비 만적이 주도하였다.

⑤ 정부가 안핵사를 파견하였다.

⑥ 삼정이정청이 설치되는 계기가 되었다.

⑦ 평안도 지역에 대한 차별이 배경이었다.

⑧ 무신 집권자의 수탈에 저항하였다.

⑨ 특수 행정 구역의 주민들이 일으켰다.

4 흥선 대원군의 정책으로 옳지 <u>않은</u> 것을 고르시오.

① 삼군부의 기능을 부활시켰다.

② 균역법을 시행하였다.

③ 속대전을 편찬하였다.

④ 비변사의 기능을 축소하여 사실상 폐지하였다.

⑤ 환곡 개혁을 위해 사창제를 실시하였다.

⑥ 안동 김씨 등 세도 가문의 인물들을 몰아냈다.

⑦ 고액 화폐인 당백전을 발행하였다.

⑧ 경복궁 중건 사업을 추진하였다.

⑨ 전국의 서원을 47개소만 남기고 철폐하였다.

⑩ 양반에게도 군포를 걷는 호포제를 실시하였다.

답 **3** ①, ⑤, ⑥
4 ②, ③

자료 1 비변사의 기능 강화

오늘에 와서 큰일이건 작은 일이건 모두 비변사에서 처리합니다. 의정부는 이름뿐이고, 6조는 그 할 일을 모두 비변사에 빼앗겼습니다. 이름은 '변방의 방비를 담당하는 것'이라고 하면서 과거에 대한 일이나 왕비와 세자빈을 간택하는 등의 일까지도 모두 여기에서 담당합니다. — 「효종실록」

0229 비변사는 16세기 초 여진과 왜구의 침입에 대비하고자 설치한 임시 기구였다. ○/✕

0230 왜란과 호란을 거치면서 비변사는 국방, 인사, 재정, 외교 등 국가의 중요한 정책을 관장하는 기구가 되었다. ○/✕

0231 비변사가 성장하면서 의정부와 6조 중심의 행정 체계도 강화되었다. ○/✕

자료 2 붕당 정치의 전개와 변질

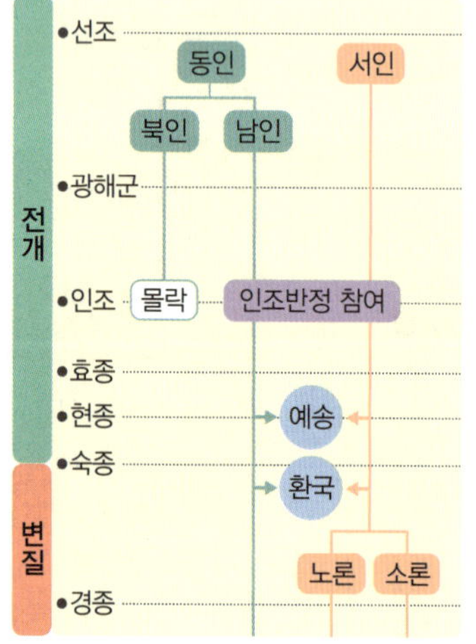

0232 광해군 시기에는 북인이 권력을 독점하였으나, 인조반정으로 몰락하였다. ○/✕

0233 서인과 남인은 인조 때 일어난 두 차례 예송으로 대립이 격화되었다. ○/✕

0234 숙종 때 여러 차례 환국이 일어나면서 특정 붕당이 권력을 독점하는 현상이 나타났다. ○/✕

0235 서인은 남인에 대한 대응 문제를 둘러싸고 노론과 소론으로 나뉘었다. ○/✕

자료 3 영조의 정책

▲ 탕평비

0236 영조는 탕평파를 육성하고 이들을 중심으로 국정을 운영하였다. ○/✕

0237 영조는 이조 전랑의 권한을 약화하고, 서원의 수를 늘리도록 하였다. ○/✕

0238 탕평책으로 정국이 안정되자 영조는 균역법을 실시하여 백성의 군역 부담을 줄여 주었다. ○/✕

자료 4 정조의 정책

▲ 「규장각도」의 일부   ▲ 수원 화성의 팔달문

0239 정조는 규장각을 정치 기구로 키우고, 초계문신제를 실시하였다. ○/✕

0240 정조는 국왕의 친위 부대인 장용영을 설치하였다. ○/✕

0241 정조는 수원 화성을 건설해 개혁 정치의 중심지로 삼으려 하였다. ○/✕

자료 5 세도 정치 시기 삼정의 문란

미래엔, 지학사

> 빌려주고 빌리는 건 양쪽 다 원해야지
> 억지로 시행하면 불편한 것이다.
> ……
> 봄철에 좀먹은 쌀 한 말 받고서
> 가을에는 온전한 쌀 두 말 바치고
> 게다가 좀먹은 쌀값 돈으로 내라 하니
> 온전한 쌀 판 돈을 낼 수밖에.
> 남는 이윤은 교활한 관리 살찌워
> 환관 하나가 밭이 천 두락이고
> 백성 차지는 고생뿐이어서
> 긁어 가고 벗겨 가고 걸핏하면 매질이라.　　– 정약용, 『여유당전서』

0242 세도 정치 시기 관직을 산 지방관들은 농민들을 수 탈하였다.　　○/✕

0243 삼정 중 전정은 봄에 곡식을 빌려주고 가을에 약간 의 이자를 붙여 갚게 한 제도였다.　　○/✕

0244 정부의 암행어사 파견으로 삼정의 문란이 해결되었다.　　○/✕

자료 6 19세기 농민 봉기

미래엔, 비상, 동아, 해냄

0245 평안도민에 대한 차별과 세도 정권의 과도한 수탈 에 저항하여 진주 농민 봉기가 일어났다.　　○/✕

0246 홍경래의 난을 계기로 농민 봉기가 전국으로 확산 하였다.　　○/✕

0247 농민 봉기가 일어나자 정부는 삼정이정청을 설치하 여 삼정의 문란을 바로잡았다.　　○/✕

자료 7 호포제 실시와 서원 철폐

미래엔, 비상, 천재

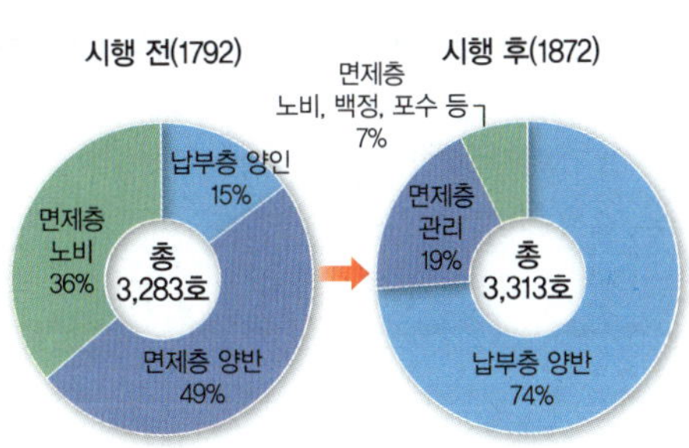

▲ 호포제 시행으로 나타난 부담층 변화(경상도 영천)

> 대원군이 크게 노해 "진실로 백성에게 해 되는 것이 있으면 비록 공자가 다시 살아난다 하더라도 나는 용서하지 않겠다. 하물며 서원은 우리나라 선현께 제사하는 곳인데 지금은 도둑의 소굴이 되지 않았더냐."라고 말하였다.　　– 박제형, 『근세조선정감』

▲ 서원 철폐

0248 흥선 대원군은 호포제를 시행하여 양반에게도 군포 를 거두었다.　　○/✕

0249 흥선 대원군은 47곳을 제외한 전국의 서원을 철폐 할 것을 명하였다.　　○/✕

0250 서원 철폐는 양반 유생의 환영을 받았다.　　○/✕

자료 8 경복궁 중건

미래엔, 비상, 리베르

> • 대원위께서 분부하신 내용, "지금 경복궁 지을 때 이른바 원납전 은 힘닿는 대로 공역을 도와야 하는데, …… 숙천 향인 차중호는 모두 가난하지 않은 자인데 아직 한 푼도 바친 바가 없으니 무슨 까닭인가? …… 일일이 불러서 그 이유를 따져 묻고 상세히 회 답하여 죄를 심리하고 처리하는 바탕이 되도록 하라."　　– 『영건일감』
>
> • (경복궁 중건의) 재정이 메말라 일을 할 수 없게 되자 8도의 부 자 명단을 뽑아서 돈을 거두어들였다. …… 거두어들인 돈을 원 납전이라 하였는데, 백성은 입을 비쭉거리면서 "원납전(願納錢: 願 원할 원, 納 바칠 납, 錢 돈 전)이 아니라 원납전(怨納錢: 怨 원망할 원, 納 바칠 납, 錢 돈 전)이다."라고 말하였다.　　– 황현, 『매천야록』

0251 흥선 대원군은 왕실의 권위를 세우고자 임진왜란 때 불에 탄 경복궁을 다시 지었다.　　○/✕

0252 경복궁 공사비를 마련하기 위해 원납전을 걷고 당 백전을 발행하였다.　　○/✕

0253 흥선 대원군의 경복궁 중건은 백성의 환영을 받았다.　　○/✕

0254

다음 기구에 대한 설명으로 옳은 것만을 〔보기〕에서 고른 것은?

- 설치: 중종– 3포 왜란 계기(임시 기구)
- 변화: 명종– 을묘왜변 계기(상설 기구화)
- 강화: 선조– 임진왜란 계기(구성원 및 기능 확대)

보기

ㄱ. 병자호란을 겪으면서 폐지되었다.
ㄴ. 왕실의 도서관 기능을 담당하였다.
ㄷ. 의정부와 6조의 기능을 약화시켰다.
ㄹ. 세도 정치 시기에는 최고 정무 기구로 자리 잡았다.

① ㄱ, ㄴ   ② ㄱ, ㄷ   ③ ㄴ, ㄷ
④ ㄴ, ㄹ   ⑤ ㄷ, ㄹ

0255 난이도 상

다음 밑줄 친 ㉠~㉤에 대한 설명으로 옳은 것은?

왜란 당시 일본군에 맞설 수 있는 새로운 군대의 필요성이 대두되면서 조선은 왜란 중에 ㉠ 훈련도감을 새롭게 창설하였다. 이후 대외 관계와 국제 정세의 변화에 따라 ㉡ 어영청, ㉢ 총융청, ㉣ 수어청, 금위영이 추가되면서 중앙군은 ㉤ 5군영 체제를 갖추었다.

① ㉠– 남인 세력의 군사적 기반으로 이용되었다.
② ㉡– 지방에서 농민을 중심으로 조직되었다.
③ ㉢– 포수, 사수, 살수로 구성되었다.
④ ㉣– 숙종 대에 처음 설치되었다.
⑤ ㉤– 수도와 그 외곽을 방어하기 위해 설치하였다.

0256

밑줄 친 '이 붕당'으로 옳은 것은?

광해군을 몰아내고 정권을 잡은 이 붕당은 권력을 강화하기 위해 왜란 이후 최고 정치 기구로 떠오른 비변사를 장악하고, 이를 통해 정치를 주도하였다. 또 훈련도감을 비롯해 후금과의 관계 악화 속에 새로 설치된 어영청, 총융청, 수어청 등 중앙 군영의 병권을 장악하여 권력 유지를 위한 군사적 기반으로 삼았다.

① 남인   ② 노론   ③ 동인
④ 북인   ⑤ 서인

0257

다음 대립이 끼친 영향으로 가장 적절한 것은?

① 동인과 서인이 형성되었다.
② 서인이 노론과 소론으로 나뉘었다.
③ 서인과 남인의 대립이 심화되었다.
④ 북인이 정국의 주도권을 장악하였다.
⑤ 동인이 북인과 남인으로 분화하였다.

0258

(가)에 들어갈 내용으로 가장 적절한 것은?

> 17세기 중반까지는 상대 당의 존재와 비판을 인정하는 붕당 정치의 기본 원리가 비교적 잘 지켜져서 정국이 안정된 상태였다. 그러나 ___(가)___ 서인과 남인 사이에 대립이 격화되었고, 17세기 후반에는 정국이 급격하게 전환되는 환국이 나타나기 시작하였다. 이로써 붕당 정치의 기본 원리는 무너지고 일당 전제화의 추세가 대두되었다.

① 정묘호란과 병자호란을 거치면서
② 네 차례에 걸친 사화가 발생하면서
③ 서인이 주도한 인조반정이 일어나면서
④ 왕위 계승의 정당성을 둘러싸고 예송이 일어나면서
⑤ 척신 정치의 잔재 청산을 둘러싼 갈등이 격화되면서

0259

(가)에 들어갈 왕의 재위 시기 정치 상황에 대한 설명으로 옳은 것은?

① 반정이 일어나 국왕이 폐위되었다.
② 동인이 남인과 북인으로 분열하였다.
③ 소수의 외척 가문이 정권을 독점하였다.
④ 서인과 남인의 대립으로 예송이 일어났다.
⑤ 정국이 급격히 교체되는 환국이 일어났다.

0260

다음 비석을 세운 왕이 실시한 정책으로 옳은 것은?

① 친위 부대인 장용영을 설치하였다.
② 규장각을 정치 기구로 육성하였다.
③ 서원을 대폭 정리하고 산림을 부정하였다.
④ 환국을 일으켜 특정 붕당에 권력을 넘겨주었다.
⑤ 통공 정책을 실시하여 자유로운 상업 활동을 보장하였다.

0261

밑줄 친 '이 국왕'에 대한 설명으로 옳은 것은?

> 이 국왕은 노론의 일방적 권력 행사를 방지하기 위해 이조 낭관의 통청권과 사관의 천거권을 폐지하였다. 또 서원이 노론, 소론, 남인 사이의 분쟁을 유발하고 정국을 어지럽히는 원인이라고 보았다. 이에 1714년 이후 건립된 서원은 물론 사우와 영당 등의 모든 제향 기구를 일체 철폐하게 하였다. 그에 따라 19개의 서원을 포함하여 173개소의 시설이 철폐되었다.

① 수원 화성을 건설하였다.
② 초계문신제를 제정하였다.
③ 양전 사업과 호패법을 시행하였다.
④ 전쟁이 일어나자 의주로 피란을 갔다.
⑤ 탕평파를 중심으로 정국을 운영하였다.

0262

밑줄 친 '국왕'의 활동으로 옳은 것은?

> 국왕은 서얼 가운데 문예에 재주가 있는 사람들을 차출하여 그 관청의 검서관으로 임명하였다.

① 신문고를 부활하였다.
② 속대전을 편찬하였다.
③ 서원을 대폭 정리하였다.
④ 초계문신제를 실시하였다.
⑤ 이조 전랑의 권한을 약화시켰다.

0263

다음 문화유산을 건설한 왕에 대한 설명으로 옳은 것은?

> 아버지인 사도 세자의 묘를 양주에서 수원 화산의 현륭원으로 옮기고, 이곳에 있던 읍의 위치를 수원 팔달산 아래로 옮기면서 만들어졌다.

① 균역법을 실시하였다.
② 탕평비를 건립하였다.
③ 경국대전을 반포하였다.
④ 이조 전랑이 3사의 관리를 추천하는 관행을 없앴다.
⑤ 육의전을 제외한 시전 상인의 금난전권을 폐지하였다.

0264

밑줄 친 '국왕'에 대한 설명으로 옳은 것만을 보기 에서 고른 것은?

> 국왕이 창덕궁에 설치한 이 건물의 1층은 책을 보관하며 사무실로 활용하는 장소였다. 2층은 독서를 하며 정책을 토론하는 공간으로 활용하였다. 1층은 규장각, 2층은 우주와 하나가 된다는 의미인 주합루라고 불렸다. 이곳에서 유능한 관리들이 연구와 교육에 전념하였고, 당시의 문예 부흥을 이끌었다.

보기

> ㄱ. 호패법을 시행하였다.
> ㄴ. 장용영을 설치하였다.
> ㄷ. 대전통편을 편찬하였다.
> ㄹ. 6조 직계제를 실시하였다.

① ㄱ, ㄴ   ② ㄱ, ㄷ   ③ ㄴ, ㄷ
④ ㄴ, ㄹ   ⑤ ㄷ, ㄹ

0265

밑줄 친 '이 기구'에 대한 설명으로 옳은 것은?

> 대왕대비가 전교하기를, "의정부란 바로 대신들이 백관을 통솔하고 모든 정사를 규찰하는 곳으로서 중요하기가 다른 관서와는 아주 다르다. 서울과 지방의 사무를 전부 이 기구로 위임하는 것이 언제부터인지는 모르겠으나 사리로 보아 그럴 수 없는 것이 있다. 지금 의정부가 이미 새로 건축된 이상 이제부터는 의정부와 이 기구도 한 관청으로 합치도록 하라."라고 하였다.

① 세도 정치의 중심 기관이었다.
② 왕권이 강화되는 데 기여하였다.
③ 의정부의 6조의 권한을 뒷받침하였다.
④ 흥선 대원군이 정권을 잡으면서 성장하였다.
⑤ 권력의 독점과 부정을 방지하는 역할을 하였다.

0266

밑줄 친 '이 시기'에 일어난 사실로 옳은 것은?

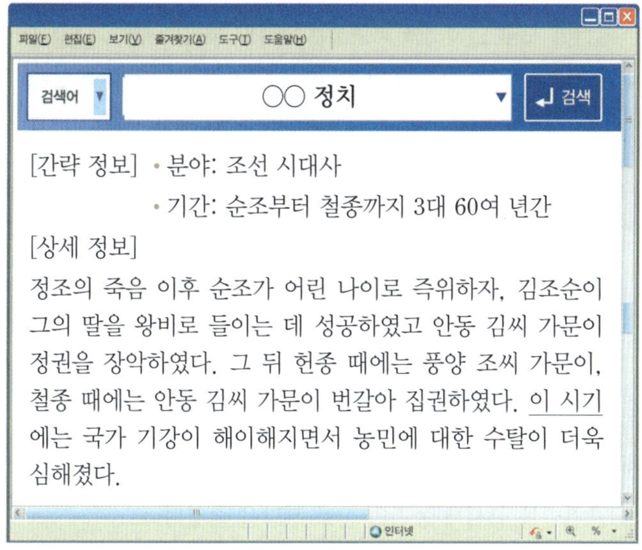

① 삼정이 문란해졌다.
② 왕권이 안정되었다.
③ 망이·망소이가 봉기하였다.
④ 의정부의 권한이 강화되었다.
⑤ 신흥 무인 세력이 등장하였다.

0267

다음 시가 지어진 시기의 사회 모습으로 옳은 것은?

> **적석총에서**
> 어깨 팔뚝 드러난 적삼 입은 어린 것들
> 바지 버선 한 번도 못 입었으리
> 큰아이는 다섯 살에 기마병에 등록되고
> 작은애도 세 살에 군적에 올라 있어
> ……
> 아침 점심 다 굶다가 저녁에야 밥을 짓네
> 이웃집 술 익어야 지게미라도 얻어먹지
> 지난 봄에 꾸어 먹은 환곡이 닷 말이라
> 이 때문에 올해에는 정말 못 살겠네

① 무신들 간에 권력 다툼이 이어졌다.
② 진골 귀족 간에 왕위 쟁탈전이 벌어졌다.
③ 관직을 사고파는 매관매직이 성행하였다.
④ 몽골의 침입으로 문화유산이 불에 타 없어졌다.
⑤ 지방에서 성주, 장군이라 불리는 세력이 등장하였다.

0268

다음 격문과 관련된 사건의 발생 배경으로 옳은 것은?

> 평서대원수는 급히 격문을 띄우노니 관서 사람들은 모두 이 격문을 들으라. …… 조정에서는 관서를 버림이 분토(糞土)와 다름이 없다. …… 권세 있는 간신배가 그 세를 날로 떨치고, 김조순, 박종경의 무리가 국가 권력을 갖고 노니, 어진 하늘이 재앙을 내린다.

① 권문세족의 농장 확대
② 문벌 사회의 모순 심화
③ 붕당의 근거지인 서원 정리
④ 향, 부곡민에 대한 차별 대우
⑤ 평안도민에 대한 정부의 차별 대우

0269

다음 자료에 나타난 사건에 대한 설명으로 옳지 <u>않은</u> 것은?

> 임술년(1862) 2월 19일 진주민 수만 명이 머리에 흰 수건을 두르고 손에는 나무 몽둥이를 들고 무리를 지어 진주 읍내에 모여 서리들의 가옥 수십 호를 불사르고 부수어서, 그 움직임이 결코 가볍지 않았다. 병사(백낙신)가 해산시키고자 하여 장시에 나가니 흰 수건을 두른 백성이 땅 위에서 그를 빙 둘러싸고 백성의 재물을 횡령한 조목, 아전들이 세금을 포탈하고 강제로 징수한 일들을 눈앞에서 여러 번 문책하였는데, 그 능멸하고 핍박함이 조금도 거리낌이 없었다.

① 삼정의 문란이 원인이었다.
② 무신 집권자와 지방관의 수탈에 저항하였다.
③ 안핵사가 파견되어 주동자를 찾아 처벌하였다.
④ 삼남 지방부터 시작하여 전국적으로 확산되었다.
⑤ 민심을 안정시키기 위해 삼정이정청이 설치되었다.

0270

(가) 인물이 시행한 정책으로 옳은 것은?

> 고종이 왕위에 오른 것을 계기로 권력을 장악하였다. [(가)]은/는 정치·경제·사회 각 부문에 걸쳐 개혁을 추진하였는데, 황현은 그의 저서에서 "10년 동안 집권하면서 그 위세를 내외에 떨쳤다. '대원위 분부'라는 다섯 글자가 바람처럼 전국을 횡행하였는데 우레나불과 같아서 관리와 백성이 두려워하였다."라고 평가하였다.

① 호포제를 실시하였다.
② 신문고를 부활시켰다.
③ 속대전을 편찬하였다.
④ 수원 화성을 축조하였다.
⑤ 과거제를 처음 시행하였다.

0271

다음 자료와 관련된 흥선 대원군의 조치로 옳은 것은?

> 대원군은 "백성을 해치는 자는 공자가 다시 살아난다 하여도 내가 용서 못 한다. 하물며 우리나라의 선현께 제사를 지내는 곳이 도적의 소굴이 되어서야 하겠느냐?"라고 하였다.

① 서원 정리 　　　　② 사창제 실시
③ 호포제 실시 　　　　④ 비변사 축소
⑤ 당백전 발행

0272

밑줄 친 '그'가 추진한 정책으로 옳은 것은?

> 그가 여러 대신에게 말하기를, "나는 천리(千里)를 끌어다 지척(咫尺)을 삼겠으며 태산(泰山)을 깎아내려 평지를 만들고 또한 남대문을 3층으로 높이려 하는데, 여러 공들은 어떠시오?"라고 하였다. …… 대저 천리 지척이라는 함은 종친을 높인다는 뜻이요, 남대문 3층이라 함은 남인을 천거하겠다는 뜻이요, 태산 평지라 함은 노론을 억압하겠다는 말이다.
>
> － 『매천야록』

① 삼정이정청을 설치하였다.
② 비변사의 기능을 축소하였다.
③ 훈구를 견제하고자 사림 세력을 등용하였다.
④ 붕당을 급격히 교체하는 환국을 주도하였다.
⑤ 균역법을 실시해 농민의 군포 부담을 줄였다.

0273

밑줄 친 '그 법'으로 옳은 것은?

> 나라 제도로서 인정(人丁)에 대한 세를 신포라 하였는데, 충신과 공신의 자손에게는 모두 신포가 면제되어 있었다. 대원군은 이를 수정하고자 동포(洞布)라는 법을 제정하였다. …… 조정의 관리들이 이 법의 시행을 저지하고자 하여, "만약 이와 같이 하면 국가에서 충신과 공신을 포상하고 장려하는 후한 뜻이 자연히 사라지게 됩니다."라고 하였다. 대원군은 이를 듣지 않으면서, "충신과 공신이 이룩한 사업도 종사와 백성을 위한 것이었다. 지금 그 후손이 면세를 받기 때문에 일반 평민이 법에 정한 세금보다 무거운 부담을 지게 된다면 충신의 본뜻이 아닐 것이다."라고 하며 단연 그 법을 시행하였다.

① 8조법 　　　　② 균역법 　　　　③ 사창제
④ 호포제 　　　　⑤ 신해통공

0274

다음 자료를 통해 알 수 있는 정책에 대한 학생들의 발표 내용으로 적절한 것은?

> 양반호(戶)는 노비의 이름으로 포(布)를 내게 하였고 소민(小民)은 신포(身布)로 내게 하였다. 지금은 백골(白骨)이나 황구(黃口)의 원성이 없으니, …… 각 도에 알려 길고 오랜 법식으로 삼는 것이 좋겠다."라고 하였다.　　　– 『고종실록』

① 의정부의 기능이 부활되었어요.
② 국가 재정을 확충하게 되었어요.
③ 민간에서 자치적으로 운영하였어요.
④ 경복궁 중건의 비용을 확보하였어요.
⑤ 양반들의 지지를 얻어 추진하였어요.

0275

(가)에 들어갈 제도에 대한 설명으로 옳은 것은?

> 홍시형이 상소하였다. "근래 ▢(가)▢ 이/가 나오면서 등급이 문란해져 벼슬아치나 선비, 하인들이 똑같이 취급되고 상하의 구별이 없어졌으니 한탄스럽습니다. 이는 죽은 사람이나 어린아이에게 군포를 물리는 것만 불쌍히 여겨, 귀천에 관계없이 똑같이 군포를 부과하겠다는 것입니다. 명분이 없어지면 나라를 어떻게 다스리겠습니까?"

① 재정 악화를 초래하였다.
② 경제적 혼란을 일으켰다.
③ 양반 유생의 지지를 받았다.
④ 공평한 조세 부담을 위한 것이었다.
⑤ 붕당의 변질을 해소하려는 것이었다.

0276

(가)에 들어갈 내용으로 옳은 것만을 보기 에서 있는 대로 고른 것은?

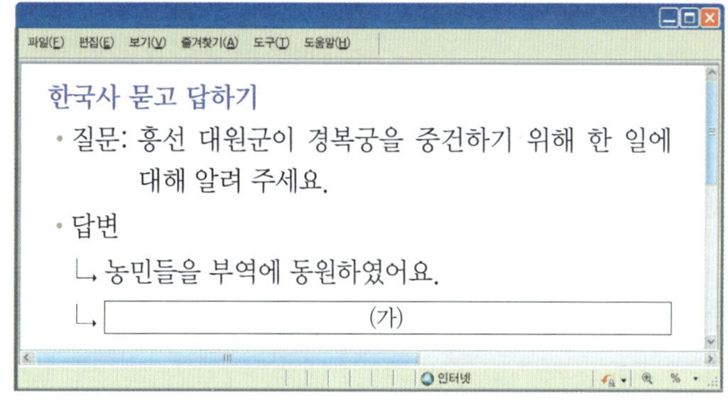

보기

ㄱ. 당백전을 발행하였어요.
ㄴ. 양반의 묘지림을 베었어요.
ㄷ. 통공 정책을 시행하였어요.
ㄹ. 원납전을 강제로 징수하였어요.

① ㄱ, ㄴ　　② ㄴ, ㄷ　　③ ㄷ, ㄹ
④ ㄱ, ㄴ, ㄷ　　⑤ ㄱ, ㄴ, ㄹ

0277

흥선 대원군의 개혁 정치를 정리한 표의 내용 중 옳지 <u>않은</u> 것은?

구분	내용	결과
정치 개혁	세도 정치 척결	안동 김씨 세력 중용 ··············(가)
	비변사 축소·폐지	의정부와 삼군부의 기능 부활 ···········(나)
	법전 편찬	『대전회통』, 『육전조례』 편찬··················(다)
	경복궁 중건	당백전 발행에 따른 경제 혼란 야기 ······(라)
민생 안정	삼정의 문란 해소	호포제, 사창제 실시 ··················(마)
	서원 정리	국가 재정 확충, 유생의 거센 반발 초래

① (가)　　② (나)　　③ (다)　　④ (라)　　⑤ (마)

0278

다음을 읽고 물음에 답하시오.

> ㉠ <u>전하께서 왕위에 오르신 이후</u>로 사람의 현명함과 우매함은 묻지도 않고서, ㉡ <u>한쪽 사람을 임용하면 한쪽만 모두 등용하고, 한쪽 사람을 물리치면 한쪽만 모두 물리치게 합니다.</u> 등용하고 물리치는 사이에 그 당화(黨禍)만 가중시키니, 그것이 국맥(國脈)을 손상시킴은 어떻게 하겠습니까?

(1) 밑줄 친 ㉠에 해당하는 국왕을 쓰시오.

(　　　　)

(2) 밑줄 친 ㉡ 상황이 끼친 영향을 서술하시오.

0279

다음을 보고 물음에 답하시오.

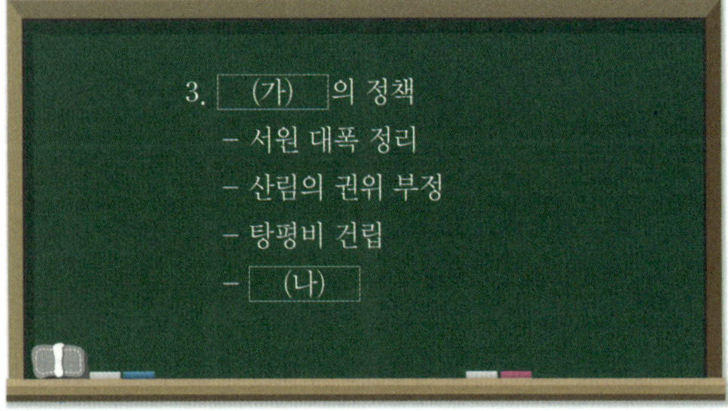

(1) (가)에 들어갈 국왕을 쓰시오.

(　　　　)

(2) (나)에 들어갈 내용을 <u>세 가지</u> 서술하시오.

0280

다음을 보고 물음에 답하시오.

자료는 (가) 이/가 장용영 장교 백동수와 규장각 검서관 이덕무 등에게 명하여 편찬한 무예 책인 『무예도보통지』의 한 장면이다.

(1) (가)에 들어갈 국왕을 쓰시오.

(　　　　)

(2) (가) 국왕이 추진한 정책을 <u>세 가지</u> 서술하시오(단, 자료에 제시된 내용은 서술하지 말 것).

0281

다음을 읽고 물음에 답하시오.

> **(가) 시기의 정치 상황**
> - 조사 시기: 순조 ~ 철종까지
> - 조사 주제: 가문별 비변사 고관 역임자 수
> - 조사 결과
>   총 285명 중 안동 김씨 37명, 대구 서씨 19명, 풍양 조씨 17명, 연안 이씨 17명 등 특정 가문의 인물들이 비변사 주요 관직의 40%를 차지하였다.

(1) (가)에 들어갈 정치 형태를 쓰시오.

(　　　　)

(2) (가)가 나타나게 된 배경과 영향을 서술하시오.

0282

다음을 읽고 물음에 답하시오.

> 몰락 양반인 이 인물은 서얼 출신인 우군칙 등과 함께 상공업자, 영세 농민, 광산 노동자 등 다양한 계층을 모아 평안도 가산에서 봉기하였다. 이들은 한때 세력을 떨쳐 선천, 정주 등 청천강 이북 지역을 점령하였으나, 관군에게 밀려 5개월 만에 진압되었다.

(1) 밑줄 친 '이 인물'을 쓰시오.

( )

(2) 밑줄 친 '이 인물'이 주도한 위 사건의 발생 배경을 서술하시오.

0283

다음 자료에 나타난 사건을 해결하기 위해 조선 정부가 마련한 방안과 그 결과를 서술하시오.

> 난민들이 소동을 일으킨 것은 오로지 전 우병사 백낙신이 수탈하였기 때문입니다. 백낙신은 병영에서 포탈된 환곡과 전세 6만 냥 모두를 집집마다 배정하여 억지로 받으려 하였습니다.
> — 『철종실록』

0284

흥선 대원군이 집권한 시기 다음과 같은 변화를 가져온 세금 제도를 쓰고, 그 내용과 실시 목적을 서술하시오.

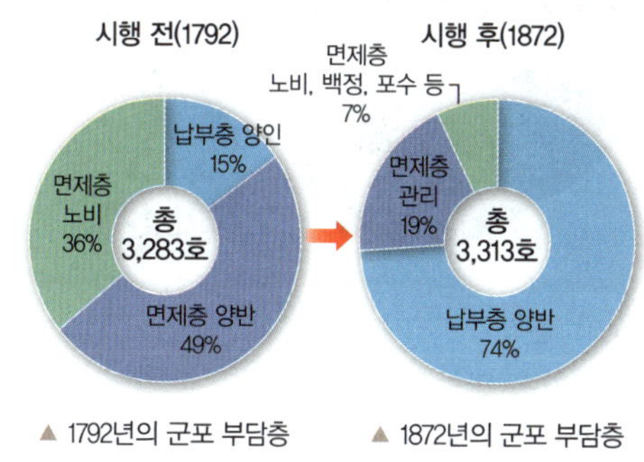

0285

다음을 읽고 물음에 답하시오.

> 작년부터 양반 호는 노비의 이름으로 포를 내게 하였고, 죽은 사람과 어린아이에게 군포를 부과하는 과정에서 발생하였던 원성이 이제는 없으니, 참으로 상서롭고 화기로운 기운을 이끌어 오는 일이다. 각 도에 알려 길고 오랜 법식으로 삼는 것이 좋을 것이다.

(1) 자료에 나타난 제도를 쓰시오.

( )

(2) 위 제도를 실시한 인물이 추진한 수취 제도의 개편을 두 가지 서술하시오.

STEP
4

대단원 정리하기

0286

다음 도구를 처음 사용한 사람들의 생활 모습으로 옳은 것은?

① 움집을 짓고 살았다.
② 주먹도끼를 처음 만들었다.
③ 비파형 동검을 제작하였다.
④ 정복민을 노비로 만들었다.
⑤ 지배자의 무덤을 조성하였다.

0287

다음 자료에 나타난 풍습이 있던 나라에 대한 설명으로 옳은 것은?

> 여러 국읍에는 각각 한 사람이 천신의 제사를 주재하는데, 그를 '천군'이라 부른다. 또한 소도를 만들고 큰 나무를 세워 방울과 북을 매달아 놓고 귀신을 섬긴다.

① 옥저를 정복하였다.
② 중국 연의 침입을 받았다.
③ 신지, 읍차라 불리는 지배자가 있었다.
④ 한과 주변국 사이의 무역을 중계하였다.
⑤ 제가 회의에서 국가의 중요한 일을 결정하였다.

0288

다음 자료에 나타난 시기에 볼 수 있는 모습으로 가장 적절한 것은?

> 신라에서 사신을 보내 왕께 아뢰기를, "왜인이 국경에 가득해 성을 부수고 노객으로 하여금 왜의 백성으로 삼고자 합니다." …… 왕이 보병과 기병 5만 명을 보내 가서 신라를 구원하게 하였다.

① 우산국을 공격하는 군인
② 무천을 주관하는 지배자
③ 태학에서 공부하는 학생
④ 고인돌 조성에 동원된 주민
⑤ 8조법에 따라 처벌받는 백성

0289 난이도 상

다음 사건들이 있었던 시기를 연표에서 옳게 고른 것은?

> • 이근행이 군사 20만 명을 이끌고 매소성에 머물렀다. 우리 군사가 공격하여 달아나게 하고 전마 30,380필을 얻었는데, 남겨 놓은 병장기도 그 정도 되었다.
> • 겨울 11월에 사찬 시득이 수군을 거느리고 설인귀와 소부리주 기벌포에서 싸웠는데 연이어 패배하였다. 다시 나아가 크고 작게 22번 싸워 이기고 4천여 명의 목을 벴다.

	(가)	(나)	(다)	(라)	(마)
법흥왕 즉위		살수 대첩	안시성 싸움	백제 멸망	고구려 멸망	녹읍 폐지

① (가)　　② (나)　　③ (다)　　④ (라)　　⑤ (마)

0290

다음 지방 제도를 운영한 국가에 대한 탐구 활동으로 가장 적절한 것은?

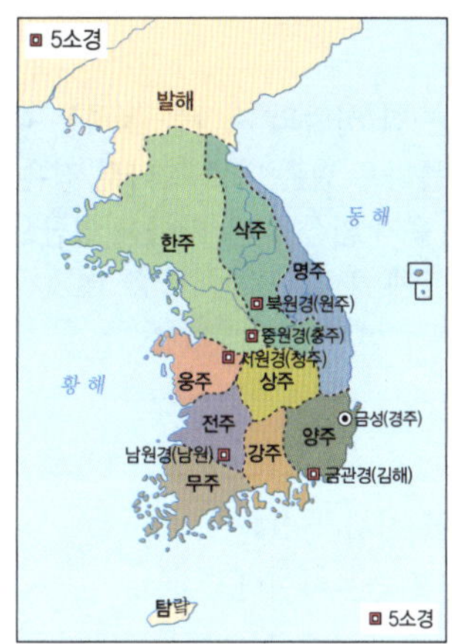

① 사출도에 대한 기록을 조사한다.
② 동진과의 교류 사례를 찾아본다.
③ 김헌창의 난이 일어난 이유를 파악한다.
④ 평양으로 수도를 옮기는 과정을 정리한다.
⑤ 중국의 산둥 지방을 공격한 배경을 살펴본다.

0291

(가), (나)가 작성된 시기 사이에 있었던 사실로 옳은 것만을 〔보기〕에서 고른 것은?

(가)	(나)
첫째, 우리나라의 대업은 분명히 여러 부처가 지켜 준데 힘을 입은 것이다. 선종과 교종 사원을 창건하여 주지를 파견하고 …… 불도를 닦도록 하라.	7조 불교를 가르치는 것은 자신을 수용하는 근본이고, 유교의 가르침을 행하는 것은 나라를 다스리는 근본이고 …… 오늘의 급한 일입니다.

〔보기〕
ㄱ. 정방이 설치되었다.
ㄴ. 과거제가 도입되었다.
ㄷ. 송악으로 도읍을 옮겼다.
ㄹ. 노비안검법이 시행되었다.

① ㄱ, ㄴ   ② ㄱ, ㄷ   ③ ㄴ, ㄷ
④ ㄴ, ㄹ   ⑤ ㄷ, ㄹ

0292   난이도 상

밑줄 친 '이곳'을 지도에서 옳게 고른 것은?

> <u>이곳</u>은 음양가들이 말하는 대화세(명당)입니다. <u>이곳</u>에 궁궐을 짓고 옮기면 천하를 다스릴 수 있습니다. 또한 금이 예물을 가져와 스스로 항복할 것이요, 주변 서른여섯 나라가 모두 머리를 조아릴 것입니다.

① (가)   ② (나)   ③ (다)
④ (라)   ⑤ (마)

0293

다음 자료를 활용한 탐구 주제로 가장 적절한 것은?

> 왕이 보현원으로 행차하던 중 술자리를 가졌는데, 분위기가 흥겨워지자, 무신들에게 오병수박희를 시켰다. …… 대장군 이소응이 다른 사람과 수박희를 하다가 이기지 못하고 달아나자 한뢰가 갑자기 나서 이소응의 뺨을 때렸다. …… 정중부가 날카로운 소리로 한뢰를 꾸짖었다. 왕이 정중부의 손을 잡고 달래서 말렸다.

① 권문세족의 횡포
② 호족 세력의 대두
③ 무신 정변의 발생
④ 문벌 사회의 형성
⑤ 신진 사대부의 등장

0294

다음 변화가 나타난 배경으로 가장 적절한 것은?

〈정치 기구의 변화〉

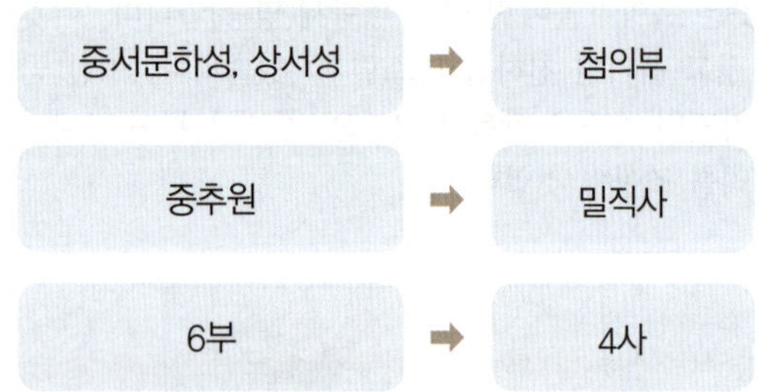

① 최충헌이 집권하였다.
② 후삼국이 통일되었다.
③ 이자겸의 난이 일어났다.
④ 원의 내정 간섭이 이루어졌다.
⑤ 공민왕이 반원 정책을 펼쳤다.

0295

밑줄 친 '국왕'에 대한 설명으로 옳은 것은?

> 기철 등이 권세를 믿고 방자하게 위세를 부려 백성에게까지 독을 미쳐 끝이 없었다. …… 몰래 반역을 도모하고 사직을 위태롭게 하였다. 다행히 국왕께서 천지와 신령에게 도움을 받아 기철 등을 다 처형하였다.

① 도방을 확대하였다.
② 묘청을 등용하였다.
③ 쌍성총관부를 공격하였다.
④ 광덕, 준풍의 연호를 사용하였다.
⑤ 망이와 망소이의 난을 진압하였다.

0296

다음을 주장한 인물에 대한 설명으로 옳은 것만을 보기 에서 고른 것은?

> 임금의 직책은 한 사람의 재상을 정하는 데 있다. …… 재상은 임금의 아름다운 점은 따르고 나쁜 점은 바로잡으며, 옳은 일은 받들고 옳지 않은 일은 막아서 임금으로 하여금 가장 올바른 정치에 들게 해야 한다.
>
> – 『조선경국전』

보기

> ㄱ. 6조 직계제를 실시하였다.
> ㄴ. 과전법 제정을 주도하였다.
> ㄷ. 왕자의 난으로 제거되었다.
> ㄹ. 위화도 회군으로 축출되었다.

① ㄱ, ㄴ　　② ㄱ, ㄷ　　③ ㄴ, ㄷ
④ ㄴ, ㄹ　　⑤ ㄷ, ㄹ

0297

다음 제도에 대한 학생들의 발표 내용으로 가장 적절한 것은?

[역사 용어 사전]

서울과 지방에서 인재를 추천하면 예조가 종합하여 의정부에 보고하였다. 추천된 자들은 왕이 참석한 가운데 시정(時政)에 대한 대책을 시험 보고 관직에 등용되었다. 이 제도는 사림이 관직에 진출하는 데 도움을 주었다.

① 최우의 권력 기반이 되었어요.
② 문벌에게 부여된 특권이었어요.
③ 조광조 등의 주장으로 시행되었어요.
④ 식목도감의 논의에 따라 실시되었어요.
⑤ 정몽주가 관직에 진출하는 통로가 되었어요.

0298

(가), (나) 인물이 옳게 짝지어진 것은?

> ___(가)___ 이/가 과거에 장원으로 합격하여 이조 전랑의 물망에 올랐으나, 그가 당시 윤원형의 문객이었다 하여 ___(나)___ 이/가 반대하였다. 그 후 ___(나)___ 의 동생이 장원 급제를 하여 이조 전랑에 천거되었으나 외척이라 하여 ___(가)___ 이/가 반대하였다. …… 동인, 서인이라는 말이 여기에서 비롯되었다.

	(가)	(나)
①	김효원	유자광
②	김효원	심의겸
③	심의겸	김효원
④	심의겸	유자광
⑤	유자광	심의겸

0299

(가), (나) 시기 사이에 있었던 일로 옳은 것만을 〔보기〕에서 고른 것은?

> (가) 도요토미 히데요시는 전국을 통일하고 명을 공격하기 위한 길을 빌린다는 구실로 조선을 침략하였다.
> (나) 일본군은 도요토미 히데요시가 사망하자 본국으로 철수하였다.

〔보기〕

ㄱ. 비변사가 설치되었다.
ㄴ. 을사사화가 발생하였다.
ㄷ. 선조가 의주로 피란하였다.
ㄹ. 조명 연합군이 평양성을 탈환하였다.

① ㄱ, ㄴ   ② ㄱ, ㄷ   ③ ㄴ, ㄷ
④ ㄴ, ㄹ   ⑤ ㄷ, ㄹ

0300

다음 전쟁의 결과로 옳은 것은?

① 삼전도비가 건립되었다.
② 정유재란이 발생하였다.
③ 경연 제도가 폐지되었다.
④ 광해군이 왕위에서 쫓겨났다.
⑤ 조선과 후금이 형제 관계를 맺었다.

0301   난이도 상

(가), (나) 시기의 정치 상황으로 옳은 것을 〔보기〕에서 고른 것은?

인조 즉위
⬇ (가)
효종 즉위
⬇ (나)
숙종 즉위

〔보기〕

ㄱ. (가) – 훈련도감이 창설되었다.
ㄴ. (가) – 서인과 남인이 공존하며 견제하였다.
ㄷ. (나) – 두 차례의 예송이 발생하였다.
ㄹ. (나) – 동인이 북인과 남인으로 나뉘었다.

① ㄱ, ㄴ   ② ㄱ, ㄷ   ③ ㄴ, ㄷ
④ ㄴ, ㄹ   ⑤ ㄷ, ㄹ

0302

(가)에 들어갈 내용으로 가장 적절한 것은?

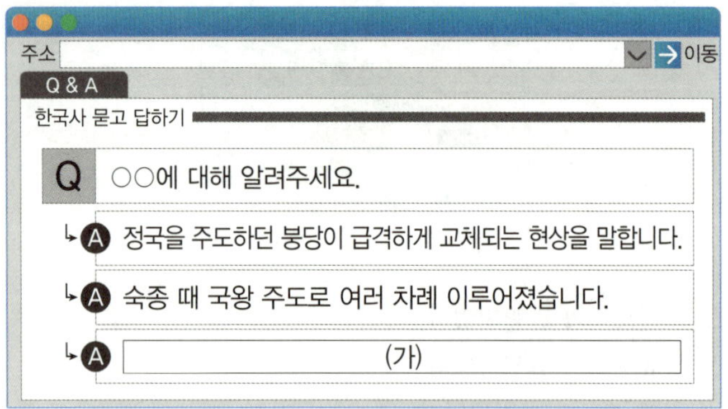

① 일당 전제화 현상으로 이어졌습니다.
② 세조가 정변을 일으키는 배경이 되었습니다.
③ 속오군 체제가 완비되는 데 영향을 끼쳤습니다.
④ 서원이 대대적으로 철폐되는 근거가 되었습니다.
⑤ 훈구와 사림의 대립이 격화되는 계기가 되었습니다.

0303

다음 자료와 관련된 국왕에 대한 설명으로 옳은 것만을 보기 에서 고른 것은?

> 붕당의 폐단이 요즈음보다 심한 적이 없었다. 처음에는 사문에 소란을 일으키더니, 이제는 한쪽 사람을 모조리 역적으로 몰고 있다. …… 아! 임금과 신하는 부자(父子)와 같으니, 아들들이 서로 시기하고 의심한다면 임금의 마음은 편안하겠는가, 불안하겠는가? …… 저 귀양을 간 사람들은 그 경중을 참작하여 대신과 더불어 다시 살피도록 하고, 관리의 임용을 담당한 부서에서는 탕평하게 거두어 쓰도록 하라.

보기
ㄱ. 대전통편을 편찬하였다.
ㄴ. 산림의 존재를 인정하지 않았다.
ㄷ. 이조 전랑의 권한을 약화하였다.
ㄹ. 의정부 서사제를 처음 실시하였다.

① ㄱ, ㄴ   ② ㄱ, ㄷ   ③ ㄴ, ㄷ
④ ㄴ, ㄹ   ⑤ ㄷ, ㄹ

0304

밑줄 친 ㉠의 정치 상황이 전개되던 시기에 볼 수 있는 모습으로 적절한 것만을 보기 에서 고른 것은?

> 평서 대원수는 급히 격문을 띄우노니 관서(평안도) 사람들은 모두 이 격문을 들으라. …… ㉠ 지금 임금이 나이가 어려 권세 있는 간신배가 그 세를 날로 떨치고, 김조순·박종경의 무리가 국가 권력을 갖고 노니, 어진 하늘이 재앙을 내린다.

보기
ㄱ. 원납전을 납부하는 양반
ㄴ. 돈을 주고 관직을 사는 사람
ㄷ. 호포제의 실시를 명령하는 집권자
ㄹ. 환곡에 과도한 이자를 붙여 거두는 수령

① ㄱ, ㄴ   ② ㄱ, ㄷ   ③ ㄴ, ㄷ
④ ㄴ, ㄹ   ⑤ ㄷ, ㄹ

0305

(가) 인물에 대한 탐구 활동으로 가장 적절한 것은?

> 조선 초에 설치된 ○○○은/는 중·좌·우군의 3군을 지휘·감독하였다. 그러나 세종 때 폐지되었고, (가) 이/가 집권한 이후 비변사의 기능이 축소·폐지되면서 부활하였다.

① 신문고를 부활시킨 목적을 파악한다.
② 대전회통을 편찬한 배경을 조사한다.
③ 장용영의 주요 활동 사례를 알아본다.
④ 홍경래의 난을 진압한 과정을 정리한다.
⑤ 속오군을 처음 편성한 이유를 찾아본다.

0306

다음을 읽고 물음에 답하시오.

> 신라고기에 이르기를, ⎡ (가) ⎤의 옛 장수 조영은 성이 대씨인데, 남은 병사를 모아 태백산 남쪽에 나라를 세워 국호를 ⎡ (나) ⎤(이)라고 하였다.
>
> – 『삼국유사』

(1) (가), (나)에 들어갈 국가를 쓰시오.

  (가): (   ), (나): (   )

(2) (나)가 (가)를 계승한 것을 알 수 있는 근거를 두 가지 서술하시오.

____

____

____

0307

다음을 읽고 물음에 답하시오.

> ⎡ (가) ⎤의 명종이 조서를 내려 "고을의 향리가 백성을 침탈하여 자기의 이익을 채우거나, 공적인 업무를 빙자하여 개인의 이익을 도모하는 데도 관청에서 엄히 금지하지 못한다. …… 안찰사가 그 죄를 물어 벌을 주도록 하라."라고 명하였다.

(1) (가)에 들어갈 국가를 쓰시오.

  (   )

(2) (가) 국가가 운영한 지방 제도의 특징을 두 가지 서술하시오.

____

____

____

0308

다음을 읽고 물음에 답하시오.

> 우리나라의 벼슬 제도는 고대와 달라, 비록 삼정승과 육조 판서를 두어 모든 관청을 감독·통솔하도록 되어 있으나, 정치의 중점은 사헌부, 사간원에 있다. …… 관직을 임명하는 것은 재상에게 맡기지 않고 이조에 맡겼다.

(1) 밑줄 친 '우리나라'에 해당하는 국가를 쓰시오.

  (   )

(2) (1)에서 쓴 국가의 관리 등용 방법이 갖는 특징을 이전 왕조와 비교하여 서술하시오.

____

____

____

0309

다음을 보고 물음에 답하시오.

국왕이 강력한 정치 기구로 육성한 ⎡ (가) ⎤

국왕이 세운 ⎡ (나) ⎤의 남문인 팔달문

(1) (가), (나)에 들어갈 명칭을 쓰시오.

  (가): (   ), (나): (   )

(2) 밑줄 친 '국왕'이 추진한 정책을 두 가지 서술하시오.

____

____

____

Ⅱ
근대 이전
한국사의 탐구

내 교과서 맞춤 목차

지학사	씨마스	해냄교육	리베르스쿨	한국학력평가원
1. 국제 관계와 대외 교류	1. 국제 관계와 대외 교류	주제13 ~ 주제14	1. 국제 관계와 대외 교류	1. 국제 관계와 대외 교류
2. 수취 체제와 경제생활	2. 수취 체제와 경제생활	주제15 ~ 주제16	2. 수취 체제와 경제생활	2. 수취 체제와 경제생활
3. 신분제와 사회 구조	3. 신분제와 사회 구조	주제17 ~ 주제18	3. 신분제와 사회 구조	3. 신분제와 사회 구조
4. 사상과 문화	4. 사상과 문화	주제19 ~ 주제20	4. 사상과 문화	4. 사상과 문화

01 국제 관계와 대외 교류

1 국제 관계와 대외 교류

★(1) 삼국과 가야의 대외 교류

고구려	중국 북조, 남조뿐만 아니라 주변 여러 나라와 교류, 독자적 천하관 주장 **자료❶**
백제	주로 남조와 교류, 왜와 긴밀한 관계 형성
신라	• 초기에 고구려를 통해 중국의 문물 수용 • 한강 유역 차지 후 중국과 직접 교류
가야	철을 매개로 중국, 낙랑군, 왜 등과 교역

(2) 통일 신라와 발해의 대외 교류 **자료❷**

① **통일 신라**: 당, 일본, 발해와 교류

- 신라와 당 사이에 외교 사절 교환, 유학생·승려·상인의 잦은 왕래
- 당의 산둥반도와 창장강 하류에 신라방, 신라촌, 신라소, 신라원 형성
- 장보고가 청해진 설치 ➡ 해적 소탕, 해상 무역 주도

② **발해**: 건국 초기 당과 대립 ➡ 8세기 후반부터 친선 관계를 맺고 활발히 교류

- 당의 산둥반도에 발해관 설치, 학생과 상인들이 당에 왕래
- 일본과 긴밀한 관계를 유지하며 신라와도 교류

2 고려의 국제 관계와 대외 교류

(1) 다원적 국제 질서 형성

① **국제 질서 변화**: 송의 국방력 약화를 틈타 북방 민족(거란, 여진 등) 성장 **자료❸**

② **고려의 대응**: 주변국과 세력 균형을 유지하며 독자적인 천하관 표방(해동 천하)

(2) 거란과의 전쟁

① **배경**: 송과 고려의 우호 관계 지속, 고려의 거란 견제(북진 정책)

② **침입**

- 1차: 서희의 외교 담판 ➡ 강동 6주 지역 확보
- 2차: 강조의 정변 구실, 개경 함락, 양규의 선전
- 3차: 강감찬의 귀주 대첩(1019)에 힘입어 승리

③ **결과**: 고려·송·거란 간의 세력 균형 유지, 나성과 천리장성 축조

(3) 여진과의 관계

① **충돌**: 부족을 통일한 여진의 고려 국경 침범 ➡ 윤관이 별무반을 이끌고 여진 정벌, 동북 9성 축조 ➡ 1년 만에 반환

② **변화**: 여진의 금 건국(1115) ➡ 고려에 군신 관계 요구 ➡ 집권 세력의 요구 수용
└─ 거란이 세운 요를 멸망시키고 송을 공격하여 화북 지역을 차지하였다.

Check! 잘 나오는 선지로 개념 확인하기

1 삼국과 가야의 대외 교류에 대한 설명으로 옳은 것을 모두 고르시오.

① 고구려는 한과 외교 관계를 맺었다.

② 고구려는 중국의 남북조와 조공·책봉 관계를 맺었다.

③ 백제는 왜와 긴밀한 관계를 유지하였다.

④ 백제는 근초고왕 때 동진과 교류하였다.

⑤ 신라는 한강 유역을 차지한 이후 중국과 직접 교류하였다.

⑥ 가야는 왜에 철기와 토기 제작 기술을 전해 주었다.

⑦ 가야는 남조의 여러 왕조와 외교 관계를 유지하였다.

2 고려와 거란의 관계에 대한 설명으로 옳은 것을 모두 고르시오.

① 고려가 정벌 후 근거지에 9성을 쌓았다.

② 강감찬이 귀주 대첩에서 크게 승리하였다.

③ 2차 침입 때 현종은 나주로 피란하였다.

④ 항쟁 과정에서 고려 조정은 강화도로 천도하였다.

⑤ 삼별초가 진도와 제주도로 근거지를 옮기면서 저항하였다.

⑥ 윤관이 별무반을 이끌고 정벌하였다.

⑦ 자국 사신이 살해당한 것을 빌미로 고려를 침입하였다.

⑧ 김윤후가 처인성 전투에서 적장을 사살하였다.

⑨ 서희가 소손녕과 외교 담판을 벌여 강동 6주 지역을 확보하였다.

답 1 ②, ③, ④, ⑤, ⑥
2 ②, ③, ⑨

(4) **몽골의 침입과 대몽 항쟁** 자료④

① **배경**: 몽골의 무리한 조공 강요, 국경 지역에서 몽골 사신 피살

② **경과**: 몽골 침략 ➡ 최씨 무신 정권의 강화도 천도, 김윤후의 활약(처인성) 등 대몽 항쟁 전개 ➡ 무신 정권 붕괴 ➡ 개경 환도 ➡ 삼별초의 항쟁 ➡ 여·몽 연합군에게 진압됨

(5) **명과의 교류**: 명 건국 후 공민왕은 화친 체결 ➡ 명의 쌍성총관부 지역 편입 통보 ➡ 고려의 요동 정벌 추진 ➡ 이성계의 위화도 회군으로 좌절

(6) **고려의 대외 교류**

① **고려 전기**: 예성강 하구에 있는 벽란도가 국제 무역항으로 번성 자료⑤

② **원 간섭기**: 고려에서 몽골식 복장과 음식 등 몽골풍 유행, 원에 고려의 복식과 음식 전파(고려양)

3 조선의 국제 관계와 대외 교류

(1) **조선 전기 국제 관계**: 사대교린을 외교 정책의 기본으로 하여 전개 자료⑥

① **명**

- 건국 초: 요동 정벌, 여진 문제 등을 두고 갈등
- 변화: 태종 이후 사대 외교 추진, 친선 관계 유지

② **여진**: 무역소를 설치하고 귀순 장려, 세종 때 4군 6진 지역 개척

└ 압록강과 두만강을 경계로 하는 국경선을 확정하였다.

③ **일본**: 쓰시마섬 토벌, 3포를 개항하여 제한적인 무역 허용

④ **기타**: 시암, 류큐, 자와 등 동남아시아 국가들과 교류

(2) **왜란 이후 일본과의 관계**

① **국교 재개**: 에도 막부의 요청으로 기유약조 체결, 왜관 설치, 통신사 파견 재개

② **통신사 파견**: 에도 막부에서는 조선의 문화를 받아들이고 쇼군의 국제적인 권위를 인정받고자 통신사 파견 요청 ➡ 19세기 초까지 파견 자료⑦

(3) **호란 이후 청과의 관계**

① **북벌 운동 추진** 자료⑧

- 배경: 청에 당한 수모를 씻고 명에 대한 의리를 지키자는 분위기 고조, 조선 중화주의 대두

  └ 조선이 명을 대신하여 중화의 문명을 계승해야 한다는 주장이다.

- 전개: 효종 때 전개 ➡ 실행에 옮기지는 못함

② **북학론 대두** 자료⑧

- 배경: 연행사로 파견되어 청의 모습을 보고 돌아온 사람들이 청의 발전상 소개, 서양 문물 전래(천주교, 천리경, 「곤여만국전도」 등)
- 내용: 18세기 이후 청의 발전된 문물을 인정하고 수용할 것을 주장

③ **백두산정계비 건립**

- 배경: 청과 조선의 국경 문제 발생
- 내용: 숙종 대 압록강과 토문강을 경계로 한다는 내용을 기록한 경계비 건립

3 조선 전기 대외 관계에 대한 설명으로 옳은 것을 모두 고르시오.

① 사대교린을 원칙으로 주변 국과 교류하였다.

② 벽란도를 통해 아라비아 상인 등과 교류하였다.

③ 명과 조공·책봉 관계를 맺고 명의 연호를 사용하였다.

④ 청에 통신사를 파견하였다.

⑤ 국경 지역에 천리장성을 축조하였다.

⑥ 무역 통제에 반발한 일본인이 3포 왜란을 일으켰다.

⑦ 이종무를 보내 쓰시마섬을 토벌하였다.

⑧ 일본에 부산포, 염포, 제포를 개방하였다.

⑨ 여진 토벌 후 4군 6진 지역을 개척하였다.

⑩ 국경 지역에 무역소를 설치하여 여진과 제한적으로 교류하였다.

4 조선 후기 대외 관계에 대한 설명으로 옳지 않은 것을 고르시오.

① 청에 연행사를 파견하였다.

② 청을 정벌하자는 북벌 운동이 추진되었다.

③ 에도 막부의 요청으로 국교가 재개되었다.

④ 일본에 통신사를 파견하였다.

⑤ 청의 문물을 적극적으로 수용할 것을 주장하는 북학론이 제기되었다.

⑥ 연행사를 통해 청에 전래된 서양의 문물이 조선에 들어왔다.

⑦ 효종이 추진한 북벌 운동이 실행에 옮겨졌다.

⑧ 광해군은 명과 후금 사이에서 중립 외교를 추진하였다.

답 **3** ①, ③, ⑥, ⑦, ⑧, ⑨, ⑩
4 ⑦

자료 1　고구려의 독자적인 천하관

비상, 동아, 씨마스

시조 추모왕이 나라를 세웠는데 …… 17세손에 이르러 국강상광개토경평안호태왕이 18세에 왕위에 올라 칭호를 영락 태왕이라 하였다. …… 백잔(百殘, 백제)과 신라는 예로부터 고구려의 속민으로 조공을 해 왔다.

▲ 광개토 대왕릉비

0310 고구려는 5세기에 중국의 남조와만 교류하였다.　O/X

0311 고구려는 강해진 국력을 바탕으로 독자적인 천하관을 내세웠다.　O/X

자료 2　통일 신라와 발해의 대외 무역로

천재, 동아, 해냄

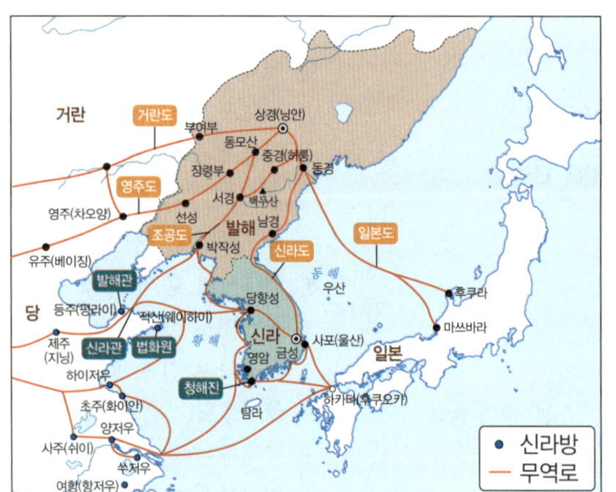

0312 신라와 발해는 당, 일본, 서역 등과 교류하였다.　O/X

0313 당의 산둥반도에는 신라방과 신라촌 등이 설치되었다.　O/X

0314 신라의 장보고는 청해진을 설치하고 해상 무역을 주도하였다.　O/X

0315 발해는 신라와 대립하여 교류하지 않았다.　O/X

자료 3　동아시아 국제 정세 변화

천재, 동아, 리베르

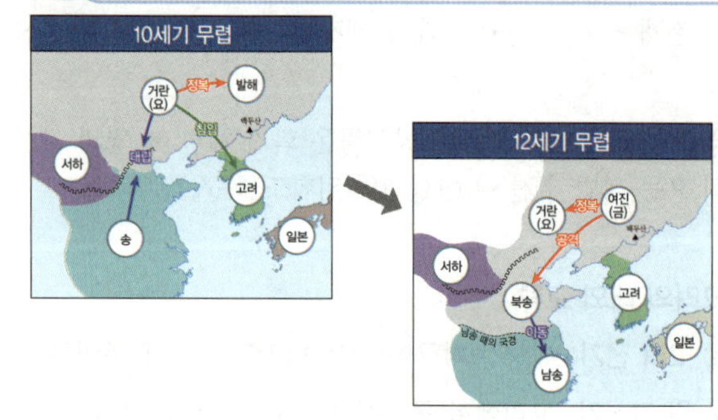

0316 10세기 무렵 거란(요)이 발해를 멸망시키고 송과 대립하였다.　O/X

0317 12세기에 여진이 세력을 키워 금을 세웠다.　O/X

0318 금의 공격으로 송이 강남 지방을 빼앗기고 화북으로 이동하였다.　O/X

0319 고려는 다원적인 국제 관계 속에 실리적인 외교를 추구하였다.　O/X

자료 4　몽골의 침입과 대몽 항쟁

비상, 천재, 지학사

0320 몽골이 침략하자 최씨 무신 정권은 강화도로 수도를 옮겼다.　O/X

0321 처인성, 충주성 전투에서 고려는 몽골군에 승리를 거두었다.　O/X

0322 삼별초는 개경 환도에 반발하여 저항하였다.　O/X

자료 ❺ 고려 전기의 대외 무역

비상, 천재, 동아

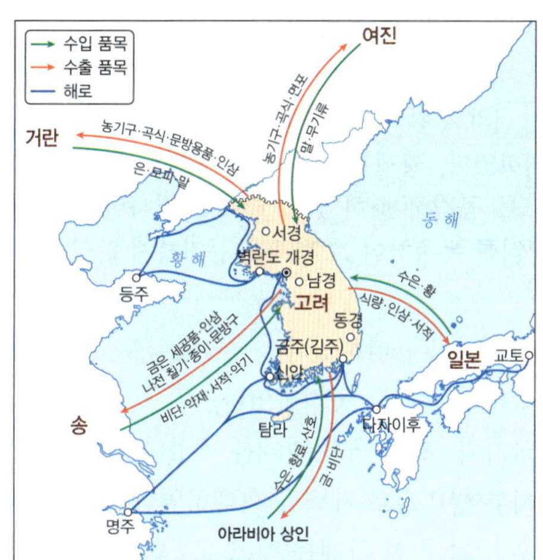

0323 고려 시대 개경과 가까운 벽란도는 국제 무역항으로 번성하였다. ○/✕

0324 아라비아 상인에 의해 고려가 '코리아'로 서방에 알려졌다. ○/✕

0325 송의 상인은 종이, 인삼 등을 가져와 비단, 약재 등과 교환하였다. ○/✕

자료 ❻ 조선 전기 대외 관계

미래엔, 비상, 천재

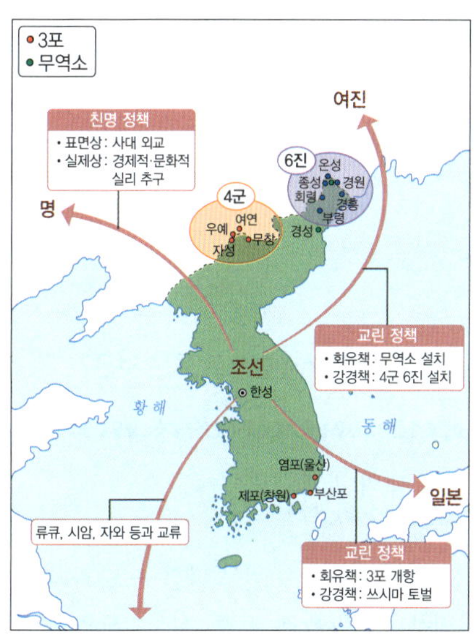

0326 조선은 사대교린의 원칙을 바탕으로 주변국과 교류하였다. ○/✕

0327 조선 세종 때 왜구를 토벌하고 4군 6진 지역을 개척하였다. ○/✕

0328 조선은 부산포, 제포, 염포 등 3포를 개항하여 제한된 범위에서 여진과 교역하였다. ○/✕

자료 ❼ 통신사의 파견

천재, 지학사, 리베르

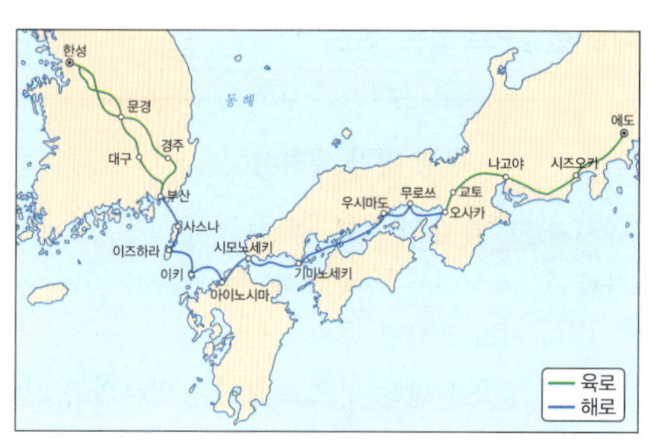

▲ 통신사의 행로

0329 임진왜란으로 끊긴 조선과 일본의 관계는 에도 막부의 요청으로 다시 시작되었다. ○/✕

0330 통신사는 조선이 일본에 보내는 외교 사절로서 조선의 선진 문물을 전파하였다. ○/✕

0331 에도 막부는 통신사를 성대하게 맞아 쇼군의 권위를 인정받으려 하였다. ○/✕

자료 ❽ 북벌론과 북학론

미래엔, 비상, 천재

• 정예한 포병 10만을 길러 결사적으로 싸우는 용감한 병사로 만든 다음, 기회를 봐서 저들이 예기치 못할 때 곧장 산해관으로 쳐들어갈 계획이오. 그러면 중원의 의사와 호걸 가운데 어찌 호응하는 자가 없겠소. — 송시열, 『송서습유』 **→ 북벌론**

• 혹자는 "지금의 중국을 차지하고 있는 주인은 오랑캐들이다."라고 하면서 배우기를 부끄러워하며, 중국의 옛 법마저도 다 함께 얕잡아 무시해 버린다. …… 진실로 법이 훌륭하고 제도가 아름답다면 오랑캐에게라도 나아가 배워야 하는 법이다. **→ 북학론** — 박지원, 『연암집』

0332 병자호란 이후 효종은 북벌 운동을 추진하여 실행에 옮겼다. ○/✕

0333 연행사를 통해 청과 서양의 문물이 조선에 들어왔다. ○/✕

0334 일부 실학자는 청의 문물을 적극적으로 수용하자는 북벌론을 제기하였다. ○/✕

0335

(가) 국가에 대한 설명으로 옳은 것은?

수행 평가 계획서

- 주제: [(가)]의 대외 교류
- 조사 자료
 － [(가)]의 지리적 이점
 － [(가)]의 영향을 받은 것으로 보이는 일본의 철기와 토기

① 한 무제의 침략을 받았다.
② 수, 당의 침략을 격퇴하였다.
③ 덩이쇠를 화폐처럼 사용하였다.
④ '영락'이라는 연호를 사용하였다.
⑤ 당항성을 통해 중국과 교류하였다.

0336

교사의 질문에 대한 학생의 답변으로 가장 적절한 것은?

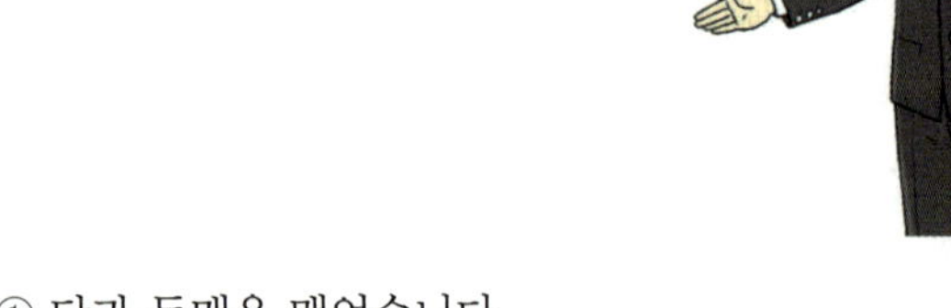

① 당과 동맹을 맺었습니다.
② 동진으로부터 불교를 수용하였습니다.
③ 일본도를 통해 일본과 교류하였습니다.
④ 청해진을 설치하여 해상 교역을 주도하였습니다.
⑤ 낙랑군을 몰아내고 대동강 유역을 확보하였습니다.

0337

(가) 국가에 대한 설명으로 옳은 것은?

[(가)]의 무왕이 대장 장문휴를 보내 해적을 이끌고 등주를 공격하였다. 황제는 급히 대문예를 보내 유주의 군사를 일으켜 그를 공격하게 하였다. 태복경 김사란에게는 신라로 하여금 군사를 독촉하여 그 남쪽을 공격하게 하였다.

① 안시성 전투에서 승리하였다.
② 당과 연합하여 백제를 공격하였다.
③ 남북조 국가와 조공·책봉 관계를 맺었다.
④ 섬진강 하류 방면으로 세력을 확대하였다.
⑤ 문왕 이후 당과 친선 관계를 맺고 교류하였다.

0338

(가) 국가의 대외 관계에 대한 설명으로 옳은 것은?

1. [(가)]의 대외 관계
 (1) 당과의 관계
 ① 발해의 산둥반도 공격 → 원군 파견 → 당과의 관계 개선
 ② 사신, 유학생, 승려 왕래 활발, 산둥반도와 창장강 하류에 거류지 형성

① 주변국이 해동성국이라 불렀다.
② 중국의 송과 활발히 교류하였다.
③ 당항성이 무역의 거점으로 번성하였다.
④ 왜구의 소굴인 쓰시마섬을 토벌하였다.
⑤ 을지문덕이 살수에서 수의 군대를 격퇴하였다.

0339

밑줄 친 '그들'에 대한 설명으로 옳은 것은?

> 그들이 고구려의 옛 땅을 차지하겠다고 주장하고 있으나 실상인즉 우리를 두려워하고 있는 것입니다. 그러므로 지금 그들의 병력이 많은 것만을 보고 갑자기 서경 이북을 떼어 준다면 이것이 올바른 계책이 아닙니다. …… 성상께서는 수도로 돌아가시고 저희들로 하여금 적과 한번 담판을 하게 한 후에 다시 논의하여도 늦지 않을 것입니다.

① 고려와 송의 교류를 끊기 위해 침략하였다.
② 자신들의 사신이 피살되자 이를 구실로 침략하였다.
③ 철령위를 설치하여 철령 이북의 땅을 차지하려 하였다.
④ 한때 말갈이라 불리면서 오랫동안 고구려에 복속되어 있었다.
⑤ 금을 건국한 후 고려에 군신 관계를 맺자고 압력을 가해 왔다.

0340

(가) 지역에 대한 설명으로 가장 적절한 것은?

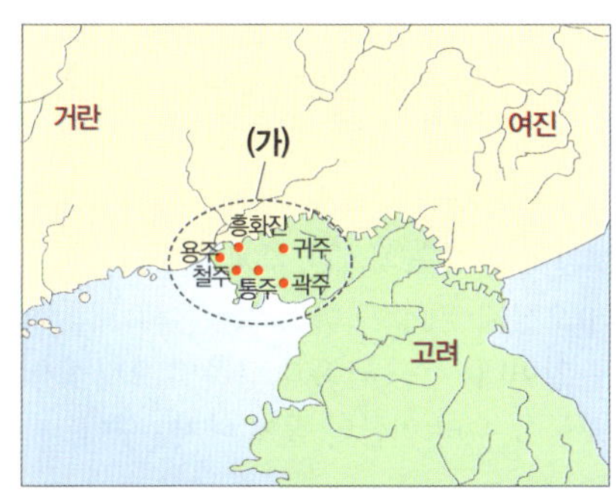

① 서희가 외교 교섭을 벌여 획득하였다.
② 궁예가 국호를 바꾸고 새로 정한 수도이다.
③ 김윤후가 몽골 장수 살리타를 사살한 지역이다.
④ 공민왕이 수복한 쌍성총관부를 포함한 지역이다.
⑤ 윤관이 여진 정벌 기념으로 척경비를 세운 곳이다.

0341

(가) 성을 축조한 배경으로 가장 적절한 것은?

> 고려는 개경에 나성을 쌓아 도성 수비를 강화하고, 북쪽 국경 지대에 ______(가)______ 을/를 쌓았다.

① 최윤덕이 4군을 개척하였다.
② 이사부가 우산국을 정벌하였다.
③ 최영이 요동 정벌을 추진하였다.
④ 강감찬이 귀주에서 거란군과 싸웠다.
⑤ 김윤후가 처인성에서 몽골군을 격퇴하였다.

0342

밑줄 친 '적'에 대한 설명으로 옳은 것은?

> "신의 패한 바는 적은 기병이고 우리는 보병이어서 가히 대적할 수 없었기 때문입니다."라고 하였다. 이에 건의하여 처음으로 별무반을 세웠다. …… 의주의 통태진·평융진 등 지방에 성을 쌓았는 바 이미 축성한 함주·영주·웅주·길주·복주·공험진을 합하면 이것이 북계의 9성이다. 이곳에는 모두 남녘 지방의 백성들을 옮겨 채웠다.

① 삼별초의 봉기를 진압하였다.
② 금을 건국하고 군신 관계를 요구하였다.
③ 공민왕 때에 침략하여 개경을 함락하였다.
④ 철령 이북 땅에 철령위 설치를 통보하였다.
⑤ 귀주에서 강감찬의 공격을 받아 크게 패하였다.

0343

(가) 국가를 세운 민족과 관련된 설명으로 옳은 것만을 보기 에서 고른 것은?

> 두만강 지역을 근거지로 생활하다가 12세기 부족을 통일하면서 세력을 키워 (가) 을/를 세우고 요를 멸망시켰다. 이후 송을 남쪽으로 밀어내고, 고려에는 군신 관계를 요구하였다.

보기

ㄱ. 세력을 키워 발해를 멸망시켰다.
ㄴ. 고려는 별무반을 편성하여 이들을 정벌하기도 하였다.
ㄷ. 고려는 친송 정책에 불만을 품은 이들에게 여러 차례 침입을 받았다.
ㄹ. 조선 초에는 이들의 침략에 대응하기 위한 방편으로 사민을 실시하였다.

① ㄱ, ㄴ ② ㄱ, ㄷ ③ ㄴ, ㄷ
④ ㄴ, ㄹ ⑤ ㄷ, ㄹ

0344

다음 그림을 활용한 탐구 활동으로 가장 적절한 것은?

◀ 척경입비도

① 별무반의 편성 배경을 살펴본다.
② 묘청 등이 난을 일으킨 지역을 파악한다.
③ 고려가 개경에 나성을 쌓은 배경을 알아본다.
④ 송이 강남 지방으로 이동한 원인을 분석한다.
⑤ '광덕', '준풍' 등 독자적 연호의 사용 시기를 조사한다.

0345 난이도 상

(가) 민족과 고려의 관계에 대한 설명으로 옳은 것은?

> 대부분의 신하들은 (가) 에 대한 사대를 반대하였다. 그러나 중서령이 아뢰기를, "옛날의 (가) 은/는 거란과 우리를 섬기는 소국이었습니다. 하지만 지금 갑자기 강성해져서 거란을 멸망시켰습니다. 또 우리와 영토가 맞닿아 있으므로 정세가 사대하지 않을 수 없게 되었습니다. 작은 나라가 큰 나라를 섬기는 것은 선왕의 법도이니, 먼저 사신을 보내어 예를 갖추는 것이 옳습니다."라고 하자, 왕이 이에 따랐다.

① 윤관이 별무반을 이끌고 이들을 정벌하였다.
② 정동행성을 설치하여 고려의 내정을 간섭하였다.
③ 서희와의 외교 담판으로 고려에 영토 일부를 내주었다.
④ 귀주 대첩에서 고려가 승리한 후 더 이상 침입하지 않았다.
⑤ 고려의 영토에 동녕부, 쌍성총관부, 탐라총관부를 설치하였다.

0346

다음 자료에 나타난 천하관을 알아보기 위한 탐구 활동으로 가장 적절한 것은?

> 해동의 천자이신 지금 황제는 부처가 돕고, 하늘이 도와 교화를 펼치러 오셨네. 세상을 다스리는 은혜가 깊으니 예나 지금이나 드문 일이네. …… 남쪽과 북쪽의 오랑캐가 스스로 찾아와 온갖 보물을 우리 임금의 뜰에 바치는구나.

① 사대교린의 의미를 분석한다.
② 태조 왕건상의 복식을 조사한다.
③ 조선 중화주의의 내용을 살펴본다.
④ 북벌 운동이 전개된 배경을 파악한다.
⑤ 곤여만국전도가 끼친 영향을 알아본다.

0347

(가), (나) 시기 사이에 있었던 일만을 　보기　에서 있는 대로 고른
것은?

> (가) 몽골 사신이 고려에서 돌아가는 길에 피살당하였다.
> (나) 삼별초가 배중손의 지휘 아래 근거지를 옮기며 장기간
> 　　항전하였다.

보기

> ㄱ. 고려의 국왕이 원의 공주와 혼인하였다.
> ㄴ. 최씨 무신 정권이 강화도 천도를 단행하였다.
> ㄷ. 몽골과의 강화를 지지하는 무신들이 최의를 제거하였다.
> ㄹ. 고려는 독립과 풍속을 유지하는 조건으로 몽골과 화의하
> 　　였다.

① ㄱ, ㄷ　　　　② ㄴ, ㄷ　　　　③ ㄷ, ㄹ
④ ㄱ, ㄴ, ㄹ　　　⑤ ㄴ, ㄷ, ㄹ

0348

(가)의 침략에 대한 고려의 대응으로 옳은 것은?

> 김윤후는 고종 때 사람이다. 일찍이 승려가 되어 백현원에
> 살았는데 　(가)　 군대가 오자 처인성으로 난을 피하였다.
> 　(가)　의 장수 살리타이가 쳐들어와서 처인성을 공격하
> 자, 김윤후가 그를 활로 쏴 죽였다.

① 당과 동맹을 맺었다.
② 별무반을 편성하였다.
③ 서희를 파견하여 협상을 벌였다.
④ 수도를 개경에서 강화도로 옮겼다.
⑤ 최영, 이성계 등이 적의 침략을 막아 냈다.

0349

(가) 군사 조직에 대한 설명으로 옳은 것은?

> 원종의 개경 환도 결정에 반발한 　(가)　 은/는 왕온을
> 왕으로 추대하고 근거지를 진도로 옮겨 남부 연안 지역을 점
> 령하였다. 이들은 고려 정부를 자처하면서 일본에 외교 문서
> 를 보내기도 하였다.

① 윤관의 건의로 편성되었다.
② 국경 지대인 양계에 설치되었다.
③ 최씨 무신 정권의 군사적 기반이었다.
④ 살수에서 수의 군대를 크게 물리쳤다.
⑤ 거란의 침입에 대비하는 과정에서 설치되었다.

0350

다음 자료에 나타난 시기의 상황으로 옳은 것은?

> 원 황제의 명으로 그녀의 딸이 뽑혀 들어가니 …… 이에 매
> 우 귀여워하던 딸이 멀리 가게 되자, 옹주가 근심하고 번민하
> 다가 병이 생겼다. …… 비록 왕실의 친족으로 귀한 집안이라
> 도 숨기지 못하고 어머니와 딸이 한 번 이별하면 아득하게 만
> 날 기약이 없었다.

① 몽골풍과 고려양이 유행하였다.
② 유학생들이 빈공과에 응시하였다.
③ 제가 회의에서 중대사를 결정하였다.
④ 청해진이 교역의 거점으로 성장하였다.
⑤ 경원과 경성 지역에 무역소가 설치되었다.

0351

(가)~(다)에 대한 조선의 정책으로 옳은 것은?

| 조선 초기의 대외 관계 |

국가(민족)	조사할 내용
(가)	− 조선이 파견한 사절단의 규모 − 조공 무역을 통해 수입된 물품
(나)	− 4군 6진의 설치 과정
(다)	− 3포 개항 배경

① (가)로부터 구리, 황, 향료 등을 수입하였다.
② (나)에 대하여 조선 초기에 사대 외교를 추진하였다.
③ (다)에서 귀화한 자들에게 관직과 토지를 주었다.
④ (가)와 (나)는 계해약조를 맺어 조선을 공격하였다.
⑤ (나)와 (다)에 대하여 조선은 강경책과 회유책을 병행하였다.

0352

(가)에 대한 조선의 외교 정책으로 옳은 것은?

제시된 그림은 ___(가)___ 을/를 몰아내고 6진을 설치한 김종서와 관련된 일화를 담고 있다. 군사들과 연회를 즐기던 중 갑자기 화살이 날아와 큰 술병에 꽂혔지만 김종서는 담대하게 대처한 장면이 묘사되어 있다.

① 제포, 염포 등을 개방하였다.
② 통신사를 파견하여 교류하였다.
③ 국경 지역에 무역소를 설치하였다.
④ 이종무를 보내 쓰시마섬을 토벌하였다.
⑤ 천리장성을 축조하여 침입에 대비하였다.

0353

조선과 (가)의 관계를 알아보기 위한 탐구 활동으로 가장 적절한 것은?

조선은 ___(가)___ 와/과는 회유와 응징을 적절히 사용하며 교린 관계를 유지하였다. 당시 이들은 압록강과 두만강 일대에 흩어져 살면서 세력을 하나로 모으지 못하고 있었다. 조선은 ___(가)___ 의 생활을 도와 국경 지역의 약탈을 억제하기 위해 함경도 경성과 경원에 무역소를 설치하고 교역하게 하였다.

① 임진왜란이 일어난 배경을 조사한다.
② 쌍성총관부의 설치 경위를 파악한다.
③ 4군 6진 지역의 개척 과정을 알아본다.
④ 조선이 사대 외교를 펼친 국가를 살펴본다.
⑤ 훈요 10조가 대외 관계에 끼친 영향을 분석한다.

0354

다음 과제의 취지에 맞는 세부 주제로 적절하지 않은 것은?

〈한국사 수행 평가〉
• 과제: 양 난 이후 조선과 일본·청의 관계를 주제로 모둠별 세부 주제를 정해 발표문을 작성하시오.

① 조선의 통신사, 일본을 방문하다.
② 계해약조, 부산에 왜관을 설치하다.
③ 안용복, 독도가 조선 땅임을 확인받다.
④ 효종과 송시열, 북벌 운동을 추진하다.
⑤ 백두산정계비, 청과의 국경을 확정하다.

0355

(가)에 대한 설명으로 옳은 것만을 〈보기〉에서 있는 대로 고른 것은?

> ___(가)___ 기록물이 2017년 10월 31일 유네스코 세계 기록 유산으로 등재되었다. 이 기록물은 한·일 양국이 세계 기록 유산 등재를 공동 추진해 성공한 첫 사례이다. 양국은 이 기록물이 '평화와 선린 외교의 상징'임을 강조하였다. ___(가)___ 은/는 임진왜란 이후 조선이 일본에 보낸 사절단이다.

〈보기〉

> ㄱ. 군사 동맹을 이끌어 냈다.
> ㄴ. 박지원, 박제가 등이 파견되었다.
> ㄷ. 에도 막부의 요청으로 파견되었다.

① ㄱ ② ㄷ ③ ㄱ, ㄴ
④ ㄴ, ㄷ ⑤ ㄱ, ㄴ, ㄷ

0356

다음 상황의 결과로 옳은 것만을 〈보기〉에서 고른 것은?

> 임금이 쪽빛으로 염색한 옷차림으로 백마를 타고 의장은 모두 제거한 채 시종 50여 명을 거느리고 남한산성의 서문을 통해 성을 나갔다. …… 단 아래에 북쪽을 향해 자리를 마련하고 임금에게 나가기를 청하였는데, …… 임금이 세 번 절하고 아홉 번 머리를 조아리는 예를 행하였다.

〈보기〉

> ㄱ. 정동행성이 설치되었다.
> ㄴ. 명의 원군이 파견되었다.
> ㄷ. 연행사가 파견되기 시작하였다.
> ㄹ. 조선과 청이 군신 관계를 맺었다.

① ㄱ, ㄴ ② ㄱ, ㄷ ③ ㄴ, ㄷ
④ ㄴ, ㄹ ⑤ ㄷ, ㄹ

0357

다음 자료를 활용한 탐구 주제로 가장 적절한 것은?

> 오라총관 목극등이 황제의 명을 받들어 국경을 조사하기 위해 여기에 이르러 살펴보니, 서쪽은 압록강이며, 동쪽은 토문강이므로 분수령 위에다 돌에 새겨 표를 삼는다.

① 기벌포 전투의 결과
② 4군과 6진 지역의 개척
③ 요동 정벌과 위화도 회군
④ 쌍성총관부 공격과 영토 수복
⑤ 백두산정계비와 간도 귀속 문제

0358

다음 글에 나타난 조선의 청에 대한 인식에 부합하는 사건 또는 사상으로 옳은 것은?

> 국제 정세가 안정되고 연행사가 청에 자주 왕래하면서 청의 발달한 문물을 실제로 목격한 사람들이 늘어났다. 이들을 중심으로 청 문화의 우수성을 인정하고 배워서 부국강병을 이루어야 한다는 주장이 등장하였다.

① 주화론
② 북학론
③ 재조지은
④ 북벌 운동
⑤ 중립 외교

0359

다음을 읽고 물음에 답하시오.

> 이세적이 말하기를 "건안성은 남쪽에 있고 안시성은 북쪽에 있으며, 우리 군량은 모두 요동에 있습니다. 지금 안시성을 건너뛰고 건안성을 공격했다가 만약 ▢(가)▢ 이/가 우리의 보급로를 끊는다면 장차 어찌하겠습니까? 먼저 안시성을 공격해야 합니다."라고 하였다. 황제가 허락하니 세적이 안시성을 공격하였다.

(1) (가) 국가를 쓰시오.

(　　　　　　　)

(2) (가) 국가가 중국의 왕조와 평화적으로 교류한 사례와 전쟁을 벌인 사례를 각각 서술하시오.

____

____

____

0360

(가) 인물의 이름과 그가 전개한 활동을 서술하시오.

위 사진은 전남 완도군에 위치한 청해진 유적지이다. 청해진은 신라의 ▢(가)▢ 이/가 9세기에 설치하였다.

____

____

____

0361

다음을 보고 물음에 답하시오.

그림은 ▢(가)▢ 이/가 거란의 장수 소손녕과 담판을 벌이는 모습을 그린 민족 기록화이다.

(1) (가) 인물을 쓰시오.

(　　　　　　　)

(2) (가) 인물이 담판에서 펼친 주장과 담판의 성과를 서술하시오.

____

____

____

0362

밑줄 친 '이 부대'의 명칭을 쓰고, 이들의 대외 활동을 서술하시오.

> 12세기 초 세력이 강성해진 여진이 고려의 국경을 침범하기 시작하자, 고려 조정은 윤관의 건의를 받아들여 이 부대를 설치하였다.

____

____

____

0363

다음 상황 이후 원의 내정 간섭 내용을 세 가지 서술하시오.

> 원종 11년 5월, 왕이 다음과 같이 명하였다. "황제께서 '그대가 귀국하여 사람들을 설득하여 모두 개경으로 이주시켜 과거처럼 안심하고 살게 되면 우리 군대는 바로 돌아올 것이다. 만일 나의 명령을 거역하는 자가 있으면 그 자신뿐 아니라 처자식까지 모두 포로로 할 것이다.'라고 말씀하셨다. 이제 육지로 나갈 것이니 문무 양반부터 마을의 백성에 이르기까지 다들 처자식을 데리고 나오도록 하라."라고 하였다.

0364

다음을 읽고 물음에 답하시오.

> [(가)]은/는 국토를 소유하고 있는 자가 언제나 지켜야 할 도리이니, ㉠ 대국은 진실로 섬기지 아니할 수 없고 ㉡ 이웃 나라는 진실로 사귀지 아니할 수 없습니다. 이 도를 따르는 자는 복이 흥하고 이 도를 어기는 자는 재앙이 생깁니다.

(1) (가)에 들어갈 조선의 외교 원칙을 쓰시오.

(   )

(2) 밑줄 친 ㉠, ㉡에 해당하는 구체적인 내용을 각각 쓰시오.

0365

다음을 읽고 물음에 답하시오.

> 수군을 거느리고 진도 벽파정 아래에 주둔하고 있다가 명량으로 들어가는 (울돌)목에서 왜군을 크게 쳐부수었다. 이에 따라 적은 다시 해로를 통하여 전라도 지역을 넘보지 못하였고 이듬해에 왜적은 마침내 완전히 철수하고 전쟁이 끝났다.

(1) 밑줄 친 '전쟁'을 쓰시오.

(   )

(2) 밑줄 친 '전쟁' 전후에 조선과 일본의 교역 양상을 비교하여 서술하시오.

0366

(가), (나)에 들어갈 내용을 각각 서술하시오.

> • 병자호란 이후 청에 당한 치욕을 씻고 명에 대한 의리를 지키자는 분위기가 고조되었다. 이러한 분위기 속에 청에 볼모로 잡혀갔다 돌아와 왕위에 오른 효종은 [(가)]
> • 18세기 청은 중국의 전통문화를 계승하면서 서양 문물도 수용하며 문화가 크게 융성하였다. 이에 연행사로 청에 다녀온 홍대용, 박지원 등 일부 실학자를 중심으로 [(나)]

02 수취 체제와 경제생활

빈출 개념
• 신라촌락문서의 특징
• 조선 후기 수취 제도의 개편
• 조선 후기 경제생활의 변화

1 고대 국가의 수취 체제와 경제생활

(1) 삼국과 가야의 수취 체제와 경제생활

① **수취 체제**: 재산의 정도에 따라 호를 나누어 농민들에게 조세(곡물과 포), 공납(특산물), 역(15세 이상의 남자 동원) 부과 자료①

② **경제생활**
- 농업: 생산력 증대를 목적으로 철제 농기구 보급, 소를 이용한 농사와 개간 장려, 저수지 축조
- 수공업: 관청에서 장인이 필요한 물품 생산
- 상업: 수도에 시장 개설
- 농민 몰락 방지: 고구려에서 백성에게 곡식을 빌려주는 진대법 시행

(2) 통일 신라와 발해의 수취 체제와 경제생활

통일 신라	• 토지 제도 변화: 신문왕 때 문무 관료들에게 관료전 지급, 녹읍 폐지 ➡ 귀족의 반발과 재정 악화로 경덕왕 때 녹읍 부활, 성덕왕 때 정전 지급 • 수취 제도 정비: 수확량의 1/10 정도로 조세 수취, 촌락 단위로 특산물 징수, 일정 연령의 성인 남성 동원 • ★신라촌락문서 작성: 촌락 단위로 경제 상황을 조사하여 촌주가 3년마다 작성 자료②
발해	• 수취 제도: 조세, 공물, 역 징발 • 경제생활: 밭농사 중심, 상경과 교통의 요충지를 중심으로 상업 발달

2 고려의 수취 체제와 경제생활

(1) 토지 제도

① **역분전**: 후삼국 통일 과정에서 공을 세운 관리들에게 지급

② **전시과 제도**: 관리들에게 전지와 시지 지급
- 변화: 인품과 관품에 따라 전·현직 관리에게 지급 ➡ 관품을 기준으로 지급 ➡ 관품을 기준으로 현직 관리에게 지급 자료③
- 원칙: 관리가 관직에서 물러나거나 사망하면 토지 반납, 공을 세운 사람에게 주는 토지나 군인에게 주는 토지 등 일부 토지는 세습 가능

(2) 수취 제도: 조세와 공물을 배에 실어 개경으로 운송(조운)

① **조세**: 수확량의 1/10 정도 징수

② **공납**: 특산물을 현물로 징수

③ **요역**: 16세 이상 60세 미만의 남자를 일정 기간 동원

(3) 경제생활

① **농민 생활 안정**: 농업 권장, 흑창과 의창 설치, 황무지 개간 장려

② **농업 기술 발달**: 농기구 개량, 깊이갈이 확산, 일부 지방에서 모내기법 실시

③ **상업**: 개경과 대도시를 중심으로 발달, 화폐 발행(삼한통보, 해동통보, 은병 등)

Check! 잘 나오는 선지로 개념 확인하기

1 고대 국가의 수취 체제와 경제생활에 대한 설명으로 옳은 것을 모두 고르시오.

① 삼국과 가야는 조세, 공납, 역을 부과하였다.

② 백제에서는 백성에 곡식을 빌려주는 진대법을 시행하였다.

③ 삼국과 가야는 철제 농기구를 보급하였다.

④ 통일 신라는 촌락을 단위로 경제 상황을 조사하여 신라촌락문서를 작성하였다.

⑤ 신라촌락문서는 촌주가 5년마다 작성하였다.

⑥ 통일 신라는 촌락 단위로 특산물을 징수하였다.

⑦ 발해는 논농사를 중심으로 농업이 발달하였다.

2 고려의 토지 제도에 대한 설명으로 옳은 것을 모두 고르시오.

① 신문왕 시기에 관료전을 지급하고 녹읍을 폐지하였다.

② 후삼국을 통일하는 과정에서 공을 세운 관리들에게 역분전이 지급되었다.

③ 전시과 초기에는 인품과 관품에 따라 전·현직 관리에게 전지와 시지가 지급되었다.

④ 전시과는 관리가 관직에서 물러나거나 사망해도 토지가 세습되었다.

⑤ 경덕왕 때 녹읍이 부활되었다.

⑥ 성덕왕 시기에 백성들에게 정전이 지급되었다.

⑦ 점차 지급할 토지가 부족해지자 현직 관리에게만 토지를 지급하였다.

답 1 ①, ③, ④, ⑥
2 ①, ②, ③, ⑦

3 조선의 수취 체제와 경제생활

(1) 토지 제도 정비

과전법 **자료 ④**	• 위화도 회군 이후 신진 사대부의 경제적 기반 마련을 위해 시행 • 전·현직 관리에게 경기 지방 토지의 수조권 지급 • 공신전, 수신전, 휼양전 등 세습 가능
직전법	세습되는 토지의 증가로 지급할 토지 부족 ➡ 세조 때 현직 관리에게만 토지 지급
관수 관급제	관리들의 수조권 남용 ➡ 성종 때 관청에서 전세를 직접 거두어 관리에게 지급
직전법 폐지	16세기 중엽 수조권 지급 제도 폐지, 관리에게 녹봉만 지급

(2) 조선 전기 수취 제도 정비와 문란 **자료 ⑤**

전세	수확량의 1/10, 세종 때 공법(전분6등법과 연분9등법) 시행 ➡ 전세를 소작인에게 강요 └ 토지의 비옥도와 풍흉의 정도에 따라 차등 징수하는 제도이다.
공납	각종 수공업품이나 특산물을 군현별로 징수 ➡ 방납의 폐단 심화
역	16~60세 양인 남자에게 군역과 요역 부과 ➡ 대립과 방군수포 성행

(3) 조선 전기의 경제생활

① **농업**: 『농사직설』, 『금양잡록』 등 농업 서적 편찬, 시비법 발달, 모내기법 확대

② **수공업**: 관청에 소속된 장인이 물품을 제작하는 관영 수공업 발달

③ **상업**: 한성에 시전 설치, 시전 상인에게 독점 판매권 부여, 경시서 설치

★(4) 조선 후기 수취 제도의 개편

영정법	전세로 풍흉에 관계없이 토지 1결당 쌀 4~6두 징수
대동법 **자료 ⑥**	공납으로 집집마다 부과하던 토산물 대신 토지 결수에 따라 쌀, 삼베, 무명, 동전 등으로 징수 ➡ 공인 등장
균역법	군포를 1년에 2필에서 1필로 축소, 부족분은 결작·선무군관포 징수로 보충

└ 지주의 반발로 전국적으로 시행되는 데 100여 년이 걸렸다.

(5) 조선 후기 경제생활의 변화

① **농업** **자료 ⑦**
  - 농업 생산력 증대: 모내기법의 전국적 확산 ➡ 노동력 절감, 이모작 가능, 광작 확산 (1인당 경작 면적 증가)
  - 상품 작물 재배: 쌀의 상품화 활발, 인삼·면화·담배·채소 등 재배

② **수공업**: 민영 수공업 발달, 선대제 성행, 독립 수공업자 등장

③ **광업**: 민간 광산 채굴 활발, 덕대(광산 전문 경영인) 등장 **자료 ⑦**

④ **상업** **자료 ⑧**
  - 상인들의 활동: 정조 때 육의전을 제외한 시전의 금난전권 폐지, 공인(관허 상인)·사상(경강상인, 송상, 만상, 내상 등) 중 일부가 도고로 성장, 보부상·객주·여각 등 활동
  - 장시와 포구 상업의 발달: 장시의 전국적 확대, 교통의 요지와 포구의 성장
  - 대외 무역: 개시 무역(공무역)과 후시 무역(사무역) 발달
  - 화폐 유통: 상평통보의 전국적 유통, 대규모 거래에 환·어음 등 신용 화폐 사용

3 조선의 수취 제도에 대한 설명으로 옳지 않은 것을 고르시오.

① 세종 때 토지의 비옥도와 풍흉에 따라 전세의 양을 정하여 거두는 공법을 시행하였다.

② 각종 수공업품이나 특산물을 군현별로 품목과 수량을 나누어 거두었다.

③ 공물을 대신 내고 농민에게 과도한 대가를 징수하는 방납이 성행하였다.

④ 인조 때 풍흉에 관계없이 토지 1결당 쌀 4~6두를 징수하는 대동법이 시행되었다.

⑤ 대동법의 시행으로 공인이 성장하였다.

⑥ 균역법에 따라 군포를 1년에 2필에서 1필로 낮춰 거두었다.

⑦ 16세기 이후 군역을 대신 부담하는 대립이 성행하였다.

⑧ 균역법으로 줄어든 부족분은 결작 등으로 보충하였다.

⑨ 대동법은 토산물 대신 토지 결수에 따라 쌀, 삼베, 무명, 동전 등을 거두는 제도이다.

4 조선 후기의 경제 변화로 옳지 않은 것을 고르시오.

① 상평통보가 널리 사용되었다.

② 모내기법이 전국으로 확산되었다.

③ 고구마, 감자 등 기근에 대비한 구황 작물이 재배되었다.

④ 상품 생산과 유통의 증가로 장시가 등장하였다.

⑤ 포구 부근 장시에서 객주, 여각 등이 활발히 활동하였다.

⑥ 목화, 담배, 인삼 등 상품 작물이 많이 재배되었다.

⑦ 수공업자에게 자금과 원료 등을 미리 지불하는 선대제가 확산되었다.

⑧ 공적인 무역인 개시와 사적 거래인 후시가 활발히 이루어졌다.

⑨ 정부가 민간인에게 광산 채굴을 허용하고 세금을 받았다.

답 3 ④
4 ④

자료 1 삼국의 수취 제도

미래엔, 천재, 지학사

- 인두세로 포 5필, 곡식 5석을 거둔다. …… 조세는 상등호 1석, 그다음은 7말, 하등호는 5말을 거둔다. → 조세
  – 『수서』 「고(구)려전」
- 부세는 포목, 비단실과 삼, 쌀을 냈는데 풍흉에 따라 차등을 두어 바치게 하였다. → 공납 – 『주서』 「백제전」
- 하슬라 사람 중 15세 이상인 자를 징발하여 니하(남한강 상류로 추정)에 성을 쌓았다. → 역 – 『삼국사기』 「신라본기」

0367 삼국은 농민들에게 조세, 공납, 역을 부과하였다. ○/✕

0368 삼국 시대에 15세 이상 남자는 궁궐, 성곽 등을 만드는 데 동원되었다. ○/✕

0369 삼국 시대 농민은 지역의 특산물을 나라에 공물로 바쳤다. ○/✕

자료 2 신라촌락문서

미래엔, 비상, 천재

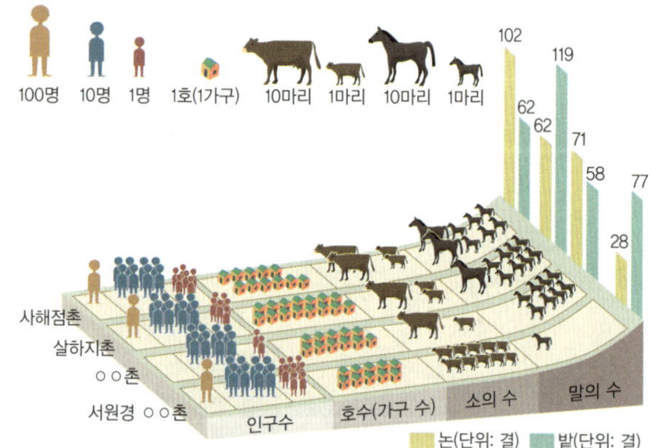

▲ 신라촌락문서에 기록된 내용

0370 신라의 촌주는 세금 수취를 위해 5년마다 촌락문서를 작성하였다. ○/✕

0371 현재 남아 있는 신라촌락문서는 일본 도다이사 쇼소인에서 발견되었다. ○/✕

0372 신라촌락문서에는 촌락의 둘레, 호구 수, 말과 소의 수, 나무의 수 등이 자세하게 기록되어 있다. ○/✕

자료 3 전시과의 변화

미래엔, 비상, 동아

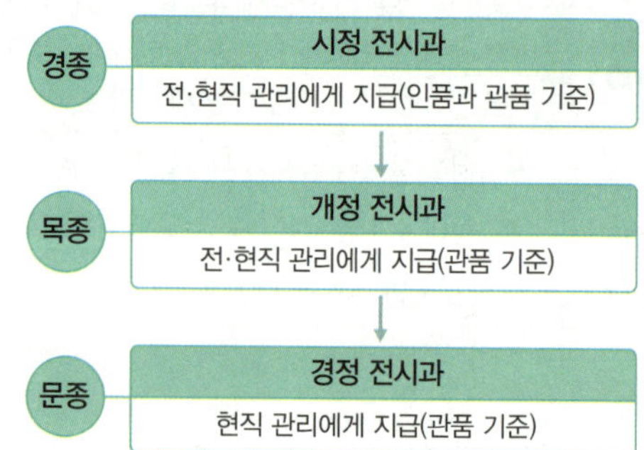

0373 고려는 곡식을 거둘 수 있는 전지와 땔감을 얻을 수 있는 시지를 관리에게 나누어 주었다. ○/✕

0374 개정 전시과는 관품과 인품을 기준으로 삼았다. ○/✕

0375 전시과는 나누어 줄 수 있는 토지가 부족해지자 현직 관리에게만 지급하도록 바뀌었다. ○/✕

자료 4 과전법 실시

천재, 해냄

경기는 전국의 근본이 되는 땅이니 마땅히 과전을 설치해 사대부를 우대한다. 무릇 경성에 거주해 왕실을 시위하는 자는 직위의 고하에 따라 과전을 받는다. 토지를 받은 자가 죽은 후 그의 아내가 자식이 있고 수신하면 남편의 과전을 모두 물려받고 자식이 없이 수신하는 자는 반을 물려받는다. 부모가 모두 사망하고 그 자손이 유약한 자는 휼양전으로 아버지의 과전을 전부 물려받고, 20세가 되면 본인의 과에 따라 받게 한다. – 『고려사』

0376 과전법은 경기 지방의 토지를 전·현직 관리에게 지급하도록 한 법이다. ○/✕

0377 과전은 받은 사람이 사망하면 토지를 국가에 반납하는 것이 원칙이었다. ○/✕

0378 일부 토지가 세습되면서 나누어 줄 토지가 부족해지자 성종 시기에 현직 관리에게만 토지를 지급하는 직전법이 시행되었다. ○/✕

0379 16세기 중반에는 수조권 지급이 사라지고 관리들에게 녹봉만 지급되었다. ○/✕

자료 5 조선 전기 수취 제도

0380 조선은 조세를 거두어들여 강가나 바닷가의 조창에 보관하였다가 뱃길로 운송하였다. ○/✕

0381 세종 때 토지의 비옥도와 풍흉에 따라 매해 전세의 양을 정해 거두는 공법이 시행되었다. ○/✕

0382 각 지방의 특산물을 현물로 거두는 제도인 공납에 서는 대납이나 방납이 성행하였다. ○/✕

자료 6 대동법 시행

▲ 대동법의 운영

0383 방납의 폐단이 심해지자 공납을 토지 결수에 따라 쌀, 삼베, 무명, 동전 등으로 거두는 대동법이 시행 되었다. ○/✕

0384 대동법은 광해군 때 처음 시행되었다. ○/✕

0385 대동법은 백성의 환영을 받아 시행에 어려움을 겪 지 않았다. ○/✕

자료 7 조선 후기 경제 변화

> 일반적으로 모내기법을 귀중하게 여기는 이유는 세 가지가 있 다. 김매기의 수고를 줄이는 것이 첫째이다. 두 땅의 힘으로 하나 의 모를 서로 기르는 것이 둘째이다. 옛 흙을 떠나 새 흙으로 가서 고갱이를 씻어 내어 더러운 것을 제거하는 것이 셋째이다.
>
> – 서유구, 『임원경제지』

▲ 모내기법의 실시

> 올여름에 새로 판 금광이 39곳이고, 비가 와서 채굴을 중지한 금광이 99곳입니다. …… 이번 여름 장마로 대부분이 흩어졌는데 도 현재 남아 있는 채굴 노동자의 주거지가 아직도 700여 곳이나 되고, 인구도 1,500명 남짓입니다. – 『비변사등록』

▲ 민영 광산의 활성화

0386 모내기로 노동력이 덜면서 일부 농민은 광작을 통 해 부농이 되었다. ○/✕

0387 수공업이 활성화되면서 전문 경영인인 덕대가 등장 하였다. ○/✕

자료 8 조선 후기 상업과 무역 활동

0388 금난전권이 폐지되면서 사상이 성장하였다. ○/✕

0389 의주의 송상은 청과 일본을 연결하는 중계 무역으 로 큰 부를 쌓았다. ○/✕

0390 조선 후기에는 상업과 무역이 발달하면서 상평통보 가 전국으로 유통되었다. ○/✕

0391

교사의 질문에 대한 학생의 답변으로 적절한 것을 보기 에서 고른 것은?

보기

ㄱ. 징수한 곡식을 조운으로 운반하였습니다.
ㄴ. 소에서 수공업품을 공물로 징수하였습니다.
ㄷ. 15세 이상의 남성에게 역을 부과하였습니다.
ㄹ. 재산에 따라 호를 나누어 조세를 징수하였습니다.

① ㄱ, ㄴ   ② ㄱ, ㄷ   ③ ㄴ, ㄷ
④ ㄴ, ㄹ   ⑤ ㄷ, ㄹ

0392

(가) 국가에 대한 설명으로 옳은 것은?

> 지증왕 3년 3월에 주주(州主)와 군주(郡主)에게 각각 명하여 농사를 권장하게 하고, 처음으로 소를 부려 논밭을 갈았다. – 『삼국사기』
>
> 위 자료는 (가) 에서 우경을 실시한 사실을 기록한 『삼국사기』의 구절이다. 당시 (가) 은/는 우경을 실시하고 철제 농기구를 보급하는 등 농업 생산력을 향상시키려고 하였다.

① 진대법을 시행하였다.
② 금성에 동시를 설치하였다.
③ 벽란도가 교역항으로 번성하였다.
④ 목축업이 발달하여 말, 모피 등을 수출하였다.
⑤ 한과 한반도 남부를 연결하는 중계 무역을 전개하였다.

0393 난이도 상

(가)에 들어갈 내용으로 가장 적절한 것은?

> 신문왕은 김흠돌의 난을 진압한 이후 각종 제도를 정비하였다. 교육 기관으로 국학을 설립하여 유교적 소양을 갖춘 인재를 양성하고자 하였으며, 귀족의 경제 기반을 약화시키기 위해 (가) 또한 9주 5소경 체제를 정비하여 지방에 대한 통제도 강화하였다.

① 정전을 지급하였다.
② 전시과를 개정하였다.
③ 역분전을 나누어 주었다.
④ 신라촌락문서를 작성하였다.
⑤ 관료전을 지급하고 녹읍을 폐지하였다.

0394

(가) 국가의 경제에 대한 설명으로 옳은 것은?

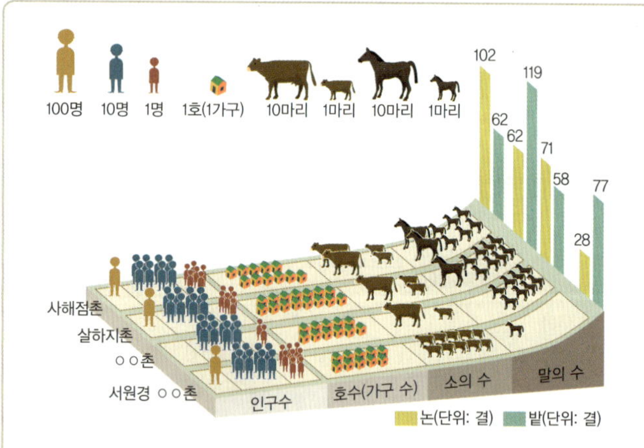

위 자료는 일본 도다이사 쇼소인에서 발견된 문서에 기록된 촌락의 경제 상황을 나타낸 것이다. (가) 의 서원경에 속한 4개 촌락의 이름, 각 촌락의 둘레, 호구 수, 말과 소의 수, 토지의 종류와 면적, 뽕나무·잣나무·가래나무의 수 등이 상세히 기록되어 있다. 인구는 남녀로 구분한 후 연령을 기준으로 분류하였다.

① 활구(은병) 등 화폐를 주조하였다.
② 관리에게 전지와 시지를 지급하였다.
③ 시전 상인이 금난전권을 행사하였다.
④ 수도 상경과 교통 요충지에서 상업이 발전하였다.
⑤ 장보고가 청해진을 거점으로 해상 교역을 주도하였다.

0395

(가) 제도에 대한 설명으로 옳은 것만을 <u>보기</u> 에서 고른 것은?

보기

ㄱ. 신문왕 때 폐지되었다.
ㄴ. 관리들에게 수조권을 지급하였다.
ㄷ. 경기 지역의 토지에 한하여 지급되었다.
ㄹ. 지급된 토지는 원칙적으로 세습할 수 없었다.

① ㄱ, ㄴ ② ㄱ, ㄷ ③ ㄴ, ㄷ
④ ㄴ, ㄹ ⑤ ㄷ, ㄹ

0396

다음 자료를 활용한 탐구 활동으로 가장 적절한 것은?

구리, 철, 자기, 종이, 먹 등 여러 소에서 별공으로 바치는 물건들을 함부로 징수해 장인들이 살기가 어려워 도망하고 있다. 해당 기관에 연락하여 각 소에서 별공과 상공으로 내는 물건이 많고 적음을 참작하여 결정한 다음 왕에게 아뢰어 재가를 받도록 하라.

① 직전법 폐지가 끼친 영향을 알아본다.
② 신라촌락문서의 기재 대상을 찾아본다.
③ 삼국 시대에 백성에 역을 부과한 사례를 조사한다.
④ 특수 행정 구역 주민의 세금 부담 양상을 파악한다.
⑤ 공납에서 토산물 대신 쌀, 동전 등을 징수하게 된 계기를 살펴본다.

0397

(가) 국가에서 있었던 사실로 옳지 <u>않은</u> 것은?

▲ (가) 시기 조성된 간척지

① 정전이 지급되었다.
② 소 수공업이 발전하였다.
③ 목화 재배가 시작되었다.
④ 밭농사에서 2년 3작이 보급되었다.
⑤ 남부 지방에서 모내기가 시행되었다.

0398

(가) 국가의 경제에 대한 설명으로 옳은 것만을 <u>보기</u> 에서 있는 대로 고른 것은?

▲ 해동통보

▲ 삼한통보

(가) 에서 발행한 대표적인 화폐이다. 이 시기 다양한 화폐가 주조되었으나 널리 유통되지는 못하였다.

보기

ㄱ. 수도에 시전이 설치되었다.
ㄴ. 벽란도가 교역항으로 번성하였다.
ㄷ. 관청에 물품을 조달하는 공인이 등장하였다.

① ㄴ ② ㄷ ③ ㄱ, ㄴ
④ ㄱ, ㄷ ⑤ ㄱ, ㄴ, ㄷ

0399

(가) 국왕 재위 시기에 있었던 사실로 옳은 것은?

> 농사는 천하의 근본이다. …… [(가)]께서 여러 도의 관찰사에게 명하여 주현의 나이 든 농부들을 불러 농토를 경작하면서 얻은 경험을 듣게 하였고, …… 중복된 것을 버리고 그 절실하고 중요한 것만 책을 만들어 제목을 『농사직설』이라 하였다.

① 공법이 제정되었다.
② 직전법이 폐지되었다.
③ 과전법이 제정되었다.
④ 전시과가 개정되었다.
⑤ 관수 관급제가 시행되었다.

0400

다음 자료를 활용한 탐구 활동으로 가장 적절한 것은?

> 각 도에서 중앙 관청에 납부하는 공물을 해당 관리들이 매우 정밀하게 살피면서 모두 품질이 나쁘다 하여 받아들이지 않고, 대신 도성 안에서 사들인 물품을 납부할 때라야만 이를 받아들입니다. 따라서 관청 아전들이 이 과정에서 이득을 노려 다투어 대납을 하면서 원래 공물 가격의 몇 배를 요구하고 있습니다.

① 영정법의 내용을 찾아본다.
② 전민변정도감이 설치된 배경을 파악한다.
③ 방납의 폐단이 발생하게 된 원인을 조사한다.
④ 흥선 대원군이 시행한 개혁의 내용을 분석한다.
⑤ 백골징포, 황구첨정의 폐단이 생겨난 이유를 알아본다.

0401

(가) 토지 제도에 대한 설명으로 옳은 것만을 보기에서 고른 것은?

> 공양왕 3년 도평의사사에서 왕에게 글을 올려 다음과 같이 [(가)]을/를 제정할 것을 요청하니 왕이 이를 좇았다. …… 1품부터 9품과 산직 관원에 이르기까지 나누어서 18과로 한다. …… 경기는 전국의 근본이 되는 땅이니 마땅히 여기에다 과전을 설치하여 사대부를 우대한다.

보기

ㄱ. 세조 때 폐지되었다.
ㄴ. 전지와 시지를 지급하였다.
ㄷ. 수신전은 세습이 가능하였다.
ㄹ. 현직 관리에게만 수조권을 지급하였다.

① ㄱ, ㄴ   ② ㄱ, ㄷ   ③ ㄴ, ㄷ
④ ㄴ, ㄹ   ⑤ ㄷ, ㄹ

0402

(가), (나) 시기 사이에 있었던 사실로 옳은 것은?

> (가) 관리가 되어도 과전을 지급받지 못하는 경우가 늘어나자, 현직 관리에게만 수조권을 지급하는 직전법이 실시되었다.
> (나) 거듭되는 흉년과 여진과 왜구의 침략으로 재정 상황이 악화되자, 결국 정부는 직전법을 폐지하고 관리에게 녹봉만 지급하였다.

① 대동법이 시행되었다.
② 과전법이 제정되었다.
③ 역분전이 지급되었다.
④ 전시과 체제가 붕괴되었다.
⑤ 관수 관급제가 시행되었다.

0403 난이도 상

(가)~(다) 수취 제도에 대한 설명으로 옳은 것만을 보기 에서 고른 것은?

> 왜란과 호란을 거치면서 농촌 사회는 심각하게 파괴되었다. 이에 조선 정부는 농촌 사회를 안정시키고 재정 기반을 확대하기 위해 전세 제도는 (가) (으)로, 공납 제도는 (나) (으)로, 군역 제도는 (다) (으)로 개편하였다.

보기

> ㄱ. (가)- 풍흉의 정도에 따라 전세를 차등 부과하였다.
> ㄴ. (나)- 왕실과 관청에서 필요한 물품을 조달하는 공인이 등장하는 계기가 되었다.
> ㄷ. (다)- 농민의 군포 부담을 1년에 1필로 줄였다.
> ㄹ. (가)~(다)- 농촌 문제를 근본적으로 해결하였다.

① ㄱ, ㄴ   ② ㄱ, ㄷ   ③ ㄴ, ㄷ
④ ㄴ, ㄹ   ⑤ ㄷ, ㄹ

0404

대동법에 대한 설명으로 옳지 <u>않은</u> 것은?

① 토지 면적을 과세 기준으로 삼았다.
② 방납의 폐단을 없애기 위한 제도였다.
③ 쌀, 옷감, 동전 등을 세금으로 거두었다.
④ 임진왜란 이전부터 전국에서 실시되었다.
⑤ 상품 화폐 경제가 발달하는 계기가 되었다.

0405

영정법에 대한 설명으로 옳은 것만을 보기 에서 고른 것은?

보기

> ㄱ. 토지 1결당 4~6두를 고정적으로 거두었다.
> ㄴ. 광해군 때 경기도에서 처음으로 시행되었다.
> ㄷ. 조세를 산정할 때 풍년과 흉년을 구분하지 않았다.
> ㄹ. 부족분은 1결당 2두의 결작을 징수하여 보충하였다.

① ㄱ, ㄴ   ② ㄱ, ㄷ   ③ ㄴ, ㄷ
④ ㄴ, ㄹ   ⑤ ㄷ, ㄹ

0406

다음 대화의 소재가 된 제도에 대한 설명으로 옳은 것은?

> \# 1 장시
> 농민 1: 군포의 부담이 1필로 줄어들었다고 하는데, 들었는가?
> 농민 2: (약간 실망한 표정으로) 나도 들었네. 다행이기는 하지만 양반들은 여전히 군포를 부담하지 않으니 아쉽구먼.

① 영조 때 시행되었다.
② 전민변정도감에서 시행하였다.
③ 공인이 등장하는 계기가 되었다.
④ 사창제가 도입되는 배경이 되었다.
⑤ 양반 지주의 반발로 시행에 어려움을 겪었다.

0407

다음 그림의 농법이 미친 영향으로 옳지 <u>않은</u> 것은?

① 농민층의 계층 분화를 촉진하였다.
② 대부분의 농민이 부농으로 성장하였다.
③ 논의 잡초를 제거하는 김매기 횟수가 줄어들었다.
④ 노동력이 절감되어 1인당 경작지 면적이 늘어났다.
⑤ 쌀 생산량이 늘고 벼와 보리의 이모작이 가능해졌다.

0408

다음 자료에서 알 수 있는 조선 후기의 사회 모습으로 옳은 것만을 보기 에서 고른 것은?

> 기름진 땅에 수전이 10분의 8, 9이며 남방은 모두 모내기를 하는데 이앙하는 공력은 파종하는 공력에 비하면 5분의 4가 적게 든다. 그러므로 부리는 사람이 많은 자는 한없이 경작할 수 있으나, 전지가 없는 사람은 얻어 경작할 수도 없다.
>
> – 『곽우록』

보기

ㄱ. 정부에서는 모내기법을 적극적으로 권장하였다.
ㄴ. 저수지의 수가 크게 늘면서 광작이 크게 줄었다.
ㄷ. 일부 농민들은 넓은 토지를 경작하여 부를 축적하였다.
ㄹ. 대다수 농민들은 임노동자가 되거나 농토를 떠나 유랑하게 되었다.

① ㄱ, ㄴ   ② ㄱ, ㄷ   ③ ㄴ, ㄷ
④ ㄴ, ㄹ   ⑤ ㄷ, ㄹ

0409

다음 자료에 나타난 시기의 사회 모습에 대한 설명으로 옳은 것은?

> 서울 근교와 각 지방 대도시 주변의 파, 마늘, 배추, 오이밭에서는 10무(4두락)의 땅으로 수만 전(수백 냥)의 수입을 올린다. 서북 지방의 담배, 관북 지방의 삼, 한산의 모시, 전주의 생강, …… 황주의 지황밭은 논농사가 가장 잘 되었을 때의 수입과 비교하더라도 이익이 열 배가 된다.
>
> – 『경세유표』

① 관영 수공업이 확대되었다.
② 장시가 나타나기 시작하였다.
③ 호적이 정비되고 호패법이 실시되었다.
④ 시전이 한양의 종로 거리에 처음 조성되었다.
⑤ 고구마, 감자와 같은 구황 작물이 재배되었다.

0410

조선 후기 상인에 대한 설명으로 옳은 것만을 보기 에서 고른 것은?

보기

ㄱ. 만상– 왜관을 중심으로 일본과의 무역을 주도하였다.
ㄴ. 송상– 청과 일본 상품을 중계 무역하여 큰 이득을 보았다.
ㄷ. 경강상인– 한강을 무대로 운송업에 종사하면서 거상으로 성장하였다.
ㄹ. 객주– 특정 물품에 대한 독점권을 확보하면서 점차 도고로 성장하기도 하였다.

① ㄱ, ㄴ   ② ㄱ, ㄷ   ③ ㄴ, ㄷ
④ ㄴ, ㄹ   ⑤ ㄷ, ㄹ

0411

밑줄 친 '그'와 같은 상인에 대한 학생들의 대화 내용으로 가장 적절한 것은?

> 그는 안성의 한 주막에 자리잡고서 밤, 대추, 배, 귤 등의 과일을 모두 사들였다. 그가 과일을 도거리로 사 두자, 온 나라가 잔치나 제사를 치르지 못할 지경에 이르렀다. 따라서 과일값이 크게 폭등하였다. 그는 이에 10배의 값으로 과일을 되팔았다.
> — 『허생전』

① 갑: 포구를 대상으로 활동한 선상이야.
② 을: 장시에서 도매상으로 활동한 객주야.
③ 병: 시전 상인으로 금난전권을 행사하였어.
④ 정: 독점적 도매상으로 활동한 도고라고 해.
⑤ 무: 관허 상인으로 대규모로 물품을 조달하였어.

0412

다음과 같은 활동을 한 사람들에 대한 설명으로 옳은 것은?

> 근래에 무뢰한 자들이 작당해서 남문 밖 칠패에 마음대로 난전을 개설하여 아침에 모였다가 저녁에 흩어집니다. 인파가 숲을 이루며, 무수한 물종을 매매하고 있습니다. 이들은 동으로는 누원리 주막으로, 남으로는 동작 나루에까지 패거리를 보내 남북에서 오는 상인들을 유인하여 물건을 넘겨받고 있습니다. 이들은 도성 내의 사람들을 불러 모아 장사를 하고 있습니다.

① 통공 정책으로 더욱 번창하였다.
② 보부상단을 조직하여 활동하였다.
③ 공가를 받고 국가에 관수품을 조달하였다.
④ 육의전을 개설하여 특정 상품을 독점 판매하였다.
⑤ 포구에서 운송업, 숙박업, 금융업 등에 종사하였다.

0413 난이도 상

다음 자료에 나타난 시기의 경제 상황으로 옳은 것은?

> 지대 징수 방식에서 타조법이 도조법으로 전환되는 경향이 증가해 갔다. 도조법은 풍흉과 관계없이 지대를 정액으로 납부하는 방식인데, 모내기법의 전국적 확대 등에 따른 생산력 발전에 기초하여 확산되었다. 또 지주가 토지 경영을 편리하게 하고 수취의 번잡성, 농민의 지대 부담에 대한 반발 등을 해결하기 위한 대책으로도 도조법이 많이 선택되었다.

① 연분9등법이 마련되었다.
② 전시과 제도가 시행되었다.
③ 화폐와 곡식의 출납을 삼사에서 맡았다.
④ 덕대를 중심으로 광산 개발이 추진되었다.
⑤ 벽란도가 국제 무역항으로 번성하기 시작하였다.

0414

다음 자료에서 알 수 있는 사실로 옳은 것만을 보기 에서 고른 것은?

> 박문수가 아뢰기를, "화폐 운용에 관한 권한은 마땅히 국가에 있어야 하는데 지금은 그렇지 못합니다. 그 권한이 부자의 집에 있고, 부자가 숨긴 엽전이 끝내 널리 이용되지 않은 것은 대개 그 귀함이 귀해지길 바란 뒤에 그 이익을 얻고자 하기 때문입니다."라고 하였다.
> — 『비변사등록』

보기

ㄱ. 동전의 구매력이 떨어져 갔다.
ㄴ. 동전은 대도시에서만 유통되었다.
ㄷ. 조세 납부와 물품 구매에 화폐가 널리 쓰였다.
ㄹ. 동전이 재산 축적의 수단이 되면서 유통 화폐의 부족 현상이 나타났다.

① ㄱ, ㄴ   ② ㄱ, ㄷ   ③ ㄴ, ㄷ
④ ㄴ, ㄹ   ⑤ ㄷ, ㄹ

0415

(가), (나)에 들어갈 내용을 각각 쓰시오.

삼국 시대의 경제

(1) 수취 체제
 – 조세: 재산에 따라 호를 나누어 징수하였다.
 – 역: 15세 이상의 남성에게 부과하였다.
(2) 농업 정책: (가)
(3) 빈민 구제책: (나)

0416

다음과 같은 내용이 기록된 문서의 명칭을 쓰고 문서를 작성한 목적을 서술하시오.

사해점촌을 조사해 보니, …… 호의 수는 합하여 11호이다. …… 마을의 모든 사람을 합치면 147명이며, 이 중 3년 전부터 살아온 사람과 3년 사이에 태어난 자를 합하면 145명이 된다. …… 가축으로는 말 25마리가 있으며 …… 소는 22마리이다.

0417

다음을 읽고 물음에 답하시오.

고려의 토지 제도는 대개 당의 제도와 비슷하였다. 개간된 토지의 수효를 총괄하고 기름지거나 메마른 토지를 구분하여 …… 일정한 과에 따라 모두 농사지을 땅(전지)을 주고, 또 등급에 따라 땔나무를 베어 낼 땅(시지)을 주었다. 이를 (가) (이)라고 한다.

(1) (가)에 들어갈 토지 제도를 쓰시오.

( )

(2) 위 토지 제도에 따라 지급하였던 토지의 종류를 <u>세 가지</u> 서술하시오.

0418

다음 자료와 같은 취지에서 고려 시대에 시행된 제도를 <u>두 가지</u> 서술하시오.

나라는 사람을 근본으로 삼고 사람은 먹는 것을 하늘로 삼는다고 하였다. 그러므로 우리 태조께서 이에 흑창을 두어 궁핍한 백성들에게 빌려주게 하는 것을 제도화하였다.

0419

다음을 읽고 물음에 답하시오.

> ⎡ (가) ⎤ 은/는 전세의 폐단을 시정하기 위해 노력하였다. 과거 시험의 문제로 공법에 대한 대책을 제시하기도 하고, 공법을 실시하기 위해 전국적인 여론 조사를 벌이기도 하였다. 두 차례 여론 조사를 거쳐 논의를 시행한 지 약 20년이 지나서야 공법을 확정하였다. 이러한 ⎡ (가) ⎤ 의 노력에는 민본주의와 농본주의가 잘 나타나 있다.

(1) (가) 국왕을 쓰시오.

(   )

(2) 밑줄 친 '공법'의 내용을 두 가지 서술하시오.

0420

(가) 제도의 명칭을 쓰고, 제도를 시행하게 된 배경을 서술하시오.

> 직전법이 시행된 지 5년이 지난 성종 1년에 조선은 직전의 수조권을 관청에서 직접 수취하여 관리에게 지급하는 정책을 확정하였다. 이른바 ⎡ (가) ⎤ 의 시행이었다. 토지에 대한 수조권자의 직접적인 권리 행사를 차단한 이 제도는 농민에게 폭넓은 지지를 받았고 모든 수조지에 확대 시행되었다.

0421

다음과 관련된 수취 제도의 명칭을 쓰고, 밑줄 친 ㉠의 이유를 서술하시오.

> 토지가 없는 농민은 과세 부담에서 벗어났고, 토지를 가진 농민도 1결당 쌀 12두 정도를 납부하게 되어 부담이 줄어들었다. 그러나 경기도에 처음 실시된 후, ㉠ 전국에 확대 시행되는 데 100년이 걸렸다.

0422

밑줄 친 '변화'의 내용과 그 영향을 서술하시오.

> 조선 후기 지주가 소작인에게 토지를 빌려주고 소작료(지대)를 수취하는 방식이 확산되면서 소작농은 지대 부담을 줄이기 위해 노력하였다. 그 결과 일부 지역에서는 지대 납부 방식에 변화가 나타났다.

03 신분제와 사회 구조

빈출 개념
· 신라 골품제의 특징
· 고려 시대 가족 제도
· 조선 후기 신분 질서의 동요

1 고대의 신분제와 사회 구조

(1) 삼국 시대의 신분제

① **과정**: 중앙 집권 체제를 완성하는 과정에서 확립

② **특징**: 신분이 대대로 세습, 혈통에 따라 지위 결정

③ **신분별 생활**

귀족	· 주요 관직 차지, 경제적 특권 누림 · 신라의 골품제 ➡ 지배층 내부에도 차별적 지위
평민	대부분 농민, 국가에 세금 납부, 노동력 제공
천민	· 대부분 노비 ➡ 재산으로 취급되어 매매, 증여, 상속 가능 · 전쟁 포로나 법을 어긴 사람, 빚을 갚지 못한 사람이 노비가 됨

★(2) 신라 골품제의 변화 [자료①] [자료②]

성골, 진골	최고 신분층, 통일 무렵 성골 소멸
6두품	· 학문적 식견과 능력을 바탕으로 성장 · 골품제에 따라 관직 승진 제한 ➡ 일부는 당에 건너가 활동, 신라 말 호족 세력과 새로운 사회 건설 모색
3~1두품	점차 평민과 같은 지위로 간주

(3) 발해의 신분제

① **신분**: 지배층(귀족), 피지배층(평민, 천민)

② **특징**: 지배층은 고구려 유민이 다수, 평민은 말갈인이 다수

2 고려의 신분제와 사회 특징

(1) 고려의 신분제: 법적으로 양인과 천인으로 구분 [자료③]

양인	왕족, 문무 고위 관리	지배층 (정호)
	· 향리: 지방의 행정 실무 담당, 호장·부호장 등 여러 직위로 구분 · 서리: 중앙 관청의 실무 담당 · 남반: 궁중 업무 담당 · 기타: 하급 장교 등	
	· 농민(백정), 상인, 수공업자, 향·부곡·소민 · 조세·공납·역 부담 · 향·부곡·소민은 일반 군·현민에 비해 차별받음(거주지 제한, 과거 응시 불가)	피지 배층
천인	대부분 노비 ➡ 공노비(입역 노비·외거 노비)와 사노비(외거 노비·솔거 노비)로 구분, 매매·상속·증여의 대상	

★(2) 신분의 유동성: 신라보다 개방적, 유동적 ➡ 제한적인 신분 상승 가능 [자료④]

① **향리**: 일부가 과거에 급제하여 중앙으로 진출

② **백정**: 잡과 합격·군공 등을 통해 정호로 진입

③ **향·소·부곡민**: 군공을 세워 일반 군·현민으로 승격

④ **노비**: 주인에게 재물 헌납 또는 군공으로 양인으로 신분 상승

Check! 잘 나오는 선지로 개념 확인하기

1 신라 골품제에 대한 설명으로 옳은 것을 모두 고르시오.

① 성골, 진골은 최고 신분층이었다.

② 진골은 관직 승진에 제한이 있었다.

③ 6두품은 국가 중대사 결정에 참여하며 특권을 누렸다.

④ 일부 6두품은 신라 말에 호족과 함께 새로운 사회 건설을 모색하였다.

⑤ 통일 이후 신라에서는 골품제가 사라졌다.

⑥ 6두품은 학문적 식견과 능력을 바탕으로 성장하였다.

⑦ 1~3두품은 점차 평민과 같은 지위로 간주되었다.

⑧ 진골 중 일부는 자신의 능력을 인정받고자 당에 건너가 활동하였다.

2 고려 시대 향·부곡·소민에 대한 설명으로 옳은 것을 모두 고르시오.

① 재산으로 취급되었다.

② 과거 응시가 불가능하였다.

③ 양인과 천인 중 양인에 해당하였다.

④ 호장, 부호장이 되어 지방 행정을 장악하였다.

⑤ 특수 행정 구역에 거주하였다.

⑥ 백정이라 불리며 전세, 공납, 역을 부담하였다.

⑦ 다른 지역으로 거주지를 옮길 수 없었다.

⑧ 남반, 향리 등으로 구성되었다.

⑨ 과거와 음서 등으로 관직에 진출하였다.

⑩ 주인과 떨어져 살며 신공을 바쳤다.

답 1 ①, ④, ⑥, ⑦
2 ②, ③, ⑤, ⑦

(3) 고려의 사회 모습

① **본관제 시행**: 성씨 앞에 출신 지역 기재 ➡ 본관 이탈 금지, 향촌 사회 통제 목적

② **사회 시책**: 의창, 상평창, 제위보, 동·서 대비원, 혜민국 등 설치

③ **농민 공동체 조직(향도)**: 사원 조성, 매향 등 불교 신앙 활동에 주력(전기) ➡ 공동 노동, 마을 제사나 상장례 주도(후기)

④ ★ **가족 제도**: 부계 친족과 모계 친족의 권리와 의무 동일 ➡ 자녀 균분 상속, 호적에 출생 순으로 기재, 사위와 외손자에게도 음서 혜택 부여, 여성의 재가 가능 등 자료 **5**

---

3 조선의 양반 신분제 사회 성립과 변화

(1) **양반 신분제 사회의 성립** 자료 **6**

① **법제적 신분제(양천제)**: 양인(자유민, 조세와 국역 부담)과 천인(비자유민, 국역의 의무 없음, 관직 진출 불가)

② **실질적 신분제(반상제)**: 양반·중인(지배층)과 상민·천민(피지배층)

	양반	문무 관료: 관직 독점, 국역 면제 등 특권을 누림
양인	중인	• 서리, 향리, 기술관(역관, 의원 등): 직역 세습, 같은 신분끼리 혼인 • **서얼**: 첩의 자손, **문과 응시 금지**, 중인과 비슷한 처우
	상민	• 농민, 수공업자, 상인 등: 조세·공납·역의 부담, 과거 응시 가능 • 신량역천: 신분상 양인, 천역 담당
천인	천민	• 노비: 공노비·사노비, 매매·상속·증여의 대상 • 기타: 백정, 광대, 무당 등

③ **양반 중심의 향촌 지배 체제**

• **유향소**: 지방의 유력 양반(사족) 중심, 향회 개최, 경재소의 통제를 받음

• **서원**: 사림의 학문 연구 기관, 지방 사족의 세력 확대 수단

• **향약**: 향촌 자치 규약, 향촌 질서 유지와 농민 교화 수단

(2) **신분 질서의 동요와 향촌 사회의 변화**

① ★ **신분 질서의 동요** 자료 **7**

양반	권력을 가진 양반과 향반, 잔반으로 분화
중인	• 서얼: 관직 진출 제한 폐지 요구 • 기술직 중인: 대규모 소청 운동 전개
상민	일부는 부농으로 성장, 다수는 임노동자로 몰락, **부농들은 납속·공명첩을 이용하여 신분 상승**
천민	노비들이 군공·납속·도망 등으로 신분 상승 추구 ➡ **노비종모법 실시**·공노비 해방(조세 납부 대상인 양인 확보 목적)

이름을 적는 곳이 비어 있는 관직 임명장이다.

어머니가 양인이면 그 자녀는 양인이 되는 법이다.

② **향촌 사회의 변화**

• **신향의 등장**: 부농층의 신분 상승, 수령과 결탁 ➡ 경제력을 바탕으로 향촌에서 영향력 확대(향회 참여)

• **향전의 발생**: 구향(기존 사족)과 신향의 갈등 ➡ 지방관의 신향 지원 ➡ 구향 약화

• **영향**: 수령의 권한 강화, 향회가 수령의 세금 부과 자문 기구로 변화, 지방 사족이 동족 마을 형성, 동약 시행 등 권위 회복 노력

③ **가족 제도의 변화**: 성리학적 사회 윤리 확산 ➡ 부계와 장자 중심의 가족 제도 강화(장자 중심의 제사와 상속, 아들이 없으면 양자 입양, 여성의 재혼 금지), 족보 편찬·서원과 사당 건립·동족 마을 형성으로 부계 친족 사이 결속 도모 자료 **8**

Check! 잘 나오는 선지로 개념 확인하기

3 조선 시대 중인에 대한 설명으로 옳은 것을 <u>모두</u> 고르시오.

① 양인과 천인 중 양인에 속하였다.

② 일부는 소속 기관에 신공을 바쳤다.

③ 양반과 상민의 중간 계층을 의미한다.

④ 역관, 의관, 향리가 속하였다.

⑤ 좌수, 별감 등을 맡아 유향소를 운영하였다.

⑥ 서얼은 중인과 같은 신분적 대우를 받았다.

⑦ 국역의 의무를 지지 않았으며, 과거에 응시할 수 없었다.

⑧ 대부분 농민이었고, 수공업자와 상인 등도 포함되었다.

⑨ 매매, 상속, 증여의 대상이 되었다.

⑩ 군역을 면제받는 등 각종 특혜가 보장된 지배층이었다.

4 조선 후기 신분 질서의 동요에 대한 설명으로 옳은 것을 <u>모두</u> 고르시오.

① 일부 양반은 향반이나 잔반이 되었다.

② 서얼 출신도 규장각 검서관으로 진출할 수 있었다.

③ 집단 상소를 통해 기술직 중인들도 고위직에 진출할 수 있었다.

④ 일부 농민이 광작으로 부농이 되었다.

⑤ 다수의 농민이 소작농, 임노동자로 몰락하였다.

⑥ 부농들은 납속과 공명첩 구매로 신분을 상승시켰다.

⑦ 상민과 노비의 수가 늘고, 양반의 수가 줄어들었다.

⑧ 나라에서는 양인을 늘리고자 노비종모법을 시행하였다.

⑨ 순조 시기에 공노비가 해방되었다.

답 **3** ①, ③, ④, ⑥
4 ①, ②, ④, ⑤, ⑥, ⑧, ⑨

자료 ① 신라의 골품제

미래엔, 천재, 동아

| 관등 | | 골품 | | | | 건축 |
등급	관등명	진골	6두품	5두품	4두품	규모
1	이벌찬	자색				
2	이찬					
3	잡찬					24척
4	파잔찬					
5	대아찬	비색				
6	아찬					
7	일길찬					21척
8	사찬					
9	급벌찬		청색			
10	대나마					18척
11	나마				황색	
12	대사					
13	사지					
14	길사					15척
15	대오					
16	소오					
17	조위					

0423 신라의 골품제는 개인의 정치 활동과 사회 활동의 범위를 제한하였다. ○/✕

0424 신라 사람들은 골품에 따라 가옥의 규모와 복색 등 일상생활도 규제되었다. ○/✕

0425 골품제에서는 각 골품마다 올라갈 수 있는 관등의 제한이 없었다. ○/✕

자료 ② 골품제의 한계

천재, 동아, 지학사

- 설계두는 …… "신라에서는 사람을 쓰는 데도 골품을 따지니 실로 그 족속이 아니면 큰 재주와 뛰어난 공이 있다 해도 신분의 한계를 넘지 못한다. 나는 중국으로 가서 불세출의 지략을 발휘하고 비상한 공을 세워 스스로 영예로운 자리에 올라 ……." 그는 남몰래 배를 타고 당에 들어갔다.
- 최치원이 당에 유학하여 얻은 바가 많아 (신라에 돌아와) 자기 뜻을 행하려고 하였으나 …… 의심과 시기가 많아 용납되지 않았다. …… 방랑하면서 책을 읽고 시를 읊었다.

– 『삼국사기』

0426 신라에서는 혈통보다 개인의 능력에 따라 사회적 지위가 결정되었다. ○/✕

0427 6두품 중 일부 사람은 골품제의 한계에 불만을 품고 당에 건너가 활동하였다. ○/✕

0428 신라 말에 일부 6두품은 호족과 함께 새로운 사회 건설을 모색하였다. ○/✕

자료 ③ 고려의 신분제

미래엔, 비상, 천재

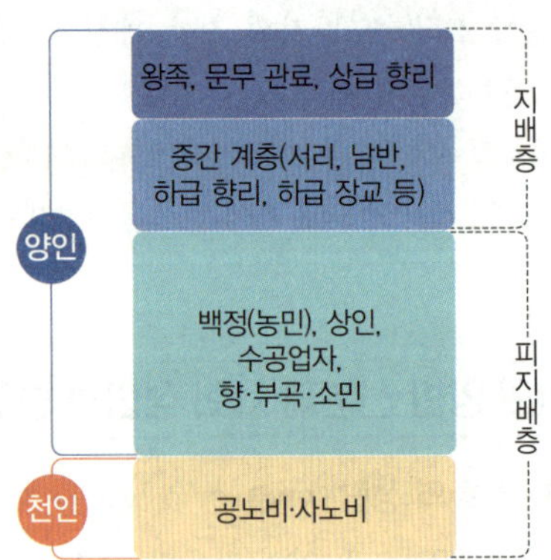

0429 고려의 신분은 크게 양인과 천인으로 나뉘었다. ○/✕

0430 양인 중 정호는 농민, 상인, 수공업자, 향·부곡·소의 주민으로 구성되었다. ○/✕

0431 백정은 국가의 직역을 맡은 중간 계층으로 지배층에 속하였다. ○/✕

0432 천인의 대부분을 차지하는 노비는 재산으로 취급되었다. ○/✕

자료 ④ 고려의 신분제 개방 사례

동아, 씨마스, 해냄

- 평량은 평장사 김영관의 노비이다. 견주에 살면서 농사에 힘써 부자가 되었다. 권세가에게 뇌물을 주고 천인의 신분을 벗어나 양인이 되었으며, 산원동정(하급 명예직) 벼슬을 받았다.
- 유청신의 초명은 유비이고, 장흥부 고이부곡 사람이며 …… 비록 공적이 있어도 5품 이상 승진할 수 없었지만, …… 몽골어를 배워서 여러 번 사신을 따라 원에 가서 응대를 잘하였으므로, 이로 인하여 충렬왕의 신임을 얻어 낭장에 임명되었다. …… 왕의 교서에 이르기를, "…… 또 고이부곡을 고흥현으로 승격시키도록 하라."라고 하였다.

– 『고려사』

0433 고려 시대에는 일부 노비가 재산을 모아 주인에게 값을 치르거나 큰 공을 세워 양인이 되었다. ○/✕

0434 고려 시대 특수 행정 구역인 향·부곡·소의 주민은 일반 군현민과 같은 대우를 받았다. ○/✕

0435 고려는 특수 행정 구역이 공을 세우면 일반 군현으로 승격하기도 하였다. ○/✕

자료 **5** 고려 시대 가족 제도
미래엔, 비상, 지학사

- 어머니가 일찍이 재산을 나누어 줄 때 나익희에게는 따로 노비 40구를 남겨 주었다. 나익희는 "제가 6남매 가운데 외아들이라 해서 어찌 사소한 것을 더 차지하여 여러 자녀와 화목하게 살게 하려 한 어머니의 거룩한 뜻을 더럽히겠습니까?"라며 사양하자, 어머니가 옳게 여기고 그 말을 따랐다. – 『고려사』
- 어머니가 그의 의붓아버지에게 말하기를, "첩이 먹고 살기 위해 수절하지 못하였음을 부끄럽게 여겼습니다. 그러나 그 유복자가 학문에 뜻을 두고 있으니, …… "라고 말하자 마침내 그 뜻대로 용단을 내려 공을 솔성재에 입학시켰다 …… 무자년 봄에 시험에 응시하여 …… 진사시에 2등으로 합격하였다.
– 이승장 묘지명

0436 고려 시대에는 부모의 재산을 큰아들이 대부분 물려받았다. ○/×

0437 고려 시대에는 재혼이 비교적 자유로웠고, 재혼으로 태어난 자녀도 차별을 받지 않았다. ○/×

0438 고려 시대의 여성은 사회적 활동을 하는 데 제한을 받지 않았다. ○/×

자료 **6** 조선의 신분제
미래엔, 천재, 동아

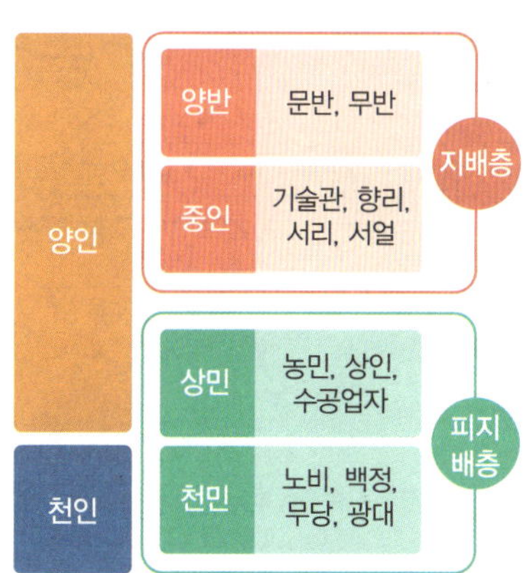

0439 조선은 모든 사람을 양인과 천인으로 나누었다. ○/×

0440 중인은 주요 관직을 차지하고, 경제적으로 풍요로운 생활을 누렸다. ○/×

0441 조선 시대에는 신분은 양인이지만 천역을 담당하여 신량역천이라 불리는 계층이 있었다. ○/×

0442 조선 시대 백정은 도살업에 종사하는 계층으로 천민에 속하였다. ○/×

자료 **7** 조선 후기 신분 질서의 동요
미래엔, 동아, 씨마스

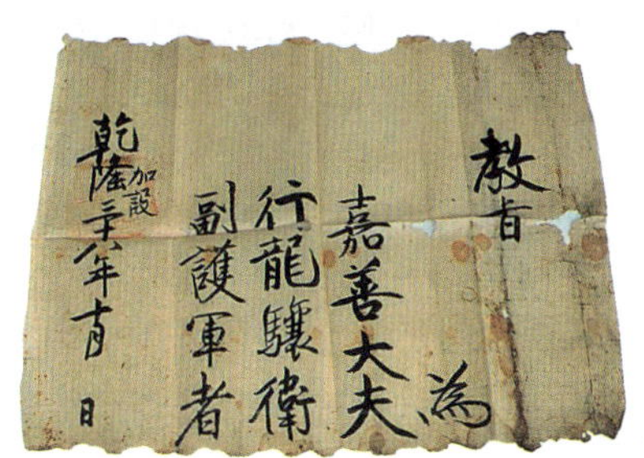
◀ 공명첩

옷차림은 신분의 귀천을 나타내는 것이다. 그런데 어찌 된 까닭인지 근래 이것이 문란해져 상민과 천민이 갓을 쓰고 도포를 입는 것이 마치 조정의 관리나 선비같이 한다. 진실로 한심스럽기 짝이 없다. 심지어 시전 상인이나 군역을 지는 상민까지도 서로 양반이라고 부른다. – 『일성록』

0443 조선 후기 부를 축적한 상민들이 공명첩, 납속책 구매 등으로 양반 신분을 얻었다. ○/×

0444 조선 후기 전체 인구 중에서 양반의 비중이 크게 줄어들었다. ○/×

0445 조선 후기 지방에서는 기존 양반인 구향과 새롭게 양반 신분을 얻은 신향 사이에 향전이 발생하였다. ○/×

0446 조선 정조 때 어머니가 양인이면 그 자식도 양인이 되는 노비종모법이 시행되었다. ○/×

자료 **8** 조선 시대 부계 중심 가족 제도
동아, 리베르

아버지와 자식 사이의 정이라는 면에서 본다면 아들과 딸 사이에 차별이 있어서는 안 된다. 하지만 생전에 봉양할 방법이 없고 사후에 제사의 예마저 차리지 않는데 어찌 재산만은 남자 형제와 균등하게 나누어 가지겠는가. 딸들은 재산의 3분의 1만 나누어 갖도록 해라. – 「부안 김씨 고문서」

0447 성리학적 윤리가 강화되면서 재산 상속이 장자를 중심으로 이루어졌다. ○/×

0448 조선 후기에는 아들, 딸이 돌아가면서 제사를 지냈다. ○/×

0449 조선 후기에 여성의 재혼이 금지되었다. ○/×

0450

(가) 국가에 대한 설명으로 옳은 것을 　보기　에서 고른 것은?

――――― 보기 ―――――

ㄱ. 화랑도를 운영하였다.

ㄴ. 제가 회의를 개최하였다.

ㄷ. 말갈인이 주민의 다수를 구성하였다.

ㄹ. 왕족 고씨와 5부 출신의 귀족이 지배층을 이루었다.

① ㄱ, ㄴ　　　② ㄱ, ㄷ　　　③ ㄴ, ㄷ
④ ㄴ, ㄹ　　　⑤ ㄷ, ㄹ

0451

(가) 신분에 대한 학생들의 발표 내용으로 적절한 것만을 　보기　에서 고른 것은?

　　8세기 후반 혜공왕이 피살된 이후 　(가)　 귀족 사이에서 치열한 왕위 다툼이 일어났다. 이에 신라는 150여 년 동안 왕이 20명이나 바뀌는 혼란에 빠졌다. 김헌창이 왕위 계승에 불만을 품고 반란을 일으키기도 하였으며, 장보고는 왕위 쟁탈전에 개입하기도 하였다.

――――― 보기 ―――――

ㄱ. 특수 행정 구역에 거주하였습니다.

ㄴ. 대아찬 이상의 관등을 독점하였습니다.

ㄷ. 통일 이후 평민과 동등하게 간주되었습니다.

ㄹ. 김춘추가 이 신분 출신으로는 최초로 왕이 되었습니다.

① ㄱ, ㄴ　　　② ㄱ, ㄷ　　　③ ㄴ, ㄷ
④ ㄴ, ㄹ　　　⑤ ㄷ, ㄹ

0452

고려 시대 신분제에 대한 설명으로 옳은 것은?

① 양인은 양반과 중인으로 구분되었다.

② 중간 계층은 대부분 음서의 특권을 누렸다.

③ 중간 계층은 고려 시대에 새롭게 등장하였다.

④ 향, 부곡, 소의 주민은 양인에 포함되지 않았다.

⑤ 천민의 대부분은 노비와 함께 백정 등이 속해 있었다.

0453

다음 자료에서 설명하는 용어로 옳은 것은?

　　고려에서는 '나라에 특정한 직역을 부여받지 않은 일반 백성'을 의미하였으나, 조선 시대에는 도살업에 종사하는 계층을 일컫는 말이 되었다.

① 잔반　　　② 백정　　　③ 서리
④ 양반　　　⑤ 향리

0454

밑줄 친 '우리'가 속한 신분에 대한 설명으로 옳은 것은?

> 우리나라에서는 무신 정변 이래로 천한 무리에서 높은 관직에 오르는 경우가 많았으니, 왕후장상이 어찌 처음부터 씨가 따로 있으랴. …… 어찌 <u>우리</u>라고 채찍 아래에서 뼈 빠지게 천한 일만 하겠느냐!
> — 『고려사』

① 법제적으로 과거에 응시할 수 있었다.
② 직역의 대가로 국가로부터 토지를 받았다.
③ 매매, 증여, 상속이 가능한 재산으로 취급되었다.
④ 향·부곡·소 등 특수 행정 구역에 거주해야 하였다.
⑤ 백정이라 불렸으며 조세, 공납, 역의 의무를 부담하였다.

0455

다음 자료에 나타난 행정 구역에 대한 설명으로 옳은 것만을 〈보기〉에서 고른 것은?

> 예종 3년(1108)에 왕이 명령하기를, "구리, 철, 자기, 종이, 먹 등을 만드는 지역은 공물을 지나치게 많이 거두어 주민들이 어려움을 이기지 못해 도망하고 있다. 이제 해당 관청에서는 그 공물의 양을 다시 정하여 보고하도록 하라."라고 하였다.
> — 『고려사』

〈보기〉

ㄱ. 주민의 신분은 양인이었다.
ㄴ. 속현과 달리 지방관이 파견되었다.
ㄷ. 주민의 세금 부담은 군·현민보다 많았다.
ㄹ. 중앙 관청에 소속되어 수공업 제품을 생산하였다.

① ㄱ, ㄴ   ② ㄱ, ㄷ   ③ ㄴ, ㄷ
④ ㄴ, ㄹ   ⑤ ㄷ, ㄹ

0456

다음 자료에 나타난 시기의 사회 모습으로 옳은 것은?

> 이승장은 어려서 아버지를 여의었는데 의붓아버지가 집이 가난하다며 공부를 시키려 하지 않았다. 하지만 어머니가 이를 반대하면서 "제가 먹고사는 것 때문에 수절하지 못했음을 부끄럽게 여겼습니다. 그러나 아이가 다행히 학문에 뜻을 두고 있으니 아이 아버지의 뒤를 따르게 하는 것이 마땅할 것입니다. 만약 그렇게 못한다면 제가 무슨 얼굴로 지하에서 전 남편을 다시 보겠습니까?"라고 말하며 공을 솔성재에 입학시켰다. …… 봄에 과거에 응시하여 김돈중의 문생으로 진사시에 2등으로 합격하였다.
> — 이승장 묘지명

① 재산 상속에서 큰아들이 우대받았다.
② 문중을 중심으로 서원과 사우가 세워졌다.
③ 사위와 외손자에게도 음서의 혜택이 주어졌다.
④ 대를 잇기 위해 양자를 들이는 일이 일반화되었다.
⑤ 혼인 후에 곧바로 남자의 집에서 생활하는 경우가 보편화되었다.

0457

(가)에 들어갈 내용으로 적절하지 <u>않은</u> 것은?

① 여성도 호주가 될 수 있었어.
② 제사가 장자를 중심으로 이루어졌어.
③ 호적에 태어난 순서대로 기록되었어.
④ 음서의 혜택이 외손자에게도 적용되었어.
⑤ 상속도 남녀 구분 없이 균등하게 이루어졌어.

0458

다음 사료를 통해 알 수 있는 고려 사회의 특징으로 적절한 것은?

> • 이영의 아버지 이중선은 안성군 호장(향리의 최고 직책)으로 있었다. …… 숙종 때 과거 시험을 을과에 급제하고 직사관(춘추관의 관원)으로 임명되었다.
> • 조원정은 옥을 다듬는 기술자의 아들이다. 어머니와 할머니가 관청에 소속된 기생이었다. 원래 관직이 7품으로 제한되었지만, 정중부의 난 때 이의방을 도와 낭장과 장군을 맡았다. 명종 때 공부 상서에 임명되었고, 이후 추밀원 부사가 되었다.

① 신분이 존재하지 않는 평등 사회이다.
② 피지배층은 주로 말갈인으로 구성되었다.
③ 납속책 등으로 양반 중심의 신분제가 동요하였다.
④ 신라의 골품제에 비해 신분 상승의 기회가 열려 있었다.
⑤ 성리학적 윤리를 강조하면서 부계 중심의 사회가 형성되었다.

0459

다음 문화유산에 대한 탐구 활동으로 가장 적절한 것은?

고려 우왕 13년(1387)에 향나무를 묻고 세운 것으로, 경상남도 사천시 곤양면 흥사리에 있다. 비문에는 내세의 행운, 왕의 만수무강과 국태민안을 기원하는 내용이 기록되어 있다.

① 상평창의 역할을 알아본다.
② 도선비기의 내용을 파악한다.
③ 향교의 조직과 역할을 조사한다.
④ 도교의 제사 의식 과정을 정리한다.
⑤ 불교 신앙 조직의 활동을 찾아본다.

0460

(가), (나)에 대한 설명으로 옳지 <u>않은</u> 것은?

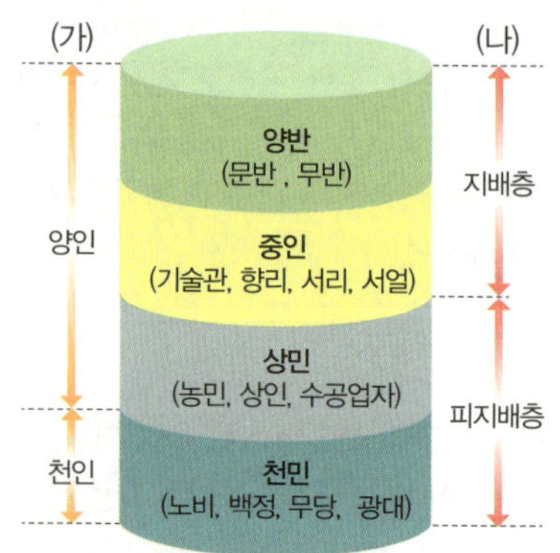

▲ 조선의 신분 제도

① (가)는 법제적인 신분 구분이다.
② (가)에서 상민은 과거에 응시하는 것이 불가능하였다.
③ (나)에서 일부 중인은 문과 응시에 제한을 받았다.
④ (나)와 같이 구분되면서 양반에는 관리와 그 가족 또는 가문까지 포함되었다.
⑤ (가), (나)의 천인(천민) 중에서 대부분을 차지하는 것은 노비였다.

0461

다음 신분층에 대한 설명으로 옳은 것만을 보기 에서 고른 것은?

> 이들은 경제적으로 지주층이고, 정치적으로는 현직 또는 예비 관료층을 이루었으며, 유학자로서의 소양과 자질을 닦는 데 힘썼다.

보기

ㄱ. 각종 군역을 면제받았다.
ㄴ. 남반, 서리, 하급 장교 등이 있었다.
ㄷ. 과거, 음서로 고위 관직을 독점하였다.
ㄹ. 좁은 의미로는 기술관만이 포함되었다.

① ㄱ, ㄴ   ② ㄱ, ㄷ   ③ ㄴ, ㄷ
④ ㄴ, ㄹ   ⑤ ㄷ, ㄹ

0462

밑줄 친 ㉠이 속한 신분에 대한 설명으로 옳지 <u>않은</u> 것은?

> 성종 13년 4월 신해 사헌부 대사헌 채수가 아뢰었다. "어제 전지(傳旨)를 보니 ㉠ <u>역관, 의관</u>을 권장하고 장려하고자 능통하고 재주가 있는 자는 양반에 발탁하여 쓰라고 특별히 명령하셨다니 듣고 놀랐습니다. 무릇 벼슬에는 높고 낮은 것이 있고, 직책에는 가볍고 무거운 것이 있습니다. 약사, 통역관은 사대부의 반열에 낄 수 없습니다. …… 이 무리는 모두 미천한 계급 출신으로서 사족이 아닙니다."

① 직역을 세습하였다.
② 같은 신분 안에서 혼인하였다.
③ 통치와 행정 업무를 보좌하였다.
④ 향교에서 기술 교육을 받아 배출되었다.
⑤ 사족들은 기득권을 지키기 위해 이들을 구별하였다.

0463

(가)에 대한 설명으로 옳은 것은?

> 무릇 [(가)]을/를 매매할 때는 관청에 신고하여야 하며 사사로이 합의하여 매매한 경우에는 관청에서 [(가)]와/과 대가로 받은 물건을 모두 몰수한다. 나이 16세 이상 50세 이하는 가격이 저화 4천 장, 15세 이하 51세 이상은 3천 장이다.

① 향리직을 세습하였다.
② 서얼이라 불리기도 하였다.
③ 최하층인 천민 신분이었다.
④ 법적으로 과거에 응시할 수 있었다.
⑤ 직역의 대가로 국가로부터 토지를 지급받았다.

0464

다음과 같은 상황이 끼친 영향으로 가장 적절한 것은?

> 임진왜란 때 적을 목 벤 자, 납속을 한 자, 작은 공이 있는 자에게는 관직에 임명하거나 면천·면역의 첩을 주었다. 병사를 모집하고 납속을 모집하는 담당 관리가 이 첩을 가지고 지방에 내려갈 때 이름 쓰는 데만 비워 두었다가 응모자가 있으면 그때마다 이름을 써서 주었다.

① 양반의 수가 증가하였다.
② 문벌 사회가 동요하였다.
③ 지방에서 호족 세력이 성장하였다.
④ 안동 김씨 등 세도 가문이 득세하였다.
⑤ 기존 사족의 향촌 지배력이 강화되었다.

0465

(가)에 들어갈 내용으로 옳은 것은?

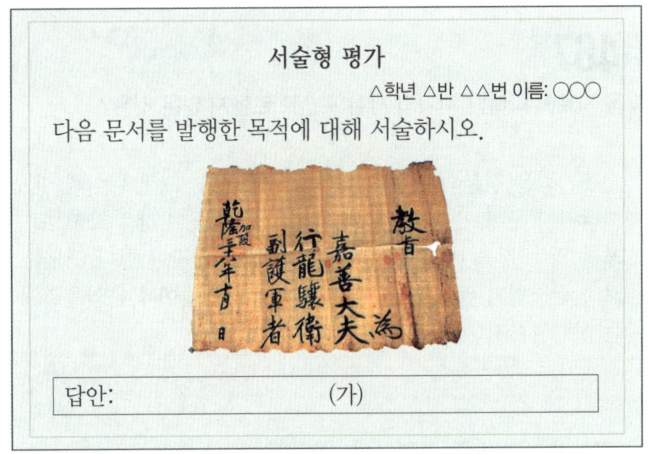

① 군역을 부과하기 위해 만들어졌다.
② 과거 합격을 증명하기 위해 제작되었다.
③ 재정 부족 문제를 해결하기 위해 발급되었다.
④ 향회에 참석하는 양반을 파악하기 위해 작성되었다.
⑤ 촌락의 인구, 토산물 등을 파악하기 위해 기록되었다.

0466 난이도 상

다음 표는 울산 지역의 신분별 인구 변동을 나타낸 것이다. (가)~(다) 신분층에 대한 설명으로 옳지 <u>않은</u> 것은?

시기 \ 신분	(가)	(나)	(다)
1729년	26.29 %	59.78 %	13.93 %
1765년	40.98 %	57.01 %	2.01 %
1804년	53.47 %	45.61 %	0.92 %
1867년	65.48 %	33.96 %	0.56 %

① (가)의 증가는 이 계층의 사회적 권위를 떨어뜨렸다.
② 장자 상속제가 확립되면서 (가)의 수가 증가하였다.
③ (나)의 수가 감소하여 이들의 조세 부담이 무거워졌다.
④ (나) 계층은 납속과 공명첩을 통해 신분 상승을 꾀하였다.
⑤ 도망하여 신분을 숨기기도 하면서 (다)의 수가 감소하였다.

0467

다음 자료에 나타난 시기의 사회 모습으로 옳지 <u>않은</u> 것은?

> 옷차림은 신분의 귀천을 나타내는 것이다. 그런데 어찌 된 까닭인지 근래 이것이 문란해져 상민·천민들이 갓을 쓰고 도포를 입는 것을 마치 조정의 관리나 선비와 같이 한다. 진실로 한심스럽기 짝이 없다. 심지어 시전 상인들이나 군역을 지는 상민들까지도 서로 양반이라 부른다.
>
> – 『일성록』

① 정부가 경재소를 설치하기 시작하였다.
② 향회가 수령의 부세 자문 기구로 점차 변화하였다.
③ 상민층이 납속과 공명첩을 이용하여 신분 상승을 꾀하였다.
④ 수령을 중심으로 하는 관권이 강화되고 향리의 역할이 커졌다.
⑤ 일부 노비는 도망, 군공 등의 방법으로 노비 신분에서 벗어났다.

0468

밑줄 친 '우리'에 대한 설명으로 옳은 것은?

> 아! <u>우리</u>는 본시 모두 사대부와 다를 바가 없었는데, 의관이 되고 역관이 되어 7, 8대나 10여 대를 대대로 전하니 …… 비록 지금은 사대부에 비길 수 없으나, 이름 있는 가문 외에 <u>우리</u>보다 나은 자는 없다.

① 규장각 검서관에 등용되었다.
② 대규모 소청 운동을 전개하였다.
③ 매매, 상속, 증여의 대상이 되었다.
④ 서원과 향약을 통해 향촌의 지배력을 강화하였다.
⑤ 광작이 확대되면서 임노동자로 전락하기도 하였다.

0469

(가)에 대한 설명으로 옳은 것은?

> 우리나라에서 ___(가)___ 을/를 현직(顯職)에 서용하지 말자는 의논은 처음 서선에게서 나왔는데, 그 뒤로 가면 갈수록 한 마디 한 마디가 더욱 심각해져 마침내 자손까지 영원히 금고하기에 이르렀습니다. …… 따라서 부자의 은혜도 군신의 의리도 없으니, 윤리를 해치고 어기는 것으로 이보다 심한 것이 없습니다.
>
> – 『영조실록』

① 음서와 공음전의 혜택을 받았다.
② 양인 신분으로 천역에 종사하였다.
③ 관청에 소속되어 물품을 만들었다.
④ 소속된 주인에게 매년 신공을 바쳤다.
⑤ 정조 때 일부가 규장각 검서관으로 등용되었다.

0470

다음 정책이 실시된 배경으로 가장 적절한 것은?

> 임금이 백성을 볼 때는 귀천이 없고 남녀 구별이 없이 하나같이 적자이다. 노비라 구분하는 것이 어찌 똑같이 사랑하는 동포로 여기는 뜻이겠는가? 그러한즉, 내노비 36,974명과 시노비 29,093명을 양민이 되도록 허락하고 노비 문서를 불태우도록 하라.
> ― 『순조실록』

① 조세 및 소작료의 금납화가 가능해졌다.
② 부를 축적한 상민이 양반 신분을 얻었다.
③ 노비의 수가 줄어 신공을 거두기 어려웠다.
④ 모내기법의 확산으로 농업 생산력이 발달하였다.
⑤ 종법 질서에 따른 부계 중심의 가족 제도가 강화되었다.

0471

다음과 같은 주장이 제기된 시기의 상황으로 옳은 것만을 보기 에서 고른 것은?

> 향회라는 것이 한 마을 사족의 공론에 따른 것이 아니고, 수령의 손아래 놀아나는 좌수·별감들이 통문을 돌려 불러 모은 것에 불과합니다. 그 향회에서는 관의 비용이 부족하다는 핑계로 제멋대로 돈을 거두고 법을 만드니, 일의 원통함이 이보다 심한 것이 없습니다.
> ― 『질암유고』

보기

ㄱ. 향리들은 동약을 이용하여 향권을 장악하고자 하였다.
ㄴ. 사족은 동족 마을을 이루어 결속을 강화하고자 하였다.
ㄷ. 부농층은 관권과 결탁하여 향임직에 진출하고자 하였다.
ㄹ. 정부는 경재소를 설치하여 유향소를 통제하고자 하였다.

① ㄱ, ㄴ   ② ㄱ, ㄷ   ③ ㄴ, ㄷ
④ ㄴ, ㄹ   ⑤ ㄷ, ㄹ

0472   난이도 상

다음 상황이 나타난 시기에 볼 수 있는 모습으로 가장 적절한 것은?

> 경상도 영덕의 구향은 모두 남인이며, 이른바 신향은 스스로 서인이라 칭하는데, 요즘 신향들이 향교의 주도권을 잡으면서 향전이 일어나고 있습니다. 그런데 주자의 화상이 비가 스며들어 더럽혀진 문제가 생기자 신향들이 그 화상을 감추고, 아울러 송시열의 화상도 감추어 버리고는 남인이 훔쳐 갔다고 말을 퍼뜨렸습니다.

① 사화로 피해를 입은 사림
② 몽골에 공녀로 끌려가는 여성들
③ 소청 운동에 참여하는 기술직 중인
④ 새로 개척한 4군 6진에 파견된 군인
⑤ 중방에서 국정을 논의하는 무신 관료들

0473

밑줄 친 '이 시기'에 있었던 사실로 옳은 것만을 보기 에서 고른 것은?

> 이 시기에는 성리학적 윤리가 강화되면서 부계 중심의 가족 제도가 확립되었다. 이에 따라 종래에는 혼인을 하면 부부가 신부의 집에서 머무르는 경우가 많았으나, 이 시기에는 신랑 집에서 생활하는 경우가 늘어났다.

보기

ㄱ. 동성 마을이 형성되었다.
ㄴ. 공주 명학소 주민의 봉기가 일어났다.
ㄷ. 상속과 제사가 장자를 중심으로 이루어졌다.
ㄹ. 아들, 딸 구별 없이 출생한 순서대로 호적에 기재하였다.

① ㄱ, ㄴ   ② ㄱ, ㄷ   ③ ㄴ, ㄷ
④ ㄴ, ㄹ   ⑤ ㄷ, ㄹ

0474

다음을 보고 물음에 답하시오.

관등		골품				건축 규모
등급	관등명	진골	6두품	5두품	4두품	
1	이벌찬	자색				
2	이찬					24척
3	잡찬					
4	파잔찬					
5	대아찬		비색			
6	아찬					
7	일길찬					21척
8	사찬					
9	급벌찬			청색		
10	대나마					18척
11	나마				황색	
12	대사					
13	사지					
14	길사					
15	대오					15척
16	소오					
17	조위					

(1) 위에 제시된 신분제의 명칭을 쓰시오.

(   )

(2) 위 신분제가 당시 사람들의 생활에 어떤 영향을 주었는지 서술하시오.

0475

다음을 읽고 물음에 답하시오.

> ⎡ (가) ⎦ 은/는 진골 다음 신분이었다. 이들은 학문적 식견과 실무 능력을 바탕으로 성장하였지만, 신분의 제약으로 승진에 제한을 받았다.

(1) (가) 신분을 쓰시오.

(   )

(2) 신라 말 (가) 신분의 움직임을 서술하시오.

0476

다음 두 인물의 신분 변화 과정과 이를 통해 알 수 있는 고려 사회의 성격을 서술하시오.

> - 이영의 …… 아버지 이중선은 안성군 호장이었다. …… 이영은 숙종 때 을과에 급제하고 직사관으로 임명되었다.
> - 유청신은 장흥부 고이부곡 사람이다. 법도에 부곡리는 공이 있어도 5품을 넘을 수 없었다. …… 몽골어를 익혀 원에 사신으로 가서 잘 응대하였다. …… 고이부곡을 고흥현으로 승격시켰다.

0477

㉠에 들어갈 적절한 내용을 세 가지 서술하시오.

> 고려의 가족 제도에서 남성과 여성의 관계는 비교적 수평적이었다. 이는 _________ (가) _________ 는 사실을 통해 알 수 있다.

0478

다음과 같은 정책이 조선 후기 양반 사회에 미친 영향을 서술하시오.

> 백성에게 납속을 모집하여 관직으로 상을 주며, 그 납속의 양이 많고 적음에 따라 높고 낮음을 정하니 금과 옥같이 귀한 것이 천하고 한미한 무리들에게까지 주어진다. 비록 조정에서 어쩔 수 없이 하는 것이지만 관직이 너무 넘치는 지경에 이르렀다.
> — 『승정원일기』

0479

다음과 같은 주장에서 전개된 신분 상승 노력과 결과를 서술하시오.

> 우리 왕조가 서얼의 벼슬길을 막은 지 300여 년이 되었으니, 폐단이 큰 정책으로 이보다 더한 것이 없습니다. …… 예법과 형률을 살펴봐도 근거가 없습니다.
> — 박지원, 『연암집』

0480

(가)에 들어갈 계층을 쓰고, 밑줄 친 부분에 해당하는 내용을 서술하시오.

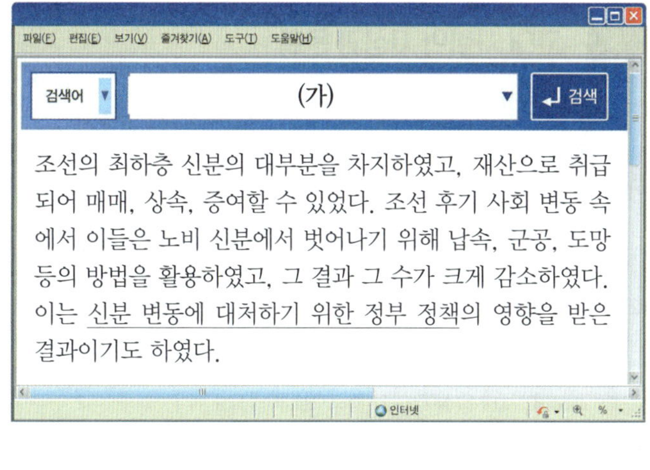

> 조선의 최하층 신분의 대부분을 차지하였고, 재산으로 취급되어 매매, 상속, 증여할 수 있었다. 조선 후기 사회 변동 속에서 이들은 노비 신분에서 벗어나기 위해 납속, 군공, 도망 등의 방법을 활용하였고, 그 결과 그 수가 크게 감소하였다. 이는 신분 변동에 대처하기 위한 정부 정책의 영향을 받은 결과이기도 하였다.

0481

다음을 읽고 물음에 답하시오.

> 영덕의 오래된 가문은 모두 남인이며, 이른바 신향(新鄕)은 모두 서리와 품관의 자손으로 자칭 서인이라고 하는 자들이다. 근래 신향이 향회를 주관하면서 구향(舊鄕)과 마찰을 빚었다.
> — 『승정원일기』

(1) 위와 같이 향촌 사회에 나타난 현상을 무엇이라고 하는지 쓰시오.

(   )

(2) (1) 현상이 조선 후기 향촌 사회에 미친 영향을 서술하시오.

04 사상과 문화

1 고대 사회의 사상과 문화

(1) 천신 신앙의 발달

① **천신 신앙**: 하늘을 신격화하거나 하늘에 있는 초월적 존재를 믿는 사상 ➡ 고조선과 초기 국가들의 지배층들이 통치에 활용

② **제천 행사 개최**: 부여(영고), 고구려(동맹), 동예(무천), 삼한(계절제)

(2) 불교의 발달

① **삼국 시대** 자료①

배경		왕실 주도로 중국으로부터 불교 수용
수용	고구려	4세기 소수림왕 때 전진에서 전래
	백제	4세기 침류왕 때 동진에서 전래
	신라	6세기 법흥왕 때 이차돈의 순교를 계기로 공인
특징		· 왕실과 귀족 중심의 전파: 왕즉불 사상(불교식 왕명 사용 등)과 업설 강조 · 호국 불교의 성격: 국가의 안녕과 발전을 기원하는 사찰과 탑 건립, 불교 행사 개최, 원광의 세속 5계 작성
영향		불교와 함께 서역의 미술, 건축, 공예, 음악 등 전래 ➡ 삼국 문화 발달에 기여

② 통일 신라의 불교

· 승려들의 활동

원효	일심 사상과 화쟁 사상을 주장하여 종파 간 대립 완화 도모, 아미타 신앙을 전파하여 불교 대중화에 기여
의상	부석사를 중심으로 신라 화엄종 개창, 관음 신앙 전파
혜초	인도와 서역을 다녀온 후 『왕오천축국전』 저술

· 불교 예술의 발달: 불국사, 석굴암 등 건립 자료②
· 선종의 유행: 신라 말 사회 혼란을 배경으로 확산, 참선 수행을 통한 깨달음 중시, 호족 세력의 후원을 받아 9산선문 성립, 새로운 사회 건설의 사상적 기반 마련

③ **발해의 불교**: 왕실과 귀족을 중심으로 유행, 고구려 불교 계승

(3) 유학의 발달

삼국	고구려	중앙에 태학, 지방에 경당 설립
	백제	오경박사 설치
	신라	유교 경전 학습 사실을 기록한 임신서기석 발견 자료③
통일 신라		국학 설립(신문왕), 독서삼품과(원성왕) 마련, 최치원 등 유학자의 활약
발해		· 주자감에서 귀족 자제에게 유교 경전 교육 · 6부 명칭에 유교 덕목 반영, 당의 빈공과에 다수 합격

(유교 경전의 이해 수준을 평가하여 관리 등용에 참고하려고 하였다.)

(4) 도교와 풍수지리설의 유행

① **도교**: 삼국 시대에 중국에서 전래되어 귀족 사회에서 유행, 백제의 산수무늬 벽돌과 금동 대향로, 고구려 고분의 사신도에 반영 자료④

② **풍수지리설**: 신라 말 도선이 중국에서 도입 ➡ 금성(경주) 중심의 국토관 탈피

Check! 잘 나오는 선지로 개념 확인하기

1 삼국 시대 불교에 대한 설명으로 옳은 것을 모두 고르시오.

① 4세기 소수림왕 때 백제에 불교가 전래되었다.
② 고구려는 법흥왕 시기에 불교가 공인되었다.
③ 국가의 안녕과 발전을 기원하는 사찰과 탑이 세워졌다.
④ 신라의 왕실은 왕즉불 사상을 내세우며 불교식 왕명을 사용하였다.
⑤ 참선 수행을 통한 깨달음을 중시하는 선종이 유행하였다.
⑥ 신라에서는 이차돈의 순교를 계기로 불교가 공인되었다.
⑦ 불국사, 석굴암 등 많은 사찰이 지어졌다.
⑧ 임신서기석은 청년들이 불교를 공부한 사실이 나타나 있다.
⑨ 주자감에서 귀족 자제에게 불교 경전을 교육하였다.

2 원효에 대한 설명으로 옳은 것을 모두 고르시오.

① 당에 유학을 하고 돌아왔다.
② 독서삼품과를 마련하였다.
③ 「화엄일승법계도」를 지었다.
④ 인도를 순례하고 『왕오천축국전』을 남겼다.
⑤ 여러 종파의 대립을 없애고자 화쟁 사상을 주장하였다.
⑥ 아미타 신앙을 전파하여 불교 대중화에 기여하였다.
⑦ 9산선문을 중심으로 활동하였다.
⑧ 모든 것이 한마음에서 나온다는 일심 사상을 내세웠다.
⑨ 현세에서 겪는 고난을 구제받고자 하는 관음 신앙을 전파하였다.
⑩ 부석사를 비롯한 여러 사찰을 건립하였다.

답 1 ③, ④, ⑥
2 ⑤, ⑥, ⑧

2. 고려의 사상과 문화

(1) 유학의 발달

초기	• 광종 때 과거제 실시 • 성종이 최승로의 개혁안을 수용하여 유교 정치 이념 확립, 국자감과 향교 설치
중기	• 최충(9재 학당 설립), 김부식의 활동(보수적인 학문 경향) • 사학 12도 융성, 관학 위축 ➡ 예종 때 관학 진흥책 마련
후기	• 안향이 본격적으로 성리학 소개 • 신진 사대부가 개혁 사상으로 성리학 수용 ➡ 권문세족과 불교의 폐단 비판 ➡ 국가와 사회의 지도 이념으로 등장

(2) 역사서의 편찬 자료 ❺

초기	왕조 실록(거란의 침입으로 소실), 7대 실록 편찬
중기	김부식, 「삼국사기」: 기전체, 유교적 합리주의 사관과 신라 계승 의식 반영
후기	• 무신 정변, 몽골의 침입 이후 자주 의식을 바탕으로 전통문화를 이해하려는 노력 전개 ➡ 일연의 「삼국유사」, 이승휴의 「제왕운기」, 이규보의 「동명왕편」 • 고려 말 성리학적 유교 사관 대두 ➡ 이제현의 「사략」

└ 단군을 우리 민족의 시조로 내세웠다.

(3) 불교의 발달

① 불교 정책

- 불교 숭상, 대규모 불교 행사 개최, 과거에서 승과 실시
- 거란의 침입을 물리치기 위해 초조대장경 조판, 몽골의 침입을 물리치기 위해 팔만대장경 완성

★ ② 불교 통합 운동과 결사 운동 자료 ❻

- 의천: 화엄종을 중심으로 교종 통합, 교종을 중심으로 선종 통합(국청사 창건) ➡ 해동 천태종 창시, 교관겸수(이론 연마와 실천 병행) 제시
- 지눌: 수선사 결사 제창(송광사), 조계종 발전에 기여, 정혜쌍수와 돈오점수 제시, 선종 중심의 교종 포용(선·교 일치의 사상 체계 완성)
- 요세: 백련결사 제창, 참회와 염불 수행 강조, 하층민의 호응을 받음

③ 불교 예술: 불화, 불상, 사찰 건축, 석탑을 중심으로 발전 자료 ❼

④ 불교계의 변화: 원 간섭기 이후 개혁적 성향 약화, 왕실 및 권문세족과 유착, 사원과 농장 확대 등 폐단 심화 ➡ 신진 사대부의 비판을 받음

(4) 도교, 풍수지리설, 민간 신앙의 발달

① 도교: 불로장생과 현세의 복 추구, 국가 차원에서 도교 행사(초제) 개최 및 도교 사원 건립 ➡ 독자적인 교단을 갖추지 못함

② 풍수지리설

- 특징: 도참사상과 결합하여 널리 유행
- 서경 길지설: 묘청의 서경 천도 운동에 영향
- 한양 길지설: 한양을 남경으로 승격하고 궁궐 건립

③ 민간 신앙: 토속 신앙·불교·도교 요소 등이 결합한 팔관회를 국가 차원에서 매년 성대하게 개최

---

3 고려 시대 유학과 불교에 대한 설명으로 옳은 것을 모두 고르시오.

① 광종 때 과거제가 실시되어 유교적 소양을 갖춘 관리를 등용하였다.

② 김부식은 9재 학당을 설립하였다.

③ 안향이 본격적으로 성리학을 소개하였다.

④ 연등회와 팔관회가 국가 주도로 성대하게 개최되었다.

⑤ 과거에서 승과가 실시되었다.

⑥ 권문세족은 성리학을 바탕으로 불교의 폐단을 비판하였다.

⑦ 불화, 불상, 사찰, 석탑 등 불교문화가 발달하였다.

⑧ 거란의 침입을 부처의 힘으로 물리치고자 팔만대장경이 만들어졌다.

⑨ 고려 말 불교 세력은 대농장을 소유하고 백성을 괴롭히기도 하였다.

4 지눌에 대한 설명으로 옳은 것을 모두 고르시오.

① 교관겸수를 제창하였다.

② 수선사를 중심으로 결사 운동을 전개하였다.

③ 신라 화엄종을 개창하였다.

④ 교종을 중심으로 선종을 통합하고자 하였다.

⑤ 국청사를 창건하였다.

⑥ 아미타 신앙을 통해 불교 대중화에 힘썼다.

⑦ 백련사를 중심으로 결사 운동을 전개하였다.

⑧ 세속 5계를 작성하였다.

⑨ 선종을 중심으로 교종을 포용하려 하였다.

⑩ 수행 방법으로 돈오점수와 정혜쌍수를 강조하였다.

답 **3** ①, ③, ④, ⑤, ⑦, ⑨
4 ②, ⑨, ⑩

3　조선의 사상과 문화

(1) 성리학의 발달

① **성리학**

- 조선의 통치 이념으로 정착, 「소학」과 「주자가례」 보급으로 성리학적 윤리 확산
- 건국 초 민생 안정과 부국강병을 위해 여러 학문과 사상 수용, 실용적인 과학 기술 발전

자료 **8**

② **성리학의 연구 심화**

이황	· 도덕적 행위의 근거로 심성 중시, 이상주의적 경향 · 「주자서절요」, 「성학십도」 저술 · 임진왜란 이후 일본에 전해져 성리학 발달에 기여
이이	· 현실적, 개혁적 경향 ➡ 다양한 개혁 방안 제시 · 「동호문답」, 「성학집요」 저술

③ **서원과 향약의 확산**

- 서원: 주세붕이 백운동 설립 건립 ➡ 이후 전국적으로 설립 확산, 지방 사족의 여론 형성과 권위 강화 기반
- 향약: 향촌 사회의 전통적인 공동 조직에 유교 윤리를 결합한 향촌 자치 규약 ➡ 풍속 교화, 지방 사족 중심의 향촌 질서 유지에 기여

★(2) 실학의 등장 자료 **9**

① **배경**: 성리학이 조선 후기 사회 변동에 적절히 대처하지 못함 ➡ 실증적인 연구 방법에 바탕을 둔 사회 개혁론 등장

② **내용**

- 농업 중심의 개혁론: 토지 제도 개혁 주장 ➡ 유형원(균전론), 이익(한전론), 정약용(여전제) 등
- 상공업 중심의 개혁론: 청 문물 수용과 상공업 진흥 주장 ➡ 유수원(사농공상의 평등 주장), 홍대용(기술 혁신과 문벌 폐지 주장), 박지원(수레와 선박, 화폐 유통의 필요성 주장), 박제가(소비를 통한 생산력 증대, 청과의 통상 확대 주장) 등

③ **영향**: 우리 역사, 지리, 언어 연구가 활발해져 국학 발달(안정복의 「동사강목」, 유득공의 「발해고」, 이중환의 「택리지」, 김정호의 「대동여지도」 등)

(3) 천주교와 동학의 확산 자료 **10**

천주교	· 전래: 17세기 서학으로 소개 ➡ 18세기 이후 신앙으로 수용(일부 남인 계열 실학자들 중심) · 확산: 평등사상과 내세 신앙을 바탕으로 확산 ➡ 정부가 제사 거부 등 성리학적 질서를 부정한다는 이유로 탄압
동학	· 창시: 경주 출신의 몰락 양반 최제우가 창시(1860) · 확산: 인내천, 후천개벽 사상을 바탕으로 농민들 사이에 확산 ➡ 정부가 사교로 규정하여 포교 금지, 최제우 처형

★(4) 서민 문화의 발달

① **배경**: 서민의 경제적·사회적 지위 향상, 서당 교육 확대

② **내용** 자료 **11**

- 문학: 사회 현실이나 서민의 감정을 드러낸 한글 소설과 사설시조 유행
- 공연: 사람이 많이 모이는 곳에서 탈춤과 판소리 성행
- 회화: 진경 산수화(정선), 풍속화(김홍도, 신윤복), 민화
- 건축: 부농이나 상공업자의 지원을 받아 대규모 불교 사원 건축

Check! 잘 나오는 선지로 **개념** 확인하기

5 조선의 성리학 발달에 대한 설명으로 옳은 것을 <u>모두</u> 고르시오.

① 성리학이 통치 이념으로 정착하였다.

② 이황은 도덕적 행위의 근거로 심성을 중시하였다.

③ 이황의 사상은 임진왜란 이후 일본에 전해졌다.

④ 이이는 「주자서절요」, 「성학십도」를 저술하였다.

⑤ 이황의 사상은 현실적, 개혁적 경향을 보였다.

⑥ 이황은 「동호문답」, 「성학집요」를 저술하였다.

⑦ 향약이 보급되면서 향촌 사회에 성리학적 윤리가 확산되었다.

⑧ 이황과 이이는 인간의 심성 문제를 탐구하였다.

6 조선 후기 실학에 대한 설명으로 옳은 것을 <u>모두</u> 고르시오.

① 서학이라는 이름으로 소개되었다.

② 실증적인 연구 방법으로 사회 모순을 해결하고자 하였다.

③ 농업 중심 개혁론자들은 토지 제도 개혁을 주장하였다.

④ 평등사상과 내세 신앙을 바탕으로 확산되었다.

⑤ 상공업 중심 개혁론자들은 청 문물의 수용을 주장하였다.

⑥ 「동경대전」, 「용담유사」를 통해 체계화되었다.

⑦ 박제가는 소비를 줄이고 검약해야 함을 강조하였다.

⑧ 박지원은 수레와 선박, 화폐 유통의 필요성을 강조하였다.

⑨ 이익은 신분에 따라 차등을 두어 토지를 분배하는 균전론을 제시하였다.

⑩ '사람이 곧 하늘'이라는 인내천 사상을 바탕으로 평등을 강조하였다.

답 **5** ①, ②, ③, ⑦, ⑧
　6 ②, ③, ⑤, ⑧

○/✕ 문제로 9종 교과서 핵심 자료 보기

정답 및 해설 42쪽

자료 1 삼국의 불교문화

비상, 천재, 지학사

▲ 금동 연가 7년명 여래 입상

▲ 익산 미륵사지 석탑

0482 고구려는 침류왕 때 중국에서 불교를 수용하였다. ○/✕

0483 금동 연가 7년명 여래 입상은 고구려에서 만들어진 불상이다. ○/✕

0484 백제는 법흥왕 때 이차돈의 순교를 계기로 불교를 공인하였다. ○/✕

0485 익산 미륵사지 석탑은 신라에서 만든 대규모 석탑이다. ○/✕

자료 2 통일 신라의 불교

미래엔, 천재, 리베르

▲ 경주 불국사 청운교와 백운교

▲ 석굴암 본존불

0486 통일 신라는 불국사와 석굴암 등 뛰어난 불교 건축물을 세웠다. ○/✕

0487 통일 신라의 원효는 불교의 여러 종파의 대립을 없애려 하였고, 관음 신앙을 전파하였다. ○/✕

0488 신라 말에는 교종이 유행하면서 승탑과 탑비가 곳곳에 세워졌다. ○/✕

자료 3 유학의 수용과 발달

천재, 동아, 해냄

◀ 임신서기석

0489 임신서기석은 신라의 청년들이 유학을 공부한 사실이 기록되어 있다. ○/✕

0490 삼국은 유학을 수용하여 국가를 통치하는 데 활용하였다. ○/✕

0491 통일 신라는 신문왕 시기에 독서삼품과를 실시하였다. ○/✕

자료 4 도교의 발달

미래엔, 천재, 동아

▲ 산수무늬 벽돌

▲ 백제 금동 대향로

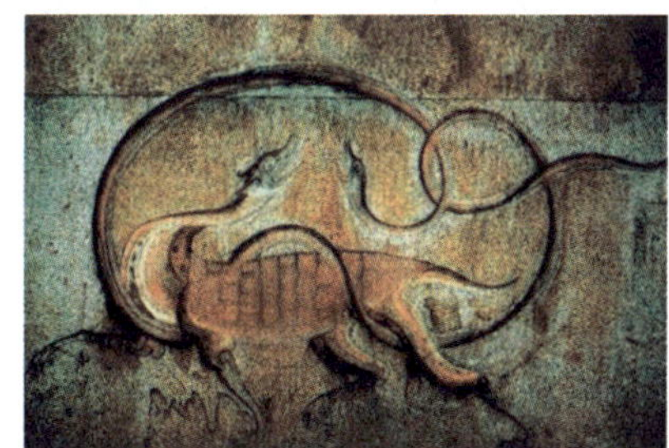

▲ 고구려 강서 고분 사신도 중 현무도

0492 도교는 삼국 시대에 전래되어 농민을 중심으로 널리 유행하였다. ○/✕

0493 산수무늬 벽돌에는 신라에서 발달한 도교 사상이 반영되어 있다. ○/✕

0494 도교의 사신 중 하나인 현무를 그린 현무도는 고구려의 고분 벽화에 있다. ○/✕

0495 백제 금동 대향로에는 불교와 도교 사상이 반영되어 있다. ○/✕

자료 5 삼국사기와 삼국유사

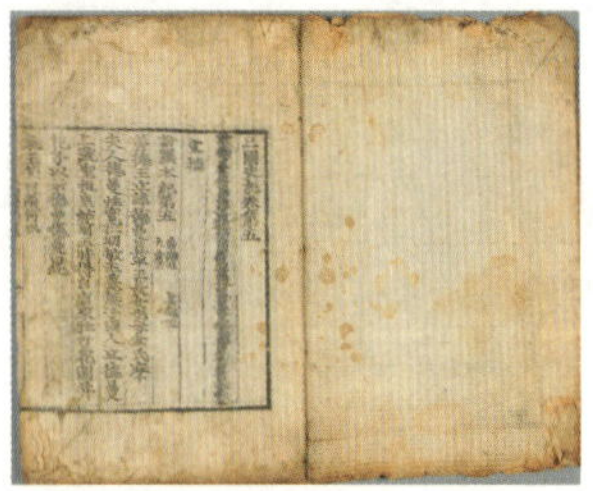

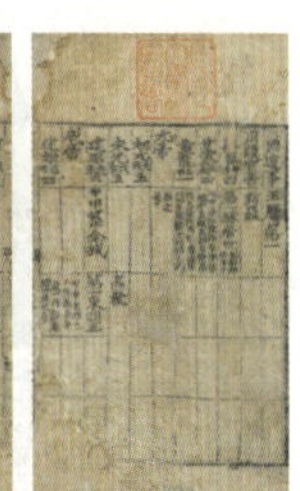

▲ 『삼국사기』　　　▲ 『삼국유사』

0496 『삼국사기』는 12세기 왕의 명령을 받은 일연이 편찬한 책이다. ○/✕

0497 『삼국사기』는 유교적 합리주의 사관이 반영되었다. ○/✕

0498 『삼국유사』는 무신 정변과 몽골의 침입을 겪은 뒤에 편찬되었다. ○/✕

0499 『삼국유사』는 단군을 민족의 시조로 기록하였다. ○/✕

자료 6 의천과 지눌

▲ 의천　　　▲ 지눌

0500 의천은 교종을 중심으로 선종을 통합하려 하였다. ○/✕

0501 의천은 정혜 결사(수선사 결사)를 조직하고 천태종을 창시하였다. ○/✕

0502 지눌은 선종을 중심으로 교종을 포용하는 사상 체계를 정립하였다. ○/✕

자료 7 고려 시대 불교문화

▲ 논산 관촉사 석조 미륵보살 입상　　　▲ 평창 월정사 팔각구층 석탑

▲ 영주 부석사 무량수전

▲ 합천 해인사 장경판전과 팔만대장경판

0503 고려는 불교를 숭상하여 대규모 사찰을 짓고 불교 관련 행사를 성대히 열었다. ○/✕

0504 고려 시대에는 거대한 불상 등 지방의 특징이 나타난 여러 불상이 만들어졌다. ○/✕

0505 거란이 침략하자 고려는 부처의 힘을 빌려 이를 물리치고자 팔만대장경을 만들었다. ○/✕

0506 고려 시대에는 불교가 국가 이념이 되어 도교와 풍수지리설이 쇠퇴하였다. ○/✕

자료 8 조선 전기 과학 기술의 발달

▲ 앙부일구   ▲ 측우기

0507 조선 시대에 해의 그림자를 보며 시간과 절기 등을 알 수 있도록 자격루가 만들어졌다.   O/X

0508 조선 세종 때 강수량을 측정하는 기구인 측우기가 제작되었다.   O/X

0509 조선 시대에는 농사에 큰 영향을 주는 천문학이 중시되었다.   O/X

자료 9 실학의 등장

> 여(마을)에는 여장을 두고 1여의 농토를 그곳에 사는 사람들이 함께 농사짓는데, 내 땅 네 땅의 구별이 없다. 사람들이 하는 일을 여장이 장부에 매일 기록한다. …… (추수가 끝나면) 나라에 바치는 세금을 먼저 떼어 놓고 여장의 봉급을 준 뒤, 장부의 기록을 기준으로 나머지를 분배한다.   – 정약용, 『여유당전서』

▲ 토지 제도를 개혁하자는 주장

> 대체로 재물은 비유하건대 샘과 같은 것이다. 퍼내면 차고, 버려두면 말라 버린다. 그러므로 비단옷을 입지 않아서 나라에 비단 짜는 사람이 없게 되면 여공이 쇠퇴하고, 쭈그러진 그릇을 싫어하지 않고 기교를 숭상하지 않아서 공장(수공업자)이 기술을 익히지 않게 되면 기예가 사라지게 되며, 농사가 황폐해져서 그 법을 잃게 되므로 사농공상의 사민이 곤궁하여 서로 구제할 수 없게 된다.   – 박제가, 『북학의』

▲ 상공업을 발전시키자는 주장

0510 정약용은 토지 제도를 개혁하여 농촌 사회를 안정시키자고 주장하였다.   O/X

0511 박제가는 소비의 중요성을 강조하고 청의 문물을 받아들이자고 주장하였다.   O/X

0512 실학자들이 우리나라의 역사, 지리, 언어 등을 연구하면서 국학이 발달하였다.   O/X

자료 10 동학과 천주교

> • 사람이 곧 하늘이라. 그러므로 사람은 평등하며 차별이 없나니 사람이 마음대로 귀천을 나눔은 하늘을 거스르는 것이다. 우리 도인은 모든 차별을 없애고 선사의 뜻을 받들어 생활하기를 바라노라.   – 최시형의 최초 설법(1865)
>
> • 죽은 사람 앞에 술과 음식을 차려 놓는 것은 천주교에서 금하는 바입니다. 살아 있을 동안에도 영혼은 술과 밥을 받아먹을 수 없거늘, 죽은 뒤에 영혼이 어떻게 하겠습니까? 먹고 마시는 것은 육신의 입에 공급하는 것이요, 도리와 덕행은 영혼의 양식입니다. …… 사람의 자식이 되어 어찌 허위와 가식의 예로써 돌아가신 부모님을 섬기겠습니까?   – 정하상, 『상재상서』

0513 동학은 17세기경 청에 왕래하던 사신이 소개하였다.   O/X

0514 동학은 정부의 지원을 받으며 교세를 넓혔다.   O/X

0515 천주교는 조상에 대한 제사를 거부하여 정부의 탄압을 받았다.   O/X

자료 11 서민 문화의 발달

> 두꺼비 파리를 물고 두엄더미 위에 뛰어올라 앉아
> 건너편 산을 바라보니 송골매가 떠 있어서
> 가슴이 섬뜩하여 펄쩍 뛰어내리다가 두엄더미 아래 자빠졌구나.
> 마침 내가 날래기 망정이지 멍이 들 뻔했구나.
>   – 김천택, 『청구영언』

▲ 사설시조

▲ 김홍도, 「씨름」

0516 조선 후기에는 서민의 경제력이 높아지고 의식 수준이 높아지면서 서민 문화가 발달하였다.   O/X

0517 조선 후기 문학에서는 한글 소설과 사설시조가 유행하였다.   O/X

0518 사람들의 일상생활을 그린 대표적인 풍속화가로 김홍도, 신윤복이 있다.   O/X

0519

다음 유물을 제작하기 시작하였던 시기의 신앙 및 예술 활동에 대한 설명으로 옳은 것을 보기 에서 고른 것은?

보기

ㄱ. 특정한 동식물을 숭배하는 토테미즘이 등장하였다.
ㄴ. 농경과 밀접한 태양은 대표적인 숭배의 대상이 되었다.
ㄷ. 자연 현상에 정령이 있다고 믿는 샤머니즘이 등장하였다.
ㄹ. 고래나 물고기 조각품 등을 만들며 사냥의 성공을 기원하기 시작하였다.

① ㄱ, ㄴ　　② ㄱ, ㄷ　　③ ㄴ, ㄷ
④ ㄴ, ㄹ　　⑤ ㄷ, ㄹ

0520

(가) 국가에 대해 학생들이 나눈 대화 내용으로 가장 적절한 것은?

> **(가) 의 건국 이야기**
>
> 환웅이 무리 3천을 이끌고 태백산 꼭대기에 있는 신단수 아래에 내려가 풍백, 우사, 운사를 거느리고 곡식, 생명, 형벌 등 인간에게 필요한 360여 가지를 주관하며 사람들을 다스렸다. …… 곰은 삼칠일 동안 금기를 지켜 여자의 몸이 될 수 있었다. …… 환웅이 웅녀와 혼인하여 아이를 낳았으니 이름을 단군왕검이라고 하였다.
>
> － 『삼국유사』

① 갑: 애니미즘이 등장하였어.
② 을: 제정이 분리된 사회였어.
③ 병: 제가들이 사출도를 관장하였어.
④ 정: 건국 시조를 천신과 연결시켰어.
⑤ 무: 왕즉불 사상을 내세워 왕권을 강화하였어.

0521

(가) 국가에 대한 설명으로 옳은 것은?

① 화백 회의를 운영하였다.
② 연등회와 팔관회를 개최하였다.
③ 5월과 10월에 계절제를 열었다.
④ 제천 행사로 동맹을 개최하였다.
⑤ 12월에 영고라는 제천 행사를 열었다.

0522

(가) 나라에 대한 설명으로 옳은 것은?

> 철기 문화를 바탕으로 성장한 국가들은 풍요를 기원하며 하늘에 제사 지내는 제천 행사를 개최하였다. 이를 통해 당시의 천신 신앙을 살펴볼 수 있다. 고구려에서는 동맹, (가) 에서는 무천이라는 제천 행사를 열었고, 삼한에서도 5월과 10월에 하늘에 제사를 지냈다. 이러한 제천 행사를 통해 각국은 구성원들의 유대 관계를 다져 통합을 강화하려 하였다.

① 사로국에서 출발하였다.
② 읍군, 삼로가 부족을 다스렸다.
③ 신성 지역으로 소도가 존재하였다.
④ 8조법으로 사회 질서를 유지하였다.
⑤ 미륵사를 비롯한 사찰을 건립하였다.

0523

밑줄 친 '인물'에 대한 설명으로 옳은 것은?

받침돌과 6면의 몸돌로 구성된 이 유물에는 한 <u>인물</u>의 순교 장면이 조각되어 있다. 하늘에서 꽃비가 내리고, 목에서 흰 피가 솟는 모습이 『삼국유사』에 전하는 내용과 일치한다. 2014년 2월 11일, 국가유산청은 이 유물의 보물 지정을 예고하였다.

① 왕오천축국전을 저술하였다.
② 일본에 불경과 불상을 전하였다.
③ 무애가를 지어 불교 대중화에 노력하였다.
④ 부석사를 건립하고 화엄 사상을 전파하였다.
⑤ 신라에서 불교가 공인되는 계기를 마련하였다.

0524

다음을 종합하여 알 수 있는 삼국 시대 불교의 공통적인 특징으로 옳은 것만을 | 보기 | 에서 고른 것은?

• 법흥왕, 진흥왕 등이 불교식 왕명을 사용하였다.
• 백제는 미륵사, 신라는 황룡사 9층 목탑을 건립하였다.

| 보기 |

ㄱ. 왕권을 이념적으로 뒷받침하는 역할을 하였다.
ㄴ. 주자감 등 교육 기관을 통해 널리 보급되었다.
ㄷ. 국가의 안녕과 발전을 기원하는 호국적 성격을 가졌다.
ㄹ. 산수무늬 벽돌과 고분에 있는 사신도 제작에 영향을 주었다.

① ㄱ, ㄴ   ② ㄱ, ㄷ   ③ ㄴ, ㄷ
④ ㄴ, ㄹ   ⑤ ㄷ, ㄹ

0525

다음 문화유산에 대한 설명으로 옳은 것은?

임신년 6월 16일에 두 사람이 함께 맹세하고 기록한다. …… 따로 앞서 신미년 7월 22일에 …… 『시경』, 『상서』, 『예기』, 『춘추전』 등을 차례로 3년 안에 습득할 것을 맹세하였다.

① 도교의 이상 세계를 표현하고 있다.
② 현재 남아 있는 유일한 발해 비석이다.
③ 현존하는 가장 오래된 목판 인쇄물이 발견되었다.
④ 고구려가 한반도 중부 지역까지 진출하였음을 증명한다.
⑤ 당시 신라 청년들이 유교 경전을 학습하였음을 보여 준다.

0526

(가) 국가의 교육에 대한 설명으로 옳은 것은?

(가) 습속은 책을 매우 좋아하여 보잘것없는 집에 이르기까지 거리마다 큰 집을 짓고 이를 경당이라고 부르는데, 아직 혼인하지 않은 자제는 이곳에서 밤낮으로 독서하고 활쏘기를 익힌다.

① 사학 12도가 융성하였다.
② 수도에 태학을 설립하였다.
③ 국자감에서 유학을 가르쳤다.
④ 오경박사를 두어 유교 경전을 교육하였다.
⑤ 국학 학생을 대상으로 한 독서삼품과를 마련하였다.

0527

다음 두 문화유산에 공통적으로 담긴 사상에 대한 설명으로 옳은 것은?

① 왕실의 주도로 수용되었다.
② 원효의 활약에 힘입어 대중화되었다.
③ 신라 말 사회 지배 이념으로 자리잡았다.
④ 신라의 삼국 통일 이후 쇠퇴하여 사라졌다.
⑤ 신선 사상과 결합하여 귀족들의 환영을 받았다.

0528

(가), (나) 인물에 대한 설명으로 옳은 것은?

(가) 아미타 신앙을 전파하여 불교 대중화의 길을 열었다.
(나) 부석사를 세우고 관음 신앙을 전파하였다.

① (가)- 신라의 젊은이들에게 세속 5계를 가르쳤다.
② (가)- 중국에서 유행하는 풍수지리설을 들여왔다.
③ (나)- 부처의 진리를 구하기 위해 구법 여행을 떠났다.
④ (나)- 화쟁 사상으로 종파 간의 대립을 완화하고자 하였다.
⑤ (나)- 모든 존재가 서로 조화를 이룬다는 화엄 사상을 정립하였다.

0529

밑줄 친 내용의 근거 자료로 적절한 것만을 보기 에서 고른 것은?

발해는 일본에 보낸 국서에 '고려' 또는 '고려 국왕'이라는 명칭을 사용하였다. 발해 문화는 고구려 문화를 계승하였으며, 당과 말갈의 문화도 수용하여 독자적인 문화를 이룩하였다.

보기
ㄱ. 영광탑 ㄴ. 이불병좌상
ㄷ. 연꽃무늬 기와 ㄹ. 상경성 주작 대로

① ㄱ, ㄴ ② ㄱ, ㄷ ③ ㄴ, ㄷ
④ ㄴ, ㄹ ⑤ ㄷ, ㄹ

0530

다음 조치에 대한 설명으로 옳은 것만을 보기 에서 고른 것은?

처음으로 독서삼품을 제정하여 관직을 주었다. 『춘추좌씨전』·『예기』·『문선』을 읽어서 그 뜻에 능통하고, 이와 동시에 『논어』와 『효경』에 밝은 자를 상품(上品)으로 하고, ……『곡례』와 『효경』을 읽은 자를 하품(下品)으로 하였다. 5경, 3사, 제자백가서에 모두 능통한 자는 절차를 뛰어넘어 발탁하였다.
– 『삼국사기』

보기
ㄱ. 유학의 보급에 기여하였다.
ㄴ. 왕권이 전제화되면서 시행되었다.
ㄷ. 골품제로 제 기능을 발휘하지 못하였다.
ㄹ. 진골 귀족 세력의 적극적 지지를 받았다.

① ㄱ, ㄴ ② ㄱ, ㄷ ③ ㄴ, ㄷ
④ ㄴ, ㄹ ⑤ ㄷ, ㄹ

0531

(가) 인물의 활동으로 옳은 것은?

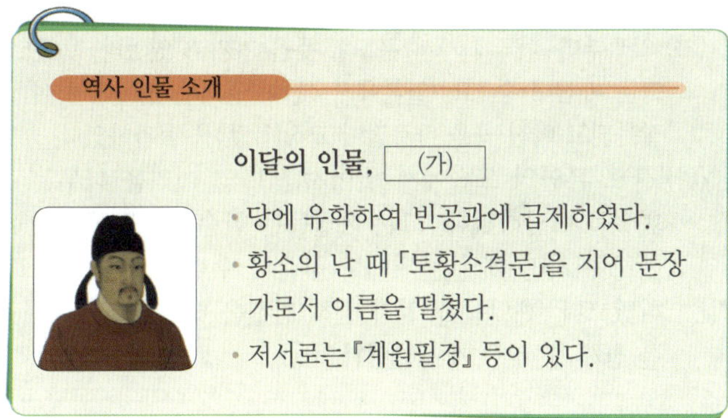

① 일심 사상과 화쟁 사상을 주장하였다.
② 진성 여왕에게 시무책 10여 조를 올렸다.
③ 인도 등을 순례하고 왕오천축국전을 남겼다.
④ 국왕에게 조언하는 내용의 화왕계를 저술하였다.
⑤ 단군의 고조선 건국 이야기가 담긴 삼국유사를 남겼다.

0532

(가) 국가에 대한 설명으로 옳은 것은?

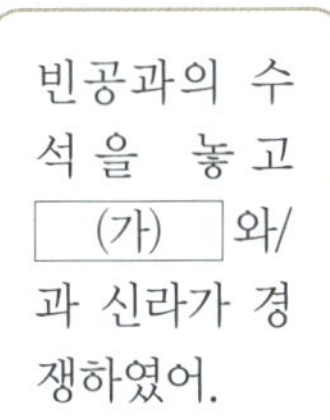

① 삼국사기를 편찬하였다.
② 경당을 두어 유학을 가르쳤다.
③ 교육 기관으로 주자감을 두었다.
④ 지방에 향교를 세워 인재를 양성하였다.
⑤ 신문왕 시기에 중앙 교육 기관을 설립하였다.

0533

다음 지도에 나타난 불교 종파에 대한 설명으로 가장 적절한 것은?

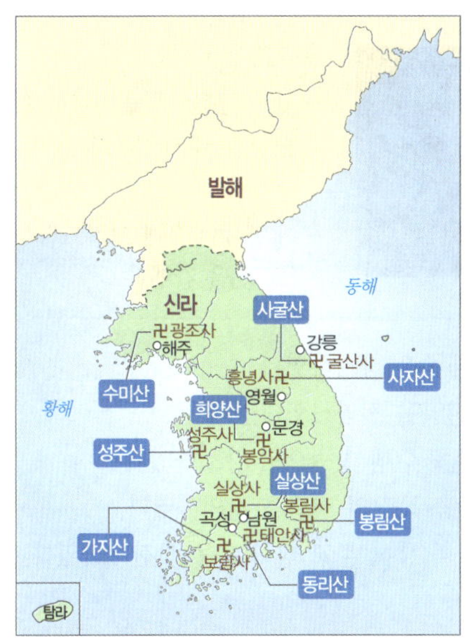

① 왕권의 전제화를 뒷받침하였다.
② 지방 문화의 역량을 증대시켰다.
③ 신라 말 진골 귀족 세력과 결합하였다.
④ 교리와 엄격한 계율을 중시하여 환영받았다.
⑤ 화엄 사상을 정립해 불교 대중화에 기여하였다.

0534

(가) 사상에 대한 설명으로 옳은 것만을 보기 에서 있는 대로 고른 것은?

신라 말 선종 승려인 도선은 당에 들어가 (가) 을/를 배우고 돌아왔다. 그는 왕건의 아버지에게 집을 지을 방법을 가르쳐 주고, 그곳에 집을 지으면 미래에 삼한을 통일할 아이가 태어나리라고 예언하였다고 한다.

보기
ㄱ. 호족 세력의 지지를 받았다.
ㄴ. 경주 중심의 지리 관념을 변화시켰다.
ㄷ. 장수왕이 평양으로 천도하는 데 영향을 주었다.

① ㄱ   ② ㄷ   ③ ㄱ, ㄴ
④ ㄴ, ㄷ   ⑤ ㄱ, ㄴ, ㄷ

0535

다음 인물에 대한 설명으로 옳은 것은?

• 주요 활동
- 왕자 출신으로 출가하여 송에 유학함
- 교종을 중심으로 불교 통합 운동을 전개함
- 개경 흥왕사에 교장도감을 설치하고 『교장』을 간행함

① 해동 천태종을 창시하였다.
② 아미타 신앙을 전파하였다.
③ 정혜쌍수를 수행 방법으로 강조하였다.
④ 황룡사 9층 목탑의 건립을 건의하였다.
⑤ 백련결사를 통해 불교 정화 운동을 전개하였다.

0536

다음 주장을 펼친 인물에 대한 설명으로 옳은 것은?

> 하루는 같이 공부하는 사람 10여 인과 더불어 약속하였다. 명예와 이익을 버리고 산림에 은둔하여 같은 모임을 맺자. 항상 선(禪)을 익혀 지혜를 고르는 데 힘쓰고, 예불하고 경전을 읽으며, 나아가서는 노동하기에 힘쓰자. 각자 맡은 바 임무에 따라 경영하고, 인연에 따라 심성을 수양하며 한평생을 자유롭고 호쾌하게 지내자.　　　　　　　－『권수정혜결사문』

① 세속 5계를 지었다.
② 화엄종을 창시하였다.
③ 불국사를 창건하였다.
④ 수선사 결사를 제창하였다.
⑤ 왕오천축국전을 저술하였다.

0537　난이도 상

(가), (나) 승려에 대한 설명으로 옳은 것은?

> (가) 일찍부터 중국에 가서 구도할 뜻을 가지고 있었다. ……그는 마침내 송, 요, 일본에서 4천여 권의 불전을 구하여 잘못되고 빠진 곳을 바로잡아 교장(敎藏)을 출판하였다.
> (나) 불교 본연의 모습에서 멀어져 명예와 이익을 다투는 현실을 비판하였다. 그는 깨달음은 한순간에 이루어지는 것이지만 깨달은 뒤에도 꾸준히 수행할 것을 강조하였으며, 깨달음을 얻기 위해 참선을 하되 교리 공부를 함께 할 것을 제안하였다.

① (가)－ 백련결사를 이끌었다.
② (가)－ 해동 천태종을 창시하였다.
③ (나)－ 교학을 중심으로 선을 포용하였다.
④ (나)－ 화엄종을 개창하여 많은 제자를 양성하였다.
⑤ (가)와 (나)－ 9산선문에서 활동하였다.

0538

다음 내용과 관련 깊은 사상에 대한 설명으로 옳은 것은?

• 고려 초 고려 왕조의 정당성 강화
• 고려 초 북진 정책 추진의 근거
• 묘청의 서경 천도 주장을 이론적으로 뒷받침
• 고려 후기에 한양을 남경으로 승격시킨 근거

① 개경에서는 주몽의 어머니 유화 부인에게 제사를 지냈다.
② 현실 생활에서 윤리로 충과 효를 실천할 것을 강조하였다.
③ 불로장생과 현세의 복을 추구하는 종교로 왕실의 지원을 받았다.
④ 재난이나 외침이 있을 때 신앙의 힘으로 이를 극복하고자 하였다.
⑤ 도읍이나 사원, 주택의 위치를 미래의 길흉화복과 관련지어 이해하였다.

0539

고려 시대의 국자감에 대한 설명으로 옳은 것은?

① 원 학자들과 교류하는 통로가 되었다.
② 관리 양성과 유학 교육을 담당하였다.
③ 양인 이상이면 누구나 입학할 수 있었다.
④ 사립 교육 기관으로 모두 12개가 있었다.
⑤ 유교 윤리를 보급하고 유학자에게 제사를 지냈다.

0540

밑줄 친 '정책'으로 옳은 것은?

역사 신문

관학 살리기에 나선 정부

최근 들어 최충의 문헌공도를 비롯한 사학 12도가 융성하였다. 사학에서 교육을 받은 학생들이 과거에서 좋은 성적을 거두자, 국자감을 비롯한 관학 교육이 크게 위축되는 문제가 발생하였다. 이런 상황을 해결하기 위해 정부는 관학 진흥 <u>정책</u>을 추진한다고 밝혔다.

① 중등 교육 기관으로 4부 학당을 설립하였다.
② 장학 기금을 마련하기 위해 양현고를 두었다.
③ 지방에 향교를 설치하고 경학박사를 파견하였다.
④ 지방에 경당을 세워 청소년에게 한학과 무예를 가르쳤다.
⑤ 유학 실력에 따라 관리를 등용하기 위해 독서삼품과를 마련하였다.

0541

(가)에 들어갈 주제로 옳지 <u>않은</u> 것은?

초대장

우리 학교 역사 동아리에서는 고려 시대 유학의 흐름을 주제로 발표회를 개최합니다. 관심 있는 분들의 많은 참여 바랍니다.

- 발표 내용
  - 고려 초기: 유교 정치의 기틀 마련
  - 고려 중기: (가)
  - 고려 후기: 원 간섭기 안향이 본격적으로 소개한 새로운 유학

① 유학의 보수화
② 사학 12도의 발전
③ 예종의 관학 진흥책
④ 해동공자로 칭송받은 최충
⑤ 개혁에 필요한 실천적인 유학 발달

0542

밑줄 친 ㉠에 해당하는 내용으로 가장 적절한 것은?

모둠별 발표 계획

1학년 ○반

- 주제: 고려 시대 유학의 발달
- 모둠별 세부 주제
  1모둠 – 유교 정치 이념의 확립
  2모둠 – 문벌 사회와 유학의 보수화
  3모둠 – ㉠ 성리학의 수용과 특징

① 이제현이 본격적으로 소개하였다.
② 초제를 통해 국가 종교로서의 역할을 하였다.
③ 권문세족이 사회 개혁을 위해 적극 받아들였다.
④ 형이상학적 측면보다 자구의 해석을 중시하였다.
⑤ 주자가례 등을 중시하며 실천적 기능을 강조하였다.

0543

다음에서 설명하는 서적으로 옳은 것은?

> 현존하는 가장 오래된 역사서로 유교적 합리주의 사관에 따라 기전체 형식으로 서술되었다.

① 사략 ② 삼국사기 ③ 삼국유사
④ 동명왕편 ⑤ 제왕운기

0544

(가) 저서에 대한 설명으로 옳은 것은?

> 고려 중기에 김부식은 유교적 합리주의 사관에 입각하여 [(가)]을/를 편찬하였다.

① 동명왕의 업적을 칭송한 서사시이다.
② 단군을 우리 민족의 시조로 내세웠다.
③ 불교사를 중심으로 고대의 민간 설화를 기록하였다.
④ 현존까지 전하는 우리나라의 역사서 중 가장 오래되었다.
⑤ 정통성과 대의명분을 강조한 성리학적 유교 사관이 반영되었다.

0545

(가)에 들어갈 역사서로 옳은 것은?

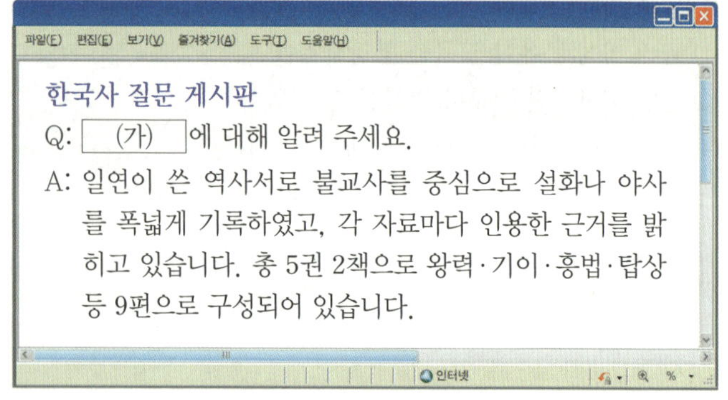

① 사략 ② 삼국유사 ③ 동명왕편
④ 삼국사기 ⑤ 왕오천축국전

0546

(가)에 들어갈 문화유산으로 옳은 것만을 보기 에서 고른 것은?

보기

ㄱ. 석굴암 ㄴ. 이불병좌상
ㄷ. 팔만대장경 ㄹ. 청자 상감 운학문 매병

① ㄱ, ㄴ ② ㄱ, ㄷ ③ ㄴ, ㄷ
④ ㄴ, ㄹ ⑤ ㄷ, ㄹ

0547

다음 서적이 편찬된 국가의 문화에 대한 설명으로 옳은 것은?

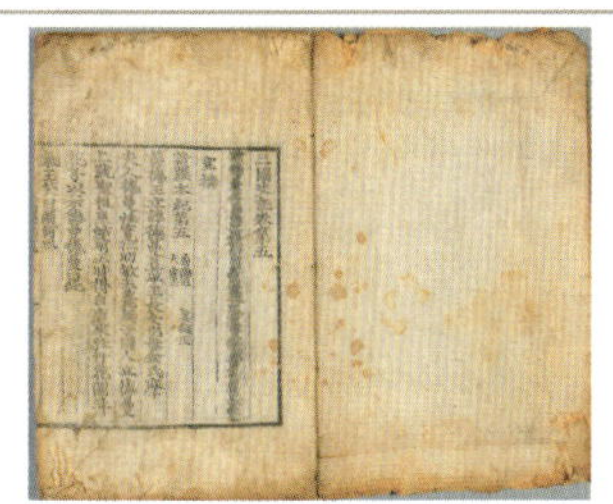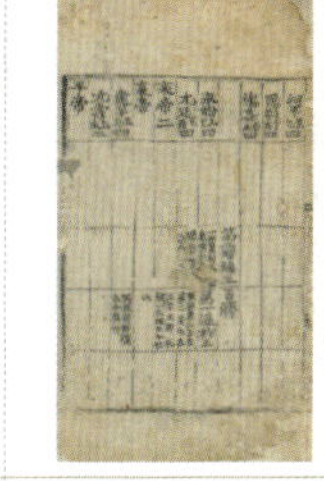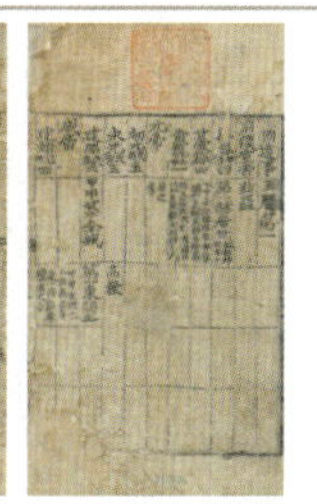

김부식의 주도로 편찬된 역사서로 기전체로 구성되었다.

일연이 쓴 역사서로 단군을 우리 민족의 시조로 내세웠다.

① 최충이 9재 학당을 세웠다.
② 불국사 삼층 석탑이 제작되었다.
③ 오경박사가 유교 경전을 가르쳤다.
④ 일본 아스카 문화 발전에 영향을 주었다.
⑤ 남조의 영향을 받은 무령왕릉이 축조되었다.

0548

밑줄 친 '이 인물'에 대한 설명으로 옳은 것은?

① 북학의를 저술하였다.
② 삼강행실도를 편찬하였다.
③ 현량과 실시를 주장하였다.
④ 일본 성리학 발전에 영향을 주었다.
⑤ 만권당에서 중국 학자와 교류하였다.

0549

(가)에 들어갈 내용으로 가장 적절한 것은?

① 농민 봉기가 확산되었어.
② 불교 행사가 성행하였어.
③ 서민 문화가 발달하였어.
④ 문벌 사회가 형성되었어.
⑤ 성리학적 윤리가 확산되었어.

0550

밑줄 친 '이 시기' 문화에 대한 설명으로 옳지 <u>않은</u> 것은?

종래에는 땅속에 스며든 빗물의 깊이를 측정하여 강우량을 측정하였다. 그러나 이 방법은 흙의 성질과 건조한 땅인가 습한 땅인가에 따라 빗물이 스며드는 깊이에 차이가 난다는 점에서 근본적인 문제가 있었다. 이를 해결하기 위해 이 시기 빗물을 특정한 그릇에 받아서 우량을 측정하는 방법이 개발되었다. 쇠로 길이 2척, 지름 8촌의 원통을 제작하여 빗물을 받아 강우량을 측정하였는데 기구의 이름을 측우기라 하였다.

① 칠정산이 편찬되었다.
② 자격루가 제작되었다.
③ 훈민정음이 창제되었다.
④ 앙부일구가 제작되었다.
⑤ 수원 화성이 축조되었다.

0551

밑줄 친 '문화'의 사례로 옳은 것만을 〈보기〉에서 고른 것은?

이 그림은 조선 전기 안견이 그린 「몽유도원도」이다. 조선 전기에는 지배층인 양반 사대부의 가치관이 반영된 문화가 발달하였다.

─〈보기〉─
ㄱ. 순백의 백자가 유행하였다.
ㄴ. 대규모의 불상이 건설되었다.
ㄷ. 강희안이 고사관수도를 그렸다.
ㄹ. 상감 기법을 활용한 청자가 제작되었다.

① ㄱ, ㄴ   ② ㄱ, ㄷ   ③ ㄴ, ㄷ
④ ㄴ, ㄹ   ⑤ ㄷ, ㄹ

0552

다음 교사의 질문에 대한 답변으로 옳은 것은?

조선 후기 사절단인 연행사를 통해 조선에 새로 들어온 문물에 대해 말해 볼까요?

① 새로운 역법으로 수시력이 도입되었어요.
② 서양의 과학 지식과 기술이 전래되었어요.
③ 풍수지리설이 도참사상과 결합하여 유행하였어요.
④ 만권당에서 논의된 성리학 관련 서적들이 들어왔어요.
⑤ 지배층을 중심으로 변발과 호복의 풍습이 받아들여졌어요.

0553

밑줄 친 ㉠, ㉡에 대한 설명으로 옳지 <u>않은</u> 것은?

실학자들은 백성을 돕기 위한 구체적인 방법과 제도들을 연구하여 ㉠ 농업 중심의 개혁론과 ㉡ 상공업 중심의 개혁론을 제시하였다.

① ㉠ - 토지 제도 개혁을 우선시하였다.
② ㉠ - 양반 문벌 제도의 개혁을 주장하였다.
③ ㉡ - 부국강병과 이용후생을 중시하였다.
④ ㉡ - 청과의 적극적인 교류를 주장하였다.
⑤ ㉠, ㉡ - 개혁론은 정부 정책에 적극 반영되었다.

0554

(가), (나) 주장에 대한 설명으로 옳은 것만을 〈보기〉에서 고른 것은?

(가) 농부 한 사람이 1경(頃)의 토지를 받으며 법에 따라 조세를 내고 매 4경마다 군인 1인을 내게 한다. 선비로서 처음 학교에 입학한 자는 2경의 토지를 받고, 내사(內舍)에 들어간 자는 4경을 받되 병역의 의무는 면제한다. 토지를 받은 자가 사망하면 토지를 국가에 반납한다.

(나) 대체로 재물은 비유하건대 샘과 같은 것이다. 퍼내면 차고 버려 두면 말라 버린다. 그러므로 비단옷을 입지 않아서 나라에 비단짜는 사람이 없게 되면 여공이 쇠퇴하고, 쭈그러진 그릇을 싫어하지 않고 기교를 숭상하지 않아서 나라에 공장(工匠)의 기술을 익히는 일이 없게 되면 기예가 망하게 된다.

─〈보기〉─
ㄱ. (가) - 지주 전호제를 심각한 사회 문제로 보고 있다.
ㄴ. (가) - 신분에 관계없이 일정한 면적의 토지를 분배하고자 하였다.
ㄷ. (나) - 부국강병 및 이용후생에 힘쓰자는 것이다.
ㄹ. (나) - 국산품 애용과 소비 억제를 주장하고 있다.

① ㄱ, ㄴ   ② ㄱ, ㄷ   ③ ㄴ, ㄷ
④ ㄴ, ㄹ   ⑤ ㄷ, ㄹ

0555

(가) 인물에 대한 설명으로 옳은 것은?

> (가) 은/는 정조 때 거중기와 배다리를 설계하는 등 활발한 활동을 하였으나, 오랜 기간 동안 유배 생활을 하였다. 그는 유배 기간의 대부분을 다산 초당에서 지내면서 많은 책을 저술하여 실학을 집대성하였다고 평가받고 있다.

① 여전론을 주장하였다.
② 동사강목을 저술하였다.
③ 대동여지도를 제작하였다.
④ 기묘사화로 정계에서 밀려났다.
⑤ 청에 다녀와서 기행문을 남겼다.

0556

다음 글을 쓴 인물에 대한 설명으로 옳은 것은?

> 정선 고을에 한 양반이 살고 있었다. …… 하지만 매우 가난하여 환곡을 타 먹은 지 여러 해가 되어 천 섬의 빚을 지게 되어 옥에 갇히게 되었다. …… 때마침 그 동네에 부자가 이 소문을 듣고 가족끼리 비밀회의를 열어 말하였다. …… 이 기회에 내가 양반 신분을 사서 가지는 것이 어떨까?
> — 『양반전』

① 소비의 중요성을 강조하였다.
② 수레와 선박, 화폐의 필요성을 강조하였다.
③ 사농공상의 직업적 평등과 전문화를 주장하였다.
④ 마을 단위로 토지를 공동 경작하자는 여전론을 주장하였다.
⑤ 매매를 금지하는 영업전을 설정하여 자영농을 육성하려 하였다.

0557

다음을 저술한 인물에 대한 설명으로 옳은 것만을 보기 에서 고른 것은?

> 진실로 백성에게 이롭기만 하다면, 성인은 오랑캐에게서 나온 법이라도 따를 것이다. …… 명의 원수를 갚고 우리의 부끄러움을 씻으려면 20년 동안 힘껏 중국을 배운 다음, 함께 의논하여도 늦지 않을 것이다.
> — 『북학의』

보기

ㄱ. 백운동 서원을 건립하였다.
ㄴ. 조선 중화주의를 내세웠다.
ㄷ. 규장각 검서관에 등용되었다.
ㄹ. 청 문물의 수용을 주장하였다.

① ㄱ, ㄴ   ② ㄱ, ㄷ   ③ ㄴ, ㄷ
④ ㄴ, ㄹ   ⑤ ㄷ, ㄹ

0558

(가)에 들어갈 내용으로 가장 적절한 것은?

> **〈탐구 활동 보고서〉**
> 1. 주제: (가)
> 2. 조사 내용
> • 안정복의 『동사강목』에 나타난 정통론 알아보기
> • 김정호의 『대동여지도』와 현재의 지도 비교하기
> • 이중환의 『택리지』에 담긴 당시의 인물, 풍속 살펴보기

① 북벌론의 대두
② 신라 말 6두품의 동향
③ 조선 후기 국학의 발달
④ 조선 전기 과학 기술의 발달
⑤ 성리학의 전래와 신진 사대부의 성장

0559

밑줄 친 ㉠에 대한 설명으로 옳은 것은?

> ㉠ 서양의 사설(邪說)이 언제부터 나왔으며 누구를 통해 전해진 것인지 모르겠으나, 윤리와 강상을 어지럽히는 것이 어찌 진산의 권상연, 윤지충보다 더 한 자가 있겠습니까? 제사를 폐지하고 위패를 불태웠으며, 조문을 거절하고 그 부모의 시신을 내버려 두었습니다. 그 죄악을 따져 보면 어찌 하루라도 살려 둘 수 있겠습니까?

① 업설을 내세워 지배층에게 환영받았다.
② 신진 사대부가 개혁 사상으로 수용하였다.
③ 인간의 본성을 이기론을 통해 파악하였다.
④ 인내천 사상을 내세워 인간 평등을 주장하였다.
⑤ 남인 계열의 일부 학자가 신앙으로 받아들였다.

0560

다음 종교에 대한 설명으로 옳지 <u>않은</u> 것은?

> 서양 세력의 접근으로 위기의식이 고조되고 지배층의 수탈로 인한 백성들의 고통이 심화되는 가운데 경주의 몰락 양반 최제우가 창시하였다.

① 인내천 사상을 중시하였다.
②『동경대전』을 경전으로 삼았다.
③ 조상에 대한 제사를 거부하였다.
④ 혹세무민의 죄로 교조가 처형되었다.
⑤ 교리에 유·불·선과 민간 신앙의 요소가 포함되어 있다.

0561

다음 종교의 확산에 대한 정부의 대응으로 옳은 것은?

> 사람이 곧 하늘이라. 그러므로 사람은 평등하며 차별이 없나니 사람이 마음대로 귀천을 나눔은 하늘을 거스르는 것이다. 우리 도인은 모든 차별을 없애고 선사의 뜻을 받들어 생활하기를 바라노라.　　　　　　　　　－ 최시형의 최초 설법

① 향약을 실시하였다.
② 서원 철폐를 단행하였다.
③ 억불 정책을 시행하였다.
④ 삼정이정청을 설치하였다.
⑤ 교조 최제우를 처형하였다.

0562

다음 그림이 제작된 시기의 문화에 대한 설명으로 옳지 <u>않은</u> 것은?

▲ 김홍도,「씨름」

① 한글 소설이 유행하였다.
② 판소리와 탈춤이 성행하였다.
③ 삼국유사, 제왕운기 등이 편찬되었다.
④ 서민의 취향을 반영한 민화가 제작되었다.
⑤ 서민들의 감정을 묘사한 사설시조가 유행하였다.

STEP 3 서술형 풀어 보기

0563

다음을 읽고 물음에 답하시오.

> **[(가)]의 두 가지 건국 이야기**
> - (비류와 온조가) 한산에 이르러 부아악에 올라 살 만한 곳을 바라보았다. …… 온조는 한강 남쪽 위례성에 도읍을 정하고 10명의 신하를 보좌로 삼았다.
> - 동명의 후손에 구태가 있으니, 매우 어질고 신의가 두터웠다. 그가 처음으로 대방 옛 땅에 나라를 세웠다. …… 동이 중에서 강국이 되었다.

(1) (가) 국가를 쓰시오.

(   )

(2) (가) 국가의 성립 과정과 초기의 사상적 특징을 서술하시오.

0564

(가), (나)를 통해 알 수 있는 삼국 시대 불교의 특징을 각각 서술하시오.

> (가) 자장율사가 신라에 돌아오자 종남산의 원향 선사에게 하직 인사를 하니, 선사가 "내가 관심(觀心)으로 그대의 나라를 보매, 황룡사에 9층의 탑을 세우면 해동의 여러 나라가 모두 그대의 나라에 항복할 것이다."라고 말하였다.
> (나) 진평왕이 왕위에 올랐다. …… 왕비는 김씨 마야 부인이다. …… 왕은 태어날 때부터 기이한 용모였고, 신체가 장대하고 뜻이 깊고 굳세었으며, 지혜가 밝아서 사리에 통달하였다.

0565

다음을 보고 물음에 답하시오.

(가)   (나)

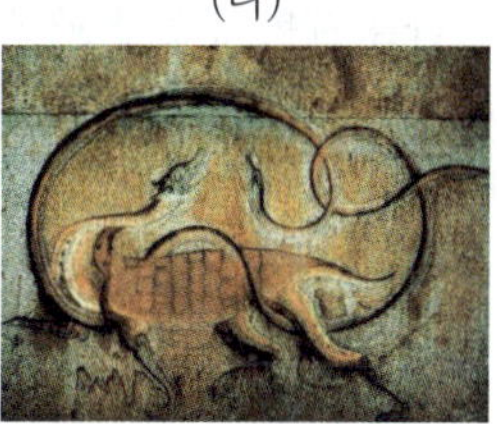

(1) (가), (나) 문화유산의 명칭을 쓰시오.

(가): (   ), (나): (   )

(2) (가), (나) 문화유산에 반영된 종교의 특징을 두 가지 서술하시오.

0566

밑줄 친 '이 종파'의 명칭을 쓰고, 사회에 끼친 영향을 서술하시오.

> 승탑은 고승의 사리를 봉안하기 위해 만든 것으로, 신라 말에 개인의 참선과 수행을 중시하는 이 종파가 유행하면서 많이 만들어졌다.

0567

다음을 읽고 물음에 답하시오.

> (가) 처음에 누가 나라를 세워 세상을 열었는가? 석제의 손자
> 로 이름은 단군이라네. …… 요임금과 함께 무진년에 나
> 라를 세워 순임금 때를 지나 하나라 때까지 왕위에 계셨
> 도다.
>
> – 이승휴
>
> (나) 『위서』에 이르기를, "지금으로부터 2천여 년 전에 단군왕
> 검이 있어 아사달에 도읍을 정하였다. …… 나라를 개창
> 하여 조선이라 했으니 고(요임금)와 같은 시대이다."라고
> 하였다.
>
> – 일연

(1) (가), (나) 역사서를 쓰시오.

　　(가): (　　　　　　　), (나): (　　　　　　　)

(2) (가), (나) 역사서가 편찬된 배경을 서술하시오.

　　____

　　____

　　____

0568

다음 보고서의 '사례' 부분에 추가할 내용을 <u>두 가지</u> 서술하시오.

> 〈수행 평가 보고서〉
>
> **고려의 불교 발달**
>
> [사례]
> • 개경에 거대한 사원을 창건하였다.
> • 국가의 안녕과 국왕의 장수를 비는 법회를 개최하였다.
>
> [결론] 고려 시대에는 불교가 국가의 지원을 받으며 발달
> 　　　하였다.

　　____

　　____

0569

다음을 읽고 물음에 답하시오.

> 　고려 후기에 활동한 <u>승려</u>로, 선교일치의 이론을 체계화하
> 였다. 그는 참선과 교학을 함께 닦아야 한다는 정혜쌍수를 내
> 세웠고, 참선으로 깨우친 후에도 꾸준히 수행해야 한다는 돈
> 오점수를 주장하였다.

(1) 밑줄 친 '승려'를 쓰시오.

　　　　　　　　　　　　　　（　　　　　　　）

(2) (1) 인물이 전개한 불교 개혁 운동을 서술하시오.

　　____

　　____

　　____

0570

(가) 학문의 명칭을 쓰고, 이 학문이 고려 사회에 끼친 영향을 서술하
시오.

> ┌─────── (가) ───────┐
>
> • 정의: 남송의 주희가 집대성한 신유학
> • 성격: 경전의 자구 해석 중심의 기존 유학과는 달리 인간의
> 　심성과 우주의 원리 문제를 철학적으로 탐구함
> • 고려로의 유입: 원에서 활동한 고려의 학자들이 접한 후 충
> 　렬왕 때 고려에 본격적으로 소개되었다.

　　____

　　____

0571

다음을 읽고 물음에 답하시오.

- 유형원: 관리, 선비, 농민, 상인, 수공업자 등에게 토지를 분배하되 차등을 두어 지급해야 한다.
- (가) : 최소한의 토지를 영업전으로 정해 매매를 금지하고, 그 밖의 토지는 자유롭게 매매할 수 있게 해야 한다.
- (나) : 한 마을을 단위로 하여 토지를 공동 소유하고 공동 경작하며, 수확물은 노동량에 따라 분배해야 한다.

(1) (가), (나)에 들어갈 인물을 각각 쓰시오.

      (가): (   ), (나): (   )

(2) (가), (나) 인물의 공통적인 주장을 제시된 자료를 토대로 서술하시오.

0572

다음과 같은 문물의 전래가 조선 후기 사회에 끼친 영향을 서술하시오.

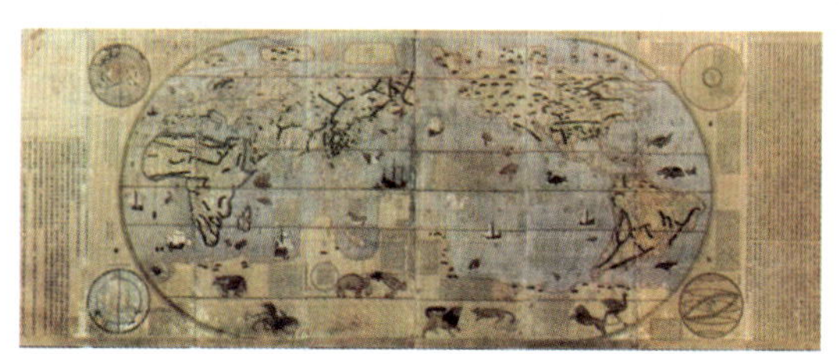

제시된 지도는 서양인 선교사 마테오 리치가 중국에 머물 때 그의 주도로 제작된 세계 지도이다. 이러한 세계 지도가 청에서 전해지면서 조선 시대 사람들은 더 과학적이고 정밀한 지리 지식을 가지게 되었다.

0573

다음을 읽고 물음에 답하시오.

공자가 『춘추』를 지은 것은 진실로 존왕양이(尊王攘夷)를 위한 것이다. 그러나 이적(夷狄)이 중화(中華)를 어지럽힌 것에 분개하여 중화의 존숭할 만한 내용까지도 물리쳤다는 것은 들어보지 못하였다. 지금 사람들이 진실로 오랑캐를 물리치려고 한다면, 중화의 남겨진 법을 남김없이 배워 우리 풍속의 유치한 것을 변화시키는 것이 가장 좋다.

– 『열하일기』

(1) 위 자료를 저술한 인물을 쓰시오.

                  (   )

(2) (1) 인물과 같은 입장의 학자들이 주장한 사회 개혁 방안을 두 가지 쓰시오.

0574

(가), (나)와 같은 주장을 펼친 종교를 각각 쓰고, 두 종교의 공통점을 교리와 전파 과정을 중심으로 서술하시오.

(가) 죽은 사람 앞에 술잔과 음식을 차려 놓는 것을 금하는 바입니다. 살아 있는 동안에도 영혼은 술과 밥을 받아 먹을 수 없거늘 하물며 죽은 뒤에는 어떻게 하겠습니까?

(나) 사람은 곧 하늘이라. 사람은 평등하며 차별이 없나니, 사람이 마음대로 귀천을 나눔은 하늘을 거스르는 것이다.

대단원 정리하기

0575

(가) 국가의 대외 관계에 대한 설명으로 옳은 것은?

> 살수에 이르러 수 군사가 반쯤 건넜을 때, ⃞ (가) ⃞의 을지문덕이 군사를 진격시켜 그 후군을 공격하여 우둔위장군 신세웅을 죽이니 이에 여러 부대가 한꺼번에 무너져 걷잡을 수 없었다. …… 처음 요하를 선널 때 9군의 군사가 30만 5전 명이었는데, 요동성으로 돌아왔을 때에 이르러서는 겨우 2,700명이었다.

① 한 무제의 침략을 받았다.
② 동진으로부터 불교를 수용하였다.
③ 당항성을 통해 중국과 교류하였다.
④ 청해진을 설치하여 해적을 소탕하였다.
⑤ 남북조와 모두 조공·책봉 관계를 맺었다.

0576

(가)에 대한 설명으로 옳은 것만을 〔 보기 〕에서 고른 것은?

┌─ 보기 ─┐
ㄱ. 당의 산둥반도를 공격하였다.
ㄴ. 기벌포에서 당의 군대를 물리쳤다.
ㄷ. 문왕 이후 당과 친선 관계를 맺었다.
ㄹ. 당과 연합하여 백제와 고구려를 멸망시켰다.

① ㄱ, ㄴ　　② ㄱ, ㄷ　　③ ㄴ, ㄷ
④ ㄴ, ㄹ　　⑤ ㄷ, ㄹ

0577

(가)에 들어갈 내용으로 가장 적절한 것은?

> 〈주요 활동〉
> – 문종 때 문과 급제
> – 숙종에게 별무반 창설 건의
> – ⃞ (가) ⃞
> – 예종 6년에 사망

① 동북 9성 축조
② 매소성 전투 참전
③ 후삼국 통일 완성
④ 안시성 전투에서 승리
⑤ 귀주에서 거란의 대군 격파

0578

다음 대화에 나타난 시기의 상황으로 옳은 것만을 〔 보기 〕에서 고른 것은?

> #3 항구
> 농민 1: (약간 화가 난 말투로) 개경에 돌아온 이래 몽골놈들이 하루가 멀다하고 공물을 요구하고 있네.
> 농민 2: (걱정스러운 말투로) 나는 매를 잡아다 바친다고 엄청나게 고생하였네. 또 뭘 바치라고 할지 걱정이야.

┌─ 보기 ─┐
ㄱ. 초조대장경이 소실되었다.
ㄴ. 서희가 적장과 담판에 나섰다.
ㄷ. 정동행성이 내정을 간섭하였다.
ㄹ. 권문세족이 농장을 확대하였다.

① ㄱ, ㄴ　　② ㄱ, ㄷ　　③ ㄴ, ㄷ
④ ㄴ, ㄹ　　⑤ ㄷ, ㄹ

0579

다음 자료를 활용한 탐구 주제로 가장 적절한 것은?

> 도쿠가와 이에야스의 국서를 받아 오고 선왕의 능을 파헤친 도적을 잡아 보낸다면 우리로서는 마땅히 사신을 보내 통교하여야 할 것이다. 어찌 거절만 하고 종사(宗社)와 백성을 위하는 계책을 세우지 않을 수 있겠는가.

① 3포왜란의 결과
② 계해약조의 체결
③ 통신사 파견의 배경
④ 신흥 무인 세력의 성장
⑤ 신라와 일본의 외교적 갈등

0580

밑줄 친 '계획'이 추진된 배경으로 가장 적절한 것은?

> 효종 대왕께서는 10년 동안 왕위에 계시면서 새벽부터 주무실 때까지 군사 정책에 관해 묻고 인사를 불러들여 사전에 대비하셨으니, 어찌 북쪽으로 나아가 보려는 마음을 하루라도 잊은 적이 있었겠습니까. 안배도 완전하게 하였으며 부서도 두기 시작하였으나, 하늘이 순리대로 돕지 않아 중도에 승하하시어 웅장한 계획과 큰 뜻이 천추의 한을 남기고 말았습니다.

① 연행사를 파견하였다.
② 정묘호란이 일어났다.
③ 삼전도에서 항복하였다.
④ 조선 중화주의가 대두하였다.
⑤ 조선과 청 사이에 국경 분쟁이 발생하였다.

0581

(가) 국가에 대한 설명으로 옳은 것은?

> 1933년 일본 도다이사에서 (가) 의 문서가 발견되었다. 이 문서에는 촌락의 범위와 인구수, 가호의 구성과 토지의 구성, 그리고 촌락 운영자인 촌주 등에 대한 정보가 담겨 있었다. 이 문서의 발견으로 (가) 이/가 철저하게 촌락을 지배하였음을 알 수 있게 되었다.

① 영정법을 시행하였다.
② 진대법을 시행하였다.
③ 백성에게 정전을 지급하였다.
④ 목화를 재배하기 시작하였다.
⑤ 활구(은병) 등의 화폐가 주조되었다.

0582

(가) 제도에 대한 설명으로 옳은 것만을 ◟보기◞에서 고른 것은?

보기

ㄱ. 원칙적으로 세습이 불가능하였다.
ㄴ. 18등급으로 구분하여 토지를 지급하였다.
ㄷ. 경기 지역의 토지를 지급 대상으로 하였다.
ㄹ. 조세 수취 외에 노동력 징발도 가능하였다.

① ㄱ, ㄴ   ② ㄱ, ㄷ   ③ ㄴ, ㄷ
④ ㄴ, ㄹ   ⑤ ㄷ, ㄹ

0583

(가) 제도가 시행된 배경으로 가장 적절한 것은?

> 한국사 주제 사전
>
> [(가)]의 시행
>
> 국가가 경작자로부터 조세를 징수하여 해당 수조권자에게 지급하는 제도가 시행되었다. 이를 통해 국가의 토지와 농민에 대한 지배력은 더 강화되었으며, 16세기 중반에는 관리에게 수조권을 지급하는 제도 자체가 사라지게 되었다.

① 수조권이 남용되었다.
② 신문왕이 즉위하였다.
③ 무신 정변이 일어났다.
④ 부농의 경작지가 확대되었다.
⑤ 권문세족이 대토지를 소유하였다.

0584

다음 농법이 전국적으로 확대되던 시기의 상황으로 옳지 <u>않은</u> 것은?

> 이앙을 하는 것은 세 가지 이유가 있다.
> 김매기의 노력을 더는 것이 첫째요,
> 두 땅의 힘으로 하나의 모를 기르는 것이 둘째요,
> 좋지 않은 것은 솎아 내고 튼튼한 것을 고를 수 있는 것이 셋째이다.
>
> – 『임원경제지』

① 농민층이 분화하였다.
② 전분6등법이 제정되었다.
③ 선무군관포가 징수되었다.
④ 벼와 보리의 이모작이 확대되었다.
⑤ 상품 작물의 재배가 활성화되었다.

0585

(가) 제도를 시행한 국가에 대한 설명으로 옳은 것은?

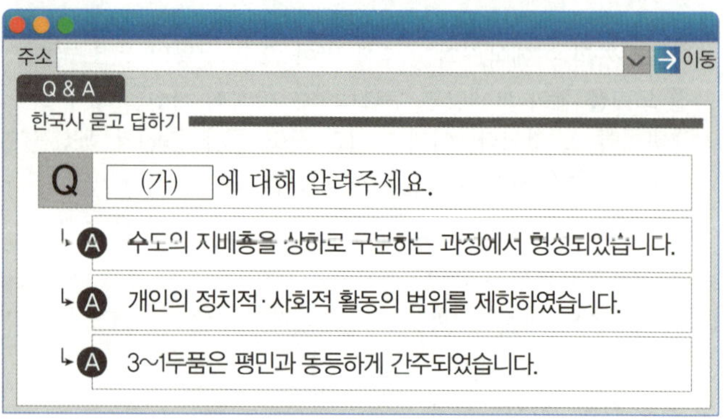

① 평민의 다수는 말갈인이었다.
② 제가 회의에서 중대사를 결정하였다.
③ 중앙 관청 소속의 공노비를 해방하였다.
④ 왕족이 성골과 진골 신분을 차지하였다.
⑤ 부여 씨와 8성 귀족이 지배층을 이루었다.

0586

(가)에 들어갈 내용으로 가장 적절한 것은?

> 탐구 활동 보고서
>
> ○○○○년 ○○월 ○○일
>
> 1. 주제: [(가)]
>
> 2. 조사 내용
>
> • 백임지는 남포현 사람으로 농사를 짓고 살았다. 날래고 용맹하여 군인으로 선발되었는데, …… 정중부의 변란으로 무인들이 세력을 얻자 드디어 높은 지위에 오르게 되었다.
>
> • 하급 장교 출신인 조인규는 성장하여 공부를 하면서 글을 깨쳤다. 국가에서 뛰어난 자를 뽑아 몽골어를 익히게 하는 데 선발되었다. …… 여러 관직을 거쳐 장군이 되었다.

① 골품제의 폐쇄성
② 호족 세력의 등장
③ 고려 사회의 개방성
④ 문벌 중심의 지배 질서
⑤ 조선 후기 신분제의 동요

0587

(가) 국가의 신분 제도에 대한 설명으로 옳은 것은?

> ___(가)___ 은/는 자유민인지 비자유민인지에 따라 신분을 구분하는 양천 제도를 법제화하였다. 하지만 실제로는 지배층과 피지배층 간의 차별을 두는 반상 제도가 일반화되었다. ___(가)___ 은/는 엄격한 신분제 사회였지만 일정 부분 신분 이동도 가능하였다. 법적으로 양인이면 과거에 응시가 가능하여 지배층으로 올라갈 수 있는 기회가 있었고, 지배층도 죄를 짓거나 경제적으로 몰락하면 아래 신분으로 떨어질 수 있었다.

① 일반 백성을 백정이라 하였다.
② 노비도 각종 세금을 부담하였다.
③ 무당, 광대 등은 천민으로 분류되었다.
④ 향리는 직역의 대가로 토지를 지급받았다.
⑤ 재혼한 여성의 자손도 신분상 차별받지 않았다.

0588

(가)에 들어갈 내용으로 가장 적절한 것은?

① 신분은 양인이었어.
② 음서의 혜택을 누렸어.
③ 매매와 상속의 대상이 되었어.
④ 부친은 양반이지만 중인 대우를 받았어.
⑤ 일반 군현민에 비해 세금 부담이 과중하였어.

0589

다음 주장이 제기된 시기에 볼 수 있는 모습으로 적절하지 <u>않은</u> 것은?

> 김상성이 군역의 폐단을 날카롭게 아뢰었다. 그리고 올해 이후로는 모든 노비의 양인 처의 자식은 어머니의 신분을 따르게 하여 양인 장정의 수를 늘리자고 하였다.
>
> – 『영조실록』

① 도고로 성장한 사상
② 사림을 모함하는 훈구
③ 광작으로 부유해진 농민
④ 돈을 내고 공명첩을 받는 상민
⑤ 구향과 향권 다툼을 벌이는 신향

0590

밑줄 친 '이 시기'의 상황으로 옳은 것은?

왼쪽 사진은 화순 쌍봉사 철감 선사 탑이다. <u>이 시기</u>에는 경전과 교리의 이해를 중시한 교종과 달리 실천을 중시하고 참선 수행을 통한 깨달음을 추구하는 선종이 확산되었다. 선종의 영향으로 승려의 사리 등을 안치하는 승탑의 건립이 유행하였다.

① 도교가 전래되었다.
② 9산선문이 성립하였다.
③ 최승로가 시무 28조를 올렸다.
④ 일연이 삼국유사를 저술하였다.
⑤ 요세가 백련사 결사를 결성하였다.

0591

(가) 유학 사상에 대한 설명으로 옳은 것만을 「보기」에서 고른 것은?

보기

ㄱ. 원효의 노력으로 대중화되었다.
ㄴ. 신진 사대부의 사상적 기반이 되었다.
ㄷ. 왕건이 훈요 10조를 통해 강조하였다.
ㄹ. 이황과 이이가 독자적으로 체계화하였다.

① ㄱ, ㄴ　　　② ㄱ, ㄷ　　　③ ㄴ, ㄷ
④ ㄴ, ㄹ　　　⑤ ㄷ, ㄹ

0592

(가) 인물에 대한 설명으로 옳은 것은?

① 서경 천도를 추진하였다.
② 팔만대장경을 제작하였다.
③ 해동 천태종을 창시하였다.
④ 수선사 결사를 제창하였다.
⑤ 당에 유학한 후 관음 신앙을 전파하였다.

0593

(가)에 대한 설명으로 옳은 것은?

① 사림의 세력 기반이 되었다.
② 조광조의 주도로 폐지되었다.
③ 불교가 확산되는 데 기여하였다.
④ 사학 12도의 융성으로 쇠퇴하였다.
⑤ 여진에 대한 교린 정책으로 설치되었다.

0594

밑줄 친 '이 종교'에 대한 설명으로 옳은 것은?

조카에게

　잘 지내고 있니? 이모는 지금 경주에 있는 용담정에 와 있어. 이곳은 최제우가 도를 깨달았다고 알려진 곳이야. 최제우는 유·불·선의 교리와 민간 신앙을 통합하여 이 종교를 창시하였다고 해. 가을이라 그런지 이곳에는 곱게 단풍이 들어 참 아름답구나. 다음에 이모랑 같이 와 보자.

① 조선의 통치 이념으로 활용되었다.
② 주자가례가 보급되면서 확산되었다.
③ 최시형이 교리와 조직을 정비하였다.
④ 유교의 제사 의식을 거부하여 탄압을 받았다.
⑤ 일부 남인 계열 실학자들이 신앙으로 수용하였다.

0595

다음을 읽고 물음에 답하시오.

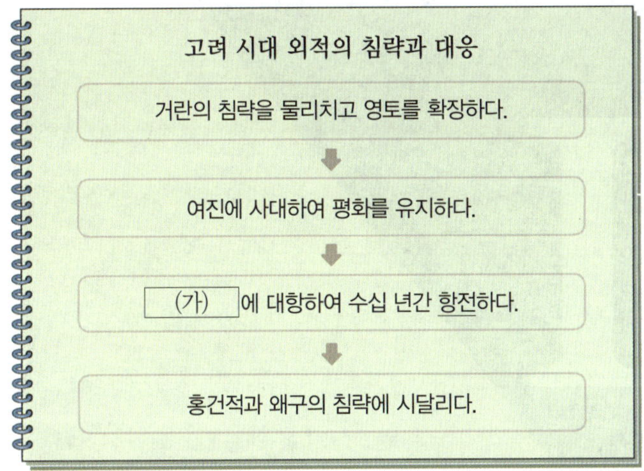

(1) (가)에 들어갈 말을 쓰시오.

(   )

(2) 밑줄 친 '항전'의 내용을 두 가지 서술하시오.

____

____

____

0596

(가)에 들어갈 내용을 두 가지 서술하시오.

> 1. 조선의 대외 관계
> (1) 명과의 사대 외교
>   ① 초기: 명과 갈등, 요동 정벌 추진
>   ② 태종 이후: 사대 관계 확립
> (2) 여진, 일본과의 관계
>   ① 강경책: ______(가)______
>   ② 회유책: 국경 지역에 무역소 설치, 3포를 개방하
>   여 제한적 교역 허용

____

____

____

0597

다음을 읽고 물음에 답하시오.

> 오건의 건의에 대해 대신들이 관리의 의견을 물어 결정한 바가 아래와 같습니다. "방납의 폐단은 그 유래가 이미 오래되었는데 오늘날에는 더욱 극렬해져 백성들의 생활을 물이나 불 속으로 밀어 넣는 것 같이 되어 버렸으니, 구제 방법을 반복해서 강구하여 대처하지 않을 수 없다. …… "

(1) 밑줄 친 '구제 방법'에 해당하는 제도를 쓰시오.

(   )

(2) (1) 제도가 기존의 제도와 달라진 점을 두 가지 서술하시오.

____

____

____

0598

밑줄 친 '새로운 문화'의 내용을 세 가지 서술하시오.

> 조선 후기에는 농업 생산력이 높아지고 상품 화폐 경제가 발달하면서 서민의 경제력이 향상되었고, 서당 교육이 보급되면서 서민들의 의식 수준도 높아졌다. 그리하여 이를 배경으로 기존의 양반 중심의 문화와는 다른 새로운 문화가 나타났다. 새로운 문화는 서민의 생활 모습을 소재로 하였고, 양반의 위선을 비판하거나 사회의 부정과 비리를 풍자하는 경우가 많았다.

____

____

____

Ⅲ

근대 국가 수립의 노력

🔍 내 교과서 맞춤 목차

한국사1 1046제	미래엔	비상교육	천재교육	동아출판
01 국제 질서의 변동과 개항	1. 국제 질서의 변동과 개항	1. 국제 질서의 변동과 개항	1. 국제 질서의 변동과 개항	1. 조선의 개항과 근대화
02 근대 국가 수립을 위한 노력(1)	2. 근대 국가 수립을 위한 노력	2. 근대 국가 수립을 위한 노력	2. 근대 국가 수립을 위한 노력	2. 근대 국가 수립 운동
03 근대 국가 수립을 위한 노력(2)				
04 국권 침탈과 국권 수호 운동	3. 국권 침탈과 국권 수호 운동	5. 국권 침탈과 국권 수호 운동	3. 국권 침탈과 국권 수호 운동	3. 일본의 국권 침탈과 국권 수호 운동
05 사회·경제 변화와 문화 변동	4. 사회·경제의 변화와 문화 변동	3. 사회·경제 변화와 문화 변동	4. 경제 체제의 변동과 사회·문화의 변화	4. 개항 이후의 변화

지학사	씨마스	해냄교육	리베르스쿨	한국학력평가원
1. 국제 질서의 변동과 개항	1. 국제 질서의 변동과 개항	주제22	1. 국제 질서의 변동과 개항	1. 국제 질서의 변동과 개항
2. 근대 국가 수립을 위한 노력	2. 근대 국가 수립을 위한 노력	주제23 ~ 주제24	2. 근대 국가 수립을 위한 노력	2. 근대 국가 수립을 위한 노력
		주제25 ~ 주제27		
3. 사회·경제 변화와 문화 변동	4. 일본의 국권 침탈과 국권 수호 운동	주제28 ~ 주제30	4. 국권 침탈과 국권 수호 운동	3. 사회·경제 변화와 문화 변동
4. 국권 침탈과 국권 수호 운동	3. 개항 이후 사회·경제의 변화와 문화 변동	주제31	3. 사회·경제 변화와 문화 변동	4. 국권 침탈과 국권 수호 운동

국제 질서의 변동과 개항

1 통상 수교 거부 정책과 양요

(1) 서양 열강의 침략적 접근과 동아시아

① **제국주의의 등장**
- 19세기에 이르러 독점 자본주의 등장, 열강의 대외 팽창 ➡ 식민지 확보를 위한 제국주의 국가 간 경쟁 확대
- 사회 진화론을 바탕으로 강대국의 약소국 지배 정당화
  └ 생물학적 진화론을 바탕으로 인간 사회에도 약육강식과 적자생존의 법칙이 적용된다고 본 이론이다.

② **동아시아의 변화**
- 청: 제1차 아편 전쟁에서 패배 ➡ 난징 조약 체결 [자료 ❶]
- 일본: 미국의 무력시위 ➡ 미일 화친 조약(1854)과 미일 수호 통상 조약(1858) 체결
- 조선: 19세기 이후 이양선의 잦은 출몰, 열강의 베이징 점령, 러시아의 연해주 차지 ➡ 위기의식 확산

(2) 흥선 대원군의 통상 수교 거부 정책과 양요

① **제너럴 셔먼호 사건(1866)**: 미국 상선 제너럴 셔먼호가 대동강을 거슬러 올라와 통상 요구 ➡ 박규수의 거부 및 퇴각 요구 ➡ 제너럴 셔먼호 선원들의 관리 감금 및 주민 공격 ➡ 평양 관민이 제너럴 셔먼호를 불태움

★ ② **병인양요(1866. 9.)** [자료 ❷] [자료 ❸]
- 배경: 흥선 대원군이 프랑스 세력을 끌어들여 러시아의 남하를 막으려 하였으나 실패 ➡ 국내에서 천주교 금지 주장 확산 ➡ 프랑스 선교사를 비롯한 천주교 신자 처형(병인박해, 1866. 1. 시작)
- 경과: 병인박해를 구실로 프랑스군이 강화도 침략 ➡ 프랑스군의 강화부 점령 ➡ 문수산성(한성근), 정족산성(양헌수)에서 프랑스군 격퇴 ➡ 퇴각하던 프랑스군의 외규장각 문화유산 약탈
  └ 병인양요 때 프랑스가 약탈해간 외규장각 도서는 145년 만인 2011년에 영구 임대 형식으로 반환되었다.

③ **오페르트의 도굴 미수 사건**: 독일 상인 오페르트의 남연군 묘 도굴 시도(1868, 실패) ➡ 흥선 대원군의 서양 세력 배척, 천주교 탄압 강화

★ ④ **신미양요(1871)** [자료 ❷] [자료 ❸] [자료 ❹]
- 배경: 미국이 제너럴 셔먼호 사건(1866. 7.)을 구실로 통상 요구
- 전개: 미국의 강화도 침략 ➡ 미군의 초지진과 덕진진 점령, 광성보 공격 ➡ 광성보에서 어재연 부대의 항전 ➡ 미군 퇴각
  └ 로저스 제독이 이끄는 미국의 함대가 강화도를 침략하였다.
- 결과: 전국에 척화비 건립

(3) 통상 수교 거부 정책의 의의와 한계: 서양 열강의 침략 저지, 조선의 문호 개방과 근대화가 지연되는 결과 초래

Check! 잘 나오는 선지로 **개념 확인하기**

1 병인양요에 대한 설명으로 옳은 것을 모두 고르시오.
① 문수산성에서 한성근 부대가 활약하였다.
② 프랑스의 로즈 제독이 강화도를 공격하였다.
③ 정족산성(삼랑성)에서 양헌수 부대가 항전하였다.
④ 프랑스군이 퇴각하면서 외규장각 의궤를 가져갔다.
⑤ 어재연이 이끄는 조선군의 항전에도 광성보가 함락되었다.
⑥ 로저스 제독이 이끄는 미국의 함대가 강화도를 공격하였다.
⑦ 평양 관민이 제너럴 셔먼호를 불태운 사건이 빌미가 되었다.

2 신미양요에 대한 설명으로 옳은 것을 모두 고르시오.
① 평양의 대동강 유역에서 일어났다.
② 러시아가 강화도를 침략하여 일어났다.
③ 독일 상인 오페르트의 주도로 일어났다.
④ 전국 각지에 척화비가 건립되는 계기가 되었다.
⑤ 흥선 대원군이 통치에서 물러나는 계기가 되었다.
⑥ 조선 정부의 천주교도 탄압이 원인이 되어 일어났다.
⑦ 이 사건을 계기로 조선이 외국에 문호를 개방하게 되었다.
⑧ 미군이 초지진과 덕진진을 점령하고 광성보를 공격하였다.

답 1 ①, ②, ③, ④
2 ④, ⑧

2 개항과 근대적 조약 체제

★(1) 청과 일본의 근대화 운동

① **청의 양무운동**: 이홍장 등 한인 관료들의 주도로 중체서용에 입각한 근대화 추진(서양식 무기 도입, 군수 공장 설립, 외국에 유학생 파견 등) ➡ 1860년대 초부터 서양식 무기 도입, 군수 공장 설립, 통신 산업 육성, 외국에 유학생 파견 ➡ 청일 전쟁으로 중단

② **일본의 메이지 유신**: 메이지 유신(1868) 이후 새롭게 수립된 정부 주도, 부국강병·문명 개화 표방 ➡ 중앙 집권적 입헌 군주제 수립, 신분제 폐지, 근대 산업 육성 및 근대 시설 설립, 미국과 유럽에 이와쿠라 사절단 파견(불평등 조약 개정 및 서양 문물 도입 시도)

(2) 조선의 개항

① **개국 통상론(통상 수교론)의 대두**: 흥선 대원군 집권기에 등장, 북학파 실학자의 사상 계승 ➡ 서양의 문물을 수용해 부국강병을 이루자고 주장 `자료❺`

중심 인물	• 박규수: 사신으로 청을 왕래하며 서양 기술의 우수성 경험 • 오경석: 역관 출신으로 청을 드나들며 『해국도지』, 『영환지략』 등의 서적 도입 • 유홍기: 청에서 유입된 서적을 접하며 문호 개방의 필요성 공감
영향	김옥균, 박영효, 김윤식 등 양반 자제들에게 세계정세와 서구 문물 소개 ➡ 개화의 필요성 강조

★② 강화도 조약(조일 수호 조규, 1876): 조선이 외국과 체결한 최초의 근대적 조약이자 불평등 조약 `자료❻`

배경	• 고종의 친정으로 통상 수교 거부 정책 완화 • 운요호 사건(1875) 발생: 일본 군함 운요호가 조선 영해를 침범하고 강화도 약탈 ➡ 일본이 이를 구실로 문호 개방 강요
내용	조선이 자주국임을 명시, 3개 항구(부산, 원산, 인천) 개항, 일본의 조선 해안 측량권과 치외 법권(영사 재판권) 인정
성격	• 근대적 조약: 동아시아의 전통적인 조공·책봉 질서에서 벗어나 만국 공법에 기반한 조약 체제로 편입될 수 있는 발판 마련 • 불평등 조약: 일본의 침략 의도와 근대적 조약에 대한 정보 부족 ➡ 스스로에게 일방적으로 불리한 조약 체결(해안 측량권과 영사 재판권 인정)

18세기 이후 서양 국가들이 구축한 국제법 질서를 말하며, 주권국 간의 대등한 관계를 제시하였다.

③ **강화도 조약의 부속 조약 체결**

• 조일 수호 조규 부록: 거류지 설정, 개항장에서 일본 화폐 유통 허용

• 조일 무역 규칙(조일 통상 장정): 양곡의 수출입 허용, 일본 정부 소속 선박의 항세 면제, 수출입 상품의 무관세 허용

④ **조미 수호 통상 조약(1882)** `자료❼` `자료❽`

배경	『조선책략』 유포(러시아를 막기 위해 조선이 중국, 일본, 미국과 외교 관계를 맺을 것을 제안), 청의 알선
특징	• 내용: 최혜국 대우, 치외 법권(영사 재판권), 거중 조정, 관세 부과 조항 포함 • 조약 체결 이후 미국 특명 전권 공사가 한성에 부임, 조선도 보빙사를 미국에 파견

조약 체결 이후 다른 나라에 더 좋은 조건을 허용할 경우 조약 상대국이 자동으로 그 조건을 부여받는 것을 말한다.

⑤ **서양 열강과의 불평등 조약 체결**: 영국, 독일, 러시아, 프랑스 등과 조약 체결

프랑스는 조선과의 조약 체결을 통해 조선에서의 천주교 선교 활동을 인정받았다.

---

3 강화도 조약에 대한 설명으로 옳은 것을 <u>모두</u> 고르시오.

① 임오군란 이후 체결되었다.

② 최혜국 대우를 허용하였다.

③ 일본에 영사 재판권을 인정하였다.

④ 조선은 부산 등 3개 항구를 개항하였다.

⑤ 운요호 사건을 빌미로 체결이 강요되었다.

⑥ 거중 조정, 관세 부과 조항을 포함하였다.

⑦ 흥선 대원군이 집권하던 시기에 체결되었다.

⑧ 외국 상인이 한성과 양화진에 점포를 개설하게 되었다.

⑨ 『조선책략』이 유포되면서 일본과의 수교 주장이 확산되었다.

⑩ 부속 조약을 통해 개항장에서 일본 화폐의 유통을 허용하였다.

4 조미 수호 통상 조약에 대한 설명으로 옳은 것을 <u>모두</u> 고르시오.

① 프랑스와 체결하였다.

② 최혜국 대우가 인정되었다.

③ 청의 알선으로 체결되었다.

④ 흥선 대원군 집권 시기에 체결되었다.

⑤ 조선이 보빙사를 파견하는 계기가 되었다.

⑥ 전통적인 조공·책봉 관계를 바탕으로 하였다.

⑦ 조선에서의 천주교 선교 활동이 인정되었다.

⑧ 제너럴 셔먼호 사건을 계기로 체결되었다.

⑨ 서양과 체결한 조약 중 가장 먼저 체결된 것이다.

⑩ 조선이 외국의 이권을 침탈하기 시작하는 발판이 되었다.

답 3 ③, ④, ⑤, ⑩
 4 ②, ③, ⑤, ⑨

자료 1 청과 일본의 개항
미래엔, 비상, 리베르

> • 난징 조약(1842, 요약)
>   – 5개 항구의 통상을 허용한다.
>   – 홍콩을 영국에 할양한다.
>   – 공행 무역을 폐지하고 자유롭게 통상한다.
> • 미일 화친 조약(1854, 요약)
>   – 미국 선박에 연료 및 식량을 공급한다.
>   – 2개 항구에 개항과 영사의 주재를 인정한다.
>   – 미국에 최혜국 대우를 인정한다.
> • 미일 수호 통상 조약(1854, 요약)
>   – 5개 항구를 개항한다.
>   – 일본의 관세를 상호 협의하여 결정한다.
>   – 미국의 영사 재판권을 인정한다.

0599 청과 일본은 미국과 조약을 체결하며 개항하였다. ○/✕

0600 청과 일본은 서양과 불평등한 성격의 조약을 맺고 개항하였다. ○/✕

0601 조선의 개항이 청과 일본의 개항에 영향을 주었다. ○/✕

자료 2 병인양요와 신미양요
미래엔, 비상, 천재, 동아, 지학사, 씨마스, 해냄, 리베르

▲ 병인양요와 신미양요의 전개

0602 프랑스와 미국은 강화도를 침범하며 조선에 통상 수교를 요구하였다. ○/✕

0603 어재연은 병인양요 때 광성보에서 프랑스군을 막아 냈다. ○/✕

0604 병인양요와 신미양요의 결과 조선은 차례로 프랑 스, 미국과 조약을 체결해 개항하였다. ○/✕

자료 3 두 차례의 양요 당시 국외로 반출된 문화유산
미래엔, 비상, 천재, 동아, 씨마스, 해냄

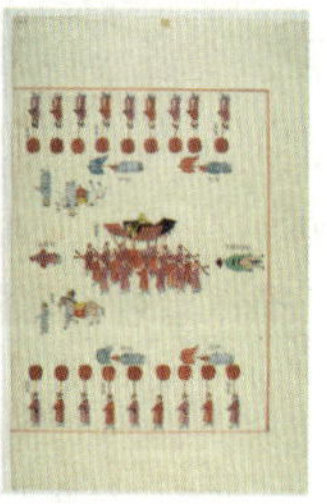
▲ 국내에 돌아온 외규장각 의궤(부분)   ▲ 국내로 돌아온 수(帥)자기

0605 병인양요 당시 프랑스군은 퇴각하면서 외규장각에 보관되어 있던 의궤를 약탈해 갔다. ○/✕

0606 신미양요 당시 미군은 어재연 장군의 수자기를 전 리품으로 가져갔다. ○/✕

0607 두 문화유산은 오늘날 우리나라에 모두 정식으로 반환되었다. ○/✕

자료 4 척화비
비상, 천재, 동아, 지학사, 씨마스, 해냄, 리베르

> 서양 오랑캐가 침범하는 데 싸우지 않는 것은 화친하는 것이요, 화친을 주장하는 것은 나라를 파는 일이다. 이를 자손만대에 경계하노라. 병 인년에 짓고 신미년에 세운다.

▲ 척화비

0608 흥선 대원군은 병인양요 직후 전국 각지에 척화비 를 세웠다. ○/✕

0609 척화비에는 흥선 대원군의 통상 수교 거부에 대한 의지가 담겨 있다. ○/✕

0610 흥선 대원군의 대외 정책은 근대화를 지연시켰다는 평가를 받기도 한다. ○/✕

자료 5 일본의 문호 개방 요구에 대한 입장
비상, 천재, 동아, 지학사

- **반대 입장**
  저들이 왜인이라고는 하나 실은 서양 오랑캐이니, 화평하게 지내는 일이 한번 이루어지면 사학(邪學)이 전수되어 전국에 두루 찰 것이다.   – 최익현, 『면암 선생 문집』
- **찬성 입장**
  고종이 명하기를, "왜인을 제어하는 일은 왜인을 제어하는 일이고, 양인(洋人)을 배척하는 일은 양인을 배척하는 일이다. …… 왜인이 양인의 앞잡이라 하더라도 각각 대처할 방도가 있을 것이다."라고 하였다.   – 『승정원일기』

0611 일본이 문호 개방을 요구하자 조선의 조정과 관리들은 모두 이에 찬성하였다.   ○/×

0612 통상 수교론자들은 서양 세력의 침략을 피하기 위해 문호 개방을 해야한다고 주장하였다.   ○/×

0613 조선 정부는 일본의 문호 개방 요구에 대해 통상 수교 거부 정책을 더욱 강화하였다.   ○/×

자료 6 강화도 조약의 체결(1876)
미래엔, 비상, 천재, 동아, 지학사, 씨마스, 해냄, 리베르

- **강화도 조약(조일 수호 조규)**
- **제1관** 조선국은 자주국이며 일본국과 평등한 권리를 가진다.
- **제4관** 조선 정부는 부산과 제5관에서 제시하는 두 항구를 개방하고 일본인이 자유롭게 왕래하면서 통상할 수 있게 한다.
- **제7관** 조선국 연해를 일본국의 항해자가 자유롭게 측량하도록 허가한다.
- **제10관** 일본국 국민이 조선국이 지정한 각 항구에 머무르는 동안 죄를 범한 것이 조선국 국민에게 관계되는 사건일 때는 모두 일본국 관원이 심판한다.
- **조일 수호 조규 부록**
- **제7관** 일본국 국민은 본국에서 사용되는 화폐로 조선국 국민이 보유하고 있는 물자와 마음대로 교환할 수 있다.
- **조일 무역 규칙**
- **제6칙** 조선국 항구에 머무르는 일본인은 쌀과 잡곡을 수출입할 수 있다.   – 『고종실록』

0614 조선은 강화도 조약으로 일본에 개항하였다.   ○/×

0615 강화도 조약은 일본에 유리한 불평등 조약이었다.   ○/×

0616 강화도 조약에는 영사 재판권이 규정되었다.   ○/×

자료 7 조선책략의 유포
미래엔, 천재, 지학사, 씨마스, 해냄

러시아를 막을 수 있는 조선의 책략은 무엇인가? 오직 중국과 친하며 일본과 맺고 미국과 연합함으로써 자강을 도모하는 길뿐이다. …… 또한 학교를 세우고 서양인을 받아들여 군비를 강화해야 한다.   – 황준헌, 『조선책략』(1880)

0617 『조선책략』은 강화도 조약 체결 이전에 조선에 유포되었다.   ○/×

0618 『조선책략』에서는 러시아를 견제하기 위해 조선이 해야 할 일을 제안하고 있다.   ○/×

0619 『조선책략』의 유포 이후 조선은 청의 알선으로 미국과 통상 조약을 체결하였다.   ○/×

자료 8 조미 수호 통상 조약의 체결(1882)
미래엔, 비상, 천재, 동아, 지학사, 씨마스, 해냄, 리베르

제1관 조선과 미국은 영원히 화평하고 우애 있게 지낸다. 조약 상대국이 어떤 불공평하고 경시당하는 일이 있으면 한 번 통지를 거쳐 반드시 서로 도와준다.

제5관 조선에 오는 미국 상인과 상선은 모든 수출입 상품에 대해 관세를 지불해야 한다.

제14관 조선이 어느 때든지 어느 국가에 항해, 통상, 기타 어떤 것을 막론하고 본 조약에 부여되지 않은 어떤 권리 또는 특혜를 허가할 때에는 자동으로 미국의 관민에게도 똑같이 주어진다.   – 『고종실록』

0620 조미 수호 통상 조약은 강화도 조약과 달리 평등한 성격의 조약이었다.   ○/×

0621 조미 수호 통상 조약에는 최혜국 대우와 영사 재판권이 인정되었다.   ○/×

0622 조미 수호 통상 조약 이후 외교 사절단인 보빙사가 미국에 파견되었다.   ○/×

0623

밑줄 친 '이 전쟁'의 결과로 옳은 것은?

그림은 이 전쟁 당시 영국의 군함이 청의 구식 군함을 공격하는 장면을 묘사한 것이다. 이 전쟁은 청의 아편 단속을 빌미로 영국이 청을 공격하면서 시작되었다.

① 난징 조약이 체결되었다.
② 에도 막부가 붕괴하였다.
③ 삼정이정청이 설치되었다.
④ 전국적으로 척화비가 건립되었다.
⑤ 박규수 등이 통상 개화론을 주장하였다.

0624

(가), (나) 조약에 대한 공통적인 설명으로 옳은 것은?

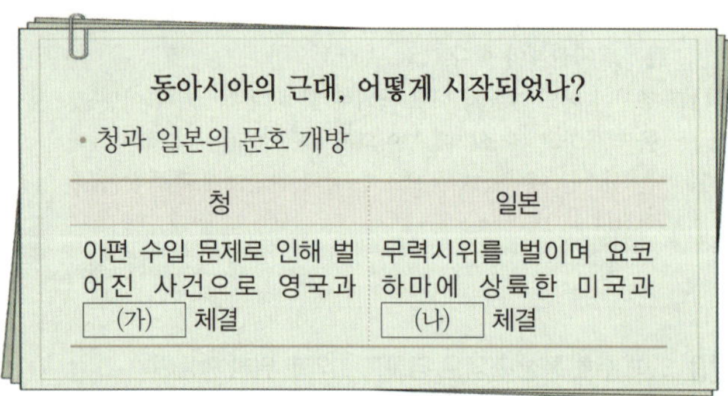

동아시아의 근대, 어떻게 시작되었나?

• 청과 일본의 문호 개방

청	일본
아편 수입 문제로 인해 벌어진 사건으로 영국과 (가) 체결	무력시위를 벌이며 요코하마에 상륙한 미국과 (나) 체결

① 공행 폐지를 포함하였다.
② 영사 재판권을 인정하였다.
③ 전쟁의 결과로 체결되었다.
④ 항구를 개항하는 계기가 되었다.
⑤ 외국 군대의 주둔으로 이어졌다.

0625

(가)~(라)를 일어난 순서대로 바르게 나열한 것은?

(가) 신미양요가 발발하였다.
(나) 전국에 척화비가 건립되었다.
(다) 제너럴 셔먼호 사건이 일어났다.
(라) 병인박해로 천주교 신자들이 처형되었다.

① (가) – (나) – (다) – (라) ② (가) – (라) – (다) – (나)
③ (나) – (다) – (라) – (가) ④ (라) – (나) – (다) – (가)
⑤ (라) – (다) – (가) – (나)

0626

밑줄 친 ㉠~㉤에 대한 흥선 대원군의 대응으로 옳지 <u>않은</u> 것은?

19세기에 들어 세도 정치가 전개되는 가운데 ㉠ 왕실의 권위가 실추되고 국가 기강이 해이해졌다. 이에 지방관들의 수탈이 가중되었고 ㉡ 국가 재정이 바닥을 드러냈으며, 부정부패의 시정과 ㉢ 문란해진 삼정의 개혁을 요구하는 민란이 잇따랐다. 한편, ㉣ 이양선이 출몰하여 통상을 요구하는 가운데, ㉤ 러시아가 연해주를 차지함에 따라 우리나라는 서양 열강과 국경을 마주하는 새로운 상황에 직면하였다.

① ㉠ – 경복궁 중건
② ㉡ – 양전 사업 실시
③ ㉢ – 사창제 시행
④ ㉣ – 강화도의 포대 재정비
⑤ ㉤ – 조러 통상 조약 체결

0627

밑줄 친 '전투'가 벌어진 배경으로 가장 적절한 것은?

> 10월 3일 적군이 정족산성 아래로 몰려오니 양공이 사기를 돋우어 전투를 독려하였다. 전 장병은 일제히 총포를 발사하면서 적군을 공격하였다. 적의 지휘관이 말에서 떨어져 죽으니 오랑캐 병사는 시체를 메고 달아났다. 마침내 양공은 강화부를 수복하고 군사와 백성을 위로하니, 민심이 비로소 안정되었다.

① 운요호가 초지진을 포격하였다.
② 최우가 도읍을 강화도로 옮겨 항전하였다.
③ 프랑스가 자국 선교사 처형을 구실로 침략하였다.
④ 제너럴 셔먼호가 교역을 요구하며 난동을 부렸다.
⑤ 청이 조선의 군신 관계 거부를 빌미로 침략하였다.

0628

다음 자료의 전투가 일어난 전쟁 과정에서 있었던 사실로 옳은 것은?

> 양헌수가 순무중군으로 있었다. …… 광성보에서 몰래 전등사로 가서 주둔하였다. …… 전등사는 높은 산 위라 매복하고 있다가 한꺼번에 북과 나발을 불며 좌우에서 총을 쏘았다. 장수가 총에 맞아 말에서 떨어지고 서양인 십여 명이 죽었다. 혼쭐이 난 서양인들을 쫓아가니 제 동료의 시체를 옆에 끼고 급히 본진으로 도망갔다.

① 전국에 척화비가 건립되었다.
② 외국군이 강화부를 점령하였다.
③ 정부가 조러 비밀 협약을 맺었다.
④ 로저스 함대가 광성보를 공격하였다.
⑤ 흥선 대원군이 프랑스와 동맹을 시도하였다.

0629

밑줄 친 ㉠, ㉡ 사이 시기에 있었던 사실로 옳은 것은?

> ㉠ 조선은 국왕이 프랑스 선교사들과 조선인 신도 다수를 처형하였다고 한다. …… 수일 내 우리 군대가 조선을 정복하기 위해 진군할 것이다. – 프랑스 대리 공사 벨로네의 서신
> ㉡ 이번 덕산 묘지에서 저지른 사건은 사람으로서 차마 할 수 없는 일이다. …… 따라서 우리나라 신하와 백성들은 있는 힘을 다하여 한마음으로 너희와 같은 하늘을 이고 살 수 없다는 것을 다짐할 뿐이다. – 영종진 첨사 신효철의 서신

① 미국 로저스 제독이 초지진을 점령하였다.
② 흥선 대원군이 전국 각지에 척화비를 건립하였다.
③ 양헌수 부대가 정족산성에서 프랑스군을 물리쳤다.
④ 일본 운요호가 강화도에 접근하여 무력시위를 하였다.
⑤ 조선이 프랑스와 조약을 체결하고 천주교 포교를 허용하였다.

0630

다음 자료의 사건이 끼친 영향으로 가장 적절한 것은?

> 덕산 군사 이종신의 보고에, "돛 세 개짜리 이양선 1척이 본 군의 구만포에 도착하여 곧바로 관청으로 들이닥치더니 무기를 빼앗고 관청 건물을 파괴하였습니다. 그래서 그 사유를 물었더니 대답하지 않고 총을 쏘아대고 칼질을 하면서 접근하지 못하게 하다가 곧바로 남연군의 묘소로 달려갔습니다. …… 서양 도적들이 과연 묘소를 침범하여 잔디 3장을 떼어 내기까지 하였습니다. 서양 도적들은 곧 구만포로 가서 배를 타고 큰 배에 모였다가 서쪽을 향해갔습니다."라고 하였다.

① 병인양요가 일어났다.
② 일본이 개항을 강요하였다.
③ 비변사가 축소되고 의정부의 기능이 회복되었다.
④ 흥선 대원군의 통상 수교 거부 정책이 강화되었다.
⑤ 프랑스 선교사와 많은 천주교 신자들이 목숨을 잃었다.

[0631~0632] 다음을 읽고, 물음에 답하시오.

> 평안 감사 박규수의 장계에, "방금 평양 서윤 신태정이 보고한 것을 보니, '큰 이양선 1척이 한사정 상류로 거슬러 올라갔으며, …… 중군이 타고 있던 배를 끌어갔고 중군을 그들의 배 안에 억류하였습니다. 그리하여 서윤이 그들의 배 옆에 가서 밤새도록 깨달아 알아듣도록 타일렀지만, 끝내 돌려보내주지 않았습니다. …… 퇴직한 장교 박춘권이 앞장서서 배를 타고 그들의 배에 돌진해 들어가 중군을 구원하여 돌아왔는데, 중군이 찼던 인장이 물에 떨어져 분실되었습니다.'라고 하였습니다."라고 하였다.

0631

위 사건이 일어난 시기를 연표에서 옳게 고른 것은?

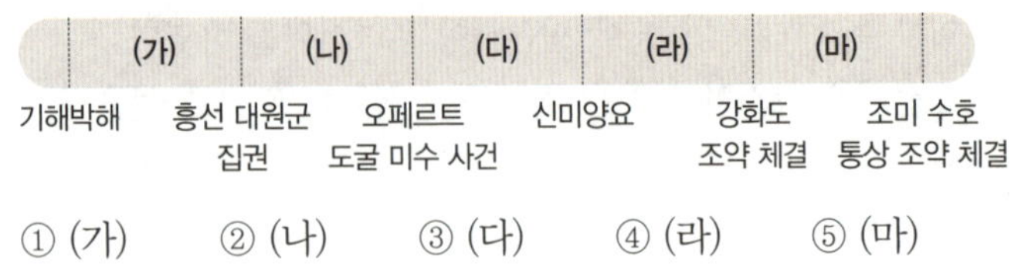

① (가)　② (나)　③ (다)　④ (라)　⑤ (마)

0632

위 사건이 조선에 끼친 영향으로 옳은 것은?

① 불평등 조약이 체결되었다.
② 외규장각 도서를 약탈당하였다.
③ 미국 군함이 강화도를 침략하였다.
④ 통상 수교 거부 정책이 완화되었다.
⑤ 서양 열강의 경제 침략이 용이해졌다.

0633

밑줄 친 ㉠과 관련된 사건만을 ┌보기┐에서 있는 대로 고른 것은?

이 수자기(帥字旗)는 어재연 장군이 이끄는 ㉠ 조선군이 미군과 전투하는 과정에서 빼앗긴 유물이다. 미국에 보관되어 있다가 장기 대여 형식으로 2007년에 우리나라에 돌아왔다가 2024년에 미국으로 반환되었다.

보기

ㄱ. 광성보 전투　　　　　ㄴ. 천주교 박해 사건
ㄷ. 제너럴 셔먼호 사건　　ㄹ. 외규장각 도서 약탈
ㅁ. 오페르트 도굴 미수 사건

① ㄱ, ㄷ　　② ㄴ, ㄷ　　③ ㄷ, ㅁ
④ ㄱ, ㄷ, ㄹ　　⑤ ㄷ, ㄹ, ㅁ

0634　난이도 상

다음 답사 계획서의 (가)~(마) 내용 중 옳지 **않은** 것은?

답사 계획서

- 주제: 흥선 대원군 집권 시기의 주요 사건과 관련된 장소 알아보기
- 방문할 장소

(가) 강화 정족산성: 한성근 부대의 항전 과정 조사
(나) 강화 광성보: 미군과의 격전지 조사
(다) 서울 양화진: 프랑스 함대의 1차 침입로 파악
(라) 평안도 평양: 제너럴 셔먼호의 동선 파악
(마) 충남 덕산: 오페르트 도굴 미수 사건 조사

① (가)　② (나)　③ (다)　④ (라)　⑤ (마)

0635

밑줄 친 '이 비석'을 건립한 이후 일어난 사건으로 옳은 것은?

> 조선 정부는 서울 종로를 비롯한 주요 도시에 <u>이 비석</u>을 건립하여 백성의 외세를 배척하는 감정을 고조하고 서양과의 통상을 거부하는 정부의 외교 정책을 분명히 하면서 항전의 의지를 높였다.

① 병인양요
② 신미양요
③ 운요호 사건
④ 제너럴 셔먼호 사건
⑤ 오페르트 도굴 미수 사건

0636

(가)에 해당하는 해에 있었던 사실로 옳은 것은?

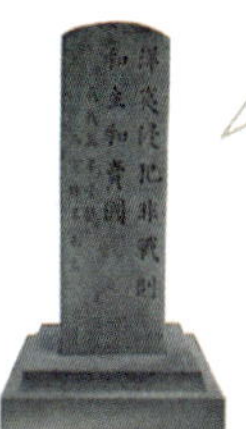

> 서양 오랑캐가 침범하는데 싸우지 않는 것은 화친하는 것이요, 화친을 주장하는 것은 나라를 파는 일이다. 이를 자손 만대에 경계하노라. 병인년에 짓고 [(가)]에 세운다.

① 어재연이 광성보에서 미군과 맞서 싸웠다.
② 9명의 프랑스 선교사와 천주교도가 처형되었다.
③ 양헌수가 정족산성에서 프랑스군을 공격하였다.
④ 평양 주민이 관군과 함께 미국 상선을 불살랐다.
⑤ 한성근이 문수산성에서 프랑스군과 격전을 벌였다.

0637

다음 정책을 추진한 인물의 집권 시기를 드라마로 제작할 때 나올 수 있는 등장인물로 적절하지 <u>않은</u> 것은?

> • 서원 철폐 　　　　　• 사창제 실시
> • 당백전 발행 　　　　• 『대전회통』 편찬

① 척화비를 세우는 조선 정부 관리
②『조선책략』의 유포에 반발하는 유생들
③ 남연군의 묘를 파헤치고 있는 오페르트 일행
④ 강화도에 상륙하여 외규장각 책을 약탈하는 프랑스 군대
⑤ 광성보에서 미국 군대의 침략에 맞서 싸우는 조선군 수비대

0638

다음은 어느 학생이 보고서를 작성하기 위해 수집한 자료이다. 이 보고서에 실릴 내용으로 적절하지 <u>않은</u> 것은?

> • 초지진을 공격하는 미군에 대한 기록
> • 전국 각지에 세워겼던 척화비의 문구
> • 오페르트 일행이 파헤쳤던 남연군 묘의 위치 지도
> • 프랑스군과 조선군이 전투를 벌였던 정족산성의 사진

① 어재연 장군의 활약상
② 제너럴 셔먼호 사건의 경과
③ 외국인 거류지의 분포 상황
④ 외규장각 도서의 반출 배경
⑤ 천주교 선교사들의 활동 내용

0639

다음에 등장하는 인물들에 대한 설명으로 가장 적절한 것은?

> 조선 후기에 역관으로 활동하며 견문을 넓힌 오경석은 개항에 대비한 일대 개혁을 단행해야 한다고 생각하였다. 그는 이러한 생각을 사상적 동지인 유홍기와 함께 나누었다.

① 개국 통상론을 형성하였다.
② 1880년대 개화 정책을 주도하였다.
③ 청과의 사대 관계 청산을 주장하였다.
④ 흥선 대원군의 대외 정책에 찬성하였다.
⑤ 일본의 메이지 유신을 본받아 개혁을 이루고자 하였다.

0640

밑줄 친 ㉠, ㉡에 대한 설명으로 옳지 <u>않은</u> 것은?

> 무진년(1868) 이래 귀국이 혁신한 사정을 살피지 못한 때문에 갖가지 의심의 단서가 있었으며, 귀국에서 여러 번 사신과 ㉠ 서계(書契)를 보냈으나 선뜻 받아들이지 않아 마침내는 이웃 나라와 우의가 막히는 처지가 되었습니다. 작년 가을에 귀국 기선이 강화도에 왔을 때에도 ㉡ 소동이 있었는데, 이번에 귀 대신이 사신으로 경내에 이르러 우리나라 사절과 서로 만나보고 두터운 뜻을 알게 되면서 종전의 의심이 하루아침에 풀렸으니 어찌 기쁨을 이길 수 있겠습니까? 체결할 조약의 각 조항을 받아보고 우리 조정에서는 이미 우리나라 사절에게 위임하여 모여서 토론하게 하였습니다. – 『고종실록』

① ㉠ – 일본이 황제국임을 나타내는 문구가 있었다.
② ㉠ – 조선 정부에서 보내 준 도장을 사용하지 않았다.
③ ㉡ – 일본 군함이 강화도의 초지진 포대를 공격하였다.
④ ㉡ – 일본이 조선에 개항을 강요하는 빌미가 되었다.
⑤ ㉠, ㉡ – 치외 법권과 최혜국 대우가 규정된 불평등 조약을 체결하는 계기가 되었다.

0641

다음은 조선과 일본이 어느 조약을 체결할 때의 모습을 그린 상상화이다. 이 조약의 체결 배경으로 옳은 것은?

① 외국에서 고문이 파견되었다.
② 구식 군인들이 반란을 일으켰다.
③ 개정된 조일 통상 장정을 체결하였다.
④ 운요호가 군대를 영종도에 상륙시켰다.
⑤ 급진 개화파의 주도로 정변이 발생하였다

0642

밑줄 친 '수호 조규 12조'와 관련된 설명으로 옳은 것은?

> 일본 전권대사 구로다와 부사 이노우에가 일본의 국서를 가지고 강화도에 도착하여, …… 조정에서는 신헌과 윤자승 등을 보내 강화도에서 구로다와 회담을 갖고 <u>수호 조규 12조</u>를 강구하여 강화하도록 하였다. – 『대한계년사』

① 치외 법권을 인정하였다.
② 거중 조정의 내용을 포함하였다.
③ 최혜국 대우 규정을 포함하였다.
④ 천주교 포교의 자유를 인정하였다.
⑤ 조선에 대한 청의 종주권을 인정하였다.

0643

밑줄 친 '조약'에 대한 학생들의 발표 내용으로 가장 적절한 것은?

> 대조선국과 대일본국은 원래 우의 두텁게 세월을 지내왔다. 지금 양국의 참된 의사를 확인하여 옛 우호를 다시 고쳐 친목을 굳게 하고자 한다. 이를 위하여 일본국 정부는 특명전권변리대신 육군중장 겸 참의개척장관 구로다 기요타카, 특명부전권변리대신 의관 이노우에 가오루를 조선국 강화부에 파견하고 조선국 정부는 판중추부사 신헌, 도총부 총관 윤자승을 파견하여 각기 정부의 논지(論旨)에 따라 다음과 같이 <u>조약</u>을 체결한다.

① 청의 알선을 통해 체결되었어요.
② 외국 상인의 내륙 통상을 허용하였어요.
③ 개항장에서 일본 화폐 사용을 인정하였어요.
④ 수출입 상품에 대한 관세 부과를 규정하였어요.
⑤ 조선이 영사 재판권을 인정한 최초의 조약이에요.

0644

(가)에 들어갈 내용으로 옳지 <u>않은</u> 것은?

① 최혜국 대우
② 일본 화폐의 유통
③ 양곡의 무제한 수출
④ 수출입 상품에 대한 무관세
⑤ 개항장 내 일본인 조계(거류지) 설정

0645

다음 보고서의 (가)~(마) 중 옳지 <u>않은</u> 것은?

> **〈○○○ 조약 심층 분석 보고서〉**
>
> • 조선은 자주국이며 일본국과 동등한 권리를 가진다.
>   ↳ 조선에 대한 청의 간섭 배제 – (가)
> • 부산 외에 두 항구를 개항하고 통상을 허용한다.
>   ↳ 경제·정치·군사적 지배 의도 – (나)
> • 일본국의 항해자가 자유롭게 조선국 연안을 측량하도록 허가한다.
>   ↳ 운요호 사건의 빌미가 됨 – (다)
> • 양국 국민의 어떠한 무역 활동도 금지 또는 제한하지 못한다.
>   ↳ 일본 상인들의 경제 활동을 보장받으려 함 – (라)
> • 일본인이 조선 항구에서 죄를 범했을 경우 모두 일본국 관원이 심판한다.
>   ↳ 개항장 내 조선의 지배력 미약 – (마)

① (가)　② (나)　③ (다)　④ (라)　⑤ (마)

0646

다음 조약에 대한 설명으로 옳은 것만을 보기 에서 고른 것은?

> 조선국 인민은 교환한 일본국의 화폐로 일본국에서 생산한 여러 가지 상품을 살 수 있다. 이로써 조선국의 지정된 여러 항구에서는 일본 화폐를 인민들 사이에 서로 통용할 수 있다. 조선국 동전은 일본국 인민이 운수 비용에 사용할 수 있다. 양국 인민으로서 감히 사적으로 전화(錢貨)를 주조한 자에게는 각각 그 나라의 법률을 적용한다.

보기

ㄱ. 강화도 조약의 체결에 영향을 끼쳤다.
ㄴ. 조일 수호 조규 부록에 규정되어 있다.
ㄷ. 일본 상인의 조선 시장 침투를 뒷받침하였다.
ㄹ. 일본이 조선의 화폐 발행권을 차지하였음을 보여 준다.

① ㄱ, ㄴ　② ㄱ, ㄷ　③ ㄴ, ㄷ　④ ㄴ, ㄹ　⑤ ㄷ, ㄹ

0647

(가), (나) 조약에 대한 설명으로 옳은 것은?

> (가) 제4관 부산항에서 일본인이 통행할 수 있는 도로의 거리는 부두에서 동서남북 각 직경 10리(조선의 이법)로 정한다.
> 　　제7관 일본국 인민은 본국에서 사용하는 여러 화폐로 조선국 인민이 보유하고 있는 물자와 교환할 수 있다.
> (나) 제1조 조선과 미국 양국은 영원히 화평하고 우호를 다진다. 만약 조약 상대국이 어떤 불공평하고 경시당하는 일이 있으면 한 번 통지를 거쳐 반드시 서로 도와준다.

① (가) - 관세 부과 규정을 포함하였다.
② (가) - 임오군란의 결과로 확정되었다.
③ (나) - 영사 재판권을 규정하였다.
④ (나) - 내지 통상을 허용하는 계기가 되었다.
⑤ (가), (나) - 외국의 알선을 통해 체결되었다.

0648

밑줄 친 '반발'에 해당하는 내용으로 옳은 것은?

> 『조선책략』은 청의 외교관 황준헌이 지은 책으로, 러시아의 남하를 견제하기 위해서 조선이 중국, 일본, 미국과 우호 관계를 맺어야 한다는 내용을 담고 있다. 김홍집이 이 책을 국내에 들여온 이후 그 내용이 알려지면서 보수적 유생들로부터 거센 반발을 받았으나, 한편으로 조선 정부가 미국과 수호 통상 조약을 체결하는 데 영향을 끼치기도 하였다.

① 흥선 대원군은 척화비를 건립하였다.
② 최익현에 의해 왜양일체론이 제기되었다.
③ 이항로는 통상 수교 반대 운동을 전개하였다.
④ 유인석을 중심으로 항일 의병 운동이 전개되었다.
⑤ 이만손을 중심으로 집단 상소인 영남 만인소를 올렸다.

0649

다음 주장이 조선에 유포되었을 무렵의 모습으로 가장 적절한 것은?

> 조선 땅덩어리는 실로 아시아의 요충을 차지하고 있어, 형세가 반드시 다투기 마련이며, 조선이 위태로우면 중국의 형세도 날로 위급해질 것이다. 따라서 러시아가 강토를 공략하려 할진대 반드시 조선으로부터 시작할 것이다. 그렇다면 오늘날 조선의 책략은 러시아를 막는 일보다 더 급한 것이 없을 것이다. 러시아를 막는 책략은 어떠한가? 중국과 친하고, 일본과 맺고, 미국과 이어짐으로써 자강을 도모할 따름이다.

① 천주교에 대한 포교의 자유가 인정되었다.
② 청의 알선으로 조선과 러시아가 수교하였다.
③ 개화파가 일본의 지원을 약속받고 정변을 계획하였다.
④ 일본과의 조약 개정을 위해 2차 수신사가 파견되었다.
⑤ 정부는 청의 간섭에서 벗어나기 위해 러시아와 비밀 협약 체결을 추진하였다.

0650

다음 주장이 제기되었던 시기에 볼 수 있는 모습으로 가장 적절한 것은?

> '친중국'에 대해서는 조선이 이를 믿고 있다. 하지만 '결일본'에 대해서는 반신반의일지 모르나 일본이 조선에 대해 사단을 일으킬 때에는 중국이 조선을 도울 것이며, 더구나 일본은 현재 외양은 훌륭하나 실상은 재주가 없다. 정부와 민간이 싸움으로 사이가 벌어져 있고 국가의 금은창고가 비어 있어 조선 침략 같은 것은 도모할 여지가 없는 상태이다.

① 일본에 파견된 조사 시찰단 일행
② 군사 훈련을 받고 있는 별기군 군인
③ 조선의 외교 고문으로 임명된 독일인
④ 고종에게 부임 인사를 하는 미국 공사
⑤ 부산의 개항장에서 쌀을 사들이는 일본 상인

0651

다음 조약에 대한 설명으로 옳은 것만을 〈보기〉에서 고른 것은?

> 제14조 조약을 체결한 뒤에 통상 무역, 상호 교류 등에서 본 조약에 부여되지 않은 어떠한 권리나 특혜를 다른 나라에 허가할 때에는 자동적으로 미국 관민에게도 똑같이 주어진다.

〈보기〉

ㄱ. 영국이 거문도 사건을 일으키는 원인을 제공하였다.
ㄴ. 일본과 러시아를 견제하려는 청의 의도가 작용하였다.
ㄷ. 치외 법권과 최혜국 대우를 인정한 불평등 조약이었다.
ㄹ. 제시된 제14조는 강화도 조약의 선례에 따른 것이었다.

① ㄱ, ㄴ　② ㄱ, ㄷ　③ ㄴ, ㄷ　④ ㄴ, ㄹ　⑤ ㄷ, ㄹ

0652

(가), (나) 국가의 공통점으로 옳은 것은?

> • 갑: ___(가)___ 와/과 체결한 조약에는 부산 외에 두 개 항구를 열고 치외 법권과 함께 해안 측량을 허용하는 내용이 포함되어 있어.
> • 을: ___(나)___ 와/과 체결한 조약에는 치외 법권 외에 처음으로 최혜국 대우와 거중 조정 조항을 담은 것이 특징이야.

① 무력으로 조선을 개항시키려고 하였다.
② 청의 알선으로 조선과 조약을 체결하였다.
③ 조선의 문호 개방을 위해 상대국을 지원하였다.
④ 무역을 하면서 조선에 관세를 지불하지 않았다.
⑤ 조선에 대한 종주권을 국제적으로 승인받으려고 하였다.

0653

(가), (나) 조약에 대한 설명으로 옳은 것은?

> (가) 제1조 조선은 자주국이며 일본과 평등한 권리를 갖는다.
> 　　제10조 일본국 인민이 조선국에서 지정한 각 항구에 머무르는동안에 죄를 범한 것이 조선국 인민과 관계되더라도 모두 일본국 관원이 심의하여 처리한다.
> (나) 제4조 미국 인민이 상선이나 해안에서 조선국 인민의 생명과 재산에 손해를 주는 등의 일이 있을 때에는 미국의 영사관 혹은 미국에서 파견한 관원에게 넘겨 미국 법률로 체포하고 처벌한다.
> 　　제5조 무역을 목적으로 조선국에 오는 미국 상인 및 상선은 모든 수출입 상품에 대하여 관세를 지불해야 한다.

① (가) – 거중 조정 조항이 있었다.
② (가) – 일본 공사관의 경비병 주둔을 허용하였다.
③ (나) – 무력시위의 결과 체결되었다.
④ (나) – 조선이 맺은 최초의 근대적 조약이다.
⑤ (가), (나) – 조약 체결 이후 사절단을 파견하였다.

0654

(가), (나) 조약에 대한 설명으로 옳은 것은?

> (가) 대조선국 군주가 어떠한 은혜로운 정치와 법률과 이익을 다른 나라 혹은 그 상인에게 베풀 경우, 항해나 통상 무역, 상호 왕래 등의 일에서 미국 관리와 국민이 똑같이 혜택을 입도록 한다.
> (나) 프랑스국 국민으로서 조선국에 와서 언어·문자를 배우거나 가르치며 법률과 기술을 연구하는 사람이 있으면 모두 보호하고 도와줌으로써 양국의 우의를 돈독하게 한다.

① (가) – 양곡의 무제한 유출과 무관세 조항을 담았다.
② (가) – 외국 상인의 내지 통상권을 최초로 규정하였다.
③ (나) – 공사관 경비 명목의 군대 주둔 조항을 두었다.
④ (나) – 프랑스가 천주교 포교 자유를 인정받는 계기가 되었다.
⑤ (가), (나) – 조약 체결 이후 사절단으로 보빙사가 파견되었다.

0655

다음을 읽고 물음에 답하시오.

> • 아편 전쟁에서 패배한 [(가)]은/는 신식 무기 공장 설립, 육군과 해군 양성, 조선·철도·전신등근대 산업을 육성하는 등 근대적 개혁을 추진하였다.
> • 개항 이후 [(나)]에서는 에도 막부가 무너지고 일왕을 중심으로 하는 신정부가 수립되었다. 신정부는 부국강병과 문명개화를 목표로 근대적 개혁을 추진하였다.

(1) (가), (나) 국가를 각각 쓰시오.

(가): (   ), (나): (   )

(2) 두 국가가 표방한 개혁의 방침을 비교하여 서술하시오.

____

____

____

0656

다음을 읽고 물음에 답하시오.

> 광성보의 조선군 수비대는 아무도 항복하지 않고 죽거나 치명상을 입을 때까지 용감하게 싸웠다. 무기를 잃은 조선인은 돌멩이를 들어 미국인의 얼굴에 던졌다. …… 결국, 생존한 100여 명의 조선군은 언덕 아래 강으로 후퇴하여 몸을 던지거나 스스로 목을 그었다.

(1) 자료에 나타난 전쟁의 명칭을 쓰시오.

(   )

(2) 자료의 전쟁이 일어난 배경을 서술하시오.

____

____

____

0657

다음 정책이 갖는 의의와 한계를 서술하시오.

> 흥선 대원군은 서양의 통상 요구에 단호하게 대처하는 대외 정책을 표방하였다.

____

____

____

0658

다음을 읽고 물음에 답하시오.

> 〈사료로 보는 한국사〉
>
> 동양의 대국인 청도 서양 열강의 개국 통상의 강요를 받아들일 수밖에 없었다. 열강들의 개국 통상의 강요가 조만간 조선에도 가해질 것은 틀림없다고 생각한다. 게다가 조선 측으로 봐서는 그들의 개항 압박을 물리치려는 쇄국 정책을 유지해 낼 능력도 없다. 이러한 국내외의 상황을 보아 조선도 외국과 외교 관계를 갖지 않으면 안 된다.
>
> [해설] 자료는 역관으로 여러 차례 청을 왕래하며 견문을 넓힌 오경석의 주장이다. 오경석은 박규수 등과 함께 [(가)]을 제기하며, 부국강병을 위해 문호를 개방하고 서양과 통상해야 한다고 주장하였다.

(1) (가)에 들어갈 주장의 명칭을 쓰시오.

(   )

(2) 이 주장이 끼친 영향을 서술하시오.

____

____

0659

다음은 어느 방송 프로그램의 가상 대본이다. ㉠에 해당하는 내용을 **두 가지** 서술하시오.

> 〈다큐멘터리 H〉 23화 – 조선이 문을 연 날
> 사회자: (정면을 응시하며) 1876년 체결된 강화도 조약은 우리나라가 외국과 맺은 최초의 조약이지만, 불평등 조약이기도 한데요. 그 ㉠ 불평등성을 보여 주는 내용을 살펴보겠습니다.

0660

다음을 읽고 물음에 답하시오.

> 러시아를 막는 책략은 무엇과 같은가? 중국과 친하고, 일본과 결속을 맺고, 미국과 연합함으로써 자강을 도모할 뿐이다.

(1) 위 내용을 담고 있는 책의 이름을 쓰시오.

( )

(2) (1)의 책이 조선에 유포된 이후 나타난 상반된 두 움직임을 서술하시오.

[0661~0662] 다음을 읽고, 물음에 답하시오.

> • [(가)]의 적극적인 알선으로 체결되었다.
> • 조선이 최초로 서양 국가와 맺은 통상 조약이다.

0661

위 조약의 명칭을 쓰고, 조약의 성격을 조약 내용을 중심으로 서술하시오.

0662

(가)에 들어갈 국가를 쓰고, 위 조약의 체결을 알선한 이유를 서술하시오.

02 근대 국가 수립을 위한 노력(1)

빈출 개념
• 개화 정책과 위정척사 운동 비교
• 갑신정변의 주도 세력과 그 결과

1 개화 정책의 추진과 위정척사 운동

(1) 개화 정책의 추진

① 정치 제도

- **통리기무아문** 설치: 개화 정책 총괄, 개화파 인사 등용
- 12사 설치: 실무 담당

② 군제 개편: 5군영을 2영(무위영, 장어영)으로 개편, 신식 군대인 교련병대(별기군) 설치
　└─ 일본인 교관의 훈련을 받았다.

③ 사절단 파견 자료 ❶

- 수신사: 제1차 수신사(김기수 중심, 1876)와 제2차 수신사(김홍집 중심, 1880) 파견
- 조사 시찰단(일본, 1881): 박정양, 어윤중, 홍영식 등을 비밀리에 일본에 파견 ➡ 일본의 제도와 법률, 공장 등 조사 ➡ 고종에게 보고서 제출
- 영선사(청, 1881): 김윤식 중심으로 청에 파견 ➡ 무기와 탄약 제조 기술 등 학습 ➡ 이듬해 돌아와 한성에 기기창(근대적 무기 공장) 설치
- 보빙사(미, 1883): 미국과의 수교 이후 민영익을 대표로 한 답례 사절단 ➡ 미국 대통령 접견, 근대 시설 시찰

(2) 위정척사 운동 자료 ❷ 자료 ❸

① 의미: '정(正)'을 지키고 '사(邪)'를 물리친다는 뜻

② 전개　└─ '정'은 성리학과 성리학적 사회 질서를, '사'는 성리학 이외의 종교와 사상을 의미한다.

1860년대	• 흥선 대원군의 통상 수교 거부 정책 지지 • 척화 주전론: 이항로·기정진, 서양의 침략에 맞서 싸울 것을 주장
1870년대	• 강화도 조약 체결 무렵 일본의 개항 요구에 반대 • 왜양 일체론: 최익현, 일본이 서양과 같은 오랑캐라고 주장
1880년대	• 정부의 개화 정책 추진에 반대 • 『조선책략』의 유포에 반대하여 이만손 등의 유생들이 영남 만인소 작성

2 임오군란과 갑신정변

★(1) 임오군란(1882) 자료 ❹

배경	• 경제적 어려움: 개화 정책 추진으로 인한 조세 부담 증가, 일본으로의 곡물 수출로 쌀값 폭등 ➡ 도시 하층민을 중심으로 개화 정책과 일본의 경제 침탈에 대한 불만 증가 • 구식 군대의 불만: 별기군에 비해 열악한 대우를 받던 구식 군인들의 불만 고조
전개	• 구식 군대의 봉기: 정부 고관의 집 습격, 별기군의 일본인 교관 살해, 일본 공사관 습격, 도시 하층민들의 합세 ➡ 군란의 규모 확대, 명성 황후 피신 • 흥선 대원군의 재집권: 군란 수습, 개화 정책 중단, 5군영 부활, 별기군과 통리기무아문 폐지 등 ➡ 청군의 조선 출병, 흥선 대원군 압송
결과	• 청의 내정 간섭 심화: 조선에 청군 주둔, 마건상(마젠창)과 묄렌도르프를 각각 내정과 외교 분야의 고문으로 파견 • 조청 상민 수륙 무역 장정 체결(조선–청, 1882): 양화진과 한성 개방, 조선이 청의 '속방'임을 명시 • 제물포 조약 체결(조선–일본, 1882): 조선이 일본에 배상금 지불, 일본군이 자국 공사관 호위를 위해 한성에 주둔

Check! 잘 나오는 선지로 **개념** 확인하기

1 개항 이후 조선 정부가 추진한 개화 정책으로 옳지 <u>않은</u> 것을 모두 고르시오.

① 청에 영선사를 파견하였다.
② 통신사를 통해 일본과 교류하였다.
③ 무기 제조 공장인 기기창을 설치하였다.
④ 5군영을 무위영·장어영으로 통합하였다.
⑤ 미국과 수교한 후 미국에 보빙사를 보냈다.
⑥ 김기수, 김홍집 등을 수신사로 파견하였다.
⑦ 신식 군대인 별기군(교련병대)을 설치하였다.
⑧ 박정양, 어윤중 등을 조사 시찰단으로 파견하였다.
⑨ 개화 정책을 총괄하는 통리기무아문을 설치하였다.
⑩ 오경석을 보내 『해국도지』, 『영환지략』을 국내에 들여왔다.

2 위정 척사 운동에 대한 설명으로 옳지 <u>않은</u> 것을 모두 고르시오.

① 항일 의병 운동으로 이어졌다.
② 보수적인 양반 유생들이 주도하였다.
③ 이항로, 기정진 등이 척화 주전론을 내세웠다.
④ 흥선 대원군의 통상 수교 거부 정책을 지지하였다.
⑤ 박영효, 김윤식 등 젊은 양반 자제들이 주축을 이루었다.
⑥ 최익현 등이 왜양 일체론을 내세우며 개항에 반대하였다.
⑦ 일본에서 차관을 도입하려던 계획이 실패하면서 확산되었다.
⑧ 양반 중심의 성리학적 질서를 유지하려 했다는 한계를 지닌다.
⑨ 문호를 개방하고 서양과 통상해야 한다는 움직임을 주도하였다.
⑩ 이만손 등 영남 유생들이 만인소를 올려 정부의 개화 정책에 반대하였다.

답 1 ②, ⑩
　2 ⑤, ⑦, ⑨

(2) 개화파의 분화 [자료 5]

① 배경: 임오군란 이후 개화 방식과 외교 방향 등을 놓고 분화

② 내용

온건 개화파	• 청의 양무운동을 본받아 성리학적 질서를 유지하면서 서양의 과학 기술을 수용하려는 입장(동도서기론) • 청과의 전통적인 우호 관계 유지 주장 • 김윤식, 김홍집, 어윤중 등
급진 개화파	• 일본의 메이지 유신을 본받아 서양의 기술뿐만 아니라 사상과 제도까지 수용하자고 주장, 입헌 군주제 실시를 목표로 함 • 청의 내정 간섭에서 벗어날 것을 주장 • 김옥균, 박영효, 홍영식 등

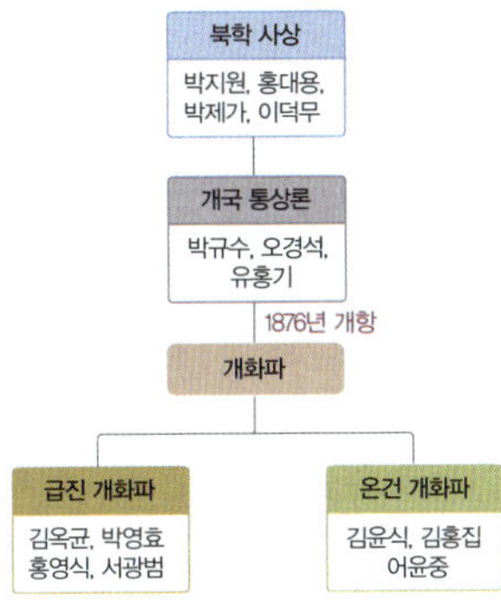

▲ 개화파의 형성과 분화

★(3) 갑신정변(1884)

① 배경: 청의 내정 간섭 강화, 김옥균의 차관 도입 실패로 급진 개화파 위축, 청프 전쟁 발발

② 전개: 우정총국 개국 축하연에서 정변을 일으킴 ➡ 민씨 정권의 요인 차단 ➡ 개화당 정부 수립 ➡ 개혁 정강 발표

③ 개혁 정강의 내용: 청에 대한 사대 관계 청산, 내각 제도 수립, 문벌 폐지 등 [자료 6]

④ 결과
- 청군의 개입과 일본군 철수로 개화당 정부 붕괴 ➡ 3일 만에 진압
- 한성 조약(조선–일본) 체결: 일본인에 대한 배상금 지급, 일본 공사관 신축비 보상
- 톈진 조약(청–일본) 체결: 조선에서 양국 군대를 동시에 철수, 이후 조선에 군대 파견시 상대국에 미리 알릴 것을 규정

⑤ 의의와 한계 [자료 7]
- 의의: 자주적 근대 국가 건설을 위한 우리나라 최초의 정치 개혁 운동
- 한계: 위로부터의 개혁, 토지 개혁 소홀, 일본의 군사적 지원에 의존

(4) 갑신정변 이후 열강의 각축 심화

자주 외교 추진	고종이 청을 견제하기 위해 조러 비밀 협약 추진 ➡ 청의 방해로 실패
거문도 사건 (1885)	영국이 러시아의 남하를 견제한다는 구실로 거문도 불법 점령 ➡ 청의 중재로 철수
조선 중립화론	한반도를 둘러싼 열강의 대립 격화 ➡ 부들러와 유길준이 조선의 중립국화 주장 [자료 8]

▲ 한반도를 둘러싼 열강의 각축

(5) 조선 정부의 자강 정책

대내	• 궁궐 안에 내무부 설치: 국정 업무 총괄, 개화 정책 추진 • 연무 공원(서양식 군사 훈련), 육영 공원(근대 학문과 외국어 학습) 설립
대외	일본과 미국에 조선의 공사관 설립 ➡ 조선이 자주국임을 내세움

3 개화파에 대한 설명으로 옳은 것을 모두 고르시오.

① 김옥균과 박영효 등은 동도서기론을 주장하였다.

② 강화도 조약 직후 개화 방식을 둘러싸고 분화하였다.

③ 온건 개화파는 일본의 메이지 유신을 본받으려 하였다.

④ 입헌 군주제 실시를 목표로 한 것은 온건 개화파이다.

⑤ 김윤식, 김홍집, 어윤중 등이 대표적인 온건 개화파이다.

⑥ 온건 개화파는 청과의 전통적인 우호 관계 유지를 주장하였다.

⑦ 급진 개화파는 서양의 기술뿐만 아니라 사상과 제도까지 수용하자고 주장하였다.

4 갑신정변에 대한 설명으로 옳은 것을 모두 고르시오.

① 3일 만에 실패로 끝났다.

② 청군이 정변을 진압하였다.

③ 구식 군인들의 반발로 일어났다.

④ 우정총국 개국 축하연에서 일어났다.

⑤ 별기군의 일본인 교관을 살해하였다.

⑥ 흥선 대원군이 책임자로 사태를 수습하였다.

⑦ 명성 황후가 변란을 피해 지방으로 피신하였다.

⑧ 일본 공사관에 일본군이 주둔하는 결과를 가져왔다.

⑨ 조청 상민 수륙 무역 장정이 체결되는 배경이 되었다.

⑩ 정변 세력은 개혁 정강을 발표하여 문벌 폐지 등을 주장하였다.

답 3 ⑤, ⑥, ⑦
　 4 ①, ②, ④, ⑩

자료 1 개항 이후 각국에 보낸 사절단
미래엔, 비상, 천재, 동아, 씨마스

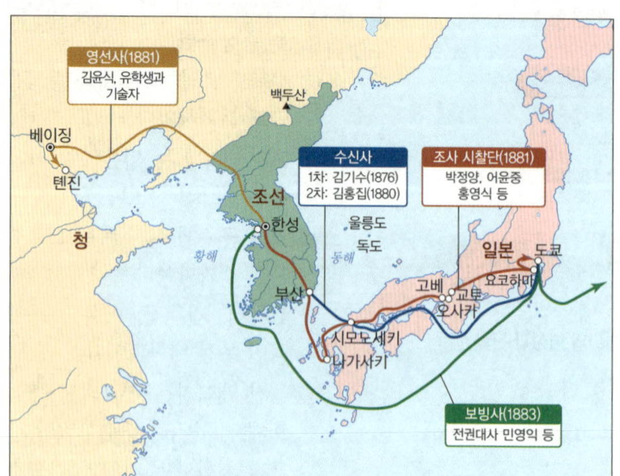

0663 조선 정부는 비밀리에 일본에 수신사를 보내 근대화에 필요한 정보를 조사하였다. ○/✕

0664 보빙사는 민영익을 대표로 하여 미국에 파견된 사절단이다. ○/✕

0665 영선사의 조사 내용을 바탕으로 근대적 무기 공장인 기기창이 세워졌다. ○/✕

자료 2 위정척사 운동의 전개
미래엔, 비상, 천재, 동아, 지학사, 씨마스, 해냄

- 오늘날 서양 오랑캐의 화가 홍수나 맹수의 해로움보다도 더 심합니다. …… 안으로 관리들에게 사학의 무리를 잡아 베게 하시고, 밖으로 장병들에게 바다를 건너오는 적을 정벌하게 하소서.
  – 이항로, 『화서집』
- 저들이 비록 왜인이라고 하나 실은 양적(서양 오랑캐)입니다. 강화가 한번 이루어지면 사학(邪學) 서적과 천주의 초상화가 교역하는 가운데 들어올 것입니다. 그렇게 되면 얼마 안 가서 사학이 온 나라 안에 퍼지게 될 것입니다. – 최익현, 『면암집』
- 러시아는 본래 우리와 혐의가 없는 나라입니다. …… 러시아 · 미국 · 일본은 같은 오랑캐입니다. 그들 사이에 누구는 후하게 대하고 누구는 박하게 대하기는 어려운 일입니다.
  – 영남 만인소의 내용, 『고종실록』

0666 위정척사 운동은 보수적인 양반 유생들을 중심으로 전개되었다. ○/✕

0667 위정척사 운동은 성리학적 사회 질서 유지를 목적으로 하였다. ○/✕

0668 위정척사 운동은 이후 항일 의병 운동으로 이어졌다. ○/✕

자료 3 개화를 둘러싼 갈등
비상, 천재, 동아

- **홍재학의 척사 상소**
  서양의 문물은 거의 대부분이 음탕한 것을 조장하고 욕심을 이끌며 윤리를 망치고 사람의 정신이 천지와 통하는 것을 어지럽히니, 귀로 들으면 내장이 뒤틀리고 눈으로 보면 창자가 뒤집히며 코로 냄새 맡거나 입술에 대면 마음이 바뀌어 본성을 잃게 됩니다. – 『고종실록』, 1881
- **고종의 개화 교서**
  저들(서양)의 종교는 사악하다. 마땅히 음탕한 소리나 치장한 여자를 멀리하듯이 해야 한다. 하지만 저들의 기술은 이롭다. 잘 이용하여 백성을 잘살게 할 수 있다면 농업, 양잠, 의약, 병기, 배, 수레에 대한 기술을 꺼릴 이유가 없다. – 『고종실록』, 1882

0669 위정척사를 주장하는 세력은 성리학 이외의 종교와 사상을 배격하였다. ○/✕

0670 고종은 개화 정책을 통해 나라를 발전시켜야 한다는 생각을 갖고 있었다. ○/✕

0671 정부는 개화 정책을 이어 가면서 위정척사 운동을 탄압하였다. ○/✕

자료 4 조청 상민 수륙 무역 장정(1882)과 제물포 조약(1882)
미래엔, 비상, 천재, 동아, 지학사, 씨마스, 해냄

- **조청 상민 수륙 무역 장정**
  이번에 제정한 수륙 무역 장정은 청이 속방(속국)을 우대하는 뜻에서 상정한 것이고, 각국과 일체 같은 이득을 보도록 하는 데 있지 않다. ……
  제1조 청의 상무위원을 서울에 파견하고 조선 대관을 톈진에 파견한다. 청의 북양대신과 조선 국왕은 대등한 지위를 가진다. – 『고종실록』, 1882
- **제물포 조약**
  제1조 조선국은 5만 원을 내어 해를 당한 일본 관리들의 유족 및 부상자에게 주도록 한다.
  제5조 일본 공사관에 군인 약간을 두어 경비한다. 그 비용은 조선국이 부담한다. – 『고종실록』, 1882

0672 청은 임오군란 이후 조선에 대한 내정 간섭을 더욱 강화하였다. ○/✕

0673 제물포 조약으로 조선은 일본에 배상금을 지불하고, 일본군의 주둔을 허용하였다. ○/✕

0674 제물포 조약으로 조선에 마건상과 위안스카이가 파견되어 군사와 외교를 간섭하였다. ○/✕

자료 5 온건 개화파와 급진 개화파의 주장
미래엔, 천재, 동아, 씨마스

- **온건 개화파의 주장**

  각국이 조선이 청과 조공·책봉 관계임을 내세우면 청도 우리를 책임지지 않을 수 없고, 각국 또한 우리를 가볍게 보지 못할 것이다. 그리고 그 아래에 '내치는 자주에 속한다.'라는 내용까지 넣는다면 만국 공법 체제 속에서 구미 제국과의 조약 체결에 방해되지 않을 뿐만 아니라 국권을 상실할 염려도 없어지게 된다.
  – 김윤식

- **급진 개화파의 주장**

  오래전부터 청국이 조선을 속국으로 생각해 온 것은 참으로 부끄러운 일이며, 나라가 진작 희망이 없는 것은 역시 여기에 원인이 없지 않다. 여기서 첫째로 해야 할 일은 기반을 확립하고 특히 독립 자주국을 수립하는 일이다. 독립을 바라면 정치나 외교를 스스로 노력해 강해져야 한다.
  – 김옥균

0675 온건 개화파는 청과의 우호 관계를 중시하였다. ○ / ✕

0676 급진 개화파는 서양의 기술뿐만 아니라 사상과 제도까지 수용할 것을 주장하였다. ○ / ✕

0677 급진 개화파는 청의 양무운동을 본받아 급진적인 개혁을 추구하였다. ○ / ✕

자료 6 갑신정변 당시 개혁 정강(일부)
미래엔, 비상, 천재, 동아, 지학사, 씨마스, 해냄

1. 대원군을 가까운 시일 내 돌아오게 하고 청에 조공하는 허례의 행사를 폐지할 것
2. 문벌을 폐지하여 인민 평등의 권리를 제정하고 능력에 따라 관리를 등용할 것 — 문벌 폐지
3. 지조법을 개혁하여 간사한 관리를 뿌리 뽑고 백성의 곤란을 구제하며 국가 재정을 넉넉하게 할 것
12. 재정은 모두 호조에서 관할케 하고 그 밖의 재무 관청은 폐지할 것 — 재정의 일원화
13. 대신과 참찬은 합문 안의 의정소에서 회의·결정하고 정령을 공포해서 시행할 것 — 국왕의 전제권 제한
   – 김옥균, 『갑신일록』

0678 갑신정변을 일으킨 사람들은 청과의 사대 관계를 청산하려고 하였다. ○ / ✕

0679 갑신정변 당시의 개혁 정강에는 재정의 일원화 및 인민 평등에 대한 내용이 담겨 있다. ○ / ✕

0680 갑신정변은 국왕의 권한을 강화하는 방향의 개혁을 추진하였다. ○ / ✕

자료 7 갑신정변에 대한 평가
미래엔, 비상, 천재, 동아, 지학사, 해냄

- 김옥균은 청의 종주권 아래 놓여 있는 굴욕감을 이겨 내지 못해 어떻게 하면 이와 같은 치욕에서 벗어나 조선이 세계 각국 가운데에서 평등하고 자유로운 일원이 될 것인가 노심초사했다. …… 그리하여 새로운 지식을 받아들이고 새로운 기술 채용에 따라 정부와 일반 사회의 인습을 변화시킬 필요를 확신했다.
  – 서재필, 『회고 갑신정변』

- 개화당의 실패는 우리에게 매우 애석한 일이다. …… 어찌 일본인이 진심으로 김옥균을 성공하게 하고, 성의 있게 조선의 운명을 위해 노력하겠는가? …… 일본이 이를 이용하여 청으로부터의 독립을 권하고 원조까지 약속하였지만, 사실은 조선과 청의 악감정을 도발하여 그 속에서 이익을 얻으려는 속셈이었다.
  – 박은식, 『한국통사』

0681 갑신정변은 자주적 근대 국가를 건설하려고 한 정치 개혁 운동이었다. ○ / ✕

0682 갑신정변은 일본의 군사적 지원에 지나치게 의존하였다. ○ / ✕

0683 갑신정변은 아래로부터의 개혁으로 민중의 적극적인 지지를 받았다. ○ / ✕

자료 8 조선을 둘러싼 열강의 대립과 조선의 중립화론
미래엔, 비상, 천재

우리나라가 아시아의 중립국이 된다면 실로 러시아를 방어하는 큰 기틀이자 아시아의 여러 대국이 서로 보전하는 정략이 될 수 있다. …… 오직 중립 한 가지만이 진실로 우리나라를 지키는 방책이다. 그러나 우리가 먼저 제창할 수 없으니 중국에 요청하여 이를 맡아 처리해 주도록 해야 한다.
– 『유길준전서』

0684 영국은 러시아의 남하를 막는다는 구실로 거문도를 불법 점령했다. ○ / ✕

0685 유길준은 한반도를 둘러싼 열강의 대립이 심해지자 조선을 중립국으로 삼자고 주장하였다. ○ / ✕

0686 갑신정변 이후 조선에 대한 러시아의 내정 간섭이 더욱 심화되었다. ○ / ✕

0687

(가) 기구가 운영되던 시기에 있었던 사실로 옳은 것은?

> 개항 이후 조선 정부는 부국강병을 목표로 개화 정책을 추진하였다. 이를 위해 종래의 의정부·6조와는 별개로 (가) 을/를 설치하였다. 이 기구는 그 아래 12사를 두고 외국과의 교섭·통상에 관한 사무와 개화에 관한 사무를 총괄하였다.

① 별기군이 창설되었다.
② 보빙사가 파견되었다.
③ 운요호 사건이 일어났다.
④ 개화당 정부가 수립되었다.
⑤ 조일 수호 조규 부록이 체결되었다.

0688

다음 자료를 활용한 탐구 활동으로 가장 적절한 것은?

> 조사로 선발된 12명의 관료들은 개별적으로 수행원 1~5명을 데리고 각자 서울에서 부산으로 향했다. 부산에 집결한 일행은 체류 기간도 정해지지 않은 채 일본 상선을 타고 출발하였는데 인원은 총 60여 명이었다. 파견의 목적은 정부의 개화 정책 추진에 필요한 정보를 확보하는 것이었으며, 이때 박정양은 내무성, 홍영식은 육군성, 어윤중은 대장성을 맡는 등 12명의 조사들에게 각각 시찰 분야가 지정되었다.

① 운요호 사건의 결과를 파악한다.
② 거문도 사건이 일어난 배경을 분석한다.
③ 통상 수교 거부 정책의 내용을 살펴본다.
④ 세도 정치 시기 대외 관계의 특징을 조사한다.
⑤ 개항 이후 조선 정부의 개화 정책을 알아본다.

0689

밑줄 친 '그'에 대한 설명으로 옳은 것만을 보기 에서 있는 대로 고른 것은?

> 그가 명을 받들고 나라를 떠난 것은 얼마나 중대한 일이었습니까? 그런데 임금의 명령을 욕되게 하지 않는 것에 대해서는 힘쓰지 않고, 외국 사람에게 유혹되어 이른바 황준헌이 지었다는 책을 경솔하게 받아가지고 와서 감히 전하게 바쳤습니다.

보기

ㄱ. 갑오·을미개혁을 이끌었다.
ㄴ. 2차 수신사로 일본에 다녀왔다.
ㄷ. 이후 온건 개화파로 분류되었다.
ㄹ. 삼국 간섭 이후 일본에 망명하였다.

① ㄱ, ㄷ   ② ㄱ, ㄹ   ③ ㄴ, ㄹ
④ ㄱ, ㄴ, ㄷ   ⑤ ㄴ, ㄷ, ㄹ

0690

다음 시찰단의 활동에 대한 설명으로 옳은 것은?

> 1881년 4월 10일부터 7월 2일까지 박정양, 어윤중 등이 이끄는 60여 명은 일본의 교토, 도쿄 등 주요 도시를 돌아보며 정치, 군사, 산업 등 각 분야별 문물을 시찰하였다.

① 조일 수호 조규의 체결을 뒷받침하였다.
② 근대적 무기 공장인 기기창을 설립하는 계기가 되었다.
③ 이들이 들여온 서적은 미국과의 조약 체결에 영향을 주었다.
④ 이들이 귀국 후 제출한 보고서는 정부의 개화 정책에 기여하였다.
⑤ 일본을 시찰한 이후 곧장 귀국하지 않고 미국과 청을 돌아보며 신문물을 배워왔다.

0691

다음의 보고서가 작성된 배경으로 옳은 것은?

> 조사(朝士) ○○○, 보고합니다.
>
> 　메이지 유신 후 일본 정부는 전신의 가설에 착수하였습니다. 이에 1880년에는 전신이 증가하고 선로가 연장되어 대략 1,600리가 되었습니다. …… 또 우편을 처음 실시하여 그 선로가 15,700리로 연장되어 어느 때나 2전의 비용으로 국내 각 지방과 통신합니다.

① 수신사가 일본에서 돌아왔다.
② 내무부를 통해 개혁이 추진되었다.
③ 임오군란으로 사절단이 귀국하였다.
④ 정보 수집을 위한 사절단이 비밀리에 파견되었다.
⑤ 민영익을 대표로 한 사절단이 근대 시설을 돌아보았다.

0692

다음 대화에 따라 추진된 정책과 관련된 설명으로 옳은 것만을 〈보기〉에서 고른 것은?

> - 관리: 외적을 막으려면 반드시 먼저 군사를 훈련시켜야 하고, 군사를 훈련시키려면 훌륭한 무기의 도움을 받아야 합니다.
> - 왕: 그대는 기술자들을 널리 선발하여 톈진에 가되, 자금과 식량이 드는 것을 아까워하지 말고 무기 만드는 방법을 얻어 오도록 하라.

〈보기〉

ㄱ. 영선사가 청에 파견되었다.
ㄴ. 기기창이 설치되어 신식 무기를 만들었다.
ㄷ. 조선과 청이 상민 수륙 무역 장정을 체결하였다.
ㄹ. 청이 조선에 재정 고문과 외교 고문을 파견하였다.

① ㄱ, ㄴ　　　② ㄱ, ㄷ　　　③ ㄴ, ㄷ
④ ㄴ, ㄹ　　　⑤ ㄷ, ㄹ

0693

밑줄 친 '사절단'에 대한 설명으로 옳은 것은?

> ### 역사신문
> 제 △△호　　　　　　　　　　　○○○○년 ○○월 ○○일
>
> **전권대사 민영익 일행, 큰 환대 받아**
>
> 정부가 민영익을 전권 대사로 임명하여 파견한 사절단이 목적지에 무사히 도착하였다. 전년에 체결한 조약에서의 외교관 왕래 교섭이라는 원칙에 따라 파견된 이들은 현지인들로부터 큰 환대를 받았다. 한편, 수행원 가운데 유길준은 그곳에 남아 유학할 것을 고려하고 있다고 한다.

① 강화도 조약의 후속 조치로 보내졌다.
② 귀국할 때 『조선책략』을 가지고 들어왔다.
③ 서양 국가에 파견된 최초의 사절단이었다.
④ 개화 반대 여론으로 인해 비밀리에 파견되었다.
⑤ 기기국에서 근대 무기 제조 기술을 습득하고 돌아왔다.

0694

다음 주장을 폈던 세력에 대한 설명으로 옳지 <u>않은</u> 것은?

> 　일단 강화를 맺고 나면 저들의 욕심은 물화를 교역하는 데 있습니다. 저들의 물화는 모두 지나치게 사치하고 기이한 노리개로, 공산품이며 그 양이 무궁합니다. 우리의 물화는 모두가 백성들의 생명이 달린 것이고 땅에서 나는 것으로 한정이 있는 것입니다. 이와 같이 피와 살이 되어 백성들의 목숨이 달려 있는 유한한 물화를 가지고 저들의 사치하고 기이하며 심성을 좀 먹고 풍속을 무너뜨리는 물화와 교역을 한다면 그 양은 분명 1년에도 수만에 달할 것입니다. 그렇게 되면 몇 년 안 지나 땅과 집이 모두 황폐하여 다시 보존하지 못하게 될 것이고, 나라 또한 망하게 될 것입니다.

① 북학파의 영향을 받았다.
② 최익현, 유인석 등이 대표적이다.
③ 흥선 대원군의 외교 정책을 지지하였다.
④ 성리학적 사회 질서를 수호하고자 하였다.
⑤ 이후 항일 의병 운동을 주도하는 세력이 되었다.

0695

다음 주장에 대한 설명으로 옳은 것은?

> 러시아는 본래 우리와 싫어하고 미워할 처지에 있지 않은 나라입니다. 공연히 타인의 말을 믿었다가 틈이 생긴다면 우리의 체통이 손상되게 됩니다. 만일 그들이 이것을 빙자하여 군사로 침입해 들어오면 전하는 장차 어떻게 하시렵니까. 또한, 러시아나 미국, 일본 등은 같은 오랑캐입니다. 그들 사이에 누구는 후하게 대하고 누구는 박하게 대하기는 어려운 일입니다.
> — 『일성록』

① 척화 주전론의 내용이다.
② 외세 의존적인 성격이 나타나 있다.
③ 러시아와 수교하는 데 영향을 미쳤다.
④ 강화도 조약에 대해 반대하는 입장을 담고 있다.
⑤ 이만손 등 영남 지방 유생들이 내세운 주장이었다.

0696

다음 주장에 대한 설명으로 옳은 것은?

> 서양의 종교는 사악하므로 멀리해야겠지만, 그들의 기계는 정교하니 그것으로 이용후생이 가능하다면 농기구나 의약품, 무기, 운송 수단을 만드는 데 무엇을 꺼려서 하지 않겠는가 그들의 종교는 배척하되 그들의 기계를 본받는 것은 서로 부딪치지 않고 병행할 수 있는 것이다. 하물며 강약의 형세가 이미 현격하게 차이가 나는 상황에서 저들의 기계를 본받지 않고 어떻게 저들의 침략을 막고 저들이 넘보는 것을 막을 수 있겠는가.
> — 『고종실록』

① 문명개화론에 입각하였다.
② 김윤식, 김홍집 등이 옹호하였다.
③ 박문국을 중심 기구로 삼고자 하였다.
④ 흥선 대원군의 대외 정책을 지지하였다.
⑤ 성리학적 사회 질서의 유지를 강조하였다.

0697

다음 주장을 제기한 세력에 대한 설명으로 옳은 것은?

> 이적(夷敵)이 문명 국가에 화를 준 것 중 서양 오랑캐보다 심한 것은 없습니다. 우리나라에 잠입해 사학(邪學)을 널리 전하는 것은 자기 패거리를 심어서 밖과 안에서 상응하며, 우리의 허와 실을 정탐해 군사를 거느리고 쳐 들어와 우리의 윤리 제도를 더럽히고, 우리의 재화를 약탈함으로써 끝없는 욕심을 채우기 위해서입니다.

① 조선 중립화론을 제기하였다.
② 성리학적 사회 질서를 지키고자 하였다.
③ 흥선 대원군의 대외 정책에 반발하였다.
④ 박규수, 오경석 등이 대표적인 인물이다.
⑤ 문명 개화론의 입장에서 개혁을 추진하였다.

0698

(가), (나) 시기 사이에 있었던 사실로 옳은 것은?

> (가) 병인양요를 전후하여 서양 열강의 압박이 거세어지자, 이항로 등은 척화주전론을 내세우며 흥선 대원군의 대외 정책을 지지하였다.
> (나) 『조선책략』의 유포를 계기로 이만손 등 영남의 유생들은 만인소를 올려 개화 정책의 추진과 미국과의 수교를 반대하였다.

① 보빙사가 파견되었다.
② 갑신정변이 일어났다.
③ 한성 조약이 체결되었다.
④ 삼정이정청이 설치되었다.
⑤ 최익현이 왜양일체론을 주장하였다.

0699

다음과 같은 사건이 일어나게 된 원인으로 옳은 것은?

> 무위영과 장어영 소속의 군인들과 도시의 빈민들이 정부 고관의 집을 습격하는 한편 일본인 교관을 죽이고 일본 공사관을 습격하였다. 이로 인해 민겸호 등 정부 고관들과 일본인들이 피살되었으며, 살아남은 일본 공사 관원은 인천을 거쳐 일본으로 피신하였다.

① 통리기무아문이 폐지되었다.
② 비변사의 기능이 축소되었다.
③ 영남 유생들이 만인소를 올렸다.
④ 구식 군인에 대한 차별이 심하였다.
⑤ 천주교에 대한 대규모 박해가 일어났다.

0700

다음 결과를 가져온 사건과 관련된 설명으로 옳은 것은?

> 조선은 일본과 제물포 조약을 체결하여 배상금을 물고 일본 공사관의 경비병 주둔을 인정하였다.

① 신분 제도를 철폐하였다.
② 공사 노비제를 폐지하였다.
③ 보수적인 유생들이 주도하였다.
④ 운요호의 강화도 침범을 야기하였다.
⑤ 흥선 대원군이 일시적으로 집권하였다.

0701

다음 (가), (나) 조약에 대한 설명으로 옳지 <u>않은</u> 것은?

> 임오군란을 빌미로 청과 일본은 조선에서 영향력을 확대하였다. 조선은 일본과 ┌─(가)─┐ 를 체결하였으며, 청은 군란을 진압한 이후에도 군대를 주둔시키면서 ┌─(나)─┐ 를 체결하였다.

① (가) - 일본군의 주둔을 허용하였다.
② (가) - 일본 공사관 신축비를 부담하게 하였다.
③ (나) - 조선을 속국으로 규정하였다.
④ (나) - 양화진과 한성을 개방하게 하였다.
⑤ (가), (나) - 구식 군대가 일으킨 반란의 결과로 체결되었다.

0702

밑줄 친 '군란'의 결과로 옳은 것은?

> 갑: 선혜청 당상 민겸호가 군인들에게 살해되었다고 하네.
>
> 을: <u>군란</u>이 일어났다는 소식은 나도 들었네. 흥선 대원군이 수습을 위해 입궐하였다는 군.

① 별기군이 창설되었다.
② 척화비가 건립되었다.
③ 제물포 조약이 체결되었다.
④ 통리기무아문이 설치되었다.
⑤ 일본에 영사 재판권을 인정하였다.

0703

다음과 같이 전개된 사건이 미친 영향으로 옳은 것은?

> • 고종은 난리가 일어났다는 말을 듣고 급히 대원군을 불렀으며, 대원군은 난병을 따라 들어갔다. …… 대원군은 궁궐 안에 있으면서 통리기무아문과 무위영, 장어영을 폐지시키고 5위의 군제를 복구하였다.
> • 왕이 "중전의 시신을 사방에 찾아보았지만 끝내 그림자도 없으니 또한 어찌할 도리가 없다. …… 제반 시행 절차는 입던 옷을 가지고 장사 지내는 것으로 마련할 것이다."라고 말하였다.

① 통상 반대 운동이 일어났다.
② 흥선 대원군이 중앙 정계에서 밀려났다.
③ 청과 일본 사이에 톈진 조약이 체결되었다.
④ 개화의 방향을 둘러싸고 개화파가 분화되었다.
⑤ 조선을 중립국으로 만들자는 주장이 대두하였다.

0704

다음과 같은 성향을 가진 개혁 세력에 대한 설명으로 옳지 <u>않은</u> 것은?

> • 일본의 문명개화론을 개혁의 사상적 기반으로 삼았다.
> • 정치, 경제, 사상 모든 분야에 걸친 개혁을 추진하였다.

① 내각 제도의 확립을 주장하였다.
② 합리적인 조세 제도를 수립하고자 하였다.
③ 청과의 관계를 청산하여 주권을 확립하고자 하였다.
④ 임오군란 이후 민씨 정권과 협력하여 개혁을 추진하였다.
⑤ 문벌을 타파하고 능력에 따라 관리를 등용하고자 하였다.

[0705~0706] 다음을 보고 물음에 답하시오.

(가) 의 전개 과정	
날짜	내용
10. 17. 밤	(가) 의 발발
10. 17. 밤	고종을 경우궁으로 옮김.
10. 18. 오전	개화당 정부 수립 공포
10. 19. 오전	개혁 정강 발표
10. 19. 오후	청군 출동, 일본군 후퇴
10. 20. 오전	김옥균 등 인천 이동
10. 24. 오전	김옥균, 박영효, 서광범, 서재필 등 일본 망명

0705

(가) 사건이 일어난 배경으로 가장 적절한 것은?

① 을미사변이 일어났다.
② 한성 조약이 체결되었다.
③ 동학 농민 운동이 전개되었다.
④ 청이 조선의 내정을 간섭하였다.
⑤ 영국이 거문도를 불법 점령하였다.

0706

(가) 사건이 끼친 영향에 대한 학생들의 발표 내용으로 가장 적절한 것은?

① 임오군란이 일어났습니다.
② 이만손 등이 영남 만인소를 올렸습니다.
③ 조청 상민 수륙 무역 장정이 체결되었습니다.
④ 청과 일본이 조선에서 병력을 철수하였습니다.
⑤ 묄렌도르프가 고문으로 조선에 파견되었습니다.

0707

(가) 세력이 추진한 개혁 내용으로 옳은 것만을 보기 에서 고른 것은?

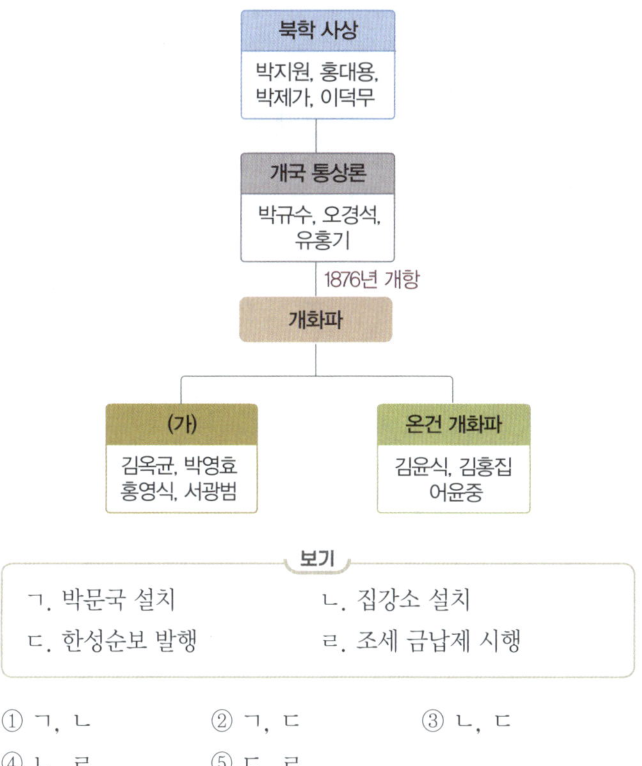

보기

ㄱ. 박문국 설치
ㄴ. 집강소 설치
ㄷ. 한성순보 발행
ㄹ. 조세 금납제 시행

① ㄱ, ㄴ
② ㄱ, ㄷ
③ ㄴ, ㄷ
④ ㄴ, ㄹ
⑤ ㄷ, ㄹ

0708

난이도 상

밑줄 친 '개혁 정강'에 대한 내용으로 옳은 것은?

> 급진 개화파는 우정총국 개국 축하연에서 정변을 일으켜 개화당 정부를 수립하였다. 개화당 정부는 개혁 정강을 발표하여 청과의 사대 관계를 청산하고 국가 체제를 개혁하고자 하였다.
> – 박은식, 『한국통사』

① 왜와 통하는 자는 엄벌한다.
② 중범죄의 공개 재판을 실시한다.
③ 탁지아문을 통해 재정을 일원화한다.
④ 지조법을 통한 토지 개혁을 실시한다.
⑤ 대신과 참찬은 합문 안의 의정소에서 회의 결정한다.

[0709~0710] 다음을 읽고 물음에 답하시오.

> 나는 자금이 없이는 아무것도 할 수 없고 지금 (일본에서) 빈손으로 귀국하면 집권 사대당은 나를 비판하며 궁지에 몰아넣을 것임을 알고 있다. …… 우리의 개혁안도 없어질 것이며 조선은 청국의 속국이 될 수밖에 없다. 우리 당과 사대당은 공존할 수 없기에 <u>최후의 선택</u>을 할 수밖에 없다.

0709

밑줄 친 '최후의 선택'이 일어난 시기를 아래 연표에서 옳게 고른 것은?

1863	1873	1882	1885	1894	1904
(가)	(나)	(다)	(라)	(마)	
고종 즉위	흥선 대원군 하야	임오 군란	거문도 사건	청일 전쟁	러일 전쟁

① (가)
② (나)
③ (다)
④ (라)
⑤ (마)

0710

위 사건의 결과로 옳은 것은?

① 김홍집 내각이 구성되었다.
② 통리기무아문이 폐지되었다.
③ 일본이 공사관 신축비를 받아 냈다.
④ 묄렌도르프가 고문으로 파견되었다.
⑤ 고종이 러시아 공사관으로 피신하였다.

0711

다음 정강이 담고 있는 의미를 분석한 내용으로 옳지 <u>않은</u> 것은?

> 1. 대원군을 가까운 시일 안에 돌아오게 하고 청에 조공하는 허례의 행사를 폐지할 것
> 2. 문벌을 폐지하여 인민 평등의 권리를 제정하고 능력에 따라 관리를 등용할 것
> 3. 지조법을 개혁하여 간사한 관리를 뿌리 뽑고 백성의 곤란을 구제하며, 국가 재정을 넉넉하게 할 것
> 6. 각 도의 환곡을 영구히 폐지할 것
> 8. 급히 순사를 두어 도둑을 막을 것
> 9. 혜상공국을 혁파할 것
> 12. 모든 재정은 호조에서 통할할 것

① 재정의 일원화
② 인민 평등권 확립
③ 토지 제도의 개혁
④ 보부상의 특권 혁파
⑤ 청과의 사대 관계 청산

0712

밑줄 친 '이 사건' 이후 체결된 조약으로 옳은 것은?

> <u>이 사건</u>은 청의 내정 간섭 강화에 반발하여 일어났으며, 일본의 메이지 유신을 본받아 위로부터의 개혁을 추진하려고 한 것이다.

① 톈진 조약
② 제물포 조약
③ 조일 통상 장정
④ 조미 수호 통상 조약
⑤ 조청 상민 수륙 무역 장정

0713

다음 조약이 체결된 시기를 연표에서 옳게 고른 것은?

> 1. 청·일 양국 군대는 4개월 이내에 조선에서 동시 철병할 것
> 2. 청·일 양국은 조선 국왕이 군대를 교련하여 스스로 지킬 수 있게 하되, 외국 무관 1인 내지 여러 명을 채용하고 두 나라의 무관은 조선에 파견하지 않을 것
> 3. 장차 조선에서 변란이나 중대사로 두 나라 중 한 나라가 출병할 필요가 있을 때는 먼저 문서로 조회하고 사건이 진정된 뒤에는 즉시 병력을 전부 철수하여 잔류시키지 않을 것

	(가)	(나)	(다)	(라)	(마)	
운요호 사건 발생		임오군란 발생	갑신정변 발생	동학 농민 운동 발생	청일 전쟁 발발	러일 전쟁 발발

① (가)
② (나)
③ (다)
④ (라)
⑤ (마)

0714

밑줄 친 '거사'가 실패한 이유로 적절하지 <u>않은</u> 것은?

> 일찍이 박영효 등은 일본과 서양을 다녀와서 저들의 부강함을 부러워 한 나머지 옛 풍속을 모두 버리고 서양 제도를 배워 개화의 열매를 맺으려고 힘썼다. …… 은밀히 모의하여 임금을 위협하여 경우궁으로 옮겼다. 민태호 등을 모두 제거하고, 일본을 꾀어 군사를 이끌고 들어와 청의 군대를 막으려 하였다. 그리고 <u>거사</u>가 성공하면 하고자 했던 일을 차례대로 시행하려 하였다. …… 그 후 주모자들이 도주하여 그들이 하고자 했던 바를 밝힐 길이 없게 되었다.
>
> — 『매천야록』

① 주도 세력의 지지 기반이 미약하였다.
② 미국의 군사력에 지나치게 의존하였다.
③ 준비가 부족한 상태에서 외세에 의존하였다.
④ 청군의 무력 개입을 막을 독자적인 군사력이 없었다.
⑤ 위로부터의 개혁을 추진하여 백성들의 지지를 얻지 못하였다.

0715

다음 조약이 체결된 시기를 연표에서 옳게 고른 것은?

> 제1조 조선국에서는 국서를 일본에 보내어 사의를 표명한다.
> 제2조 이번에 살해당한 일본인 인민의 유가족과 부상자를 구제하며, 상인들의 화물을 훼손·약탈한 것을 보상하기 위하여 조선국에서 11만 원을 지불한다.
> 제4조 일본 공관을 새로운 자리로 옮겨서 지으려고 하는데, 조선국에서는 택지와 건물을 공관 및 영사관으로 넉넉히 쓸 수 있게 해주어야 하며, 그것을 수리하고 증축하는 데에 다시 조선국에서 2만 원을 지불하여 공사 비용으로 충당한다.
> 제5조 일본 호위병의 병영은 공관 부근에 택하여 정하고 임오속약 제5관에 의하여 시행한다.

1873	1876	1882	1884	1894	1896
(가)	(나)	(다)	(라)	(마)	
흥선 대원군 하야	강화도 조약	임오군란	갑신정변	갑오개혁	아관 파천

① (가)　　② (나)　　③ (다)　　④ (라)　　⑤ (마)

0716

밑줄 친 '영국 군인들'이 이 섬에 주둔하고 있었던 시기의 국제 정세로 적절한 것을 〈보기〉에서 고른 것은?

> 이 섬의 목장에서 목동 노릇을 했던 한 노인은 목동 시절에 외웠던 영어 몇 마디를 잊지 않고 있었다. 영국 군인들은 내외가 깍듯하여 섬 부녀자를 만나면 시야에서 사라질 때까지 외면하고 서 있었으며, 동네 샘에서 물 한 바가지 퍼 마시고는 마신 바가지 수만큼 동전을 놓고 갔다 한다.

〈보기〉

> ㄱ. 영국은 조선에 대한 일본의 지배권을 인정하였다.
> ㄴ. 조선에 대한 러시아의 영향력이 강화되고 있었다.
> ㄷ. 영국과 러시아의 국제적 대립이 치열하게 전개되었다.
> ㄹ. 프랑스, 러시아, 독일이 일본의 세력 확장에 제동을 걸었다.

① ㄱ, ㄴ　　② ㄱ, ㄹ　　③ ㄴ, ㄷ
④ ㄴ, ㄹ　　⑤ ㄷ, ㄹ

0717

다음 주장이 등장한 시기에 있었던 일로 옳은 것은?

> 우리나라가 아시아의 중립국이 되는 것은 러시아를 막는 중요한 계기가 될 것이며, 또 아시아의 대국들이 서로 균형을 이루는 정략도 될 것이다. …… 오직 중립 한 가지만이 진실로 우리나라를 지키는 방책이지만, 이를 우리가 먼저 제창할 수 없으니, 중국이 이를 맡아서 처리해 주도록 청하는 것이 좋을 듯하다.

① 일본의 침략에 반대하는 항일 의병이 일어났다.
② 조선 내정에 대한 청의 간섭이 크게 약화되었다.
③ 영국은 러시아를 견제하려고 거문도를 불법 점령하였다.
④ 러시아와 일본은 미국의 중재로 포츠머스 조약을 체결하였다.
⑤ 조선의 구식 군인들이 폭동을 일으켜 외국 공사관을 습격하였다.

0718

(가) 시기 조선의 상황으로 옳은 것만을 〈보기〉에서 있는 대로 고른 것은?

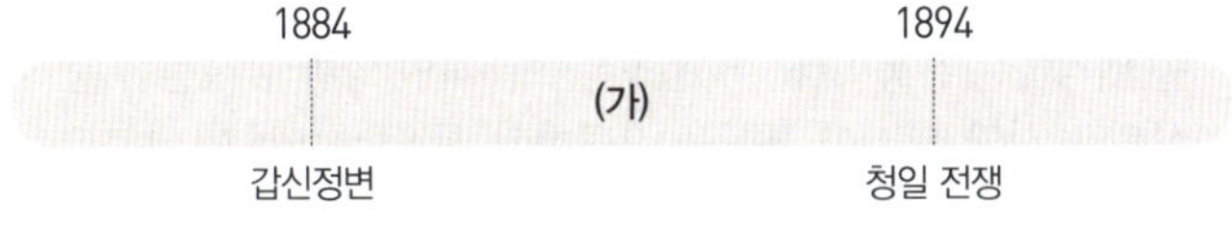

1884		1894
	(가)	
갑신정변		청일 전쟁

〈보기〉

> ㄱ. 청의 내정 간섭을 받았다.
> ㄴ. 청과 일본 상인의 경쟁이 치열하였다.
> ㄷ. 급진 개화파와 온건 개화파의 대립이 심화되었다.
> ㄹ. 조선이 통상을 요구하며 침입한 프랑스군과 미군을 강화도에서 막아 내었다.

① ㄱ, ㄴ　　② ㄴ, ㄹ　　③ ㄱ, ㄴ, ㄷ
④ ㄱ, ㄴ, ㄹ　　⑤ ㄴ, ㄷ, ㄹ

0719

밑줄 친 부분에 해당하는 내용을 서술하시오.

> 개항 이후 조선 정부는 대외 정세에 대응하고 개화 정책을 적극적으로 추진하기 위해 행정 기구를 개혁하고 군제를 개편하였다.

0720

다음에서 설명하는 운동의 전개 양상을 서술하시오.

> 성리학적 사회 질서를 지키고, 성리학 이외의 종교와 사상을 배격하는 운동이다. 이 운동은 보수적인 양반 유생들을 중심으로 서양 열강이 통상을 요구하기 시작한 19세기 말부터 본격적으로 전개되었다.

0721

(가) 운동의 의의와 한계에 대해 서술하시오.

(가) 의 전개		
시기	배경	주요 내용
1860년대	열강의 통상 요구	척화주전론을 내세우며 통상 수교 반대
1870년대	일본의 개항 요구	왜양일체론을 내세우며 개항 반대
1880년대	『조선책략』의 유포	영남 만인소를 올리며 미국과 수교 반대

0722

다음을 읽고 개화 방법에 대한 두 인물의 입장 차이를 비교하여 서술하시오.

> • 박정양: 일본은 겉모습만 보면 자못 부강한 듯합니다. 그러나 그 속을 살펴보면 실은 그렇지 않습니다. 일단 서양과 통교한 이후로는 …… 기계를 설치할 때마다 다른 나라들에 진 부채가 매우 많습니다.
> • 홍영식: 일본의 제도가 비록 장대하나 모두 모이고 쌓여서 이루어진 것입니다. 그 군정도 강하다고 할 수 있습니다. …… 일본이 노력한 바를 갖고 현재 이룩된 것을 보면 어려운 것은 아닙니다.

0723

다음을 읽고 물음에 답하시오.

> 급진 개화파는 청프 전쟁이야말로 친청 세력에게 결정적인 일격을 가할 수 있는 호기라 생각했다. 이러한 상황에서 일본 공사 다케조에가 서울로 돌아왔다. 다케조에는 "청국이 장차 망할 것이니 귀국의 개혁 지사들은 이 기회를 놓쳐서는 안 된다."라고 말하며 급진 개화파에 접근하였다. …… 급진 개화파는 일본 측의 태도와 정책에 대해 면밀히 검토하였고, 이번 거사에 일본의 지원을 받아들이기로 결정하였다.

(1) 밑줄 친 '이번 거사'의 명칭을 쓰시오.

(   )

(2) 위 사건의 전개 과정을 서술하시오.

____

____

____

0724

다음을 읽고 물음에 답하시오.

> 1. 대원군을 가까운 시일 내 돌아오게 하고 청에 조공하는 허례의 행사를 폐지할 것
> 2. 문벌을 폐지하여 인민 평등의 권리를 제정하고 능력에 따라 관리를 등용할 것
> 3. 지조법을 개혁하여 간사한 관리를 뿌리 뽑고 백성의 곤란을 구제하며 국가 재정을 넉넉하게 할 것
> 12. 재정은 모두 호조에서 관할케 하고 그 밖의 재무 관청은 폐지할 것
> 13. 대신과 참찬은 궁궐 안에 있는 의정소에서 회의·결정하고 정령을 공포해서 시행할 것

(1) 위 개혁 정강이 발표된 사건의 명칭을 쓰시오.

(   )

(2) 위 개혁 정강을 바탕으로 (1) 사건을 일으킨 사람들이 추구했던 근대 국가의 모습을 서술하시오.

____

____

____

0725

다음을 읽고 물음에 답하시오.

> 거사가 바로 오늘 있으므로, 우리 독립당 동지들은 각각 밀령을 받고 모두 극히 마음을 경계하며 조심하였다. 박 군이 다케조에 일본 공사를 찾아가서 맹세를 어기지 말자는 뜻으로 다짐하였다.

(1) 밑줄 친 '거사'에 해당하는 사건을 쓰시오.

(   )

(2) (1) 사건의 한계를 서술하시오.

____

____

____

0726

다음을 보고 물음에 답하시오.

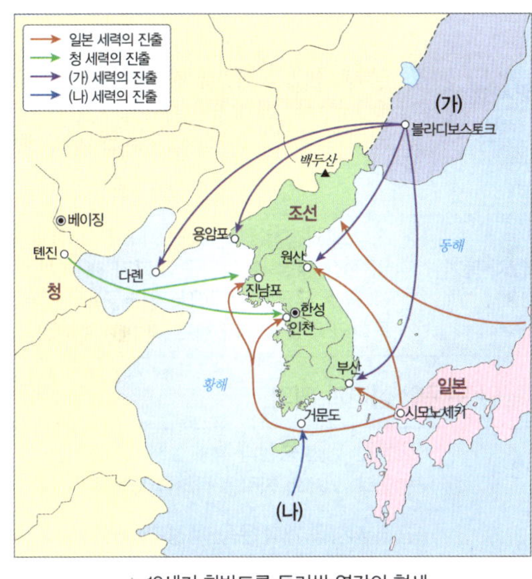

▲ 19세기 한반도를 둘러싼 열강의 형세

(1) (가), (나) 국가를 각각 쓰시오.

(   )

(2) (1)의 두 국가의 대립을 조선과의 관계를 중심으로 서술하시오.

____

____

____

03 근대 국가 수립을 위한 노력(2)

빈출 개념
• 개화 정책과 위정척사 운동의 비교
• 갑신정변의 주도 세력과 그 결과

1 동학 농민 운동

(1) 동학의 확산

배경	지배층의 수탈 심화, 일본의 경제적 침투(면직물 공업 몰락, 곡물 가격 상승 초래)
교세 확산	• 평등사상과 외세 배격을 내세우며 농민들의 큰 호응을 얻음 • 2대 교주 최시형의 포접제 정비에 힘입어 삼남 지방과 경기도까지 확산

> 전국을 포와 접으로 나누어 관리한 동학의 조직망으로, 전라도 지역의 조직은 남접, 충청도 지역의 조직은 북접이라고 하였다.

(2) 교조 신원 운동

목적	교조 최제우의 신원 회복과 동학 포교의 자유 요구
전개	공주·삼례·한성에서 대규모 집회 ➡ 보은·금구(김제) 집회(탐관오리 숙청과 외세 배척 주장, 종교 운동에서 정치 운동으로 발전)

★(3) 동학 농민 운동의 전개

> 조병갑은 농민들을 강제로 동원하여 만석보를 쌓은 뒤 물세를 거두고, 불효한 죄, 화목하지 않은 죄 등을 명목으로 농민들에게 재물을 빼앗았다.

고부 농민 봉기 (1894. 1.)	고부 군수 조병갑의 학정 ➡ 전봉준이 사발통문을 작성한 후 농민들을 이끌고 봉기 ➡ 고부 관아 습격 ➡ 정부의 안핵사 파견 ➡ 후임 군수의 회유로 자진 해산
제1차 봉기 (1894. 3.)	안핵사 이용태의 동학교도 탄압 ➡ 백산에서 농민군 봉기(제폭구민과 보국안민의 뜻을 담은 격문과 4대 강령 발표) ➡ 황토현 전투와 황룡촌 전투에서 관군 격파 ➡ 전주성 점령 자료❶ 자료❸
일시 해산 (1894. 5.)	정부가 농민군 진압을 위해 청에 군대 파견 요청 ➡ 청군과 일본군의 조선 상륙 ➡ 농민군의 폐정 개혁안 제시 ➡ 정부와 농민군의 화의 체결(전주 화약) ➡ 농민군 해산, 집강소 설치(폐정 개혁안 실천) 자료❷
제2차 봉기 (1894. 9.)	정부의 교정청 설치, 청일 양국 군대 철수 요구 ➡ 일본군의 경복궁 무력 점령, 청일 전쟁 발발 ➡ 농민군 재봉기 ➡ 남접(전봉준)과 북접(손병희)이 논산에서 합세 ➡ 공주 우금치 전투에서 일본군과 관군에 패배함 ➡ 전봉준, 김개남, 손화중 등 동학의 주요 지도자 체포 자료❸ 자료❹

> 교정청은 전주 화약 이후 조선 정부가 일본으로부터 벗어나 자주적으로 개혁하고자 설치한 기관이다.

(4) 동학 농민 운동의 성격과 의의

성격	• 반봉건: 양반 중심의 지배 질서 타파 주장 • 반침략: 외세의 침략을 물리칠 것을 주장
의의	• 근대 지향적 개혁 운동, 폐정 개혁안의 일부가 갑오개혁에 영향 • 이후 항일 의병 투쟁으로 계승

2 갑오개혁

★(1) 제1차 갑오개혁 자료❺

> 제1차 갑오개혁 당시 일본은 청과 전쟁 중이었기 때문에 조선에 적극적으로 간섭하지 못하였다. 이러한 상황 속에서 군국기무처는 갑신정변의 개혁 정강이나 동학 농민군의 요구를 반영해 개혁을 추진할 수 있었다.

배경		정부의 교정청 설치(자주적 개혁 추진) ➡ 일본군의 경복궁 점령, 청일 전쟁 도발
과정		흥선 대원군을 섭정으로 하는 제1차 김홍집 내각 수립 ➡ **군국기무처 설치(1894)**, 개혁 추진
내용	정치	개국기년 사용, 왕실 사무(궁내부)와 정부 사무(의정부) 분리, 6조를 8아문으로 개편, 언론 기관과 과거제 폐지, 경무청 설치
	경제	재정 일원화(탁지아문), 은본위 화폐 제도 도입, 조세의 금납화 실시, 도량형 통일
	사회	차별적 신분제와 노비제 폐지, 조혼 금지, 과부 재가 허용, 고문과 연좌제 폐지

Check! 잘 나오는 선지로 **개념** 확인하기

1 동학 농민 운동에 대한 설명으로 옳은 것을 모두 고르시오.

① 러일 전쟁 중에 일어났다.
② 시모노세키 조약 체결로 중단되었다.
③ 농민군은 황토현에서 관군을 격파하였다.
④ 농민군은 제폭구민, 보국안민 등을 내세웠다.
⑤ 전봉준 등이 서울에서 대규모로 봉기하였다.
⑥ 진압 후 농민군의 잔여 세력은 의병에 가담하였다.
⑦ 손병희가 이끄는 북접과 전봉준이 이끄는 남접이 연합하였다.
⑧ 농민군은 전라도 각지에 집강소를 설치하여 개혁안을 실천하였다.
⑨ 농민군은 폐정 개혁안을 제시하고 정부군과 전주 화약을 체결하였다.
⑩ 농민군은 공주 우금치에서 일본군과 관군의 연합 부대에 패배하였다.

2 제1차 갑오개혁에 대한 설명으로 옳지 **않은** 것은?

① 노비제를 폐지하였다.
② 군국기무처가 주도하였다.
③ 6조를 8아문으로 개편하였다.
④ 재정을 탁지아문으로 일원화하였다.
⑤ 중국의 연호 대신 개국 기년을 사용하였다.
⑥ 참형과 가혹한 고문 및 연좌제를 폐지하였다.
⑦ 궁내부를 설치하여 왕실과 정부 사무를 분리하였다.
⑧ 지방 재판소, 한성 재판소, 특별 법원 등을 설치하였다.
⑨ 조세 금납제 시행을 위해 은본위 화폐 제도를 도입하였다.
⑩ 갑신정변의 개혁안과 동학 농민군의 요구를 일부 수용하였다.

답 1 ③, ④, ⑥, ⑦, ⑧, ⑨, ⑩
2 ⑧

(2) 제2차 갑오개혁 자료❻

배경		일본이 청일 전쟁에서 승기를 잡은 후 조선에 대한 내정 간섭 강화, 흥선 대원군 실각
과정		김홍집·박영효 연립 내각 수립 ➡ 군국기무처 폐지, 독립 서고문 발표, **홍범 14조 반포**
내용	정치	의정부를 폐지하고 내각으로 개편, 8아문을 7부로 편성, 8도를 23부로 개편, 훈련대와 시위대 설치, 재판소 설치(사법권 독립), 지방관의 권한 축소
	경제	근대적 예산 제도 도입, 관세사·징세서 설치, 육의전과 공납제 폐지, 상리국(보부상 단체) 철폐
	사회	교육 입국 조서 반포, 한성 사범 학교 및 소학교 관제 마련, 일본에 유학생 파견

★ (3) 제3차 개혁(을미개혁)

배경	· 삼국 간섭 발생(1895): 청일 전쟁에서 승리한 일본이 청으로부터 타이완과 랴오둥반도를 넘겨받음 ➡ 러시아가 프랑스, 독일을 압박해 랴오둥반도를 청에 돌려주도록 함 · 박영효 실각 ➡ 일본이 명성 황후 시해(을미사변, 1895) ➡ 김홍집 내각 수립, 개혁 추진
내용	태양력 사용, '건양' 연호 사용, 종두법 실시, 단발령 시행, 친위대·진위대 설치, 우편 사무 재개, 소학교 설립
결과	을미사변과 단발령에 반발한 의병 봉기(을미의병), 고종의 아관 파천(1896) ➡ 개혁 주도 세력 제거, 개혁 중단

(4) 갑오·을미개혁의 의의와 한계

의의	· 개화파 관료들에 의해 자주적으로 추진, 갑신정변과 동학 농민군의 요구 반영 · 역사상 최초로 차별적 신분제 폐지 ➡ 평등 사회의 기틀 마련 · 내각 중심의 정치 실시 ➡ 전제 군주제 극복 시도
한계	일본의 간섭, 민중의 외면, 국방력 강화와 공업 진흥 개혁 미흡

3 독립 협회의 활동과 대한 제국

★ (1) 독립 협회의 성립과 활동

성립		아관 파천 이후 러시아의 영향력 강화 및 서구 열강의 이권 침탈 심화 ➡ 고종이 친러·친미 내각 수립 ➡ 서재필의 주도로 『독립신문』 창간, 독립 협회 설립(1896) ➡ 독립문 건립
활동	민중 계몽	독립관에서 강연회와 토론회 개최, 신문 간행 등
	자주 국권	만민 공동회 개최: 열강의 내정 간섭과 이권 침탈 규탄 ➡ 러시아의 군사 교관과 재정 고문 철수, 절영도 조차 요구 철회, 한러 은행 폐쇄 성공
	자유 민권	신체의 자유, 재산권 보호, 언론·출판·집회·결사의 자유 등을 확보하기 위해 노력, 관민 공동회 개최(헌의 6조 채택 ➡ 의회식 중추원 관제 반포) 자료❼
해체		보수 세력이 독립 협회가 공화정을 수립하려 한다고 모함 ➡ 정부가 황국 협회와 군대를 동원하여 강제 해산(1898. 12.)

(2) 대한 제국의 수립과 광무개혁

① 대한 제국의 수립(1897)

수립	조선을 둘러싼 러시아와 일본의 세력 균형, 고종의 환궁 요구 고조 ➡ 고종이 경운궁으로 환궁 후 연호 '광무' 제정, 황제로 즉위한 후 대한 제국 수립 선포
황제권 강화	대한국 국제 반포(1899) ➡ 황제가 전제 정치를 실시한다는 점을 명시함

② 광무개혁: 구본신참의 원칙 아래 점진적인 개혁 추구 자료❽

내용	정치	원수부 설치, 친위대와 진위대의 병력 증강
	경제	양전 사업 실시, 지계 발급, 근대적인 공장과 회사 설립, 근대 시설 도입 및 확충
	사회	실업·기술 교육 강화, 유학생 파견
한계		집권 세력의 부정부패, 황제권 강화에만 치중, 열강의 간섭 ➡ 개혁의 성과 미흡

3 독립 협회에 대한 설명으로 옳은 것을 모두 고르시오.

① 독립문 건립을 추진하였다.

② 종로에서 만민 공동회를 열었다.

③ 러시아 재정 고문을 철수시켰다.

④ 러시아의 절영도 조차를 저지하였다.

⑤ 고종 퇴위 반대 운동을 주도하였다.

⑥ 서재필이 개화파 관료들과 함께 설립하였다.

⑦ 갑오개혁 때 폐지된 연좌제 등을 부활시키고자 하였다.

⑧ 관민 공동회에서 제기된 헌의 6조를 황제에게 올렸다.

⑨ 독립문 건립 비용을 내면 누구나 회원이 될 수 있도록 하였다.

⑩ 교육과 산업 진흥, 자주독립 등의 주제로 토론회를 열어 민중을 계몽하였다.

4 대한 제국에 대한 설명으로 옳지 않은 것을 모두 고르시오.

① 독립신문을 발간하도록 하였다.

② '건양'이라는 연호를 사용하였다.

③ 아관 파천을 계기로 국권이 피탈되었다.

④ 황국 협회를 통해 만민 공동회를 습격하였다.

⑤ 전차와 경인선 철도 등 근대적 시설을 확충하였다.

⑥ 구본신참의 원칙으로 점진적 개혁을 시행하였다.

⑦ 원수부를 설치하여 황제가 군대를 통솔하게 하였다.

⑧ 양전 사업을 실시하고 토지 소유 증서인 지계를 발급하였다.

⑨ 고종이 환구단에서 황제로 즉위한 뒤 국가 수립을 선포하였다.

⑩ 황제가 군 통수권, 입법권, 사법권 등 모든 권한을 갖는다고 헌법으로 규정하였다.

답 **3** ①, ②, ③, ④, ⑥, ⑧, ⑨, ⑩
4 ①, ②, ③

자료 1 제1차 동학 농민 운동

미래엔, 천재, 동아, 씨마스, 해냄, 리베르

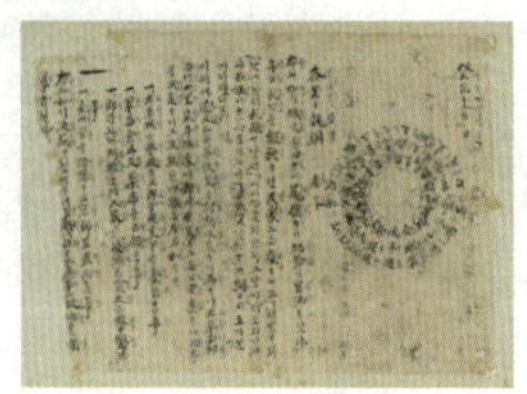

1. 고부성을 격파하고 조병갑을 효수할 것
1. 군기창과 화약고를 점령할 것
1. 군수에게 아부해 백성을 침탈한 탐관오리를 엄벌할 것
1. 전주 감영을 함락하고 서울로 바로 향할 것

▲ 사발통문

0727 제1차 동학 농민 운동은 외세 배격의 성격이 강하였다. ○/✕

0728 동학 교도들은 사발통문을 돌려 교조 신원 운동을 전개하였다. ○/✕

0729 전봉준은 사발통문을 작성한 후 농민들을 이끌고 봉기해 고부 관아를 점령하였다. ○/✕

자료 2 동학 농민군의 폐정 개혁안(일부)

미래엔, 비상, 천재, 동아, 씨마스, 해냄, 리베르

- 전운소를 혁파할 것
- 세금을 징수할 토지를 확대하지 않을 것
- 전 감사가 이미 거두어 간 환곡을 다시 내라고 하지 말 것
- 탐관오리는 파면해 쫓아낼 것
- 임금을 둘러싸고 매관매직하며 국권을 농간하는 자를 축출할 것
- 전세는 전례에 따를 것
- 집집마다 부과하는 노역을 줄여 줄 것
- 포구 어염세를 폐지할 것

– 전봉준의 사형 판결문

0730 동학 농민군은 2차 봉기를 일으킨 후 폐정 개혁안을 제출하였다. ○/✕

0731 폐정 개혁안에는 정부와의 협력으로 개혁을 추진하려는 동학 농민군의 의지가 담겨 있다. ○/✕

0732 폐정 개혁안에는 신분이나 성별에 따른 차별 극복과 부당한 세금 폐지에 대한 내용이 담겨 있다. ○/✕

자료 3 동학 농민 운동의 전개

미래엔, 비상, 천재, 동아, 씨마스, 해냄, 리베르

▲ 제1차 봉기의 전개 과정

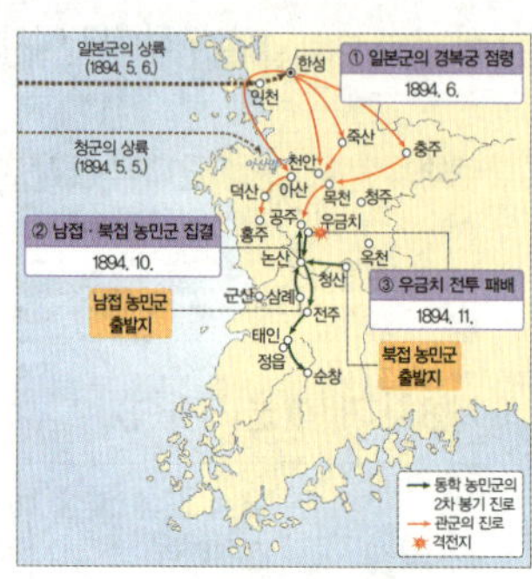

▲ 제2차 봉기의 전개 과정

0733 제1차 봉기 때 동학 농민군은 전주성을 점령하였다. ○/✕

0734 청과 일본이 조선에 상륙해 전쟁을 시작한 이후 동학 농민군이 두 번째로 봉기하였다. ○/✕

0735 제2차 봉기 때 동학 농민군은 공주 우금치에서 관군과 일본군에게 승리를 거두었다. ○/✕

자료 4 동학 농민군의 제2차 봉기 당시의 격문

비상, 해냄

일본 오랑캐가 구실을 만들어 군대를 동원하여 우리 임금을 핍박하고 우리 백성을 근심케 하니 어찌 그대로 참을 수 있겠습니까. …… 지금 조정의 대신들을 보건대 망령되이 자기의 안전만을 생각하여 위로는 임금을 위협하고 아래로는 백성을 속여서 일본 오랑캐와 손을 잡아 남쪽의 백성에게 원한을 펴서 망령되이 임금의 군사를 동원하여 선왕의 백성을 해치려 하니 참으로 무슨 뜻이며 끝내 무엇을 하려는 것입니까.

– 『선유방문병동도상서소지등서』

0736 동학 농민군은 제2차 봉기 때 반외세를 내세웠다. ○/✕

0737 일본군은 동학 농민군의 제2차 봉기 때 조선에 들어와 있었다. ○/✕

0738 관군과 일본군은 함께 동학 농민군을 진압하려 하였다. ○/✕

자료 5 제1차 갑오개혁 법령
씨마스

1. 현재 이후 국내외의 공사 문서에는 개국 기년을 사용할 것
2. 문벌과 양반·상민 등의 계급을 타파하여 귀천에 구애됨이 없이 인재를 뽑아 쓸 것
4. 죄인 자신 이외 일체의 연좌율을 폐지할 것
6. 남녀의 조혼을 엄금하여 남자는 20세, 여자는 16세라야 비로소 결혼을 허락할 것
7. 과부의 재혼은 귀천을 막론하고 자유에 맡길 것
8. 공·사 노비법을 혁파하고 인신의 판매를 금할 것
9. 비록 평민이라도 나라에 이롭고 백성을 편안하게 할 수 있는 의견이 있으면 군국기무처에 글을 올려 회의에 부칠 것
20. 각 도의 부세(賦稅), 군보(軍保) 등으로 상납하는 대소의 쌀·면포는 금납제로 대치하도록 마련할 것

– 『경장의정존안』

0739 군국기무처는 제1차 갑오개혁 때 설치되었다. ○/✕

0740 제1차 갑오개혁 시기에는 갑신정변의 정강이나 동학 농민군의 요구가 반영된 개혁이 추진되었다. ○/✕

0741 제1차 갑오개혁으로 신분제와 노비제가 철폐되었다. ○/✕

자료 6 홍범 14조와 제2차 갑오개혁
미래엔, 비상, 천재, 동아, 씨마스, 해냄

1. 청에 의존하는 생각을 버리고 자주독립의 기초를 세운다.
3. 대군주는 대신과 논의하여 국정을 결정하고, 종실과 외척의 간섭을 금한다.
4. 왕실 사무와 국정 사무는 분리하여 뒤섞이는 것을 금한다.
7. 조세의 부과 징수, 경비의 지출은 모두 탁지아문에서 관할한다.
10. 지방 관제를 시급히 개정하여 지방 관리의 직권을 한정한다.
13. 민법, 형법을 엄격하게 제정하여 인민의 생명과 재산을 보전한다.
14. 문벌과 지벌에 구애되지 말고, 선비를 두루 구하여 인재를 등용한다.

– 『관보』, 1894. 12. 12.

0742 제2차 갑오개혁은 시모노세키 조약 체결 이후 실시되었다. ○/✕

0743 홍범 14조에는 자주독립의 의지가 담겨 있다. ○/✕

0744 제2차 갑오개혁을 통해 재정이 탁지아문으로 일원화되었다. ○/✕

자료 7 헌의 6조
미래엔, 비상, 천재, 동아, 씨마스, 해냄, 리베르

1. 외국인에 의지하지 않고 관민이 합심하여 황제권을 견고하게 할 것
2. 외국과의 이권에 관한 계약과 조약은 해당 부처의 대신과 중추원 의장이 함께 날인하여 시행할 것
3. 재정은 탁지부에서 전담하여 맡고 예산과 결산을 국민에게 공포할 것
4. 중대한 범죄는 공판하고 피고의 인권을 존중할 것
5. 칙임관은 (황제가) 정부에 그 뜻을 물어 과반수가 동의하면 임명할 것

– 『독립신문』, 1898. 11.1.

0745 헌의 6조는 관민 공동회에서 채택하여 고종에게 건의한 것이다. ○/✕

0746 2항에는 중추원의 국정 참여를 보장한다는 내용이 담겨 있다. ○/✕

0747 2항은 중추원에 의회와 같은 기능을 부여하자고 주장한 것이다. ○/✕

자료 8 대한 제국의 근대화 정책
미래엔, 비상, 천재, 동아, 씨마스, 해냄, 리베르

제1조 대한국은 세계 만국이 공인한 자주독립 제국이다.
제2조 대한국의 정치는 만세불변의 전제 정치이다.
제3조 대한국 대황제는 무한한 군권(君權)을 누린다.
제5조 대한국 대황제는 육·해군을 통솔한다.

– 대한국 국제(1899)

▲ 지계

0748 대한국 국제에는 대한 제국이 전제 군주정임이 드러나 있다. ○/✕

0749 대한 제국의 개혁은 의회의 주도로 이루어졌다. ○/✕

0750 지계는 근대적 토지 소유권 확립을 위해 대한 제국이 발급한 것이다. ○/✕

0751

다음과 같은 추이로 농민 봉기가 일어난 원인으로 적절한 것만을 보기 에서 고른 것은?

연도	건수
1883년	2건
1885년	2건
1887년	0건
1889년	9건
1891년	3건
1893년	17건

보기

ㄱ. 고부 군수 조병갑이 각종 명목으로 농민들을 수탈하였다.
ㄴ. 정부의 재정 지출 증가로 농민들의 조세 부담이 증가하였다.
ㄷ. 안동 김씨 등이 권력을 독점하면서 정치 기강이 문란해졌다.
ㄹ. 수입산 면직물의 유입으로 농촌의 가내 수공업이 타격을 입었다.

① ㄱ, ㄴ   ② ㄱ, ㄷ   ③ ㄴ, ㄷ
④ ㄴ, ㄹ   ⑤ ㄷ, ㄹ

0752

다음에서 설명하는 종교 운동에 대한 설명으로 옳은 것은?

> 1892~1893년에 동학교도들이 벌인 것으로, 1864년에 정부의 탄압으로 억울하게 처형된 동학의 창시자 최제우의 누명을 벗기고 포교의 자유를 인정받기 위한 목적으로 개최되었다.

① 언론·출판·집회·결사의 자유를 요구하였다.
② 경복궁 앞에서 복합 상소 운동을 전개하였다.
③ 황국 협회를 동원한 정부에 의해 해산되었다.
④ 남접과 북접 연합 부대를 형성하여 북진하였다.
⑤ 만민 공동회로 발전하여 이권 수호 운동을 펼쳤다.

0753

(가), (나)가 발표된 시기 사이에 있었던 사실로 옳은 것은?

> (가) • 고부성을 격파하고 군수 조병갑을 효수할 것
> • 군기창과 화약고를 점령할 것
> • 군수에게 아첨하여 인민을 못살게 구는 탐관오리를 응징할 것
> • 전주영을 함락하고 서울로 곧바로 나아갈 것
> (나) • 사람을 죽이거나 가축을 잡아먹지 말라.
> • 충효를 다하여 세상을 구하고 백성을 편안하게 하라.
> • 일본 오랑캐를 몰아내고 나라의 정치를 깨끗이 한다.
> • 군대를 몰고 서울로 들어가 권세가와 귀족을 모두 없앤다.

① 동학 농민군과 정부가 전주 화약을 맺었다.
② 남·북접의 동학 농민군이 논산에 집결하였다.
③ 동학 농민군이 황룡촌 전투에서 정부군을 격파하였다.
④ 일본군이 경복궁을 점령하여 조선 정부를 장악하였다.
⑤ 전봉준이 손화중 등과 함께 농민군을 이끌고 무장에서 봉기하였다.

0754

다음 시나리오의 두 장면 사이에 들어갈 장면으로 적절한 것은?

> \#1 군수 집무실 뜰
> 박원영 : (앞으로 나서며) 나는 신임 고부 군수요. 모든 것은 전임 군수가 잘못한 일인 것을 알고 있소. 조정에서 진상을 규명할 것이니 여러분은 조용히 돌아가 생업에 종사하시오.
> \#3 왕의 집무실
> 관리1 : (다급하게 왕 앞으로 걸어오며) 전하! 농민군들이 전주성을 함락하였다고 합니다.

① 백산 격문을 발표하는 농민군들
② 아산만에 배를 내고 내리고 있는 청군
③ 구국 운동에 대한 의지를 표명하는 활빈당
④ 전주 화약을 체결한 후 나오는 농민군의 대표
⑤ 집강소에서 개혁안에 대해 논의하고 있는 전라도 농민들

0755

집강소에 대한 설명으로 옳지 <u>않은</u> 것은?

① 전라도 일대에 설치되었다.
② 폐정 개혁안을 실천하는 기구였다.
③ 설치에 반대한 정부군의 공격을 받기도 하였다.
④ 자치 기구로 개혁과 함께 민정 문제를 다스렸다.
⑤ 서울 복합 상소 운동을 총지휘하는 역할을 하였다.

0756

밑줄 친 ㉠, ㉡ 시기 사이에 있었던 일로 옳은 것은?

> ㉠ <u>이날 그는 농민들과 함께 관군보다 먼저 전주성에 들어 갔다.</u> 감사는 이미 도망하였고, 다음날 초토사가 관군을 이 끌고 성 밖에서 대포를 쏘며 공격하자, 그는 농민들과 더불어 응전하였다. …… 초토사가 소원을 들어줄 테니 해산하라는 격문을 지어 보냈다. 그는 27개의 조목을 임금께 올려줄 것을 요청하였다. 초토사가 즉시 승낙하였으므로 ㉡ <u>그는 5월 초 순 농민군을 해산하여 각기 생업에 종사토록 하였다.</u>

① 고부에서 농민들이 봉기하였다.
② 정부에서 교정청을 설치하였다.
③ 청과 일본의 군대가 조선에 상륙하였다.
④ 을미개혁이 실시되어 단발령이 내려졌다.
⑤ 농민군이 우금치에서 일본군과 맞서 싸웠다.

0757

다음과 같이 전개된 봉기에서 주장한 내용으로 가장 적절한 것만을 보기 에서 고른 것은?

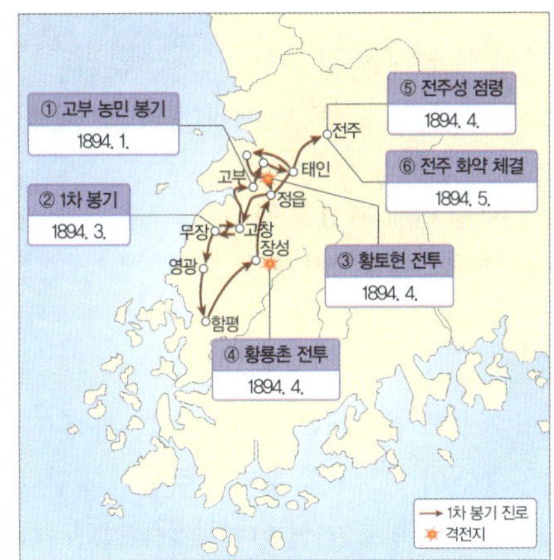

보기

ㄱ. 보국안민	ㄴ. 제폭구민
ㄷ. 위정척사	ㄹ. 척양척왜

① ㄱ, ㄴ ② ㄱ, ㄷ ③ ㄴ, ㄷ ④ ㄴ, ㄹ ⑤ ㄷ, ㄹ

0758

다음 주장을 내세운 농민 봉기에서 제기된 요구 사항으로 옳은 것만을 보기 에서 고른 것은?

> 백성은 나라의 근본이니, 근본이 쇠잔하면 나라는 없어지 는 것이다. 보국안민의 방책은 생각하지 않고 오직 관직과 재 물만을 도둑질하는 것이 과연 옳은 일이라 하겠는가. 우리가 비록 초야의 유민이지만 어찌 나라의 위기를 앞서서 보기만 하겠는가. 팔도가 마음을 합하고 뜻을 모아 이제 의로운 깃발 을 들어 굳은 맹세를 하노라.

보기

ㄱ. 이름없는 세금을 모두 폐지할 것
ㄴ. 외국에 철도 부설권을 허용하지 말 것
ㄷ. 관리를 채용할 때 지벌을 타파하고 인재를 등용할 것
ㄹ. 중대한 범죄 사항은 공판하되 피고의 인권을 존중할 것

① ㄱ, ㄴ ② ㄱ, ㄷ ③ ㄴ, ㄷ ④ ㄴ, ㄹ ⑤ ㄷ, ㄹ

0759

밑줄 친 ㉠~㉣의 의미를 옳게 설명한 학생만을 〔보기〕에서 있는 대로 고른 것은?

> • ㉠ 노비 문서를 불태울 것
> • 칠반천인의 대우를 개선하고 ㉡ 백정이 쓴 평량갓을 폐지할 것
> • ㉢ 무명 잡세를 일체 폐지할 것
> • ㉣ 토지는 균등하게 분작하게 할 것

〔보기〕
ㄱ. 갑: ㉠의 정신은 갑오개혁에 반영되었습니다.
ㄴ. 을: ㉡은 봉건적 신분제의 폐지를 주장한 것입니다.
ㄷ. 병: ㉢은 관리의 횡포가 심했다는 것을 말합니다.
ㄹ. 정: ㉣은 갑신정변의 개혁안을 계승한 것입니다.

① ㄱ, ㄴ　　　② ㄴ, ㄷ　　　③ ㄱ, ㄴ, ㄷ
④ ㄱ, ㄷ, ㄹ　　⑤ ㄴ, ㄷ, ㄹ

0760

밑줄 친 조치가 취해진 배경으로 옳은 것은?

> 일본의 권고를 잘 들었다. 그렇지 않아도 남도에 민란이 발생하고, 다른 지방에서도 소요가 일어났다. 이에 조정에서도 개혁을 단행할 필요가 있음을 확인하고 이를 위해 대군주 폐하께서 엄중한 칙령을 내려 교정청을 설치하고 위원을 임명하였으므로 머지않아 일신된 정치를 바라볼 수 있을 것이다. 귀 공사가 지금 군대를 주둔시키고 개혁의 실행을 촉구하는 것은 내정에 간섭하는 것이다.

① 청일 전쟁에서 일본이 승기를 잡았다.
② 일본의 강요로 한성 조약이 체결되었다.
③ 정부와 동학 농민군이 전주 화약을 체결하였다.
④ 러시아, 프랑스, 독일이 공동으로 일본을 압박하였다.
⑤ 일본인들이 경복궁에 난입하여 명성 황후를 시해하였다.

0761

밑줄 친 '봉기'가 전개되던 시기에 있었던 사실로 옳은 것은?

> 본국 전라도 관할의 태인, 고부 등지에서 봉기가 일어나 10여 군데의 성읍을 빼앗기고 전주성이 함락되었습니다. 지난 임오년과 갑신년의 내란 때도 모두 중국 병사들에 의지하여 진정시킬 수 있었습니다. 원군 문제를 간청하오니 속히 북양대신께 전문을 보내 몇 개 부대를 보내도록 해주십시오.

① 보은 집회가 열렸다.
② 태양력이 도입되었다.
③ 아관 파천이 단행되었다.
④ 황토현 전투가 벌어졌다.
⑤ 유인석 등이 의병을 일으켰다.

0762

(가)~(마)를 일어난 순서대로 바르게 나열한 것은?

> (가) 동학 농민군이 황토현 전투에서 관군을 격파하였다.
> (나) 동학 농민군과 조선 정부가 전주에서 화약을 체결하였다.
> (다) 전라도 일대에 집강소를 설치하고 폐정 개혁안을 실천하였다.
> (라) 공주 우금치에서 동학 농민군은 관군과 일본군을 상대로 격전을 벌였다.
> (마) 고부 군수 조병갑의 학정에 항거하여 전봉준을 중심으로 고부 농민들이 봉기하였다.

① (가) - (나) - (다) - (라) - (마)
② (가) - (다) - (나) - (마) - (라)
③ (라) - (가) - (다) - (나) - (마)
④ (마) - (라) - (가) - (나) - (다)
⑤ (마) - (가) - (나) - (다) - (라)

0763

밑줄 친 ㉠, ㉡ 사이에 있었던 사실로 옳은 것은?

> ㉠ 우리가 의(義)를 들어 이에 이르렀음은 그 뜻이 결코 다른 데 있지 않다. 안으로는 탐학한 관리의 머리를 베고, 밖으로는 횡포한 강적의 무리를 구축하고자 함이라.

> ㉡ 일본 오랑캐가 구실을 만들어 군대를 동원하여 우리 임금을 핍박하고 …… 지금 조정의 대신들을 보건대 …… 백성을 속여서 일본 오랑캐와 손을 잡아 선왕의 백성을 해치려 합니다.

① 공주 우금치에서 전투가 벌어졌다.
② 북접과 남접이 논산에서 집결하였다.
③ 군국기무처 주도로 개혁이 추진되었다.
④ 정부와 농민군이 전주 화약을 체결하였다.
⑤ 농민들이 분노하여 만석보를 헐어 버렸다.

0764

동학 농민군의 주장이 (가)에서 (나)로 바뀌게 된 계기로 옳은 것은?

> (가) 위로는 고관대작부터 아래로는 수령에 이르기까지 부정부패에 빠져 만백성이 도탄에 빠졌다. 이제 수많은 백성이 뜻을 모아 의로운 깃발을 들어 보국안민을 외친다.
>
> (나) 올해 6월에 일본군이 서울로 들어와 임금을 핍박하고 국권을 마음대로 하니 이제 우리 동학교도가 의병을 일으켜 사직을 편히 보전하려 한다.

① 개혁 추진 기구로 교정청이 설치되었다.
② 보은에서 척왜양창의를 내건 집회가 열렸다.
③ 우금치에서 농민군과 일본군이 격전을 벌였다.
④ 박영효가 쫓겨나고 김홍집 내각이 개편되었다.
⑤ 조선에 들어온 청군과 일본군이 전쟁을 벌였다

[0765~0766] 다음 심문 기록을 읽고 물음에 답하시오.

> - 심문자: 작년(1894) 1월, 고부 등지에서 민중을 크게 모은 것은 무슨 까닭인가?
> - (가) : 고부 군수의 가렴주구에 백성이 억울하게 여겨 의거하였다.
> - 심문자: 해산한 뒤에는 무슨 일로 다시 봉기했는가?
> - (가) : 안핵사 이용태가 봉기에 가담한 이들을 찾아내 보복하여 해쳤기 때문에 다시 일어났다.
> - 심문자: 7월에 또다시 난을 일으킨 것은 무슨 이유인가?
> - (가) : [(나)] 이에 백성이 충군애국의 마음으로 일어나 그 책임을 묻고자 함이었다.

0765

(가) 인물에 대한 설명으로 옳은 것은?

① 임오군란을 주도하였다.
② 을미의병에 가담하였다.
③ 군국기무처에 참여하였다.
④ 우금치 전투에 참여하였다.
⑤ 조사 시찰단으로 파견되었다.

0766

(나)에 들어갈 내용으로 옳은 것은?

① 강제로 조약이 체결되어 외교권을 박탈되었다.
② 다량의 곡물이 외국으로 유출되어 농민들이 피폐해졌다.
③ 각 부처에 일본인 고문관을 배치하여 내정에 간섭하였다.
④ 일본이 궁궐에 난입하여 국모를 시해하는 만행을 저질렀다.
⑤ 일본이 무력으로 경복궁을 점령하고 내정 개혁을 강요하였다.

0767 난이도 상

밑줄 친 부분에 해당하는 내용 중 옳지 <u>않은</u> 것은?

> **답사 계획서**
> • 주제: 동학 농민 운동의 발자취를 찾아서
> • 기간: 20○○년 ○○월 ○○일~○○월 ○○일
> • 지역: <u>동학 농민 운동의 주요 전개 지역</u>

① 전주 – 동학 농민군이 관군과 화약을 맺었다.
② 고부 – 농민들이 전봉준의 주도 아래 봉기하였다.
③ 논산 – 농민들이 군수 조병갑의 탐학에 저항하였다.
④ 공주 – 동학 농민군이 관군과 일본군에게 패하였다.
⑤ 황토현 – 동학 농민군이 관군에게 처음으로 승리하였다.

0768

다음 농민 봉기가 전개될 당시의 구호로 적절한 것은?

> 안핵사 이용태가 고부 농민 봉기 참가 주모자를 색출하여 탄압하려 하자 무장에서 농민들이 다시 봉기하였다. 이들은 4대 강령과 격문을 발표하고 관군과 전투를 벌여 황토현, 황룡촌 등지에서 승리를 거두었으나 청군과 일본군이 개입하자 정부와 화약을 맺고 해산하였다.

① 백정이 쓰는 평량갓을 없애자!
② 국모를 살해한 원수를 몰아내자!
③ 영은문 헐어내고 독립문을 건립하자!
④ 관민이 협력하여 황권을 공고히 하자!
⑤ 아관 파천 웬말이냐, 국왕은 환국하라!

0769

다음 가상 일기에 나타난 농민 운동의 영향으로 가장 적절한 것은?

> ○○○○년 ○○월 ○○일
> 초토사가 관군을 이끌고 성 밖에서 대포를 쏘며 공격했다. 대장은 우리를 비롯한 농민들과 더불어 응전하였다. 초토사가 해산하라는 격문을 지어 보냈다. 그러자 대장은 27개의 조목을 임금께 올려줄 것을 요청하였고, 승낙했다는 소식이 전해지자 우리는 모두 해산하기로 하였다.

① 갑신정변이 일어났다.
② 잔여 세력이 독립 협회를 설립하였다.
③ 애국 계몽 운동 단체들이 많이 등장하였다.
④ 갑오개혁으로 이어져 신분제 철폐에 기여하였다.
⑤ 교육과 산업에 집중하여 실력을 기르는 운동으로 이어졌다.

0770

밑줄 친 '이 기구'에서 실시한 개혁으로 옳은 것만을 보기 에서 고른 것은?

> 정부는 일본의 강요로 김홍집을 총리대신으로 하는 내각을 수립하고, <u>이 기구</u>를 설치해 개혁을 추진하였다. 이때 민씨 일파를 견제하기 위해 흥선 대원군을 다시 앞세웠으나 실권은 주지 않았다. 개혁은 일본의 강요로 시작되었지만, 당시 일본은 청일 전쟁 중이었기 때문에 조선에 적극 간섭할 여건이 되지 못하였다. 따라서 실제 개혁은 <u>이 기구</u>의 주도로 갑신정변의 개혁 정강이나 동학 농민군의 요구를 수용하면서 폭넓게 추진되었다.

보기

ㄱ. 연좌제와 고문을 폐지하였다.
ㄴ. 은본위 화폐 제도를 채택하였다.
ㄷ. 지방 제도를 8도에서 23부로 바꾸었다.
ㄹ. 재판소를 설치해 지방관의 권한을 축소하였다.

① ㄱ, ㄴ ② ㄱ, ㄷ ③ ㄴ, ㄷ
④ ㄴ, ㄹ ⑤ ㄷ, ㄹ

0771

(가), (나) 기구에 대한 설명으로 옳은 것만을 [보기]에서 고른 것은?

> • 우리 정부는 왕명을 받들어 [(가)]을/를 설치하고 당상관 15명을 두어 먼저 폐정 몇 가지를 개혁하였는데, 모두 동학당이 사정을 하소연한 일이었다. 자주적 개혁을 추진함으로써 일본인들의 요구와 끼어듦을 막고자 하였다.
> • [(나)] 회의총재(會議總裁)는 영의정 김홍집이 맡고, 내무독판 박정양 …… 모두 회의원으로 임명하여 날마다 와서 모여 크고 작은 사무를 협의하여 품지(稟旨)하여 거행하도록 하라고 전교하였다. 이 기구는 서울 주재 일본 공사관의 서기관 스기무라의 발의에 따라 설치되었으며, 대원군이 그 이름을 정하였다.

보기

> ㄱ. (가) – 전주 화약을 계기로 설치되었다.
> ㄴ. (가) – 조사 시찰단과 영선사를 파견하였다.
> ㄷ. (나) – 제1차 갑오개혁을 주도하였다.
> ㄹ. (나) – 태양력 채택과 단발령 시행을 결정하였다.

① ㄱ, ㄴ ② ㄱ, ㄷ ③ ㄴ, ㄷ
④ ㄴ, ㄹ ⑤ ㄷ, ㄹ

0772

다음과 같은 중앙 행정 조직이 통치하였던 시기의 사회 모습으로 옳은 것은?

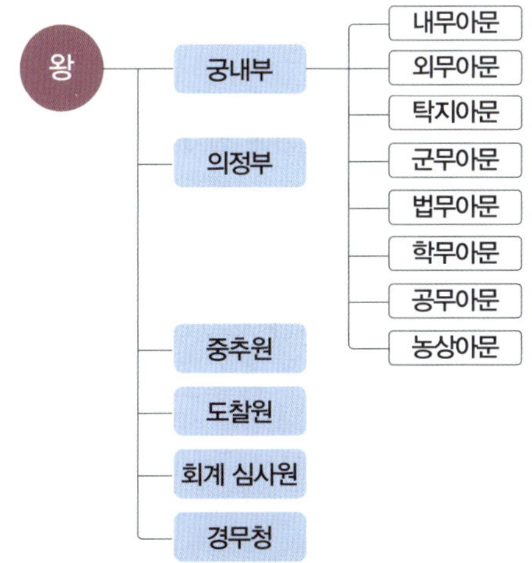

① 일본이 명성 황후를 시해하는 만행을 저질렀다.
② 은본위 화폐 제도와 조세의 금납제가 실시되었다.
③ 자주적 개혁을 추진하기 위해 교정청이 설치되었다.
④ 내각이 구성되고 의회식 중추원 관제가 반포되었다.
⑤ 소학교가 설치되고 근대적 우편 사무가 시작되었다.

0773

다음 개혁에 대한 설명으로 옳은 것은?

> • 이제부터는 국내외의 공사 문서에 개국기년을 쓴다.
> • 청국과의 조약을 개정하고 각국에 특명전권대사를 파견한다.
> • 문벌, 양반과 상인(常人)들의 등급을 없애고 귀천에 관계없이 인재를 선발하여 등용한다.
> • 과부가 재혼하는 것은 귀천을 막론하고 자신의 의사대로 하게 한다.
> • 비록 평민이라도 나라에 이롭고 백성을 편안하게 할 수 있는 의견이 있으면 군국기무처에 글을 올려 회의에 부친다.

① 황제권 강화에 역점을 두었다.
② 청군의 개입으로 개혁에 실패하였다.
③ 척화주전을 개혁의 원칙으로 삼았다.
④ 동학 농민군의 개혁 요구를 반영하였다.
⑤ 김옥균 등 급진 개화파의 주도로 추진되었다.

0774

다음에서 설명하는 인물이 추진한 개혁의 내용으로 옳은 것은?

> 반남 박씨 가문으로 아버지가 판서를 지냈으며 철종의 부마였다. 3차 수신사로 일본에 가서 정계의 지도자 및 서양 외교 사절들과 만났으며, 문명개화론을 주장하였다.

① 도량형 통일 ② 연좌제 폐지
③ 종두법 시행 ④ 재판소 설치
⑤ 태양력 사용

0775

다음 사건이 일어난 직후의 상황으로 적절하지 <u>않은</u> 것은?

> 궁녀의 이야기로는 소란한 사태에 놀란 궁녀들이 왕비의 방으로 몰려들었는데, 궁내부 대신 이경직도 그곳으로 달려갔다. 일본인 몇 명이 이 방으로 쳐들어왔고, 이경직이 왕비의 앞을 가로막았지만 일본인 폭도의 칼을 맞고 살해되었다. 공포에 질린 왕비가 자신은 단지 이곳을 찾아온 방문객이라고 말하였고, 다른 궁녀들도 모두 같은 말을 하였으나, 한 일본인 흉한이 왕비를 내동댕이치고 구둣발로 가슴을 세 번이나 내리 짓밟고 칼로 찔렀다. 세 명의 궁녀들도 동시에 살해되었다.

① 단발령이 공포되었다.
② 태양력을 사용하게 되었다.
③ 우편 사무가 다시 시작되었다.
④ 일본을 견제하고자 삼국 간섭이 일어났다.
⑤ 항일 의병이 일어나 일본군을 공격하였다.

0776

다음 표는 개항 이후 전개된 근대적 개혁을 정리한 것이다. (가)~(다)에 대한 설명으로 옳지 <u>않은</u> 것은?

(가)		(나)	
정치 · 행정	• 궁내부 설치 • 개국기년 사용 • 6조제 → 80아문제 • 경무청 신설 • 과거제 폐지	정치 · 행정	• 내각제 시행 • 80아문제 → 7부제 • 8도제 → 23부제
		교육	• 한성 사범 학교 관제 공포 • 외국어 학교 관제 공포
경제	• 재정 일원화 • 은본위 화폐 제도 채택 • 도량형 통일 • 조세 금납제 시행	사회	• 재판소 설치 • 법관 양성소 규정 제정
		경제	• 상리국 폐지
		(다)	
사회	• 공사 노비법 폐지 • 고문 및 연좌제 폐지 • 조혼 금지 • 과부 재가 허용	정치	• '건양' 연호 사용 • 친위대 · 진위대 설치
		사회 · 교육	• 단발령 실시, 태양력 사용 • 종두법 시행, 소학교 설치 • 우편 사무 재개

① (가) – 국왕의 전제권을 제한하였다.
② (가) – 흥선 대원군이 섭정을 하였다.
③ (나) – 지방관의 권한을 축소·제한하였다.
④ (나) – 일본에 망명했던 박영효가 개혁에 참여하였다.
⑤ (다) – 고종이 교육입국 조서를 발표하였다.

0777

역사 드라마를 제작하려고 할 때 다음 상황 이후에 제시할 장면으로 적절한 것은?

> 일본 공사가 왕을 위협하여 조속히 머리를 깎도록 하였으나 왕은 인산을 치른 뒤로 미루었다. 마침내 그때가 되자 유길준과 조희연 등이 일본군을 인도하여 궁성을 포위하고 대포를 설치한 뒤에 머리를 깎지 않는 자는 죽이겠다고 선언하니, 고종은 한숨을 들이쉬며 정병하를 돌아보고 말하기를 "경이 짐의 머리를 깎는 게 좋겠소."라고 하였다. 이에 정병하는 가위를 들고 왕의 머리를 깎고, 유길준은 태자의 머리를 깎았다.
>
> – 『매천야록』

① 난을 피해 장호원으로 피신하는 왕비
② 군국기무처에서 국사를 논하는 대신들
③ 종묘에 나가 독립 서고문을 바치는 고종
④ 성난 군중들에게 붙잡혀 맞아 죽는 김홍집
⑤ 경복궁을 점령하고 개혁을 요구하는 일본군

0778

다음 자료의 조칙이 반포된 시기에 실시된 개혁으로 옳은 것만을 보기 에서 고른 것은?

> "짐이 신민(臣民)에 앞서 머리카락을 자르니, 너희들은 짐의 뜻을 잘 본받아 만국과 나란히 서는 대업을 이루라."라고 하시었으니, 지금 경장하는 때를 맞아 크게 분발하신 조칙을 엎드려 읽어 보니 무릇 우리 대조선국 신민인 자가 누가 감읍하지 아니하며, 진작하지 아니하리오.

보기

ㄱ. 도량형 통일
ㄴ. 종두법 실시
ㄷ. 우편 사무 재개
ㄹ. 의정부를 내각으로 개편

① ㄱ, ㄴ   ② ㄱ, ㄷ   ③ ㄴ, ㄷ
④ ㄴ, ㄹ   ⑤ ㄷ, ㄹ

0779

다음 글이 작성된 당시의 상황으로 옳지 <u>않은</u> 것은?

> 지난 해 9월부터 반역도배들이 집요하게 짐을 압박해 오고 있다. 최근에는 단발령으로 일어난 전국적 시위의 혼란을 틈타 짐과 짐의 아들을 살해할지 모른다는 두려움에 떨고 있다. 짐은 짐의 아들과 함께 이러한 위급한 상황에서 벗어나 보호받기를 바란다. 나를 구출할 수 있는 다른 수단은 없다.

① 을미사변 이후 일제의 간섭이 강화되었다.
② 태양력 사용 등 근대적 개혁이 추진되고 있었다.
③ 김홍집을 중심으로 하는 친일 내각이 수립되었다.
④ 유생층과 농민들의 반일·반정부 감정이 표출되었다.
⑤ 일본이 철병 요구에 응하지 않고 무력으로 경복궁을 점령하였다.

0780

(가)~(라)를 일어난 순서대로 바르게 나열한 것은?

> (가) 조선 주재 일본 공사인 미우라 고로가 일본 군대와 낭인들을 경복궁에 난입시켜 왕비를 시해하였다.
> (나) 시모노세키 조약 체결 직후, 러시아·프랑스·독일의 주일 공사가 외무성을 방문하여 일본의 외무 차관에게 랴오둥반도를 청에 돌려줄 것을 요구하였다.
> (다) 심순택 등이 왕을 알현하여 여러 차례 황제로 즉위할 것을 진언하였고, 성균관 유생들의 상소도 이어지면서, 왕은 아홉 번의 사양 끝에 이를 수용하였다.
> (라) 러시아 장교 4명과 수병(水兵) 100여 명이 공사관 보호를 명목으로 한성에 들어왔고, 왕과 왕태자는 다음날 이른 아침 궁녀의 가마를 타고 위장하여 러시아 공사관으로 처소를 옮겼다.

① (가) – (나) – (다) – (라)　② (가) – (나) – (라) – (다)
③ (나) – (가) – (다) – (라)　④ (나) – (가) – (라) – (다)
⑤ (다) – (라) – (가) – (나)

0781

다음 자료와 관련 있는 단체가 활동한 시기의 상황으로 옳은 것만을 보기 에서 고른 것은?

보기
> ㄱ. 단발령에 저항하는 의병 운동이 일어났다.
> ㄴ. 러시아와 일본이 세력 균형을 이루고 있었다.
> ㄷ. 러시아 등 열강의 이권 침탈이 본격화되었다.
> ㄹ. 신분제 폐지를 원하는 민중들의 열망이 높아졌다.

① ㄱ, ㄴ　　② ㄱ, ㄷ　　③ ㄴ, ㄷ
④ ㄴ, ㄹ　　⑤ ㄷ, ㄹ

0782

다음 활동을 펼친 단체에 대한 설명으로 옳지 <u>않은</u> 것은?

일자	활동
1898. 2.	러시아의 절영도 조차 요구 저지
1898. 3.	러시아의 군사 고문단과 재정 고문단을 철수시킴
	국민의 신체와 재산권 보호 운동 전개
	의회 설립 운동 전개
1898. 9.	이권 양도와 관련된 이완용을 제명 처분
1898. 10.	보수파 내각 퇴진, 개혁 내각 수립

① 구본신참의 시정 방향을 정부에 제시하였다.
② 한말의 애국 계몽 운동에 직접적인 영향을 끼쳤다.
③ 한글 전용의 신문을 발행하여 국문 보급에 노력하였다.
④ 독립문과 독립관을 설립하여 자주 국권 의식을 높였다.
⑤ 개화 지식인과 정부 관료들이 대거 참여하여 조직하였다.

0783

(가) 단체에 대한 설명으로 옳은 것만을 보기 에서 고른 것은?

> 공공의 의견으로 ☐ (가) ☐을/를 발기하여 영은문 유지에 독립문을 새로이 세우고 모화관을 새로 고쳐 독립관이라 하여 옛날의 치욕을 씻고 후인의 표준을 만들고자 함이요, 그 부근의 땅에 독립 공원을 이루어 그 문과 관을 보관하고자 하니 성대한 일이라 아니할 수 없는지라, 돌아보건대, 그 공역이 커서 큰 비용이 될 것이니 합치지 않으면 성취하기를 기약치 못할 것이요, 이에 알리니 밝게 헤아려 보조금을 뜻에 따라 보내고, 본회 회원에 참가할 뜻이 있으면 그를 나타내 주기를 바라오.

보기

ㄱ. 국채 보상 운동을 주도하였다.
ㄴ. 의회 설립 운동을 추진하였다.
ㄷ. 공화 정체의 근대 국가 수립을 목표로 하였다.
ㄹ. 민중 계몽을 위해 토론회와 강연회를 개최하였다.

① ㄱ, ㄴ ② ㄱ, ㄷ ③ ㄴ, ㄷ
④ ㄴ, ㄹ ⑤ ㄷ, ㄹ

0784

(가) 단체가 추진한 내용으로 옳지 <u>않은</u> 것은?

> 1898년 3월부터 서울 종로에서 우리나라 최초의 대중 집회가 열렸다. 이 집회는 ☐ (가) ☐이/가 주도한 것으로, 근대 시민 의식의 성장을 보여 준다.

① 독립문을 건립하였다.
② 토론회를 개최하였다.
③ 독립신문을 발간하였다.
④ 신분제 폐지를 주장하였다.
⑤ 러시아의 절영도 조차를 막아 냈다.

0785

다음 주장이 제기된 시기에 볼 수 있는 모습으로 가장 적절한 것은?

> 지금 러시아가 우리 대한을 향하여 절영도를 요구하고 있습니다. …… 지금 황제 폐하께서는 자주독립의 권리를 세워 만국과 더불어 나란히 서게 되었거늘, 그 신하된 자들이 만약 한 치 한 자의 땅이라도 다른 나라 사람에게 준다면 이는 황제 폐하에게는 반역하는 신하요, 대대의 임금에게는 죄인이며, 우리 대한 이천만 동포 형제에게는 원수가 됩니다.

① 만민 공동회에 참석한 시민
② 신분제 폐지를 환영하는 노비
③ 대한국 국제를 발표하는 관리
④ 기차를 타고 인천으로 가는 상인
⑤ 오산 학교 개교 기념식에 참석한 학생

0786

(가), (나) 시기 사이에 있었던 사실로 옳은 것은?

> (가) 지난번에 거처를 옮긴 후에 덧없이 한 해가 지나게 되니 모든 법도가 무너져서 여러 사람들이 우려하였다. 짐이 어찌 밤낮으로 이것을 생각하지 않았겠는가? 이제 의정부의 간청에 의하여 경운궁에 환궁하였으니 중앙과 지방 신하와 백성들의 기대에 어느 정도 부응했을 것이다.
>
> (나) 지난번에 독립 협회에 관해 한계를 정하고 그 이상 활동하지 못하도록 한 것은 규정을 따르도록 함이었다. 폐단을 수습한다고 빙자하여 네거리에 목책을 치고 백성들을 움직여 고위 관료를 위협하고 다닌다.

① 독립 협회가 창립되었다.
② 공사 노비법이 법적으로 폐지되었다.
③ 관민 공동회에서 헌의 6조가 채택되었다.
④ 헤이그 만국 평화 회의에 특사가 파견되었다.
⑤ 일본이 강제로 대한 제국의 군대를 해산시켰다.

0787

다음 자료에 대한 설명으로 옳지 <u>않은</u> 것은?

> 1. 외국인에게 의지하지 아니하고 관민이 협력하여 전제 황권을 공고히 할 것
> 2. 외국과의 이권에 관한 계약과 조약은 각 대신과 중추원 의장이 함께 서명할 것
> 3. 국가 재정은 탁지부에서 모두 관리하고 예산, 결산을 국민에게 공포할 것
> 4. 중대한 범죄는 반드시 재판하되, 피고의 인권을 존중할 것
> 5. 칙임관을 임명할 때는 정부에 그 뜻을 물어 중의에 따를 것

① 황제의 전제권 강화를 위한 정책 추진을 강조하였다.
② 신체의 자유를 보장한 민권 운동의 내용을 담고 있다.
③ 독립 협회가 주관한 관민 공동회에서 결의된 내용이다.
④ 개혁안은 보수 세력의 반발로 실천에 옮겨지지 못하였다.
⑤ 외세의 이권 침탈과 정부의 외세 의존적 외교를 비판하였다.

0788

다음 보고서에 나타난 내각이 추진한 정책으로 옳은 것은?

> 이 도시(서울)는 방금 심한 격동의 시기를 보냈습니다. 하나의 평화적 혁명이 일어났습니다. 대중의 요구에 의하여 거의 전면적인 내각 개편이 일어났습니다.
> — 주한 미국 공사관 보고, 1898. 10.

① 의회식 중추원 관제를 공포하였다.
② 왕실 사무와 국정 사무를 분리하였다.
③ 일종의 헌법인 대한국 국제를 반포하였다.
④ 고문과 연좌제 등 봉건적 악습을 폐지하였다.
⑤ 황국 협회를 동원하여 만민 공동회를 탄압하였다.

0789

밑줄 친 '이 기구'에 대한 설명으로 옳은 것은?

> 제1조 이 기구는 다음 사항을 심사·논의하여 정하는 곳으로 할 것
> 　　　1. 법률과 칙령의 제정, 폐지 혹은 개정에 관한 사항
> 　　　2. 의정부에서 논의하여 상주하는 사항
> 　　　3. 칙령에 따라 의정부에서 자문하는 사항
> 제3조 이 기구 의관 반수는 정부에서, 반수는 인민 협회 중에서 27세 이상의 사람이 정치·법률·학식에 통달한 자로 투표 선거할 것

① 비변사의 기능이 축소되면서 강화되었다.
② 일본에 의해 설치되어 개혁안을 제시하였다.
③ 국민 참정권 운동의 결과 설치가 추진되었다.
④ 1880년대 초 정부의 개화 정책을 주도하였다.
⑤ 황제의 전제권을 강화하는 기능을 담당하였다.

0790

다음 두 자료를 읽고 독립 협회를 평가한 것으로 옳은 것만을 〈보기〉에서 고른 것은?

> • 조선에서는 해육군을 많이 길러 외국이 침범하는 것을 막을 까닭도 없고, 다만 나라 안에 해육군이 조금 있어 동학이나 의병 같은 지방의 도둑 떼나 평정시킬 만하면 넉넉하다. 만일, 어떤 나라가 조선을 침범하고자 하여도 조선 정부가 세상에 행세만 잘 했을 것 같으면 조선을 다시 남의 나라 속국이 되게 가만 둘 리가 없다. 그러므로 조선에서 외국과 싸움할 염려가 없는데, 만일 조선이 싸움이 되도록 일을 할 것 같으면 그 때는 화를 면하지 못할 것이다.
> — 독립신문, 1897. 5. 25.
> • 어느 나라이든지 개명에 뜻이 있어 진보하려고 하면, 세계에서 먼저 개명한 각 나라들이 힘써 보호하고 도와주어 아무쪼록 동등한 나라로 대접하되, 만약 그 나라의 정치가 밝지 못하고 …… 아무리 보호하고 도와주어도 효험이 없을 것 같으면 …… 그 땅을 오이 나누듯이 한 조각씩 차지하여 도탄에 빠진 백성들을 구원해 주니 …….
> — 독립신문, 1899. 6. 17.

〈보기〉

> ㄱ. 구본신참의 원칙에 따른 개혁을 추구하였다.
> ㄴ. 소수 지식인층의 주도로 민중의 지지를 얻지 못했다.
> ㄷ. 항일 의병 투쟁에 대해 부정적인 인식을 갖고 있었다.
> ㄹ. 제국주의 열강들의 침략 의도를 제대로 파악하지 못하였다.

① ㄱ, ㄴ　② ㄱ, ㄷ　③ ㄴ, ㄷ　④ ㄴ, ㄹ　⑤ ㄷ, ㄹ

0791

(가)에 들어갈 내용으로 가장 적절한 것은?

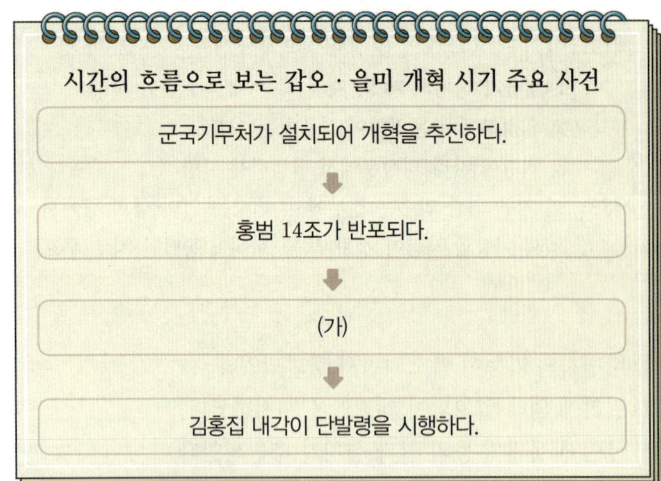

① 궁내부가 신설되다.
② 교정청이 설치되다.
③ 을미사변이 일어나다.
④ 전주 화약이 체결되다.
⑤ 아관 파천이 단행되다.

0792

밑줄 친 '황제 즉위식' 거행 이후 일어난 일로 옳은 것은?

① 홍범 14조를 반포하였다.
② 대한국 국제를 제정하였다.
③ 재정을 호조로 일원화하였다.
④ '건양'이라는 연호를 사용하였다.
⑤ 개혁 추진 기구로 교정청을 설치하였다.

0793

다음 개혁을 주도한 정치 세력의 주장으로 옳은 것은?

> • 대한국 국제를 제정, 공포하였다.
> • 토지 소유자들에게 지계를 발급하였다.
> • 근대 산업 발전을 위한 식산 흥업 정책을 추진하였다.
> • 중앙의 시위대와 지방의 진위대 군사 수를 대폭 늘렸다.

① 입헌 군주제의 정치 체제를 수립하자.
② 독립 협회의 활동을 적극적으로 지원하자.
③ 옛것을 근본으로 하는 점진적 개혁을 추구하자.
④ 외래 서양 문화를 배척하고 전통문화를 수호하자.
⑤ 지계를 폐지하고 새로운 토지 소유권 제도를 갖추자.

0794

다음은 주제 발표를 위해 준비한 자료이다. 밑줄 친 '○○ 개혁'에 대한 설명으로 옳은 것은?

> 학습 주제 : ○○ 개혁의 추진
>
> 관련 사료
>
> • 목·부·군 관리가 지계와 양지 사무에 대하여 감리의 지시를 따르되 혹 위반하는 폐단이 있으면 본 아문으로 사실을 들어 보고할 것
> • 김한목 등이 1년에 8~9차례씩 양잠하는 신기술을 터득하고 귀국하였으므로, 이번에 회사를 조직하고 부자와 뽕나무 묘목을 구입하고자 자금을 모집하니, 잠업에 뜻이 있는 사람들은 합자 회사에 투자해서 이익을 함께 나누기를 바랍니다.
>
> — 황성신문

① 홍범 14조에서 개혁의 방향성을 천명하였다.
② 중앙에 8아문을 두고 지방은 23부로 개편하였다.
③ 일본의 메이지 유신을 모방하여 개혁이 추진되었다.
④ 신기술을 확보하기 위해 외국에 유학생을 파견하였다.
⑤ 독립문과 독립관을 설립하여 자주 국권 의식을 높였다.

0795

다음 자료와 관련 있는 정부가 추진한 개혁 내용으로 옳지 <u>않은</u> 것은?

① 황제를 칭하고 독자적인 연호를 사용하였다.
② 구본신참의 원칙을 바탕으로 개혁을 추진하였다.
③ 청과 대등한 입장에서 한청 통상 조약을 체결하였다.
④ 근대적 토지 소유권 확립을 목적으로 지계를 발급하였다.
⑤ 교육입국 조서를 발표하고 각종 기술 교육 기관을 세웠다.

0796

다음 자료를 바탕으로 당시 정권의 관료들이 취했을 만한 행동으로 옳은 것만을 〔 보기 〕에서 고른 것은?

> 제1조 대한국은 세계 만국이 공인한 자주독립 제국이다.
> 제2조 대한국의 정치는 만세불변의 전제 정치이다.
> 제3조 대한국 대황제는 무한한 군권을 누린다.
> 제6조 대한국 대황제는 법률을 제정하여 그 반포와 집행을 명하고, 대사·특사·감형·복권 등을 명한다.
> 제9조 대한국 대황제는 각 조약 체결 국가에 사신을 파견하고, 선전·강화 및 제반 조약을 체결한다.

〔 보기 〕

> ㄱ. 동도서기론에 비판적 태도를 보였다.
> ㄴ. 만민 공동회의 정치적 주장에 반대하였다.
> ㄷ. 신민회의 공화 정체 수립 주장을 지지하였다.
> ㄹ. 군권 강화를 통해 왕실 주도로 개혁을 추진하려 하였다.

① ㄱ, ㄴ　　　② ㄱ, ㄷ　　　③ ㄴ, ㄷ
④ ㄴ, ㄹ　　　⑤ ㄷ, ㄹ

0797

두 사람이 평가하고 있는 사건에 대한 설명으로 옳지 <u>않은</u> 것은?

> • 갑: 개화파 관료들에 의해 추진되었고, 근대화 과정에서 중요한 정치, 경제, 사회 등 각 분야에 걸친 일대 개혁이었다는 점을 높이 평가할 수 있어.
> • 을: 그러나 일본의 강요에 의해 착수되었고, 일본과 소수 관료들에 의해 일방적으로 진행되어 일본의 조선 침략을 쉽게 하는 제도 개편에 불과했다고 생각해.

① 일본의 간섭에 의해 구성된 내각이 개혁을 주도하였다.
② 국방력 강화에 필요한 군제의 개혁은 소홀히 다루었다.
③ 갑신정변과 동학 농민 운동의 요구 사항이 일부분 반영되었다.
④ '옛것을 근본으로 삼고 새것을 참고한다.'라는 원칙 아래 추진되었다.
⑤ 민중의 권리를 보장하였음에도 불구하고 개혁에 대한 민중의 지지를 이끌어 내지 못하였다.

0798

(가) 단체에 대한 설명으로 옳은 것은?

> 공공의 의견으로 　(가)　을/를 세워 영은문 옛 터 부근에 독립문을 새로이 세우고 전 모화관을 새로 고쳐 독립관이라 하여 옛날의 치욕을 씻고 후인의 표준을 만들고자 함이니 …… 보조금을 다소간에 따라 보내고 　(가)　에 참여할 뜻이 있으면 그를 나타내 주기를 바란다.

① 신분제를 폐지하였다.
② 집강소를 설치하였다.
③ 만민 공동회를 개최하였다.
④ 위정척사 운동을 전개하였다.
⑤ 보부상들의 주도로 설립되었다.

0799

(가) 개혁에 대한 설명으로 옳은 것은?

> **사료로 보는 한국사**
>
> **제1조** 지계아문은 한성부와 13도 각 부와 군의 산림, 토지, 전답, 가옥의 지계를 정리하기 위하여 임시로 설치한다.
> **제10조** 대한 제국 인민이 아닌 사람은 산림, 토지, 전답, 가옥의 소유주가 될 수 없다.
>
> [해설] 이 법령은 ⎡ (가) ⎦ 개혁 시기에 토지 소유권을 법적으로 증명하는 문서인 지계를 발급하기 위해 제정되었다.

① 갑오·을미 개혁에 영향을 주었다.
② 일본, 미국, 영국 등의 침략성을 간과하였다.
③ 성리학적 질서를 강조하여 근대화를 지연시켰다.
④ 황제권 강화에 중점을 두어 민권 보장에 소홀하였다.
⑤ 일본의 군사력에 의존하여 민중의 지지를 얻지 못했다.

0800

밑줄 친 '이 인물'의 활동으로 옳은 것은?

이 인물은 온건 개화파로 제2차 수신사로 일본에 파견된 바 있으며, 영의정과 총리대신을 역임하며 각종 개혁을 주도하였으나, 아관 파천 이후 친일파로 몰려 분노한 민중들에게 비극적인 죽음을 맞이하고 말았다.

① 영선사로 파견되었다.
② 광무개혁을 주도하였다.
③ 군국기무처에 참여하였다.
④ 만민 공동회에 참석하였다.
⑤ 집강소에서 개혁을 추진하였다.

[0801~0802] 다음을 읽고 물음에 답하시오.

> 1. 청에 의존하는 생각을 끊어 버리고 자주 독립의 터전을 튼튼히 세운다. ···························· ㉠
> 4. 왕실에 관한 사무와 나라 정사에 관한 사무는 반드시 분리시키고 서로 뒤섞이지 않는다. ··········· ㉡
> 7. 조세나 세금을 부과하는 것과 경비를 지출하는 것은 탁지아문에서 관할한다. ······················· ㉢
> 10. 지방 관제를 빨리 개정하여 지방 관리의 직권을 제한한다. ··························· ㉣
> 11. 나라 안의 총명하고 재주 있는 젊은이들을 널리 파견하여 외국의 학문과 기술을 견습시킨다. ·········· ㉤

0801

위 강령이 반포된 시기를 연표에서 옳게 고른 것은?

(가)	(나)	(다)	(라)	(마)
교정청 설치	제1차 갑오개혁	삼국 간섭	을미 사변	아관 파천	관민 공동회 개최

① (가)　　② (나)　　③ (다)　　④ (라)　　⑤ (마)

0802

㉠~㉤와 관련된 개혁안으로 옳지 <u>않은</u> 것은?

① ㉠ – '건양'이라는 새 연호를 사용하였다.
② ㉡ – 의정부를 내각으로 개편하여 7부를 두었다.
③ ㉢ – 탁지부 아래에 관세사와 징세사를 두었다.
④ ㉣ – 8도를 23부로 개편하였다.
⑤ ㉤ – 외국어 학교 관제를 발표하였다.

STEP 3 서술형 풀어 보기

0803

다음을 읽고 물음에 답하시오.

> 〈 ___(가)___ 의 전개〉
> (1) 배경: 정부의 탄압, 동학의 교세 확대
> (2) 목적: ___(나)___
> (3) 전개: 공주 집회 → 삼례 집회 → 한성 복합 상소 →
>   보은 집회

(1) (가) 운동의 명칭을 쓰시오.

(   )

(2) (나)에 들어갈 내용을 두 가지 서술하시오.

0804

다음 요구 사항을 통해 알 수 있는 동학 농민 운동의 성격을 서술하시오.

> • 노비 문서는 불태워 버릴 것
> • 과부의 재가를 허용할 것
> • 토지는 균등히 나누어 경작하게 할 것

0805

다음과 같이 전개된 농민 봉기의 원인과 결과를 서술하시오.

> 전봉준이 이끄는 남접 부대와 손병희가 이끄는 북접 부대는 논산에 집결해 연합 부대를 형성한 후, 서울을 향해 여러 경로로 북상하였다. 이때 강원도, 경기도 등지에서도 농민군이 봉기하였다.

0806

다음 사실을 뒷받침하는 개혁안을 정치, 경제, 사회 분야로 나누어 각각 서술하시오.

> 제1차 갑오개혁에는 급진 개화파가 갑신정변의 개혁 정강을 통해 제시한 내용과 동학 농민군의 요구가 반영되었다.

0807

다음을 보고 물음에 답하시오.

(1) (가) 학생이 설명하고 있는 개혁의 명칭을 쓰시오.

(　　　　　　　)

(2) (나) 학생의 말에 부합하는 내용을 서술하시오.

0808

다음을 읽고 물음에 답하시오.

> 　왜인들이 대궐에 침입하여 왕비를 시해한 사건이 있은 뒤 몇 달 동안 왕은 결코 편안하지 못하였다. 왕은 국사를 처리하는 데 아무런 발언도 하지 못하였으며 스스로 친일 내각의 포로가 된 것이라 생각하였다. 심지어 신변의 위협도 느껴 몇 주일 동안은 대궐 밖에 있는 친지들이 열쇠를 채운 통 속에 넣어 보내 주는 음식 외에는 아무것도 먹지 않았다.
>
> ー 『대한 제국 멸망사』 ー

(1) 밑줄 친 '친일 내각'의 중심 인물을 쓰시오.

(　　　　　　　)

(2) 위 내각이 추진한 개혁의 명칭을 쓰고, 개혁의 내용을 <u>두 가지</u> 서술하시오.

[0809~0810] 다음을 읽고, 물음에 답하시오.

> **이 단체의 토론회 주제**
> (가) 1898년 3월: 우리 국토를 남에게 빌려주는 것은 온당치 못하다.
> (나) 1898년 4월: 중추원을 개편하는 것이 정치상 제일 긴요하다.
> (다) 1898년 5월: 백성의 권리가 높아질수록 임금의 지위가 높아지고, 나라의 힘을 떨칠 수 있다.

0809

밑줄 친 '이 단체'의 활동을 (가)~(다) 토론회 주제와 연관 지어 서술하시오.

0810

밑줄 친 '이 단체'의 한계를 서술하시오.

0811

다음을 읽고 물음에 답하시오.

> (가) 제2조 외국과의 이권에 관한 계약과 조약은 각 부 대신과 중추원 의장이 합동으로 서명하여 시행할 것
>   제5조 칙임관을 임명할 때 의정부에 자문하여 과반수를 얻은 자를 임명할 것
> (나) 제3조 대한국 대황제는 무한한 군권을 지니고 있다.
>   제4조 대한국 신민이 군권을 침해하면 신민의 도리를 잃은 자로 간주한다.

(1) (가), (나) 내용이 담긴 문서의 명칭을 각각 쓰시오.

  (가): (   ), (나): (   )

(2) (가), (나)에서 지향하는 정치 체제의 차이점을 서술하시오.

___

0812

다음은 어느 학생의 노트 필기 내용이다. 이를 읽고 물음에 답하시오.

> 5. 대한 제국의 수립과 근대 개혁 추진
> (1) 대한 제국의 수립: 고종이 러시아 공사관에서 경운궁으로 환궁 → 환구단을 세우고 황제 즉위식 거행
> (2) 근대화를 위한 ┌ (가) ┐ 추진
>   ① 상공업 진흥: 근대적 공장과 회사 설립
>   ② 과학 기술 진흥: 각종 학교 설립, 유학생 파견
>   ③ 근대 시설 확충: 전차 부설, 우편 제도 정비 등

(1) (가)에 들어갈 개혁의 명칭을 쓰시오.

  (   )

(2) **(1)** 개혁에서 원칙으로 삼은 기본 방향과 개혁의 성격을 서술하시오.

___

0813

다음을 보고 물음에 답하시오.

> 이 문서는 토지 소유권을 증명하는 것으로, 일부 지역에서 발급되었다. 앞면에는 토지 소유자와 면적 등을, 뒷면에는 '대한 제국 인민 외에는 전답 소유자가 될 수 없다.'라는 규정을 명시하였다. 이를 통해 대한 제국이 외국인의 토지 소유를 금지하였음을 알 수 있다.

(1) 밑줄 친 '이 문서'의 명칭을 쓰시오.

  (   )

(2) 대한 제국 정부가 **(1)** 문서를 발급한 이유를 <u>세 가지</u> 서술하시오.

___

0814

다음을 읽고 물음에 답하시오.

> • 경복궁을 점령한 일본의 강요로 구성된 새로운 정부는 교정청을 폐지하고 군국기무처를 설치하여 ┌ (가) ┐ 을/를 추진하였다.
> • 대한 제국은 '옛것을 근본으로 삼고 새것을 참고한다.'라는 구본신참의 원칙 아래 ┌ (나) ┐ 을/를 시행하였다.

(1) (가), (나)에 들어갈 개혁의 명칭을 쓰시오.

  (가): (   ), (나): (   )

(2) (가), (나) 개혁의 주요 내용을 <u>두 가지씩</u> 서술하시오.

04 국권 침탈과 국권 수호 운동

빈출 개념
• 국권 침탈 조약 체결 순서
• 의병 운동의 시기별 특징
• 신민회와 애국 계몽 운동 단체

1 일본의 국권 침탈

(1) 러일 전쟁(1904~1905)

배경	• 삼국 간섭 이후 한반도를 둘러싼 러시아와 일본의 갈등 심화 • 제1차 영일 동맹 체결(1902): 러시아 견제 목적 • 러시아가 한국의 용암포 점령
경과	일본의 러시아 공격(러일 전쟁, 1904) ➡ 일본의 뤼순항 함락, 동해에서 러시아의 발트 함대 격파 ➡ 포츠머스 조약 체결(러시아-일본, 1905. 9.)

전쟁 직전 대한 제국은 국외 중립을 선언했지만, 전쟁이 시작되자 일본은 이를 무시하고 강제로 한일 의정서를 체결하였다.

(2) 일본의 한국 지배에 대한 열강의 승인

가쓰라 · 태프트 밀약(1905. 7.)	제2차 영일 동맹(1905. 8.)	포츠머스 조약(1905. 9.)
일본의 한국 지배와 미국의 필리핀 지배 상호 인정	일본의 한국 지배와 영국의 인도 지배 상호 인정	러시아가 한반도에 대한 일본의 독점적 지배권 인정

(3) 일본의 국권 침탈 과정

한일 의정서 (1904. 2.)	러일 전쟁 중 일본의 강요로 체결, 일본이 한국의 군사적 요충지를 임의로 사용할 수 있는 권리 확보 자료❶
외국인 고문 용빙에 관한 협약(제1차 한일 협약, 1904. 8.)	일본이 한국에 재정 고문으로 메가타, 외교 고문으로 스티븐스 파견(고문 정치) ➡ 한국에 대한 내정 간섭 본격화
을사늑약 (제2차 한일 협약, 1905. 11.)	일본이 한국의 외교권 박탈, 통감부 설치, 초대 통감에 이토 히로부미 부임 자료❷ 초대 통감으로 부임한 이토 히로부미는 외교 업무뿐만 아니라 시정 개선이라는 명목으로 내정에도 간섭하였다.
고종의 강제 퇴위 (1907)	일본이 헤이그 특사 파견을 구실로 고종을 강제 퇴위시킴
정미 7조약 (한일 신협약, 1907. 7.)	통감의 내정 간섭 강화(법령 제정, 고등 관리 임면 등), 정부 각 부서에 일본인 차관 임명(차관 정치) 자료❸ 이후 일본은 한국인의 저항을 차단하고자 보안법, 신문지법, 출판법 등을 제정하였다. 그 결과 한국인의 언론, 출판, 집회, 결사의 자유는 사실상 사라졌다.
군대 해산(1907)	한일 신협약의 부속 각서에 따라 군대 해산
기유각서(1909)	일본이 한국의 사법권과 감옥 관리권 박탈, 법부와 군부 폐지
한국 병합 조약 (1910. 8.)	일진회의 합방 청원서 제출(1909. 12.) ➡ 경찰권 박탈(1910. 6.) ➡ 한국 병합 조약 체결(1910. 8. 22.) ➡ 조선 총독부 설치(국권 피탈)

2 항일 의병 운동과 의열 투쟁

★(1) 항일 의병 운동의 전개 자료❹

의병	배경	특징
을미의병 (1895)	을미사변, 단발령 실시	• 지방의 양반 유생층 주도(유인석, 이소응 등), 동학 농민군 잔여 세력 참여 해산된 의병과 농민 중 일부는 활빈당, 영학당 등을 조직해 무장 투쟁을 이어 나갔다. • 고종의 단발령 철회와 의병 해산 권고 조칙에 따라 해산
을사의병 (1905)	을사늑약 체결	• 유생 의병장: 민종식(충청도의 홍주성 점령), 최익현(전라도 태인에서 의병을 일으킴, 관군에 체포되어 쓰시마섬에 유배되었다가 순국) • 평민 출신 의병장: 신돌석('태백산 호랑이', 경상도와 강원도 일대에서 유격전 전개)
정미의병 (1907)	고종 강제 퇴위, 군대 해산	• 평민 의병장 다수 활동, 다양한 계층 참여, 해산된 군인의 참여로 의병의 전투력과 조직력 강화 자료❺ • 전국적인 항일 전쟁으로 확대

Check! 잘 나오는 선지로 개념 확인하기

1 을사늑약에 대한 설명으로 옳은 것을 모두 고르시오.

① 러일 전쟁 발발 직후 체결되었다.
② 대한 제국의 군대를 해산하였다.
③ 대한 제국의 외교권을 박탈하였다.
④ 조약 체결에 따라 통감부가 설치되었다.
⑤ 조약 체결에 반발하여 을사의병이 일어났다.
⑥ 민영환은 조약 체결에 항거하여 자결하였다.
⑦ 가쓰라 · 태프트 밀약이 체결되는 결과를 가져왔다.
⑧ 부속 각서를 맺어 일본인들을 각 부 차관으로 임명하였다.
⑨ 재정 고문으로 메가타, 외교 고문으로 미국인 스티븐스가 파견되었다.
⑩ 고종이 국제 사회에 부당성을 알리기 위해 헤이그 특사를 파견하였다.

2 을미의병에 대한 설명으로 옳은 것을 모두 고르시오.

① 13도 창의군을 결성하였다.
② 서울 진공 작전을 추진하였다.
③ 단발령과 을미사변을 계기로 봉기하였다.
④ 해산 군인의 합류로 군사력이 강화되었다.
⑤ 민종식은 의병을 모아 홍주성을 점령하였다.
⑥ 유생 출신 유인석이 이끄는 의병이 중심이 되었다.
⑦ 고종의 해산 권고 조칙에 따라 대부분 해산하였다.
⑧ 각국 영사관에 국제법상 교전 단체로 승인해 줄 것을 요구하였다.
⑨ 최익현이 의병을 일으켰다가 쓰시마섬으로 유배되어 순국하였다.
⑩ 평민 출신 의병장인 신돌석이 경상북도와 동해안 일대에서 활약하였다.

답 1 ③, ④, ⑤, ⑥, ⑩
2 ③, ⑥, ⑦

(2) 의병 투쟁의 확산과 탄압

서울 진공 작전(1908)	유생 의병장들의 주도로 13도 연합 부대인 13도 창의군 결성(총대장 이인영) ➡ 서울 진공 작전 전개 ➡ 일본군의 공격으로 실패
'남한 대토벌' 작전	전국에서 의병 투쟁 지속 ➡ 일본이 '남한 대토벌' 작전 전개(1909) ➡ 많은 의병들이 체포되거나 학살됨 ➡ 일부 의병들이 만주, 연해주로 이주하여 무장 독립 투쟁 전개

(3) 항일 의거 활동의 전개

자결	민영환, 조병세 등이 을사늑약의 무효화를 요구하며 자결	언론 활동	을사늑약의 부당성 규탄
상인	상점 문을 닫아 일제 침략에 항의	암살 시도	나철(나인영)·오기호 등이 '자신회'를 조직해 을사5적 처단 시도
사살	• 전명운과 장인환이 미국인 외교 고문 스티븐스 저격(1908) • 안중근이 하얼빈역에서 초대 통감 이토 히로부미 사살(1909)		
습격	이재명이 이완용을 공격하여 부상을 입힘(1909) 자료 ⑥		

3 애국 계몽 운동의 전개

(1) 애국 계몽 운동의 등장

① 배경: 러일 전쟁과 을사늑약의 체결로 일제 침략 본격화 ➡ 사회 진화론에 기초해 실력을 키워야만 국권을 회복하고 근대 국가를 건설할 수 있다고 여김

② 내용: 민중 계몽 운동, 언론 활동과 교육 진흥, 민족 기업 육성 추진

★(2) 애국 계몽 운동 단체의 조직과 활동 자료 ⑦

보안회 (1904)	관료와 유생들이 결성, 일본의 황무지 개간권 요구에 반대 운동 전개 ➡ 일본의 황무지 개간권 요구 저지
헌정 연구회 (1905)	독립 협회 계승, 의회 중심의 입헌 군주제 수립을 목표로 활동, 일진회의 친일 행위 규탄 ➡ 지도부 체포 이후 활동 중단
대한 자강회 (1906)	헌정 연구회 계승, 교육과 산업의 진흥 강조, 입헌 군주제 수립 주장, 전국에 지회 설치, 월보 간행 ➡ 고종의 강제 퇴위 반대 운동을 주도하다가 통감부에 의해 해산(1907)
신민회 (1907)	• 조직: 안창호, 양기탁, 신채호 등이 결성한 비밀 결사 신민회에는 다수의 기독교계 인사 외에도 언론인, 교사, 학생 등 각계 각층이 참여하였다. • 목표: 국권 회복, 공화 정체의 근대 국민 국가 건설 • 실력 양성 운동: 대성 학교(평양)·오산 학교(정주) 설립, 태극 서관·자기 회사 등 운영 • 무장 투쟁 준비: 만주 서간도 삼원보에 국외 독립군(독립운동) 기지 건설, 신흥 강습소(이후 신흥 무관 학교) 설립 • 해산: 일제가 조작한 105인 사건을 계기로 와해(1911)

(3) 애국 계몽 운동의 의의와 한계

의의	민족의식 고취, 독립 의지와 근대 의식 환기 ➡ 교육과 산업 진흥, 국권 회복 및 근대 국가 건설이라는 목표 제시 애국 계몽 운동은 일제 식민지 시기에 실력 양성 운동으로 이어졌다.
한계	일부 지식인들이 사회 진화론을 바탕으로 일제의 지배 용인, 의병 투쟁 비판

4 독도와 간도

독도 자료 ⑧	• 「대한 제국 칙령 제41호」 공포(1900): 독도를 울릉도의 관할 지역으로 편입 • 일본의 독도 불법 편입(1905. 2.): 러일 전쟁 중 독도를 불법으로 시마네현에 편입(시마네현 고시 제40호)
간도 자료 ⑧	• 간도 귀속 문제 : 조선 숙종 때 백두산정계비 건립(1712, 조선과 청의 경계 확정) ➡ 19세기 후반 조선과 청 사이에 영유권 분쟁 발생 ➡ 대한 제국 정부가 이범윤을 간도 관리사로 파견, 함경도의 행정 구역으로 편입(1903) • 간도 협약(간도에 관한 청일 협정, 1909) : 일본이 만주의 철도 부설권과 탄광 개발권을 얻는 대가로 청과 체결

3 을사늑약 이후 국권 피탈 전까지 전개된 의열 투쟁으로 옳은 것을 <u>모두</u> 고르시오.

① 만주에서 의열단이 조직되었다.

② '남한 대토벌 작전'이 전개되었다.

③ 강우규가 사이토 총독에게 폭탄을 던졌다.

④ 김상옥이 종로 경찰서에 폭탄을 투척하였다.

⑤ 안중근은 하얼빈에서 이토 히로부미를 처단하였다.

⑥ 나철 등이 자신회라는 을사5적 암살단을 조직하였다.

⑦ 윤봉길이 상하이 훙커우 공원에서 의거를 감행하였다.

⑧ 박상진을 중심으로 대한 광복회가 조직되었다.

⑨ 이재명은 친일 매국노인 이완용을 습격하여 중상을 입혔다.

⑩ 미국 샌프란시스코에서 전명운, 장인환이 친일 미국인 스티븐스를 저격하였다.

4 신민회에 대한 설명으로 옳은 것을 <u>모두</u> 고르시오.

① 105인 사건으로 와해되었다.

② 통감부의 탄압을 받아 강제로 해산되었다.

③ 일본의 황무지 개간권 요구를 저지하였다.

④ 전국에 지회를 설치하고 월보를 발행하였다.

⑤ 평양에 대성 학교, 정주에 오산 학교를 세웠다.

⑥ 서적 출판과 공급을 위해 태극 서관을 운영하였다.

⑦ 공화 정체에 바탕을 둔 근대 국가 건설을 지향하였다.

⑧ 자기 회사를 설립하여 민족 산업을 키우려고 하였다.

⑨ 정부 관료들까지 참여하는 관민 공동회를 개최하였다.

⑩ 초기에는 민권 운동을 전개하였으나 점차 친일적 성향을 나타냈다.

답 3 ⑤, ⑥, ⑨, ⑩
4 ①, ⑤, ⑥, ⑦, ⑧

미래엔, 비상, 천재, 동아, 씨마스, 해냄, 리베르

자료 1 한일 의정서와 외국인 고문 용빙에 관한 협약

• **한일 의정서(1904. 2.)**

제4조 제3국의 침해 또는 내란으로 대한 제국 황실의 안녕과 영토의 보전에 위험이 있을 경우에 일본 제국 정부는 곧 필요한 조치를 취할 것이다. 대한 제국 정부는 일본 제국 정부의 행동이 용이하도록 충분히 편의를 제공한다. 일본 제국 정부는 이러한 목적을 달성하기 위해 전략상 필요한 지점을 형편에 따라 사용할 수 있다. — 『고종실록』

• **외국인 고문 용빙에 관한 협약(1904. 8.)**

제1조 대한 제국 정부는 일본 정부가 추천하는 일본인 1명을 재정 고문에 초빙하여 재무에 관한 사항은 모두 그의 의견을 들어 시행할 것

제2조 대한 제국 정부는 일본 정부가 추천하는 외국인 1명을 외교 고문으로 외부에 초빙하여 외교에 관한 중요한 업무는 모두 그의 의견을 물어 시형할 것 — 『고종실록』

0815 한일 의정서의 체결로 일본은 대한 제국으로부터 외교권을 박탈하였다. ㅇ/✕

0816 외국인 고문 용빙에 관한 협약에 따라 재정 고문으로 일본인 메가타를, 외교 고문으로 미국인 스티븐스를 임명하였다. ㅇ/✕

0817 위의 두 조약은 모두 러일 전쟁 중에 체결되었다. ㅇ/✕

미래엔, 비상, 천재, 동아, 씨마스, 해냄, 리베르

자료 2 을사늑약(1905. 11.)

제2조 …… 한국 정부는 지금부터 일본국 정부의 중개를 거치지 않고서는 국제적 성질을 가진 어떠한 조약이나 약속도 맺지 않을 것을 서로 약속한다.

제3조 일본국 정부는 그 대표자로 한국 황제 폐하 밑에 1명의 통감을 두되 통감은 오로지 외교에 관한 사항을 관리하기 위해 경성에 주재하고 직접 한국 황제 폐하를 만날 수 있는 권리를 가진다. — 『고종실록』

0818 을사늑약은 일본이 열강으로부터 한국 지배를 인정받은 후 체결된 조약이다. ㅇ/✕

0819 을사늑약으로 일본은 대한 제국의 외교권을 빼앗았다. ㅇ/✕

0820 을사늑약 체결 이후 통감부가 설치되고, 이토 히로부미가 초대 통감으로 부임하였다. ㅇ/✕

미래엔, 비상, 천재, 동아, 씨마스, 해냄, 리베르

자료 3 한일 신협약(정미 7조약)과 부속 각서(1907. 7.)

• **한일 신협약(정미 7조약)과 부속 각서(1907. 7.)**

제1조 한국 정부는 시정 개선에 관해 통감의 지도를 받을 것

제4조 한국 고등 관리의 임면은 통감의 동의로써 행할 것

(부속 각서)

제3조 다음 방법에 의하여 군비를 정리함.

　　1. 육군 1대대를 존치하여 황궁 수위를 담당하게 하고 기타를 해산할것

제5조 중앙 정부 및 지방청에 일본인을 한국 관리로 임명함.

　　1. 각 부 차관

— 『순종실록』

0821 한일 신협약은 고종의 강제 퇴위 이후 체결되었다. ㅇ/✕

0822 한일 신협약에 따라 통감의 권한이 축소되었다. ㅇ/✕

0823 한일 신협약 이후 대한 제국 각 부 차관에 일본인이 임명되었다. ㅇ/✕

미래엔, 비상, 천재, 동아, 씨마스, 해냄, 리베르

자료 4 항일 의병 운동의 전개

• **을미의병 당시 고종의 의병 해산 권고 조칙**

이번에 너희들이 의병을 일으킨 것은 어찌 다른 뜻이 있어서였겠는가. …… 나라를 어지럽힌 무리는 처단당하고 남은 수괴들은 이미 다 귀양갔으니 …… 지금의 형세를 헤아리고 짐의 고충을 살피어 즉시 서로 이끌고 물러가서 원래의 상업에 안착하라. — 『고종실록』, 1896

• **을미의병 당시 유인석의 격문**

우리 국모의 원수를 생각하며 이미 이를 갈았는데, 참혹한 일이 더하여 우리 부모에게서 받은 머리털을 풀 베듯이 베어 버리니 이 무슨 변고란 말인가. — 『의암집』

• **을사의병 당시 최익현의 격문**

지난 10월에 저들이 한 행위는 만고에 없던 일이다. 억압으로 한 조각의 종이에 조인하여 5백 년 전에 오던 종묘사직이 하룻밤에 망하였으니 …… 나라가 망해 갈진대 어찌 한번 싸우지 않을 수 있는가. — 『면암집』

0824 을미의병은 고종의 해산 권유에 따라 해산되었다. ㅇ/✕

0825 을사의병은 단발령과 을사조약의 체결을 배경으로 일어났다. ㅇ/✕

0826 유인석과 최익현은 을사의병 당시 활약한 대표적인 평민 의병장이다. ㅇ/✕

자료 **5** 정미의병의 전개

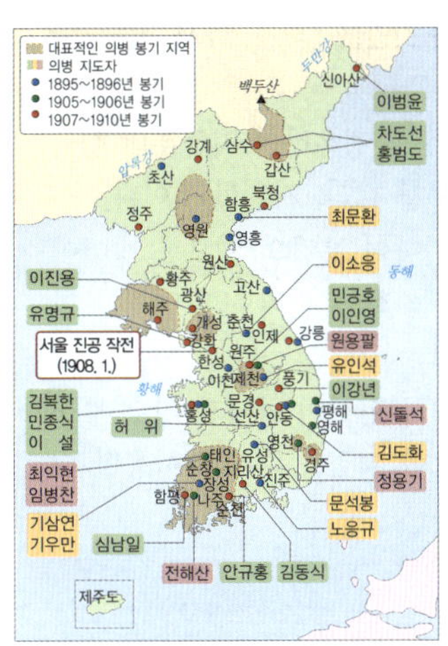
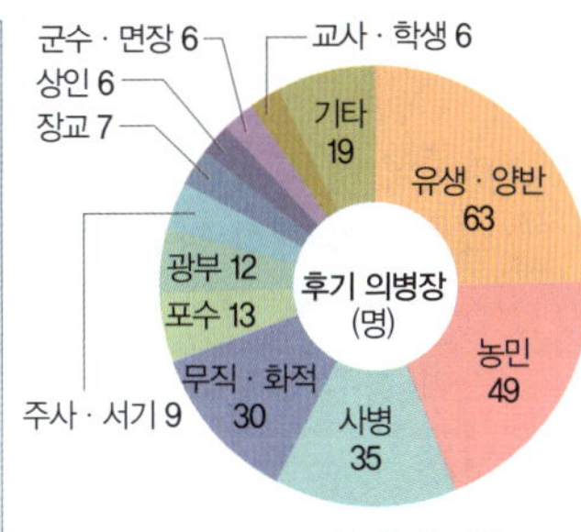

▲ 1907~1909년에 체포된 의병장의 직업 분포

▲ 항일 의병 운동의 전개

> 매켄지 기자: 일본을 이길 수 있다고 생각합니까?
> 의병: 이기기 힘들다는 것은 알고 있습니다. 어차피 싸우다 죽겠지요. 그러나 일본의 노예가 되어 사느니 자유민으로 죽는 것이 낫습니다. — 매켄지, 『한국의 비극』

0827 의병은 점차 전국적으로 확산되었다. ○／×

0828 군대 해산 이후 전개된 의병 운동은 다양한 신분이 참여한 항일 의병 전쟁으로 발전하였다. ○／×

0829 의병의 조직력과 전투력이 향상되면서 일본의 '남한 대토벌' 작전은 실패하였다. ○／×

자료 **6** 안중근의 동양 평화론

> 슬프다. (일본은) 용과 호랑이의 위세로서 어찌 뱀이나 고양이 같은 행동을 한단 말인가. …… 지금 서양 세력이 동양으로 뻗쳐 오는 환난을 동양 사람이 일치단결해서 극력 방어함이 최상책이라는 것은 비록 어린아이일지라도 익히 아는 일이다. 그런데도 무슨 이유로 일본은 이러한 순리의 형세를 돌아보지 않고 같은 인종인 이웃나라를 치고 우의를 끊어 스스로 방휼의 형세(조개와 도요새가 서로 물고 물리며 다투는 형세로, 이때 어부가 나타나면 힘을 안 들이고 잡아가는 것)를 만들어 어부를 기다리는 듯하는가.
> — 안중근, 『동양평화론』

0830 안중근은 한 · 중 · 일이 상호 협력할 때 진정한 동양 평화가 가능하다고 주장하였다. ○／×

0831 안중근은 평양에 대성 학교를 설립하였다. ○／×

0832 안중근은 일본이 한국의 주권을 빼앗았기 때문에 동양의 평화를 해치는 적이 되었다고 하였다. ○／×

자료 **7** 애국 계몽 운동의 전개

- **대한 자강회의 활동**
  무릇 우리나라의 독립은 자강에 있다. …… 자강의 방도를 강구하려 할 것 같으면 다른 곳에 있지 않고 교육을 진작하고 산업을 일으키는 데 있으니 무릇 교육이 일어나지 않으면 국민의 지혜가 열리지 않고 산업이 일어나지 않으면 국가의 부가 증가하지 못하는 것이다. — 『대한 자강회 월보』 제1호
- **신민회의 목적**
  우리의 목적은 우리 한국의 부패한 사상과 습관을 혁신하고 국민을 새롭게 하며, 쇠퇴한 교육과 산업을 개량하고 사업을 혁신하게 하여, 새로운 자유 문명국을 성립하게 함에 있다. — 안창호, 「대한 신민회 통용 장정」

0833 대한 자강회는 교육과 산업의 진흥을 강조하였다. ○／×

0834 신민회는 안창호 등을 중심으로 조직되었다. ○／×

0835 신민회는 전제 군주정을 바탕으로 한 국가를 지향하였다. ○／×

자료 **8** 독도와 간도

- **대한 제국 칙령 제41호**
  제1조 울릉도를 울도로 개칭하여 강원도에 부속하고 도감을 군수로 개정하여 관제 중에 편입하고 군의 등급은 5등으로 할 것
  제2조 군청 위치는 태하동으로 정하고 구역은 울릉 전도와 죽도, 석도(독도)를 관할할 것
- **간도 협약**
  제1조 청과 일본 두 나라 정부는 토문강으로 청과 한국의 국경으로 하고 강 원천지에 있는 정계비를 기점으로 하여 석을수를 두 나라의 경계로 한다.

0836 일본은 러일 전쟁 중에 독도를 자국 영토로 불법 편입하였다. ○／×

0837 대한 제국은 1900년 칙령을 발표하고 독도가 우리 고유의 영토임을 밝혔다. ○／×

0838 간도 협약은 을사늑약 이후 청과 일본 사이에 체결되었다. ○／×

0839

(가), (나) 국가와 관련 있는 사실로 옳은 것만을 〔보기〕에서 있는 대로 고른 것은?

> • ⎡(가)⎤은/는 일본이 대한 제국의 보호권을 확립하는 것이 러·일 전쟁의 논리적 귀결이며 극동 평화에 직접 이바지할 것으로 인정한다. — 가쓰라·태프트 밀약, 1905. 7.
> • 일본국은 한국에서 정치·군사 및 경제상의 탁월한 이익을 옹호·증진하기 위하여 정당하고 필요하다고 인정하는 지도·감리 및 보호 조치를 한국에서 집행할 권리를 갖는다. — 제2차 ⎡(나)⎤ 일 동맹, 1905. 8.

〔보기〕

ㄱ. 조선이 (가)와 체결한 수호 통상 조약에는 거중 조정 조항이 있었다.
ㄴ. 고종은 (가)의 대통령에게 친서를 보내 을사조약 무효화를 도와줄 것을 요청하였다.
ㄷ. (나)는 압록강과 두만강 유역의 삼림 채벌권을 가져갔다.
ㄹ. (나)는 러시아 남하를 견제한다는 명목으로 거문도를 불법 점령하였다.

① ㄱ, ㄷ　　② ㄱ, ㄹ　　③ ㄴ, ㄷ
④ ㄱ, ㄴ, ㄹ　　⑤ ㄴ, ㄷ, ㄹ

0840

다음 조약에 대한 탐구 주제로 적절한 것은?

> 제3국의 침해 또는 내란으로 인하여 대한 제국 황실의 안녕과 영토의 보전에 위험이 있을 경우에 대일본 제국 정부는 곧 필요한 조치를 취할 것이며, …… 대일본 제국 정부는 이러한 목적을 달성하기 위해 전략상 필요한 지점을 수시로 이용할 수 있다.

① 러일 전쟁의 전개 과정
② 헤이그 특사 파견과 영향
③ 재정 고문의 파견과 사업 추진
④ 고종의 국외 중립 선언의 배경
⑤ 시모노세키 조약과 삼국 간섭

0841

(가)~(다) 조약에 대한 설명으로 옳은 것만을 〔보기〕에서 고른 것은?

> (가) 일본국 정부는 동경의 외무성을 경유하여 지금부터 한국의 외국에 대한 관계 및 사무를 감리, 지휘할 것이다.
> (나) 한국 정부는 시정 개선에 관하여 통감의 지도를 받아야 하며 통감이 추천한 일본인을 한국 관리로 임명해야 한다.
> (다) 대일본 제국 정부는 대한 제국 황실의 안녕과 영토 보전을 위하여 군사 전략상 필요한 지점을 수시로 사용할 수 있다.

〔보기〕

ㄱ. (나) – (가) – (다)의 순서로 체결되었다.
ㄴ. (가)에 따라 한국에 통감부가 설치되었다.
ㄷ. (나)에 따라 대한 제국의 외교권이 박탈되었다.
ㄹ. (다)는 일본이 러일 전쟁 수행을 위해 강요한 것이다.

① ㄱ, ㄴ　　② ㄱ, ㄷ　　③ ㄴ, ㄷ
④ ㄴ, ㄹ　　⑤ ㄷ, ㄹ

0842

밑줄 친 '이 협약'에 대한 설명으로 옳은 것은?

> ○○○와의 만남
> • 목적: 이 협약에 따라 파견된 재정 고문의 향후 계획 취재
> • 취재 내용: 향후 계획에 대해 ○○○는 "화폐 정리 사업을 과감하게 단행하여 재정을 안정적으로 운영할 예정입니다."라고 답함

① 러일 전쟁이 전개되는 가운데 체결되었다.
② 대한 제국의 군대가 해산되는 직접적 계기였다.
③ 정부 각 부에 일본인 차관 파견도 함께 규정되었다.
④ 일본군이 경복궁을 점령한 뒤에 체결을 강요하였다.
⑤ 고종이 헤이그에 특사를 파견하여 무효화하려고 하였다.

0843

자료와 관련된 조약의 내용으로 옳은 것은?

> 개, 돼지 같은 정부의 대신들이 나라를 팔았다. 4천 년 강토와 5백 년 종사를 남의 나라에 넘기고, 2천만 동포는 노예가 되고 말았구나! 분하다! 우리 2천만 동포가 사느냐 죽느냐? …… 동포여, 어찌 우리 이 날 땅을 치며 울지 않을 것이냐?

① 외교권 박탈
② 사법권과 경찰권 박탈
③ 외교·재정 분야에 고문 파견
④ 일본군의 군사 요충지 사용 허가
⑤ 정부 각 부서에 일본인 차관 파견

0844

밑줄 친 '조약' 체결의 직접적인 결과로 옳은 것은?

> **격동의 19△△년, 1년을 돌아본다!**
> 7월 가쓰라·태프트 밀약 체결
> 8월 제2차 영일 동맹 체결
> 9월 포츠머스 조약 체결
> 11월 일본이 대한 제국에 <u>조약</u> 체결 강요
>   명성 황후의 조카 시종무관장 민영환 자결

① 정부 부서에 일본인 차관이 임명되었다.
② 초대 통감으로 이토 히로부미가 부임하였다.
③ 의병 연합 부대가 서울 진공 작전을 전개하였다.
④ 강제 해산된 군인들이 의병 항쟁에 합류하였다.
⑤ 일본이 한국의 군사적 요충지를 임의대로 차지하였다.

0845

(가) 조약에 대한 설명으로 옳은 것은?

> 일본 공사에게
> 지금 귀국이 군대를 인솔하여 궁궐을 에워싸고 참정을 붙잡아 가두었으며, 외상을 협박하여 격식을 갖추지 않은 채 강제로 (가) 을/를 체결하여 우리나라의 외교권을 강탈하고자 하니, 이는 스스로 공법(公法)을 위배하는 것이요, 전날 했던 말을 뒤집는 것이 아닌가?

① 러일 전쟁 중에 강제로 체결되었다.
② 대한 제국 군대의 해산을 규정하였다.
③ 최익현이 의병을 일으키는 계기가 되었다.
④ 재정 고문을 두도록 하는 조항을 포함하고 있다.
⑤ 외국 상인의 내지 통상이 허용되는 결과를 가져왔다.

0846

밑줄 친 ㉠~㉣에 대한 설명으로 옳은 것만을 **보기** 에서 있는 대로 고른 것은?

> 1882년 이래로 ㉠ <u>아메리카 합중국과 우리는 수호 통상 조약</u> 관계를 유지해 오고 있습니다. …… 이제 일본은 ㉡ <u>1904년에 체결한 협정</u>에서 서약한 바를 정면으로 위배하는 ㉢ <u>우리나라에 대한 보호</u> 정치를 선언하고 …… 나는 귀하가 …… 이 문제를 심사 숙고해 주기를 바라며, 귀하는 ㉣ <u>언행이 일치되도록 우리를 도울 수 있는 바가 무엇인가를 깊이 성찰해</u> 주기를 바랍니다.
>
> – 고종이 루스벨트 미국 대통령에게 보낸 친서

> **보기**
>
> ㄱ. ㉠ – 청의 알선으로 체결이 가능하였다.
> ㄴ. ㉡ – 정부 각 부에 일본인 실무자를 파견할 것을 합의하였다.
> ㄷ. ㉢ – 한일 신협약의 체결로 추진되었다.
> ㄹ. ㉣ – 거중 조정의 조항을 실천할 것을 요구하고 있다.

① ㄱ, ㄹ ② ㄴ, ㄷ ③ ㄱ, ㄴ, ㄷ
④ ㄱ, ㄴ, ㄹ ⑤ ㄴ, ㄷ, ㄹ

0847

다음 조약 체결의 직접적인 배경으로 옳은 것은?

> 제1조 한국 정부는 시정 개선에 관하여 통감의 지도를 받을 것
> 제2조 한국 정부의 법령 제정 및 중요한 행정상의 처분은 미리 통감의 승인을 거칠 것
> 제4조 한국 고등 관리의 임면은 통감의 동의로써 이를 행할 것

① 가쓰라·태프트 밀약이 체결되었다.
② 시위대와 진위대가 강제 해산되었다.
③ 일본이 재정, 외교 등 각 부에 고문을 파견하였다.
④ 이준, 이상설, 이위종이 만국 평화 회의에 파견되었다.
⑤ 허위가 이끄는 선봉 부대가 동대문 밖 30리까지 진격하였다.

0848

다음은 대한 제국 시기 유럽의 한 회의에서 발표하려고 했던 호소문이다. 이에 대한 설명으로 옳은 것만을 보기 에서 고른 것은?

> 일본인들은 항상 평화를 말하지만 어찌 사람이 기관총구 앞에서 평화롭게 살 수 있겠는가. 한국민이 모두 죽어 없어지면 모르겠지만, 그렇지 않은 상태에서는 한국의 독립과 한국민의 자유가 이루어지지 못하는 한, 극동의 평화는 있을 수 없다. 한국 국민들은 독립과 자유라는 공동 목표에 대하여 정신적으로 결합되어 있으며, 이 목적을 위하여 한국 국민들은 죽음을 무릅쓰고 일본인의 잔인하고 비인도적이며 이기적인 침략에 대항하고 있다.

보기

ㄱ. 제1차 영일 동맹 체결에 영향을 주었다.
ㄴ. 일본의 고문 파견이 직접적인 계기가 되었다.
ㄷ. 고종의 강제 퇴위와 군대 해산의 배경이 되었다.
ㄹ. 세계 각국 기자들의 동정과 지지를 받아 여러 신문에 게재되었다.

① ㄱ, ㄴ ② ㄱ, ㄷ ③ ㄴ, ㄷ ④ ㄴ, ㄹ ⑤ ㄷ, ㄹ

0849

다음 가상 일기에 나타난 사건의 결과로 옳은 것은?

> ○○○○년 ○○월 ○○일
>
> 이상설, 이준과 함께 만국 평화 회의가 열리고 있는 네덜란드 헤이그에 도착한 지 여러 날이 지났다. 그러나 일본의 방해와 주최국의 거부로 만국 평화 회의장에 들어가지 못하여 폐하를 뵐 면목이 없다. 반드시 세계에 일본의 침략성을 널리 알리고 규탄할 생각이다.

① 삼국 간섭이 일어났다.
② 아관 파천이 단행되었다.
③ 운요호 사건이 발생하였다.
④ 고종이 강제로 퇴위당하였다.
⑤ 미국에 보빙사가 파견되었다.

0850

(가) ~ (마)를 일어난 순서대로 바르게 나열한 것은?

> (가) 대한 제국 군대가 해산되었다.
> (나) 이토 히로부미가 초대 통감으로 부임하였다.
> (다) 가쓰라와 태프트 사이에 비밀 협약이 체결되었다.
> (라) 러시아가 대한 제국에 대한 일본의 지배권을 인정하였다.
> (마) 미국인 스티븐스가 외교 고문으로 대한 제국에 파견되었다.

① (나) − (라) − (가) − (마) − (다)
② (다) − (라) − (마) − (가) − (나)
③ (라) − (나) − (마) − (가) − (다)
④ (마) − (라) − (나) − (다) − (가)
⑤ (마) − (다) − (라) − (나) − (가)

0851

(가)~(라) 조약을 체결된 순서대로 바르게 나열한 것은?

> (가) 한국 정부는 일본 정부가 추천한 일본인 1명을 재정 고문으로 삼아 …… 재무에 관한 사항은 일체 그의 의견을 물어 시행해야 한다.
>
> (나) 한국 황제 폐하는 한국 전부에 관한 일체 통치권을 완전히, 또 영구히 일본 황제 폐하에게 양여한다.
>
> (다) 일본국 정부는 한국과 타국 간에 현존하는 조약의 실행을 완수하는 임무를 담당하고, 한국 정부는 금후 일본국 정부의 중개를 거치지 않고서는 국제적 성질을 가진 어떤 조약이나 약속을 맺지 않을 것을 서로 약속한다.
>
> (라) 한국 고등 관리의 임면은 통감의 동의를 얻어 행한다. 한국 정부는 통감이 추천한 일본인을 한국 관리로 임명한다.

① (가) – (나) – (다) – (라)　② (가) – (다) – (라) – (나)
③ (나) – (다) – (가) – (라)　④ (다) – (가) – (라) – (나)
⑤ (라) – (가) – (나) – (다)

0852

다음 연표를 통해 당시의 상황을 추론한 내용으로 적절하지 <u>않은</u> 것은?

연도	내용
1904	러일 전쟁 발발, 한일 의정서 체결, 제1차 한일 협약
1905	가쓰라 · 태프트 밀약, 제2차 영일 동맹, 포츠머스 조약 체결, 을사늑약 체결, 을사의병 전개
1906	통감부 설치
1907	헤이그 특사 파견, 고종의 강제 퇴위, 한일 신협약 체결, 군대 해산, 정미의병 전개
1910	경찰권 박탈, 국권 피탈

① 일본의 내정 간섭이 점차 강화되어 갔다.
② 일본은 조약 체결을 이용하여 주권을 빼앗아 갔다.
③ 한반도의 자주독립 문제가 국제회의에서 논의되었다.
④ 일본은 국권 침탈 과정에서 여러 저항에 부딪히기도 하였다.
⑤ 일본은 열강으로부터 한국에 대한 독점적 지배권을 인정받았다.

0853

다음 주장을 내세운 단체에 대한 설명으로 옳은 것은?

> 러일 전쟁 당시 일제는 자신의 손해를 돌보지 않고 우리가 러시아 인의 입안에 한덩이 끼니가 되는 것을 면하게 해 주고 동양 모든 나라의 평화를 유지하거늘, 우리는 이 선린주의를 따르지 못하였으니 외교권을 다른 나라에 양여하고 보호 조약을 성립시키는 데 이른 것도 우리 한국인이 스스로 취한 바요, …… 우리 황제 폐하와 대일본 황제 폐하에 정성으로 호소하여 우리 황실을 공고히 하고 우리 인민을 일등 대우하는 복리를 발전시키는 큰 정치 기관을 성립할지면, 우리 한국의 보호 열등에 있는 수치에서 벗어나 동등한 권리를 획득하는 것이니 이는 법률상 정합방이다.

① 제국신문이라는 기관지를 발간하였다.
② 헌정 연구회 활동을 계승하여 조직되었다.
③ 대한 제국의 군대가 해산된 후 결성되었다.
④ 일제와의 직접적인 무장 투쟁을 주장하였다.
⑤ 송병준, 이용구 등 친일 인사들이 결성하였다.

0854

다음 시가 쓰인 배경으로 옳은 것은?

> 요사스러운 기운이 가리워 임금별은 옮겨지고 궁궐은 침침하여 날이 새기도 더디구나. 조칙은 지금부터 다시 없을 것이라 옥 같은 한 장 종이에 눈물이 천 줄이로다.
>
> – 황현, 「절명시」

① 대한 제국이 국권을 일제에 빼앗겼다.
② 을사늑약이 체결되어 외교권을 박탈당하였다.
③ 일제가 경복궁을 점령하고 내정 개혁을 강요하였다.
④ 통감부가 설치되면서 일제의 내정 간섭이 강화되었다.
⑤ 일제가 정부 각 부서에 실무를 담당할 차관을 파견하였다.

0855

다음 자료와 관련된 의병 운동에 대한 설명으로 옳은 것만을 〈보기〉에서 고른 것은?

> 국모가 섬 오랑캐의 해를 입었으니 하늘과 땅이 바뀌었고, 성상(聖上)이 단발의 욕을 받았으니 해와 달이 빛을 잃었도다.
>
> – 민용호, 『관동창의록』

〈보기〉

ㄱ. 고종의 권고로 해산 　　ㄴ. 서울 진공 작전 전개
ㄷ. 의병 전쟁의 전국 확산 　ㄹ. 해산 이후 활빈당에 가담

① ㄱ, ㄴ　　　② ㄱ, ㄷ　　　③ ㄱ, ㄹ
④ ㄴ, ㄹ　　　⑤ ㄷ, ㄹ

0856

다음 자료와 관련된 의병의 특징으로 옳은 것은?

> 적을 토벌하여 복수하는 것으로 말씀드린다면 우리 전하의 적개심을 풀어드리며 왕후의 영혼을 거의 위로해 드리게 될 것입니다. …… 존화양이(尊華攘夷)로 말씀드린다면 우리 국가의 옛 법도를 따르게 되어서 도도히 흐르는 광란으로 이미 엎어진 것을 거의 회복하게 될 것입니다.
>
> – 유인석, 『의암집』

① 13도 연합 부대가 결성되었다.
② 평민 출신 의병장이 크게 활약하였다.
③ 각지의 해산 군인이 의병에 가담하였다.
④ 서울 진공 작전에 나섰지만 실패하였다.
⑤ 농민과 동학 농민군의 잔여 세력이 적극 가담하였다.

0857

다음 격문을 내세운 의병 활동에 대한 설명으로 옳은 것은?

> 평소에 들어 아는 바의 춘추대의(春秋大義)는 본래 상하 귀천의 구별이 없는 것이며 다같이 천부적인 본성에서부터 나오는 것이다. 임금과 아비의 원수는 갚지 않을 수 없다. 중화와 오랑캐가 분명하지 않다면 바로잡아야 할 것이다. 왕의 옷 및 부모의 몸은 보전되어야만 한다. 종묘 사직이 무너진다면 돌이켜 놓아야 한다. 생명이 물에 빠진다면 구하여야만 한다. 그런고로 목숨을 돌보지 않고 능력을 헤아리지 않고 혹은 앞질러 분기하여 부르짖고 혹은 기치를 높이 들고 궐기하게 되는 것이다.

① 고종의 해산 권고 조칙에 따라 대부분 자진 해산하였다.
② 평민 출신 의병장이 이끄는 부대가 유격전을 벌여 전과를 올렸다.
③ 의병 부대의 연합 전선이 형성되어 서울 진공 작전을 전개하였다.
④ 의병을 국제법상 교전 단체로 인정할 것을 각국 영사관에 요구하였다.
⑤ 유생과 농민뿐만 아니라 해산 군인, 노동자, 상인, 학생 등 여러 계층이 의병에 참여하였다.

0858

다음 글이 작성된 시기에 볼 수 있는 모습으로 가장 적절한 것은?

> 이제 하늘의 위엄이 진동함에 흉악한 역적이 소탕되었으니, 역적을 치는 일로 다시 의병을 일으키지는 말아야 한다. 단발의 문제는 편리한 대로 하게 한 만큼 의병을 일으킬 명분이 아니다. 우리 임금께서 백성들의 심정을 살피어 진심으로 내린 열 줄의 지시가 지극히 간절하니 …… 칙사가 도착하는 날에 무기를 놓고 부대를 해산하고 집으로 돌아가서 맡은 일에 힘쓰도록 하라.

① 러시아 공사관에 머무르고 있는 황제
② 서울 진공 작전을 전개하는 13도 창의군
③ 우금치에서 일본군에 맞서 싸우는 농민군
④ 군국기무처에서 개혁 법안을 처리하는 관리
⑤ 차별 대우에 반발해 봉기를 일으킨 구식 군인

0859

다음 글과 관련된 의병 운동에 대한 설명으로 가장 적절한 것은?

> • 고관이었던 민종식은 천여 명의 의병을 모아 한때 충청남도의 홍주성을 점령하여 기세를 올렸다. 그러나 우세한 화력을 지닌 일본군의 반격으로 수백 명의 희생자를 낸 채 결국 후퇴하고 말았다.
> • 최익현은 제자들을 모아 전라북도 태인에서 봉기하여 정읍, 순창 일대를 장악하였다. 그러나 이를 진압할 목적으로 관군이 출동하자, "그들이 왜(倭)라면 마땅히 한번 결전을 벌여 보겠지만, 왜가 아니고 관군이라면 이것은 우리가 우리를 치는 것이니 어찌 차마 할 수 있겠는가?"라고 하며 항전을 중지하고 체포되어 일본군에게 넘겨졌다.

① 해산 군인이 의병에 합류하였다.
② 동학 농민군의 잔여 세력이 주도하였다.
③ 일제의 남한 대토벌 작전으로 위축되었다.
④ 일제가 외교권을 박탈한 것을 계기로 봉기하였다.
⑤ 전국 의병의 연합 부대인 13도 창의군이 결성되었다.

0860

밑줄 친 '○○의병'에 대한 설명으로 옳지 <u>않은</u> 것은?

> 주제 : ○○의병의 활동
> 발표 : △△모둠
> 관련 사료
> • 가평, 원주, 제천 등 여러 곳에서 의병이 일어섰는데 이는 전부가 해산 병정이다. 서양식 총을 갖고 있고, 오래 조련을 받아 규율이 있어 일본군과 교전하면 살상을 많이 한다. 세력 또한 강대하여 그 수가 거의 4, 5천 명이나 된다고 한다.   – 김윤식의 기록
> • 군대를 움직이는 데 가장 중요한 것은 고립을 피하고 일치단결하는 것에 있다. 따라서 각 도의 의병을 통일하여 둑을 무너뜨릴 기세로 서울로 진격하면, 전 국토가 우리의 손 안에 들어오고 한국 문제의 해결에 있어서도 유리할 것이다.   – 이인영 격문

① 활동 지역이 전국에 걸쳐 확대되었다.
② 다수의 평민 의병장들이 명성을 날렸다.
③ 최익현이 전라도 태인에서 일으킨 의병이다.
④ 고종의 강제 퇴위와 군대 해산에 저항하였다.
⑤ 의병을 국제법상 교전 단체로 인정해 줄 것을 요구하였다.

0861

다음 그래프와 관련된 의병 활동에 대한 설명으로 옳은 것만을 보기 에서 있는 대로 고른 것은?

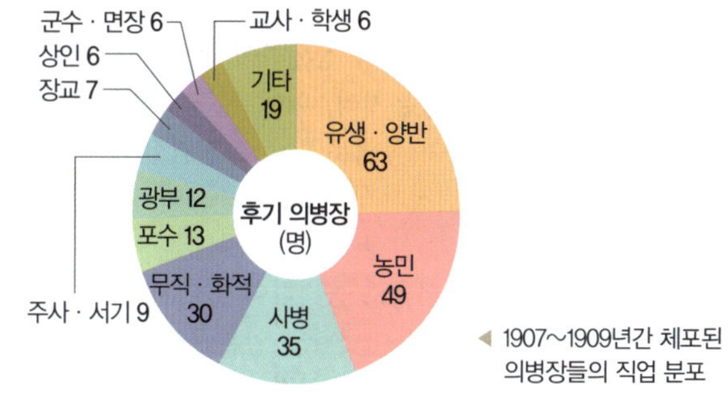

> 보기
> ㄱ. 의병 운동이 전쟁 양상을 띠었다.
> ㄴ. 각계각층의 사람들이 의병에 참여하였다.
> ㄷ. 이전 의병 활동에 비해 전투력과 조직력이 향상되었다.
> ㄹ. 국권을 빼앗기자 의병들의 자진 해산으로 교전 의병 수가 감소하였다.

① ㄱ, ㄴ   ② ㄴ, ㄷ   ③ ㄱ, ㄴ, ㄷ
④ ㄴ, ㄷ, ㄹ   ⑤ ㄱ, ㄴ, ㄷ, ㄹ

0862

다음 조칙이 내려진 직후의 모습으로 가장 적절한 것은?

> 짐이 생각건대 쓸데없는 비용을 절약하여 이용후생에 응용함이 급무라. 현재 군대는 용병으로서 상하의 일치와 국가 안전을 지키는 방위에 부족한지라. 훗날 징병법을 발표하여 공고한 병력을 구비할 때까지 황실 시위에 필요한 자를 빼고 모두 일시에 해산하노라.

① 최익현이 이끄는 의병이 순창 일대를 장악하였다.
② 이준, 이상설, 이위종이 헤이그에 특사로 파견되었다.
③ 전봉준이 농민군을 이끌고 우금치에서 일본군과 격전을 벌였다.
④ 이토 히로부미가 초대 통감으로 부임해 대한 제국의 내정과 외교를 장악하였다.
⑤ 이인영이 의병을 국제법상의 교전 단체로 인정해 줄 것을 각국 영사관에 요청하였다.

0863

다음 활동을 벌인 의병에 대한 설명으로 옳은 것만을 〔보기〕에서 고른 것은?

군사장은 미리 군비를 신속히 정돈하여 철통과 같이 함에 한 방울의 물도 샐 틈이 없는지라. 이에 전군에 명령을 전하여 일제히 진군을 재촉하여 동대문 밖으로 진격할 때, 대군은 긴 뱀의 형세로 천천히 전진하게 하고, …… 3백 명을 인솔하고 선두에 서서 동대문 밖 삼십 리 되는 곳에 나아가 전군이 모이기를 기다려 일거에 서울로 공격하여 들어가기로 계획하더니, 전군이 모이는 시기가 어긋나고 일본군이 갑자기 진격해 오는지라. 여러 시간을 격렬히 사격하다가 후원군이 이르지 않아 할 수 없이 퇴진하였다. — 『대한매일신보』

〔보기〕

ㄱ. 활빈당의 합류로 세력이 크게 강화되었다.
ㄴ. 평민 출신 의병장 신돌석 부대가 활약하였다.
ㄷ. 13도 창의군을 결성하여 서울 진공 작전을 펼쳤다.
ㄹ. 각국 영사관에 국제법상의 교전 단체로 승인해 줄 것을 요구하였다.

① ㄱ, ㄴ   ② ㄱ, ㄷ   ③ ㄴ, ㄷ
④ ㄴ, ㄹ   ⑤ ㄷ, ㄹ

0864

(가)에 들어갈 내용으로 적절한 것은?

수행 평가 보고서
- 탐구 과제: 근대 국민 국가 수립 운동의 사례를 한 가지 조사하고 분석하기
- 조사 내용: 의병장의 요구 사항
(1) 사례

> • 태황제(고종)를 복위시켜라.
> • 외교권을 되돌려 주고, 통감부를 철거하라.
> • 일본인을 관리로 임명하지 마라.
> • 일본 은행권을 시행하지 마라.

(2) 당시 의병의 특징

(가)

① 평민 의병장이 등장하였다.
② 해산된 군인이 참여하였다.
③ 을미사변에 반발하여 일어났다.
④ 스티븐스의 활동을 비판하였다.
⑤ 포접제를 통해 활동이 전개되었다.

0865

다음과 같은 상황이 전개된 시기를 연표에서 고른 것은?

일본군이 길을 나누어 의병을 수색하였다. 위로는 금산, 진산, 김제, 만경으로부터, 동쪽으로는 진주, 하동, 남쪽은 목포로부터 사방을 그물치듯 포위하여 마을을 수색하고 집집마다 뒤져서 조금이라도 의심이 나면 모두 죽였다. 이 때문에 행인이 끊어지고 이웃의 왕래도 끊겼다. 의병들은 삼삼오오 도망하여 흩어졌으니 숨을 곳이 없었다. — 『매천야록』

1894	1895	1896	1905	1907	1910
	(가)	(나)	(다)	(라)	(마)
동학 농민 운동	을미 사변	아관 파천	을사늑약 체결	군대 해산	한국 병합

① (가)   ② (나)   ③ (다)   ④ (라)   ⑤ (마)

0866

(가)~(다)의 의병과 관련된 설명으로 옳은 것만을 〔보기〕에서 고른 것은?

(가) 아, 우리 8도의 동포들은 차마 망해 가는 나라를 내버려 두려 하는가. …… 우리 부모로부터 받은 몸을 금수로 만드니 이 무슨 일인가. 우리 부모로부터 받은 머리카락을 깎았으니 이 무슨 변괴인가.

(나) 오호, 통재라! 원통한 말을 어이 차마 할 수 있으랴. 왜적이 국권을 임의로 조정하여 황제를 양위할 꾀가 결정되었고 …….

(다) 작년 10월에 저들이 한 행위는 만고에 일찍이 없던 일로서, 억압으로 한 조각의 종이에 조인하여 5백 년 전해오던 종묘 사직이 하룻밤 사이에 망하였다.

〔보기〕

ㄱ. (가) – 주로 호남 지방을 중심으로 치열한 전투가 벌어졌다.
ㄴ. (나) – 연합 부대가 편성되어 서울 진공 작전이 시도되었다.
ㄷ. (다) – 신돌석이 일월산을 거점으로 눈부신 활동을 벌였다.
ㄹ. (가) – (나) – (다)의 순서로 전개되었다.

① ㄱ, ㄴ   ② ㄱ, ㄷ   ③ ㄴ, ㄷ
④ ㄴ, ㄹ   ⑤ ㄷ, ㄹ

0867

다음 상황 이후 의병의 활동으로 옳은 것은?

> 일본은 한국을 병합하기로 결정하고 이를 위해 민간에서 소유하고 있는 총포류를 대거 입수하는 한편, 의병을 진압할 계획에 착수하였다. 그리고 이른바 '남한 대토벌 작전'을 전개하였다. 이때 특히 전라도 의병에 대한 대규모 작전을 벌여 많은 살육을 자행하였다.

① 13도 창의군을 결성하였다.
② 국왕의 권고로 부대를 해산하였다.
③ 잔여 세력을 결집하여 활빈당을 구성하였다.
④ 대부분 간도와 연해주 지방으로 이동하였다.
⑤ 국제법상 교전 단체로 인정해 줄 것을 요구하였다.

0868

다음 유서가 작성된 시기에 볼 수 있는 모습으로 가장 적절한 것은?

> 나라의 수치와 백성의 욕됨이 바로 여기에 이르렀으니, 우리 인민은 장차 생존 경쟁 가운데에 모두 멸망하리라. 대저 살기를 바라는 자는 반드시 죽고 죽기를 기약하는 자는 삶을 얻나니, 제공(諸公)들은 어찌 헤아리지 못하는가? 영환은 다만 한 번 죽음으로써 황은(皇恩)에 보답하고 그리하여 우리 2천만 동포 형제에게 사죄하려 하노라. …… 바라건대 우리 동포 형제들은 더욱더 분발하고 힘을 써서 그대들의 뜻과 기개를 굳건히 하여 학문에 힘쓰고, 마음으로 단결하고 힘을 합쳐서 우리의 자유 독립을 회복한다면, 죽은 자는 마땅히 저 어두운 저 세상에서 기뻐 웃을 것이다. — 『대한매일신보』

① 『대한 자강회 월보』를 읽고 있는 시민
② 서울 진공 작전을 벌이는 13도 창의군
③ 단발령에 반발해 의병을 일으키는 유생
④ 차별 대우에 불만을 품고 봉기한 구식 군인
⑤ 을사늑약 체결에 반대하는 헌정 연구회 회원

0869

다음 인물의 활동으로 옳은 것은?

> 나는 을사늑약 이후 오기호 등과 자신회를 조직하였으며, 1910년에는 단군교를 대종교로 개칭하여 포교 활동을 펼쳤습니다.

① 을사5적 암살을 시도하였다.
② 미국인 스티븐스를 사살하였다.
③ 자결로써 을사늑약에 항거하였다.
④ 이완용을 습격하여 부상을 입혔다.
⑤ 「시일야방성대곡」을 신문에 게재하였다.

0870

다음과 같이 주장한 인물의 활동으로 옳은 것은?

> 나는 의병의 참모 중장이지 폭도가 아니다.
> 일본군이야말로 폭도다. 적장은 그 우두머리이다.
> 내가 적장을 공격한 이유는 다음과 같다.
> 첫째, 을사5조약을 강제 체결한 것
> 둘째, 정미7조약을 강제 체결한 것
> 셋째, 황제를 폐위시킨 것
> 넷째, 군대를 해산시킨 것
> 다섯째, 이권을 약탈한 것
> 여섯째, 동양의 평화를 교란한 것

① 만주 하얼빈에서 초대 통감을 저격하였다.
② 남접군을 이끌고 우금치에서 일본군에 맞섰다.
③ 13도 창의군을 이끌고 서울 진공 작전을 펼쳤다.
④ 친일 활동에 앞장선 미국인 외교 고문을 사살하였다.
⑤ 헤이그 특사로 임명되어 을사늑약의 부당성을 알렸다.

0871

밑줄 친 '그'에 대한 설명으로 옳은 것만을 [보기]에서 고른 것은?

> 1909년 3월 일본 외무성은, '한국 병합에 관한 건'을 작성하여 내각 수상에게 제출하였다. 7월 일본 내각 각료회의는 '한국 병합의 건'을 통과시켰고, 일왕의 재가도 받았다. 이렇게 일제의 한국 강제 병합 준비가 진행되는 가운데 10월 이토 히로부미는 한국 강제 병합에 대한 러시아의 동의를 구하기 위해 하얼빈에 갔다가 그의 의거로 사살되었다.

[보기]

ㄱ. 대성 학교를 설립하였다.
ㄴ. 『독사신론』을 발표하였다.
ㄷ. 의병 활동을 전개하였다.
ㄹ. 『동양 평화론』을 집필하였다.

① ㄱ, ㄴ ② ㄱ, ㄷ ③ ㄴ, ㄷ
④ ㄴ, ㄹ ⑤ ㄷ, ㄹ

0872

다음 주장을 펼친 인물의 의거로 옳은 것은?

> 일왕이 러일 전쟁을 선전 포고하는 글에 "동양 평화와 대한 독립을 공고히 한다."라고 하였다. …… 슬프다! 가장 가깝고 가장 친하며 어질고 약한 한국을 억압하여 조약을 맺고 강점하였다. 지금 서양 세력이 동양으로 침략의 손길을 뻗어 오고 있는데, 이 재앙을 동양이 일치단결해서 막아 내는 것이 가장 중요함은 어린아이도 다 아는 일이다. 무슨 까닭으로 일본은 이러한 당연한 형세를 무시하고 같은 동양의 이웃 나라를 약탈하고 친구의 정을 끊어, 서양 세력이 애쓰지 않고 이득을 얻게 하려 한단 말인가.　　　　－『동양 평화론』

① 하얼빈에서 이토 히로부미를 저격하였다.
② 명동 성당 앞에서 이완용을 칼로 찔렀다.
③ 자신회를 조직하여 을사5적을 습격하였다.
④ 을사늑약이 체결되자 반발의 의미로 자결하였다.
⑤ 일본의 한국 통치를 옹호한 스티븐스를 사살하였다.

0873

(가)에 들어갈 내용으로 적절한 것은?

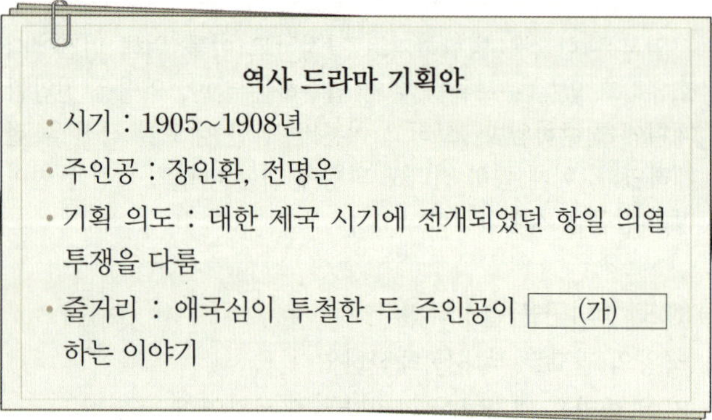

① 간도에 독립운동 기지를 건설
② 명동 성당 앞에서 이완용 암살을 시도
③ 을사5적을 처단하기 위해 암살단을 조직
④ 통감을 지낸 이토 히로부미를 만주 하얼빈에서 저격
⑤ 미국 샌프란시스코에서 친일파 미국인 스티븐스를 사살

0874

(가)~(마) 시기에 전개된 민족 운동에 대한 설명으로 옳지 <u>않은</u> 것은?

1895	1898	1905	1907	1909	1910
(가)	(나)	(다)	(라)	(마)	
을미 개혁	독립 협회 해산	을사늑약 체결	군대 해산	기유각서 체결	국권 피탈

① (가) – 동학 농민군의 잔여 세력이 의병에 가담하였다.
② (나) – 공화 정체의 근대 국민 국가 건설을 목표로 한 비밀 결사가 등장하였다.
③ (다) – 신돌석 같은 평민 출신의 의병장이 등장하였다.
④ (라) – 13도 창의군이 서울 진공 작전을 전개했으나 실패하였다.
⑤ (마) – 안중근은 만주 하얼빈에서 이토 히로부미를 사살하였다.

0875

다음과 같은 주장을 전개한 사람들의 활동으로 옳은 것은?

> 진실된 마음으로 국권을 만회하고자 할진대 눈앞의 치욕을 참고 국가 원대의 계획을 도모하라. 일체 병기를 버리고 각자 향리로 돌아가, …… 자제를 교육하여 지성을 계발하며 실력을 양성하면 다른 날에 독립을 회복할 기회를 자연히 기대할 수 있을 것이다.
>
> – 『황성신문』, 1907. 9. 25.

① 동학 농민 운동　② 대한 제국 수립　③ 위정척사 운동
④ 애국 계몽 운동　⑤ 항일 의병 운동

0876

다음 주장과 유사한 성격의 활동으로 보기 <u>어려운</u> 것은?

> 무릇 우리나라의 독립은 자강(自强)에 있음이라. …… 힘써 자강하여 단체가 합하면 앞으로 부강한 전도를 바랄 수 있고 국권을 능히 회복할 수 있을 것이다. 자강의 방법으로는 …… 교육이 일지 못하면 민지(民智)가 열리지 못하고 산업이 늘지 못하면 국가가 부강할 수 없다. 그런즉 민지를 개발하고 국력을 기르는 길은 무엇보다도 교육과 산업을 발달시키는 데 있지 않겠는가?

① 국채 보상 운동이 전개되었다.
② 대성 학교와 오산 학교 등이 세워졌다.
③ 평양에 자기 회사가 설립·운영되었다.
④ 서북 학회와 기호 흥학회가 설립되었다.
⑤ 유생과 평민들이 의병 활동을 전개하였다.

0877

다음 신문 기사와 관련된 민족 운동을 전개한 단체로 옳은 것은?

> ### 역사신문
> 제 △△호　　　　　　　　　　1904년 ○○월 ○○일
>
> #### 반대 운동에 참여하자
> 국내 토지를 직접·간접으로 매수한 외국인이 …… 금일 이래 우리의 토지와 야산이 날로 전답이 되어 세금이 증대됨은 족히 기쁠 것이나 오래지 않아 장차 산림과 토지가 외국인의 농토가 될 것이니 일체를 외국인에게 양허하면 우리나라에 남아 존재하는 사람들은 다만 빈껍데기가 될 따름이다.

① 보안회　　　　② 신민회　　　　③ 신간회
④ 독립 협회　　　⑤ 황국 협회

0878

다음 주장을 제기한 단체에 대한 설명으로 옳은 것은?

> 만국 공법 제2장에 따르면 "한 나라는 반드시 국토를 독점적으로 관할하여 통제하고 운영할 수 있는 권리를 가진다. 따라서 국가는 토지, 물산, 민간 재산 등을 관리할 권한을 가지며, 다른 나라는 이 권리를 함께 가질 수 없다. …… 이는 한 나라가 공유하는 권리이지 한 사람이 사유하는 권리가 아니므로 국가가 함부로 그 권리를 포기할 수 없다."라고 하였습니다.
>
> – 『황성신문』

① 비밀 결사로 조직되었다.
② 신흥 강습소를 설립하였다.
③ 헌정 연구회를 계승하였다.
④ 보안법에 의해 강제로 해산되었다.
⑤ 유생과 전직 관리 등이 주도하였다.

0879

다음 글을 발표한 단체에 대한 설명으로 옳은 것만을 〈보기〉에서 모두 고른 것은?

> 우리 대한이 종전에 자강의 방도를 강구하지 않아 인민이 스스로 우매함에 묶여 있고 국력이 쇠퇴하게 되어, 드디어 오늘의 험난한 지경에 이르러 외국인의 보호를 받게 되었다. …… 이것은 모두 자강의 방도에 뜻을 두지 않았기 때문이었다.

〈보기〉

ㄱ. 공화정 수립을 지향하였다.
ㄴ. 고종의 강제 퇴위 반대 운동을 전개하였다.
ㄷ. 통감부가 제정한 보안법에 의해 해산되었다.
ㄹ. 국채 보상 운동 당시 적극 참여할 것을 결의하였다.

① ㄱ, ㄴ   ② ㄱ, ㄷ   ③ ㄴ, ㄷ
④ ㄱ, ㄴ, ㄷ   ⑤ ㄴ, ㄷ, ㄹ

0880

다음의 취지에 따라 설립된 단체에 대한 설명으로 옳지 <u>않은</u> 것은?

> 백성의 풍습이 완고하고 부패하였으니 새로운 사상이 급하고, 백성이 어리석으니 새로운 교육이 급하며 …… 도덕이 타락하였으니 새로운 윤리가 급하고, 문화가 쇠퇴하였으니 새로운 학습이 급하며, 실업이 쇠퇴하였으니 새로운 모범이 급하고, 정치가 부패하였으니 새로운 개혁이 급하다. …… 무릇 우리 한국인은 내외를 가릴 것 없이 통일 연합으로 그 길을 정하고, 독립과 자유로 그 목적을 세워야 할 것이다. 간단히 말하면 새로운 정신을 불러일으키고 새로운 단체를 조직해서 새로운 국가를 건설할 뿐이다.

① 민족 학교를 세워 교육 구국 운동을 전개하였다.
② 실력 양성과 무장 투쟁을 병행하는 전략을 수립하였다.
③ 공화 정체에 입각한 국민 국가 건설을 궁극적인 목표로 삼았다.
④ 통감부의 탄압으로 해체된 후 비밀 결사의 형태를 유지하였다.
⑤ 대한매일신보를 기관지로 이용하고 태극 서관을 통해 출판물 보급에 힘썼다.

0881

(가), (나) 단체가 지향하는 정치 체제를 옳게 짝 지은 것은?

> (가) 1. 제왕의 권위는 헌법에 정해진 바에 따라 존중할 것
> 3. 국민의 권리는 법률에 정해진 바에 따라 자유로이 행사할 것
> (나) 우리의 목적은 우리 한국의 부패한 사상과 습관을 혁신하고 국민을 새롭게 하며, 쇠퇴한 교육과 산업을 개량하고 사업을 혁신하게 하여, 새로운 자유 문명국을 성립하게 함에 있다.

	(가)	(나)
①	공화 정체	전제 군주제
②	입헌 군주제	공화 정체
③	입헌 군주제	전제 군주제
④	전제 군주제	공화 정체
⑤	전제 군주제	입헌 군주제

0882

신민회의 활동으로 옳은 것만을 〈보기〉에서 고른 것은?

〈보기〉

ㄱ. 태극 서관 설립
ㄴ. 조선 광문회 조직
ㄷ. 대성 학교, 오산 학교 설립
ㄹ. 고종 황제 강제 퇴위 반대 운동 전개

① ㄱ, ㄴ   ② ㄱ, ㄷ   ③ ㄴ, ㄷ
④ ㄴ, ㄹ   ⑤ ㄷ, ㄹ

0883

다음 전략에 따라 신민회가 추진한 일로 옳은 것만을 [보기]에서 고른 것은?

- 독립군 기지는 일제의 통치력이 미치지 않는 청국령 만주 일대를 자유 지대로 보고 이곳에 설치한다.
- 토지가 매입되면 국내 애국적 인사들과 애국 청년들을 이주시켜 신한민촌을 건설한다.
- 신한민촌에서는 강력한 민간 단체를 조직하고 학교와 교회, 무관 학교를 설립한다.
- 무관 학교 졸업생과 이주 청년들을 중심으로 강력한 독립군을 창건한다.
- 최적의 기회를 포착하여 독립 전쟁을 일으켜 국내로 진입한다.

보기

ㄱ. 항일 단체로 영학당을 결성하였다.
ㄴ. 남만주의 삼원보에 독립군 기지를 건설하였다.
ㄷ. 신흥 강습소를 설립하여 독립군을 양성하였다.
ㄹ. 이인영, 허위를 앞세워 서울 진공 작전을 전개하였다.

① ㄱ, ㄴ ② ㄱ, ㄷ ③ ㄴ, ㄷ
④ ㄴ, ㄹ ⑤ ㄷ, ㄹ

0884

(가) 단체에 대한 탐구 활동으로 가장 적절한 것은?

- ___(가)___ 의 목적 : 국민을 새롭게 하며, 쇠퇴한 교육과 산업을 개량하고 사업을 혁신하여, 신국가를 건설하는 것이다.
- 실행 방법
  - 신문, 잡지, 서적을 간행하여 인민의 지식을 계발할 것
  - 학교를 건설하여 인재를 양성할 것
  - 실업장을 설립하여 실업계의 모범을 만들 것

① 105인 사건의 영향을 알아본다.
② 독립문 건립을 추진한 배경을 파악한다.
③ 통감부의 탄압을 받아 해산된 단체를 조사한다.
④ 국채 보상을 위한 모금 운동을 주도한 목적을 이해한다.
⑤ 일제의 황무지 개간권 요구에 반대 운동을 전개한 이유를 살펴본다.

0885

다음 판결문이 다루고 있는 단체에 대한 설명으로 옳은 것은?

남만주로 집단 이주하려고 기도하고, 조선 본토에서 상당한 재력이 있는 사람들을 그곳에 이주시켜 토지를 사들이고 촌락을 세워 새 영토로 삼고, 다수의 청년 동지들을 모집, 파견하여 한인 단체를 일으키고, 학교를 세워 민족 교육을 실시하고, 나아가 무관 학교를 설립하여 문무를 겸하는 교육을 실시하면서 기회를 엿보아 독립 전쟁을 일으켜 구한국의 국권을 회복하려고 하였다.

① 관민 공동회를 개최하였다.
② 황토현 전투를 승리로 이끌었다.
③ 105인 사건으로 인해 해체되었다.
④ 입헌 군주제의 정치 체제를 추구하였다.
⑤ 고종의 해산 권고 조칙에 따라 자진 해산하였다.

0886

(가), (나)와 관련된 단체에 대한 설명으로 옳은 것은?

(가) 오늘 우리는 국왕이 서대문 밖 영은문의 옛터에 독립문이라 명명할 문을 건립할 것을 승인한 사실을 경축하는 바이다. …… 이 문은 다만 중국으로부터의 독립을 의미하는 것이 아니라 일본으로부터, 러시아로부터, 그리고 모든 유럽 열강으로부터의 독립을 의미하는 것이다.

(나) 나라가 날로 기울어 가는데 그저 앉아 있을 수는 없습니다. …… 중요한 것은 백성들이 깨어나는 일입니다. 그러기 위해서는 교육이 필요합니다. 오늘 이 자리에 7명의 학생밖에 없지만 차츰 70명, 700명에 이르는 날이 올 것입니다.

① (가)는 소수의 지식인이 주도하는 개혁을 추진하였다.
② (가)는 (나)의 영향으로 조직되어 활동하였다.
③ (나)는 실력 양성과 무장 투쟁을 함께 준비하였다.
④ (나)는 고종 황제의 강제 퇴위 반대 운동을 주도하였다.
⑤ (가), (나)는 공화 정체의 국가를 건설하고자 하였다.

0887

밑줄 친 ㉠에 대한 답으로 적절한 것은?

> 나라 빚을 갚자는 운동에 동참하려고 담배를 끊어 돈을 모으는 사람들이 늘고 있다. 여인들은 금반지, 옥비녀 등 패물을 팔아 보태기도 한다. ㉠ 그런데 나라가 왜 이렇게 많은 빚을 지게 된 것일까?

① 경복궁 중건 비용 때문에 국가 재정이 부족해졌다.
② 러일 전쟁 비용을 대한 제국이 부담하였기 때문이다.
③ 시설 개선 명목으로 일본에서 차관을 많이 들여 왔다.
④ 박문국이나 기기창을 만드는 데 재정이 많이 필요하였다.
⑤ 파괴된 일본 공사관을 재건축하는 데 많은 비용이 들었다.

0888

(가) 운동에 대한 설명으로 옳은 것만을 〈보기〉에서 고른 것은?

> | (가) | 취지서 |

> 지금이야말로 우리들이 정신을 새로이 하고 충의를 떨칠 때가 아니겠는가. 국채 1,300만 원은 바로 우리나라의 존망과 관계된 것이다. 이것을 갚으면 나라가 존재하고, 갚지 못하면 나라가 망할 것은 필연적인 사실이다. 그런데 지금 국고의 상태로는 갚기 어려우니 장차 삼천리 강토는 내 나라, 내 민족의 소유가 되지 못할 것이다.

보기

ㄱ. 평양에서 시작되었다.
ㄴ. 군국기무처의 경제 개혁에 영향을 미쳤다.
ㄷ. 김광제, 서상돈 등의 제창으로 확산되었다.
ㄹ. 일제 통감부의 방해와 탄압으로 실패하였다.

① ㄱ, ㄴ ② ㄱ, ㄷ ③ ㄴ, ㄷ
④ ㄴ, ㄹ ⑤ ㄷ, ㄹ

0889

다음 자료와 관련된 민족 운동에 대한 설명으로 옳지 **않은** 것은?

> • 송인회 씨의 부인 박씨는 1원을 부인회 사무소에 냈으며, 그 집의 12세 되는 여아 또한 6전 5푼 중 은반지를 냈다 하니 국가 사상이야 남녀노소가 없으며 여자의 애국 성심이 더욱 희한하다는 칭송이 자자하더라.
> • 평북 강계군 여학도 여교사 조덕순 씨가 보낸 편지에 의하면 학도들이 국민된 의무로 애국성금을 표한 바 여학도 천일신 씨는 가난해 납채받은 비단 상의를 의연했고, 이순덕 씨는 15세로 '내 나라를 사랑하는데 어찌 단발을 두려워하랴'면서 구름 같은 머리채를 잘라 의연했다더라.

① 대구에서 시작되어 전국으로 확산되었다.
② 친일 단체인 일진회가 방해 공작을 하였다.
③ 각종 언론 기관이 모금 운동에 참여하였다.
④ 양기탁이 성금 횡령이라는 누명을 쓰고 구속되었다.
⑤ 고종 황제와 정부 대신, 부호들의 주도로 운동이 전개되었다.

0890

다음에서 설명하는 구국 운동에 대한 설명으로 옳은 것은?

> • 대구에 기념비가 건립되어 있다.
> • 관련 기록물이 유네스코 세계 기록 유산에 등재되었다.
> • 여성이 주체적으로 참여하여 근대 여성 운동의 시작으로 이야기되고 있다.

① 한성순보의 지원을 받았다.
② 만민 공동회에서 논의되었다.
③ 일본에 배상금을 지급하였다.
④ 유학생과 국외 동포도 참여하였다.
⑤ 계속된 가뭄과 수해 등으로 중단되었다.

0891

다음 취지서가 발표된 배경을 알아보기 위한 탐구 활동으로 적절한 것은?

> 대략 2천만 명 중 여자가 천만 명이며, 그중에 반지가 있는 사람이 반은 넘을 것이다. 반지 한 쌍에 2원씩만 해도 천만 원이 여인들의 수중에 있다고 할 수 있다. …… 이렇게 국채를 갚고 보면 국권만 회복할 뿐 아니라 우리 여자들이 한 일이 세상에 전파되어 남녀의 동등권을 찾을 것이다.

① 갑오개혁의 개혁 내용을 살펴본다.

② 호포제 실시가 가져온 결과를 분석한다.

③ 나가모리가 황무지 개간권을 요구한 목적을 파악한다.

④ 시전 상인들이 황국 중앙 총상회를 조직한 이유를 조사한다.

⑤ 메가타가 화폐 정리 사업에 필요한 자금을 어떻게 마련했는지 알아본다.

0892

㉠에 들어갈 내용으로 적절한 것은?

> 을사늑약 체결 이후 서북 학회, 기호 흥학회 등 다양한 학회가 만들어져 월보를 간행하며 민중 계몽에 앞장섰다. 또한
> ________㉠________

① 민족의 고전을 정리하여 간행하였다.

② 사립 학교의 설립을 적극 추진하였다.

③ 의병 항쟁의 활성화에 크게 기여하였다.

④ 강대국의 논리인 사회 진화론을 비판하였다.

⑤ 국외 독립운동에 필요한 자금을 모금하였다.

0893

다음과 같은 법령 개정이 끼친 영향으로 가장 적절한 것은?

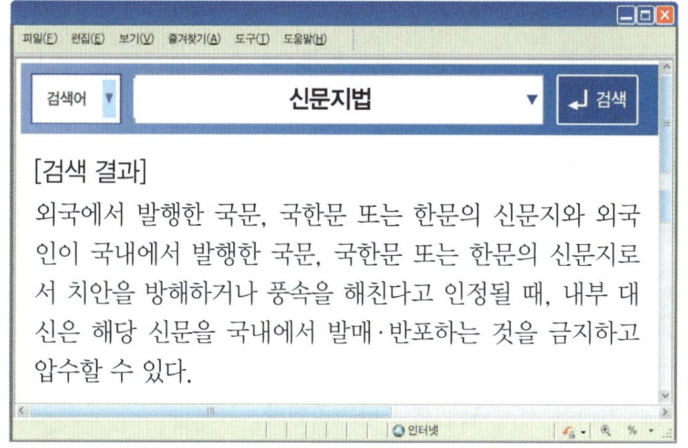

① 독립신문 영문판이 폐간되었다.

② 해조신문이 연해주에서 창간되었다.

③ 대한매일신보의 압수 횟수가 증가하였다.

④ 천도교에서 발행한 만세보가 재정난을 겪게 되었다.

⑤ 황성신문이 「시일야방성대곡」을 발표하여 정간당하였다.

0894

(가) 신문에 대한 설명으로 옳은 것만을 보기 에서 고른 것은?

> ___(가)___ 은/는 영국인 베델이 앞장서 설립한 신문이었다. 출발 당시부터 독립 투쟁을 목적으로 필봉을 휘둘렀기에 세간의 이목을 집중시켰다. 당시는 러일 전쟁에서 승리한 일본이 폭력을 마음대로 휘두르던 시대였다. 베델은 치외법권을 적절히 활용하며 일본의 침략을 고발하는 기사를 게재하였다.

보기

ㄱ. 박문국에서 발행하였다.

ㄴ. 순한문으로 발간되었다.

ㄷ. 신문지법의 탄압을 받았다.

ㄹ. 국채 보상 운동을 지원하였다.

① ㄱ, ㄴ   ② ㄱ, ㄷ   ③ ㄴ, ㄷ

④ ㄴ, ㄹ   ⑤ ㄷ, ㄹ

0895

(가)에 들어갈 내용으로 가장 적절한 것은?

> 일제는 헤이그 특사 사건을 빌미로 고종을 강제로 퇴위시키고 한일 신협약을 강요하였다. 협약에 따라 통감의 내정 간섭 권한이 크게 강화되었고, 행정 각부에 일본인 차관이 임명되었다. 또한 일제는 대한 제국의 군대를 해산시켰으며, <u>(가)</u>

① 대한 제국의 외교권을 박탈하였다.
② 경부선 철도 부설권을 차지하였다.
③ 신문지법, 보안법 등을 제정하였다.
④ 메가타를 재정 고문으로 파견하였다.
⑤ 함경도 지역에서 선포된 방곡령의 철회를 요구하였다.

0896

(가)에 들어갈 내용으로 적절한 것만을 보기 에서 고른 것은?

> **보기**
> ㄱ. 의병 운동을 비판
> ㄴ. 청의 종주권을 인정
> ㄷ. 실력 양성에만 치중
> ㄹ. 양반 중심의 신분제를 중시

① ㄱ, ㄴ ② ㄱ, ㄷ ③ ㄴ, ㄷ
④ ㄴ, ㄹ ⑤ ㄷ, ㄹ

0897

다음 대화의 소재가 된 민족 운동의 사례로 적절하지 <u>않은</u> 것은?

> • 갑: 국권 회복을 위해 교육과 산업을 진흥하고 언론을 통해 국민을 계몽하는 것을 목표로 내세워 근대사의 발전 방향에 합당한 민족 운동이었어.
> • 을: 하지만 일제의 침략이 본격화되는 시기에 일제에 예속된 상태에서 전개되었기 때문에 한계를 가질 수밖에 없었어.

① 국채 보상 운동의 전개
② 이완용 등 친일파 처단 운동
③ 자기 회사와 태극 서관의 설립
④ 황성신문과 대한매일신보의 활동
⑤ 『을지문덕전』과 『이순신전』의 편찬

0898

(가), (나) 운동에 대한 설명으로 옳지 <u>않은</u> 것은?

> (가) 자강의 목적을 관철하려면 …… 안으로 조국의 정신을 기르며 밖으로 학술 문명을 흡수함이 오늘날 시국의 급무이다. 이것이 곧 자강회를 발기하는 까닭이다.
> (나) 작년 10월에 저들이 한 행위는 만고에 없던 일이다. …… 살아서 원수의 노예가 되기보다는 죽어서 충의의 혼이 되는 것이 나을 것이다. 우리의 올바름을 믿고 적의 강대함을 두려워 말자.

① (가) – 사회 진화론을 수용하였다.
② (가) – 산업의 발달과 교육의 진흥을 앞세웠다.
③ (나) – 국권 회복을 당면 과제로 삼았다.
④ (나) – 위정척사 사상을 바탕으로 하고 있다.
⑤ (가), (나) – 고종의 강제 퇴위로 촉발되었다.

0899

다음 표는 민족 운동을 이끌었던 인물과 주요 활동을 정리한 것이다. 각 인물에 대한 설명으로 옳지 <u>않은</u> 것은?

구분	(가)	(나)	(다)	(라)	(마)
인물	전봉준	서재필	고종 황제	안창호	안중근
주요 활동	황토현 전투 승리	독립신문 발행	대한국 국제 발표	신민회 창설	이토 히로부미 사살

① (가) – 척왜양을 주장하며 보은 집회를 이끌었다.
② (나) – 만민 공동회를 통해 자유 민권 운동을 전개하였다.
③ (다) – 근대적인 공장과 회사 설립을 추진하였다.
④ (라) – 대성 학교를 세우고 교육 활동을 전개하였다.
⑤ (마) – 일본의 대외 정책을 비판하는 『동양 평화론』을 집필하였다.

0900

밑줄 친 '이 섬'에 대한 설명으로 옳은 것은?

> 이 섬은 울릉도에서 동남쪽으로 87.4km 지점에 있는데, 동도와 서도, 88개의 바위섬으로 이루어져 있다. 신라 지증왕 때 이사부가 우산국을 정벌한 이후 우리 땅에 속하였다.

① 최익현이 유배된 후 순국하였다.
② 신미양요 때 미군의 공격을 받았다.
③ 러시아가 조차를 요구하였으나 저지당하였다.
④ 러시아 견제를 구실로 영국이 불법 점령하였다.
⑤ 러일 전쟁 때 일본이 불법적으로 자국 영토로 편입하였다.

0901

다음 칙령에 대한 설명으로 옳지 <u>않은</u> 것은?

> 제1조 울릉도를 울도라 개칭하여 강원도에 소속하고, 도감(島監)을 군수(郡守)로 개정하야 관제 중에 편입하고 군의 등급은 5등으로 할 것
>
> 제2조 군청 위치는 태하동으로 정하고 구역은 울릉도 전체 죽도, 석도를 관할할 것

① 『관보』에 게재되어 국내외에 공포되었다.
② 독도를 울릉도의 관할 구역으로 명기하였다.
③ 독도가 우리나라 영토임을 입증하는 국제법상 근거가 된다.
④ 제정된 날을 기념하여 울릉군 조례로 '독도의 날'이 지정되었다.
⑤ 일본이 독도를 시마네현에 편입한 조치를 반박하기 위해 발표되었다.

0902

밑줄 친 '이 섬'에 대한 일본 측 주장을 반박하기 위한 탐구 활동으로 적절하지 <u>않은</u> 것은?

> 다른 나라가 이 무인도를 점유했다고 인정할 만한 증거가 없다. 기록에 따르면 1903년 이래 나카이란 자가 이 섬에 이주하여 어업에 종사한 바, 국제법상 점령한 사실이 있는 것으로 인정되므로 이 섬을 본국 소속으로 하고 시마네현에서 관할하도록 한다.
>
> – 일본 내각 회의 결정, 1905

① 우리나라가 영유권을 행사해 온 역사를 알아본다.
② 일본의 무주지 선점 주장의 국제법상 문제점을 살펴본다.
③ 일본의 침탈에 대응한 대한 제국 정부의 활동을 조사해본다.
④ 우리 영토임을 확인해 주는 1905년 이전의 일본 문서를 찾아본다.
⑤ 일본이 만주의 이권 확보를 위해 체결한 협약의 내용을 검토한다.

0903

간도에 대한 보고서를 작성할 때 들어갈 내용으로 적절하지 <u>않은</u> 것은?

① 을사늑약의 불법성
② 백두산정계비의 위치와 내용
③ 대한 제국의 국토 관리 정책
④ 삼국 간섭 전후의 국제 정세
⑤ 일본의 만주 철도 부설권 획득 배경

0904

다음의 조약 체결의 대상이 된 지역에 대한 설명으로 옳지 <u>않은</u> 것은?

> 1. 일·청 두 나라 정부는 토문강을 청국과 한국의 국경으로 하고 강 원천지에 있는 정계비를 기점으로 하여 석을수(石乙水)를 두 나라의 경계로 한다.
> 3. 청 정부는 이전과 같이 토문강 이북의 개간지에 한국 국민이 거주하는 것을 승인한다. 그 지역의 경계는 별도로 표시한다.
> 5. 토문강 이북의 한국인과 청 사람들이 함께 살고 있는 구역 안에 있는 한국 국민 소유의 토지와 가옥은 청 정부가 청 국민들의 재산과 똑같이 보호하여야 한다.
> 6. 청 정부는 앞으로 길장 철도를 연길 이남으로 연장하여 한국의 회령에서 한국의 철도와 연결할 수 있다.
>
> — 「순종실록」

① 숙종 때 백두산정계비가 세워졌다.
② 대성 학교가 설립되어 민족 교육을 실시하였다.
③ 대한 제국 시기에 이범윤이 관리사로 파견되었다.
④ 19세기 후반 이후 많은 조선인들이 이주했던 곳이다.
⑤ 을사늑약 체결 이후 통감부의 간도 파출소가 설치되었다.

0905

다음 글의 밑줄 친 '협약'에 대한 설명으로 옳은 것은?

> 중국이 벌이고 있는 소위 동북공정에 의하면 고구려는 중국의 소수 민족이 세운 지방 정권으로 고구려사는 중국사에 편입되며 고조선과 발해 역시 한국사에서 제외된다. 이와 관련하여 자유 언론 수호 국민 포럼 대표는 "중국의 역사 왜곡은 이곳에 대한 야욕을 드러내는 것"이라며 "우리가 1905년 을사늑약에 의해 일본에게 외교권을 박탈당한 후 일본이 중국과 <u>협약</u>을 맺어 이곳을 넘겨주었다."라고 말했다.
>
> — 「○○신문」

① 토문강을 쑹화강의 지류로 규정하였다.
② 협약에 근거하여 백두산정계비가 세워졌다.
③ 이곳에 살고 있는 동포들을 내쫓는 근거가 되었다.
④ 협약의 결과 일본은 남만주의 철도 부설권을 차지하였다.
⑤ 고종은 협약의 무효화를 위해 헤이그에 특사를 파견하였다.

0906

밑줄 친 '우리 정부'에 대한 설명으로 옳은 것은?

> 이곳은 토문강 아래 두만강 서쪽의 땅을 통칭하는 이름인데, '도(島)'라고 한 것은 잘못 전해진 말이다. 예전에는 우리나라와 청이 출입을 금지하여 그 땅을 비워 둔 지가 수백 년이나 되었다. 근래에 서북민들이 관리들의 착취를 괴로워하여 가족들을 데리고 몰래 들어가 살았는데, 그 수가 10여만 호나 되었지만 소속이 없었다. …… 이에 <u>우리 정부</u>는 이범윤을 파견하여 살피도록 하였다. — 「매천야록」

① 지계를 발급하였다.
② 러시아와 전쟁을 벌였다.
③ 청과 간도 협약을 맺었다.
④ 군국기무처를 설치하였다.
⑤ 백두산정계비를 건립하였다.

0907

밑줄 친 '이 협약'이 체결된 결과를 두 가지 서술하시오.

> 러일 전쟁 발발 직후 일본은 한성을 점령하고 한일 의정서를 강제로 체결하였다. 이를 통해 전쟁 수행에 필요한 경우 대한 제국의 영토를 마음대로 사용할 수 있게 되었다. 또 일본은 전세가 유리해지자 같은 해 8월 이 협약을 강제로 맺어 한국의 보호국화를 추진하였다.

0908

다음을 읽고 물음에 답하시오.

> **(가) 체결의 부당성**
> 황제인 고종의 위임장도 없이 외무대신 박제순이 날인하였고, 고종의 비준 절차도 거치지 않았으며, 조약의 명칭조차 없다. 따라서 이 조약은 국제법상 무효이다.

(1) (가)에 들어갈 조약의 명칭을 쓰시오.

( )

(2) (1) 조약이 체결된 결과 나타난 정치적 변화를 서술하시오.

0909

㉠에 들어갈 내용을 세 가지 서술하시오.

> 일본은 헤이그 특사 파견을 구실로 고종을 강제 퇴위시키고 순종을 새 황제로 올렸다. 이어 국권 침탈을 지속하여 같은 해 한일 신협약(정미7조약)을 강요하였다. 이에 따라 ________㉠________ .

0910

밑줄 친 '의병'의 특징을 세 가지 서술하시오.

> 국모의 원수를 생각하며 이미 이를 갈았는데 참혹한 일이 더하여 부모에게서 받은 머리털을 풀 베듯이 베어 버리니 이 무슨 변고란 말인가. …… 이에 감히 의병을 일으켜 마침내 이 뜻을 세상에 포고한다.

[0911~0912] 다음을 읽고, 물음에 답하시오.

〈항일 의병 운동의 전개〉

1895	단발령 실시에 반대하여 유인석, 이소응 등의 주도로 의병이 일어났다.
1905	을사늑약 체결에 반발하여 최익현 등 유생과 신돌석 등 평민 의병장이 거병하였다.
1907	(가)

0911

(가)에 들어갈 의병이 일어나게 된 배경을 <u>두 가지</u> 서술하시오.

0912

위 의병의 특징을 <u>두 가지</u> 서술하시오.

[0913~0914] 다음을 읽고, 물음에 답하시오.

- 대한 자강회는 취지문에 자강의 방도는 다른 곳에 있지 않고 교육을 진작하고 산업을 일으키는 데 있다고 하였다.
- 기호 흥학회, 서북 학회 등 많은 학회들은 조직력과 자금력을 갖추고 학교를 세웠으며, 민족의식을 고취하는 월보를 발행하였다.

0913

제시된 자료의 단체들이 공통적으로 지향한 민족 운동 방법을 서술하시오.

0914

0913번과 같은 민족 운동 방법의 의의와 한계를 서술하시오.

0915

다음을 보고 물음에 답하시오.

제시된 사진은 105인 사건으로 끌려가는 애국지사들의 모습이다. 일제는 황해도·평안도의 반일 인사들이 조선 총독의 암살을 모의하였다고 조작하였고, 수백 명을 검거해 그중 105인에게 유죄 판결을 내렸다. 이 사건을 계기로 ___(가)___ 은/는 해체되었다.

(1) (가)에 들어갈 단체를 쓰시오.

(   )

(2) (1) 단체가 전개한 활동을 세 가지 이상 서술하시오.

____

____

____

____

0916

다음을 보고 물음에 답하시오.

제시된 조형물은 대구에서 시작된 이 운동을 기념하기 위해 세워진 것이다. 서상돈을 중심으로 많은 인사들이 참여하여 모임을 조직하고 모금 운동을 전개하였으며, 서울을 비롯한 전국으로 확산되었다. 그러나 통감부는 이를 항일 운동으로 간주하여 탄압하였고, 결국 이 운동은 목적을 이루지 못하고 중단되었다.

(1) 밑줄 친 '이 운동'을 쓰시오.

(   )

(2) (1)이 전국적으로 확산될 수 있었던 배경을 서술하시오.

____

____

0917

다음 과제에 따라 작성한 보고서에 들어갈 내용을 서술하시오.

과제: 독도가 우리 고유의 영토임을 뒷받침하는 이유를 대한 제국 시기 정부가 펼쳤던 정책과 연관 지어 보고서를 작성하시오.

____

____

____

0918

다음을 읽고 물음에 답하시오.

(1) 밑줄 친 '이 지역'의 명칭을 쓰시오.

(   )

(2) (가)와 같은 결과를 가져온 조약의 명칭을 쓰시오.

(   )

(3) (2) 조약의 체결 배경과 부당성을 서술하시오.

____

____

05 사회·경제 변화와 문화 변동

빈출 개념
- 열강의 경제 침탈 과정
- 경제적 구국 운동의 내용

1 열강의 경제 침탈

(1) 일본 상인들의 침투

> 거류지는 외국인들이 머물거나 장사를 할 수 있도록 인정한 지역으로, 치외 법권이 적용되었다.

> 개항 직후 객주는 외국 상인과 내륙의 조선 상인을 중개하거나, 물건을 담보로 돈을 빌려주고 어음을 할인해 주는 등 금융 업무에 종사하면서 성장하였다.

개항 초기		• 거류지 무역: 개항 초기 외국 상인들은 개항장 10리(4km)에서만 활동 가능 ➡ 객주가 중개상이 되어 다른 나라와 무역 전개 • 일본 상인들의 무역 특혜 확대(영사 재판권, 일본 화폐의 사용, 수출입 상품에 대한 무관세) ➡ 곡물 가격 폭등, 국내 면직물 산업 몰락
청과 일본의 무역 경쟁 자료❶ 자료❷	임오군란 후	• **조청 상민 수륙 무역 장정(1882)** 체결: 청 상인의 내륙 진출 확대 ➡ 청과 일본 상인 간 상권 경쟁 심화 • **조일 통상 장정 개정**(1883): 관세 설정, 방곡령 규정, 최혜국 대우 인정 ➡ 일본 상인의 우위 지속
	청일 전쟁 후	일본의 청일 전쟁 승리 ➡ 일본 상인이 조선의 상권 독점

(2) 열강의 이권 침탈 자료❸

철도 부설권	경인선(미국 ➡ 일본), 경의선(프랑스 ➡ 일본), 경원선(일본), 경부선(일본)
광산 채굴권	운산 금광 채굴권(미국), 광산 채굴권(러시아, 독일, 영국 등)
삼림 채벌권	러시아의 독점 ➡ 러일 전쟁 후 일본이 차지

(3) 일본의 금융 지배와 토지 약탈

> 메가타는 제1차 한일 협약(외국인 고문 용빙에 관한 협약)에 따라 한국에 재정 고문으로 파견된 인물이다.

★금융 지배	• **화폐 정리 사업(1905)**: 재정 고문 메가타 주도, 백동화와 상평통보를 일본 제일 은행에서 발행한 화폐(일본 제일 은행권)로 교환 ➡ 한국 상인과 은행 파산 자료❹ • 화폐 정리와 시설 개선을 명목으로 차관 강요
토지 약탈	• 개항 직후: 개항장 안의 일부 토지 허용 ➡ 내륙 진출 이후 고리대금업 등으로 토지 차압 • 청일 전쟁 이후: 대규모 토지 구입으로 농장 경영 • 러일 전쟁 중: 황무지 개간권 요구, 철도 부지와 군용지 확보 구실로 국유지와 역둔토 강탈 • 동양 척식 주식회사 설립(1908): 국유화한 황실 소유 토지를 싼값에 일본인에게 판매

2 경제적 구국 운동의 전개

상권 수호 운동	• 상회사 설립: 대동 상회(평양), 장통 상회(한성) 등 • 시전 상인의 철시 투쟁, 황국 중앙 총상회 조직(1898) • 경강상인의 증기선 구입, 개성상인의 수출입 유통 확대 노력
근대적 기업 육성	• 관료 출신 자본가들이 은행, 철도, 해운 회사 설립 주도 • 국내 자본가들의 은행 설립: 조선은행(1896), 한성은행(1897), 대한 천일 은행(1899) 등 • 직물업: 종로 직조사, 한성 제지 회사 등 설립
★방곡령 자료❺	• 배경: 일본 상인이 조선에서 대량으로 곡물 구입 ➡ 국내 식량 사정 악화 • 경과: 함경도(1889), 황해도(1890) 등지의 지방관들이 조일 통상 장정에 근거하여 방곡령 선포 ➡ 일본의 철회 요구 ➡ 방곡령 철회, 일본에 배상금 지불
토지 침탈 저지	일본의 황무지 개간권 요구 ➡ 보안회의 반대 운동 전개, 농광 회사 설립 ➡ 일본의 요구 철회
이권 수호 운동	러시아의 절영도 조차 요구 저지, 러시아 재정 고문 철수와 한러 은행 폐쇄 요구 관철, 프랑스·독일 등의 광산 채굴권 요구 저지
★국채 보상 운동(1907) 자료❻	• 배경: 일본의 차관 강요로 국채 증가 ➡ 일본에 대한 경제적 예속 심화 • 전개: 대구에서 시작(서상돈 주도) ➡ 국채 보상 기성회 조직(한성), 애국 계몽 운동 단체와 『대한매일신보』 등 언론 기관이 모금 활동에 참여 • 결과: 통감부의 탄압으로 중단됨

Check! 잘 나오는 선지로 **개념** 확인하기

1 조청 상민 수륙 무역 장정에 대한 설명으로 옳은 것을 **모두** 고르시오.

① 방곡령 규정을 포함하였다.
② 청이 삼림 채벌권을 독점하게 되었다.
③ 청이 운산 금광 채굴권을 차지하였다.
④ 황국 중앙 총상회 설립 이후 체결되었다.
⑤ 청과 일본 상인이 경쟁하는 계기가 되었다.
⑥ 외국 상인의 내륙 진출이 본격화되는 계기가 되었다.
⑦ 대동 상회, 장통 상회 등 상회사 설립의 근거가 되었다.
⑧ 청 상인은 허가를 받으면 개항장 밖에서도 활동할 수 있었다.
⑨ 청 상인들은 수출입 물품에 대해서 관세를 부과받지 않게 되었다.
⑩ 개항장 10리 이내에서만 청 상인들이 활동할 수 있게 제한하였다.

2 화폐 정리 사업에 대한 설명으로 옳은 것을 **모두** 고르시오.

① 전환국이 설치되었다.
② 재정 고문 메가타가 주도하였다.
③ 한국 상인들이 큰 타격을 입었다.
④ 제1차 한일 협약에 따라 중지되었다.
⑤ 백동화의 가치가 평가 절하되었다.
⑥ 한성은행, 대한 천일 은행 등이 세워졌다.
⑦ 조일 통상 장정의 규정을 근거로 실시되었다.
⑧ 동양 척식 주식회사가 설립되는 계기가 되었다.
⑨ 백동화와 엽전 등을 일본 제일 은행권으로 바꾸게 하였다.
⑩ 이 사업에 대해 시전 상인들은 철시를 단행하며 반발하였다.

답 **1** ⑤, ⑥, ⑦, ⑧
　 2 ②, ③, ⑤, ⑨

3 사회와 문화의 변화

(1) 근대 문물의 도입

갑신정변으로 기능이 중단되었다가, 을미개혁 이후 우체사를 운영하였다.

통신과 우편	• 전신: 일본~부산(1884, 일본), 인천~서울~의주(1885, 청), 서울~부산(1888, 일본) • 전화: 경운궁(1898, 미국), 점차 서울 내 민가에 설치 • 우편: 우정총국 설치(1884) ➡ 만국 우편 연합 가입(1900)
교통	• 철도: 경인선(1899, 일본, 노량진~제물포), 경부선(1905)과 경의선(1906) • 전차: 서대문~청량리 구간 운행(1899)
전기	전등 가설(1887, 경복궁), 한성 전기 회사 설립(1898, 황실과 미국의 합작)
의료	• 종두법: 지석영이 천연두의 예방과 치료법 보급 • 광혜원(1885, 제중원): 알렌의 건의, 최초의 근대식 병원 • 기타: 광제원(1900), 세브란스 병원(1904), 대한 의원(1907)

(철도) 러일 전쟁 중 일본이 군사적 목적으로 부설하였다.

(2) 의식주 생활의 변화

의	식	주
서양식 복장과 개량 한복 확산, 두루마기 유행, 양산 사용	서양 요리 보급, 남녀가 함께 식사하기도 함	근대 건축물, 서양식 주택과 일본식 주택 보급

(주) 명동 성당과 덕수궁 석조전

(3) 근대 교육과 언론의 발달

교육	• 원산 학사(1883): 최초의 근대식 학교, 근대 학문과 외국어 교육 • 동문학(1883): 정부가 통역관 양성을 위해 설립 • 육영 공원(1886): 미국인 강사를 초빙해 양반 자제에게 근대 학문 교육 • 근대 교육 체계 마련: 교육입국 조서 발표(1895) ➡ 한성 사범 학교(교원 양성), 각종 관립 학교(소학교, 외국어 학교 등) 설립 자료 ❼ • 사립 학교 설립: 오산 학교, 대성 학교 등 ➡ 일제가 사립 학교령을 제정(1908)하여 탄압
★언론	• 『한성순보』(1883): 최초의 신문(박문국 발행), 순 한문 사용, 정부의 개화 정책 소개 • 『독립신문』(1896): 최초의 민간 신문, 서재필이 정부 지원을 받아 창간, 한글판·영문판 발행 • 『제국신문』(1898): 서민과 부녀자 대상, 순 한글 사용 • 『황성신문』(1898): 유생층 대상, 국한문 혼용, 「시일야방성대곡」 게재 • 『대한매일신보』(1904): 양기탁과 영국인 베델이 운영 ➡ 일본의 검열을 피함

(4) 근대 의식의 확산 자료 ❽

민권 의식의 성장	신분제 폐지(갑오개혁), 독립 협회의 자유 민권 운동 전개
여성의 권리 신장	「여권통문」 발표, 여학교와 여성 단체(찬양회, 국채 보상 부인회 등) 조직

★(5) 국학 연구

국사	근대 계몽 사학: 신채호(『대한매일신보』에 「독사신론」 게재, 『을지문덕전』·『이순신전』 편찬), 박은식('혼' 강조)
국어	국문 연구소 설립(1907): 주시경, 지석영 등이 한글 연구 ·정리

(6) 문학과 예술의 새 경향

문학	신소설(이인직의 『혈의 누』, 안국선의 『금수회의록』), 신체시(최남선의 『해에게서 소년에게』)
음악	찬송가 유입, 창가와 창극 유행
연극	「은세계」, 「치악산」 등의 신극이 최초의 서양식 극장인 원각사에서 공연
종교	• 유교: 「유교 구신론」 제기(박은식) ➡ 민중 중심의 유교 개혁 주장 • 불교: 「조선 불교 유신론」 제기(한용운) ➡ 조선 불교의 자주성 회복과 혁신 시도 • 천도교: 동학에서 개칭, 「만세보」 발행 • 대종교: 나철(나인영)과 오기호가 창시, 단군 신앙 기반 • 개신교: 선교와 계몽을 위해 병원과 학교 설립 • 천주교: 성당 안에 고아원과 양로원 설립

3 개항 이후 들어온 근대 문물에 대한 설명으로 옳지 <u>않은</u> 것은?

① 명동 성당이 세워졌다.

② 덕수궁에 석조전이 건립되었다.

③ 호떡, 찐빵, 우동 등이 소개되었다.

④ 전화는 창덕궁에 최초로 설치되었다.

⑤ 경복궁에 최초로 전등이 설치되었다.

⑥ 일본 자본에 의해 경인선이 개통되었다.

⑦ 우체사가 설립되어 우편 사업을 실시하였다.

⑧ 서대문과 청량리 사이에 전차가 운행되었다.

⑨ 기차는 신분 의식을 약화하는 데 영향을 주었다.

⑩ 부산과 나가사키 사이에 해저 전선이 개통되었다.

4 근대 언론에 대한 설명으로 옳지 <u>않은</u> 것은?

① 한성순보는 순 한문 신문이었다.

② 박문국에서 한성순보를 발행하였다.

③ 황성신문은 국한문 혼용체로 발행되었다.

④ 제국신문은 국한문 혼용체로 발행되었다.

⑤ 대한매일신보는 영국인 베델을 발행인으로 하였다.

⑥ 갑신정변 이후 한성주보가 일주일에 한 번 발행되었다.

⑦ 대한매일신보는 양기탁을 중심으로 1904년에 창간되었다.

⑧ 제국신문은 하층민과 부녀자를 주된 독자층으로 삼았다.

⑨ 대한매일신보는 순 한글, 국한문, 영문 세 종류로 발행되었다.

⑩ 1907년 신문지법이 공포되어 한국인이 발행한 신문들이 탄압받았다.

답 **3** ④   **4** ④

자료 1 청과 일본 상인 간 상권 경쟁

미래엔, 비상, 동아, 씨마스, 리베르

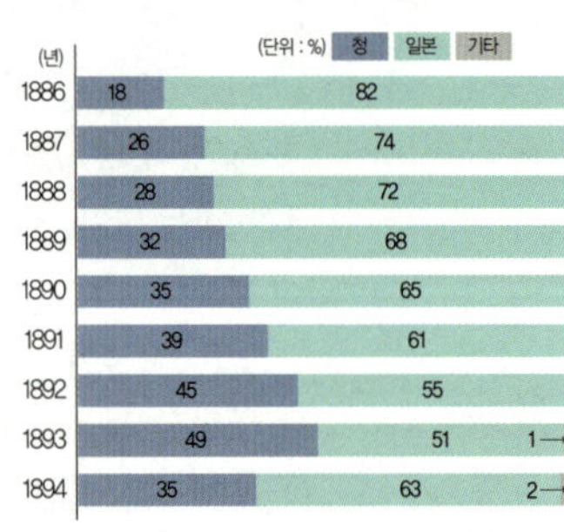

▲ 청과 일본으로부터의 수입액 비율 변화

0919 개항 초기에는 일본 상인이 조선의 무역을 거의 독점하였다. O/X

0920 임오군란 이후 청 상인의 조선 진출이 활발해졌다. O/X

0921 청일 전쟁 직전에는 조선의 수입액에서 청과 일본이 차지하는 비율이 비슷해졌다. O/X

자료 2 청과 일본 상인의 조선 진출

미래엔, 비상, 천재, 동아, 씨마스, 해냄, 리베르

- **조일 수호 조규 부록(1876)**

  부산 항구에서 일본국 인민이 통행할 수 있는 도로의 거리는 부두로부터 계산해 동서남북 각 직경 10리로 정한다.

  − 『고종실록』, 1876

- **조청 상민 수륙 무역 장정(1882)**

  조선의 양화진, 한성에 영업소를 개설할 경우를 제외하고, 각종 화물을 내지로 운반해 상점을 차리고 파는 것을 허가하지 않는다. 단, 내지에서 물건을 살 경우 지방관의 허가서를 받아야 한다.

  − 『고종실록』, 1882

- **조일 수호 조규 속약(1882)**

  부산, 원산, 인천 각 항구의 통행할 수 있는 거리를 이제부터 사방 각 50리로 넓히고, 2년이 지난 뒤 다시 각각 100리로 한다. 지금부터 1년 뒤에는 양화진을 개시로 한다.

  − 『고종실록』, 1882

0922 개항 직후 외국 상인은 거류지에서만 활동할 수 있었다. O/X

0923 청과 일본의 상인들은 같은 해에 내륙 진출이 가능해졌다. O/X

0924 외국 상인과 내륙 시장을 연결하며 성장한 개항장 객주 등 조선인 중간 상인은 1882년 이후 큰 타격을 입었다. O/X

자료 3 열강의 이권 침탈

미래엔, 비상, 천재, 동아, 씨마스, 해냄, 리베르

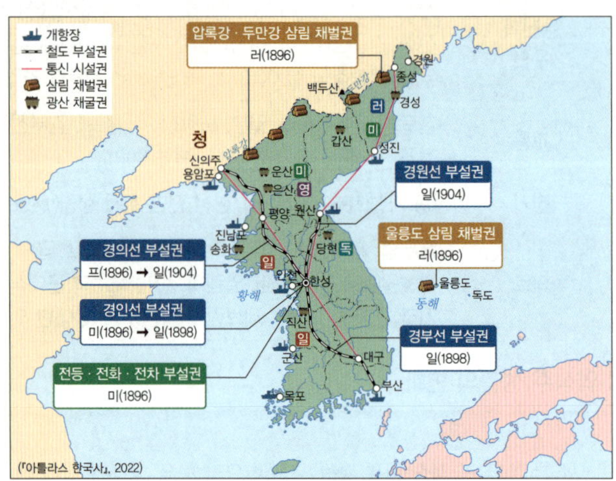

▲ 열강의 이권 침탈

0925 아관 파천 이후 열강들은 최혜국 대우를 내세우며 본격적으로 한국의 이권을 침탈하였다. O/X

0926 철도 부설권은 주로 일본이 차지하였다. O/X

0927 러시아는 운산 금광 채굴권을 차지하였다. O/X

자료 4 화폐 정리 사업

미래엔, 비상, 천재, 동아, 씨마스, 리베르

백동화의 상태가 액면가와 일치하는 화폐로 인정받을 만한 것은 한 개당 2전 5리의 비율로 새로운 화폐로 교환한다. 이 기준에 합당하지 않은 부정 백동화는 개당 1전의 가격으로 정부에서 사들인다. 만약 팔기를 원하지 않는 경우 정부에서 절단하여 돌려준다. 단, 형질이 조악하여 화폐로 인정할 수 없는 경우는 사들이지 않는다.

− 탁지부령 제1호, 『관보』

0928 화폐 정리 사업을 통해 당시 사용되던 모든 백동화가 일본 제일 은행권으로 교환되었다. O/X

0929 화폐 정리 사업으로 한국 상인과 은행은 파산하기도 하였다. O/X

0930 화폐 정리 사업은 한국에 재정 고문으로 파견된 일본인 메가타가 주도하였다. O/X

자료 5 조일 통상 장정의 방곡령 규정
미래엔, 비상, 천재, 씨마스

제37관 조선국에서 가뭄과 홍수, 전쟁 등의 일로 인하여 국내에 식량이 결핍할 것을 우려하여 일시적으로 곡물 수출을 금지하려고 할 때에는 반드시 1개월 전에 지방관이 일본 영사관에게 통지하며, 미리 그 기간을 항구에 있는 일본 상인들에게 전달하여 일률적으로 준수하는 데 편리하게 한다.

– 『고종실록』, 1883

0931 조선의 지방관들은 1883년에 체결된 조일 통상 장정의 규정을 근거로 방곡령을 내렸다. ○/✕

0932 방곡령은 조선의 곡물이 일본으로 수출되는 것을 막으려는 조치였다. ○/✕

0933 방곡령은 조선과 일본의 외교적 분쟁으로 확대되었다. ○/✕

자료 6 국채 보상 운동 취지서
미래엔, 비상, 천재, 동아, 씨마스, 해냄, 리베르

국채 1,300만 원은 바로 우리 대한의 존망에 직결된 것이라. 갚으면 나라가 존재하고 갚지 못하면 나라가 망하는 것은 필연적인 사실이다. …… 2천만 인민들이 3개월 동안 흡연을 금지하고 그 대금으로 한 사람에게서 매달 20전씩 거둔다면 1,300만 원을 모을 수 있다.

– 『대한매일신보』, 1907

0934 국채 보상 운동은 나라 빚을 갚아 국권을 회복할 것을 주장하였다. ○/✕

0935 국채 보상 운동은 대한 매일 신보 등 언론 기관의 협조로 전국으로 확산되었다. ○/✕

0936 국채를 갚기 위해 단주, 단연, 가락지 모으기 등이 전개되었다. ○/✕

자료 7 교육 입국 조서
미래엔, 비상, 천재, 리베르

세상 형편을 돌아보건대 부유하고 강하여 우뚝이 독립한 나라들은 모두 그 나라 백성들이 개명한 지식을 가지고 있다. 지식이 개명하는 것은 교육이 잘된 데서 이루어진 것이다. 교육은 실로 나라를 보존하는 근본이 된다. …… 이제 짐은 교육하는 강령을 제시하여 허명을 제거하고 실용을 높인다.

– 『고종실록』

0937 제2차 갑오개혁 때 조선 정부는 교육 입국 조서를 발표했다. ○/✕

0938 교육 입국 조서를 통해 국민학교가 세워졌다. ○/✕

0939 교육 입국 조서를 바탕으로 근대적 학교가 설립되기 시작하였다. ○/✕

자료 8 민권 의식과 여성의 권리 성장
미래엔, 비상, 천재, 동아, 씨마스

• 나는 대한의 가장 천한 사람이고 배운 것도 없습니다. 그러나 충군애국의 뜻은 대강 알고 있습니다. 나라를 이롭게 하고 국민을 편안하게 하려면 관민이 합심해야 합니다.

– 백정 출신 박성춘의 관민 공동회 연설 내용

• 어려서부터 각각 학교에 다니며 각종 학문을 다 배워 이목을 넓혀 장성한 후에 사나이와 부부 관계를 맺어 평생을 살더라도 그 사나이에게 조금도 압제받지 않고 후대를 받음은 다름 아니라 그 학문과 지식이 사나이에 못지않은 고로 권리도 동일하니 어찌 아름답지 않으리오.

– 「여권통문」

0940 신분제의 폐지 이후 차별받던 신분 출신이 관민 공동회에서 연설하는 모습을 볼 수 있었다. ○/✕

0941 「여권통문」은 여성 교육의 필요성을 주장한 글이다. ○/✕

0942 개항 이후 민권 의식이 성장하고 여성들의 사회적 지위와 활동에 대한 인식이 변화했다. ○/✕

0943

다음 자료를 활용한 탐구 활동으로 가장 적절한 것은?

> 우리나라 상인 가운데 일본 상인의 금전을 받고 곡물 거래와 운송을 대신 처리하는 사람들이 구포 지역에 많습니다. 일본 상인이 거류지를 벗어나 구포로 가면서 이번 분쟁이 생겼습니다. 일본 상인은 본래 경솔하고 사나운 습성이 많아 종종 이런 일이 있으니 걱정됩니다.

① 조일 수호 조규 부록의 규정을 분석한다.
② 화폐 정리 사업이 끼친 영향을 알아본다.
③ 독립 협회의 이권 수호 활동을 찾아본다.
④ 국채 보상 운동이 시작된 원인을 파악한다.
⑤ 황국 중앙 총상회가 조직된 이유를 조사한다.

0944

다음 그래프는 일본과의 무역 상황 변화를 나타낸 것이다. 그래프에 나타난 시기의 경제 상황으로 옳지 <u>않은</u> 것은?

〈1890년 대일 수출 · 수입 현황〉

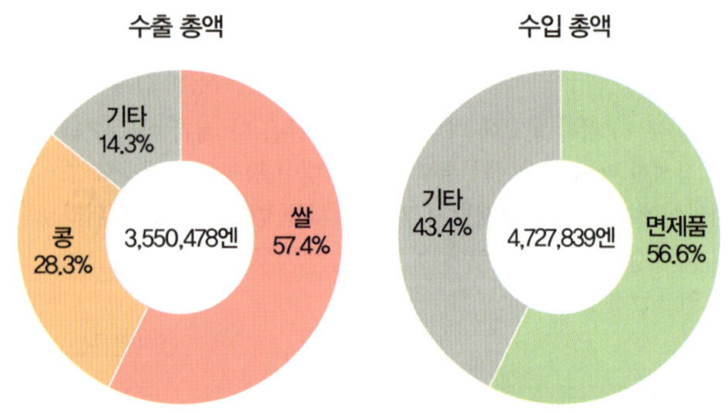

① 무역 규모가 확대되면서 무역 수지가 악화되었다.
② 개항장에서 일본 화폐의 사용이 전면 금지되었다.
③ 면제품 수입의 증가로 국내 면포 생산자가 타격을 받았다.
④ 일본 상인들의 주도로 미면 교환 체제가 자리 잡게 되었다.
⑤ 쌀 수출에 따른 식량 부족과 물가 상승을 막기 위해 방곡령이 선포되었다.

0945

다음 조약 체결의 직접적인 결과로 옳은 것은?

> **제4관** 조선 상민으로서 베이징에 주재하는 자를 제외하고는 의계 교역을 준허하고, 또 중국 산민은 조선에 입국하여 양화진, 한성에서 행상하는 것을 준허한다. 물화를 내지에 반입하여 판매하는 것을 금하되 필요한 경우 지방관의 허가를 받아야 한다.

① 청일 전쟁의 발발
② 방곡령 선포 확산
③ 외국 상인의 내지 침투
④ 열강의 이권 침탈 확산
⑤ 양곡의 무제한 유출 허용

0946

개항 이후 외국 상인들의 활동이 (가)에서 (나)로 바뀌게 된 계기로 옳은 것은?

> (가) 외국 상인은 개항장으로부터 일정 거리 안에서만 활동할 수 있었다.
> (나) 외국 상인은 개항장을 벗어나 대도시와 지방의 장시에서도 활동할 수 있었다.

① 독립 협회의 요구
② 청일 전쟁의 발발
③ 영국의 거문도 불법 점령
④ 황국 중앙 총상회의 활동
⑤ 조청 상민 수륙 무역 장정의 체결

0947

다음 조약에 대한 설명으로 옳은 것은?

> 제37조 만약 조선국에 가뭄, 수해, 병란 등의 일이 있어 국내 식량 결핍을 우려하여 조선 정부가 잠정적으로 쌀의 수출을 금지하고자 할 때에는 반드시 먼저 1개월 전에 지방관이 일본 영사관에게 통고해야 한다. 또한 그러한 때는 그 시기를 미리 항구의 일본 상인에게 두루 알려 그대로 지키게 한다.

① 강화도 조약을 체결할 때 부속 조약으로 만들어졌다.
② 청과 일본 상인의 경쟁이 본격화되는 계기가 되었다.
③ 러시아 견제를 겨냥한 중국의 권유에 따라 체결되었다.
④ 조선이 미국과 체결한 수호 통상 조약의 영향을 받았다.
⑤ 일본 상인의 활동 범위를 개항장 10리 이내로 제한하였다.

0948

(가) 시기의 경제 상황에 대한 설명으로 옳은 것만을 보기 에서 고른 것은?

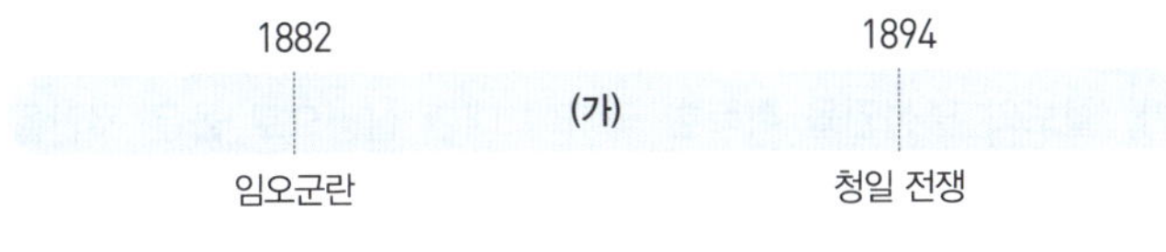

보기

> ㄱ. 국채 보상 운동이 전국적으로 확산되었다.
> ㄴ. 함경도와 황해도 등지에 방곡령이 내려졌다.
> ㄷ. 청과 일본의 상인들이 조선의 상권을 놓고 경쟁하였다.
> ㄹ. 일본인 재정 고문에 의해 화폐 정리 사업이 전개되었다.

① ㄱ, ㄴ　② ㄱ, ㄷ　③ ㄴ, ㄷ　④ ㄴ, ㄹ　⑤ ㄷ, ㄹ

0949

(가), (나) 조약과 관련된 설명으로 옳은 것만을 보기 에서 고른 것은?

> (가) 제2조 조선 상민이 이미 개항한 중국의 항구에서 소유한 일체의 재산 관계 범죄는 피고와 원고가 어느 나라 사람이든 간에 모두 중국 지방관이 법조문에 따라 심판하며, 아울러 조선 상무위원에게 통지하여 문건을 남기도록 한다.
>
> (나) 제42조 현재 또는 장래 조선 정부가 어떠한 권리 특전을 타국 관민에게 제공하는 것이 있으면 일본 관민도 즉시 이를 균점할 수 있다.

보기

> ㄱ. (가) – 최초로 최혜국 대우 조건을 규정하였다.
> ㄴ. (가) – 청일 간의 상권 경쟁이 본격화되는 계기가 되었다.
> ㄷ. (나) – 방곡령 선포가 실패하는 요인으로 작용하였다.
> ㄹ. (나) – 일본 화폐 유통 허용과 무관세가 규정되었다.

① ㄱ, ㄴ　② ㄱ, ㄷ　③ ㄴ, ㄷ　④ ㄴ, ㄹ　⑤ ㄷ, ㄹ

0950

(가) 조약 체결의 결과로 옳은 것은?

> ___(가)___ 제4조에 따라 조선 정부는 최초로 외국인에게 한성에서 거주와 통상을 허용하였다. 영국도 조약을 체결하면서 조선 정부가 ___(가)___ 은/는 균점되지 않는 것이라 하였지만 결국 한성에서 교역할 권한을 확보하였다. 미국과 일본도 최혜국 조항에 의거하여 이러한 권리를 균점하였다.

① 방곡령이 철회되었다.
② 한성 전기 회사가 설립되었다.
③ 부산, 원산, 인천이 개항되었다.
④ 통감부가 대한 제국의 내정을 장악하였다.
⑤ 청과 일본 상인 간의 상권 경쟁이 심화되었다.

[0951~0952] 다음 그래프를 보고 물음에 답하시오.

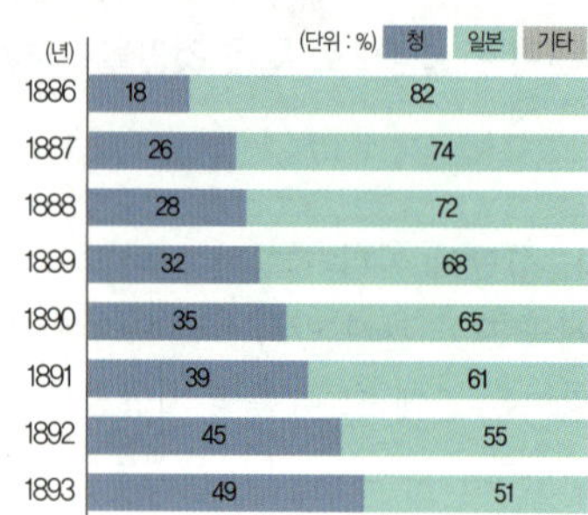

0951

위의 그래프와 같은 변화가 원인이 되어 일어난 사건으로 옳은 것은?

① 갑신정변
② 러일 전쟁
③ 청일 전쟁
④ 제1차 갑오개혁
⑤ 화폐 정리 사업

0952

위의 그래프를 보고 추론한 내용으로 옳은 것만을 보기 에서 고른 것은?

> **보기**
> ㄱ. 조선 상인을 매개로 한 무역이 전개되었을 것이다.
> ㄴ. 청·일 상인의 상권 경쟁이 치열하게 전개되었을 것이다.
> ㄷ. 내륙 지방에서도 외국 상인들의 활동이 허용되었을 것이다.
> ㄹ. 조선과 청의 무역은 상호 대등한 입장에서 전개되었을 것이다.

① ㄱ, ㄴ
② ㄱ, ㄷ
③ ㄴ, ㄷ
④ ㄴ, ㄹ
⑤ ㄷ, ㄹ

[0953~0954] 다음 지도를 보고 물음에 답하시오.

0953

열강의 이권 침탈에 대해 설명한 것으로 옳지 <u>않은</u> 것은?

① 일본은 대륙 침략을 목적으로 철도 건설에 심혈을 기울였다.
② 열강의 이권 침탈은 을사늑약 전후로 본격적으로 이루어졌다.
③ 열강들은 최혜국 대우 조항을 내세워 이권 경쟁에 뛰어들었다.
④ 러시아는 친러 내각을 앞세워 국경의 삼림 채벌권을 획득하였다.
⑤ 열강이 광산 채굴권을 빼앗아 가 한국의 자본 축적은 어려워졌다.

0954

(가) 철도의 부설권을 획득한 국가에 대한 설명으로 옳은 것만을 보기 에서 고른 것은?

> **보기**
> ㄱ. 용암포를 점령하고 강제로 조차하였다.
> ㄴ. 제너럴 셔먼호 사건을 구실로 통상을 요구하였다.
> ㄷ. 동양 척식 주식회사를 설립하여 토지를 약탈하였다.
> ㄹ. 삼국 간섭에 굴복하여 랴오둥반도를 청에 반환하였다.

① ㄱ, ㄴ
② ㄱ, ㄷ
③ ㄴ, ㄷ
④ ㄴ, ㄹ
⑤ ㄷ, ㄹ

0955

(가) 국가가 침탈한 이권으로 옳은 것만을 보기 에서 고른 것은?

> 독립 협회는 [(가)] 이/가 군사 교관과 재정 고문을 파견하여 내정을 간섭하고, 절영도 조차를 요구하자 이에 반대하는 등 [(가)] 을/를 적극적으로 견제하였지만, 그 밖의 열강에 대해서는 우호적인 태도를 보이는 등 편향된 인식을 하였다.

보기

ㄱ. 경의선 부설권　　ㄴ. 울릉도 삼림 채벌권
ㄷ. 한성~의주 전신 가설권　　ㄹ. 두만강 유역 삼림 채벌권

① ㄱ, ㄴ　　　② ㄱ, ㄷ　　　③ ㄴ, ㄷ
④ ㄴ, ㄹ　　　⑤ ㄷ, ㄹ

0956

다음 사건이 발생하였던 시기에 살았던 사람들의 대화 내용 중 시대 상황과 부합하는 것만을 보기 에서 고른 것은?

> 경기도 시흥의 군민 1만여 명은 한 철교에 모여 경부선 철도 건설의 노동자 징발에 항의하였다. 이들은 군청이 있는 읍으로 가서 군수의 요청을 받고 달려온 일본인들과 언쟁하였는데, 언쟁 중에 일본인들이 갑자기 장검과 철봉을 휘둘러 한국인들을 공격하여 살상하였다. 이에 성난 한국인들은 군수 박우양과 그 아들을 죽이고 관사와 기물을 파괴하였다.

보기

ㄱ. 이번에 새로 통감이 온다는데, 탄압이 더 심해지지 않을까?
ㄴ. 난 알토란 같은 농토를 철도 부지로 헐값에 빼앗기고 말았다네.
ㄷ. 하루 12시간 이상 공사장에 동원되는 것은 어떻고, 임금은 쥐꼬리만큼 주지 않는가?
ㄹ. 그나저나 이번 전쟁에서 청이 꼴보기 싫은 일본을 이겼으면 좋겠네.

① ㄱ, ㄴ　　　② ㄱ, ㄷ　　　③ ㄴ, ㄷ
④ ㄴ, ㄹ　　　⑤ ㄷ, ㄹ

0957

다음의 상황을 이해하기 위한 탐구 주제로 적절한 것은?

> 동생에게
>
> 우리나라 상인들은 곧 파산할 지경이야. 내가 예금한 대한 천일 은행이 문을 닫을 거라고 하니 큰일이구나. 이제 내가 가진 엽전이 쓸모가 없어질 것 같아 정말 걱정이다.

① 조일 통상 장정의 내용
② 조세 금납제에 따른 경제 변화
③ 재정 고문인 메가타가 펼친 정책
④ 당백전을 발행한 이유와 그 결과
⑤ 국내 민간 은행의 설립 배경과 종류

0958

밑줄 친 '이 사업'에 대한 설명으로 옳은 것만을 보기 에서 고른 것은?

역사 신문

제 △△호　　　　　　　　　　○○○○년 ○○월 ○○일

오늘부터 신화폐로 교환해야

정부는 지난 6월 발표한 탁지부령 제1호에 근거하여 구 백동화를 일본의 제일 은행권으로 교환하는 작업을 오늘부터 실시한다고 발표했다. 이 사업을 주도하고 있는 인물은 일본 정부가 추천한 재정 고문 메가타로 그 추진 배경에 이목이 집중되고 있다.

보기

ㄱ. 화폐 주조를 위해 전환국이 설립되었다.
ㄴ. 통화량이 줄어들어 국내 상인들이 타격을 입었다.
ㄷ. 황국 중앙 총상회가 중심이 되어 반대 운동을 전개하였다.
ㄹ. 일본에서 차관이 도입되어 정부의 재정 예속화를 심화시켰다.

① ㄱ, ㄴ　② ㄱ, ㄷ　③ ㄴ, ㄷ　④ ㄴ, ㄹ　⑤ ㄷ, ㄹ

0959

다음 자료와 관련된 정책에 대한 설명으로 옳지 <u>않은</u> 것은?

> 〈구 백동화 무효에 관한 고시〉
> 구 백동화는 …… 내년 1월 1일부터는 결코 통용함을 금지
> 할 터이니, …… 기한내로 매수함을 청구하여 의외의 손해
> 를 당하지 않도록 조심함이 가함

① 전환국 설치의 계기가 되었다.
② 탁지부에서 정책을 집행하였다.
③ 시행 직후 통화량이 급감하였다.
④ 재정 고문 메가타의 주도로 시행되었다.
⑤ 한국인 상인과 회사에 큰 타격을 주었다.

0960

다음은 어느 사업에 대해 모둠별로 선정한 조사 주제이다. 이 사업이
실시된 결과로 옳은 것만을 [보기] 에서 고른 것은?

> 모둠1 일본 제일 은행의 조선 진출 과정
> 모둠2 백동화 유통의 양상
> 모둠3 일본인 메가타의 활동

[보기]

> ㄱ. 은본위 화폐 제도가 시행되었다.
> ㄴ. 전환국이 화폐를 발행하게 되었다.
> ㄷ. 일본으로부터 차관 도입이 증가하였다.
> ㄹ. 대한 제국의 재정이 일본에 예속되었다.

① ㄱ, ㄴ ② ㄱ, ㄷ ③ ㄴ, ㄷ ④ ㄴ, ㄹ ⑤ ㄷ, ㄹ

0961

(가)~(마)에 들어갈 내용으로 옳지 <u>않은</u> 것은?

경제 침탈 내용	우리 민족의 대응
일본으로의 곡물 유출	(가)
미국의 운산 금광 채굴권 획득	(나)
일본의 차관 강요	(다)
일본의 황무지 개간권 요구	(라)
외국 상인들의 상권 침탈	(마)

① (가) – 방곡령 선포
② (나) – 덕대의 광산 개발 허용
③ (다) – 국채 보상 운동 전개
④ (라) – 보안회의 저지 운동
⑤ (마) – 시전 상인들의 철시 투쟁

0962

다음 자료를 읽고 학생들이 나눈 대화 내용 중 옳은 것만을 [보기]
에서 고른 것은?

> 무릇 회사란 여러 사람이 자본을 합하여 농·공·상의 사무
> 를 잘 아는 사람들에게 맡겨 운영하는 것이다. 농·공·상의
> 사무가 한둘이 아니기 때문에 회사의 종류 역시 많다. 또 정
> 부에서 그 사업을 장려하여 날로 발전하게 한 회사도 있다.
> 그러므로 각국 정부가 어떤 회사가 국가에 이로운 것으로 판
> 단되면, 장려하는 방법이 매우 많다.
>
> – 『한성순보』, 1883. 11.

[보기]

> ㄱ. 갑: 개화파 인사들도 서양의 회사 제도에 관심이 많았나
> 봐.
> ㄴ. 을: 기기창은 위와 같은 목적에서 설립된 회사라고 할 수
> 있어.
> ㄷ. 병: 외국 상인들의 내륙 진출로 국내 상인들은 위기감을
> 느꼈을 거야.
> ㄹ. 정: 정부가 통리기무아문을 설치한 것도 회사 설립을 지
> 원하기 위해서가 아닐까?

① ㄱ, ㄴ ② ㄱ, ㄷ ③ ㄴ, ㄷ ④ ㄴ, ㄹ ⑤ ㄷ, ㄹ

0963

(가) 조직에 대한 설명으로 옳은 것은?

> 요즈음 서양에서는 <u>(가)</u> 을/를 설립하고 있는데, 이는 부강의 기초이다. …… 서양은 한 사람의 힘으로 무역할 수 없으면 열 명이 함께하고, 열 명의 힘으로도 되지 않으면 백 명, 천 명이 함께한다. 그래서 크고 작은 일이 성사되어 집안이 넉넉해지고 나라가 부강하여 …… <u>(가)</u> 의 사업이 시일을 다투는 급무이므로 서양의 성법(成法)을 동지들께 알린다. − 유길준

① 메가타가 파견되어 운영하였다.
② 광무개혁의 일환으로 시작되었다.
③ 조일 통상 장정을 근거로 설립되었다.
④ 외국 상인의 침탈에 대응하여 조직되었다.
⑤ 시전 상인들이 만들어 철시를 주도하였다.

0964

다음 주장과 유사한 목적으로 전개된 활동으로 가장 적절한 것은?

> 근일 외국인이 내지의 각 부 각 군 요지에 점포 가옥을 사서 장사를 하고 또 전답을 구입한다고 하니 이는 외국과 통상에도 없는 것이요. …… 각 부 각 군 지방에 잡거하는 외국 상인을 모두 철거하게 하고 가옥과 전답 구매를 일체 엄금하여 대한인민의 상업을 흥왕케 하여 달라. − 독립신문, 1898. 10.

① 방곡령 선포
② 농광 회사 설립
③ 원산 학사 설립
④ 국채 보상 운동 전개
⑤ 황국 중앙 총상회 조직

0965

(가)에 들어갈 내용으로 옳은 것만을 보기 에서 고른 것은?

> 1880년대 들어 청과 일본 상인이 조선 시장을 둘러싸고 치열하게 경쟁하였으나 청일 전쟁 이후에는 일본 상인들이 조선 시장을 독점하였다. 1890년대에 들어 특히 아관 파천 이후 서양 열강들은 어느 한 나라가 이권을 차지하면 최혜국 대우 조항을 근거로 이권을 요구하였다. 이에 대항하여 조선 민중들은 <u>(가)</u> 등 여러 가지 경제 자주권 수호 운동을 전개하였다.

보기

ㄱ. 물산 장려 운동
ㄴ. 한러 은행 폐쇄 요구
ㄷ. 절영도 조차 요구 저지
ㄹ. 국채 보상 운동 전개

① ㄱ, ㄴ
② ㄱ, ㄷ
③ ㄴ, ㄷ
④ ㄴ, ㄹ
⑤ ㄷ, ㄹ

0966

다음과 같은 상황에 대응하여 나타난 움직임에 대한 설명으로 옳은 것은?

> 어떠한 벽촌이라고 하더라도 장날에 청 상인이 오지 않는 곳이 없다고 한다. 공주, 강경, 예산 등 시장에는 어디에서나 20~30인이 와서 장사를 한다. …… 요즘 들어서 안성 시장에 청 상인이 늘어나 점차 상권을 빼앗겨 폐업하는 자가 많아졌다. …… 공주, 강경 같은 곳에서는 이들이 자기 집을 갖고 장사를 하고 있다. 전라도 전주 같은 곳은 청 상인이 30명 정도 들어왔다. 전라도 모든 장날에 청 상인이 오지 않는 곳이 없다고 한다.

① 보부상들이 황국 협회를 조직하였다.
② 시전 상인들이 금난전권을 요구하였다.
③ 유생들이 통상을 반대하는 상소 운동을 벌였다.
④ 서울 상인들이 외국 상점의 퇴거를 요구하였다.
⑤ 정부가 청과 맺은 통상 조약의 개정을 추진하였다.

0967

다음 목적으로 설립된 단체의 활동으로 옳은 것은?

> • 시전 상인을 보호하기 위하여 서울의 일정 구역에서는 외국인이 장사할 수 없도록 할 것
> • 대소 상인을 모두 의무적으로 입회하게 하여 전국의 상업을 통괄하는 일종의 상인 협회 또는 상인 조합을 설립할 것

① 만민 공동회를 탄압하였다.
② 상권 수호 운동을 전개하였다.
③ 국채 보상 운동에 참여하였다.
④ 일제의 황무지 개간권 요구를 저지하였다.
⑤ 정부의 허가를 받아 민간 은행을 설립하였다.

0968

다음 질문에 대한 답변으로 적절한 것은?

> 1889년과 1890년, 연이어 방곡령이 선포되었음에도 불구하고 실패로 돌아갔다. 이유는 무엇일까?

① 아관 파천으로 왕권이 미약해졌기 때문이다.
② 러일 전쟁에서 일본이 승리를 거두었기 때문이다.
③ 정부가 조청 상민 수륙 무역 장정을 체결했기 때문이다.
④ 일본이 차관을 제공하면서 조선의 경제를 예속했기 때문이다.
⑤ 일제가 조일 통상 장정의 규정을 들어 억지를 부렸기 때문이다.

[0969~0970] 다음 지도를 보고 물음에 답하시오.

0969

위 지도에 표시된 경제적 조치를 규정한 조약으로 옳은 것은?

① 한성 조약　　② 제물포 조약　　③ 조일 수호 조규
④ 조일 통상 장정　　⑤ 조일 무역 규칙

0970

위 지역에서 일어난 경제적 민족 운동에 대한 설명으로 옳은 것만을 보기 에서 고른 것은?

> **보기**
> ㄱ. 시전 상인을 중심으로 전개되었다.
> ㄴ. 일본의 압력에 굴복하여 오히려 손해 배상을 하였다.
> ㄷ. 보국안민을 뜻하는 보안회가 조직되어 운동을 이끌었다.
> ㄹ. 곡물 가격의 폭등으로 민생이 위협받는 상황에서 전개되었다.

① ㄱ, ㄴ　　② ㄱ, ㄷ　　③ ㄴ, ㄷ
④ ㄴ, ㄹ　　⑤ ㄷ, ㄹ

0971

밑줄 친 '금지령'에 대한 설명으로 옳은 것만을 보기 에서 고른 것은?

> 지난 1889년 함경도에 기근이 들었는데 콩의 수확 상황이 심각하기에 장정(章程)에 의하여 금지령을 내리고 외서(外署)에 통보하였습니다. 이에 외서에서 원산항 감리에게 공문을 보내서 10월 초부터 기한을 정하고 수출을 못하게 하였습니다. …… 얼마 지나지 않아 그 금지령을 거두었습니다.
>
> – 『고종실록』

보기

ㄱ. 조일 통상 장정에 근거하여 시행되었다.
ㄴ. 곡물의 생산량을 늘리기 위해 실시되었다.
ㄷ. 일본의 항의를 받아 배상금을 지불하였다.
ㄹ. 대동 상회, 황국 중앙 총상회가 주도하였다.

① ㄱ, ㄴ ② ㄱ, ㄷ ③ ㄴ, ㄷ
④ ㄴ, ㄹ ⑤ ㄷ, ㄹ

0972

다음과 같은 일본의 요구에 반대하여 전개된 활동으로 옳은 것만을 보기 에서 고른 것은?

> 조선 정부는 대한 제국 팔도에 흩어져 있는 토지·임야 및 기타의 황무지 개간과 정리, 개량과 척식 등 모든 경영을 일본 측의 나가모리에게 위임한다. 단, 현재 왕실이나 관청이 소유한 개간된 땅이나 소유 관계가 명백한 민유지는 제외한다.
>
> – 황무지 개척권 위임 계약안, 1904

보기

ㄱ. 농광 회사를 설립하여 일본의 요구에 맞섰다.
ㄴ. 보안회를 조직하여 대규모 집회를 열고 저항하였다.
ㄷ. 독립 협회를 중심으로 자주 국권 운동을 전개하였다.
ㄹ. 대동 상회를 설립하여 일본인의 내륙 진출에 맞섰다.

① ㄱ, ㄴ ② ㄱ, ㄷ ③ ㄴ, ㄷ
④ ㄴ, ㄹ ⑤ ㄷ, ㄹ

0973

밑줄 친 '이 회사'가 설립된 배경으로 가장 적절한 것은?

> • 이 회사의 고금(股金, 주권)은 액면 50원씩이고, 총 1천만 원을 발행하고, 주당 불입금은 5년간 총 10회 5원씩 나눠서 낸다.
> • 이 회사는 국내 진황지 개간, 관개 사무와 산림천택(山林川澤), 식양채벌(殖養採伐) 등의 사무 이외에 금·은·동·철·석유 등의 각종 채굴 사무에 종사한다.

① 을사늑약이 체결되었다.
② 국채 보상 운동이 전개되었다.
③ 고종 황제가 강제 퇴위 당하였다.
④ 비밀 결사인 신민회가 조직되었다.
⑤ 일제가 황무지 개간권을 요구하였다.

0974 난이도 상

(가)~(마) 시기의 경제 상황에 대한 설명으로 옳은 것은?

1876	1882	1889	1894	1905	1907
	(가)	(나)	(다)	(라)	(마)
강화도 조약	조미 수호 통상 조약	방곡령 사건	갑오 개혁	을사 늑약	정미 7조약

① (가) – 대동 상회, 장통 상회가 설립되었다.
② (나) – 최초의 민간 은행으로 조선은행이 설립되었다.
③ (다) – 한성 전기 회사가 설립되어 발전소를 건설하였다.
④ (라) – 대한 철도 회사가 경의선 부설권을 허가받았다.
⑤ (마) – 이도재 등이 농광 회사 설립을 허가받았다.

0975

(가)에 들어갈 학교로 옳은 것만을 〈보기〉에서 고른 것은?

　　개항 이후 부국강병을 위해 서양식 교육이 필요하다는 생각이 퍼지면서 근대 학교가 세워졌다. 조선 정부 또한 이러한 움직임에 동참하여 교육입국 조서를 반포하고, 　(가)　 등을 설립하였다.

〈보기〉
ㄱ. 소학교　　　　　　ㄴ. 원산 학사
ㄷ. 이화 학당　　　　　ㄹ. 한성 사범 학교

① ㄱ, ㄴ　② ㄱ, ㄷ　③ ㄱ, ㄹ　④ ㄴ, ㄷ　⑤ ㄷ, ㄹ

0976

다음에서 설명하는 교육 기관으로 옳은 것은?

　　조미 수호 통상 조약 체결 후 조선은 연이어 서구 열강과 수교하였다. 이에 따라 서양인들과 교섭을 해야 하는 경우가 늘어났고, 정부는 여기에 적합한 인재를 양성하기 위해 일종의 통역관 양성소를 설립하였다.

① 동문학　　　② 육영 공원　　　③ 원산 학사
④ 배재 학당　　　⑤ 신흥 무관 학교

0977

다음 발표문의 기조에 입각하여 전개된 활동으로 옳은 것은?

　　짐(朕)이 정부에 명하여 학교를 널리 세우고 인재를 양성하는 것은 너희들 신하와 백성의 학식으로 나라를 중흥(中興)하는 큰 공로를 이룩하기 위해서이다. 너희들 신하와 백성은 임금에게 충성하고 나라를 사랑하는 심정으로 너의 덕성, 너의 체력, 너의 지혜를 기르라. 왕실의 안전과 나라의 부강은 너희들 신하와 백성의 교육에 달려 있다. 　　－『고종실록』

① 신흥 강습소가 들어섰다.
② 소학교 등이 마련되었다.
③ 사립 학교령이 공포되었다.
④ 개신교 선교사들이 학교를 세웠다.
⑤ 동문학과 육영 공원이 설립되었다.

0978

밑줄 친 ‘이 학교’에 대한 설명으로 옳은 것은?

　　조선 정부는 이 학교를 설립하기 위해, 미국 정부에 교사 3명의 파송을 요청한 바 있다. 포크 공사는 교사 파송 비용과 봉급 액수를 보장해 주면 미국인 교사 전원이 출발할 준비가 되어 있다는 미국 정부의 전문을 조선 정부에 전달하였다.
　　　　　　　　　　　　　　　　　－『알렌일기』, 1886

① 독립 협회의 강력한 지원을 받았다.
② 애국 계몽 운동의 일환으로 설립되었다.
③ 근대 학문과 무술을 교육 과정으로 하였다.
④ 영어 통역관을 양성하기 위한 목적으로 설립되었다.
⑤ 양반 상류층 자제들을 대상으로 근대 학문을 교육하였다.

0979

(가) 학교에 대한 설명으로 옳은 것은?

○○ 신문

보빙사의 건의로 최근 설립한 　(가)　은/는 영어, 수학, 지리학, 정치학 등 근대 학문을 가르치고 있다. 그러나 안타깝게도 학생들 중 상류층 자제들은 자주 결석하여 교육의 목적이 제대로 달성될 수 있을지 의문이다.

① 무술도 교과목에 포함되었다.
② 미국인들을 교사로 초빙하였다.
③ 교육입국 조서에 따라 설치되었다.
④ 영어 통역관 양성이 주된 목적이었다.
⑤ 애국 계몽 운동의 과정에서 설립되었다.

0980

다음 취지에 따라 설립된 교육 기관에 대한 설명으로 옳은 것만을
보기 에서 고른 것은?

> 덕원 부사 정현석이 장계를 올립니다. 신이 다스리는 읍은
> 해안의 요충지에 있고, 개항지가 되어 소중함이 다른 곳에 비
> 할 바가 못 됩니다. 개항지를 빈틈없이 운영해 나가는 방도는
> 인재를 선발해 쓰는 데 달려 있고, 인재 선발의 요체는 교육
> 에 있습니다. 학교를 설립하여 연소하고 총명한 자를 뽑아 교
> 육하고자 합니다. — 『덕원부계록』

보기

ㄱ. 민간의 주도로 세워졌다.
ㄴ. 교육입국 조서의 정신에 따라 설립되었다.
ㄷ. 근대 학문과 무술을 교육 과정으로 하였다.
ㄹ. 신민회가 교육 구국 운동의 일환으로 운영하였다.

① ㄱ, ㄴ   ② ㄱ, ㄷ   ③ ㄴ, ㄷ
④ ㄴ, ㄹ   ⑤ ㄷ, ㄹ

0981

다음은 어느 서적의 목차이다. (가)~(마)에 들어갈 내용으로 옳은
것은?

〈개항 이후 평등 사회를 실현하기 위한 노력〉

- 갑신정변 – ___(가)___ ·········· 120
- 동학 농민 운동 – ___(나)___ ··· 122
- 갑오개혁 – ___(다)___ ·········· 128
- 독립 협회 – ___(라)___ ·········· 132
- 신민회 – ___(마)___ ············· 135

① (가) – 노비 문서 소각과 과부의 재가 허용
② (나) – 중대 범죄의 공판과 피고의 인권 존중
③ (다) – 신분제 혁파와 인신 매매 금지
④ (라) – 문벌 폐지와 인민 평등권 제정
⑤ (마) – 연좌제 폐지와 조혼 금지

0982

다음 표는 평등 사회로의 움직임을 정리한 것이다. (가)~(라)에 대
한 설명으로 옳은 것만을 보기 에서 고른 것은?

개혁 운동	특징
(가)	문벌 폐지, 인민 평등권 확립 추진
(나)	농민을 위한 토지 제도 개혁 추구
(다)	신분제 폐지, 조혼 금지, 과부의 재가 허용
(라)	민권 사상으로 민중 계몽, 의회 설립

보기

ㄱ. (가) – 민중에 토대를 두고 근대적 개혁 운동을 전개하였
　　다.
ㄴ. (나) – 양반 중심의 전통적인 신분제 사회 붕괴에 기여하
　　였다.
ㄷ. (다) – 인신 매매를 금지하고 고문과 연좌제 폐지를 규정
　　하였다.
ㄹ. (라) – 공화 정체의 우월성과 근대 국민 국가 건설의 필
　　요성을 주장하였다.

① ㄱ, ㄴ   ② ㄱ, ㄷ   ③ ㄴ, ㄷ   ④ ㄴ, ㄹ   ⑤ ㄷ, ㄹ

0983

개항 이후의 사회 변화에 대하여 다음 내용을 입증하기 위한 탐구 활
동으로 적절하지 <u>않은</u> 것은?

> - 양반 중심의 신분 제도가 폐지되고 신분 질서가 무너져 갔다.
> - 민중들의 사회의식이 높아지고 민권 의식이 고양되었다.
> - 남녀평등 사상이 보급되고 사회 활동을 하는 여성이 등장하
>   였다.

① 독립 협회가 주최한 토론회의 내용을 조사한다.
② 동학 농민군이 제시한 폐정 개혁안을 분석한다.
③ 개화 자강 계열 지식인들의 주요 활동을 정리한다.
④ 광무개혁에서 제정된 대한국 국제의 내용을 검토한다.
⑤ 갑오개혁과 을미개혁에서 제시된 개혁안의 내용을 살펴본
다.

0984

다음 선언문에 대한 설명으로 옳지 <u>않은</u> 것은?

> 우리보다 먼저 문명개화한 나라들을 보면 남녀평등권이 있는지라. 어려서부터 각각 학교에 다니며, 각종 학문을 다 배워 이목을 넓히고, 장성한 후에 사나이와 부부의 의를 맺어 평생을 살더라도 그 사나이에게 조금도 압제를 받지 아니한다. 이처럼 대접을 받는 것은 다름 아니라 그 학문과 지식이 사나이 못지않은 까닭에 그 권리도 일반과 같으니 어찌 아름답지 않으리오.

① 이를 계기로 찬양회가 조직되었다.
② 우리나라 최초의 근대적 여권 선언으로 평가된다.
③ 서울 북촌 양반 부인들이 뜻을 일으켜 발표하였다.
④ 우리나라에서 최초로 여학교가 세워지는 배경이 되었다.
⑤ 천부인권 사상을 바탕으로 남녀평등권의 획득을 구상하였다.

0985

(가) 신문에 대한 설명으로 옳은 것은?

> 조정에서도 박문국을 설치하고 관리를 두어 외국 소식을 폭넓게 번역하고, 아울러 국내 일까지 실어 나라 안에 알리는 동시에 여러 나라에 반포하기로 하였다. 이름을 <u>(가)</u> (이)라 하여 견문을 넓히고 여러 가지 의문점을 풀어 주며 상리에도 도움을 주고자 하였다.

① 관보적 성격을 띠었다.
② 신문지법을 적용받았다.
③ 국채 보상 운동을 지원하였다.
④ 외국인이 발행인으로 참여하였다.
⑤ 한글판과 영문판이 함께 발행되었다.

0986

다음 글을 처음 게재한 신문에 대한 설명으로 옳지 <u>않은</u> 것은?

> • 우리 신문이 생긴 이후로 한 가지 개명된 것은 인민들이 차차 신문이 긴요한 물건인 줄을 알아 …… 실상을 말하거니와 인민이 이만큼 열린 것은 우리 신문의 효험이라 할 수 있겠다.
> • 지금 폐단을 없앨 방법과 재략은 다름 아니라, 갑자기 백성의 권리를 모두 주어 나라 일을 하려 할 것도 아니요, 관민이 합심하여 정부와 백성의 권리가 서로 절반씩 된 후에야 대한이 억만 년 무강할 줄로 나는 아노라.

① 한글판과 영문판을 간행하였다.
② 청으로부터의 독립을 표방하였다.
③ 국문 전용과 띄어쓰기를 실시하였다.
④ 외국인을 사장으로 내세워 일본의 검열을 피하였다.
⑤ 정부의 지원을 받아 창간되었으나 점차 정부의 탄압을 받았다.

0987

다음 글의 밑줄 친 '이것'에 대하여 옳게 설명한 것은?

> 우리가 <u>이것</u>을 오늘 처음으로 출판하는데, 조선 속에 있는 내외국 인민에게 우리의 주의를 미리 말씀하여 아시게 하노라. …… 만일 백성이 정부 일을 자세히 알고, 정부에서 백성의 일을 자세히 아시면, 피차에 유익한 일 많이 있을 터이요, 불평한 마음과 의심하는 생각이 없어질 터이다. …… 또, 한쪽에 영문으로 기록하기는 외국 인민이 …… 조선을 잘못 생각할까 보아 실상 사정을 알게 하고자 하여 영문으로 조금 기록함이다.

① 열흘에 한 번씩 한문판으로 발행되었다.
② 대한 제국 수립을 기념하여 창간되었다.
③ 주로 부녀자들을 대상으로 계몽에 힘썼다.
④ 개화가 필요하다고 느낀 유학자들이 만들었다.
⑤ 서양의 문물을 소개하여 대중을 계몽하고자 하였다.

0988

밑줄 친 '이 신문'에 대한 설명으로 옳은 것만을 보기 에서 고른 것은?

> 이 신문사의 영국인 사장이 사임하였다. 일본인들은 이 신문이 자신들의 죄악을 알리기 좋아하고 의병을 선동한다는 이유로 신문사를 철수하거나 팔 것을 강요하였다.
>
> － 『매천야록』

보기

ㄱ. 신문지법을 근거로 창간되었다.
ㄴ. 정부의 후원과 지원금에 힘입어 창간되었다.
ㄷ. 신민회 간부인 양기탁이 발행 책임을 맡았다.
ㄹ. 국채 보상 운동이 확산되는 데 큰 역할을 하였다.

① ㄱ, ㄴ　② ㄱ, ㄷ　③ ㄴ, ㄷ　④ ㄴ, ㄹ　⑤ ㄷ, ㄹ

0989

(가) 신문이 발간되던 시기에 볼 수 있는 것으로 가장 적절한 것만을 보기 에서 고른 것은?

> 하늘이 공을 내고는 다시 데려 갔구나
> 영국의 의혈남아 동쪽의 어둠을 씻어내고자
> 삼천리 방방곡곡에 신문지를 뿌렸네
> 꽃다운 이름 남아서 다함없이 비추리

위 시는 1909년 5월 1일 영국인 베델이 숨을 거두자,   (가) 의 논설을 담당하였던 박은식이 이를 애도하면서 쓴 시이다.

보기

ㄱ. 러시아의 절영도 조차 요구를 규탄하는 시민
ㄴ. 해산에 반발하여 의병에 참여한 시위대 군인
ㄷ. 화폐 정리 사업으로 발행된 일본 제일 은행권
ㄹ. 고딕 건축 양식을 따라 축조되고 있는 명동 성당

① ㄱ, ㄴ　　　② ㄱ, ㄷ　　　③ ㄴ, ㄷ
④ ㄴ, ㄹ　　　⑤ ㄷ, ㄹ

0990

황성신문에 대한 설명으로 옳은 것은?

① 천도교의 기관지로 국한문 혼용체로 발간되었다.
② 대한 협회의 기관지로 계몽 운동에 적극 참여하였다.
③ 을사늑약의 불법성을 폭로하는 고종 황제의 친서를 발표하였다.
④ 순 한글로 간행되었으며 일반 대중을 위한 사회 계몽 기사를 많이 실었다.
⑤ 한문 교육을 받은 지식인들이 주로 구독하였으며, 국한문 혼용체로 발간되었다.

0991

다음 자료와 관련된 시기에 볼 수 있는 모습으로 적절한 것은?

> 천만 뜻밖에도 5조약은 어디에서부터 나왔는가? …… 아슬프다. 저 개, 돼지만도 못한 우리 정부 대신이라는 자들이 영달과 이득을 바라고 저들의 거짓 위협에 눌려 머뭇거리고 벌벌 떨면서 달갑게 나라를 파는 도적이 되어 4천 년 강토와 500년 종사를 남에게 바치고, 2천만 국민을 다른 사람의 노예로 만들었으니 …… 원통하고 분하도다.

① 『베트남 망국사』를 읽고 있는 학생들
② 동문학에서 영어를 공부하는 학생들
③ 만민 공동회에서 일본의 침략을 규탄하는 시민들
④ 새로운 조선 총독의 부임 환영 행사에 동원된 사람들
⑤ 황국 중앙 총상회에서 상권 수호 운동을 벌이는 상인

0992

다음 신문에 대한 설명으로 옳은 것만을 보기 에서 고른 것은?

> 1898년에 창간된 신문으로 국민 계몽을 가장 중요한 목표로 삼고, 산업을 일으키는 것이 국권을 회복하는 방법이라고 주장했다. 그리고 일본인들이 발행한 한성신보와 활발한 논쟁을 벌였다.

보기

ㄱ. 영국인을 발행인으로 내세웠다.
ㄴ. 신문지법에 의해 탄압을 받았다.
ㄷ. 박문국에서 간행하여 관보적 성격을 띠었다.
ㄹ. 국채 보상 운동을 확산시키는 데 기여하였다.

① ㄱ, ㄴ　② ㄱ, ㄷ　③ ㄴ, ㄷ　④ ㄴ, ㄹ　⑤ ㄷ, ㄹ

0993

(가)~(라) 신문을 창간된 순서대로 바르게 나열한 것은?

> (가) 베델과 양기탁이 함께 창간
> (나) 박문국에서 발간, 개화 정책 홍보
> (다) 순 한글로 간행, 서민·여성이 주 독자층
> (라) 국문판과 영문판 발간, 최초의 순 한글 신문

① (가) − (나) − (다) − (라) 　② (가) − (라) − (나) − (다)
③ (나) − (라) − (다) − (가) 　④ (다) − (라) − (가) − (나)
⑤ (라) − (다) − (나) − (가)

0994

다음 서적들에 대한 설명으로 옳지 <u>않은</u> 것은?

> • 『을지문덕전』　• 『미국독립사』　• 『이태리건국삼걸전』

① 일제가 반포한 출판법으로 탄압받았다.
② 한국 병합 조약에 반발하여 편찬되었다.
③ 국왕 중심의 유교적 역사 인식을 극복하였다.
④ 민족 의식과 독립 의지를 심어주는 데 기여하였다.
⑤ 일반 민중들을 대상으로 하는 계몽적 성격을 띠었다.

0995

다음과 같은 역사 연구 활동에 대한 설명으로 옳은 것은?

> • 오호라, 어떻게 하면 우리 2천만의 귀에 항상 애국이란 한 글자가 울리게 할까. 가로되 오직 역사로써 할지니라. 오호라, 어떻게 하면 우리 2천만의 눈에 항상 나라라는 한 글자가 배회하게 할까. …… 가로되 오직 역사로써 할지니라.
> • 무릇 역사는 국가의 정신이요, 영웅은 국가의 원기라. …… 그 국민이 문명할수록 역사를 더욱 존중하고 영웅을 더욱 숭배하니, 그 역사를 숭배함이 그 국가를 사랑하는 사상이라.

① 소중화주의에 입각하여 역사를 이해하였다.
② 역사 서술에서 치밀한 고증을 가장 중시하였다.
③ 역사를 성리학적 명분론에 맞추어 재해석하였다.
④ 민중 의식 고취 등 계몽 사학적 성격이 강하였다.
⑤ 중국 중심의 역사관 탈피를 급선무로 인식하였다.

0996

다음과 같은 활동이 이루어진 시기의 국내 상황으로 옳은 것만을 보기 에서 고른 것은?

> 신채호, 박은식 등 계몽 사학자들은 외국의 침략에 대항하여 승리한 우리나라 영웅들의 전기를 써서 널리 보급하였으며, 외국의 건국 영웅이나 독립운동, 혁명 운동의 역사를 번역·소개하였다.

보기
> ㄱ. 민중 계몽을 위한 만민 공동회가 개최되고 있었다.
> ㄴ. 국권을 회복하려는 애국 계몽 운동이 전개되고 있었다.
> ㄷ. 민족 의식을 높이기 위해 외국 흥망사가 많이 소개되고 있었다.
> ㄹ. 최초의 민간 신문인 독립신문이 한글판과 영문판으로 발행되었다.

① ㄱ, ㄴ　　　② ㄱ, ㄷ　　　③ ㄴ, ㄷ
④ ㄴ, ㄹ　　　⑤ ㄷ, ㄹ

0997

다음 인물에 대한 옳은 설명만을 보기 에서 고른 것은?

> 1880년 출생
> 1905년 황성신문 논설 기자
> 1906년 대한매일신보 주필, 『독사신론』 연재
> 1910년 연해주에서 권업신문 발행
> 1923년 국민대표 회의 참석
> 1936년 형무소 복역 중 사망

보기
> ㄱ. 을지문덕 등 구국 위인들의 전기를 전술하였다.
> ㄴ. 근대 민족주의 역사학의 연구 방향을 제시하였다.
> ㄷ. 민족 '혼'을 강조하여 민족 정신을 일깨우고자 하였다.
> ㄹ. 조선 광문회를 발족하여 민족의 고전을 정리·간행하였다.

① ㄱ, ㄴ　　　② ㄱ, ㄷ　　　③ ㄴ, ㄷ
④ ㄴ, ㄹ　　　⑤ ㄷ, ㄹ

0998

다음 글을 쓴 인물의 활동으로 옳은 것은?

> 무릇 동양의 수천 년 교화계(敎化界)에서 바르고 순수하며 광대 정미하여 많은 성인이 뒤를 이어 전하고 많은 현인이 강명(講明)하는 유교가 …… 근세에 이르러 침체 부진이 극도에 달하여 거의 회복할 가망이 없는 것은 무슨 까닭이뇨. …… 그 원인을 탐구하여 말류(末流)를 추측하니 유교계에 3대 문제가 있는지라. 그 3대 문제에 대하여 개량(改良) 구신(求新)을 하지 않으면 우리 유교계는 흥왕할 수 없을 것이며 …… 여기에 감히 외람됨을 무릅쓰고 3대 문제를 들어서 개량 구신의 의견을 바치노라.

① 『시일야방성대곡』을 황성신문에 기고하여 일제를 비판하였다.
② 신소설인 『금수회의록』을 저술하여 인간 사회를 풍자하였다.
③ 『독사신론』에서 근대 민족주의 역사학의 연구 방향을 제시하였다.
④ 일제의 침략을 비판하고 조국의 독립을 강조하며 『매천야록』을 집필하였다.
⑤ 국권이 상실되는 상황 속에서 '혼'을 강조하여 민족의 정신을 일깨우고자 하였다.

0999

다음에서 설명하는 인물의 활동 내용으로 옳은 것은?

> 최남선과 함께 조선 광문회를 조직한 후 회장을 역임하였다. 조선 광문회는 진기하고 보존 가치가 높은 서적들을 수집하고, 이를 편찬하거나 다시 간행하였다.

① 『춘향전』, 『심청전』 등 민족 고전을 정리하였다.
② 민족의식을 고취하기 위해 대성 학교를 설립하였다.
③ 신소설 『자유종』을 저술하여 민중 계몽에 기여하였다.
④ 동학을 천도교로 개편하여 근대적인 종교로 발전시켰다.
⑤ 『독사신론』을 발표하여 근대 역사학의 연구 방향을 제시하였다.

1000

다음과 같이 주장한 인물에 대한 설명으로 옳은 것은?

> 전국 인민의 사상을 돌리며 지식을 넓혀 주려면 국문으로 학문을 저술·번역하여 남녀를 물론하고 다 쉽게 알도록 가르쳐 주어야 될지라. 영국, 미국, 프랑스, 독일 같은 나라들은 한문을 구경도 못하였지만 저렇듯 부강함을 보라. …… 더 좋고 더 편리한 말과 글이 되게 할 뿐 아니라, 온 나라 사람이 다 국어와 국문을 우리나라 근본의 주장 글로 숭상하고 사랑하여 쓰기를 바라노라.

① 조선어 연구회를 조직하였다.
② 국문 연구소에서 활동하였다.
③ 잡지 『한글』 간행에 참여하였다.
④ 조선어 학회 사건으로 투옥되었다.
⑤ '한글 맞춤법 통일안' 제정을 주도하였다.

1001

(가)에 들어갈 주제로 가장 적절한 것은?

> ### 제△△회 독서 토론 대회
> - 일시: 20○○년 ○○월 ○○일, 13:00~15:00
> - 장소: ○○도서관
> - 토론 주제: (가)
> - 토론 도서: 『금수회의록』, 『혈의 누』

① 신소설의 유행
② 동문학의 성과
③ 한글 소설의 등장
④ 조선학 운동의 전개
⑤ 신경향파 문학의 특징

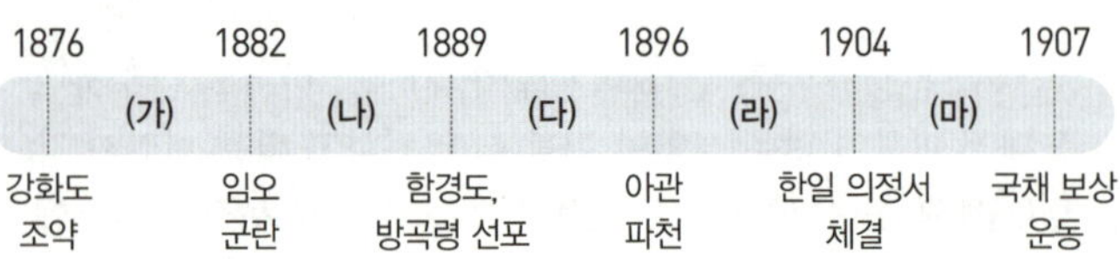

1002

다음 발표 내용에 해당하는 극장에 대한 설명으로 옳은 것은?

- ■ 발표 주제: 개항 이후 들어온 근대 문물
- ■ 발표 내용
- – 한국 최초의 서양식 극장이다.
- – 개항 초기 판소리를 공연하기도 하였다. 1909년까지 운영하였으며, 1914년에는 화재로 극장 건물이 소실되었다.

① 알렌의 건의로 만들어졌다.
② 고종의 황제 즉위식이 거행되었다.
③ 이재명이 이완용을 습격한 장소이다.
④ 갑신정변으로 운영이 중단되기도 하였다.
⑤ 「은세계」, 「치악산」 등의 신극이 공연되었다.

1003

개항 이후 각 종교의 활동을 알아보기 위해 수집한 자료로 적절하지 않은 것은?

① 천주교 – 경향신문 창간호
② 유교 – 박은식의 유교 구신론
③ 개신교 – 세브란스 병원·이화 학당의 설립 취지문
④ 불교 – 한용운 등이 전개한 불교 쇄신 운동 관련 기록
⑤ 대종교 – 1886년 정부로부터 포교의 자유를 인정받은 문서

1004

밑줄 친 '이 종교'에서 추진한 활동으로 옳은 것은?

20세기 초 친일파 이용구 등이 일진회를 조직하고 동학 조직을 흡수하려고 하자, 손병희는 1905년 동학의 이름을 바꾸어 이 종교로 개편하였다.

① 자신회라는 단체를 조직하였다.
② 기관지로 『만세보』를 발행하였다.
③ 서양 의술을 보급하는 데 공헌하였다.
④ 프랑스와의 수교로 포교의 자유를 얻었다.
⑤ 지배층 중심에서 민중 중심으로 전환하려 노력하였다.

1005 난이도 상

(가)~(마) 시기에 일어난 사회 변화로 옳은 것은?

1876	1882	1889	1896	1904	1907
강화도 조약	임오군란	함경도, 방곡령 선포	아관 파천	한일 의정서 체결	국채 보상 운동

(가) / (나) / (다) / (라) / (마)

① (가) – 전환국이 설치되어 화폐 발행이 시작되었다.
② (나) – 고딕 양식의 명동 성당이 완공되었다.
③ (다) – 최초의 상업 광고가 실린 한성주보가 발행되었다.
④ (라) – 서울과 인천 사이에 철도가 최초로 개통되었다.
⑤ (마) – 덕원 지방의 관민들이 원산 학사를 설립하였다.

1006

다음 가상 체험 지역을 무대로 전개된 역사를 탐구하기 위한 활동으로 적절하지 않은 것은?

① 국채 보상 기성회가 발표한 취지문을 살펴본다.
② 경원선 철도 부설권을 차지한 나라를 알아본다.
③ 강화도 조약에 따라 문호를 개방한 항구를 조사한다.
④ 함경도 관찰사가 내린 방곡령이 가져온 결과를 분석한다.
⑤ 우리나라 최초의 근대 교육 기관이 설립된 배경을 파악한다.

1007

다음 초대장이 만들어진 시기에 볼 수 있는 모습으로 가장 적절한 것은?

> **초 대 장**
>
> 경인 철도 회사에서 경인선(인천~노량진 간)의 개업식을 거행하오니, 역사의 현장에 걸음하셔서 자리를 빛내 주시기 바랍니다.
>
> • 일시: ○○○○년 ○○월 ○○일   • 장소: △△△

① 광혜원 개원식에 참석한 외국인 선교사
② 서대문에서 전차를 타고 청량리로 가는 여자
③ 원산 학사의 개교 소식을 듣고 기뻐하는 상인
④ 고종의 환궁을 요구하고 있는 독립 협회 회원
⑤ 대한매일신보에 실린 『독사신론』을 읽고 있는 독자

1008

다음과 같은 광고가 신문에 실렸던 시기에 볼 수 있던 모습으로 적절하지 <u>않은</u> 것은?

> 종래 영등포역에서 옮겨 타던 경성 ~ 부산 간 연결 열차는 오는 16일부터 다음 시각으로 경성에 직통 운전함
>
> **부산행**
>
> – 경성 출발　　오전 7시 30분
> – 남대문 출발　오전 7시 45분
> – 용산 출발　　오전 7시 54분

① 대한매일신보를 읽고 있는 청년
② 손탁 호텔에서 커피를 마시는 중년 남성
③ 서대문과 청량리 사이의 전차를 타는 학생
④ 경인선 열차를 타고 인천으로 떠나는 상인
⑤ 나철이 창시한 대종교의 모임에 나가는 신도

1009

다음 노래에 표현된 이주 동포들의 모습으로 옳은 것은?

> ······ 밭 잃고 집 잃은 동무들아 / 어디로 가야만 좋을까보냐
> 괴나리봇짐을 짊어지고 / 아리랑 고개로 넘어간다.
> 아버지 어머니 어서 오소 / 북간도 벌판이 좋다더라
> 쓰라린 가슴을 움켜쥐고 / 백두산 고개로 넘어간다.

① 독립군 기지 건설 운동에 적극 호응하였다.
② 사탕수수 농장을 찾아 노동자로 취업하였다.
③ 러시아의 귀화 정책에 호응하여 토지를 분배받았다.
④ 대한인 국민회에 가입하여 한인 사회에 협력하였다.
⑤ 집단 마을인 신한촌을 형성하고 자치 기구도 조직하였다.

1010

다음은 어느 해의 역사 신문을 작성하기 위해 만든 개요이다. 이 신문에 함께 실릴 기사의 제목으로 적절한 것은?

> 〈기획〉 경인선 개통
> 　드디어 몇 년간의 노력 끝에 노량진과 인천 사이에 철도가 개통되어 운행이 시작되었다.
> 〈논설〉 대한 제국 수립 2주년을 맞아
> 　올해는 대한 제국 수립이 선포된 지 만 2년이 되는 해다.

① 덕수궁 석조전을 보고 나서
② 신문지법 제정, 일제의 탄압이 강화되다.
③ 정부의 개혁 방안, 군국기무처에 바란다.
④ 정부 박문국 설치, 관보가 새로이 발간되나
⑤ 대한국 국제 반포, 이는 시대에 역행하는 것인가

1011

다음을 읽고 물음에 답하시오.

> 임오군란 이후 체결된 [(가)]에 따라 청 상인은 허가만 받으면 개항장을 벗어나 활동할 수 있게 되었다.

(1) (가)에 들어갈 조약의 명칭을 쓰시오.

( )

(2) 위와 같은 상황이 조선의 상권에 미친 영향을 서술하시오.

____

____

____

1012

다음을 읽고 물음에 답하시오.

> 개항 이후 청과 일본 상인은 본국의 지원을 받으며 상권을 넓혀 나갔다. 1890년대 초반에는 청과 일본에서 수입한 총액이 비슷해졌으나 곧이어 ㉠ 일본에서 수입한 총액이 크게 앞지르게 되었다.

(1) ㉠과 같은 현상이 나타나는 데 영향을 준 전쟁을 쓰시오.

( )

(2) (1) 전쟁이 ㉠과 같은 현상에 영향을 준 내용을 서술하시오.

____

____

____

1013

다음을 읽고 물음에 답하시오.

> • 추진 시기: 1905년
> • 주도 인물: 일본인 재정 고문 메가타
> • 추진 과정: 다음 조건에 맞추어 백동화를 일본 화폐로 교환
> – 갑종: 기존 가치의 2분의 1
> – 을종: 기존 가치의 5분의 1
> – 병종: 교환 불가

(1) 위와 같이 전개된 사업의 명칭을 쓰시오.

( )

(2) 일본이 (1) 사업을 추진한 목적과 결과를 서술하시오.

____

____

____

____

1014

다음 상황에 대한 시전 상인의 대응을 두 가지 서술하시오.

> • 청·일 양국 상인 모두 점점 많아지고 상업은 더욱 광범위해졌다. 청·일의 상인들은 큰 거리의 요지에 노점을 개설하는 자가 날로 늘어났다. …… 도성 내 모든 조선 상인이 불평 불만을 일으키는 지경에 이르렀다.
> – 『일본 외교 문서』(1890)
>
> • 아무리 후미진 곳에 있는 촌락일지라도 장날에는 청 상인들이 찾아온다고 한다. …… 이러한 상태가 계속된다면 조선 팔도의 상권은 남김없이 조선 상인의 손에서 청 상인의 손으로 넘어가고 말 것이다.
> – 『통상휘찬』(1893)

____

____

____

함경도 관찰사 조병식은 개항 이후 곡물값이 올라 농민들의 피해가 큰 상황에서 흉년까지 들자 ㉠ <u>방곡령을 선포하였다.</u> 한편, 외국 상인들의 상권 침탈이 이어지자 ㉡ <u>이에 대항한 경제적 구국 운동이 전개되었다.</u>

1015

밑줄 친 ㉠이 가능하게 된 이유와 그 결과를 서술하시오.

____

____

____

1016

밑줄 친 ㉡에 해당하는 사례를 <u>두 가지</u> 이상 서술하시오.

____

____

____

1017

다음을 읽고 물음에 답하시오.

1. 전국의 산림·천택·원야·진황의 토지를 청구한 일을 모여서 같이 의논할 것
2. 회원의 발언권은 다만 위 항의 문제를 타정하는 것으로만 할 것
3. 회를 폐하는 기한은 위 항의 문제가 귀결되는 그날로 정할 것

— 운영 요강, 1904

(1) 위와 같은 운영 요강을 작성한 단체를 쓰시오.

(   )

(2) 제시된 자료를 토대로 (1) 단체가 결성된 배경과 활동 결과를 서술하시오.

____

____

____

1018

다음을 읽고 철도 건설이 끼친 긍정적인 영향과 부정적인 영향을 각각 서술하시오.

• 철도는 규율 바른 시간에 의하여 운행하는 것이므로 스스로 민중에게 시간을 엄수할 것을 가르치는 까닭에 이 점에 있어 철도는 한국 사람에 대한 문명적 지도자라 하지 않을 수 없을 것입니다.
• 중간 장시나 역참이 있는 마을에는 화물이 풍부하지 않고 탑승객이 많지 않은데 어찌 20만 평을 쓰는가? 이는 일본인의 식민 계략이니, …… 나라가 정거장 40여 곳을 나열하고 영호남 천리의 한복판을 관통하게 한다면 …… 멸망에 이름이 반드시 미국의 인디언과 같은 꼴이 될 것이다.

____

____

1019

(가), (나)를 읽고 물음에 답하시오.

> (가) 정부의 주도로 소학교, 한성 중학교, 한성 사범 학교 및 외국어 학교 등이 설립되었다.
> (나) 개항 이후 활동한 개신교 선교사들이 이화 학당, 배재 학당, 정신 학교 등을 설립하였다.

(1) (가)의 계기가 된 정부 문서의 명칭을 쓰시오.

(　　　　　　)

(2) (가), (나)의 공통적인 목적과 영향을 서술하시오.

1020

다음을 읽고 물음에 답하시오.

> 1904년 양기탁을 중심으로 창간된 ⎡ (가) ⎤ 은/는 1909년 7월 31일자 신문에 다음과 같은 내용을 실었다.
>
> > 신문으로서 붓을 듦에 보호의 한 구절을 노래하고 춤을 추며, 노예 두 글자를 단꿀로 알아서 5조약을 제1 경사의 개념으로 알고, 7조약을 제2 경사의 개념으로 알며, 척식 회사를 설립하는 노래를 불러서 개와 돼지의 낯을 하고 사람의 말을 하니 이는 신문으로서 나라를 파는 자이오.
>
> 질문: ⎡ (가) ⎤ 이/가 위와 같은 논조를 내세울 수 있었던 이유는 무엇일까?

(1) (가)에 들어갈 신문을 쓰시오.

(　　　　　　)

(2) 제시된 '질문'에 대한 답변을 서술하시오.

1021

다음 자료의 밑줄 친 부분을 통해 알 수 있는 사실을 서술하시오.

> 1898년 10월 29일 오후 2시, 많은 정부 관리와 대중이 참여한 가운데 종로에서 관민 공동회가 열렸다. …… "이 사람은 바로 대한에서 가장 천한 사람이고 무식합니다. 그러나 임금께 충성하고 나라를 사랑하는 뜻은 대강 알고 있습니다. …… 관리와 백성이 힘을 합하여 우리 대황제의 훌륭한 덕에 보답하고 국운이 영원토록 무궁하게 합시다."라고 백정 박성춘이 연설하니 사람들이 박수갈채를 보내고 회원들이 각자 자신의 의견을 말한 후 …… 먼저 6개 조항을 만민에게 돌려 찬성을 받고 대신들도 모두 가(可)자 아래 서명하였다.

1022

다음을 읽고 물음에 답하시오.

> (가) 국가의 역사는 민족의 흥망성쇠를 서술하는 것이다. 민족을 빼면 역사가 없을 것이며, 역사를 알지 못한다면 그 민족의 애국심이 사라질 것이니, 역사가의 책임이 얼마나 큰가? …… 역사를 쓰는 사람은 먼저 민족의 형성 과정을 적고, 정치는 어떻게 번영하고 어떻게 쇠퇴하였는지, 산업은 어떻게 융성하고 쇠퇴하였는지, 무공(武功)은 어떻게 나아가고 물러갔으며, 그 문화는 어떻게 변화하였으며, 다른 민족과의 관계는 어떠하였는지를 서술해야 한다. 만일 민족을 주체로 한 역사 서술이 이루어지지 않는다면 이는 무정신의 역사라. ─ 『독사신론』
> (나) 『을지문덕전』, 『이순신전』 등 전쟁 영웅들의 전기를 써서 널리 보급하였다.

(1) (가)와 같이 주장한 인물을 쓰시오.

(　　　　　　)

(2) (1) 인물이 (나)와 같은 활동을 전개한 목적을 서술하시오.

STEP 4 대단원 정리하기

1023

(가) 전쟁 중에 있었던 사실로 옳은 것은?

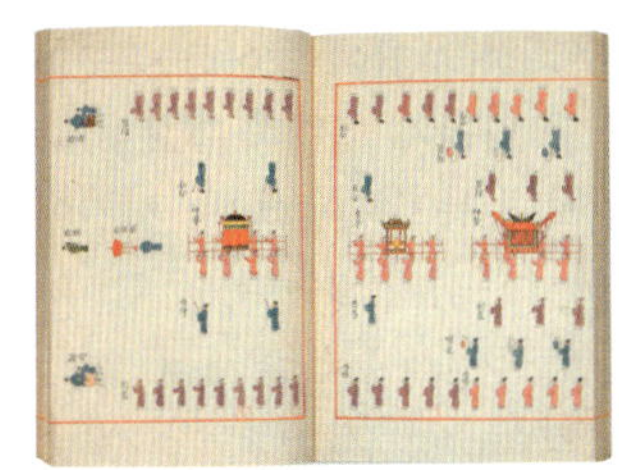

이 의궤는 □(가)□ 당시 약탈되어 프랑스 국립도서관에 보관되어 있었다. 2011에 영구 대여 형식으로 총 297책의 외규장각 의궤가 국내로 돌아왔다.

① 영국이 거문도를 불법 점령하였다.
② 일본이 군함을 제물포에 파견하였다.
③ 흥선 대원군이 척화비를 건립하였다.
④ 양헌수 부대가 정족산성에서 항전하였다.
⑤ 박규수가 제너럴 셔먼호의 소각을 명하였다.

1024

(가), (나) 시기 사이에 있었던 사실로 옳은 것은?

(가) 이번 덕산 묘지에서 저지른 사건은 사람으로서 차마할 수 없는 일이다 . …… 무기를 빼앗고 백성의 재물을 강탈하는 것도 사리로 볼 때 용납할 수 없다.
(나) 홍순목이 아뢰기를, "병인년 이후 서양인을 배척한 것은 온 세상에 자랑할 만한 일입니다. 오랑캐들이 침범하고 있지만 화친에 대해서는 절대로 논의할 수 없습니다." …… 이때 종로 거리와 각 도회지에 척화비를 세웠다.

① 병인박해가 일어났다.
② 운요호 사건이 일어났다.
③ 톈진 조약이 체결되었다.
④ 미국이 강화도를 침략하였다.
⑤ 일본군이 경복궁을 점령하였다.

1025

다음 주장이 끼친 영향으로 적절한 것만을 보기 에서 고른 것은?

조선은 아시아의 요충지에 있어 반드시 쟁탈의 대상이 될 것이다. …… 오늘날 조선의 책략은 러시아를 막는 일보다 더 급한 것이 없다. 러시아를 막는 책략은 무엇인가? 중국과 친하고 일본과 맺고, 미국과 연결하여 스스로 강해지는 것이다.

보기
ㄱ. 수신사가 파견되기 시작하였다.
ㄴ. 청의 군대가 조선에 주둔하였다.
ㄷ. 영남의 유생들이 만인소를 올렸다.
ㄹ. 조미 수호 통상 조약이 체결되었다.

① ㄱ, ㄴ   ② ㄱ, ㄷ   ③ ㄴ, ㄷ
④ ㄴ, ㄹ   ⑤ ㄷ, ㄹ

1026

다음 상황이 발단이 되어 일어난 사건의 결과로 옳은 것은?

이때 군량이 지급되지 않은 지 이미 반년이 지났는데 마침 호남의 세금 거둔 배 수 척이 도착하자, 서울 창고를 열어 군량을 먼저 지급하라는 명이 떨어졌다. 선혜청 당상관 민겸호의 하인이 선혜청 창고지기가 되어 그 군량을 지급하였다. 그가 쌀에 겨를 섞어서 지급하고 남은 이익을 챙기자 많은 군인들이 크게 노하여 그를 구타하였다. 민겸호가 그 주동자를 잡아 포도청에 가두고 그를 곧 죽일 것이라고 선언하였다.

① 한성 조약이 체결되었다.
② 통리기무아문이 설치되었다.
③ 외규장각 도서가 약탈되었다.
④ 고부 군수 조병갑이 파면되었다.
⑤ 흥선 대원군이 청에 압송되었다.

1027

(가)에 들어갈 내용으로 가장 적절한 것은?

| 위정척사 운동의 전개 |

> 척화주전을 외치다.
>
> ↓
>
> 왜양일체론을 주장하다.
>
> ↓
>
> (가)
>
> ↓
>
> 항일 의병 운동을 전개하다.

① 황국 협회와 충돌하다.
② 조선 중립화론을 제기하다.
③ 미국과의 수교에 반대하다.
④ 양무운동을 개혁의 모델로 삼다.
⑤ 흥선 대원군의 쇄국 정책을 지지하다.

1028

밑줄 친 '우리당'의 활동으로 옳은 것은?

> 지금 자금 없이 아무것도 할 수 없고, 빈손으로 귀국하면 집권 사대당은 나를 비판하며 궁지에 몰아넣을 것이다. …… 우리의 개혁안도 실현될 수 없고 조선은 청국의 속국이 될 수밖에 없다. 우리당과 사대당은 공존할 수 없기에 최후의 선택만이 남아 있다.

① 당백전을 발행하였다.
② 교정청 설치를 주도하였다.
③ 위정척사 운동을 전개하였다.
④ 교육 입국 조서를 발표하였다.
⑤ 우정총국 개국 축하연에서 정변을 일으켰다.

1029

다음 조약이 체결된 배경으로 가장 적절한 것은?

> 제1조 중국은 조선에 주둔하는 군대를 철수하고, 일본국은 조선에서 공사관을 호위하던 군대를 철수한다.
>
> 제3조 장래 조선국에 변란이나 중대한 사건이 일어나 중국과 일본 양국이나 혹은 어떤 한 나라가 파병이 필요할 때는 우선 상대국에 공문을 보내 통지해야 하며, 사건이 진정되면 곧 철수하여 다시 주둔하지 않는다.

① 갑신정변이 일어났다.
② 구식 군인이 봉기하였다.
③ 프랑스 신부가 처형되었다.
④ 일본이 풍도 해전을 일으켰다.
⑤ 미국 상선이 평양에서 통상을 요구하였다.

1030

(가), (나) 시기 사이에 있었던 사실로 옳은 것은?

> (가) 농민군은 황토현에서 관군을 격파하고 남하하여 전라도 일대를 점령하였다. 정부가 중앙군을 파견하자 농민군은 황룡촌에서 이들을 격파하고 전주성까지 점령하였다.
>
> (나) 남접과 북접의 군대는 논산에 집결하여 한성으로 진격하였다. 이에 관군과 일본군이 파견되었고 양측의 군대는 공주 우금치에서 맞닥뜨렸다.

① 전봉준이 체포되었다.
② 삼국 간섭이 일어났다.
③ 보은 집회가 개최되었다.
④ 집강소에서 폐정 개혁을 실시하였다.
⑤ 안핵사 이용태가 고부에 파견되었다.

1031

교사의 질문에 대한 학생의 답변으로 가장 적절한 것은?

① 활빈당을 조직하였습니다.
② 개혁 정강을 발표하였습니다.
③ 일본 공사관을 습격하였습니다.
④ 교조 신원 운동을 전개하였습니다.
⑤ 사발통문을 돌려 봉기를 모의하였습니다.

1032

(가)에 들어갈 내용으로 가장 적절한 것만을 보기 에서 고른 것은?

선생님: 오늘은 군국기무처가 주도한 개혁의 내용에 대해 말해 봅시다.
학생1: 궁내부가 신설되었습니다.
학생2: 경무청이 설치되었습니다.
학생3:   (가)

보기

ㄱ. 과거제가 폐지되었습니다.
ㄴ. 개국 기년이 사용되었습니다.
ㄷ. 종두법이 확대 시행되었습니다.
ㄹ. 8아문이 7부로 개편되었습니다.

① ㄱ, ㄴ   ② ㄱ, ㄷ   ③ ㄴ, ㄷ
④ ㄴ, ㄹ   ⑤ ㄷ, ㄹ

1033

다음 방침이 발표된 당시에 볼 수 있는 모습으로 가장 적절한 것은?

1. 청국에 의존하는 관념을 버리고 자주독립의 기초를 세운다.
3. 대군주는 대신과 논의하여 국정을 결정하고, 종실과 외척의 간섭을 금한다.
4. 왕실 사무와 국정 사무는 분리하여 뒤섞이는 것을 금한다.
5. 의정부와 각 아문의 직무 권한을 명확히 제정한다.

① 독립신문을 읽는 학생
② 환구단 건설에 동원된 농민
③ 태양력 시행에 반발하는 유생
④ 내각 회의를 주관하는 박영효
⑤ 군국기무처에서 개혁안을 제안하는 김홍집

1034

(가) 정부의 활동으로 옳은 것은?

   (가)   의 국가 가사와 악보이다. 고종 황제는 "인심을 분발시키고 사기를 장려함으로써 충성하고 애국하게 하는 데에는 국가를 부르는 것보다 좋은 것이 없으니 마땅히 만들어야 할 것이다."라고 명하였고, 당시 군악 교사였던 독일인 프란츠 에케르트가 작곡을 맡았다.

① 전차를 부설하였다.
② 별기군을 창설하였다.
③ 아관 파천을 단행하였다.
④ 제물포 조약을 체결하였다.
⑤ 건양을 연호로 사용하였다.

1035

밑줄 친 '이 집회'에 대한 설명으로 옳은 것은?

> 박정양이 답장했다. "어제 밤 본 대신이 폐하의 말씀을 받들어 귀 협회에 알린 뒤에는, 이미 집회를 그만두었을 것이라고 생각했습니다. 그런데 지금 보내오신 편지를 보니 '금번의 이 집회는 단지 일개 독립 협회를 위한 것이 아니라 관리와 백성이 공동으로 협의하기 위한 것이니, 중앙 지역에서 집회를 여는 것이 옳습니다.'라고 했습니다. 그러므로 즉각 마땅히 나아가 참석하겠습니다. 사정을 살펴 헤아리시기 바랍니다."
> — 『대한계년사』 —

① 헌의 6조를 결의하였다.
② 한러 은행의 폐쇄를 요구하였다.
③ 고종에게 황제 즉위를 요청하였다.
④ 일본에 진 나랏빚을 갚고자 개최되었다.
⑤ 일본의 황무지 개간권 요구를 저지하였다.

1036

(가)에 들어갈 내용으로 가장 적절한 것은?

① 황국 중앙 총상회가 결성되었어.
② 신민회가 자기 회사를 설립하였어.
③ 일부 상인이 중개 무역으로 이익을 얻었어.
④ 최초의 민간 은행으로 조선은행이 설립되었어.
⑤ 청과 일본 상인 간의 상권 경쟁이 치열해졌어.

1037

다음 조항에 따라 파견된 재정 고문에 대한 설명으로 옳은 것은?

> 1. 한국 정부는 일본 정부가 추천한 일본인 1명을 재정 고문으로 삼아 한국 정부에 용빙(傭聘)하여 재무에 관한 사항은 일체 그의 의견을 물어서 시행해야 한다.

① 초대 통감으로 부임하였다.
② 조일 통상 장정을 체결하였다.
③ 화폐 정리 사업을 추진하였다.
④ 독립 협회가 철수를 요구하였다.
⑤ 대동 상회 등 상회사를 설립하였다.

1038

다음 기사가 발표된 해에 볼 수 있는 모습으로 가장 적절한 것은?

> 어제 오후 3시에 전차의 운행을 시험하는데 인민의 잘못 접촉함을 염려하여 기관을 일부러 느리게 하나 성에 가득한 남녀가 처음 보고 눈이 홀연히 열려 좋아서 구경하는지라. 이로써 순검들이 힘을 다해 금지하여 전차 근처에 감히 가까이 하지 못하게 하더라.

① 오산 학교에서 수업을 하는 교사
② 이화 학당 개교식에 참석한 선교사
③ 광혜원을 설립을 축하하는 미국 기자
④ 신문에 게재된 독사신론을 읽는 관리
⑤ 노량진에서 제물포를 향해 출발하는 기차

1039

자료에 나타난 운동에 대한 설명으로 옳은 것은?

> 듣자 하니 국채를 갚으려고 이천만 동포가 석 달간 담배를 아니 피우고 금전을 모은다 하니, 족히 사람으로 감동케 할 일이오. …… 그러나 부인은 논하지 말라니 여자는 백성이 아니란 말인가. 여자인 까닭에 이 몸에 값진 것이 다만 패물뿐이다. 하지만 큰 산이 흙덩이를 사양치 아니하고 큰 바다가 가는 물을 가리지 아니하기로, 적음으로 큰 것을 도우리오.

① 폐정 개혁을 주장하였다.
② 총독부의 탄압을 받았다.
③ 독립신문의 지원을 받았다.
④ 일본에 배상금을 지급하는 결과를 낳았다.
⑤ 대구에서 시작되어 전국적으로 확산되었다.

1040

(가), (나) 조약 체결 사이에 있었던 사실로 옳은 것은?

> (가) 제4조 제3국의 침해 또는 내란으로 인하여 대한 제국 황실의 안녕과 영토의 보전에 위험이 있을 경우에 대일본 제국 정부는 곧 필요한 조치를 취할 것이며, …… 대일본 제국 정부는 이러한 목적을 달성하기 위해 전략상 필요한 지점을 수시로 이용할 수 있다.
> (나) 제2조 러시아는 한국에서 일본이 정치, 군사, 경제 영역을 지도·보호·감독할 권리를 갖는다고 인정한다.

① 통감부가 설치되었다.
② 기유각서가 체결되었다.
③ 대한 제국의 군대가 해산되었다.
④ 대한 제국이 국외 중립을 선언하였다.
⑤ 스티븐스가 외교 고문으로 파견되었다.

1041

다음 작전이 전개된 시기를 연표에서 옳게 고른 것은?

> 서울로 향하는 명령을 내리니 그 목적은 통감부를 타격하고 항복을 이끌어 내어 소위 신협약 등을 파기하는 것이었다. …… 전군에 명령을 내려서 일제히 진군을 재촉해서 동대문 밖으로 접근하자, 대군은 장사진의 형태로 천천히 나아가고 300명의 병사를 인솔해서 선두에 서서 동대문 바깥 30리까지 이르러서는 전군이 모이기를 기다린 후에야 서울로 쳐들어가기로 계획하였으나 전군이 집합하기로 정한 때가 어긋나고 일본군이 엄습하였다.

	(가)		(나)		(다)		(라)		(마)	
갑신정변		동학 농민 운동		을미사변		을사늑약 체결		고종 강제 퇴위		국권 피탈

① (가) ② (나) ③ (다) ④ (라) ⑤ (마)

1042

다음 조약 체결에 저항한 활동으로 옳지 <u>않은</u> 것은?

> 제2조 한국 정부는 앞으로 일본 정부의 중재를 거치지 않고 국제적 성질을 가진 어떠한 조약이나 약속을 맺지 않을 것을 서로 약속한다.
> 제3조 일본 정부는 한국 황제 폐하의 밑에 1명의 통감을 둔다.

① 민영환이 자결하였다.
② 헤이그 특사가 파견되었다.
③ 민종식이 의병을 일으켰다.
④ 만민 공동회가 개최되었다.
⑤ 시일야방성대곡이 게재되었다.

서술형 문제

1043

다음을 읽고 물음에 답하시오.

그림은 　(가)　의 체결 모습을 상상하여 그린 것이다. 일본의 무력시위가 계속되는 가운데, 조선의 신헌과 일본의 구로다가 양국 대표로 연무당에서 협상을 진행하여 조약을 체결하였다.

(1) (가) 조약의 명칭을 쓰시오.

(　　　　　　)

(2) 위 조약의 주요 내용을 세 가지 서술하시오

____

____

1044

다음을 보고 물음에 답하시오.

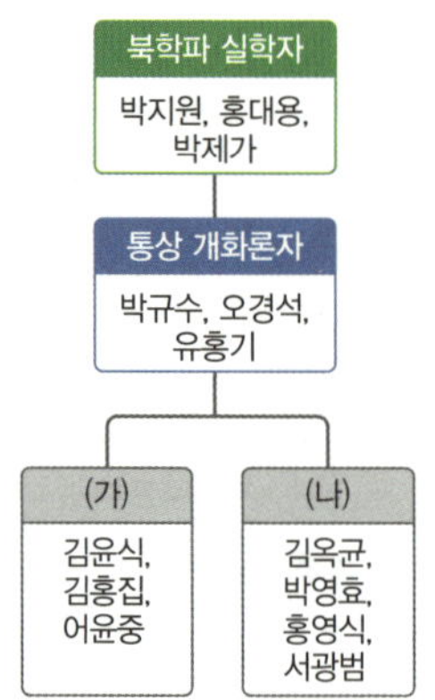

(1) (가), (나)에 해당하는 정치 세력의 명칭을 각각 쓰시오.
　(가): (　　　　　　), (나): (　　　　　　)

(2) (가), (나) 정치 세력의 개화 방식을 각각 서술하시오.

____

____

1045

다음을 읽고 물음에 답하시오.

　(가)　의 소유권이 통감부로 넘어갔다. 신문을 창간한 베델이 사망하고 소유권을 이어받은 영국인 만함이 통감부와 비밀 계약을 체결한 결과였다. 3개월 후 일제가 한국의 국권을 강탈하였고, 통감부를 대신하여 총독부가 들어섰다. 총독부는 　(가)　의 이름을 바꿔 기관지로 활용하였다.

(1) (가) 신문의 명칭을 쓰시오.

(　　　　　　)

(2) 위 신문의 활동을 두 가지 서술하시오.

____

____

____

1046

다음을 읽고 물음에 답하시오.

• 　(가)　은/는 남만주로 집단 이주하려고 기도하고, …… 한인 단체를 일으키며, 학교를 세워 민족 교육을 실시하고, 나아가 무관 학교를 설립하여 문무를 겸하는 교육을 실시하면서, 기회를 엿보아 독립 전쟁을 일으켜 구한국의 국권을 회복하려고 하였다.

• 입회 희망자를 전부 참가시키면 어떠한 인물이 섞이는지도 모르고 …… 　(가)　이/가 통감부에게 해산을 당하여서도 안 되는 것이다. 고로 비밀 결사로 두는 것이 필요하다.

(1) (가) 단체의 명칭을 쓰시오.

(　　　　　　)

(2) 위 단체의 활동을 세 가지 서술하시오.

____

____

메가스터디 N제

한국사1 1046제

정답 및 해설

2022 개정 교육과정

2025년 고1부터 적용

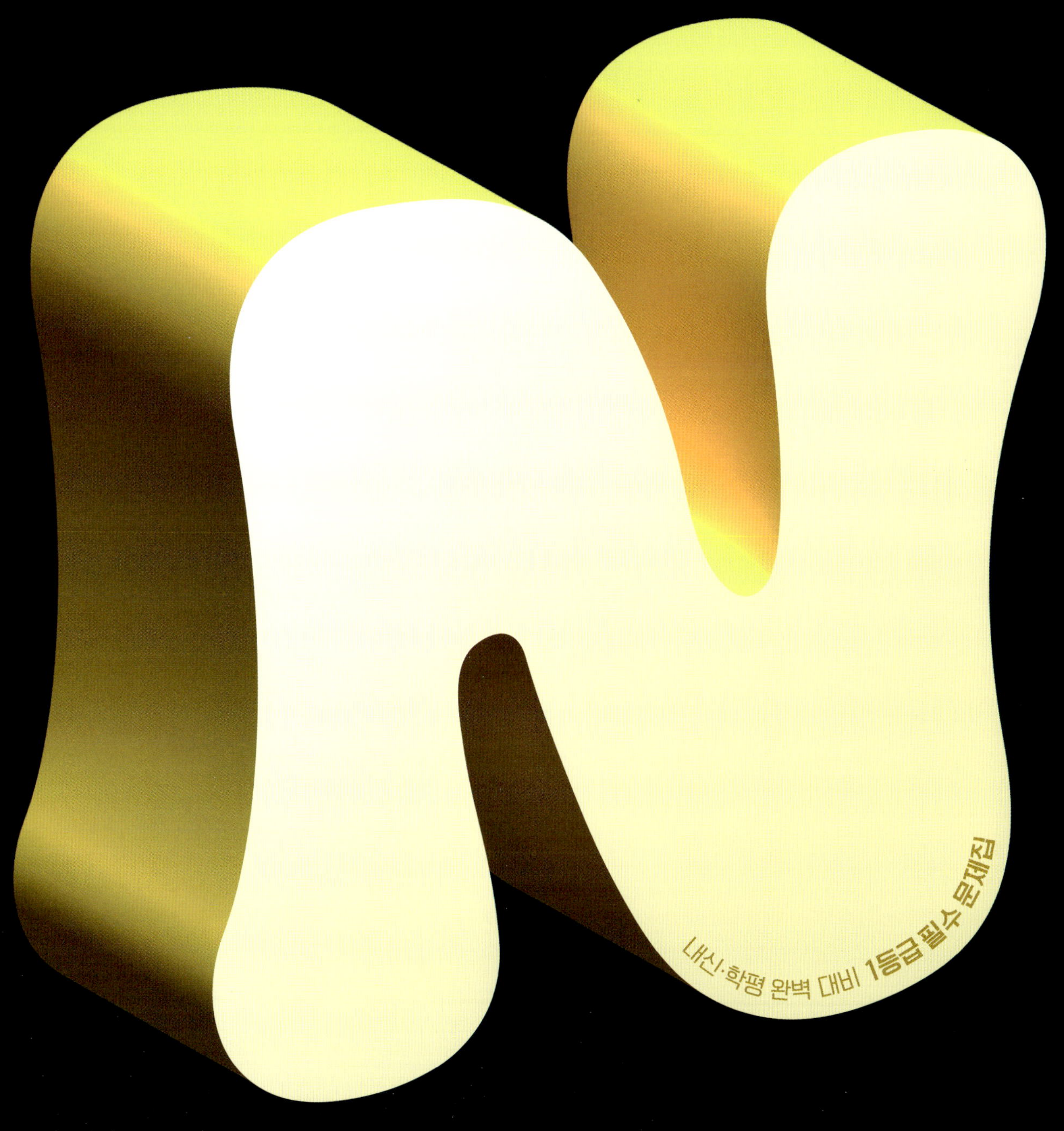

메가스터디 BOOKS

메가스터디 N제

한국사1 1046제

정답 및 해설

정답 및 해설

I 근대 이전 한국사의 이해

01 고대 국가의 성장

STEP 1	O/X 문제로 교과서 핵심 자료 보기			011~013쪽	
0001 X	0002 O	0003 O	0004 O	0005 O	0006 O
0007 X	0008 O	0009 X	0010 O	0011 O	0012 X
0013 O	0014 X	0015 X	0016 X	0017 O	0018 O
0019 O	0020 O	0021 X	0022 O	0023 O	0024 X
0025 X	0026 O	0027 O	0028 X	0029 X	0030 O
0031 O	0032 X	0033 O	0034 O	0035 O	0036 O
0037 X	0038 X	0039 O	0040 O		

STEP 2	객관식 풀어 보기			014~023쪽	
0041 ④	0042 ①	0043 ②	0044 ⑤	0045 ④	0046 ②
0047 ③	0048 ②	0049 ③	0050 ②	0051 ⑤	0052 ③
0053 ③	0054 ⑤	0055 ⑤	0056 ③	0057 ④	0058 ①
0059 ①	0060 ③	0061 ⑤	0062 ③	0063 ②	0064 ④
0065 ③	0066 ③	0067 ③	0068 ③	0069 ①	0070 ④
0071 ②	0072 ③	0073 ③	0074 ④	0075 ⑤	0076 ⑤
0077 ③	0078 ⑤	0079 ③	0080 ②		

0041 구석기 시대의 생활 모습　답 ④

깊이있는 정답풀이

왼쪽은 주먹도끼, 오른쪽은 슴베찌르개이다. 이들 도구는 구석기 시대에 처음 등장하였다. 구석기 시대에는 뗀석기를 사용했으며 농경이 시작되지 않았기에 사냥과 채집으로 식량을 구하였다. 구석기 시대, 신석기 시대는 계급이 존재하지 않는 평등 사회였다.

④ 가락바퀴와 뼈바늘을 사용하여 옷이나 그물을 만드는 모습은 신석기 시대에 나타났다.

0042 신석기 시대의 생활 모습　답 ①

깊이있는 정답풀이

농경과 목축을 시작하고 정착 생활을 하였다는 내용에서 밑줄 친 '이 시대'가 신석기 시대임을 알 수 있다. 신석기 시대는 빗살무늬 토기로 대표되는 토기를 제작하여 곡식의 저장과 조리 등에 사용하였다.

개념잡는 오답풀이

② 청동기 시대에 농업의 발달로 잉여 생산물이 발생하여 사유 재산이 생기면서 빈부 차이가 나타나고 계급 사회가 형성되었다.

③ 철기 시대에 철제 농기구를 사용하기 시작하여 농업 생산력이 증대되었다.

④ 청동기 시대 이후 지배자들은 청동 검, 청동 방울 등을 제작하여 자신의 권위를 과시하고 지배력을 강화하였다.

⑤ 구석기 시대에 주로 뗀석기가 사용되었다.

0043 빗살무늬 토기의 사용　답 ②

깊이있는 정답풀이

제시된 유물은 빗살무늬 토기이다. 빗살무늬 토기는 신석기 시대에 주로 제작되어 사용되었다. ㄴ. 신석기 시대에는 여러 씨족이 모여 부족 단위로 생활하였다. ㄷ. 신석기 시대 사람들은 돌을 갈아 다듬은 간석기를 사용하였다.

개념잡는 오답풀이

ㄱ. 신석기 시대 사람들은 주로 강가, 바닷가에 움집을 짓고 살았다. 구석기 시대 사람들이 주로 막집을 짓거나 동굴, 바위 그늘에 거주하였다.

ㄹ. 돌을 떼어 내어 날을 만든 뗀석기는 구석기 시대에 제작되기 시작하였다. 신석기 시대에는 주로 간석기를 사용하였다.

0044 청동기 시대의 특징　답 ⑤

깊이있는 정답풀이

제시된 유적은 고인돌이다. 고인돌은 청동기 시대에 처음 등장하였다. 고인돌과 같은 거대한 유적은 청동기 시대에 빈부 격차와 계급이 등장하였다는 사실을 보여 준다.

⑤ 구석기, 신석기 시대에는 지배와 피지배의 관계가 없는 평등 사회였다.

0045 청동기 시대의 생활 모습　답 ④

깊이있는 정답풀이

왼쪽은 반달 돌칼, 오른쪽은 비파형 동검이다. 이들 유물을 통해 청동기 시대를 묻는 문항임을 알 수 있다. 청동기 시대에는 개인 간의 빈부 격차와 계급의 분화가 나타났다.

개념잡는 오답풀이

① 신석기 시대에 농경과 목축이 시작되었다.

② 청동은 재료가 귀하고 다루기 어려웠기 때문에 청동기를 농기구로 사용하지는 못하였다.

③ 구석기 시대 전기에는 하나의 뗀석기를 다양하게 사용하였다.

⑤ 신석기 시대에 농사가 시작되면서 강가나 바닷가에 움집을 짓고 정착하기 시작하였다.

0046 고조선의 정치와 사회　답 ②

깊이있는 정답풀이

우리 역사상 최초의 국가인 고조선은 청동기 문화와 농경 문화를 바탕으로 성장하였으며, 제정일치 사회였다. 고조선은 왕 아래에 상, 대부, 장군 등의 관직을 두었고, 사회 질서를 유지하기 위해 8조법을 만들었다. 현재 8개의 법 조항 중 3개가 전해진다.

② 신지, 읍차라 불리는 군장이 있었던 나라는 삼한이다.

0047 고조선의 특징　답 ③

깊이있는 정답풀이

제시된 지도는 고조선의 문화 범위를 보여 준다. 고조선은 청동기 문화를 바탕으로 성립하였다. 기원전 194년 중국에서 건너온 위만이 준왕을 몰아내고 고조선을 지배하였고, 이후 고조선은 본격적으로 철기 문화를 수용

하여 주변 지역을 정복하고, 한과 한반도 남부의 진국 사이에서 중계 무역
을 하며 성장하였다.
③ 천군은 삼한의 제사장으로, 천군의 존재는 삼한이 제정 분리 사회였다는
　　사실을 보여 준다.

0048 고조선의 성장과 변화　　답②

깊이있는 정답풀이

제시된 연표는 기원전 194년 위만이 집권하기 이전인 (가), 이후인 (나) 시
기로 고조선의 역사를 나누고 있다. 청동기 문화를 바탕으로 성립한 고조
선은 연과 견줄 만큼 성장하였으나, 연 장수 진개의 침략으로 영토의 일부
를 빼앗기기도 하였다. 위만의 집권 이후 철기 문화를 본격적으로 수용한
고조선은 정복 활동과 중계 무역으로 번성하였으나, 이를 경계한 한의 침
략을 받아 기원전 108년에 멸망하였다.

0049 부여, 동예의 특징　　답③

깊이있는 정답풀이

(가) 국가는 가축의 이름으로 관명을 정한 제가들이 별도로 사출도를 주관
한다는 내용을 통해 부여임을 알 수 있고, (나) 국가는 읍군과 삼로가 있다
는 내용을 통해 동예임을 알 수 있다. 부여는 만주 쑹화강의 평야 지대에
서 성장하였다.

개념잡는 오답풀이

①, ④ 압록강 유역에서 건국되어 5부족 연맹을 토대로 발전하였으며, 왕
　　아래 가들이 관리를 거느린 나라는 고구려이다.
② 옥저와 동예는 읍군, 삼로 등 군장이 지배하였다.
⑤ 부여와 동예는 중앙 집권 국가로 발전하지 못하였다.

0050 삼한의 특징　　답②

깊이있는 정답풀이

한반도 중남부에서 성장한 삼한은 수십 개의 소국으로 이루어져 있었다.
삼한의 여러 소국은 신지, 읍차라 불리는 지배자가 있었고, 이와 별도로
제사장인 천군이 있었다.

개념잡는 오답풀이

① 읍군, 삼로는 옥저, 동예의 지배자이다.
③ 8조법으로 사회 질서를 유지한 나라는 고조선이다.
④ 삼한은 철기 문화를 바탕으로 성장하였다.
⑤ 압록강 졸본 지역에서 부여에서 온 이주민과 압록강 유역의 토착민이
　　연합하여 고구려를 건국하였다.

0051 고대 국가로의 발전　　답⑤

깊이있는 정답풀이

(가)는 왕과 족장 세력이 비슷한 권력을 가진 연맹체 국가, (나)는 중앙 집
권 체제를 갖춘 고대 국가의 구조에 해당한다. 부자 상속으로의 왕위 세습
제 확립, 율령 반포, 불교 수용, 영토 확장은 고대 국가로 성장한 국가들에
서 공통적으로 나타나는 특징이다.

0052 1~2세기 고구려의 성장　　답③

깊이있는 정답풀이

(가) 태조왕은 1세기 후반 옥저를 정복하여 청천강에 이르는 지역까지 세
력을 확장하였고, 랴오둥(요동) 지역으로 진출을 꾀하는 등 영토 확장에
힘을 기울였다. (나) 고국천왕은 2세기 후반 부족적 전통을 지닌 5부를 행
정적 성격의 5부로 개편하였으며, 부자 상속의 왕위 계승을 확립하여 왕
권을 강화시켰다.

개념잡는 오답풀이

미천왕은 4세기경 낙랑군을 몰아냈다. 소수림왕은 4세기 후반 불교를 공
인하였으며, 태학을 설립하여 인재를 양성하였다. 또한 율령을 반포하여
국가 체제를 정비하였다. 고이왕은 백제의 왕으로, 3세기경 한강 유역을
장악하고 중앙 관제를 정비하였다.

0053 백제 고이왕의 업적　　답③

깊이있는 정답풀이

내신좌평을 비롯한 6좌평을 두고 관등을 16등급으로 나눈 왕은 백제 고이
왕이다. ③ 3세기 중엽 관등제를 정비한 고이왕은 율령을 반포했으며 관
리의 복색을 제정하여 위계질서를 확립하였다. 이를 통해 중앙 집권 국가
의 토대를 마련하였다.

개념잡는 오답풀이

① 백제는 침류왕 때 중국 동진으로부터 불교를 수용하였다.
② 고구려의 장수왕은 평양으로 천도하였다.
④ 성왕은 웅진에서 사비로 천도하고, 국호를 남부여로 바꾸었다.
⑤ 무령왕은 지방에 22담로를 설치하고 왕족을 파견하여 지방을 통제하였다.

0054 백제 근초고왕의 업적　　답⑤

깊이있는 정답풀이

고구려 평양성 공격, 최대 영토 확보 등은 백제 근초고왕의 업적이다. 삼
국 중에 가장 먼저 주도권을 장악한 백제의 근초고왕은 중국의 동진과 국
교를 맺고 왜 등과 교류하였으며, 백제의 전성기를 이끌었다. 또한 마한의
남은 영토를 정복하여 지금의 호남 지대를 확보하고 남해안까지 진출하였다.

개념잡는 오답풀이

① 웅진(공주)으로 천도한 왕은 백제 문주왕이다.
② 신라의 진흥왕이 대가야를 병합하였다.
③ 백제 성왕은 사비(부여)로 천도하고 국호를 '남부여'로 바꾸었다.
④ 신라에서는 초기에 박, 석, 김씨가 돌아가며 왕위를 차지하였으나, 내
　　물왕 시기에 김씨 왕위 계승이 확립되었다.

0055 4세기 삼국의 형세　　답⑤

깊이있는 정답풀이

제시된 지도는 4세기의 상황을 보여 준다. 백제 근초고왕이 평양성을 공
격하는 과정에서 고국원왕이 전사하면서 고구려는 국가적 위기를 맞았다.

개념잡는 오답풀이

① 6세기에 백제 성왕은 웅진에서 사비로 천도하였다.
② 고이왕이 관등과 공복을 제정한 것은 3세기 중반의 사실이다.

③ 금관가야는 6세기 신라 법흥왕 때 신라에 흡수되었다.
④ 백제 성왕은 6세기 중반 관산성에서 전사하였다.

0056 신라 내물왕의 업적　　답 ③

깊이있는 정답풀이

'김씨의 왕위 계승권 확립'을 통해 밑줄 친 '이 왕'이 신라 내물왕임을 알
수 있다. 신라 초기에는 왕권이 강력하게 확립되지 못하여 박, 석, 김씨가
교대로 왕위에 올랐다. 그러다가 4세기 후반 내물왕 때에 이르러 김씨가
왕위를 독점하게 되었다. 내물왕은 활발한 정복 활동을 벌여 진한 지역을
정복하고, 낙동강 동쪽 지역까지 영토를 확장하였다. 내물왕 시기에 신라
는 왜의 침입으로 어려움에 처하였으나 고구려 광개토 대왕의 지원을 받
아 왜군을 몰아내고 고구려를 통해 선진 문물을 수용하였다.

0057 가야 연맹의 발전　　답 ④

깊이있는 정답풀이

(가)는 대가야, (나)는 금관가야이다. 금관가야는 낙동강 하류 지역에서 성
장하여 해상 교통을 바탕으로 철을 주변국에 수출하고 다양한 문화를 수
용하였다.

개념잡는 오답풀이

① 진흥왕 순수비 중 하나인 창녕 신라 진흥왕 척경비는 대가야 정복 이전
　에 세워졌다.
② 고구려 군대의 공격으로 타격을 입은 것은 금관가야이다.
③ 가야 연맹은 지배력을 한데 모으지 못하고 주변국의 압박으로 인해 중앙
　집권 국가로 발전하지 못하였다.
⑤ 신라는 고구려 광개토 대왕의 도움으로 침략한 왜를 물리쳤다.

0058 가야의 문화유산　　답 ①

깊이있는 정답풀이

제시된 덩이쇠, 철제 판갑옷과 투구는 가야의 문화유산이다. 가야는 질 좋
은 철을 생산하였고 이를 낙랑군과 왜에 수출하며 성장해 나갔지만, 연맹
체 단계에 머무르다가 신라에 병합되었다.

개념잡는 오답풀이

② 지방에 22개의 담로를 설치한 나라는 백제이다.
③ 8조법을 만들어 사회 질서를 유지한 나라는 고조선이다.
④ 제가 회의는 고구려의 귀족 회의이다.
⑤ 통일 신라 때 신문왕이 관료전을 지급하였다.

0059 신라와 고구려의 관계　　답 ①

깊이있는 정답풀이

제시된 문화유산은 경주의 호우총에서 출토된 '광개토 대왕'명 호우이다.
그릇 바닥에 '을묘년국강상광개토지호태왕호우십'이라고 새겨져 있고, 그
글씨체가 광개토 대왕릉비와 유사하여 광개토 대왕을 위해 만들어진 그릇
임을 알 수 있다. 고구려의 그릇이 신라의 호우총에서 출토된 점으로 보아
당시 신라와 고구려가 교류하고 있었다는 것을 추측할 수 있다.

0060 4~5세기 삼국의 상황　　답 ③

깊이있는 정답풀이

(가)는 4세기 중반 백제 근초고왕이 고구려를 공격하여 고구려 고국원왕
이 전사한 상황, (나)는 5세기 중반 고구려 장수왕의 공격으로 백제 개로
왕이 죽게 된 상황이다. 4세기 중반에서 5세기 중반에 이르는 기간 동안
신라 내물왕은 김씨의 왕위 세습을 확립하였으며, 백제 침류왕은 불교를
수용하였다.

개념잡는 오답풀이

ㄱ. 3세기에 백제 고이왕이 6좌평제를 정비하였다.
ㄴ. 4세기 초 고구려 미천왕은 낙랑군을 몰아내고 대동강 유역을 확보하
　　였다.

0061 5세기 삼국과 가야의 형세　　답 ⑤

깊이있는 정답풀이

제시된 지도는 고구려가 전성기를 이룬 5세기의 상황을 나타낸 것이다.
5세기에 광개토 대왕의 뒤를 이어 고구려의 왕이 된 장수왕은 평양으로
천도하고 남쪽으로 세력을 넓혀 한강 유역을 완전히 차지하였다.

개념잡는 오답풀이

① 4세기 백제의 근초고왕은 고구려 평양성을 공격하였다.
② 4세기 중반 내물왕 이전까지 신라에서는 이사금이라는 왕의 칭호를 사
　용하였다.
③ 3세기 중반 고이왕 때 백제의 관등제·공복제가 정비되었다.
④ 금관가야는 5세기 광개토 대왕이 신라를 지원하기 위해 보낸 고구려군
　의 공격으로 쇠퇴하였다. 이후 고령의 대가야가 후기 가야 연맹을 주도
　하였다.

0062 나제 동맹의 강화　　답 ③

깊이있는 정답풀이

장수왕이 즉위한 이후 고구려가 평양으로 천도하고 남진 정책을 추진하자
백제와 신라는 동맹 관계를 수립하였다. 이후 웅진(공주)으로 천도한 백제
는 동성왕 때 신라와 혼인 관계를 맺어 나제 동맹을 강화하였다.

0063 웅진, 사비 시기의 백제　　답 ②

깊이있는 정답풀이

(가)는 웅진(공주)으로, 5세기 문주왕이 장수왕의 남진 정책에 밀려 수도
를 옮긴 곳이다. (나)는 사비(부여)로, 성왕이 백제의 부흥을 위해 새롭게
정한 수도이다. ㄱ. 웅진 시기에 무령왕이 지방 통제를 강화하기 위해 지
방에 22담로를 설치하고 왕족을 파견하였다. ㄷ. 사비 시기에 성왕은 신
라 진흥왕과 손잡고 고구려를 공격해 한강 유역을 부분적으로 수복하였으
나, 진흥왕의 배신으로 신라에 다시 빼앗겼다.

개념잡는 오답풀이

ㄴ. 병부를 설치하고 율령을 반포한 왕은 신라 법흥왕이다.
ㄹ. 마립간이라는 왕호를 사용한 왕은 신라 내물왕이다.

0064 백제 성왕의 업적　　　　　　　　　　답 ④

깊이있는 정답풀이

신라와 연합하여 한강 유역을 되찾았지만, 신라에 빼앗기고 관산성 전투에서 패배하여 사망한 왕은 백제 성왕이다. 성왕은 사비로 천도하고 국호를 백제에서 남부여로 바꾸었다.

개념잡는 오답풀이

① 고구려 광개토 대왕은 거란과 후연 등을 격파하여 요동과 만주 일대를 장악하였다.
② 신라 진흥왕은 화랑도를 정비하여 국가 조직으로 만들었다.
③ 백제 무령왕은 지방 통제를 강화하기 위해 22담로를 설치하고 왕족을 파견하였다.
⑤ 고구려 장수왕은 평양으로 천도하고 남진 정책을 펼쳐 한강 유역을 점령하였다.

0065 5~6세기 백제의 상황　　　　　　　　답 ③

깊이있는 정답풀이

> **🔍 추론 TIP** 개로왕이 죽어서 → 5세기
> 시호를 성이라 하였다 → 성왕 전사(6세기)

> (가) (한성을 포위했던) 고구려 병사는 물러갔으나 성이 파괴되고 개로왕이 죽어서 문주가 왕위에 올랐다. …… 웅진으로 도읍을 옮겼다.
> (나) 임금이 신라를 습격하고자 몸소 보병과 기병 50명을 거느리고 …… 신라의 복병이 나타나 그들과 싸우다가 혼전 중에 왕이 병사들에게 살해되었다. 시호를 성(聖)이라 하였다.

(가)는 475년 고구려가 백제의 수도인 한성을 함락한 사실을, (나)는 554년 백제 성왕이 관산성 전투 과정에서 전사한 사실을 보여 준다.
④ (가), (나)의 시기 사이인 532년에 신라는 금관가야를 복속하였다.

개념잡는 오답풀이

① 1세기에 고구려 태조왕이 옥저를 정복하였다.
② 백제는 3세기 고이왕 시기에 관등제를 정비하였다.
④ 고구려는 (가) 이전인 427년 평양으로 천도하였다.
⑤ 7세기에 신라는 백제의 공격으로 대야성을 빼앗기는 등 위기에 빠지자 당과 동맹을 추진하였다.

> **(1등급 가이드)**
> 삼국의 항쟁 과정을 다룬 변별력 높은 문제의 함정에 빠지지 않기 위해서는 4세기, 5세기, 6세기로 구분하는 것에서 나아가 개별 사건이 일어난 정확한 연도를 파악하면 유리합니다. 삼국에서 일어난 일들을 정확한 연도와 함께 병렬적으로 정리하여 삼국 간의 관계와 흐름을 동시에 떠올릴 수 있도록 합시다.

0066 6세기 삼국의 상황　　　　　　　　　답 ③

깊이있는 정답풀이

제시된 대화에서 백제와 신라가 연합하여 고구려를 공격하고 한강 유역을 되찾았다는 내용을 통해 백제 성왕과 신라 진흥왕 때의 상황임을 알 수 있다. 한강 수복 후 신라 진흥왕은 백제를 배신하고 한강 유역을 빼앗았는데, 이에 화가 난 성왕은 554년 신라를 공격하다가 관산성에서 전사하였다.

개념잡는 오답풀이

① 신라 법흥왕이 금관가야를 병합한 시기는 532년이다.
② 고구려가 수도를 평양으로 옮긴 시기는 427년이다.
④ 백제가 동진으로부터 불교를 수용한 시기는 4세기 침류왕 때이다.
⑤ 고구려가 '영락'이라는 연호를 사용했던 시기는 5세기 광개토 대왕이 집권하였던 때이다.

0067 신라 지증왕의 업적　　　　　　　　답 ③

깊이있는 정답풀이

국호를 '신라'로 확정하고 '왕'이라는 칭호를 사용하였다는 내용을 통해 신라 지증왕에 대한 내용임을 알 수 있다. 지증왕은 순장을 금지하고 우경을 장려하여 생산력 증대를 꾀하였으며, 이사부를 파견하여 우산국을 정복하였다(512).

개념잡는 오답풀이

① 고구려 광개토 대왕은 신라의 요청으로 군대를 지원하여 침략한 왜를 물리쳤다.
② 고구려 소수림왕은 태학을 설립하고 율령을 반포하였다.
④ 삼국 통일 이후 신라 신문왕은 국학을 설립하였다.
⑤ 발해 무왕은 '인안'이라는 독자적인 연호를 사용하였다.

0068 신라 법흥왕의 업적　　　　　　　　답 ③

깊이있는 정답풀이

공복 제정, 이차돈의 순교를 계기로 불교 공인, 금관가야 병합 등을 통해 (가) 왕이 신라 법흥왕임을 알 수 있다. 법흥왕은 병부 설치, 율령 반포, 불교 공인, 공복 제정 등을 통해 중앙 집권 체제를 확립하였다.

개념잡는 오답풀이

① 2세기경 고구려 고국천왕은 5부의 귀족을 관등에 편입시켰다.
②, ⑤ 6세기에 신라 진흥왕은 화랑도를 국가적인 조직으로 개편하였고, 영토 확장을 기념하여 단양 신라 적성비를 세웠다.
④ 4세기 후반 내물왕은 왕의 칭호를 '대군장'을 뜻하는 마립간으로 바꾸었다.

0069 신라 진흥왕의 영토 확장　　　　　　답 ①

깊이있는 정답풀이

신라는 6세기 중반 진흥왕 때에 이르러 크게 팽창하였다. 진흥왕은 유능한 인재를 양성하기 위해 화랑도를 국가적인 조직으로 개편하였다. 또한, 백제 성왕과 연합하여 한강 상류를 차지한 이후 다시 백제로부터 한강 하류 지역을 빼앗아 한강 유역을 모두 장악하였다. 이어 고령의 대가야를 병합하여 낙동강 유역을 차지하였으며, 동해안을 따라 북쪽으로 함흥 평야까지 진출하였다. 진흥왕은 이러한 영토 팽창을 대내외에 널리 알리기 위해 ㄱ 북한산비를 건립하였으며, 그 밖에 창녕 척경비, 단양 신라 적성비, 황초령비, 마운령비 등의 비석을 세웠다.

개념잡는 오답풀이

ㄴ. 고구려의 유적인 장군총이다.
ㄷ. 고구려와 신라의 관계를 보여 주는 경주 호우총 출토 '광개토 대왕'명 호우이다.
ㄹ. 백제와 왜 사이의 교류 관계를 보여 주는 칠지도이다.

0070 삼국 간의 항쟁

답 ④

깊이있는 정답풀이

4세기 중반부터 백제 근초고왕은 대외 진출에 나섰는데, 북쪽으로는 고구려의 평양성을 공격하였다. 이때 (다) 고구려의 고국원왕이 전사하여 고구려는 국가적 위기를 맞이하였다. 이후 내정을 정비한 고구려는 5세기에 이르러 (라) 백제를 공격하여 한강 이북을 차지하였다. 고구려의 지속적인 압박으로 결국 백제는 (가) 웅진으로 천도하였다. 6세기에 이르러서는 신라가 성장하였는데, 법흥왕 때 주변 지역을 정복하면서 (나) 금관가야가 신라에 병합되었다. 따라서 일어난 순서대로 나열하면 (다) − (라) − (가) − (나)이다.

0071 고구려와 수·당 전쟁

답 ②

깊이있는 정답풀이

(가)는 살수 대첩, (나)는 안시성 싸움이다. 살수 대첩은 612년 을지문덕이 이끄는 고구려군이 수의 대군을 살수에서 물리친 전투이다. 안시성 싸움은 645년 당 태종이 직접 병력을 동원해 고구려를 공격하자 고구려가 이를 안시성에서 물리친 전투이다. 고구려는 수와 당의 침략을 막아 냈지만 거듭된 전쟁으로 국력이 크게 소모되었다.

0072 나당 동맹의 배경

답 ③

깊이있는 정답풀이

백제는 7세기 초 의자왕이 즉위하면서 신라를 한층 거세게 공격하여 40여 성을 빼앗고 특히 군사적 요충지인 대야성을 함락하였다. 백제의 공격으로 위기에 빠진 신라는 김춘추를 고구려에 보내 군사적 도움을 요청하였다. 그러나 고구려는 죽령 서북, 즉 한강 유역의 땅을 돌려줄 것을 요구하며 신라의 요청을 거절하였다. 이에 신라가 당에 도움을 요청하여 나당 동맹이 결성되었다.

개념잡는 오답풀이

① 신라 진흥왕 시기에 대가야가 신라에 병합되었다.
② 나당 연합군의 공격으로 백제가 멸망한 뒤 백제 유민들이 부흥 운동을 일으켰으나 실패하였다.
④ 고구려 장수왕의 공격으로 한강 유역을 빼앗긴 백제는 신라와 동맹을 맺어 고구려에 대항하였다.
⑤ 고구려 광개토 대왕은 적극적인 정복 활동을 펼쳐 요동과 만주 일대를 장악하였다.

0073 삼국 통일의 과정

답 ③

깊이있는 정답풀이

신라의 김춘추는 당에 건너가 백제를 먼저 멸망시키고, 이후 고구려를 공격한다는 전략적 합의를 이끌어 냈다. 이로써 648년 신라와 당의 군사 동맹(나당 동맹)이 전격적으로 이루어졌다. 나당 연합군의 공격으로 백제와 고구려가 차례로 멸망한 뒤 백제와 고구려의 유민들은 부흥 운동을 전개하였다. 이 무렵 당이 한반도 전체를 지배하려는 야욕을 드러내자 신라는 고구려 부흥 운동을 지원하기도 하였다. 당과 신라는 결국 나당 전쟁을 치르게 되었는데, 신라군이 매소성과 기벌포 전투에서 승리하면서 당을 몰아내고 삼국 통일을 완성하였다.
③ 백제가 신라의 대야성을 빼앗자 신라는 위기를 느꼈고, 이는 나당 동맹 결성의 배경이 되었다.

0074 신문왕의 정책

답 ④

깊이있는 정답풀이

관료전을 지급하고 녹읍을 폐지한 '이 왕'은 신라 신문왕이다. 신문왕은 김흠돌의 난을 계기로 진골 귀족 세력을 숙청하고 강력한 왕권을 확립하였다. 또한 중앙 정치 기구와 지방 행정 조직을 마련하고 군사 조직을 정비하였으며, 유학 교육을 실시하여 유교적 소양을 갖춘 인재를 양성하고자 국학을 설립하였다.

개념잡는 오답풀이

① 태종 무열왕은 진골 출신으로는 처음으로 신라의 왕위에 올랐다.
② 문무왕은 집권 기간 중 삼국 통일을 완성하였다.
③ 5세기에 고구려 장수왕은 평양으로 천도하고 남쪽으로 영역을 확장하였다.
⑤ 고구려 소수림왕은 유교적 지식을 갖춘 인재를 양성하기 위해 태학을 설립하였다.

0075 통일 신라의 통치 제도

답 ⑤

깊이있는 정답풀이

⑤ 신라에서는 지방의 유력자를 수도에 머무르게 하는 일종의 인질 제도인 상수리 제도를 시행하였다.

개념잡는 오답풀이

① ㉠에는 집사부가 해당된다. 정당성은 발해의 중앙 정치 기구이다.
② ㉡ 집사부의 장관인 시중(중시)은 국정을 책임지는 역할을 하였다. 상대등은 신라 귀족 세력의 대표에 해당한다.
③ 신라에서는 ㉢ 사정부가 운영되었다. 중정대는 발해의 감찰 기구이다.
④ 신라는 수도 금성이 동남쪽에 치우친 점을 보완하기 위해 5소경을 설치하였다. 발해에서 5경을 두었다.

0076 통일 신라의 통치 제도

답 ⑤

깊이있는 정답풀이

제시된 문무왕과 신문왕의 정책은 모두 통일 이후 신라에서 민족 융합을 목적으로 시행한 것이다. 신라는 중앙의 군사 조직인 9서당에 신라인뿐만 아니라 고구려 유민, 백제 유민, 말갈족까지 포함하여 민족 융합을 꾀하였다.

개념잡는 오답풀이

① 집사부와 그 장관인 시중의 권한 강화는 왕권 강화 정책에 해당한다.
② 다른 지역과 달리 한주에 2개의 정을 배치한 것은 국방 강화에 해당한다.
③ 5소경의 설치는 수도 금성의 편재성을 보완하기 위한 정책이다.
④ 녹읍을 폐지하고 관료전을 지급한 것은 왕권 강화와 관련이 있다.

0077 통일 신라의 발전

답 ③

깊이있는 정답풀이

추론 TIP 옛 삼국 영토 내 각각 3주 설치 → 9주 정비 → 통일 신라

- 당과 함께 두 나라를 토멸하여 그 지역을 평정하고 …… **본국 경계 내에 3주를 두고, …… 백제국 경내에도 3주를 두고, …… 옛 고구려 남쪽 지경에도 3주를 두니, …….**
- 다섯 번째는 고구려 백성으로 구성된 황금서당이고, …… 여섯 번째는 말갈 백성으로 구성된 흑금서당이고, …… 아홉 번째는 백제 유민으로 구성된 청금서당이다.

통일 신라는 집사부를 중심으로 10여 개의 중앙 관서를 설치하였는데, 사정부를 통해 관리들을 감찰하여 원활한 관료제의 운영을 뒷받침하였다.

개념잡는 오답풀이

① 주자감은 발해의 유학 교육 기관이다.
② 기벌포 해전에서 패배한 국가는 당이다.
④ 고구려의 가(加)들이 사자, 조의, 선인을 거느리면서 권력을 행사하였다.
⑤ '인안', '대흥' 등의 연호는 발해에서 사용하였다.

[1등급 가이드]

통일 신라 관련 문항은 왕권 강화를 위한 노력, 여러 통치 제도 운영, 말기의 정치·사회 혼란을 주로 다룹니다. 통일 신라의 중앙 관제, 군사 제도 등을 상세하게 정리해 두면 큰 도움이 되겠네요.

0078 신라 말의 사회 모습

답 ⑤

깊이있는 정답풀이

8세기 말 무열왕계의 권력 독점에 불만을 품은 진골 귀족이 대대적인 반란을 일으켰다. 무열왕계의 전제 왕권은 무너지고, 이후 신라는 약 150년 동안 20명의 왕이 교체될 정도로 왕위 쟁탈전이 치열하게 전개되었다. 이로써 왕권은 약화되었고, 귀족 세력을 대표하는 상대등의 힘은 다시 강해졌다. 지배층의 가혹한 수취를 견디지 못한 농민은 노비나 초적으로 몰락하였고, 전국 곳곳에서 농민 봉기가 일어났다.
⑤ 진성 여왕 시기는 이미 무열왕계의 왕위 세습이 무너진 상황이었다.

0079 발해 무왕의 업적

답 ③

깊이있는 정답풀이

발해 무왕은 장문휴에게 수군을 거느리고 당의 산둥반도를 공격하게 하였으며, 요서 지역까지 진출하였다. 이에 당황한 당은 신라에 지원병을 요청하였고, 신라는 발해 남쪽을 공격하였으나 실패하였다. 이후 당은 발해를 공격하지 않았고, 발해 역시 군대를 거두어들였다.

개념잡는 오답풀이

① 문왕은 상경으로 천도하였다.
② 선왕 때 발해는 '해동성국'이라 불릴 만큼 번영을 누렸다.
④ 문왕 때에 발해는 당과 친선 관계를 수립하여 당의 문물을 적극 수용하였다.
⑤ '대흥' 연호는 문왕이 사용하였다.

0080 발해의 통치 체제

답 ②

깊이있는 정답풀이

발해는 당의 3성 6부제를 수용하였으나 그 운영과 명칭은 독자적이었다. 정당성 아래 6부의 명칭은 유교 이념을 반영하여 바꾸었다.

개념잡는 오답풀이

① 발해의 촌락은 주로 말갈족으로 구성되어 있었으며, 토착민 중 유력자를 수령으로 임명하였다.
③ 집사부는 통일 신라 시대 왕의 직속 기구로 중앙 행정을 총괄하였다.
④ 발해는 대부분의 기간 동안 독자적인 연호를 사용하였다.
⑤ 5경을 제외한 15부와 62주에 각각 도독과 자사가 파견되었다.

0081 신석기 시대의 생활 모습

(1) 답 (가) 갈돌과 갈판, (나) 빗살무늬 토기
(2) ✔모범답안 신석기 시대에는 농경과 목축이 시작되었으며, 이에 따라 수확한 곡식을 갈돌과 갈판을 이용하여 가공하고 빗살무늬 토기에 저장하거나 조리하여 먹었다.

채점 기준	배점
농경과 목축의 시작, 갈판과 갈돌·빗살무늬 토기의 사용법을 모두 서술한 경우	상
농경과 목축의 시작을 쓰고, 갈판과 갈돌 또는 빗살무늬 토기의 사용법 중 한 가지만 서술한 경우	중
농경과 목축의 시작만 쓴 경우	하

0082 청동기 시대의 사회 변화

(1) 답 고인돌
(2) ✔모범답안 빈부의 차이가 나타나 막강한 권력과 경제력을 지닌 정치 세력이 등장하였고, 계급 사회가 형성되었다.

채점 기준	배점
계급 사회가 형성되었음을 빈부의 차이 발생, 정치 세력의 등장과 연결하여 서술한 경우	상
정치 세력의 등장, 계급 사회의 형성을 단순히 나열하여 서술한 경우	중
계급 사회가 형성되었다고만 서술한 경우	하

0083 고조선 사회의 특징

✔모범답안 사람을 죽인 자를 엄벌에 처한다는 것은 노동력을 중시하는 사회였음을 뜻하고, 남에게 상처를 입힌 자는 곡식으로 갚는다는 것은 사유 재산이 발생한 것을 의미하며, 도둑질한 자는 노비로 삼는다는 것은 신분이 존재했음을 뜻한다.

채점 기준	배점
노동력 중시, 사유 재산 발생, 신분 존재를 모두 서술한 경우	상
위 내용 중 두 가지만 서술한 경우	중
위 내용 중 한 가지만 서술한 경우	하

0084 부여와 고구려의 공통점

(1) 답 가영 – 부여, 나영 – 고구려
(2) ✔모범답안 부여와 고구려는 가들이 지방을 독자적으로 다스리면서 국가의 중대사를 의논하여 결정하는 연맹체 국가였다.

채점 기준	배점
부여와 고구려가 연맹체 국가였음을 가들의 역할을 근거로 들어 서술한 경우	상
부여와 고구려가 연맹체 국가였다고만 서술한 경우	하

✓모범답안 각 지역의 지배 세력을 중앙 귀족으로 만들어 국왕의 권위를 높였고, 관등과 공복을 마련하여 지배층 내에 위계질서를 세웠다.

채점 기준	배점
지방의 지배 세력을 중앙 귀족으로 편입, 지배층 내 위계질서 확립을 모두 서술한 경우	상
위 내용 중 한 가지만 서술한 경우	하

0086 가야 연맹의 변화

✓모범답안 전기 가야 연맹을 이끌던 금관가야는 신라를 지원하러 온 고구려의 공격을 받아 세력이 크게 약화되었다.

채점 기준	배점
신라를 지원하러 온 고구려의 공격을 받았다고 정확히 서술한 경우	상
고구려의 공격을 받았다고만 서술한 경우	하

0087 가야 연맹의 변화

✓모범답안 대가야를 중심으로 한때 세력을 확장하였으나, 중앙 집권 국가로 발전하지 못하고 금관가야와 대가야가 차례로 신라에 흡수되었다.

채점 기준	배점
대가야 중심의 세력 확장, 금관가야와 대가야가 차례로 신라에 흡수됨, 중앙 집권 국가로 발전하지 못하였음을 모두 서술한 경우	상
금관가야, 대가야가 신라에 흡수되고 중앙 집권 국가로 발전하지 못하였다고 서술한 경우	중
위 내용 중 한 가지만 서술한 경우	하

0088 삼국 통일의 의의와 한계

✓모범답안 • 의의: 우리 역사상 최초의 통일로서 당군을 물리쳐 자주적으로 이루었고, 삼국의 문화를 융합하여 민족 문화의 기틀을 마련하는 계기가 되었다.
• 한계: 신라의 삼국 통일은 외세의 지원을 받았고, 대동강 이남의 영토를 확보하는 데 그쳤다.

채점 기준	배점
제시된 내용을 모두 서술한 경우	상
제시된 내용 중 일부를 서술한 경우	중
제시된 내용 중 한 가지만 서술한 경우	하

0089 고구려를 계승한 발해

✓모범답안 발해는 토기, 성곽, 고분 형식 등 여러 면에서 고구려의 문화를 계승하였으며, 일본에 보낸 외교 문서에 '고려'라는 국호를 사용하여 고구려를 계승한 나라임을 분명히 밝혔다.

채점 기준	배점
고구려의 문화 계승, 일본에 보낸 외교 문서에 '고려' 국호 사용을 모두 서술한 경우	상
위 내용 중 한 가지만 서술한 경우	하

02 고려의 통치 체제와 정치 변화

STEP 1 O/X 문제로 교과서 핵심 자료 보기 028~029쪽

0090 X	0091 O	0092 X	0093 O	0094 X	0095 O
0096 O	0097 O	0098 X	0099 O	0100 X	0101 O
0102 O	0103 O	0104 X	0105 O	0106 X	0107 O
0108 O	0109 O	0110 O	0111 X	0112 X	0113 O
0114 X					

STEP 2 객관식 풀어 보기 030~038쪽

0115 ③	0116 ②	0117 ①	0118 ①	0119 ⑤	0120 ③
0121 ④	0122 ④	0123 ④	0124 ⑤	0125 ⑤	0126 ③
0127 ⑤	0128 ②	0129 ③	0130 ⑤	0131 ⑤	0132 ④
0133 ⑤	0134 ②	0135 ②	0136 ④	0137 ②	0138 ②
0139 ②	0140 ④	0141 ⑤	0142 ②	0143 ①	0144 ④
0145 ④	0146 ②	0147 ①	0148 ③	0149 ②	0150 ⑤

0115 후삼국의 통일 과정 답 ③

깊이있는 정답풀이

(나) 후백제에서 왕위 다툼이 일어나 견훤이 고려에 귀순하였다. (가) 신라의 경순왕이 나라를 더 이상 지탱할 수 없다고 판단하여 935년 고려에 항복함으로써 신라가 멸망하였다. (다) 936년 고려가 일리천에서 후백제군을 격파해 후백제가 멸망하였다. 따라서 후삼국 통일 과정을 시간 순으로 나열하면 (나) – (가) – (다)이다.

0116 고려의 건국과 후삼국 통일 답 ②

깊이있는 정답풀이

(가) 송악(개성), (나) 철원, (다) 완산주(전주), (라) 금성(경주), (마) 고창(안동)이다. (가) 송악에서 궁예는 901년 후고구려를 건국하였다. (나) 철원에서 궁예를 축출한 왕건은 고려를 건국하고, 연호를 '천수'라 하였으며, 송악으로 다시 천도하였다. (다) 완산주에서는 후백제가 건국되었다. (라) 금성(경주)에서는 신라가 고려에 항복하였다. (마) 930년에 벌어진 고창 전투에서 왕건이 승리하며 후삼국 통일의 승기를 잡게 되었다.

(1등급 가이드)
후삼국 통일 과정에서 일어난 주요 사건과 그 사건이 일어난 지역을 지도를 꼼꼼히 파악하여 연도와 함께 잘 연결해 두어야 합니다.

0117 고려 태조의 정책 답 ①

깊이있는 정답풀이

제시된 자료는 태조 왕건이 남긴 훈요 10조 중 일부이다. 제1조에서는 불교를 진흥할 것, 제5조에서는 서경을 중시할 것을 강조하였다. 태조는 후고구려 때의 수도였던 철원에서 고려를 건국한 후 연호를 '천수'로 정한 뒤 수도를 다시 송악으로 옮겼으며, 중앙 관리를 출신 지역의 사심관으로 임명하여 지방을 통제하는 정책을 실시하였다.

☑ 개념잡는 오답풀이

ㄷ. 고려 성종은 당의 3성 6부제를 바탕으로 고려의 실정에 맞게 고쳐 2성
6부제로 정비하였다.

ㄹ. 고려 광종은 공복을 제정하여 왕 아래 관리들의 위계질서를 확립하
였다.

0118 사심관 제도와 기인 제도 　답 ①

🔍 깊이있는 정답풀이

첫 번째 자료의 사심관 제도는 중앙의 관리를 출신 지역의 사심관으로 임
명하여 호족을 통제하려 한 제도이고, 두 번째 자료의 기인 제도는 호족의
자제를 수도에 잡아 둠으로써 지방 세력을 견제하는 동시에 회유하는 제
도였다.

☑ 개념잡는 오답풀이

② 고려는 과거제를 실시하여 능력에 따른 인재 등용을 추구하였다.

③ 고려는 개경을 제외한 평양과 한양을 각각 서경과 남경으로 정하여 나
라의 균형 발전을 꾀하였다.

④ 신라는 통일 이후 수도 금성이 한반도의 동남쪽에 치우친 것을 보완하
고자 군사·행정의 요충지에 5소경을 설치하였다.

⑤ 고려 성종 때 최승로의 시무 28조를 받아들여 유교를 정치 이념으로 삼
아 통치 체제를 정비하였다.

0119 광종 시기의 사실 　답 ⑤

🔍 깊이있는 정답풀이

훈요 10조는 고려 태조가 후대 왕에게 남긴 것이다. 고려 성종은 전국의
주요 지역에 12목을 설치하고 지방관으로 목사를 파견하였으며, 지방의
중소 호족을 향리로 편입하였다. 그러므로 (가) 시기에는 고려 혜종, 정종,
광종, 경종 때의 사건이 들어갈 수 있다. 고려 광종은 왕권 강화 정책을 통
하여 국왕의 권위를 높였고, 그 과정에서 황제를 칭하고 '광덕', '준풍' 등
의 독자적인 연호를 사용하였다.

☑ 개념잡는 오답풀이

① 신라의 신문왕은 유교적 소양을 갖춘 인재를 양성하고자 국학을 설립
하였다.

② 고려 태조는 북진 정책을 추진하여 청천강 유역까지 영토를 넓혔다.

③ 고려 현종은 전국을 5도와 양계, 경기로 크게 구분하였다.

④ 백제 무령왕은 지방에 22담로를 설치하고 왕족을 파견하였다.

0120 고려 광종의 업적 　답 ③

🔍 깊이있는 정답풀이

'노비들을 자세히 살펴서 원래 노비가 맞는지 아닌지를 판별하도록 하였
다'라는 표현을 통해 고려 광종의 노비안검법에 대한 내용임을 알 수 있
다. 광종은 노비의 신분을 조사하여 원래 양인이었던 이들을 원래 신분으
로 되돌려 주었다. 이를 통해 호족들의 경제·군사 기반을 억제하고 양인
이 된 이들에게 조세를 납부하게 함으로써 국가의 재정 기반을 안정시켰
다. 한편 광종은 중국 후주 출신 쌍기의 건의를 받아들여 과거제를 처음으
로 시행하였다. 이를 통해 신진 세력이 등장하였다.

☑ 개념잡는 오답풀이

① 신라의 신문왕은 관료전을 지급하고 녹읍을 폐지하였다.

② 고려 성종은 최승로의 시무 28조를 받아들여 전국에 12목을 설치하고
지방관을 파견하였다.

④ 고려 공민왕은 쌍성총관부를 공격하여 철령 이북의 땅을 수복하였다.

⑤ 고려 태조는 민생 안정을 위해 조세를 경감해 주고 흑창을 설치하였다.

0121 고려 성종과 태조의 정책 　답 ④

🔍 깊이있는 정답풀이

(가)는 고려 성종, (나)는 고려 태조와 관련 있는 자료이다. 태조는 건국
후 여러 호족 세력을 통합하기 위해 유력한 호족과 혼인하고, 관직과 토지
를 하사하는 등 포용 정책을 펼쳤다.

☑ 개념잡는 오답풀이

① 고려 광종 때 과거제를 도입하여 유교적 소양을 갖춘 인재를 관리로 선
발하였다.

② 고려 광종은 노비의 신분을 조사하여 원래 양인이었던 이들을 원래 신
분으로 되돌려 주는 노비안검법을 시행하여 호족의 경제·군사 기반을
약화시켰다.

③ 발해 무왕이 '인안'이라는 독자적 연호를 사용하였다.

⑤는 고려 성종에만 해당하는 설명이다. 태조는 연등회와 팔관회 등의 불
교 행사를 중시하였다.

0122 고려의 중앙 정치 기구 　답 ④

🔍 깊이있는 정답풀이

(가)는 도병마사이다. 중서문하성과 중추원의 고위 관리는 도병마사나 식
목도감에서 주요 사안을 논의하여 결정하였다. 도병마사에서는 국방과 외
교 문자를 담당하였다. 도병마사와 식목도감은 고려만의 독자적인 기구였다.

☑ 개념잡는 오답풀이

① 최고 기구로서 국정을 총괄한 것은 중서문하성이다.

② 6부를 관리하며 정책을 집행한 것은 상서성이다.

③ 왕명을 출납하고 군사 기밀을 담당한 것은 중추원이다.

⑤ 간쟁, 봉박, 서경 등의 권한을 가지고 있었던 것은 대간이다.

0123 고려의 중앙 정치 기구 　답 ④

🔍 깊이있는 정답풀이

(가) 고려의 독자성을 보여 주는 도병마사에서는 국방과 군사 문제를 논의
하였다. 원 간섭기에 도평의사사로 개편되었다. (나) 상서성의 예부는 의
례와 교육을 담당하였다. (다) 중추원은 군사 기밀을 담당하는 추밀(2품
이상의 고위 관료)과 왕명의 출납을 담당하는 승선으로 구성되었다. (라)
어사대는 관리의 비리를 감찰하고 풍기를 단속하는 역할을 맡았다. 대간
은 간쟁, 봉박, 서경 등의 권한이 있어 왕이나 고위 관리를 견제하는 역할
을 담당하였다. (마) 삼사는 국가 재정의 출납과 회계 업무를 맡았다.

④ 중서문하성의 낭사와 어사대의 관리를 합쳐 대간으로 불렀다.

0124 어사대의 역할　답 ⑤

깊이있는 정답풀이

제시된 자료는 고려 시대 어사대의 봉박 및 관리 감찰 기능을 나타낸 것이다. 어사대는 정치의 잘잘못을 논하고 관리의 비리를 감찰하는 임무를 맡았는데, 어사대의 관리는 중서문하성의 낭사와 함께 대간으로 불렸다. 대간은 비록 직위는 낮았지만, 봉박·서경·간쟁권을 가지고 있어서, 왕이나 고위 관리의 활동을 지원하거나 제약하여 정치 운영에 견제와 균형을 이루는 역할을 하였다.

개념잡는 오답풀이

① 고려 시대에는 특별히 수도의 행정과 치안을 담당한 기구를 중앙 관서로 따로 두지 않았다.
② 중추원에서 군사 기밀과 왕명의 출납을 담당하였다.
③ 도병마사에서 회의를 통해 국방 문제를 결정하였다.
④ 삼사에서는 국가 재정의 회계 업무를 처리하였다.

0125 고려의 지방 행정 제도　답 ⑤

깊이있는 정답풀이

고려의 5도는 일반 행정 구역으로서 각 도를 감찰하기 위해 안찰사가 파견되어 도 내의 지방을 순찰하였다. 고려 시대에 중앙에서 지방관이 파견되는 것은 주·군·현까지였다. 그러나 지방관이 파견되는 주현보다 파견되지 않은 속현이 더 많았다.

개념잡는 오답풀이

ㄱ. 삼국을 통일한 후 신라는 전국을 9주로 나누었다.
ㄴ. 통일 신라 때 주요 지역에 5개의 소경을 두었다.

0126 고려의 지방 행정 제도　답 ③

깊이있는 정답풀이

북계와 동계의 양계는 북방 민족의 침략을 막기 위한 군사 행정 구역으로, 고려는 이 지역에 병마사를 파견하였다. 또한 주진군을 주둔시켜 국경 수비를 전담하도록 하였다.

개념잡는 오답풀이

ㄱ. 주현과 속현, 특수 행정 구역이 있었던 것은 일반 행정 구역인 5도이다.
ㄹ. 통일 신라는 수도가 지리적으로 동남쪽에 치우친 점을 보완하고자 5소경을 설치하였다.

0127 고려의 통치 제도 정비　답 ⑤

깊이있는 정답풀이

전국을 경기와 5도 양계로 정비한 국가는 고려이다. 고려는 당의 3성 6부제와 송의 제도를 참고하여 중앙 정치 제도를 2성 6부제로 정비하였다.

개념잡는 오답풀이

① 발해는 당으로부터 '바다 동쪽의 번성한 나라'라는 의미의 해동성국이라 불리었다.
② 진흥왕은 신라의 왕이다.
③ 무열왕의 직계 자손이 왕위를 세습한 나라는 신라이다.
④ 백제 성왕은 사비(부여)로 수도를 옮기고 국호를 '남부여'로 바꾸었다.

0128 고려의 과거제　답 ②

깊이있는 정답풀이

'국자감시', '제술과'라는 단어를 통해 고려의 과거제임을 알 수 있다. 고려의 과거제는 문과, 잡과, 승과로 구분하였고, 문관을 뽑는 문과는 제술과와 명경과로 다시 구분하였다. 고려 시대에는 과거에 급제한 사람이 음서로 관직에 진출한 사람보다 고위 관직에 오르는 데 유리하였다.

개념잡는 오답풀이

ㄴ. 잡과는 기술관을 선발하는 시험이었다.
ㄹ. 공신이나 5품 이상 관리의 자손을 대상으로 한 제도는 음서이다.

0129 문벌 세력의 특징　답 ③

깊이있는 정답풀이

여러 대에 걸쳐 높은 관직과 권력을 독차지하였다는 내용에서 (가) 세력은 문벌임을 알 수 있다. 문벌은 정치적으로는 음서를 통해 관직을 물려 주었고, 공음전을 통해 경제적 특권을 유지하였다.

개념잡는 오답풀이

① 녹읍은 고구려, 백제, 신라에서 관리에게 나누어 준 토지로 노동력 징발이 가능하였다.
② 신라의 귀족은 화백 회의를 통해 국가 중대사에 대한 의견을 나누었다.
④ 고려 광종은 호족의 세력 기반을 약화시키기 위해 노비안검법을 실시하였다.
⑤ 원 간섭기에 친원적 성향을 띤 권문세족이 지배 세력으로 성장하였다.

0130 이자겸의 난　답 ⑤

깊이있는 정답풀이

(가)에 들어갈 인물은 인종의 외할아버지이자 장인인 이자겸이다. 대표적인 문벌인 경원 이씨 집안은 왕실과의 계속된 혼인을 통해 가장 유력한 외척 가문이 되었다. 특히 이자겸은 예종과 인종에게 딸들을 시집보내고, 인종이 왕위에 오르는 데 큰 역할을 하면서 최고 권력자가 되었다. 이자겸의 권력은 국왕을 넘어설 정도여서 그는 공공연히 뇌물을 받고, 백성의 토지를 빼앗았다. 이자겸의 권력 독점에 위협을 느낀 인종과 측근 세력은 이자겸을 제거하려 하였으나, 이를 눈치챈 이자겸이 먼저 척준경과 함께 반란을 일으켰다(이자겸의 난, 1126).

개념잡는 오답풀이

① 백제 근초고왕은 마한의 남은 세력을 정복하여 영토를 넓혔다.
② 최승로는 고려 성종에게 시무 28조를 지어 바쳤다.
③ 묘청 등 서경 세력은 칭제건원과 금 정벌을 주장하였다.
④ 요동 정벌을 위해 출정했던 이성계는 위화도에서 군사를 돌려 개경으로 돌아왔다.

0131 서경 세력과 개경 세력의 대립　답 ⑤

깊이있는 정답풀이

(가)는 묘청을 중심으로 서경 천도를 주장한 세력(서경파), (나)는 서경 천도에 반대한 보수적 문벌 세력(개경파)의 주장이다. 이자겸의 난으로 왕실의 권위가 떨어지자 인종은 왕권 강화, 민생 안정, 국방력 강화를 위한 개혁을 추진하였다. 이 과정에서 묘청과 정지상 등을 중심으로 하는 서경(평

양) 출신의 신진 관리들이 성장하였다.
⑤ (가) 세력이 서경 천도와 금 정벌을 주장하였다.

0132 묘청의 서경 천도 운동 　　　　답 ④

깊이있는 정답풀이

제시된 자료는 신채호의 글로 밑줄 친 '이 사건'은 묘청의 서경 천도 운동을 말한다. 묘청을 중심으로 한 서경 세력은 고려를 황제국이라 부르고 금을 정벌하자고 주장하였다.

개념잡는 오답풀이

① 몽골은 무신 정권 시기인 13세기 초에 고려를 침략하였다.
② 고려 말 공민왕이 개혁을 추진하는 과정에서 신진 사대부가 성장하였다.
③ 이자겸의 난은 묘청의 서경 천도 운동 이전인 1126년에 일어났다.
⑤ 묘청 등은 풍수지리설에 따라 수도를 서경(평양)으로 옮기자고 주장하였다.

0133 무신 정변의 전개 　　　　답 ⑤

깊이있는 정답풀이

이자겸의 난과 묘청의 서경 천도 운동은 문신 중심의 문벌 사회를 크게 흔들었다. 그러나 개경의 보수적인 문벌 세력은 이러한 상황에 제대로 대응하지 못하였다. 자신들의 이익만 챙기고 무신들을 차별 대우하였으며, 심지어 군인전을 제대로 지급하지 않는 등 실정을 거듭하였다. 결국 정중부, 이의방 등 무신들은 무신 정변을 일으켜 많은 문신을 죽이고 의종을 폐위한 후 명종을 세워 정권을 장악하였다(1170).
⑤ 고려의 왕은 공식적으로 금의 정벌을 추진한 적이 없다.

0134 무신 정권의 주요 기구 　　　　답 ②

깊이있는 정답풀이

무신 정변(1170) 이후 무신 집권자들은 권력 기구를 두어 정권을 장악하였다. 중방은 원래 중앙군의 지휘관인 상장군과 대장군 등 무신들의 회의 기구였으나, 무신 정변 이후부터 최충헌이 권력을 잡을 때까지 최고 권력 기구가 되었다. 최씨 무신 정권을 세운 최충헌은 국정을 총괄하는 최고 정치 기구로 교정도감을 설치하였고, 스스로 교정도감의 우두머리인 교정별감이 되어 권력을 행사하였다.

개념잡는 오답풀이

ㄴ. 도방은 경대승이 만든 사병 집단이었는데, 경대승 사후 폐지되었다. 최씨 무신 정권 때 부활하였다.
ㄹ. 정방은 최우가 설치한 인사 행정 담당 기구이다.

0135 무신 집권자의 변화 　　　　답 ②

깊이있는 정답풀이

무신 정권 초기에는 무신 간의 권력 다툼으로 사회가 혼란하였다. 정중부가 이의방을 죽이고 정권을 장악하였으나, 그도 경대승에게 죽임을 당하였다. 경대승이 죽은 뒤에 천민 출신인 이의민이 정권을 잡았으나, 최충헌이 이의민을 제거하고 정권을 잡은 이후 4대 60여 년간의 최씨 무신 정권이 전개되었다.
② 최충헌은 교정도감을 설치하여 최고 권력 기구로 삼았다.

0136 무신 정권의 특징 　　　　답 ④

깊이있는 정답풀이

무신 정변 이후 무신들의 과도한 토지 소유는 전시과 체제를 붕괴시켰고 농민을 궁핍하게 만들었다. 또한 이의민과 같은 천민 출신 최고 권력자의 등장은 하층민들의 사회의식을 변화시켜 농민과 천민의 대규모 봉기가 곳곳에서 일어나는 데 영향을 주었다.

0137 만적의 봉기 모의 　　　　답 ②

깊이있는 정답풀이

개경의 사노비 만적은 최충헌을 죽인 뒤 노비 문서를 불태우자며 봉기를 계획하였으나 사전에 발각되었다. 따라서 (가) 인물은 최충헌이다. 최충헌은 이의민을 몰아내고 권력을 잡았다. 이후 60여 년간 최씨 무신 정권이 지속되었다.

개념잡는 오답풀이

① 대표 문벌 세력이었던 이자겸은 척준경과 함께 난을 일으켰다.
③ 최충헌의 뒤를 이어 집권한 최우는 정방을 설치하였다.
④ 최충헌은 교정도감을 설치하고 사병 조직이었던 도방을 확대하였다.
⑤ 묘청의 서경 천도 운동은 김부식 등이 이끄는 관군에 진압되었다.

0138 무신 집권자 최우 　　　　답 ②

깊이있는 정답풀이　　🔍 추론 TIP　정방을 자기 집에 설치 → 최우

> 백관이 ___(가)___ 의 집에 가서 인사 관련 장부를 올리니 그가 마루에 앉아서 이를 받았다. 이때부터 ___(가)___ 은/는 정방을 자기 집에 설치하고 여기에서 백관의 인사를 결정하였다.

최우는 최충헌의 뒤를 이어 정권을 장악하였다. 그는 정방을 자기 집에 설치하여 인사권을 장악하고, 서방을 두어 문신들의 자문을 얻었다. 또한, 몽골에 저항하기 위해 강화도로 천도하였다.

개념잡는 오답풀이

ㄴ. 권문세족은 무신 정권이 무너진 후 원 간섭기에 등장한 지배 세력이다.
ㄹ. 진골 귀족 간에 왕위 쟁탈전이 벌어진 시기는 신라 말이다.

0139 만적 　　　　답 ②

깊이있는 정답풀이

만적은 개경의 사노비로 1198년에 신분 해방을 꿈꾸며 봉기를 준비하였으나 사전에 적발되어 실패하였다.

개념잡는 오답풀이

① 명종 때 공주 명학소에서 망이·망소이 형제가 과도한 수취에 반발하여 봉기하였다. 정부는 명학소를 충순현으로 승격시켜 무마하였으나 이들이 봉기를 계속하자 군대를 파견하여 토벌하였다.
③ 묘청, 정지상 등 서경 세력이 풍수지리설을 근거로 서경 천도를 주장하였다.
④ 정중부, 이의방 등 무신이 문신들을 제거하고 정권을 잡았다.
⑤ 이자겸이 예종과 인종에게 딸을 시집보내며 막강한 권력을 누렸다.

0140 무신 정권 시기의 사회 혼란 답 ③

깊이있는 정답풀이

제시된 지도는 무신 정권 시기의 사회 혼란을 보여 준다. 무신 정권이 들어선 이후 지방 사회는 크게 동요하였다. 무신 출신의 지방관들이 과도한 세금을 거두었지만, 권력 투쟁에 휩싸여 있던 중앙 정부는 이를 통제하기 어려웠다.

③ 권문세족은 원 간섭기에 성장한 세력이다.

0141 원 간섭기 관제 격하 답 ⑤

깊이있는 정답풀이

몽골과의 강화 이후 고려의 왕은 원의 공주와 결혼하여 원 황제의 부마(사위)가 되었고, 왕실의 호칭과 격은 부마국에 맞추어 바꾸었다. 원에 충성한다는 의미로 묘호 앞에 충(忠) 자를 붙이고, 조·종을 왕으로 격하하였다. 아울러 관청의 명칭도 제후국 수준으로 격이 낮아졌다. 중서문하성과 상서성은 첨의부로 합쳐지고, 중추원은 밀직사로, 6부는 4사로 격하되었다. 또한 원의 요구에 맞추어 고려의 인력과 물자를 바쳐야 했다.

개념잡는 오답풀이

ㄱ. 발해는 926년 거란에 의해 멸망하였다.

ㄴ. 처인성 전투는 고려가 몽골에 항쟁할 때 있었던 일이다.

0142 원 간섭기의 사회 모습 답 ②

깊이있는 정답풀이

원 간섭기에는 다루가치가 파견되어 고려의 내정을 간섭하였으며, 고려 국왕이 원 공주와 혼인하면서 고려는 원의 사위 국가인 부마국이 되었다. 이에 따라 왕실의 호칭과 관제의 격이 낮아졌다.

개념잡는 오답풀이

① 망이·망소이의 난은 무신 집권기에 일어났다.

③ '준풍'은 고려 광종 때 사용했던 연호이다.

④ 고려 전기에 묘청 등 서경 세력이 서경 천도를 주장하였으나 개경의 보수적 문벌의 반대로 좌절되었다.

⑤ 고려가 원 간섭기에 원의 부마국이 되면서 관제가 격하되어 중서문하성과 상서성은 첨의부로 합쳐졌다.

0143 원 간섭기의 사회 상황 답 ①

깊이있는 정답풀이

원 간섭기에 고려의 2성 6부가 첨의부와 4사로 격하되었고, 중추원이 밀직사가 되었다. 따라서 (가) 시기는 원 간섭기이다. 원 간섭기에는 원의 세력을 배경으로 성장한 권문세족이 백성들의 토지를 빼앗고, 백성들을 노비로 만들었다.

개념잡는 오답풀이

② 교정도감은 고려 무신 정권 시기 최충헌이 설치한 기구로 최고 권력 기관이 되었다.

③ 고려 초 광종이 노비안검법을 실시하여 공신과 호족의 세력을 약화하려 하였다.

④ 몽골과의 전쟁 시기에 처인성 전투가 일어났다.

⑤ 고려 전기인 인종 때 묘청 등이 서경 천도를 주장하였다.

0144 고려 공민왕의 업적 답 ③

깊이있는 정답풀이

제시된 지도의 해당 지역은 공민왕 때 수복되었다. 원은 고종 때에 화주(영흥)에 쌍성총관부를 설치하여 철령 이북을 직속령으로 편입하였고, 자비령 이북을 차지하여 서경에 동녕부를 설치하였다. 또 삼별초의 항쟁을 진압한 뒤 제주도에 탐라총관부를 설치하고 목마장을 경영하였다. 동녕부와 탐라총관부는 충렬왕 때 다시 찾았으나, 쌍성총관부는 공민왕이 무력으로 회복할 때까지 원의 지배를 받았다. 한편, 공민왕은 기철 등 친원 세력 숙청, 고려의 관제 복구, 전민변정도감 설치 등 개혁을 단행하였다.

③ 고려 말 우왕은 최영과 함께 요동 정벌을 추진하였다.

0145 공민왕의 개혁 정책 답 ④

깊이있는 정답풀이

공민왕은 전민변정도감을 설치하여 권문세족이 불법적으로 빼앗은 토지를 원래 주인에게 돌려주었고, 강제로 노비가 된 자는 양민으로 해방시켰다. 원이 일본 원정을 준비하기 위해 설치하였던 정동행성은 원정이 실패한 이후에도 고려의 내정 간섭 기구로 남았다. 공민왕은 정동행성 이문소를 폐지하고, 쌍성총관부를 공격하여 철령 이북의 땅을 회복하였다.

개념잡는 오답풀이

ㄱ. 고려 광종은 '광덕', '준풍'과 같은 독자적인 연호를 사용하였다.

ㄷ. 공민왕은 원의 간섭으로 달라진 제도를 복구하고, 변발 등의 몽골식 생활 풍속도 금지하였다.

0146 고려 말 신진 사대부의 활동 답 ②

깊이있는 정답풀이

성리학을 중시하고 명과 친선 관계를 맺어야 한다고 주장하는 내용을 통해 자료가 고려 말에 성장한 신진 사대부에 대한 것임을 알 수 있다. 신진 사대부는 성리학을 바탕으로 권문세족과 불교의 비리와 폐단을 비판하고 개혁을 도모하였다.

개념잡는 오답풀이

① 시무 28조는 고려 성종 때 최승로가 제출하였다.

③ 무신 집권기에 운문과 초전에서는 김사미와 효심이 봉기를 일으켰다.

④ 몽골과의 전쟁 이후 개경 환도에 반발하여 삼별초가 봉기하였다.

⑤ 중방은 무신 정권 초기 국정 운영을 주도한 기관으로, 무신들은 중방을 중심으로 국정을 운영하였다.

0147 신진 사대부의 특징 답 ①

깊이있는 정답풀이

공민왕이 추진한 개혁 가운데 과거제 개선과 성균관 재정비는 신진 사대부의 정계 진출에 크게 이바지하였다. 이들은 주로 공민왕 때 과거를 통해 중앙 정계에 진출한 향리 출신으로 성리학을 수용하고 불교의 폐단을 비판하였다. 또한, 권문세족으로 대표되는 구질서와 여러 가지 모순을 비판하고, 전반적인 사회 개혁과 문화 혁신을 추구하였다. 이들은 이성계 등과 같은 신흥 무인 세력과 연합하여 정권을 장악한 뒤 권문세족을 축출하였다.

☑ 개념잡는 오답풀이

ㄷ. 홍건적과 왜구를 격퇴하는 과정에서 이성계, 최영 등 신흥 무인 세력
이 성장하였다.

ㄹ. 고려 전기 일부 가문이 대대로 고위 관직자를 배출하면서 문벌을 형성
하였다.

0148 위화도 회군　　답 ③

☑ 깊이있는 정답풀이

최영은 요동 정벌을 계획하고 이성계에게 요동을 정벌하도록 지시하였다.
이성계는 4불가론을 내세워 요동 출병에 반대하였으나 받아들여지지 않았
다. 결국, 이성계는 1388년 명으로 들어가는 길목인 압록강의 위화도에서
회군하여 개경으로 진격하였다(위화도 회군). 권력을 장악한 이성계는 최
영을 귀양 보내 죽이고, 우왕을 폐위한 후 창왕을 왕위에 세웠다.

☑ 개념잡는 오답풀이

① 신라 신문왕은 김흠돌의 반란을 진압하며 진골 귀족 세력을 숙청하였다.

② 이자겸의 난과 묘청의 서경 천도 운동으로 문벌 사회가 더욱 분열되었다.

④ 이성계와 정도전 등 신진 사대부는 새 왕조 건국에 반대하는 정몽주 등
을 제거하고 조선을 건국하였다.

⑤ 1170년에 정중부, 이의방 등 무신이 많은 문신을 죽이고 정권을 장악
하였다.

0149 고려 말 이성계의 활동　　답 ④

☑ 깊이있는 정답풀이

위화도에서 회군하여 수도인 개경을 장악하는 내용을 통해 (가) 인물은 이
성계임을 알 수 있다. 이성계는 요동 정벌에 나섰으나, 위화도 회군을 단
행하여 고려의 정권을 장악하였고, 나아가 정도전 등 신진 사대부와 조선
을 세웠다.

☑ 개념잡는 오답풀이

① 도방은 무신 정권 시기 최고 권력자의 사병 집단으로, 최충헌 때 확었
되었다.

② 몽골이 침입했을 때 최씨 무신 정권의 최우가 강화도로 천도하였다.

③ 개경 환도에 반발한 삼별초가 강화도에서 진도와 제주도로 근거지를
옮기며 항쟁하였다.

⑤ 고려 전기 이자겸이 척준경과 함께 난을 일으켜 정권을 장악하려 하였다.

0150 고려의 멸망　　답 ⑤

☑ 깊이있는 정답풀이

(다) 우왕과 최영은 중국에 새롭게 등장한 명이 요동 지역으로 진출하면서
쌍성총관부가 있던 철령 이북 지역을 돌려줄 것을 요구하자, 요동 정벌을
추진하였다. 그러나 (라) 요동 정벌에 반대한 이성계가 (나) 위화도에서 군
대를 돌려, 우왕과 최영을 몰아내고 권력을 장악하였다(위화도 회군,
1388). 이성계와 정도전 등을 중심으로 한 신진 사대부는 본격적인 개혁
을 시작하였다. 이들은 (가) 권문세족의 경제적 기반을 약화시키기 위해
과전법을 마련하였다.

0151 고려 태조의 정책

(1) 답 태조(태조 왕건)

(2) ✔ 모범답안 힘 있는 호족과 혼인 관계를 맺었으며, 성씨를 하사하는 등
포용 정책을 펼쳤다. 또한 사심관 제도와 기인 제도를 시행하여 호족
을 견제하고자 하였다.

채점 기준	배점
혼인 관계 맺음, 성씨 하사, 사심관 제도 실시, 기인 제도 실시 중 세 가지 이상 서술한 경우	상
위 내용 중 두 가지를 서술한 경우	중
위 내용 중 한 가지만 서술한 경우	하

0152 노비안검법 실시의 영향

✔ 모범답안 노비안검법, 호족과 공신들의 노비였던 사람들이 양인이 되면서
호족과 공신들의 사병이 줄었고, 경제력이 약화되었다. 반면 양인이 된 사
람들이 세금을 내면서 국가 재정은 늘어났다.

채점 기준	배점
노비안검법을 쓰고, 호족과 공신들의 사병 축소·경제력 약화·국가 재정 확충을 모두 서술한 경우	상
노비안검법을 쓰고, 위 내용 중 일부를 서술한 경우	중
노비안검법이라고만 쓴 경우	하

0153 고려의 지방 행정 제도 정비

✔ 모범답안 성종은 최승로의 건의를 받아들여 전국에 12목을 설치하고 지
방관을 파견하였다. 또한 지방 호족을 향리로 편입하였다.

채점 기준	배점
전국에 12목을 설치, 지방관 파견을 모두 서술한 경우	상
위 내용 중 한 가지만 서술한 경우	하

0154 고려의 독자적인 정치 기구

(1) 답 (가) 도병마사, (나) 식목도감

(2) ✔ 모범답안 도병마사와 식목도감은 고려만의 독자적인 기구로, 중서문
하성과 중추원의 고위 관리인 재신과 추밀(추신)의 합의를 통해 운영
되었다.

채점 기준	배점
독자적인 기구, 고위 관리의 합의로 운영한 방식을 모두 서술한 경우	상
위 내용 중 한 가지만 서술한 경우	하

0155 이자겸의 난과 그 영향

✔ 모범답안 인종은 이자겸의 권력이 강해지자 일부 신진 관리들과 함께 이
자겸을 몰아내려고 하였다. 이에 이자겸은 스스로 왕이 되기 위해 난을 일

으켰으나 결국 제거되었다. 이자겸의 난을 계기로 문벌 사회의 분열은 더욱 심해졌다.

채점 기준	배점
이자겸이 난을 일으킨 과정을 서술하고, 그 영향으로 문벌 사회의 분열을 제시한 경우	상
이자겸이 난을 일으킨 후 문벌 사회의 분열이 심해졌다고 서술한 경우	중
이자겸이 난을 일으킨 과정만을 서술한 경우	하

0156 무신 정변의 배경

(1) 답 무신 정변
(2) 모범답안 이자겸의 난과 묘청의 서경 천도 운동 이후 문벌의 갈등이 심해지고 여전히 문벌이 권력과 경제력을 독점하였다. 한편 무신은 문신에 비해 차별 대우를 받아 불만이 높았다.

채점 기준	배점
이자겸의 난, 묘청의 서경 천도 운동을 포함하여 문벌 사회의 모순과 무신의 차별 대우를 모두 서술한 경우	상
문벌 사회의 모순과 무신의 차별 대우를 서술한 경우	중
무신의 차별 대우만 서술한 경우	하

0157 무신 정권 시기 농민·천민 봉기의 발생

모범답안 무신들의 수탈로 농민과 천민의 생활은 궁핍해져 불만이 높아졌다. 한편, 이의민 등 천민 출신의 최고 권력자가 나타나자 신분 상승에 대한 기대감이 커져 신분 해방 운동을 꾀하기도 하였다.

채점 기준	배점
무신들의 수탈, 천민 출신 최고 권력자 등장을 모두 서술한 경우	상
위 내용 중 한 가지만 서술한 경우	하

0158 공민왕의 반원 정책

모범답안 친원 세력을 제거하고 정동행성 이문소를 폐지하였으며, 쌍성총관부를 공격하여 철령 이북의 영토를 되찾았다. 또 고려의 관제를 복구하였으며, 몽골풍을 금지하였다.

채점 기준	배점
친원 세력 제거, 정동행성 이문소 폐지, 쌍성총관부 공격, 관제 복구, 몽골풍 금지 중 세 가지를 서술한 경우	상
위 내용 중 두 가지를 서술한 경우	중
위 내용 중 한 가지만 서술한 경우	하

0159 권문세족과 신진 사대부

모범답안 권문세족은 친원적 성향이 강하였고, 주로 음서를 통해 관직에 진출하였다. 반면 신진 사대부는 과거를 통해 정계에 진출하였고, 권문세족의 비리와 부패를 비판하였다.

채점 기준	배점
권문세족과 신진 사대부의 정치 성향, 정계 진출 방법을 모두 비교하여 서술한 경우	상
권문세족과 신진 사대부 중 한 세력에 대해서만 바르게 서술한 경우	하

0160 신진 사대부와 신흥 무인 세력

(1) 답 (가) 신진 사대부, (나) 신흥 무인 세력
(2) 모범답안 고려 말 개혁에 적극적이었던 정도전 등 신진 사대부는 신흥 무인 세력인 이성계와 손을 잡고 조선을 건국하였다.

채점 기준	배점
정도전, 이성계의 이름을 제시하고 조선 건국까지 서술한 경우	상
정도전, 이성계 중 한 명의 이름만 제시하고 조선 건국을 서술한 경우	중
조선 건국만 서술한 경우	하

0161 고려 말 최영의 활동

(1) 답 최영
(2) 모범답안 최영은 홍건적과 왜구의 침입을 물리치며 성장하였고, 명의 철령위 설치 통보에 맞서 요동 정벌을 추진하였다.

채점 기준	배점
홍건적과 왜구의 침입 격퇴와 요동 정벌 추진을 모두 서술한 경우	상
요동 정벌 추진만 서술한 경우	중
홍건적과 왜구의 침입 격퇴만 서술한 경우	하

0162 고려 지배 세력의 변천

(1) 답 (가) 문벌, (나) 신진 사대부
(2) 모범답안 문벌은 과거와 음서를 통해 여러 대에 걸쳐 고위 관료를 배출하였고, 다른 문벌 또는 왕실과 혼인을 통해 지위를 강화하였다. 신진 사대부는 공민왕의 개혁 과정에서 과거를 통해 관직에 진출하며 성장하였다.

채점 기준	배점
문벌의 성장 배경과 신진 사대부의 성장 배경을 모두 서술한 경우	상
문벌의 성장 배경만 서술한 경우	중
신진 사대부의 성장 배경만 서술한 경우	하

03 조선 사회의 성립과 발전

STEP 1 O/X 문제로 교과서 핵심 자료 보기 044~045쪽

0163 O	0164 O	0165 O	0166 O	0167 X	0168 X
0169 O	0170 X	0171 O	0172 O	0173 O	0174 X
0175 X	0176 O	0177 O	0178 X	0179 X	0180 X
0181 O	0182 X	0183 X	0184 O	0185 O	0186 O
0187 X	0188 O				

STEP 2 객관식 풀어 보기 046~053쪽

0189 ④	0190 ①	0191 ①	0192 ④	0193 ⑤	0194 ④
0195 ⑤	0196 ④	0197 ⑤	0198 ④	0199 ④	0200 ⑤
0201 ①	0202 ④	0203 ③	0204 ②	0205 ③	0206 ②
0207 ③	0208 ⑤	0209 ③	0210 ③	0211 ③	0212 ②
0213 ①	0214 ④	0215 ②	0216 ③	0217 ④	0218 ③
0219 ②	0220 ④				

0189 조선의 건국 과정 답 ④

깊이있는 정답풀이

(가) 위화도 회군은 1388년, (나) 한양 천도는 1394년에 단행되었다. 위화도 회군으로 정권을 잡은 이성계는 급진파 신진 사대부와 함께 권문세족의 경제적 기반을 약화시키기 위해 1391년 과전법을 시행하였다.

개념잡는 오답풀이

① (가) 이전 시기에 몽골은 일본 원정을 위해 고려에 정동행성을 설치하였다. 원정이 실패한 이후에도 정동행성은 고려에 계속 남아 내정을 간섭하였다.
② 9서당 10정은 통일 신라의 군사 제도이다.
③ 고려 초 광종은 노비안검법을 시행하였다.
⑤ (가) 이전 우왕 때 명은 함경도와 강원도 경계에 있는 철령 이북 땅이 원래 원에 속하였다는 이유로 이 땅을 직속령으로 삼겠다고 고려에 알렸다.

0190 6조 직계제 답 ①

깊이있는 정답풀이

6조가 각각 직무를 직계한다는 내용에서 6조 직계제임을 알 수 있다. 6조 직계제는 태종과 세조 때에 실시되었으며, 왕의 권한이 강화되는 결과를 가져왔다.

개념잡는 오답풀이

ㄷ. 의정부 서사제가 실시되었을 때 의정부 대신들의 역할이 확대되었다.
ㄹ. 붕당 간의 균형을 이루기 위해 시행된 정책으로는 탕평책이 있다.

0191 태종의 업적 답 ①

깊이있는 정답풀이

'두 차례 왕자의 난', '6조 직계제 실시' 등을 통해 밑줄 친 '왕'은 태종임을 알 수 있다. 태종은 국왕 중심의 통치 체제를 정비하고자 의정부를 거치지 않고 6조에서 직접 국왕에게 중요 사안을 올리는 6조 직계제를 채택하였다. 또한 직접 군사 지휘권을 장악하기 위해 사병을 혁파하였고, 양전 사업과 호패법을 실시하여 호구를 파악하였다.

개념잡는 오답풀이

ㄷ. 세종이 훈민정음을 창제하였다.
ㄹ. 세조 때 편찬하기 시작한 『경국대전』은 성종 때 완성되어 반포되었다.

0192 세종의 정책 답 ④

깊이있는 정답풀이

집현전을 설치하고, 훈민정음을 창제한 왕은 세종이다. 세종은 의정부 서사제를 시행하여 왕의 권한을 의정부에 많이 넘겨주었다. 하지만 인사와 군사에 관한 일은 자신이 직접 맡아 왕권과 신권의 조화를 꾀하였다.

개념잡는 오답풀이

① 신라 신문왕은 유교적 소양을 갖춘 인재를 등용하고자 국학을 설립하였다.
② 고려 말 이성계는 위화도 회군으로 정권을 장악하였다.
③ 공민왕은 신돈을 등용한 후 전민변정도감을 설치하였다.
⑤ 조선 세조 때 『경국대전』 편찬을 시작하였다.

0193 의정부 서사제 답 ⑤

깊이있는 정답풀이

제시된 자료는 세종 때 실시된 의정부 서사제에 대한 내용이다. 의정부 서사제는 의정부가 6조의 업무를 논의하여 왕에게 보고하고 왕의 재가를 받아 이를 6조에 하달하는 방식으로, 의정부의 재상들이 국정 운영에서 중요한 역할을 담당하였다.

0194 조선 세조의 정책 답 ④

깊이있는 정답풀이

세조는 정변을 일으켜 단종을 몰아내고 왕위에 올랐다. 이후 6조 직계제를 실시하여 왕권을 강화하였고, 집현전과 경연을 폐지하였다. 또한 『경국대전』 편찬에 착수하였다. 『경국대전』은 이후 성종 때 완성되었다.

개념잡는 오답풀이

① 태조가 국호를 조선으로 확정하였다.
② 성종이 집현전을 계승한 홍문관을 설치하였다.
③ 태종이 호패법을 실시하고 양전 사업을 실시하였다.
⑤ 고려 후기 공민왕이 정동행성 이문소를 폐지하는 등 반원 정책을 추진하였다.

0195 『경국대전』의 구성 답 ⑤

깊이있는 정답풀이

'세조 때 시작해 성종 때 완성', '유교적 법치 국가 토대 마련'이라는 표현을 통해 (가) 서적이 『경국대전』임을 알 수 있다. 『경국대전』은 이전·호전·예전·병전·형전·공전의 6전으로 구성되어 있었고, 조선 후기까지 개정을 거듭해 법률 체계의 골격을 이루었다.

개념잡는 오답풀이

ㄱ. 『경국대전』은 역사서가 아니라 법전이다.

ㄴ. 일지 형식으로 작성된 문서로는 『승정원 일기』 등이 있다.

0196 조선의 중앙 정치 조직 답 ④

깊이있는 정답풀이

조선의 중앙 정부는 의정부와 6조를 중심으로 운영되었다. 의정부에서는 재상들이 협의하여 정책을 심의하였고, 6조는 정책의 실질적인 행정 업무를 담당하였다. 3사인 사헌부, 사간원, 홍문관은 왕과 대신들의 정책이나 비리를 비판하고 고발하여 권력 독점과 부정을 방지하였다. 이들의 의견은 고관이나 왕도 무시할 수 없었기 때문에 직위가 높지는 않았지만 여론을 이끄는 역할을 하였다. 또한 역사서 편찬과 보관을 담당하는 춘추관, 수도의 치안을 담당하는 한성부 등이 있었다.

④ 승정원은 국왕의 비서 기관으로 왕명 출납을 담당하였다. 왕의 특명으로 죄인을 다스린 곳은 의금부이다.

0197 삼사의 역할 답 ⑤

깊이있는 정답풀이

(가)는 사헌부, (나)는 사간원, (다)는 홍문관이다. 사간원과 사헌부를 양사라 하고 여기에 홍문관을 합쳐 3사라 하였는데, 이들은 권력의 독점과 부정을 막는 언론 기능을 담당하였다.

개념잡는 오답풀이

① 홍문관 관원들이 경연을 주관하였다.

② 사헌부 관원들이 관리를 감찰하는 역할을 하였다.

③ 춘추관에서 실록 등 역사서를 편찬·보관하였다.

④ (가)와 (나)의 관원들을 대간이라고 불렀다.

0198 조선의 지방 행정 제도 답 ④

깊이있는 정답풀이

조선은 지방 행정 제도를 정비하여 국왕의 권력이 직접 백성에게 미칠 수 있도록 하였다. 전국을 8도로 나누어 관찰사를 파견하였고, 그 아래 부·목·군·현을 두어 모든 군현에 수령을 파견하였다. 수령은 행정·사법·군사권을 행사하며 백성을 지배하였다. 향리는 고려 시대에 비해 그 지위가 낮아져 수령의 보좌 역할에 머물렀다. 한편, 지방 양반들은 유향소를 설치하여 향촌 자치를 꾀하였는데, 정부는 경재소를 두어 유향소를 통제하였다. 이렇듯 조선 시대에는 고려 시대보다 중앙과 지방의 일원적 통치 체제가 강화되었다.

④ 조선 정부는 특수 행정 구역이었던 향·부곡·소를 일반 군현으로 승격하거나 주변 군현에 통합하였다.

0199 관찰사의 역할 답 ④

깊이있는 정답풀이

제시된 업무 일지는 조선 시대 관찰사의 역할을 보여 준다. 조선은 지방의 8도에 감영을 설치하고 관찰사를 파견하였다. 관찰사는 관할 도내에서 행정·사법·군사권을 행사하였고, 부·목·군·현의 지방관을 감찰하는 역할을 담당하였다.

개념잡는 오답풀이

① 조선 시대에는 사헌부와 사간원의 관리에게 간쟁, 봉박, 서경의 권한이 있었다.

② 조선에서는 지방관이 자신의 출신 지역에 근무하지 않도록 하는 상피제를 실시하였다.

③ 조선 시대에 군과 현에 파견된 지방관을 수령이라 하였다.

⑤ 서경은 5품 이하의 하급 관리를 임명할 때만 적용되었다.

0200 수령의 임무 답 ⑤

깊이있는 정답풀이

제시된 자료는 수령이 지방을 통치할 때 힘써야 할 일곱 가지 사항을 나타낸 수령 7사이다. 조선은 각 도에 관찰사를 파견하고, 군·현에는 수령을 파견하여 지방 행정을 맡겼다. 수령은 왕의 대리인으로서 그 지방의 행정뿐만 아니라 사법·군사에 관한 사무도 담당하였다.

개념잡는 오답풀이

① 안찰사는 고려 시대에 5도에 파견되었다.

② 향리들은 그 직역을 세습하고 여러 대에 걸쳐 같은 고을에 살면서 영향력을 행사하였다.

③ 수령은 모든 군·현에 파견되었다.

④ 유향소는 향촌 사회에서 농민을 지배하던 사족들이 향촌 자치를 위하여 설치한 기구로, 수령을 보좌하고 향리를 감찰하는 등 향촌 사회의 풍속을 바로잡는 역할을 하였다.

0201 유향소의 역할 답 ①

깊이있는 정답풀이

(가)는 유향소이다. 유향소는 지방 사족들로 구성되었고 향청으로 불리기도 하였다. 수령을 보좌하고 향리를 감독하는 업무를 담당하였으며, 향촌 사회의 풍속을 교정하였다. 정부는 한양에 경재소를 두어 유향소를 통제하기도 하였다.

개념잡는 오답풀이

② 국가의 큰 죄인을 다스린 조선의 중앙 정치 기구는 의금부이다.

③ 유향소는 고려 말에 처음 설치되었다.

④ 조선 시대에 빈민 구제를 담당했던 기관으로는 의창, 동·서 활인서 등이 있다.

⑤ 지방의 행정·사법·군사권을 가지고 있었던 것은 수령이다.

0202 조선 시대 관리 선발 제도 답 ④

깊이있는 정답풀이

조선 시대에는 고려 시대에 거의 실시되지 않았던 무과를 실시하였다. 3년마다 정기 시험인 식년시가 실시되었으나, 수시로 특별 시험이 치러졌다. 과거는 양인이면 누구나 응시할 수 있었지만, 많은 시간과 비용이 들어 대부분 양반이 응시하였다. 잡과로는 의관, 역관, 율관 등 기술관을 선발하였다.

④ 고려 때 5품 이상 관리의 자손 등을 대상으로 한 음서의 범위는 조선 시대에 2품 이상으로 축소되었다. 그뿐만 아니라 음서로 관직에 오르더라도 승진에 제한이 있었다. 따라서 조선의 음서는 고려에 비해 크게 축소되고 약화되었다.

0203 조선의 교육 제도　　답 ③

깊이있는 정답풀이

조선은 고려의 교육 제도를 이어받아 한성에 최고 교육 기관인 성균관을 두었다. 4부 학당은 중학, 동학, 남학, 서학으로 나뉘었고 정원은 각각 100명씩이었다. 향교는 성현에 대한 제사와 유학 교육, 지방민의 교화를 위해 부·목·군·현에 각각 하나씩 설립하였다. 사립 교육 기관인 서원은 지방의 유교 윤리 보급과 학문 발전에 이바지하였고, 당파의 결속을 강화하여 붕당의 토대가 되기도 하였다. 서당에서는 4부 학당이나 향교에 입학하지 못한 양반과 평민의 자제가 교육을 받았다.

③ 사림이 지방에서 세력을 키우는 기반이 된 것은 서원이다.

0204 사림의 성장　　답 ②

깊이있는 정답풀이

16세기를 전후하여 등장한 새로운 정치 세력은 사림이다. 사림은 주로 3사(사간원, 사헌부, 홍문관)에서 활약하였으며, 왕도 정치와 향촌 자치를 강조하였다.

개념잡는 오답풀이

① 부국강병을 위해 과학 기술을 중시하는 경향을 보인 훈구와 달리 사림은 성리학을 더욱 중시하였다.

③ 성종은 훈구 세력의 힘을 누르고 개혁을 실현하기 위해 새로운 인재를 필요로 하였다. 이때 김종직을 비롯한 사림이 중앙 정계에 진출하여 정치적으로 성장하기 시작하였다. 위기를 느낀 훈구 세력은 사림을 견제하기 위해 사화를 일으켰다.

④ 과전법은 고려 후기에 시행되었다.

⑤ 훈구는 세조의 집권을 도와 정치적 실권을 장악하였다.

0205 조선의 정치 변화　　답 ③

깊이있는 정답풀이

조선 성종 때 3사 언관직에 등용된 사림은 성리학에 대한 깊은 이해를 바탕으로 훈구의 비리를 비판하며 대립하였다. 이 과정에서 사림을 화를 입기도 했고(사화), 중종이 연산군을 몰아내 왕위에 오르기도 하였다.

0206 사림의 변화　　답 ②

깊이있는 정답풀이

연산군 때 (가) 「조의제문」이 빌미가 되어 무오사화가 일어났다. 연산군의 폭정으로 반정이 일어나 중종이 왕위에 오른 뒤 조광조 등이 활약하였으나, 거듭된 사화로 사림은 정계에서 밀려났다. 이후 16세기 선조 때 중앙 정치의 주도권을 다시 장악한 사림은 (나) 이조 전랑의 임명 문제 등을 둘러싸고 동인과 서인으로 갈라졌다.

개념잡는 오답풀이

① 조선 초 두 차례의 왕자의 난을 거치며 이방원이 왕위에 올랐다.

③ 1627년 후금이 조선을 침략하였고, 조선과 형제 관계를 맺고 물러났다.

④ 조선의 네 번째 왕인 세종이 훈민정음을 창제하여 반포하였다.

⑤ 조선 초 세조가 왕이 되는 과정에서 공을 세운 훈구가 중앙 정치를 장악하였다.

0207 조광조의 활동　　답 ③

깊이있는 정답풀이　　🔍 **추론 TIP** 중종에게 인재를 천거하는 현량과 실시 주장 → 조광조

> 경연에서 그가 중종에게 아뢰기를, "재행(才行)이 있어 임용할 만한 사람을 천거하여, 대궐의 뜰에 모아 놓고 친히 대책(對策)하게 한다면 인물을 많이 얻을 수 있을 것입니다. …… 덕행은 여러 사람이 천거하는 바이므로 반드시 헛되거나 그릇되는 것이 없을 것입니다."라고 하였다.

조광조를 비롯한 사림들은 왕도 정치를 이루기 위해 소격서 폐지, 「소학」 보급, 위훈 삭제 등의 개혁을 주장하였으며, 이로 인해 훈구 세력과 대립하다가 기묘사화로 몰락하였다.

개념잡는 오답풀이

① 무오사화는 연산군 때 김종직의 「조의제문」을 구실로 삼아 일어났다.

② 네 차례의 사화 이후 선조 때 중앙 정치의 주도권을 장악한 사림은 척신 정치의 청산과 이조 전랑의 임명 문제를 놓고 동인과 서인으로 나뉘면서 붕당을 형성하였다.

④ 원 간섭기 고려에서는 권문세족이 새로운 지배 세력으로 성장하였다.

⑤ 시무 28조는 고려 성종 때 최승로가 올린 건의안으로 유교 정치 이념에 따른 문물 정비에 기여하였다.

0208 서원과 향약　　답 ⑤

깊이있는 정답풀이

(가)는 향약, (나)는 서원이다. 향약과 서원을 기반으로 사림은 향촌 사회에 영향력을 확대하였다.

개념잡는 오답풀이

① 사림은 척신 정치의 청산과 이조 전랑의 임명 문제를 놓고 동인과 서인으로 나뉘었다.

② 서원과 향약으로 향촌에서 사림의 세력이 강화되면서 수령과 향리의 권한은 약화되었다.

③ 「조의제문」은 김종직이 초의 의제를 추모하며 작성한 글로 세조가 단종의 왕위를 찬탈한 사건을 비판한 것인데, 연산군 때 김종직의 제자 김일손이 이를 실록에 실으려 한 것이 밝혀져 무오사화가 발생하였다.

④ 과전법은 신진 사대부가 성장하는 기반으로 작용하였다.

0209 동인과 서인의 형성　　답 ③

깊이있는 정답풀이　　🔍 **추론 TIP** 외척 심의겸에 반대 → 척신 정치에 강경한 동인의 특징

> 심의겸이 이조 참의로 있을 때 예전의 잘못을 들어 김효원이 전랑이 되는 것에 반대했지만, 뒤에 김효원은 전랑이 되었다. 그 후 어떤 사람이 심의겸의 동생 심충겸을 전랑으로 천거하자, 김효원이 "이조의 관직이 외척의 물건인가?"하고 반대하였다. …… 　(가)　 와/과 　(나)　 (이)라는 말이 여기서 비롯되었으니, 김효원의 집이 동쪽 건천동에 있고 심의겸의 집은 서쪽 정릉동에 있기 때문이다.

(가)는 김효원을 중심으로 한 동인, (나)는 심의겸을 중심으로 한 서인이다. 서인은 이이와 성혼의 문인이 가담하면서 붕당을 형성하였다.

☑ 개념잡는 오답풀이

① 서인이 명종 때부터 정치에 참여하였다.
② 동인은 척신 정치를 강경하게 반대한 사람들이었다.
④ 사림은 성종 때 중앙 정계에 진출하기 시작하였고 선조 때 정치의 주도
　권을 차지하였다.
⑤ 훈구와 사림이 대립하는 과정에서 사화가 일어났다.

(1등급 가이드)

동인과 서인이 어떤 성격의 붕당인지를 확실히 이해하고 있어야 이후에 붕
당의 분화가 왜 일어나는지 연결하여 파악할 수 있습니다. 척신 정치 청산
에 대한 의견과 누구의 학통을 이어받았는지를 중심으로 정리해 두세요.

0210 양반 중심의 향촌 지배 체제　　답 ③

🔍 깊이있는 **정답풀이**　🔎 추론 TIP　향촌의 풍속 교정 → 유향소 / 규약문을 보여 약정
　　　　　　　　　　　　　　　　　　→ 향약 / 주세붕이 창건 → 서원

> · 주세붕이　(가)　을/를 창건할 적에 세상에서 의심하였으나,
> 　주세붕의 뜻은 더욱 독실해져 무리의 비웃음을 무릅쓰고 비방을
> 　극복하여 전례에 없던 장한 일을 단행하였으니 …… 앞으로 정몽
> 　주, 길재, 김종직 같은 이가 살던 곳에 모두 이것을 건립하게 될
> 　것이다.
> · 무릇 뒤에　(나)　에 가입하기를 원하는 자에게는 반드시 먼저
> 　규약문을 보여 몇 달 동안 실행할 수 있는가를 스스로 헤아려 본
> 　뒤에 가입하기를 청하게 한다. …… 약정(約正)은 여러 사람에게
> 　물어서 좋다고 한 다음에야 다음 모임에 참석하게 한다.

(가)는 서원, (나)는 향약이다. 유향소는 조선 초 지방 사족들이 향촌 자치
를 목적으로 설치하였으며, 서원과 향약은 16세기부터 확산되기 시작하여
지방 사족들의 세력 기반이 되었다. 서원, 향약은 지방 사족들의 향촌 자
치 기구로서의 역할을 수행하였으며, 이를 통해 지방 사족의 향촌 지배력
은 더욱 강화되었다.

☑ 개념잡는 오답풀이

① 농민 생활의 안정을 위해 지방 사족들이 자치적으로 설치한 것은 사창
　이다.
② 서원은 지방 교육 확대에 기여하였다.
④, ⑤ 서원, 향약은 향촌 자치적 성격의 기구로 정부의 농민 통제 강화나
　중앙 집권 체제 확립과는 거리가 있다.

0211 임진왜란의 전개　　답 ③

🔍 깊이있는 **정답풀이**

제시된 지도는 왜란의 전개를 나타내고 있다. 임진왜란 초기에 조선군은
일본군에 잇따라 패배하였으나 이순신이 이끄는 수군이 활약하고 전국에
서 의병이 일본군에 타격을 주었다. 전쟁이 일어난 시기에 광해군은 세자
로서 임시 조정을 이끌었다. 명과 일본이 벌인 강화 협상이 결렬되자 일본
군이 다시 조선을 침략하였다.
③ 왕과 신하들이 남한산성에 들어가 항전한 것은 병자호란이다.

0212 왜란의 전개 과정　　답 ②

🔍 깊이있는 **정답풀이**

임진왜란 초기 조선군은 육지에서 일본군에게 잇따라 패하였다. 그러나
이순신이 이끄는 수군은 옥포, 한산도 등지에서 일본군에 승리하며 제해
권을 장악하였다. 여기에 명의 원군이 도착하며 결성된 조명 연합군이 평
양을 탈환한 후 명과 일본은 강화 협상을 벌였다. 강화 협상이 결렬된 후
일본군이 다시 조선을 침략하였으나, 이순신은 명량에서 일본 수군에 대
승을 거두었다.

0213 왜란의 전개　　답 ①

🔍 깊이있는 **정답풀이**

임진년(1592)부터 무술년(1598)까지 일어난 전쟁으로 임금이 도성인 한
양을 떠나 피란했다는 사실에서 밑줄 친 '전란'은 임진왜란과 정유재란임
을 알 수 있다. 일본은 수군이 남해와 황해를 돌아 물자를 조달하면서 육
군과 합세하여 북상하는 전략을 구상하였다. 그러나 이순신이 이끈 조선
수군이 옥포에서 첫 승리를 거둔 이후 당포, 한산도 등지에서도 승리를 거
두어 남해의 제해권을 장악하였고, 그 결과 전라도의 곡창 지대를 지킬 수
있었다.

☑ 개념잡는 오답풀이

② 임진왜란 당시 선조는 의주까지 피란하였다. 강화도 천도는 고려 몽골
　이 침략했을 때 이루어졌다.
③ 매소성과 기벌포에서 신라가 당을 물리치고 삼국 통일을 완성하였다.
④ 을지문덕이 이끄는 고구려군은 살수에서 수의 군대를 크게 물리쳤다.
⑤ 전국 시대를 통일한 도요토미 히데요시는 불평 세력의 관심을 밖으로
　돌리고 대륙으로 진출하고자 조선을 침략하면서 임진왜란이 일어났다.

0214 임진왜란의 전개　　답 ④

🔍 깊이있는 **정답풀이**

곽재우는 임진왜란 당시 의병을 일으켜 항쟁하였다. 임진왜란 초기 조선
군이 연달아 패배하면서 의주로 피란한 선조는 명에 지원군을 요청하였
고, 일본의 중국 침략을 우려해 명이 참전하였다. 반격에 나선 조명 연합
군은 평양성을 탈환하였다.

☑ 개념잡는 오답풀이

① 을사사화는 명종 때인 1545년에 일어났다.
② 『경국대전』은 조선 세조 때부터 편찬되기 시작하여 성종 때 완성되었다.
③ 국자감은 고려의 유학 교육 기관이다.
⑤ 조광조는 조선 전기에 활동한 사림으로, 1519년에 일어난 기묘사화로
　희생되었다.

0215 광해군의 중립 외교　　답 ②

🔍 깊이있는 **정답풀이**

임진왜란을 겪는 동안 명의 국력이 약해진 틈을 타서 후금을 세운 여진의
누르하치가 명을 공격하였다. 이에 명이 조선에 지원군을 보내 달라고 요
청하자, 조선은 명의 요구를 받아들여 1만여 명의 병사를 보냈다. 그러나
광해군은 장수 강홍립에게 후금을 자극하지 말고 상황에 맞게 대처하라고
명하였다. 광해군은 명과 후금의 싸움에 말려들지 않고 실리를 취하는 중
립 외교 정책을 펼쳤다.

0216 인조반정의 배경   답 ③

깊이있는 정답풀이

밑줄 친 '그'는 광해군이다. 선조를 이어 즉위한 광해군은 서인 등이 주도한 인조반정으로 왕위에서 쫓겨났다.

개념잡는 오답풀이

① 공민왕이 시해된 것이 대표적이다.
② 왕자의 난은 조선 초에 발생하였다. 그 결과 이방원이 권력을 장악하고 왕위에 올랐다.
④ 무오사화는 연산군 때 김종직의 「조의제문」을 구실로 훈구가 일으켰다. 이로 인해 많은 사림이 정계에서 축출되었다.
⑤ 고려 말 이성계가 위화도 회군을 단행하여 고려의 실권을 장악하였다.

0217 인조반정의 발생   답 ④

깊이있는 정답풀이

광해군을 폐위하였다는 것과 이후 친명배금 정책을 추진하였다는 것을 통해 (가)에 들어갈 사건은 인조반정(1623)임을 알 수 있다. 명과 후금 사이에서 중립 외교 정책을 통해 전란을 피한 광해군은 명에 대한 의리를 저버렸다는 이유로 비판을 받았다. 여기에 이복동생인 영창 대군을 죽이고 계모인 인목 대비를 유폐하는 패륜을 저질렀다는 혐의까지 더해지게 되어, 서인 세력의 주도로 반정이 일어나면서 결국 축출되었다. 이후 광해군의 뒤를 이어 인조가 즉위하였고, 인조와 서인 정권은 친명배금 정책을 추진하였다.

0218 주전론과 주화론의 대립   답 ③

깊이있는 정답풀이

두 사람의 논의에서 '오랑캐와의 화친'이 주요 안건이고, '정묘년의 굴욕'이라는 말을 통해 정묘호란 이후 전개된 주전파와 주화파의 주장임을 알 수 있다. 정묘호란 이후 세력이 커진 후금은 국호를 청으로 고치고 조선에 군신 관계를 요구하였다. 이에 조선에서는 청의 요구를 받아들이자는 주화파와 무력으로 대응하자는 주전파가 대립하였다.

개념잡는 오답풀이

① 3포 왜란은 임진왜란 전에 일어났다.
② 평안도 가도에 명군이 주둔한 것은 정묘호란 시기이다.
④ 선조는 임진왜란이 발발하자 의주까지 피란하였다.
⑤ 임진왜란 이후인 광해군 때 명의 요청으로 강홍립 부대가 파견되었다.

0219 정묘호란과 병자호란의 전개   답 ②

깊이있는 정답풀이

1627년 후금이 조선을 침략하였을 때 (가) 정봉수가 조직한 의병이 용골산성에서 항쟁하였고, 그 후 세력이 더욱 강해진 후금이 청으로 국호를 바꾸고 (다) 조선에 군신 관계를 요구하였다. 조선에서는 주화론과 척화론이 대립하다 척화론이 우세하여 청의 요구를 거절하였고, 이에 청이 다시 조선을 침략하였다. 이때 (나) 임경업은 백마산성에서 항쟁하였다. (라) 남한산성으로 피신하여 청군에 맞선 인조는 결국 청에 항복하였다.

0220 병자호란의 영향   답 ④

깊이있는 정답풀이

1636년에 일어난 병자호란 결과 조선은 청에 항복하였다. 당시 인조는 남한산성에서 나와 삼전도에서 청 태종에게 항복하였고, 청 태종의 요구에 따라 삼전도비를 세웠다.

개념잡는 오답풀이

① 몽골이 침입했을 때 몽골 격퇴의 염원을 담아 고려가 팔만대장경을 제작하였다.
② 병자호란 전에 후금의 홍타이지가 국호를 후금에서 청으로 바꿨다.
③ 임진왜란 이후 일본에서 도쿠가와 이에야스가 에도 막부를 수립하였다.
⑤ 몽골의 침입으로 황룡사 9층 목탑 등 많은 문화유산이 소실되었다.

0221 태종의 정책

(1) 답 태종(이방원)
(2) ✔모범답안 6조 직계제를 시행하여 국왕이 국정을 장악하도록 하였고, 양전 사업과 호패법을 시행하여 국가 경제 기반을 안정시켰다.

채점 기준	배점
6조 직계제, 양전 사업, 호패법 중 두 가지를 서술한 경우	상
6조 직계제, 양전 사업, 호패법 중 한 가지만 서술한 경우	중
왕권을 강화하는 정책을 시행하였다고만 서술한 경우	하

0222 6조 직계제와 의정부 서사제

(1) 답 (가) 6조 직계제, (나) 의정부 서사제
(2) ✔모범답안 6조 직계제는 국왕 중심의 통치 질서를 확립하기 위해, 의정부 서사제는 재상의 권한을 인정하여 왕권과 신권의 조화를 이루기 위해 시행되었다.

채점 기준	배점
6조 직계제, 의정부 서사제의 목적을 정확히 구분하여 모두 서술한 경우	상
6조 직계제, 의정부 서사제의 목적 중 한 가지만 서술한 경우	하

0223 조선의 3사

(1) 답 (가) 사헌부, (나) 사간원, (다) 홍문관
(2) ✔모범답안 사헌부, 사간원, 홍문관은 고위 관리나 국왕을 견제하는 역할을 하여 권력의 독점과 부정을 방지하였다.

채점 기준	배점
권력의 독점 방지를 서술한 경우	상
국왕이나 고위 관리 견제만 서술한 경우	하

0224 조선의 지방 행정 제도

모범답안 모든 군과 현에 지방관을 파견하고, 지방관이 파견되지 않는 지역을 없애 국왕의 권력이 직접 백성에게 미치게 되어 중앙 집권 체제가 강화되었다.

채점 기준	배점
중앙 집권 체제 강화의 근거를 자료의 내용과 연관 지어 논리적으로 서술한 경우	상
중앙 집권 체제가 강화되었다고만 서술한 경우	하

0225 조선의 관리 선발 제도

모범답안 조선이 고려보다 개인의 능력을 더 중요하게 생각하였음을 알 수 있다.

채점 기준	배점
개인의 능력을 더 중요하게 생각하였음을 서술한 경우	상
기준이 달라졌다고만 서술한 경우	하

0226 조광조의 정책

모범답안 조광조가 현량과를 실시하여 사림 세력이 강해지는 가운데, 부당하게 공신이 된 일부 훈구의 공훈을 삭제하려 하자 훈구 세력이 이에 반발하면서 기묘사화가 발생하였다.

채점 기준	배점
사림의 세력 강화, 훈구의 공훈 삭제를 모두 서술한 경우	상
위 내용 중 일부만 서술한 경우	하

0227 붕당 형성의 배경

모범답안 척신 정치의 잔재 청산과 이조 전랑의 임명 문제를 놓고 신진 사림을 중심으로 한 동인과 기성 사림을 중심으로 한 서인의 붕당이 형성되었다.

채점 기준	배점
척신 정치의 잔재 청산, 이조 전랑의 임명 문제를 모두 서술한 경우	상
위 내용 중 한 가지만 서술한 경우	하

0228 임진왜란의 영향

(1) **답** 임진왜란

(2) **모범답안** 조선은 국토가 황폐화되고 인구가 줄었으며, 많은 문화유산이 소실되었다. 일본에서는 도쿠가와 이에야스가 권력을 잡아 에도 막부를 열었다. 명은 원군 파병 등 전쟁의 영향으로 국력이 약화되었고, 이 틈을 타 여진이 성장하여 후금을 건국하였다.

채점 기준	배점
조선의 피해, 일본의 에도 막부 성립, 명 쇠퇴, 후금 건국 중 세 가지를 서술한 경우	상
위 내용 중 두 가지를 서술한 경우	중
위 내용 중 한 가지만 서술한 경우	하

04 조선 후기의 새로운 흐름

STEP 1 O/X 문제로 교과서 핵심 자료 보기 058~059쪽

0229 O	0230 O	0231 X	0232 O	0233 O	0234 O
0235 O	0236 O	0237 X	0238 O	0239 O	0240 O
0241 O	0242 O	0243 X	0244 X	0245 X	0246 X
0247 X	0248 O	0249 O	0250 X	0251 O	0252 O
0253 X					

STEP 2 객관식 풀어 보기 060~065쪽

0254 ⑤	0255 ⑤	0256 ⑤	0257 ③	0258 ④	0259 ⑤
0260 ③	0261 ⑤	0262 ④	0263 ⑤	0264 ③	0265 ①
0266 ①	0267 ③	0268 ⑤	0269 ②	0270 ①	0271 ①
0272 ②	0273 ④	0274 ②	0275 ④	0276 ⑤	0277 ①

0254 비변사의 변화 　　답 ⑤

깊이있는 정답풀이

중종 때 3포 왜란을 계기로 국방 문제를 협의하기 위한 임시 기구로 설치되었다가 상설 기구가 된 것은 비변사이다. 비변사의 권한은 점차 확대되어 세도 정치 시기에는 최고 정치 기구의 역할을 하였고 의정부와 6조의 기능 약화를 가져왔다.

개념잡는 오답풀이

ㄱ. 병자호란을 거치면서 비변사는 더욱 확대·강화되었다.

ㄴ. 정조는 왕실 도서관인 규장각을 정치 기구로 육성하였다.

0255 5군영 체제 　　답 ⑤

깊이있는 정답풀이

훈련도감, 어영청, 총융청, 수어청, 금위영을 총칭하는 5군영은 수도와 그 외곽을 방어하기 위해 설치되었다.

개념잡는 오답풀이

① 5군영은 서인의 군사적 기반으로 이용되었다.

② 지방군은 양반에서부터 노비까지 모든 신분으로 편성된 속오군으로 정비되었다.

③ 훈련도감은 포수, 사수, 살수로 구성되었다.

④ 수어청은 인조 시기에 설치되었다.

0256 붕당 정치의 전개 　　답 ⑤

깊이있는 정답풀이

밑줄 친 '이 붕당'은 서인이다. 이들은 광해군의 중립 외교 정책을 비판하고 광해군이 명을 배신하고 동생을 죽였다는 이유를 들어 인조반정(1623)을 일으키고 광해군과 북인 세력을 몰아냈다.

개념잡는 오답풀이

① 동인은 서인에 대한 처리를 놓고 강경파인 북인과 온건파인 남인으로 나뉘었다. 인조반정 이후 남인은 서인과 연합하였으나, 효종에 대한 예송 문제로 서인과 대립하였다.

② 서인은 남인을 배척하는 과정에서 강경파인 노론과 온건파인 소론으로

갈라졌다. 노론은 송시열을 중심으로 결집하여 대의명분을 존중하고 민생 안정을 강조하였고, 소론은 윤증을 중심으로 결집하여 실리를 중시하고 적극적인 북방 개척을 주장하였다.
③ 척신 정치 청산에 적극적인 인사들을 중심으로 동인을 형성하였다.
④ 서인에 대해 강경한 입장을 취한 북인은 인조반정으로 서인이 집권하면서 몰락하였다.

0257 예송 논쟁의 영향 답 ③

깊이있는 정답풀이

자료는 현종 때에 발생한 예송 논쟁이다. 효종의 뒤를 이어 현종이 즉위한 상황에서 서인과 남인은 효종과 효종비의 장례에서 왕실의 상복 입는 기간을 둘러싸고 논쟁이 벌어졌다. 이때 서인은 효종이 둘째 아들이므로 사대부와 동일하게 적용해야 한다고 주장하였고, 남인은 왕위를 계승하였으므로 사대부와 같은 예를 적용할 수 없다고 하였다. 이 과정에서 서인과 남인의 대립이 심화되었다.

개념잡는 오답풀이

① 붕당의 형성에 대한 것이다.
② 예송 이후 환국 과정에서 발생하였다.
④ 광해군 때의 사실이다.
⑤ 선조 때에 해당한다.

0258 붕당 정치의 변질 답 ④

깊이있는 정답풀이

현종 때까지는 서인이 우세한 가운데 남인과 연합하여 공존하면서 붕당 정치가 전개되었다. 그러나 현종 때에 효종의 왕위 계승에 대한 정통성과 관련하여 두 차례의 예송이 발생하면서 서인과 남인 사이에 대립이 격화되었다.

개념잡는 오답풀이

① 정묘호란과 병자호란 시기에는 서인이 국정 운영을 주도하였다.
② 사화는 붕당이 생기기 이전에 벌어진 정치적 사건이다.
③ 인조반정을 계기로 서인이 집권하였다. 이때부터 서인이 우세한 가운데 남인이 공존하는 형태의 정국이 전개되기 시작하였다.
⑤ 정치의 주도권을 장악한 사람은 척신 정치의 잔재 청산을 둘러싸고 갈등이 생겨 기성 사림과 신진 사림으로 나뉘었다. 이들의 갈등은 이조 전랑의 자리를 두고 더욱 심화되어 서인과 동인을 형성하였다.

0259 숙종 때의 환국 정치 답 ⑤

깊이있는 정답풀이

(가)는 숙종이다. 숙종 때 집권한 남인은 서인의 관직 진출을 허용하여 남인의 우세 속에 서인이 공존하게 되었다. 그러나 숙종은 왕권을 안정시키기 위해 당파의 공존 방식 대신 붕당을 자주 교체하는 환국을 단행하였다.

개념잡는 오답풀이

① 반정으로 집권한 왕은 중종과 인조이다.
② 선조 때 동인이 남인과 북인으로 분열되었다.
③ 정조 사후 순조, 헌종, 철종 시기에 소수의 유력 외척 가문이 정권을 독점하는 세도 정치가 나타났다.
④ 현종 때 효종의 정통성을 둘러싼 예송이 서인과 남인 간에 일어났다.

0260 영조의 정책 답 ③

깊이있는 정답풀이

제시된 비석의 내용을 통해 영조가 세운 탕평비임을 알 수 있다. 영조는 공론의 주재자로 인식되던 재야 산림을 정치권에서 배제하였고, 붕당의 기반인 서원도 대폭 정리하였다. 아울러 붕당의 이익을 대변하던 이조 전랑의 후임자 천거권과 3사 관리 선발 관행을 혁파하였다.

개념잡는 오답풀이

① 정조는 친위 부대인 장용영을 설치하였다.
② 정조는 왕실 도서관인 규장각을 육성하여 정권을 뒷받침하였다.
④ 숙종은 환국을 주도하여 왕권을 강화하고자 하였다.
⑤ 시전의 독점 판매에 대한 비판 여론이 높아지자 정조는 1791년 신해통공을 발표하여 육의전을 제외한 시전 상인의 금난전권을 폐지하였다.

0261 영조의 탕평책 답 ⑤

깊이있는 정답풀이

제시된 자료에서 이조 낭관의 권한 축소, 서원 정리 등의 정책을 통해 밑줄 친 '이 국왕'이 영조임을 알 수 있다. 영조는 탕평 정치를 추진하여 붕당 간의 대립을 없애고자 하였다.

개념잡는 오답풀이

① 정조는 수원에 군사적·상업적 기능을 갖춘 화성을 건설하였다.
② 초계문신제는 정조가 만든 관리 재교육 제도이다.
③ 태종은 양전 사업과 호패법을 시행하여 국가 재정을 안정시키려 하였다.
④ 임진왜란 초기 선조는 의주로 피란을 갔다.

> (1등급 가이드)
> 조선 후기 영조와 정조의 탕평책을 구분하여 정리하고 두 국왕의 정책을 비교하여 헷갈리지 않도록 해야 합니다.

0262 정조의 활동 답 ④

깊이있는 정답풀이

서얼을 규장각의 검서관으로 임명한 왕은 정조이다. 정조는 붕당의 비대화를 막고 자신의 권력과 정책을 뒷받침하기 위해 새로운 인물이나 중·하급 관리 가운데 유능한 인사를 재교육하는 초계문신제를 시행하였다.

개념잡는 오답풀이

① 영조는 신문고를 부활하였다.
② 영조는 시대의 변화를 법률에 반영하고자 『속대전』을 편찬하였다.
③ 영조와 흥선 대원군은 서원을 대폭 정리하였다.
⑤ 영조는 붕당의 이익을 대변하던 이조 전랑의 후임자 천거권과 3사 관리 선발 관행을 혁파하였다.

0263 정조의 정책 답 ⑤

깊이있는 정답풀이

제시된 문화유산은 수원 화성이다. 정조는 양주에 있던 사도 세자의 묘소를 수원으로 옮겨 현륭원이라 하고, 현륭원 북쪽의 팔달산 아래 화성을 건설하였다. 정조는 1791년 신해통공을 통해 육의전을 제외한 시전 상인의 금난전권을 철폐하고 자유로운 상업 활동을 보장하고자 하였다.

① 영조는 균역법을 시행하였다.
② 영조는 탕평비를 건립하였다.
③ 세조 때 편찬되기 시작한 『경국대전』은 성종 때 완성되어 반포되었다.
④ 영조는 이조 전랑의 여러 권한을 없애 그 권한을 약화시켰다.

0264 정조의 정책　　답 ③

🔍 **깊이있는** 정답풀이

규장각을 창덕궁에 설치하였다는 내용을 통해 밑줄 친 '국왕'이 정조임을 알 수 있다. 정조는 장용영을 설치하였고, 이전의 법령을 정리하여 『대전통편』을 편찬하였다.

✅ **개념잡는** 오답풀이

ㄱ. 호패법을 시행한 왕은 태종이다.
ㄹ. 조선 태종과 세조 때에 6조 직계제가 실시되었다.

0265 비변사의 기능 강화　　답 ①

🔍 **깊이있는** 정답풀이

'언제부터인지 서울과 지방의 사무를 전부 위임하였다.'라는 내용을 통해 밑줄 친 '이 기구'는 비변사임을 알 수 있다. 비변사는 16세기 중종 초에 여진족과 왜구의 침입에 대비하기 위한 임시 회의 기구로 설치되었다. 임진왜란을 거치면서 구성원이 확대되었고, 그 기능도 군사 문제뿐만 아니라 외교·재정·사회·인사 문제 등 거의 모든 정무를 총괄하였으며, 세도 정치기에는 핵심적인 정치 기구의 역할을 하였다.

✅ **개념잡는** 오답풀이

②, ③ 비변사의 기능이 강화되면서 의정부와 6조의 기능은 유명무실해졌고, 왕권은 약해졌다.
④ 흥선 대원군은 비변사의 기능을 축소하고 의정부와 삼군부를 부활시켰다.
⑤ 3사가 권력의 독점과 부정을 방지하는 역할을 하였다.

0266 세도 정치 시기의 상황　　답 ①

🔍 **깊이있는** 정답풀이

밑줄 친 '이 시기'는 세도 정치 시기에 해당한다. 세도 정치 시기에 정치 기강의 해이로 과거제가 문란해지고 매관매직이 기승을 부리면서 탐관오리는 조세 수탈에 혈안이 되었다. 이에 따라 농민에 대한 수탈이 더욱 심해져 전세 수취 제도인 전정, 군포 징수 제도인 군정, 구휼 제도인 환정(환곡) 등 삼정의 문란이 극에 달하였다.

✅ **개념잡는** 오답풀이

② 특정 가문이 권력을 독점하면서 왕권은 불안정해졌다.
③ 망이·망소이는 고려 무신 정권 시기에 농민 봉기를 일으켰다.
④ 비변사의 권한 강화로 의정부는 유명무실해졌다.
⑤ 고려 후기에 이성계, 최영 등과 같은 신흥 무인 세력이 등장하였다.

0267 세도 정치 시기 삼정의 문란　　답 ③

🔍 **깊이있는** 정답풀이

제시된 시에는 군역의 대상이 아닌 어린아이조차 군적에 올라 군포를 납부하는 상황(황구첨정), 환곡의 폐단 등 조선 후기의 사회상이 드러나 있

다. 세도 정치 시기에는 정치 기강이 해이해져 매관매직이 성행하였고, 관직을 산 지방관들은 백성을 가혹하게 수탈하였다.

✅ **개념잡는** 오답풀이

① 고려 무신 집권기에 무신들 간에 권력 다툼이 일어났다.
② 신라 말에 진골 귀족 간에 왕위 쟁탈전이 벌어졌다.
④ 몽골이 고려를 침입하면서 황룡사 9층 목탑, 초조대장경 등 문화유산이 소실되었다.
⑤ 신라 말 지방에서 성주, 장군이라 자칭하는 호족이 성장하였다.

0268 홍경래의 난　　답 ⑤

🔍 **깊이있는** 정답풀이

제시된 격문은 홍경래가 발표한 것이다. 조선은 오랫동안 평안도 지역은 물론 북방 지역 사람들을 차별해 왔다. 이에 홍경래는 지역 차별과 세도 정권의 수탈에 반발하며 난을 일으켰다.

✅ **개념잡는** 오답풀이

① 권문세족은 고려 후기에 성장하였다.
② 문벌 사회의 모순이 심화되면서 이자겸의 난 등이 일어났다.
③ 영조와 흥선 대원군은 붕당의 근거지인 서원을 정리하였다.
④ 향·부곡·소민에 대한 차별 대우에 항거하여 고려 시대에 망이·망소이의 등이 봉기를 일으켰다.

0269 임술 농민 봉기　　답 ②

🔍 **깊이있는** 정답풀이

'진주민 수만 명이 백낙신을 문책하였다'는 내용을 통해 제시된 자료가 임술 농민 봉기를 다룬 것임을 알 수 있다. 19세기 농민 봉기의 중심이 된 곳은 경상도 진주였다. 진주 목사가 토지세를 함부로 걷어 농민들의 불만이 높아졌기 때문이다. 여기에 경상우도병마사 백낙신이 군사 자금으로 고리대를 하고, 자신이 축낸 환곡을 농민에게 부담시키자 농민들이 봉기하였다. 농민 봉기는 다른 지역으로 확산되어 1862년 한 해 동안 삼남 지방을 중심으로 전국 70여 곳에서 봉기가 일어났다(임술 농민 봉기).
② 무신이 집권한 것은 고려 시대이다.

0270 흥선 대원군의 정책　　답 ①

🔍 **깊이있는** 정답풀이

'고종이 왕위에 오른 것을 계기로 권력을 장악하였다.', '정치·경제·사회 각 부문에 걸쳐 개혁 추진'의 내용을 통해 (가)는 흥선 대원군임을 알 수 있다. 흥선 대원군은 안동 김씨 세력을 몰아내 세도 정치를 종식시키고, 당파를 가리지 않고 인재를 등용하였다. 또한 면세·면역의 특권을 누리며 국가 재정을 어렵게 하던 서원을 47개소만 남기고 철폐하였다. 또 양반에게도 군포를 징수하는 호포제를 실시하였다. 그리고 환곡제 대신에 사창제를 실시하였고, 왕실의 권위를 세우기 위해 임진왜란 때 불타 버린 경복궁을 중건하였으며, 『대전회통』을 편찬하여 통치 체제를 재정비하였다.

✅ **개념잡는** 오답풀이

② 흥선 대원군이 집권한 시기에 호포제가 실시되었다.
③ 『속대전』은 『경국대전』 이후 공포된 법령들을 간추려서 만든 법전으로 영조 때 편찬되었다.

④ 수원 화성은 정조 때 축조되었다.
⑤ 과거제가 처음 시행된 것은 고려 광종 때이다.

0271 흥선 대원군의 서원 정리   답 ①

제시된 자료는 흥선 대원군의 서원 정리와 관련된 것이다. 흥선 대원군은 붕당의 근거지인 서원을 대폭 정리하면서 서원에 딸린 토지와 노비를 몰수하여 국가 재정을 확충하고, 일부 양반 유생들의 횡포로부터 백성을 보호하였다.

0272 흥선 대원군의 활동   답 ②

    🔍 추론 TIP   종친을 우대하고 노론을 억압해 세도 가문 약화 도모 → 흥선 대원군의 통치 체제 정비

> 그가 여러 대신에게 말하기를 "나는 천리(千里)를 끌어다 지척(咫尺)을 삼 겠으며 태산(泰山)을 깎아 내려 평지를 만들고 또한 남대문을 3층으로 높이려 하는데, 여러 공들은 어떠시오?"라고 하였다. …… 대저 천리 지척이라는 함은 종친을 높인다는 뜻이요, 남대문 3층이라 함은 남인을 천거하겠다는 뜻이요, 태산 평지라 함은 노론을 억압하겠다는 말이다.
>
> – 「매천야록」

제시된 자료에서 종친을 우대하고 남인을 천거하여 노론을 억압하고자 한 것을 통해 밑줄 친 '그'가 세도 가문의 약화를 도모하였던 흥선 대원군임을 알 수 있다. 흥선 대원군은 세도 가문이 장악하고 있던 비변사의 기능을 축소하여 사실상 폐지하였다.

① 세도 정치 시기 임술 농민 봉기가 일어나자 정부는 삼정의 문란을 바로 잡고자 삼정이정청을 설치하였다.
③ 조선 초 성종이 훈구를 견제하고자 사림 세력을 등용하였다.
④ 숙종은 여러 차례 환국을 단행하였다.
⑤ 영조는 농민의 군포 부담을 2필에서 1필로 줄여 주는 균역법을 실시하였다.

(1등급 가이드)
흥선 대원군은 세도 정치의 폐단을 극복하고 삼정의 문란을 바로잡기 위한 여러 가지 개혁을 추진하였습니다. 흥선 대원군의 개혁 내용은 자주 출제되는 주제이니 관련 내용을 잘 정리해 두어야 합니다.

0273 호포제   답 ④

제시문에 나온 '동포(洞布)'는 마을에 사는 사람들에게 공평하게 군포를 징수한다는 뜻이다. 호포(戶布)는 집집마다 공평하게 군포를 징수한다는 것으로 동포와 비슷한 의미이다. 이후 동포제는 호포제로 발전하였다.

① 8조법은 고조선에서 사회 질서를 유지하기 위해 제정하였다.

② 균역법은 백성들이 내야 할 군포를 2필에서 1필로 경감한 것으로 영조 때 실시되었다.
③ 사창제는 환곡의 폐단을 시정하기 위해 시행한 제도이다.
⑤ 신해통공은 정조 때 육의전을 제외한 시전 상인들의 금난전권을 금지시킨 조치이다.

0274 호포제의 성과   답 ②

    🔍 추론 TIP   양반호도 포를 납부, 백성의 원성 감소 → 호포제

> 양반호(戶)는 노비의 이름으로 포(布)를 내게 하였고 소민(小民)은 신포(身布)로 내게 하였다. 지금은 백골(白骨)이나 황구(黃口)의 원성이 없으니, …… 각 도에 알려 길고 오랜 법식으로 삼는 것이 좋겠다." 라고 하였다.
>
> – 「고종실록」

자료에서 흥선 대원군의 분부라는 점, 양반호도 포를 내게 한 점, 백골이나 황구의 원성이 없게 되었다는 점을 통해 해당 정책은 호포제임을 알 수 있다. 흥선 대원군은 1871년에 군정의 문란을 바로잡기 위해 호포제를 실시하였다. 상민에게만 거두던 군포를 양반에게까지 징수하여 신분에 관계없이 세금을 부과하였다. 이를 통해 세금 납부층이 늘어나고 재정이 확충되었다.

① 흥선 대원군은 비변사의 기능을 축소시켜 사실상 폐지하고 의정부의 기능을 부활시켰다.
③ 흥선 대원군은 문란이 가장 심하였던 환곡을 사창제로 개편하였다.
④ 흥선 대원군 집권 시기 경복궁 중건 비용을 마련하기 위해 원납전을 걷고 당백전을 발행하였다.
⑤ 호포제는 양반의 반발을 샀다.

(1등급 가이드)
호포제는 흥선 대원군의 정책으로 자주 등장합니다. 백성의 지지를 받은 정책이라는 점, 군정의 문란을 개혁한 제도라는 점에 주목하여 정리해 둘 필요가 있어요. 환곡의 문란을 개혁한 사창제와의 차이점에 주목하여 확인해 두세요.

0275 호포제 시행   답 ④

흥선 대원군은 양반에게도 군포를 징수하는 호포제를 실시하여 군정의 문란을 바로잡고 조세 부담을 공평히 하고자 하였다.

① 호포제는 양반에게도 군포를 징수하여 국가 재정에 도움이 되었다.
② 경복궁 중건을 위한 당백전의 발행으로 경제적 혼란이 일어나기도 하였다.
③ 호포제는 양반의 반발을 불러왔다.
⑤ 붕당의 변질을 해소하려는 노력으로는 영조와 정조가 추진한 탕평책이 있다.

0276 흥선 대원군의 경복궁 중건　답 ⑤

깊이있는 정답풀이

흥선 대원군은 왕실의 권위를 회복하기 위해 경복궁을 중건하였으나 이 과정에서 비용을 충당하기 위해 당백전을 발행하고 원납전이라는 기부금을 강제로 걷었다. 당백전의 명목 가치는 기존 상평통보의 100배였으나 실질 가치는 5~6배에 불과하여 물가가 크게 올랐다. 그리고 백성들을 강제로 부역에 동원하였으며 필요한 목재를 구하기 위해 양반들의 묘지림을 벌목하기도 하였다. 경복궁은 공사 시작 8년 만에 완공되었지만 무리한 중건으로 인해 양반과 백성들의 불만이 커졌다.

개념잡는 오답풀이

ㄷ. 통공 정책은 육의전을 제외한 시전의 금난전권을 폐지한 정책으로 정조 때 시행되었다.

0277 흥선 대원군의 개혁 정치　답 ①

깊이있는 정답풀이

흥선 대원군은 정치 기구의 개편과 법전의 정비를 통해 왕권 강화와 통치 체제 정비를 위한 개혁을 추진하였고, 삼정 문란의 해소를 위한 개혁으로 민생 안정을 도모하였다. 경복궁 중건 과정에서는 양반과 백성의 원성이 높아졌고, 당백전 발행에 따른 경제 혼란도 초래되었다.
① 흥선 대원군은 안동 김씨의 세도 가문을 축출하고 당파와 신분에 상관없이 능력에 따라 인재를 고루 등용하였다.

STEP 3　서술형 풀어 보기　066~067쪽

0278 환국과 일당 전제화

(1) 답 숙종
(2) 모범답안 숙종 때 여러 차례 환국이 발생하면서 일당 전제화의 경향이 강화되었다. 한편, 이 과정에서 서인이 노론과 소론으로 나뉘었다.

채점 기준	배점
환국을 밝히고, 일당 전제화와 서인의 분화가 모두 서술된 경우	상
환국을 밝히고 일당 전제화만 서술한 경우	중
환국만을 제시한 경우	하

0279 영조의 정책

(1) 답 영조
(2) 모범답안 영조는 이조 전랑의 권한을 약화시켰으며, 균역법을 실시하였고 신문고를 부활하였다. 또한 『속대전』을 편찬하였다.

채점 기준	배점
영조의 정책 세 가지를 모두 서술한 경우	상
영조의 정책 두 가지를 서술한 경우	중
영조의 정책을 한 가지만 서술한 경우	하

0280 정조의 정책

(1) 답 정조
(2) 모범답안 정조는 노론, 소론, 남인을 골고루 등용하였으며, 초계문신제를 실시하였다. 또한 『대전통편』을 편찬하였고, 시전 상인의 특권을 축소하는 통공 정책을 실시하였다.

채점 기준	배점
정조의 정책 세 가지를 모두 서술한 경우	상
정조의 정책을 두 가지 서술한 경우	중
정조의 정책을 한 가지만 서술한 경우	하

0281 세도 정치의 폐단

(1) 답 세도 정치
(2) 모범답안 나이 어린 순조가 즉위하자 왕실과 혼인 관계를 맺은 외척 가문이 정권을 장악하면서 세도 정치가 나타났다. 이에 정치 기강이 문란해져 과거제 운영과 관직 임명 과정에서 비리가 나타났고, 매관매직이 성행하였다. 돈을 주고 관직을 산 관리들이 이를 보상받고자 백성을 가혹하게 수탈하였다.

채점 기준	배점
외척 가문의 정권 장악, 정치 기강 문란, 매관매직 성행, 탐관오리의 백성 수탈을 모두 서술한 경우	상
외척 가문의 정권 장악을 쓰고 정치 기강 문란, 매관매직 성행, 탐관오리의 백성 수탈 중 일부만 서술한 경우	중
세도 정치의 배경과 영향 중 한 가지만 서술한 경우	하

0282 홍경래의 난

(1) 답 홍경래
(2) 모범답안 홍경래의 난은 평안도 지역에 대한 차별과 지배층의 수탈에 항거하여 일어났다.

채점 기준	배점
평안도 지역 차별, 지배층의 수탈을 모두 서술한 경우	상
위 내용 중 한 가지만 서술한 경우	하

0283 임술 농민 봉기에 대한 대책

모범답안 암행어사를 수시로 파견하고 삼정이정청을 설치하여 농민 봉기의 원인이었던 삼정의 문란을 바로잡고자 하였으나 큰 성과를 거두지는 못하였다.

채점 기준	배점
암행어사 파견, 삼정이정청 설치에도 큰 성과를 거두지 못하였다고 서술한 경우	상
삼정이정청 설치에도 불구하고 큰 성과를 거두지 못하였다고 서술한 경우	중
위 내용 중 일부만 서술한 경우	하

0284 호포제의 실시 목적

✔모범답안 호포제, 기존에 군역을 면제받던 양반들에게도 군포를 징수하였다. 이는 군정의 문란을 바로잡고 세금을 확보하기 위함이었다.

채점 기준	배점
호포제를 쓰고, 양반에게도 군포를 부과하여 세금을 확보하기 위함이었다고 서술한 경우	상
호포제를 쓰고, 호포제의 내용과 실시 목적 중 한 가지만 서술한 경우	중
호포제라고만 쓴 경우	하

0285 흥선 대원군의 정책

(1) **답** 호포제

(2) **✔모범답안** 흥선 대원군은 양전 사업을 실시하여 토지 대장에서 빠진 토지를 찾아 세금을 부과하였고, 사창제를 실시하여 지방관과 향리의 횡포를 막으려 하였다.

채점 기준	배점
흥선 대원군을 밝히고 양전 사업과 사창제 실시를 모두 서술한 경우	상
흥선 대원군을 밝히고 양전 사업과 사창제 실시 중 하나만 서술한 경우	중
흥선 대원군만 밝힌 경우	하

STEP 4 대단원 정리하기   068~073쪽

0286 ①	0287 ③	0288 ③	0289 ⑤	0290 ③	0291 ④
0292 ①	0293 ③	0294 ④	0295 ③	0296 ③	0297 ④
0298 ②	0299 ⑤	0300 ⑤	0301 ③	0302 ①	0303 ③
0304 ④	0305 ②				

서술형 문제 0306~0309 해설 참조

0286 신석기 시대의 생활 모습   **답** ①

깊이있는 정답풀이

자료는 신석기 시대에 사용한 갈돌과 갈판, 가락바퀴이다. 갈돌과 갈판은 곡물을 조리하는데 사용되었고, 가락바퀴는 실을 뽑는데 사용되었다. 신석기 시대 사람들은 농경과 목축을 시작하였으며, 강가나 해안가에 움집을 짓고 살았다.

개념잡는 오답풀이

② 주먹도끼는 구석기 시대에 널리 사용된 대표적인 뗀석기이다.
③ 비파형 동검은 청동기 시대를 대표하는 유물이다.
④ 계급 분화는 청동기 시대에 시작된 것으로 여겨진다.
⑤ 청동기 시대에 지배자의 무덤으로 고인돌이 제작되었다.

0287 삼한의 특징   **답** ③

깊이있는 정답풀이

천군이 제사를 주재하였고, 소도가 있었다는 내용을 통해 삼한의 풍습임

을 알 수 있다. 삼한은 국왕이 없고 신지, 읍차라 불리는 지배자가 다스렸다고 전해진다.

개념잡는 오답풀이

① 고구려에 해당한다.
② 고조선이 전국 시대 연의 침입을 받았다.
④ 고조선이 한과 한반도 남부의 진국 사이의 무역을 중계하였다.
⑤ 고구려에서 제가 회의를 열어 왕과 귀족들이 국가 중대사를 결정하였다.

0288 4~5세기 삼국의 형세   **답** ③

깊이있는 정답풀이

자료는 신라 내물왕이 왜의 침입을 받아 고구려 광개토 대왕에게 도움을 요청하자, 광개토 대왕이 신라를 도와준 상황에 대한 것이다. 광개토 대왕 이전에 즉위하였던 소수림왕은 태학을 설립하고 율령을 반포하였으며, 불교를 수용하였다.

개념잡는 오답풀이

① 6세기 신라 지증왕 때 우산국이 신라에 복속되었다.
② 무천은 초기 철기 시대에 존재하였던 동예의 제천 행사이다.
④ 고인돌은 청동기 시대 지배자의 무덤이다.
⑤ 8조법은 고조선에서 제정하였다.

0289 신라의 삼국 통일 과정   **답** ⑤

깊이있는 정답풀이

자료는 신라가 매소성과 기벌포 전투에서 당군을 물리친 내용이다. 동맹을 맺고 백제와 고구려를 차례로 멸망시킨 뒤 당이 한반도 전체를 차지하려 하자 신라는 당과 전투를 벌였다. 그리고 기벌포, 매소성 전투에서 승리하여 당을 몰아내고 삼국 통일을 완성하였다.

0290 통일 신라의 변천   **답** ③

깊이있는 정답풀이

지도는 통일 신라의 지방 행정 조직인 9주 5소경을 나타낸 것이다. 삼국을 통일한 후 넓어진 영토와 백성을 다스리기 위해 신라는 전국을 9주로 나누었고, 주요 지역에 5소경을 설치하였다. 신라 말에는 김헌창의 난이 일어나는 등 왕위 쟁탈전이 전개되었다.

개념잡는 오답풀이

① 부여의 여러 가(加)가 사출도를 별도로 다스렸다. 부여는 5세기 고구려에 멸망하였다.
② 4세기 근초고왕 때 백제가 동진, 왜와 교류하였다.
④ 5세기 고구려 장수왕이 국내성에서 평양으로 천도하였다.
⑤ 발해 무왕이 장문휴를 보내 당의 산둥 지방을 공격하였다.

0291 고려 전기의 사실   **답** ④

깊이있는 정답풀이

(가)는 고려 태조 왕건이 남긴 '훈요 10조'이고, (나)는 고려 성종 때 최승로가 건의한 시무 28조이다. 태조 왕건, 정종에 이어 왕이 된 광종은 과거제를 도입하고 노비안검법을 실시하여 공신과 호족 세력을 약화시키고 새로운 세력을 등용하여 왕권을 강화하려 하였다.

ㄱ. 정방은 고려 무신 정권 시기 최우가 자신의 집에 설치한 인사 기구이다.
ㄷ. 왕건이 고려를 세우고 철원에서 송악으로 도읍을 옮겼다.

0292 서경의 위치 파악
답 ①

🔍 깊이있는 정답풀이

자료는 묘청이 서경 천도를 주장하며 내세운 내용으로, 밑줄 친 '이곳'은 서경이다. 묘청 등 서경 세력은 풍수지리설을 근거로 서경 천도와 금 정벌을 주장하였다. 지도에서 (가)가 서경(평양)에 해당한다.

☑ 개념잡는 오답풀이

② (나)는 고려의 수도였던 개경(개성)이다.
③ (다)는 조선의 수도였던 한양(서울)이다.
④ (라)는 백제가 수도로 삼았던 웅진(공주)이다.
⑤ (마)는 신라의 수도였던 금성(경주)이다.

0293 무신 정변의 발생
답 ③

🔍 깊이있는 정답풀이

자료는 1170년 무신 정변의 계기가 된 사건이다. 문신과의 차별 등에 반발한 무신들은 정중부 등의 주도 아래 정변을 일으켜 문신들을 제거하고 권력을 장악하였다.

☑ 개념잡는 오답풀이

① 고려 말 성장한 권문세족이 농장을 확대하고 농민을 노비로 삼았다.
② 호족은 신라 말에 지방에서 등장하여 고려 초 지배 세력으로 활동하였다.
④ 고려 전기의 지배층을 문벌이라고 한다.
⑤ 고려 후기 공민왕이 개혁을 추진하는 과정에서 신진 사대부가 성장하였다.

0294 원 간섭기의 상황
답 ④

🔍 깊이있는 정답풀이

몽골과 오랜 전쟁을 벌인 끝에 고려는 몽골과 화의를 맺고 개경으로 환도하였다. 고려는 원의 부마국이 되어 관제와 왕실의 용어가 격하되었다. 또한 원은 고려의 영토에 동녕부, 쌍성총관부, 탐라총관부를 설치하고, 정동행동을 두는 등 고려의 내정을 간섭하였다.

☑ 개념잡는 오답풀이

① 이의민을 몰아내고 집권한 최충헌은 교정도감을 설치하여 최고 기구로 삼고 도방을 확대하였다. 최충헌의 뒤를 이은 최우 때 몽골이 침입하였다.
② 고려 태조 왕건이 후삼국을 통일하였다.
③ 이자겸의 난은 고려 전기에 발생하였다.
⑤ 공민왕은 원이 쇠퇴하는 상황을 배경으로 반원 정책을 펼쳤다.

0295 공민왕의 개혁 정치
답 ③

🔍 깊이있는 정답풀이

기철은 고려 후기 원의 세력을 배경으로 권력을 장악한 대표적인 권문세족이다. 기철을 제거하는 등 반원 정책을 추진한 밑줄 친 '국왕'은 공민왕이다. 공민왕은 원이 차지하고 있던 쌍성총관부를 공격하여 철령 이북의 영토를 되찾았다.

☑ 개념잡는 오답풀이

① 고려 최씨 무신 정권의 최충헌이 교정도감을 설치하고 도방을 확대하였다.
② 묘청은 고려 인종 때 등용되어 서경 천도 등을 주장하였다.
④ 고려 광종이 광덕, 준풍 등의 연호를 사용하였다.
⑤ 고려 무신 집권 시기에 망이와 망소이의 난이 일어났다.

0296 정도전의 활동
답 ③

🔍 깊이있는 정답풀이

『조선경국전』은 조선의 건국을 주도하고 문물 정비에 공을 세운 정도전의 저술이다. 고려 말 과전법을 제정하는 등 개혁을 추진한 정도전은 재상 중심의 정치를 지향하였으나, 왕자의 난을 일으킨 이방원에게 제거되었다.

☑ 개념잡는 오답풀이

ㄱ. 6조 직계제는 조선 태종과 세조가 실시하였다.
ㄹ. 위화도 회군으로 실권을 장악한 이성계는 최영 등을 제거하였다.

0297 현량과의 실시
답 ③

🔍 깊이있는 정답풀이

예조, 의정부 등의 내용을 통해 자료가 조선에 대한 것임을 알 수 있다. 또한 사림의 관직 진출에 도움을 주었다는 내용을 통해 자료가 조광조 등이 주장한 현량과임을 알 수 있다. 중종 때 등용된 조광조는 현량과 실시, 위훈 삭제 등을 추진하였으나 훈구에 의해 제거되었는데, 이를 기묘사화라 한다.

☑ 개념잡는 오답풀이

① 최우는 고려 무신 집권자로 정방을 설치하였다.
② 문벌은 고려 전기의 지배층으로, 이들은 음서와 공음전의 혜택을 누렸다.
④ 식목도감은 고려의 고위 관리들이 참여한 회의 기구이다.
⑤ 정몽주는 고려 말 과거를 통해 관직에 진출한 대표적인 신진 사대부이다.

0298 동인과 서인의 분화
답 ②

🔍 깊이있는 정답풀이

동인, 서인이라는 말이 비롯되었다는 내용을 통해 자료가 조선 선조 때 일어난 사림의 분화에 대한 것임을 알 수 있다. 이조 전랑 임명 문제 등을 둘러싸고 김효원과 심의겸의 대립이 일어나 사림이 동인과 서인으로 나뉘었다.

0299 임진왜란의 전개
답 ⑤

🔍 깊이있는 정답풀이

(가)는 도요토미 히데요시의 명에 따라 임진왜란이 일어난 상황, (나)는 도요토미 히데요시의 사망으로 일본군이 철수하면서 임진왜란이 종결되는 상황이다. 임진왜란이 일어나자 선조는 의주로 피란하여 명에 원군을 요청하였고, 이후 조명 연합군은 평양성을 탈환하였다.

☑ 개념잡는 오답풀이

ㄱ. 비변사는 조선 전기 국방 문제에 대비하기 위해 설치된 임시 기구였다. 임진왜란을 거치며 권한이 강화되었고, 임진왜란 이후 최고 권력 기구가 되었다.

ㄴ. 을사사화는 1594년 연산군이 생모 윤씨의 폐위 사건을 구실로 관련된 훈구와 사림을 제거한 사건이다.

0300 정묘호란의 결과 　답 ⑤

깊이있는 정답풀이

적이 국경을 넘어 명군이 주둔하던 가도를 공격하고, 한성까지 진출하지 않았으며, 적에 맞서 이립과 정봉수가 항전하였다는 내용 등을 통해 지도에 나타난 전쟁이 1627년 후금의 침입으로 일어난 정묘호란임을 알 수 있다. 정묘호란의 결과 조선은 후금과 형제 관계를 맺었다.

개념잡는 오답풀이

① 1636년에 일어난 병자호란의 결과 삼전도비가 세워졌다.
② 정유재란은 명과 일본의 강화 협상이 결렬된 이후 일본군이 다시 조선을 침입하면서 일어났다.
③ 조선 전기 세조가 경연 제도를 폐지하였다.
④ 1623년 인조반정으로 광해군이 쫓겨난 이후 조선은 친명배금을 표방했고, 1627년 정묘호란이 일어났다.

0301 조선 후기 붕당 정치의 전개 　답 ③

깊이있는 정답풀이

1623년 서인의 주도로 인조반정이 일어난 이후 서인과 남인이 공존하며 서로 견제하는 붕당 정치가 전개되었다. 하지만 효종 사망 후 효종의 정통성을 둘러싸고 두 차례의 예송이 발생하면서 두 붕당 간의 대립이 격화되었다.

개념잡는 오답풀이

ㄱ. 훈련도감은 임진왜란 중에 창설되었다.
ㄹ. 동인은 선조 때 북인과 남인으로 나뉘었다.

0302 환국의 영향 　답 ①

깊이있는 정답풀이

숙종 때 국왕의 주도로 붕당이 급격하게 교체되는 환국이 여러 번 일어났다. 환국은 집권 붕당이 상대 붕당을 가혹하게 탄압하며 일당 전제화 현상을 가져왔다.

개념잡는 오답풀이

② 세조는 조선 전기 단종을 몰아내고 왕위에 올랐다.
③ 속오군 체제는 임진왜란 이후 완비되었다.
④ 서원은 영조와 고종 때 대대적으로 철폐되었다.
⑤ 훈구와 사림의 대립으로 사화가 일어났고, 이후 사림이 집권하면서 붕당 정치가 전개되었다.

0303 영조의 활동 　답 ③

깊이있는 정답풀이

제시된 자료와 관련된 왕은 영조이다. 탕평을 표방한 영조는 탕평파를 육성하여 국정을 운영하였고, 산림의 존재를 인정하지 않았으며, 서원을 정리하고 붕당의 기반이 되는 이조 전랑의 권한을 약화하였다.

개념잡는 오답풀이

ㄱ. 『대전통편』은 정조 때 편찬된 법전이다. 영조 때에는 『속대전』이 편찬되었다.
ㄹ. 의정부 서사제는 조선 초 세종 때 처음 실시되었다.

0304 세도 정치의 전개 　답 ④

깊이있는 정답풀이

자료는 1811년 난을 일으킨 홍경래가 발표한 격문이고, 밑줄 친 ㉠의 정치 상황은 세도 정치를 의미한다. 세도 정치 시기 일부 외척 세력이 비변사의 고위 관직을 장악하고 권력을 독점하면서 왕권은 약화되고 3사의 언론 기능이 상실되었으며, 정치 기강이 문란해져 매관매직이 성행하고 삼정의 문란이 극심해졌다. 이에 1862년 임술 농민 봉기가 일어났고, 조선 정부는 삼정의 문란을 해결하고자 삼정이정청을 설치하였지만 큰 성과를 거두지 못하였다.

개념잡는 오답풀이

ㄱ. 원납전은 흥선 대원군이 경복궁 중건 비용을 마련하기 위해 징수하였다.
ㄷ. 호포제는 흥선 대원군이 군정의 문제를 해결하기 위해 실시하였다.

0305 흥선 대원군의 정책 　답 ②

깊이있는 정답풀이

비변사의 기능이 축소·폐지되면서 기능이 부활했다는 점에서 자료가 삼군부에 대한 것임을 알 수 있다. 따라서 (가) 인물은 고종의 아버지로 실권을 장악한 흥선 대원군이다. 흥선 대원군은 세도 가문을 약화시키고 인재를 등용하였으며, 『대전회통』을 편찬하는 등 통치 체제를 정비하였다.

개념잡는 오답풀이

① 신문고는 영조 때 부활되었다.
③ 장용영은 정조 때 국왕의 친위 부대로 창설되었다.
④ 홍경래의 난은 순조 때인 1811년에 일어났다.
⑤ 속오군은 임진왜란 이후 편성되었다.

0306 발해의 고구려 계승

(1) 답 (가) 고구려, (나) 발해
(2) 모범답안 발해 왕은 일본에 보낸 국서에서 스스로 고구려 왕이라고 칭하였다. 또한 발해의 온돌 유적, 기와 무늬 등에서도 고구려를 계승하였음을 알 수 있다.

채점 기준	배점
발해의 고구려 계승 근거를 두 가지 모두 제시한 경우	상
발해의 고구려 계승 근거를 한 가지만 제시한 경우	하

0307 고려의 지방 통치

(1) 답 고려
(2) 모범답안 고려는 지방을 일반 행정 구역인 5도와 군사 행정 구역인 양계로 구분하였고, 향·부곡·소라 불리는 특수 행정 구역이 존재하였다. 고려 시대에는 지방관이 파견된 주현보다 지방관이 파견되지 않은 속현이 더 많았다.

채점 기준	배점
고려 지방 제도의 특징을 두 가지 제시한 경우	상
고려 지방 제도의 특징을 한 가지만 제시한 경우	하

0308 조선의 통치 제도

(1) **답** 조선
(2) **✔모범답안** 조선은 고려와 같이 과거제를 실시하였으나, 고려에서는 무과가 거의 실시되지 않은 반면, 조선은 무과를 실시하였다. 또 고려 시대보다 음서의 대상과 범위가 축소되었다.

채점 기준	배점
이전 왕조가 고려임을 밝히고 무과를 실시하였으며, 음서의 대상과 범위가 축소되었음을 서술한 경우	상
이전 왕조가 고려임을 밝히고 음서의 대상과 범위가 축소되었음을 서술한 경우	중
이전 왕조가 고려임을 밝히고 무과를 실시하였다는 점만 서술한 경우	하

0309 정조의 정책

(1) **답** (가) 규장각, (나) (수원) 화성
(2) **✔모범답안** 정조는 노론, 소론, 남인을 골고루 관직에 등용하였고, 국왕이 직접 관리를 재교육하는 초계문신제를 실시하였으며, 친위 부대로 장용영을 설치하였다.

채점 기준	배점
정조의 정책 두 가지를 모두 서술한 경우	상
정조의 정책을 한 가지만 서술한 경우	하

Ⅱ 근대 이전 한국사의 탐구

01 국제 관계와 대외 교류

STEP 1 O/X 문제로 교과서 핵심 자료 보기 **078~079쪽**

0310 X	0311 O	0312 O	0313 O	0314 O	0315 X
0316 O	0317 O	0318 X	0319 O	0320 O	0321 O
0322 O	0323 O	0324 O	0325 X	0326 O	0327 X
0328 X	0329 O	0330 O	0331 O	0332 X	0333 O
0334 X					

STEP 2 객관식 풀어 보기 **080~085쪽**

0335 ③	0336 ②	0337 ⑤	0338 ③	0339 ①	0340 ①
0341 ④	0342 ②	0343 ④	0344 ①	0345 ①	0346 ②
0347 ⑤	0348 ④	0349 ③	0350 ①	0351 ⑤	0352 ③
0353 ③	0354 ②	0355 ②	0356 ⑤	0357 ⑤	0358 ②

0335 가야의 대외 교류   **답** ③

🔍 **깊이있는 정답풀이**

왜(일본)에 철기와 토기 기술을 전한 (가) 국가는 가야이다. 가야는 왜와 교류하며 철기 기술과 토기 제작 기술을 전해 주었다. 특히 가야는 철을 가공하여 덩이쇠를 만들어 사용하였다.

💡 **개념잡는 오답풀이**

① 고조선은 한 무제의 침략을 받아 멸망하였다.
② 고구려는 수와 당의 침략을 모두 격퇴하였다.
④ 고구려의 광개토 대왕은 '영락'을 연호로 사용하였다.
⑤ 신라는 한강 유역을 차지하고 당항성을 통해 중국과 직접 교류하였다.

0336 백제의 대외 관계   **답** ②

🔍 **깊이있는 정답풀이**

근초고왕 이래 중국과 외교 관계를 맺고 교류하였다는 내용을 통해 (가) 국가가 백제임을 알 수 있다. 백제는 침류왕 때 동진으로부터 불교를 수용하였다.

💡 **개념잡는 오답풀이**

① 7세기 중엽 신라는 당과 동맹을 맺었다.
③ 발해는 일본도를 통해 일본과 교류하였다.
④ 신라의 장보고는 9세기에 청해진을 설치하고 해상 교역을 주도하였다.
⑤ 고구려는 4세기 낙랑군을 몰아내고 대동강 유역을 확보하여 남쪽으로 영토를 넓혔다.

0337 발해의 대외 관계   **답** ⑤

🔍 **깊이있는 정답풀이**

무왕이 장문휴를 보내 등주를 공격하였다는 점을 통해 (가) 국가가 발해임을 알 수 있다. 발해는 건국 초에는 당과 적대적인 관계였으나, 문왕 이후 친선 관계를 맺고 교류를 확대하였다.

☑ 개념잡는 오답풀이
① 고구려는 당의 침략에 맞서 안시성 전투에서 승리하였다.
② 신라는 당과 연합하여 백제와 고구려를 공격하였다.
③ 고구려는 북조의 북위, 남조의 송 등과 조공·책봉 관계를 맺고 교류하였다.
④ 대가야는 소백산맥 서쪽 지역과 섬진강 하류 방면으로 세력을 확장하였다.

0338 통일 신라의 대외 교류　　　　답 ③

◎ 깊이있는 정답풀이

발해가 당을 공격하였을 때 원군을 파견하였다는 점, 산둥반도와 창장강 하류에 거류지가 형성되었다는 점 등을 통해 (가) 국가가 통일 신라임을 알 수 있다. 나당 전쟁으로 악화되었던 신라와 당의 관계는 8세기 전반 이후 회복되었다. 두 나라 사이에는 사신뿐만 아니라 유학생, 승려, 상인 등이 활발히 오갔고, 당에 산둥반도와 창장강 하류에 신라방, 신라소, 신라원이 세워졌다. 교류가 활발해지면서 당항성이 국제 무역항으로 번성하였다.

☑ 개념잡는 오답풀이

① 9세기 발해가 최대 영역을 확보하여 전성기를 누리자 주변국은 발해를 해동성국이라 불렀다.
② 고려는 송과 활발히 교류하였다.
④ 고려와 조선은 쓰시마섬을 토벌하였다.
⑤ 고구려의 을지문덕은 살수에서 수의 대군을 물리쳤다.

0339 거란의 성장　　　　답 ①

◎ 깊이있는 정답풀이

제시된 자료는 거란의 1차 침입 당시 서희가 담판을 통해 거란을 몰아내겠다고 한 주장이 담긴 것이다. 당시 거란은 송을 공격하려 하였으나, 고려가 친송 정책과 북진 정책을 추진하면서 거란을 견제하자 먼저 고려와 송의 관계를 끊기 위해 고려를 침략하였다.

☑ 개념잡는 오답풀이

② 몽골은 사신 저고여가 피살된 사건을 구실로 고려를 침략하였다.
③ 명은 요동에 철령위를 설치하려고 하여 고려와 갈등을 겪었다.
④, ⑤ 여진은 말갈이라 불리며 고구려에 복속되어 있었고, 고려에도 조공을 바쳤으나, 12세기에 금을 건국한 후에는 고려에 군신 관계를 요구하였다.

0340 강동 6주의 획득　　　　답 ①

◎ 깊이있는 정답풀이

(가)는 거란의 1차 침입(성종 12년, 993) 때 서희가 외교 담판으로 획득한 강동 6주이다. 서희는 담판에 나아가, 고려가 고구려의 후계자임을 내세우고 친송 관계를 끊고 거란과 적대하지 않는다는 조건으로 강화를 성사시켰다.

☑ 개념잡는 오답풀이

② 궁예가 국호를 후고구려에서 마진, 태봉으로 바꾸고 천도한 지역은 철원 지역이다.
③ 몽골의 2차 침입 때에 김윤후가 몽골의 장수 살리타를 사살한 곳은 처

인(오늘날 용인) 지역이다.
④ 쌍성총관부는 철령 이북의 땅으로 오늘날의 함남 평야 일대이다.
⑤ 척경비는 윤관의 여진 정벌 및 동북 9성 축조와 관련 있으며, 오늘날 함경도 일대에 세워졌다.

0341 천리장성의 축조　　　　답 ④

◎ 깊이있는 정답풀이

강감찬이 지휘하는 고려군은 귀주에서 거란군을 크게 격파하였다(귀주 대첩, 1019). 고려가 거란의 침입을 격퇴한 이후 거란은 더 이상 송과 고려에 침입하지 못하였다. 이후 고려는 개경에 나성을 쌓아 도성 수비를 강화하고, 북쪽 국경 지대에 (가) 천리장성을 쌓아 거란과 여진의 침입에 대비하였다.

☑ 개념잡는 오답풀이

① 조선 세종 때 여진을 정벌하고 4군을 개척하였다.
② 신라 지증왕 때 이사부가 우산국을 정벌하여 신라 영토로 편입하였다.
③ 14세기 말 고려 우왕 때 최영이 요동 정벌을 추진하였다.
⑤ 13세기에 몽골이 고려를 침입하였을 때 김윤후가 처인성에서 항전하였다.

0342 고려와 여진과의 관계　　　　답 ②

◎ 깊이있는 정답풀이

기병이라는 점, 별무반을 세웠다는 점, 북계에 9성이 있다는 점 등을 통해 밑줄 친 '적'은 여진임을 알 수 있다. 12세기 초 여진이 부족을 통합하고 고려의 국경을 침범하자, 고려는 별무반을 편성하여 여진을 토벌하고 동북 9성을 개척하였다. 이후 더욱 강성해진 여진이 금을 세우고 고려에 군신 관계를 요구하자 고려는 이를 수용하였다.

☑ 개념잡는 오답풀이

① 고려와 몽골의 군대가 삼별초의 봉기를 진압하였다.
③ 14세기 후반 홍건적이 침입하여 개경이 함락되고 공민왕이 안동까지 피란하였다.
④ 명이 철령 이북 땅을 통치하기 위해 철령위 설치를 통고하자 고려는 요동 정벌을 추진하였다.
⑤ 강감찬이 이끄는 고려군이 귀주에서 거란의 군대를 크게 무찔렀다.

0343 여진의 성장　　　　답 ④

◎ 깊이있는 정답풀이

(가) 국가는 여진이 세운 금이다. 여진은 삼국 시대에 숙신, 읍루 등으로 불리면서 고구려의 지배를 받았다. 남북국 시대에는 말갈이라 불리면서 발해의 피지배층을 이루었다. 발해가 멸망한 뒤 여진은 고려를 섬겼으나, 12세기에 부족이 통일된 후 고려를 자주 침략하였다. 이에 윤관은 별무반을 이끌고 이들을 정벌한 후 동북 9성을 쌓았다. 조선 초기에는 여진을 몰아낸 뒤 4군 6진 지역을 설치하고 국방력 강화를 위해 사민 정책을 실시하였다.

☑ 개념잡는 오답풀이

ㄱ. 세력을 키운 거란은 926년 발해를 공격하여 멸망시켰다.
ㄷ. 고려의 친송 정책과 북진 정책에 불만을 품고 고려를 자주 침략한 민족은 거란이다.

0344 여진 정벌과 동북 9성 축조   답 ①

깊이있는 정답풀이

제시된 그림은 윤관이 9성을 개척하고 '고려지경(고려의 국경)'이라는 비석을 세우는 장면을 그린 조선 후기의 그림 「척경입비도」이다. 예종 때 윤관은 신기군·신보군·항마군 등으로 구성된 별무반을 이끌고 여진을 몰아낸 후 동북쪽 국경 밖에 9성(동북 9성)을 쌓아 고려의 영토로 삼았다.

개념잡는 오답풀이

② 묘청 등 서경 세력은 서경에서 반란을 일으켰다.

③ 고려 현종 때 거란의 침입을 물리친 뒤 개경 주변에 나성을 쌓았다.

④ 여진은 세력을 키워 금을 세우고 송이 차지하던 화북 지역을 차지하였다. 금의 공격을 받은 송은 강남 지역으로 이동하여 남송을 건국하였다.

⑤ '광덕', '준풍' 등의 연호는 고려 광종이 사용하였다. 윤관의 여진 정벌은 광종 재위 시기 이후인 예종 때 이루어졌다.

0345 고려와 여진과의 관계   답 ①

깊이있는 정답풀이   **🔍 추론 TIP** 거란을 멸망시켰습니다. → 여진(금)

> 대부분의 신하들은 [(가)]에 대한 사대를 반대하였다. 그러나 중서령이 아뢰기를, "옛날의 [(가)]은/는 거란과 우리를 섬기는 소국이었습니다. 하지만 지금 갑자기 강성해져서 거란을 멸망시켰습니다. 또 우리와 영토가 맞닿아 있으므로 정세가 사대하지 않을 수 없게 되었습니다. 작은 나라가 큰 나라를 섬기는 것은 선왕의 법도이니, 먼저 사신을 보내어 예를 갖추는 것이 옳습니다."라고 하자, 왕이 이에 따랐다.

11세기 여진은 고려에 조공을 바치며 복속할 것을 자처하였으나, 12세기 초 세력이 강성해지며 고려의 국경을 침범하기 시작하였다. 윤관은 별무반을 이끌고 여진을 정벌하여 동북 지역에 9개의 성을 쌓았다. 그러나 여진이 강성해져 금을 건국하고 고려에 사대를 요구하자 당시 집권자였던 이자겸은 전쟁을 피하고 정권을 유지하기 위해 금의 요구를 수용하였다.

개념잡는 오답풀이

② 원은 일본 원정을 구실로 고려에 정동행성을 설치하였다. 그러나 일본 원정에 실패한 뒤에도 계속 유지하여 내정 간섭 기구로 삼았다.

③ 서희는 거란의 소손녕과 담판을 벌인 결과 강동 6주 지역을 확보하였다.

④ 거란의 3차 침입 때 강감찬이 이끄는 고려군이 귀주에서 거란에 대승을 거두었고, 이후 송, 고려, 거란은 세력 균형을 이루었다.

⑤ 원은 고려의 화주에 쌍성총관부, 서경에 동녕부, 제주도에 탐라총관부를 설치하였다.

┌─ **1등급 가이드** ─
고려와 여진과의 관계에서는 금이 사대 요구를 한 이후 고려가 어떻게 대처하였는지 파악하는 문제가 주로 출제됩니다. 11세기 동아시아 국가 간의 균형이 12세기 금의 성장으로 변하게 되었음을 반드시 기억해야 합니다.

0346 고려의 천하관   답 ②

깊이있는 정답풀이

해동의 천자라는 표현을 통해 고려의 독자적 천하관과 관련된 자료임을 알 수 있다. 고려 국왕은 자국을 포함하여 여진, 탐라 등 고려의 영향력이 미치는 해동 지역의 천자임을 자처하였다. 개성에서 출토된 왕건상이 황제가 착용하는 통천관을 착용한 모습인 점도 이러한 고려의 천하관을 반영한 것이다.

개념잡는 오답풀이

① 사대교린은 조선 전기 외교 원칙이었다.

③ 조선 중화주의는 병자호란 이후 나타났다.

④ 병자호란 패배 이후 청을 정벌하여 오랑캐에 당한 수모를 씻자는 북벌 운동이 전개되었다.

⑤ 마테오 리치가 제작한 세계 지도인 「곤여만국전도」가 조선에 전해지면서 중국 중심의 세계관에서 벗어나는 데 영향을 주었다.

0347 몽골의 침략과 항전   답 ⑤

깊이있는 정답풀이

1225년 몽골 사신 저고여가 피살되자 이를 구실로 몽골군은 고려에 침입하였다 (1231). 몽골이 침입하자 최씨 무신 정권은 일단 강화를 맺은 뒤 강화도로 수도를 옮겨 장기 항전을 준비하였다. 한편, 최씨 무신 정권의 마지막 지배자 최의는 몽골과의 강화를 지지하는 무신들에게 살해되었다. 결국 고려는 몽골과 강화하고 개경으로 환도하였다(1270). 삼별초는 이에 반발하여 근거지를 옮기며 항전하였다.

개념잡는 오답풀이

ㄱ. 고려는 오랜 항쟁의 결과, 몽골에 정복당한 다른 나라들과는 달리 원의 부마국이 되었다. 고려의 왕은 원의 공주와 결혼하여 원 황제의 사위가 되었다.

0348 고려의 대몽 항쟁   답 ④

깊이있는 정답풀이

김윤후가 처인성에서 장수 살리타이를 활로 쏴 죽였다는 내용을 통해 (가) 가 몽골임을 알 수 있다. 몽골은 사신의 피살을 구실로 고려를 침략한 이후 여러 차례 고려를 침략하였다. 고려는 몽골과의 항전을 위해 수도를 강화도로 옮겼다.

개념잡는 오답풀이

① 신라는 당과 동맹을 맺고 백제와 고구려를 공격하였다.

② 고려는 윤관의 건의에 따라 별무반을 편성하여 여진을 토벌하였다.

③ 거란의 침략에 맞서 서희가 담판을 벌여 강동 6주 지역을 확보하였다.

⑤ 14세기 후반 홍건적과 왜구가 고려를 자주 침략하였는데, 이를 토벌하는 과정에서 최영과 이성계 등 신흥 무인 세력이 성장하였다.

0349 삼별초의 항쟁   답 ③

깊이있는 정답풀이

고려 원종의 개경 환도 결정에 반발하여 진도로 옮겨 항전을 계속한 (가) 군사 조직은 삼별초이다. 삼별초는 최씨 무신 정권의 군사적 기반으로 설치되었다.

개념잡는 오답풀이

① 윤관의 건의로 편성된 군대는 별무반은 여진을 몰아내고 동북 지역에 9성을 쌓았다.

② 고려의 국경 지대인 양계(동계, 북계)에는 주진군이 주둔하였다.
④ 을지문덕이 이끈 고구려군은 살수에서 수의 대군을 크게 물리쳤다.
⑤ 고려 정종 때 거란의 침입에 대비하여 광군이 설치되었다.

0350 원 간섭기 사회 상황　　　　답 ①

깊이있는 정답풀이

원 황제의 명으로 딸이 멀리 가게 되었다는 점을 통해 원 간섭기에 원이 공녀를 요구하는 상황임을 알 수 있다. 원 간섭기에는 고려와 원의 교류가 빈번해지면서 몽골풍과 고려양이 유행하였다.

개념잡는 오답풀이

② 신라와 발해의 유학생들은 당의 빈공과에 응시하였다.
③ 고구려는 초기에 제가 회의에서 국가의 중대사를 결정하였다.
④ 9세기 신라는 청해진을 건설하여 교역의 거점으로 삼았다.
⑤ 조선은 여진에 대한 교린 정책으로 국경 지역에 무역소를 설치하였다.

0351 조선 초기의 대외 관계　　　　답 ⑤

깊이있는 정답풀이

(가) 명, (나) 여진, (다) 일본이다. 조선은 여진과 일본에 대하여 강경책과 회유책을 병행하는 교린 정책을 시행하였다.

개념잡는 오답풀이

① 조선은 명이 아니라 일본에서 구리, 황 등을 수입하였다.
② 조선은 명, 청에 대해 사대 외교를 하였다.
③ 조선은 여진에서 귀화한 자들에게 관직과 토지를 주기도 하였다.
④ 계해약조는 1443년 조선이 쓰시마 도주와 세견선 등 무역에 관해 맺은 조약을 말한다.

0352 여진에 대한 조선의 외교 정책　　　　답 ③

깊이있는 정답풀이

제시된 자료에서 그림의 주인공인 김종서가 6진을 설치했다고 한 것을 통해 (가)는 여진임을 알 수 있다. 조선은 여진에 강경한 태도를 보이면서도 국경 지역에 무역소를 설치하여 제한적으로 교역하기도 하였다.

개념잡는 오답풀이

① 제포, 염포 등은 일본에 개방한 항구이다.
② 통신사는 조선 정부가 일본에 보낸 사절단이다.
④ 조선은 세종 때 이종무를 보내 왜구의 소굴인 쓰시마섬을 토벌하였다.
⑤ 천리장성은 고구려와 고려에서 각각 북방 민족의 침입에 대비하기 위해 축조되었다.

0353 조선과 여진의 관계　　　　답 ③

깊이있는 정답풀이

조선이 교린 관계를 유지하였으며, 국경 지역의 약탈을 억제하기 위해 경원과 경성에 무역소를 설치하였다는 내용을 통해 (가)가 여진임을 알 수 있다. 조선 세종 때 압록강과 두만강 유역의 여진을 몰아내고 4군과 6진 지역을 개척하였다.

개념잡는 오답풀이

① 1592년 일본의 전국 시대를 통일한 도요토미 히데요시가 조선을 침략

하면서 임진왜란이 발발하였다.
② 원은 고려의 영토인 화주에 쌍성총관부, 서경에 동녕부, 제주도에 탐라 총관부를 설치하여 직접 지배하였다.
④ 조선은 중국의 명, 청에 사대하였다.
⑤ 고려 태조 왕건은 '훈요 10조'에서 거란을 배척할 것을 강조하였다.

0354 양 난 이후 조선의 대외 관계　　　　답 ②

깊이있는 정답풀이

왜란이 끝난 후 조선은 일본과 기유약조를 체결하여 국교를 회복하였으며, 에도 막부의 요청으로 통신사를 파견하였다. 한편, 독도 인근을 침범하는 일본 어민들이 많아지자 안용복은 직접 일본으로 건너가 에도 막부로부터 독도가 조선의 영토임을 확인하는 활동을 벌였다. 호란 이후 즉위한 효종은 청을 정벌하고 명과의 의리를 지켜야 한다는 북벌론을 내세워 북벌 운동을 추진하였으나, 실행에 옮기지는 못하였다. 숙종 때는 간도를 둘러싸고 국경 분쟁이 발생하여 청과 조선의 관리들이 백두산 일대를 답사하고 양국의 국경을 확정하여 백두산정계비를 세웠다.
② 세종 때에는 이종무를 보내 쓰시마섬을 토벌하고 일본과의 교역을 중단하였다. 그러나 쓰시마 도주의 요청으로 계해약조를 체결하여 제포(창원 진해), 부산포(부산 동래), 염포(울산)의 항구를 열어 제한적인 교역을 허용하였다.

0355 통신사의 활동　　　　답 ②

깊이있는 정답풀이

임진왜란 이후 조선이 일본에 보낸 사절단은 통신사이다. 통신사는 에도 막부의 요청으로 파견되었으며 조선의 선진 문물을 일본에 전해 주었다.

개념잡는 오답풀이

ㄱ. 조선과 일본은 군사 동맹을 맺은 적이 없다. 군사 동맹은 나당 동맹 등이 대표적이다.
ㄴ. 박지원, 박제가 등은 연행사로 청에 파견된 인물이다. 이들은 청의 발달된 문물을 접하고 북학 운동을 전개하였다.

0356 병자호란의 결과　　　　답 ⑤

깊이있는 정답풀이

임금이 남한산성의 서문을 통해 나간 점, 임금이 세 번 절하고 아홉 번 머리를 조아리는 예를 행한 점 등을 통해 병자호란 당시 조선의 인조가 청의 황제에게 항복하는 상황임을 알 수 있다. 병자호란의 결과 조선은 청과 군신 관계를 맺고 정기적으로 연행사를 파견하였다.

개념잡는 오답풀이

ㄱ. 정동행성은 원이 일본 원정을 위해 설치한 기구로 원정 실패 이후에도 존속하며 고려의 내정을 간섭하였다.
ㄴ. 임진왜란 때 명이 조선에 원군을 파견하였다.

0357 백두산정계비　　　　답 ⑤

깊이있는 정답풀이

국경이 서쪽은 압록강, 동쪽은 토문강이라는 점을 돌에 새겼다는 내용을 통해 백두산정계비 건립에 관한 자료임을 알 수 있다. 조선과 청은 백두산

정계비를 세워 국경을 확정하였으나 이후 동쪽의 경계인 토문강의 해석을 둘러싸고 양국이 대립하였다. 청은 토문강을 두만강이라고 주장하였지만, 조선은 쑹화강의 상류이므로 간도는 조선의 영토라고 주장하였다.

개념잡는 오답풀이

① 기벌포 전투에서 승리를 거둔 신라는 당을 몰아내고 삼국 통일을 완성하였다.
② 조선 세종 때 4군과 6진 지역을 개척하였다.
③ 철령위 설치 문제로 명과 대립하던 고려는 요동 정벌을 추진하였다. 그러나 이성계 등이 위화도 회군을 단행하여 개경으로 돌아왔다.
④ 고려 공민왕은 쌍성총관부를 공격하여 원에 빼앗긴 영토를 수복하였다.

0358 청에 대한 인식 변화　　답 ②

깊이있는 정답풀이

18세기 후반 청의 문물을 적극 수용하여 부국강병과 이용후생에 힘쓰자는 북학론이 대두하였다. 이러한 주장을 펼친 학자들을 북학파라고 한다.

개념잡는 오답풀이

① 주화론은 청에 무력으로 맞서지 말고 외교적으로 해결하자는 주장이다.
③ 재조지은은 '나라를 다시 일으켜 준 은혜'라는 뜻으로, 임진왜란 때 군대를 보낸 명을 숭상하는 대외 인식을 일컫는다.
④ 병자호란 이후 효종이 즉위하면서 청에 복수하자는 북벌론이 대두하였고, 그 일환으로 북벌 운동이 전개되었다.
⑤ 광해군은 후금과 명 사이에서 중립을 유지하는 중립 외교를 추진하였다.

STEP 3 서술형 풀어 보기　　086~087쪽

0359 고구려의 대외 관계

(1) 답 고구려
(2) **모범답안** 고구려는 중국의 남북조 시대에 남조, 북조 국가와 모두 교류하며 실리를 추구하였다. 이후 남북조 시대를 통일한 수가 고구려를 여러 차례 침략하였으나 살수에서 승리를 거두는 등 수의 침략을 막아 냈다.

채점 기준	배점
고구려가 중국 왕조와 교류한 사례와 전쟁을 벌인 사례를 모두 서술한 경우	상
위 내용 중 한 가지만 서술한 경우	하

0360 장보고의 활동

모범답안 장보고, 장보고는 청해진을 설치하고 해적을 소탕하였으며, 신라와 당, 일본을 연결하는 해상 무역을 장악하였다.

채점 기준	배점
인물의 이름과 활동을 모두 서술한 경우	상
인물의 이름만 서술한 경우	하

0361 거란의 1차 침입과 서희의 담판

(1) 답 서희
(2) **모범답안** 서희는 고려가 고구려를 계승하였으며 여진의 방해로 거란과 교류하기가 어렵다고 주장하였다. 거란은 서희의 주장을 받아들여 군대를 철수하였고, 고려는 강동 6주 지역을 확보하였다.

채점 기준	배점
서희가 담판에서 제기한 주장과 담판의 성과를 모두 서술한 경우	상
위 내용 중 한 가지만 서술한 경우	하

0362 별무반의 활약

모범답안 별무반, 윤관의 지휘 아래 여진을 정벌한 뒤 동북 지역에 9개의 성(동북 9성)을 쌓았다.

채점 기준	배점
별무반을 쓰고, 여진 정벌 후 동북 9성을 개척하였다고 서술한 경우	상
별무반이라고만 쓴 경우	하

0363 원의 내정 간섭

모범답안 원은 일본 원정에 고려를 동원하였으며, 이를 위해 설치한 정동행성을 일본 원정 이후에도 유지하여 고려 내정에 간섭하였다. 또한 고려에 금, 은, 매 등 공물과 공녀, 환관 등을 수시로 요구하였고, 고려 영토에 쌍성총관부, 동녕부, 탐라총관부를 설치하였다.

채점 기준	배점
원의 내정 간섭 내용을 세 가지 서술한 경우	상
원의 내정 간섭 내용을 두 가지 서술한 경우	중
원의 내정 간섭 내용을 한 가지만 서술한 경우	하

0364 사대교린 정책

(1) 답 사대교린
(2) **모범답안** ㉠: 조선은 명의 연호를 사용하고, 해마다 여러 차례 명에 사신을 파견하여 조공하였다.
㉡: 조선은 여진에게 관직과 토지 등을 주어 귀순을 장려하고 국경 지역에 무역소를 두어 무역을 허용하는 한편, 세종 때 이들을 토벌하고 4군 6진 지역을 개척하였다. 일본에는 3포를 개항하고 제한된 교역을 허용하는 한편, 왜구의 본거지인 쓰시마섬을 토벌하였다.

채점 기준	배점
사대와 교린의 예시를 모두 서술한 경우	상
사대와 교린의 예시 중 한 가지만 서술한 경우	하

0365 조선과 일본의 교역

(1) 답 임진왜란
(2) **모범답안** 임진왜란 이전에 조선은 일본에 3포를 개항하고 계해약조를 맺어 교역을 통제하였다. 임진왜란 이후에는 부산만 개항하고 기

유약조를 통해 이전보다 교역을 제한하였다.

채점 기준	배점
임진왜란 전후의 교역 양상을 모두 서술한 경우	상
전후의 교역 양상 중 한 가지만 서술한 경우	하

0366 북벌 운동과 북학론

✔모범답안 (가) 청을 정벌하여 오랑캐에 당한 수모를 씻고 명에 대한 의리를 지키자는 북벌 운동을 전개하였다.
(나) 청의 발달한 문물을 적극적으로 받아들여 부국강병을 이루자는 북학론이 제기되었다.

채점 기준	배점
(가), (나)에 들어갈 내용을 모두 서술한 경우	상
(가), (나) 중 한 가지만 서술한 경우	하

02 수취 체제와 경제생활

STEP 1 O/X 문제로 교과서 핵심 자료 보기   090~091쪽

0367 O	0368 O	0369 O	0370 X	0371 O	0372 O
0373 O	0374 X	0375 O	0376 O	0377 O	0378 X
0379 O	0380 O	0381 O	0382 O	0383 O	0384 O
0385 X	0386 O	0387 X	0388 O	0389 X	0390 O

STEP 2 객관식 풀어 보기   092~097쪽

0391 ⑤	0392 ②	0393 ⑤	0394 ⑤	0395 ④	0396 ④
0397 ①	0398 ③	0399 ①	0400 ③	0401 ②	0402 ⑤
0403 ③	0404 ④	0405 ②	0406 ①	0407 ②	0408 ⑤
0409 ⑤	0410 ③	0411 ④	0412 ①	0413 ④	0414 ⑤

0391 삼국의 수취 체제   답 ⑤

깊이있는 정답풀이

삼국은 농민의 재산 정도에 따라 호를 나누어 곡물이나 포 등의 조세를 징수하였고, 지역의 특산물을 공물로 징수하였다. 또한 15세 이상의 남성에게는 군인으로 복무하거나 각종 토목 공사에 동원하는 방식으로 역을 거두었다.

개념잡는 오답풀이

ㄱ. 배를 이용해 조세나 공물을 운반하는 조운은 고려 시대부터 활용되었다.
ㄴ. 고려는 특수 행정 구역인 소에서 수공업품을 공물로 징수하였다.

0392 신라의 경제생활   답 ②

깊이있는 정답풀이

지증왕 시기에 우경을 실시한 기록을 통해 (가) 국가가 신라임을 알 수 있다. 신라는 금성에 동시를 설치하였으며 통일 이후에는 서시와 남시를 추가하였다.

개념잡는 오답풀이

① 고구려는 진대법을 시행하여 빈민을 구제하였다.
③ 고려 시대 벽란도가 교역항으로 번성하였다.
④ 발해는 목축업이 발달하였으며 주변국에 말, 모피 등을 수출하였다.
⑤ 고조선은 한과 한반도 남부를 연결하는 중계 무역을 전개하였다.

0393 신문왕의 토지 제도 개혁   답 ⑤

깊이있는 정답풀이

신문왕은 귀족 세력을 제압하며 왕권을 강화하였다. 특히 관료전을 지급하고 녹읍을 폐지하여 귀족의 경제 기반을 약화시키고 국가의 백성과 토지에 대한 지배권을 강화하였다.

개념잡는 오답풀이

① 통일 신라 성덕왕은 백성에게 정전을 지급하였다.
② 고려는 여러 차례 전시과를 개정하여 지급 대상과 기준을 조정하였다.
③ 고려 태조 왕건은 후삼국 통일 과정에서 공을 세운 관리 등에게 역분전을 지급하였다.
④ 신라는 3년마다 신라촌락문서를 작성하고 이를 근거로 세금을 징수하였다. 이는 귀족의 경제 기반을 약화시키는 정책과는 관련이 없다.

0394 통일 신라의 경제   답 ⑤

깊이있는 정답풀이

일본 도다이사 쇼소인에서 발견되었으며 서원경에 속한 촌락의 경제 상황
이 기록된 점을 통해 자료는 신라촌락문서에 관한 것이며, (가) 국가가 통
일 신라임을 알 수 있다. 통일 신라에서는 3년마다 신라촌락문서를 작성
하여 이를 근거로 조세, 공물, 역을 부과하였다. 통일 신라의 장보고는 9
세기에 청해진을 거점으로 해상 교역을 주도하였다.

개념잡는 오답풀이

① 고려는 삼한통보, 해동통보, 활구(은병) 등 다양한 화폐를 주조하였다.
② 고려는 관리 등에게 전지와 시지를 지급하는 전시과 제도를 시행하
    였다.
③ 조선 시대에 시전 상인은 금난전권을 행사하며 사상을 통제하였다.
④ 발해 통일 신라의 장보고는 9세기에 청해진을 거점으로 해상 교역을
    주도하였다.

0395 고려의 토지 제도   답 ④

깊이있는 정답풀이

고려의 토지 제도로 문무 관리 등을 18등급으로 구분하여 농지와 임야를
지급하였다는 내용을 통해 (가) 제도가 전시과임을 알 수 있다. 전시과에
따라 지급된 토지는 수조권만 행사할 수 있었으며, 원칙적으로 세습할 수
없었다.

개념잡는 오답풀이

ㄱ. 통일 신라 신문왕은 관료전을 지급하고 녹읍을 폐지하였다.
ㄷ. 과전법은 경기 지역의 토지를 지급 대상으로 하였다.

0396 고려의 수취 제도   답 ④

깊이있는 정답풀이

소에서 별공으로 물건을 바친다는 점을 통해 고려 시대의 상황임을 알 수
있다. 향·부곡·소 등 특수 행정 구역은 일반 군현에 비해서 세금의 부담
이 과중하였다.

개념잡는 오답풀이

① 조선 중기 직전법이 폐지되면서 관리에게 수조권을 지급하는 제도는
    없어지고 녹봉만 지급하게 되었다.
② 신라촌락문서는 촌주가 촌락 내 인구수, 토지 크기, 소와 말의 수 등을
    조사하여 3년마다 작성하였다.
③ 삼국 시대에는 15세 이상의 남성을 역에 동원하였으며 백제에서 위례
    성 수리에 백성을 동원한 사례가 있다.
⑤ 조선 시대에 방납의 폐단을 시정하기 위해 대동법을 시행하였다. 이에
    따라 각 호마다 토산물을 징수하던 공납을 토지 결수에 따라 쌀, 무명,
    삼베, 동전 등으로 징수하였다.

0397 고려의 경제생활   답 ①

깊이있는 정답풀이

지도는 고려 시대 강화도 인근에 조성된 간척지를 나타내고 있다. 고려 시
대 수공업은 관청 수공업과 소 수공업을 중심으로 발전하였고, 고려 말에

0398 고려의 상업   답 ③

깊이있는 정답풀이

해동통보, 삼한통보는 고려에서 발행한 화폐이다. 고려 시대에는 국가에
서 다양한 화폐를 주조하였지만 제대로 유통되지는 못하였다. 고려의 상
업은 도시를 중심으로 발달하였다. 고려는 개경에 시전을 설치하였고 대
도시에 다양한 관영 상점을 두었다. 대외 교역도 활발히 전개되었다. 아라
비아 상인, 송 상인 등 각국의 상인이 고려를 왕래하였으며, 예성강 하구
의 벽란도가 국제 무역항으로 번성하였다.

개념잡는 오답풀이

ㄷ. 조선 후기 대동법이 시행되면서 관청에 물품을 조달하는 공인이 등장
    하였다.

0399 조선 세종의 농본 정책   답 ①

깊이있는 정답풀이

『농사직설』이 편찬되었다는 내용을 통해 (가) 국왕이 조선의 세종임을 알
수 있다. 세종은 백성들의 여론을 수렴하여 공법을 제정하였다. 이에 따라
토지 비옥도와 풍흉에 따라 전세를 다르게 거두는 전분6등법과 연분9등법
이 시행되었다.

개념잡는 오답풀이

② 직전법은 조선 중기에 폐지되었다.
③ 과전법은 고려 말 공양왕 때 제정되었다.
④ 전시과는 고려 시대의 토지 제도로 목종과 문종 때 개정되었다.
⑤ 조선 성종 때 관수 관급제가 시행되었다.

0400 방납의 폐단   답 ③

깊이있는 정답풀이

관청의 아전들이 대납을 하면서 원래 공물 가격의 몇 배를 요구하고 있다
는 내용을 통해 조선 시대 방납의 폐단에 대한 내용임을 알 수 있다. 16세
기 이후 수취 체제가 문란해지면서 관청의 관리나 상인이 농민에게 대가
를 받고 공물을 대신 내는 방납의 폐단이 심하였다. 조선 정부는 이를 시
정하기 위해 대동법을 시행하였다.

개념잡는 오답풀이

① 조선 인조 때 풍흉에 관계없이 토지 1결당 쌀 4~6두를 징수하는 영정
    법을 시행하였다.
② 전민변정도감은 고려 후기 권세가들이 부당하게 빼앗은 토지를 본래
    소유주에게 돌려주고, 불법적으로 노비가 된 자를 양인으로 해방시키
    고자 설치되었다. 공민왕 때 설치된 것이 대표적이다.
④ 흥선 대원군은 삼정의 문란을 시정하기 위해 호포제, 사창제 등을 시행
    하였다.
⑤ 백골징포와 황구첨정은 죽은 자나 어린아이에게도 군포를 징수한 폐단
    을 말한다.

0401 과전법   답 ②

깊이있는 정답풀이

공양왕 때에 제정되었으며 18과로 나누어 경기 지역에 과전을 설치하였다는 내용을 통해 (가) 토지 제도가 과전법임을 알 수 있다. 과전법에 따라 지급된 토지는 원칙적으로 세습할 수 없었다. 하지만 수신전, 휼양전 등은 예외적으로 세습되었다. 세조 때 관리에게 지급할 토지가 부족해지자 과전법을 폐지하고 직전법을 시행하였다.

개념잡는 오답풀이

ㄴ. 고려 시대 전시과 제도에 대한 설명이다.
ㄹ. 과전법은 전·현직 관리에게 과전을 지급하였다.

0402 조선 전기 토지 제도의 변화   답 ⑤

깊이있는 정답풀이

(가)는 직전법이 도입되던 조선 세조 시기, (나)는 직전법이 폐지되던 16세기 중엽의 사실이다. 직전법이 시행된 이후 관리들의 수조권 남용의 폐단이 발생하자, 성종 시기에 관수 관급제가 시행되었다.

개념잡는 오답풀이

① 대동법은 17세기 초 광해군 시기에 처음 시행되었다.
② 과전법은 고려 말에 제정되었다.
③ 역분전은 고려 태조 왕건이 후삼국 통일 과정에서 공을 세운 관리 등에게 지급하였다.
④ 전시과 체제는 12세기에 이자겸 등 문벌이 대토지를 소유하면서 제대로 운영되지 못하다가 무신 정변 이후 붕괴되었다.

0403 조선 후기의 수취 체제   답 ③

깊이있는 정답풀이

(가)는 영정법, (나)는 대동법, (다)는 균역법이다. 대동법의 실시로 공인이 등장하여 왕실과 관청에서 필요한 물품을 조달하였다. 영조는 농민의 군역 부담액을 1년에 1필로 줄여 주는 균역법을 시행하였다.

개념잡는 오답풀이

ㄱ. 세종 때 풍흉의 정도에 따라 전세를 차등 부과하는 공법을 시행하였다.
ㄹ. 영정법의 시행으로 전세의 비율은 다소 낮아졌지만, 농민의 부담은 오히려 더 늘어났다. 전세를 낼 때 여러 명목의 수수료, 운송비 등이 함께 부과되었는데, 지주들이 농민들에게 부담을 떠넘겼기 때문이다. 또 균역법으로 등장한 결작의 부담이 소작 농민에게 전가되고 군적이 문란해지면서 농민의 부담은 다시 가중되었다.

0404 대동법   답 ④

깊이있는 정답풀이

조선 정부는 관청의 서리 등이 공납을 대신 내고 부당한 이득을 취하는 방납의 폐단이 심해지자, 이를 막고 농민의 부담을 줄이기 위해 대동법을 실시하였다. 공납으로 집집마다 토산물을 거두던 것을 토지 면적에 따라 쌀, 옷감, 동전 등으로 납부하게 한 것이다. 대동법의 실시로 국가에 필요한 물품을 조달하는 어용 상인인 공인이 등장하였고, 이들의 활동에 힘입어 상품 화폐 경제가 발달하였다.

④ 대동법은 임진왜란이 끝난 후인 광해군 때 경기도 지역을 대상으로 처음 실시되었고, 이후 점차 범위가 확대되어 숙종 때 전국에서 실시되었다.

0405 영정법   답 ②

깊이있는 정답풀이

16세기 이후 조세 제도가 점차 해이해졌고, 왜란을 거치면서 경작지가 황폐화되어 전세를 거두기 쉽지 않았다. 이에 조선 정부는 풍년과 흉년에 따라 차등을 두어 부과하던 전세 제도를 고쳐 토지 1결당 쌀 4~6두로 전세액을 고정한 영정법을 실시하였다.

개념잡는 오답풀이

ㄴ. 대동법에 해당한다.
ㄹ. 결작은 균역법을 실시하면서 부족해진 재정을 채우기 위해 지주들에게 거두던 세금이다.

0406 균역법   답 ①

깊이있는 정답풀이

군포의 부담이 1필로 줄어들었다는 내용을 통해 대화의 소재가 된 제도가 균역법임을 알 수 있다. 영조는 군역의 폐단을 바로잡기 위해 균역법을 실시하여 농민의 군포 부담을 1필로 줄여 주었다. 줄어든 군포 수입은 지주에게 결작을 징수하고, 일부 부유한 상민에게 선무군관포를 거두는 방법 등으로 보충하였다.

개념잡는 오답풀이

② 전민변정도감은 고려 후기에 설치되었다.
③ 대동법의 시행에 따라 관청에 물품을 공급하는 공인이 등장하였다.
④ 흥선 대원군은 사창제를 시행하여 환곡의 폐단을 시정하고자 하였다.
⑤ 대동법이 시행되면서 공납의 기준이 토지로 바뀌자, 양반 지주들이 크게 반발하였다. 이에 따라 대동법이 전국적으로 시행되는 데 100여 년이 소요되었다.

0407 모내기법의 영향   답 ②

깊이있는 정답풀이

제시된 그림의 농법은 모내기법(이앙법)이다. 모내기법은 김매기에 들어가는 수고를 덜고 노동력의 절감을 가져와 일부 농민은 경작지를 넓혀 부농이 되었다.

② 대다수의 농민은 영세 상인, 임노동자로 전락하여 도시, 광산 등으로 일자리를 찾아 떠났다.

0408 조선 후기 농촌 사회의 변화   답 ⑤

깊이있는 정답풀이

제시된 자료는 모내기법의 확산으로 광작이 널리 행해지던 사회상을 보여 주고 있다. 조선 후기에 1인당 경작 가능 면적은 모내기법에 의해 이전보다 약 5배로 늘어났다. 모내기법을 실시하여 노동력을 덜게 된 농민들은 광작을 하면서 지주로 성장하는 경우도 있었다. 광작이 가능해지면서 지주들은 소작지를 회수하여 노비를 늘리거나 머슴을 고용하여 직영하였다. 그 결과 소작 농민들은 소작지를 얻기가 더욱 어려워졌으며, 토지를 얻지 못한 농민들은 농토를 떠나 유랑하게 되었다.

개념잡는 오답풀이

ㄱ. 모내기법은 수리 시설이 갖추어져 있지 않은 상황에서는 농사를 망칠 우려가 있기 때문에 정부에서는 이를 금하기도 하였다.

ㄴ. 모내기법이 확산되면서 18세기 말에는 전국에 크고 작은 저수지가 수천 개에 이르렀고 이로써 광작이 유행하였다.

0409 조선 후기의 경제 상황   답 ⑤

깊이있는 정답풀이

상품 작물 재배 및 판매로 큰 수익을 올리는 점과 담배가 재배되고 있는 점 등을 보아 조선 후기의 상황임을 알 수 있다. 조선 후기에는 장시가 발달하고 상품 유통이 활발해지면서 면화, 채소 등의 상품 작물이 재배되기 시작하였고, 이를 통해 이득을 얻는 농민들이 늘어났다. 한편, 조선은 민생 안정을 위해 구황 작물에 많은 관심을 가졌는데, 조선 후기인 17~18세기에 고구마와 감자가 전래되어 가장 중요한 구황 작물의 역할을 하였다.

개념잡는 오답풀이

① 조선 후기에는 민영 수공업이 확대되었다.
② 조선 전기에 나타나기 시작한 장시는 조선 후기에 이르러 전국적으로 확대되었다.
③ 태종 때 호패법을 실시하였다.
④ 조선 전기에 시전이 종로 거리에 설치되었다.

0410 조선 후기의 상인   답 ③

깊이있는 정답풀이

경강상인에서 '경강'은 한양으로 흘러들어 가는 강 즉, 한강을 의미한다. 경강상인은 한강을 근거지로 대동미 등 정부 세곡과 한성 지주들의 소작료 운송을 주도하며 거상으로 성장하였다. 개성의 송상은 인삼과 포목의 도고 상업을 통해 큰 이익을 얻었고, 의주와 동래 상인을 매개로 청·일 간의 중계 무역에 종사하여 부를 축적하였다.

개념잡는 오답풀이

ㄱ. 왜관을 중심으로 일본과의 무역을 주도한 상인은 내상이다. 만상은 의주에서 청과의 사무역을 통해 성장하였다.
ㄹ. 공인이 특정 물품에 대한 독점권을 확보하면서 점차 독점적 도매 상인인 도고로 성장하였다. 객주(여각)는 각 지방의 선상이 물품을 싣고 포구에 들어오면 그 상품을 위탁받아 다른 상인에게 팔거나 매매를 주선하였다.

0411 도고의 특징   답 ④

깊이있는 정답풀이

제시된 자료는 대량의 자금으로 시중의 물품을 모두 사들여 폭리를 취하는 도고의 모습을 보여 준다. 일부 공인과 사상은 조선 후기에 막대한 자금력을 바탕으로 독점적 도매상인인 도고로 성장하였다.

개념잡는 오답풀이

① 세곡이나 소작료를 운송하는 기지 역할을 하던 포구가 조선 후기에는 새로운 상업 중심지가 되었다. 선상의 활동이 두드러지면서 전국 각지의 포구는 하나의 유통망을 형성해 나갔다. 선상은 선박을 이용하여 지방의 물품을 사 와서 포구에서 거래하였는데, 대표적인 선상으로 경강상인을 꼽을 수 있다.
② 객주는 포구에서 물품의 매매를 주선하거나 보관하는 활동 등을 하였다.

③ 시전 상인은 정조가 통공 정책을 시행하기 전까지 금난전권을 행사하였다.
⑤ 공인은 국가에 필요한 물품을 조달하던 사람을 말한다.

0412 조선 후기 난전의 성행   답 ①

깊이있는 정답풀이

제시된 자료는 조선 후기 난전이 확대된 모습을 보여 준다. 난전은 국가에 등록되지 않은 무허가 상인을 지칭하는 말로, 시전이 가진 금난전권으로 억압받았다. 그러다가 정조가 통공 정책으로 육의전을 제외한 시전의 금난전권을 폐지한 이후 더욱 번창하였다.

개념잡는 오답풀이

② 보부상은 보부상단을 조직하여 결속력을 강화하였다.
③ 공인은 공가를 받고 국가에 관수품을 조달하였다.
④ 시전 중 정해진 여섯 가지 상품을 다루는 상인들을 육의전이라 불렀다.
⑤ 객주(여각)는 포구에서 숙박업, 금융업 등에 종사하며 물품의 매매를 중개하였다.

0413 조선 후기의 경제 상황   답 ④

깊이있는 정답풀이

지대 납부 방식인 도조법이 확산되고 모내기법이 전국적으로 확대되었다는 내용을 통해 조선 후기(18세기 전후)에 해당함을 알 수 있다. 이 시기에는 덕대를 중심으로 한 광산 개발이 활발하였다.

개념잡는 오답풀이

① 연분9등법은 세종 때 마련되었다.
② 전시과 제도는 고려 시대에 시행된 토지 제도이다.
③ 고려의 삼사에서 국가의 회계를 담당하였다.
⑤ 벽란도는 고려 전기부터 여러 나라 상인들이 드나드는 국제적인 항구로 번성하였다.

> (1등급 가이드)
>
> 조선 후기의 경제 상황은 이전에 비해 매우 큰 폭의 변화를 보여 줍니다. 긍정적인 변화도 많지만 계층의 빈부 격차 심화와 삼정의 문란 등 부정적인 상황도 있음을 잊지 말아야 합니다. 각 산업별 발전 양상을 파악해 두면 도움이 되겠네요.

0414 조선 후기 동전의 유통   답 ⑤

깊이있는 정답풀이   🔍 추론 TIP 부자가 숨긴 엽전 → 조선 후기 전황 발생

> 박문수가 아뢰기를, "화폐 운용에 관한 권한은 마땅히 국가에 있어야 하는데 지금은 그렇지 못합니다. 그 권한이 부자의 집에 있고, 부자가 숨긴 엽전이 끝내 널리 이용되지 않은 것은 대개 그 귀함이 귀해지길 바란 뒤에 그 이익을 얻고자 하기 때문입니다."라고 하였다.
>
> – 「비변사등록」

조선 후기에 들어와 상공업이 발달하고 세금을 화폐로 내면서 동전이 전국적으로 유통되었다. 동전은 교환 수단일 뿐만 아니라 재산 축적의 수단이기도 하여 상인이나 지주들이 화폐를 쌓아 두고 고리대의 방식으로 불려 나감으로써 전황이 발생하였다. 그 결과 농민들은 현물을 비싼 값의 화폐로 바꾸어 소작료와 세금, 이자를 지불해야 했기 때문에 그 처지가 더욱 어려워졌다.

☑ 개념잡는 **오답풀이**

ㄱ. 화폐가 귀해지면서 물건값은 떨어지고 동전의 구매력이 높아졌다.

ㄴ. 대동법 실시 등으로 조세가 금납화되면서 동전이 널리 사용되었다.

STEP 3 서술형 풀어 보기   098~099쪽

0415 삼국의 경제 체제

▼모범답안 (가) 삼국은 농업 생산력을 높이기 위해 철제 농기구를 보급하고 우경을 장려하였다. 또한 수리 시설을 확충하고 황무지 개간을 장려하였다. (나) 고구려의 진대법 등 가난한 백성들에게 곡식을 빌려주는 제도가 시행되었다.

채점 기준	배점
(가), (나)에 해당하는 내용을 모두 서술한 경우	상
(가), (나) 중 한 가지 내용만 서술한 경우	하

0416 신라촌락문서

▼모범답안 신라촌락문서, 신라는 인구수, 토지 면적, 소, 말, 나무의 수를 기록한 신라촌락문서를 작성하여 지방에 대한 통제를 강화하고 세금을 부과하는 데 이용하였다.

채점 기준	배점
신라촌락문서 명칭과 작성 목적을 모두 서술한 경우	상
명칭만 쓴 경우	하

0417 전시과 체제

(1) 답 전시과

(2) ▼모범답안 전시과에 따라 관리에게는 과전이 지급되었고, 하급 관리의 자제 중 관직에 오르지 못한 사람에게는 한인전이 지급되었으며, 직업 군인에게는 군인전이 지급되었다.

채점 기준	배점
전시과에 따라 지급된 토지의 종류를 세 가지 서술한 경우	상
전시과에 따라 지급된 토지의 종류를 두 가지 서술한 경우	중
전시과에 따라 지급된 토지의 종류를 한 가지만 서술한 경우	하

0418 고려 시대 생활 안정책

▼모범답안 고려 정부는 농민들의 생활을 안정시키고자 농번기에는 잡역 동원을 금지하였고, 고리대의 이자를 제한하였으며, 빈민을 구제하기 위해 의창과 상평창을 설치하였다.

채점 기준	배점
자료의 시행 취지가 농민의 생활 안정임을 파악하고 해당하는 정책 두 가지를 모두 서술한 경우	상
자료의 시행 취지를 파악하고 해당하는 정책을 한 가지 서술한 경우	중
자료의 시행 취지만 서술한 경우	하

0419 조선의 공법 제정

(1) 답 세종

(2) ▼모범답안 토지 비옥도에 따라 6단계로 나누어 면적을 달리하고(전분6등법), 해마다 풍흉에 따라 거둘 양을 9등급으로 나누어 1결에 최고 20두에서 최하 4두까지 거두었다(연분9등법).

채점 기준	배점
전분6등법과 연분9등법의 내용을 모두 서술한 경우	상
위 내용 중 한 가지만 서술한 경우	하

0420 조선의 토지 제도 정비

▼모범답안 관수 관급제, 직전법 시행 이후 일부 관리들이 수조권을 남용하여 조세를 과다하게 거두는 문제를 시정하기 위해 시행되었다.

채점 기준	배점
(가) 제도의 명칭과 시행 배경을 모두 서술한 경우	상
(가) 제도의 명칭만 쓴 경우	하

0421 대동법의 확대 실시

▼모범답안 대동법, 공물 납부를 대행하던 방납 업자와 양반 지주층이 시행을 반대하였기 때문이다.

채점 기준	배점
대동법을 쓰고, ㉠의 이유로 방납 업자와 양반 지주층의 반대를 모두 서술한 경우	상
대동법을 쓰고, ㉠의 이유로 위 내용 중 일부만 서술한 경우	중
대동법이라고만 쓴 경우	하

0422 지대 납부 방식의 변화

▼모범답안 소작농들의 지대 납부 방식이 수확량의 일정 비율을 내던 타조법에서 계약한 액수만큼만 내는 도조법으로 바뀌었다. 이에 따라 지주와 소작농의 관계도 점차 신분적 종속 관계에서 경제적 계약 관계로 변화하였다.

채점 기준	배점
타조법에서 도조법으로의 변화, 신분적 종속 관계에서 경제적 계약 관계로의 변화를 모두 서술한 경우	상
위 내용 중 한 가지만 서술한 경우	하

STEP 1 O/X 문제로 교과서 핵심 자료 보기 (102~103쪽)

0423 O	0424 O	0425 X	0426 X	0427 O	0428 O
0429 O	0430 X	0431 X	0432 O	0433 O	0434 X
0435 O	0436 X	0437 O	0438 X	0439 O	0440 X
0441 O	0442 O	0443 O	0444 X	0445 O	0446 X
0447 O	0448 X	0449 O			

STEP 2 객관식 풀어 보기 (104~109쪽)

0450 ④	0451 ④	0452 ③	0453 ②	0454 ③	0455 ②
0456 ③	0457 ②	0458 ④	0459 ⑤	0460 ②	0461 ②
0462 ④	0463 ③	0464 ①	0465 ②	0466 ②	0467 ①
0468 ②	0469 ⑤	0470 ②	0471 ③	0472 ③	0473 ②

0450 고구려의 신분 제도 　답 ④

깊이있는 정답풀이

수산리 고분 벽화를 그렸다는 점, 가, 대가 등이 평민인 하호를 다스렸다는 점 등을 통해 (가) 국가가 고구려임을 알 수 있다. 고구려는 건국 초기에 제가 회의를 열어 국가 중대사를 결정하였다. 또한 왕족 고씨와 5부 출신의 귀족들이 지배층을 이루었다.

개념잡는 오답풀이

ㄱ. 신라의 진흥왕은 화랑도를 국가적인 조직으로 개편하였다.

ㄷ. 발해의 지배층은 왕족인 대씨와 귀족인 고씨 등 고구려계의 비중이 높았고, 피지배층은 말갈인이 다수를 차지하였다.

0451 진골의 특징 　답 ④

깊이있는 정답풀이

혜공왕 피살 이후 치열한 왕위 쟁탈전을 벌였다는 내용을 통해 (가) 신분이 진골임을 알 수 있다. 신라에서는 진덕 여왕을 끝으로 성골이 없어지면서 김춘추가 진골 출신으로 최초로 왕위에 올랐다. 신라는 골품제에 따라 관등의 상한선이 결정되었다. 진골은 대아찬 이상까지 오를 수 있었지만, 6두품은 아찬, 5두품은 대나마, 4두품은 대사까지만 승진할 수 있었다.

개념잡는 오답풀이

ㄱ. 특수 행정 구역의 주민들은 일반 군현민에 비해 사회적 지위가 낮았고 더 많은 세금을 부담하였다.

ㄷ. 신라는 수도 금성의 지배층을 성골, 진골, 6~1두품으로 구분하는 골품제를 시행하였다. 통일 무렵에는 성골이 없어지고, 3~1두품은 하위 신분과 구분이 모호해지면서 점차 평민과 동등하게 간주되었다.

0452 고려의 신분제 　답 ③

깊이있는 정답풀이

고려 시대에 중간 계층은 후삼국의 혼란기를 거쳐 제도가 정비되는 과정에서 통치 체제의 하부 구조를 맡으면서 자리를 잡아 갔다. 중앙 관청에 속한 서리, 궁중의 실무 관리인 남반, 지방 행정을 담당한 향리, 하급 장교 등 중간 계층은 직역을 세습적으로 물려받았고, 국가로부터 토지도 받았다.

개념잡는 오답풀이

① 양인은 왕족과 문무 관료, 중간 계층, 일반 백성으로 구성되었다.

② 문무 관료 중 일부가 음서제의 특권을 누렸으며 그 지위를 세습하였다.

④ 향, 부곡, 소의 주민은 법적으로 양인이었지만 대우는 그에 미치지 못하였다.

⑤ 고려 시대 백정은 일반 백성으로 대부분 농민이었다.

0453 백정의 특징 　답 ②

깊이있는 정답풀이

백정은 고려 시대에 일정한 직역이 없는 농민을 일컫는 말이었으나, 조선 시대에는 도살업 등에 종사하는 부류의 사람들을 가리키는 말로 뜻이 변하였다.

개념잡는 오답풀이

① 조선 후기 지방에는 일반 농민과 다름없는 수준의 처지로 하락한 양반인 잔반의 비중이 적지 않았다.

③ 서리는 중앙 관청의 말단 행정 관료를 일컫는 말이다.

④ 본래 양반은 문반과 무반을 뜻하는 명칭이었으나 점차 그 가족이나 가문까지 포함하는 표현으로 쓰였다.

⑤ 중간 계층의 향리는 지방관을 보좌하며 부세 징수와 행정 실무를 담당하였다.

0454 노비의 특징 　답 ③

깊이있는 정답풀이

제시된 자료는 개경의 사노비 만적이 한 말로, 밑줄 친 '우리'가 속한 신분은 노비이다. 고려 시대에 노비는 매매, 증여, 상속이 가능한 재산으로 취급되었다.

개념잡는 오답풀이

① 과거는 법적으로 양인 이상 응시가 가능하였다.

② 고려의 신분제에서 양인 중 정호는 중간 계층으로서 국가의 직역을 수행하는 대가로 국가로부터 토지를 받았다.

④ 특수 행정 구역의 주민들도 양인에 속하였다.

⑤ 고려 시대 농민은 백정이라 불렸으며, 세금 납부의 의무를 가졌다.

0455 고려 시대의 특수 행정 구역 　답 ②

깊이있는 정답풀이

제시된 자료의 '구리, 철, 자기, 종이, 먹 등을 만드는 지역'이란 표현에서 수공업자들이 집단적으로 거주했던 '소'에 대한 내용임을 알 수 있다. 소에 거주하던 주민들은 신분은 양인이었지만 학교 입학과 과거 응시, 거주 이전에 제한을 받는 등 일반 군·현민에 비해 제약을 받았고, 더 많은 세금을 부담하였다.

개념잡는 오답풀이

ㄴ. 특수 행정 구역에는 속현과 같이 지방관이 파견되지 않았다.

ㄹ. 소 수공업은 관청에 소속된 것은 아니었다.

0456 고려 시대 여성의 지위 　답 ③

깊이있는 정답풀이

고려 시대에는 여성의 재가가 가능하였고, 재가한 여성의 자식도 관직에 나갈 수 있었다. 또한 사위와 외손자에게도 음서의 혜택이 주어졌다.

개념잡는 오답풀이

① 고려 시대에는 부모의 유산이 자녀에게 골고루 분배되었다.

② 조선 후기에 서원과 사우가 많이 세워졌다.

④ 조선 중기 이후에는 아들이 없으면 양자를 두어 가계를 계승하게 하였다.

⑤ 고려 시대에는 혼인을 하면 한동안 여자 집에서 생활하는 풍속이 일반
적이었다. 혼인 후 곧바로 남자 집에서 생활하는 경우가 보편화된 것은
17세기 이후이다.

0457 고려 시대 여성의 지위 　답 ②

깊이있는 정답풀이

여성의 재혼이 자유롭고 결혼 후 신부의 집에서 사는 것이 일반적이었다
는 내용을 통해 고려 시대 가정생활에서 여성의 지위에 대한 대화임을 알
수 있다. 고려 시대에는 여성이 가정을 대표하는 호주가 될 수 있었고, 호
적에 남녀 차별 없이 태어난 순서대로 기록하였다. 또한 음서의 혜택이 친
손자와 외손자에게 동등하게 적용되었으며, 상속도 자녀에게 똑같이 재산
을 물려주는 것이 일반적이었다.

② 고려 시대에는 남녀 구분 없이 제사를 담당하였으나, 조선 시대에 유교
윤리가 확산되면서 제사를 장자가 담당하게 되었다.

0458 고려 사회의 개방성 　답 ④

깊이있는 정답풀이

고려 시대에는 제한적이나마 신분을 상승시킬 수 있었다. 상층 향리와 그
자제는 과거에 급제하여 중앙에 진출할 수 있었고, 백정도 잡과에 합격하
거나 하급 장교로 선발되면 중간 계층이 될 수 있었다. 이는 고려 사회가
신라 골품제 사회보다 개방적이었음을 의미한다.

개념잡는 오답풀이

① 구석기, 신석기 시대에 해당한다.

② 발해에 해당한다.

③ 조선 후기에 해당한다.

⑤ 조선 후기로 갈수록 성리학적 사회 윤리가 점차 강화되면서 부계와 장
자 중심의 가족 제도가 강화되었다.

0459 농민 공동체 조직, 향도 　답 ⑤

깊이있는 정답풀이

제시된 자료는 향도가 향나무를 묻고 세운 사천 흥사리 매향비에 대한 것
이다. 향도는 불교 신앙에 바탕을 둔 고려의 대표적인 공동체 조직으로 매
향 활동을 하면서 대규모 인력이 동원되는 불상, 석탑을 만들거나 절을 지
을 때에 주도적인 역할을 하였다. 후기에는 점차 마을의 공동체 생활을 주
도하는 농민 조직으로 발전하였다.

개념잡는 오답풀이

① 상평창은 고려 시대의 물가 조절 기관이다.

②『도선비기』는 승려 도선이 지은 것으로 알려진 풍수지리설 관련 서적이
다. 고려 시대에서 조선 시대에 걸쳐 많은 영향을 주었다.

③ 향교는 고려와 조선의 지방 교육 기관이다.

④ 도교의 제사 의식은 초제로, 향도의 활동과는 관련이 없다.

0460 조선의 신분제 　답 ②

깊이있는 정답풀이

(가)는 조선 시대의 법제적 제도인 양천제에 따른 구분, (나)는 반상 제도
의 확립에 따라 4개의 신분층이 확립된 모습을 나타낸 것이다. 반상 제도
는 양인 신분 중에서 지배층과 피지배층을 구분한 것으로, 여기서의 양반
은 문·무반뿐만 아니라 그 가족이나 가문까지도 포함하는 개념이며, 양반
과 상민의 중간 신분 계층인 중인 중 일부가 문과 응시에 제한을 받기도
하였다. 한편, 천민의 대부분은 노비였다.

② 양천제에서 양인에 속하는 상민은 법적으로는 자유민으로서 과거에 응
시할 수 있었다.

0461 양반층의 특징 　답 ②

깊이있는 정답풀이

제시문은 양반에 대한 설명이다. 양반은 문반과 무반을 아울러 부르는 명
칭이었는데, 양반 관료 체제가 정비되면서 관직 보유자뿐만 아니라 그 가
족이나 가문까지도 포함하게 되었다. 양반은 각종 법률과 제도로써 군역
을 면제받았고, 과거와 음서를 통해 고위 관직을 차지하였다.

개념잡는 오답풀이

ㄴ. 남반, 서리, 하급 장교는 고려 시대의 중간 계층에 해당한다.

ㄹ. 중인은 좁은 의미로 기술관만을, 넓은 의미로 양반과 상민의 중간층을
의미한다.

0462 중인의 특징 　답 ④

깊이있는 정답풀이

밑줄 친 ㉠은 기술직 중인에 해당한다. 중인은 일반적으로 직역을 세습하
고 같은 신분 안에서 혼인하였으며 관청과 가까운 곳에 거주하였다. 또한
양반 사족들이 기득권을 확립하는 과정에서 구분되었다.

④ 조선 시대의 기술 교육은 해당 관청에서 이루어졌다.

0463 천민의 특징 　답 ③

깊이있는 정답풀이

매매의 대상이 된다는 점에서 (가)는 노비임을 알 수 있다. 노비는 천민의
대부분을 구성하였으며, 천민에는 노비 외에도 백정·광대·무당 등이 있
었다. 노비는 사유 재산으로 취급되어 매매·상속의 대상이 되었으며, 부
모 중 한 사람만 노비여도 자식은 노비가 되었다. 노비는 소유주에 따라
공노비와 사노비로 구분되었고, 주거지에 따라 솔거 노비와 외거 노비로
구분되었다.

개념잡는 오답풀이

① 중인인 향리들은 향리직을 세습하였다.

② 첩의 자식인 서얼은 양반의 자식이지만 중인과 같은 대우를 받았으며
무반직이나 기술관에 등용되는 경우도 있었다.

④ 노비가 속한 천인은 법적으로 과거 응시가 불가능하였다.

⑤ 관리가 된 양반과 기술관 등은 직역의 대가로 국가로부터 토지를 지급받
았다.

0464 조선 후기 신분제의 동요 | 답 ①

깊이있는 정답풀이

임진왜란 이후 납속을 모집하고 이름 쓰는 곳이 비어 있는 첩에 응모자의 이름을 써 주었다는 내용을 통해 조선 후기의 상황임을 알 수 있다. 양 난 이후 재정이 궁핍해진 조선 정부는 국가에 곡식을 바치는 대가로 공명첩을 발행하였다. 이를 통해 경제력을 갖춘 상민 등이 양반 신분을 취득하면서 양반의 수가 증가하였다.

개념잡는 오답풀이

② 고려 전기에 신진 세력과 문벌, 또는 문벌 간의 대립이 발생하면서 문벌 사회가 동요하였다. 이자겸의 난, 묘청의 서경 천도 운동 등이 대표적이다.

③ 신라 말 중앙 정부의 지방 통제력이 약화되면서 지방에서 호족 세력이 성장하였다.

④ 19세기 안동 김씨, 풍양 조씨 등 특정 가문이 권력을 독점하는 세도 정치가 전개되었다.

⑤ 조선 후기 새롭게 양반으로 신분이 상승한 계층(신향)과 기존 사족(구향) 간에 향촌의 지배권을 둘러싼 다툼(향전)이 벌어졌다. 이 과정에서 기존 사족의 향촌 지배력이 약화되었다.

0465 공명첩의 발급 목적 | 답 ③

깊이있는 정답풀이

제시된 문서에 이름을 쓰는 곳이 비어 있고 관직명이 적힌 것을 통해 공명첩임을 알 수 있다. 공명첩은 임진왜란 이후 조선 정부가 국가 재정을 충당하기 위해 대량으로 발급하였다. 이는 신분제의 동요에 영향을 주었다.

개념잡는 오답풀이

① 호패법은 인구를 파악하고 조세 징수와 군역 부과에 활용하기 위해 태종 때 실시되었다.

② 조선 시대에 생원·진사에게 발급한 합격 증서인 백패, 과거에 최종적으로 합격한 사람에게 주던 홍패가 있다.

④ 지방 양반들은 향안을 작성하고 자치 기구인 향회를 조직하였다.

⑤ 신라촌락문서는 촌락의 인구, 토산물 등을 파악하기 위해 촌주가 작성하였다.

0466 조선 후기의 신분 변동 | 답 ②

깊이있는 정답풀이

조선 후기에 하층민의 신분 상승으로 양반 인구수가 급증하였다는 사실을 토대로 인구 변동의 내용을 살펴보면, (가)는 양반, (나)는 상민, (다)는 노비임을 알 수 있다. 상민과 노비는 납속책, 공명첩 또는 족보 위조나 도망의 방법으로 신분 상승을 이루었고, 그 결과 양반의 수가 크게 증가하여 양반의 사회적 권위는 떨어졌다. 한편, 상민 인구의 감소로 이들의 조세 부담이 크게 늘어나게 되어 도망하는 경우가 많아 상민의 수가 줄어드는 악순환이 되풀이되기도 하였다.

② 장자 상속제의 확립과 양반층의 증가는 관련이 없다.

> **1등급 가이드**
>
> 조선 후기의 사회 상황은 신분제의 변동을 중심으로 매우 큰 변화가 나타나기 때문에 상세하게 정리해 두어야 합니다. 양반층의 증가 등 신분 질서가 붕괴되면서 어떤 문제가 발생하는지 파악해 두면 도움이 되겠네요.

0467 신분제의 동요 | 답 ①

깊이있는 정답풀이

'상민·천민들이 갓을 쓰고 도포를 입는다'는 내용을 통해 신분제가 동요하는 조선 후기의 모습임을 알 수 있다. 조선 후기에는 수령을 중심으로 한 관권이 강화되면서 향회는 수령의 부세 정책에 대한 자문 기관으로 전락하였다. 한편, 부농층은 공명첩, 납속, 족보 구입 및 위조 등을 통해 신분을 상승하였고 일부 노비들은 납속과 군공, 도망을 통해 노비 신분에서 벗어났다.

① 조선 정부는 건국 초기부터 경재소를 설치하여 유향소를 통제하고자 하였다.

0468 기술직 중인의 신분 상승 운동 | 답 ②

깊이있는 정답풀이

의관이나 역관이 되어 여러 대를 지났다는 점, 사대부 외에 나은 자가 없다는 점 등을 통해 밑줄 친 '우리'가 기술직 중인임을 알 수 있다. 조선 후기 중인들은 신분 상승을 꾀하여 서얼들은 집단 상소 운동을 펼쳤고, 기술직 중인들도 대규모 소청 운동을 벌였다.

개념잡는 오답풀이

① 정조 때 유득공, 박제가, 이덕무 등 서얼들이 규장각 검서관으로 기용되었다.

③ 노비는 매매, 상속, 증여의 대상이 되었다.

④ 지방 사족들은 서원과 향약을 통해 지배력을 강화하였다.

⑤ 광작이 확대되면서 일부 농민은 부농으로 성장하였지만, 경작지를 확보하지 못한 농민은 임노동자, 소작농 등으로 전락하였다.

0469 서얼의 처지 | 답 ⑤

깊이있는 정답풀이

관직에 나갈 수 없고 부자의 은혜가 없다는 것을 통해 (가)는 서얼임을 알 수 있다. 서얼이란 첩의 자식인 서자와 얼자를 말하는데 첩의 신분이 양인이면 서자가 되었고, 첩의 신분이 천인이면 얼자가 되었다. 서얼은 양반의 소생이면서도 성리학적 명분론에 의해 적통이 아니었기 때문에 가족과 사회에서 차별 대우를 받았고, 문과 응시가 금지되었으며, 양반 계층에 속하지 못하고 중인과 같은 처우를 받았다. 정조는 관직 진출이 막혔던 서얼들을 규장각 검서관으로 등용하였다.

개념잡는 오답풀이

① 고려 전기 지배층인 문벌 세력은 5품 이상 관료의 자제에게 주어지는 음서와 공음전을 통하여 권력과 부를 세습하였다.

② 조선에서는 양인 중에도 천역을 담당하는 계층이 있었는데 이들을 신량역천이라 하였다.

③, ④ 조선 시대의 노비는 국가에 속한 공노비와 개인에게 속한 사노비가 있었다. 사노비는 솔거 노비와 외거 노비로 나누어졌으며 외거 노비는 주인과 따로 살면서 신공을 바쳤다. 공노비도 국가에 신공을 바치거나 관청에 노동력을 제공하였다.

0470 공노비 해방 | 답 ②

깊이있는 정답풀이

제시된 자료는 순조가 즉위한 후 실시한 공노비 해방에 대한 내용이다. 이 정책은 18세기 후반 공노비의 노비안이 도망과 합법적인 신분 상승으로

부실해져 신공을 받을 수 없게 되자, 공노비를 상민으로 해방시켜 세금을
거둠으로써 부족한 국가 재정을 확보하려는 의도를 지니고 있었다.

0471 조선 후기 향촌 사회의 변화 답 ③

깊이있는 정답풀이 🔍 추론 TIP 향회가 관의 비용 조달에 활용됨 → 조선 후기

> 향회라는 것이 한 마을 사족의 공론에 따른 것이 아니고, 수령의 손
> 아래 놀아나는 좌수·별감들이 통문을 돌려 불러 모은 것에 불과합
> 니다. 그 향회에서는 관의 비용이 부족하다는 핑계로 제멋대로 돈을
> 거두고 법을 만드니, 일의 원통함이 이보다 심한 것이 없습니다.
> – 「질암유고」

조선 후기에는 부농층이 관권과 결탁하여 향임직에 진출함으로써 향촌 지
배권에 도전하였다. 그 결과 지방 사족들의 향촌 지배력이 약화되었고, 사
족들은 자신의 지위를 유지하기 위해 촌락 단위의 동약을 실시하거나 족
적 결합을 강화하기 위해 동족 마을을 형성하였다.

개념잡는 오답풀이

ㄱ. 동약은 지방 사족들이 그들의 지위 유지를 목적으로 촌락 단위로 실시
한 것이다.

ㄹ. 경재소는 조선 초에 설치되었다.

(1등급 가이드)
조선 후기 향촌 사회의 변화는 향회, 부농층, 수령(관권)이라는 세 가지 키
워드 간의 관계를 파악하면 끝입니다. 사료가 제시되더라도 당황하지 말고
세 키워드 간의 관계를 보여 주는 핵심 문장을 빠르게 찾는 훈련이 필요합
니다.

0472 조선 후기의 사회 모습 답 ③

깊이있는 정답풀이 🔍 추론 TIP 양반층의 구분(구향과 신향), 양반층 내의 대립과
충돌 발생(향전) → 조선 후기 향촌 사회의 모습

> 경상도 영덕의 구향은 모두 남인이며, 이른바 신향은 스스로 서인이
> 라 칭하는데, 요즘 신향들이 향교의 주도권을 잡으면서 향전이 일어
> 나고 있습니다. 그런데 주자의 화상에 비가 스며들어 더럽혀진 문제
> 가 생기자 신향들이 그 화상을 감추고, 아울러 송시열의 화상도 감
> 추어 버리고는 남인이 훔쳐 갔다고 말을 퍼뜨렸습니다.

조선 후기에는 신분제가 크게 동요하면서 양반층이 증가하였는데, 서얼에
이어 기술직 중인들도 소청 운동을 통해 신분을 상승시키고자 하였다.

개념잡는 오답풀이

① 사림이 피해를 입은 사건인 사화는 조선 전기에 일어났다.
② 고려 원 간섭기에 몽골의 요구에 따라 공녀를 보냈다.
④ 새로 개척된 4군 6진에 파견된 군인은 세종 때 볼 수 있다.
⑤ 중방에서 국정을 논의하는 무신들은 고려 중기에 볼 수 있다.

0473 조선 후기 사회 모습 답 ②

깊이있는 정답풀이

성리학적 윤리가 강화되면서 부계 중심의 가족 제도가 확립되었다는 점,
혼인 이후 부부가 신랑의 집에서 생활하는 경우가 늘었다는 점 등을 통해

밑줄 친 '이 시기'가 조선 후기임을 알 수 있다. 조선 후기에는 가부장제가
확립되면서 상속과 제사가 장자를 중심으로 이루어졌다. 한편, 향촌에서
영향력이 약해진 지방 사족들이 자신들의 지위를 지켜 나가기 위해 부계
친족 구성원들이 같은 마을에 모여 사는 동성 마을을 형성하기도 하였다.

개념잡는 오답풀이

ㄴ. 고려 무신 정권 시기 공주 명학소 봉기 등 하층민의 봉기가 빈번하게
발생하였다.

ㄹ. 고려 시대에는 아들, 딸 구별 없이 태어난 순서대로 호적에 기록하였다.

STEP 3 서술형 풀어 보기   110~111쪽

0474 신라의 골품제

(1) 답 골품제
(2) **모범답안** 골품에 따라 관직 승진의 상한이 정해져 정치 활동의 제한
을 받았으며, 가옥의 크기도 골품에 따라 결정되는 등 일상생활까지
규제되었다.

채점 기준	배점
정치 활동의 제한과 일상생활의 규제를 모두 서술한 경우	상
위 내용 중 한 가지만 서술한 경우	하

0475 신라 말 6두품의 동향

(1) 답 6두품
(2) **모범답안** 일부 6두품은 관직 제한에 불만을 품고 당으로 건너가 활동
하였고, 호족과 연계하여 새로운 사회 건설을 모색하기도 하였다.

채점 기준	배점
당으로 건너가 활동한 것과 호족과 연계한 내용을 모두 서술한 경우	상
위 내용 중 한 가지만 서술한 경우	하

0476 고려 시대의 신분 변동

모범답안 향리인 이영은 과거제를 통해서, 부곡민인 유청신은 몽골어를
익혀 공을 세워 신분을 상승하였다. 이를 통해 고려는 신라 골품제 사회보
다 개방적인 사회라는 것을 알 수 있다.

채점 기준	배점
두 인물의 신분 상승 과정, 고려가 신라보다 개방적인 사회였음을 모두 서술한 경우	상
위 내용 중 일부만 서술한 경우	하

0477 고려 시대 가족 제도와 여성의 지위

모범답안 호적에 아들과 딸을 구분하지 않고 태어난 순서대로 기록하였
다. 또한 여성의 재가는 비교적 자유로웠으며, 재산은 자녀에게 균등하게
상속되었다.

채점 기준	배점
태어난 순서대로 호적에 기록, 자유로운 재가, 자녀 균등 상속을 모두 서술한 경우	상
위 내용 중 두 가지를 서술한 경우	중
위 내용 중 한 가지만 서술한 경우	하

0478 양반의 위상 약화

모범답안 납속, 공명첩 등으로 양반의 신분이 된 사람들이 늘어나면서 양반의 권위가 흔들리기 시작하였다. 양반은 자신들의 기득권을 지키기 위해 족보를 편찬하고 문중 중심의 서원과 사우를 건립하기도 하였다.

채점 기준	배점
양반의 수 증가, 양반의 권위 하락을 포함하여 기득권을 지키기 위한 양반들의 노력을 서술한 경우	상
양반의 수 증가, 양반의 권위 하락을 서술한 경우	중
양반의 수가 증가하였다고만 서술한 경우	하

0479 서얼의 신분 상승 노력

모범답안 서얼들은 집단 상소를 올려 관직 진출의 제한을 풀어 달라고 요구하였다. 이러한 노력의 성과로 정조 때 서얼 출신들이 규장각 검서관으로 등용되었다.

채점 기준	배점
집단 상소 운동 전개, 정조 때 규장각 검서관에 서얼 등용을 모두 서술한 경우	상
위 내용 중 한 가지만 서술한 경우	하

0480 신분제 변동의 영향

모범답안 노비, 조선 정부는 조세를 부담하는 상민의 수가 크게 줄어들자 노비종모법을 실시하고, 중앙 관서에 소속된 공노비를 해방하여 상민의 수를 늘리고자 하였다.

채점 기준	배점
노비를 쓰고, 노비종모법 시행과 공노비 해방을 모두 서술한 경우	상
노비를 쓰고, 노비종모법 시행과 공노비 해방 중 한 가지만 서술한 경우	중
노비라고만 쓴 경우	하

0481 향촌 질서의 변화

(1) **답** 향전
(2) **모범답안** 지방 사족의 세력이 크게 약화되었고, 신향이 향촌 사회를 완전히 장악하지 못하면서 수령의 권한이 커졌다. 이는 수령과 향리의 농민 수탈이 극심해지는 배경이 되었다.

채점 기준	배점
지방 사족의 세력 약화, 수령의 권한 강화가 수령과 향리의 수탈 심화로 이어졌다고 서술한 경우	상
지방 사족의 세력 약화, 수령의 권한 강화만을 서술한 경우	중
위 내용 중 한 가지만 서술한 경우	하

04 사상과 문화

STEP 1 O/X 문제로 교과서 핵심 자료 보기 115~117쪽

0482 X	0483 O	0484 X	0485 X	0486 O	0487 X
0488 X	0489 O	0490 O	0491 X	0492 X	0493 X
0494 O	0495 O	0496 X	0497 O	0498 O	0499 O
0500 O	0501 X	0502 O	0503 O	0504 O	0505 X
0506 X	0507 X	0508 O	0509 O	0510 O	0511 O
0512 O	0513 X	0514 X	0515 O	0516 O	0517 O
0518 O					

STEP 2 객관식 풀어 보기 118~128쪽

0519 ①	0520 ④	0521 ④	0522 ②	0523 ⑤	0524 ②
0525 ⑤	0526 ④	0527 ⑤	0528 ⑤	0529 ③	0530 ②
0531 ②	0532 ③	0533 ②	0534 ③	0535 ①	0536 ④
0537 ②	0538 ⑤	0539 ②	0540 ②	0541 ⑤	0542 ⑤
0543 ②	0544 ④	0545 ②	0546 ⑤	0547 ①	0548 ④
0549 ⑤	0550 ④	0551 ②	0552 ⑤	0553 ③	0554 ②
0555 ①	0556 ②	0557 ⑤	0558 ③	0559 ⑤	0560 ③
0561 ⑤	0562 ③				

0519 신석기 시대의 신앙과 예술 **답 ①**

깊이있는 정답풀이

제시된 자료는 신석기 시대에 만들어진 조개껍데기 가면과 치레걸이 등의 장신구이다. 신석기 시대 사람들은 팔찌나 목걸이, 귀걸이 등 치레걸이를 만들어 자신의 몸을 꾸몄다. 치레걸이는 몸을 치장하는 데 사용되었을 뿐 아니라 의례나 주술 등의 목적으로도 사용되었다. 신석기 시대에는 애니미즘이 생겨났으며, 이는 토테미즘과 샤머니즘의 출현으로 이어졌다.

개념잡는 오답풀이

ㄷ. 샤머니즘은 무당의 주술적 힘을 숭배하는 신앙이다. 자연 현상에 정령이 있다고 믿는 신앙은 애니미즘이다.
ㄹ. 구석기 시대부터 사냥의 성공을 기원하는 조각품을 만들었다.

0520 고조선의 사회와 사상 **답 ④**

깊이있는 정답풀이

추론 TIP 천신의 아들인 환웅이 인간 세계로 내려와 웅녀와 혼인 → 고조선 건국 시조인 단군왕검 출생

> **(가)** 의 건국 이야기
>
> 환웅이 무리 3천을 이끌고 태백산 꼭대기에 있는 신단수 아래에 내려가 풍백, 우사, 운사를 거느리고 곡식, 생명, 형벌 등 인간에게 필요한 360여 가지를 주관하며 사람들을 다스렸다. …… 곰은 삼칠일 동안 금기를 지켜 여자의 몸이 될 수 있었다. …… 환웅이 웅녀와 혼인하여 아이를 낳았으니 이름을 단군왕검이라고 하였다.
>
> – 「삼국유사」

고조선은 건국 시조(단군왕검)를 하늘과 연결시키는 천신 신앙을 내세웠다.

개념잡는 오답풀이

① 애니미즘은 신석기 시대에 등장한 원시 신앙이다.
② 단군왕검이라는 칭호에서 고조선은 제정일치 사회였음을 알 수 있다.

③ 사출도를 제가들이 관장한 국가는 부여에 해당한다.
⑤ 왕즉불 사상은 불교와 관련된 내용이다.

0521 고구려의 제천 행사 　답 ④

깊이있는 정답풀이

도읍이 국내성이라는 점, 건국 시조인 주몽의 제사를 지냈다는 점 등을 통해 (가) 국가가 고구려임을 알 수 있다. 고구려는 10월에 동맹이라는 제천 행사를 개최하였다.

개념잡는 오답풀이

① 신라는 귀족 회의체로 화백 회의를 운영하였다.
② 고려는 연등회와 팔관회를 개최하였다.
③ 삼한에서는 5월과 10월에 계절제를 열고 제사장인 천군의 주관으로 천신에게 제사를 지냈다.
⑤ 부여에서는 12월에 영고라는 제천 행사를 열어 노래와 춤을 즐겼고 죄수를 풀어 주기도 하였다.

0522 동예의 제천 행사 　답 ②

깊이있는 정답풀이

무천은 (가)에 해당하는 동예의 제천 행사로 매년 10월에 개최하였다. 동예는 읍군, 삼로라 불린 군장들이 부족을 다스렸다.

개념잡는 오답풀이

① 신라가 진한 소국 중 하나인 사로국에서 출발하였다.
③ 신성 지역인 소도는 삼한에 존재하였다.
④ 고조선이 8조법으로 사회 질서를 유지하였다.
⑤ 미륵사 등의 사찰은 백제에서 건립하였다.

0523 신라의 불교 공인 　답 ⑤

깊이있는 정답풀이

'순교', '목에서 흰 피가 솟는 모습'의 내용을 통해 밑줄 친 '인물'이 이차돈임을 알 수 있다. 신라는 눌지왕 때 고구려의 승려 묵호자에 의해 불교가 전래되었지만 귀족들의 반대로 공인이 늦어졌다. 그러다 신라 법흥왕 때 이차돈의 순교를 계기로 불교가 공인되었다.

개념잡는 오답풀이

① 인도와 서역 등을 여행하고, 『왕오천축국전』을 남긴 인물은 통일 신라의 승려 혜초이다.
② 일본에 불교를 전한 인물은 6세기 백제의 노리사치계이다.
③ 무애가를 지어 불교 대중화에 공헌하고 화쟁 사상을 통해 종파 간 조화를 추구했던 인물은 통일 신라의 원효이다.
④ 부석사를 건립하고 화엄 사상을 전파한 인물은 통일 신라의 의상이다.

0524 삼국 시대 불교의 공통점 　답 ②

깊이있는 정답풀이

국왕이 불교식 왕명을 사용한 사실, 미륵사와 황룡사 9층 목탑과 같이 국가의 안녕을 기원하는 사찰의 건립 등은 불교가 왕권을 이념적으로 뒷받침하였으며, 호국적 성격을 가졌다는 사실을 잘 보여 준다.

개념잡는 오답풀이

ㄴ. 유교의 영향으로 주자감 등 교육 기관이 설립되었다.
ㄹ. 백제의 산수무늬 벽돌과 백제 금동 대향로, 고구려 고분의 사신도에서 도교의 영향을 확인할 수 있다.

0525 임신서기석 　답 ⑤

깊이있는 정답풀이

화랑으로 보이는 두 사람의 서약문이 담긴 임신서기석은 신라에서 청년들이 유교 경전을 공부한 사실을 보여 준다.

개념잡는 오답풀이

① 도교의 이상 세계를 표현한 유물로는 백제의 금동 대향로가 있다.
② 임신서기석은 신라의 비석이다.
③ 현존하는 가장 오래된 목판 인쇄물인 『무구정광대다라니경』은 경주 불국사 3층 석탑에서 발견되었다.
④ 충주 고구려비를 통해 고구려의 한강 유역 진출을 알 수 있다.

0526 고구려의 교육 　답 ②

깊이있는 정답풀이

경당이라는 학교를 운영하였다는 내용을 통해 (가) 국가가 고구려임을 알 수 있다. 고구려는 소수림왕 시기에 수도에 태학을 설립하였다.

개념잡는 오답풀이

① 고려 중기에는 최충의 9재 학당을 비롯한 사학 12도가 융성하여 관학이 위축되었다.
③ 고려에서는 유학 교육 기관인 국자감에서 유학을 가르쳤다.
④ 백제는 오경박사 등을 두어 유학을 교육하였다.
⑤ 신라는 국학 학생을 대상으로 유교 경전의 이해 수준을 평가하여 관리 선발에 참고하고자 독서삼품과를 마련하였다.

0527 삼국의 도교 　답 ⑤

깊이있는 정답풀이

백제 산수무늬 벽돌과 백제 금동 대향로는 도교의 영향을 보여 주는 대표적인 유물이다. 산수무늬 벽돌에는 자연과 더불어 살고자 하는 생각이 담겨 있고, 금동 대향로에는 신선들이 사는 이상 세계가 표현되어 있다. 이와 같이 도교는 산천 숭배나 신선 사상과 결합하여 귀족 사회에서 유행하였다.

개념잡는 오답풀이

① 불교는 왕권 강화에 크게 기여하였고 왕실의 주도로 수용된 대표적인 사상이다.
② 원효는 불경을 이해하지 못해도 나무아미타불이라는 염불만 외우면 극락에 왕생할 수 있다는 아미타 신앙을 직접 전도하며 불교 대중화의 길을 열었다.
③ 신라 말에는 경전의 이해를 통해 깨달음을 추구하는 교종과 달리 실천 수행을 통해 깨달음을 구하는 선종이 널리 퍼졌다.
④ 도교는 고려, 조선 중기에 이르기까지 지속적으로 영향을 끼쳤다.

0528 원효와 의상의 활동 　답⑤

깊이있는 정답풀이

(가)는 원효, (나)는 의상이다. 의상은 『화엄일승법계도』를 저술하여 모든 존재는 상호 의존적인 관계에 있으면서 서로 조화를 이루고 있다는 화엄 사상을 정립하였다. 의상은 신라 화엄종을 개창하여 많은 제자를 양성하였고, 부석사를 비롯한 여러 사원을 건립하여 불교문화의 폭을 확대하였다.

개념잡는 오답풀이

① 원광은 세속 5계를 지어 신라의 젊은이를 가르쳤다.
② 신라 말기에 도선과 같은 선종 승려들은 중국에서 풍수지리설을 들여왔다.
③ 혜초는 불법을 구하기 위해 인도 등을 다녀왔다.
④ 원효는 불교의 파벌 대립을 극복하고자 화쟁 사상을 주장하였고, 그 사상을 담은 『십문화쟁론』을 지었다.

0529 발해 문화의 고구려 계승 　답③

깊이있는 정답풀이

발해의 궁궐터에서 발견된 기와의 무늬는 고구려의 기와 무늬와 매우 유사하다. 상경과 동경의 절터에서는 다양한 불상이 발견되었는데, 그중 두 부처가 나란히 앉아 있는 모습을 한 이불병좌상은 고구려 양식을 계승한 것으로 여겨진다.

개념잡는 오답풀이

ㄱ. 영광탑은 벽돌을 쌓아 올린 전탑으로 중국의 양식을 수용하였다.
ㄹ. 주작 대로를 포함한 상경성의 구조는 당의 장안성을 모방한 것이다.

0530 독서삼품과의 실시 　답②

깊이있는 정답풀이

유교 경전을 읽은 정도에 따라 세 등급으로 나누어 벼슬을 내린다는 내용에서 신라 원성왕이 마련한 독서삼품과임을 알 수 있다. 독서삼품과는 유학의 보급에 기여하였으나, 골품제로 인해 관리 선발의 기능은 제대로 작동되기 어려웠다.

개념잡는 오답풀이

ㄴ. 원성왕이 집권한 시기에 신라에서는 왕권을 두고 진골 귀족 간의 다툼이 극심하였다.
ㄹ. 유교 지식 중심의 관리 선발 제도는 골품제에 근거한 진골 귀족의 저항에 직면할 수밖에 없었다.

0531 최치원의 활동 　답②

깊이있는 정답풀이

빈공과에 급제하고 「토황소격문」 등을 집필한 이는 6두품 출신의 최치원이다. 최치원은 당에서 신라로 귀국한 후 진성 여왕에게 개혁안 10여 조를 올렸으나 받아들여지지 않자 은둔 생활을 하였다.

개념잡는 오답풀이

① 원효는 일심 사상과 화쟁 사상을 주장하였다.
③ 승려 혜초가 인도와 중앙아시아 등 여러 나라를 돌아보고 각국의 지리와 역사, 풍속 등을 기록한 『왕오천축국전』을 저술하였다.

④ 설총은 신문왕에게 『화왕계』를 올려 국정을 조언하였다.
⑤ 고려의 승려 일연은 『삼국유사』를 남겼다.

0532 발해의 교육 기관 　답③

깊이있는 정답풀이

빈공과의 수석을 놓고 신라와 경쟁하였다는 점을 통해 (가) 국가가 발해임을 알 수 있다. 발해는 6부의 명칭에 유교 덕목을 반영하고, 교육 기관으로 주자감을 설립하였다.

개념잡는 오답풀이

① 『삼국사기』는 고려 시대 김부식의 주도로 편찬되었다.
② 고구려는 중앙에 태학, 지방에 경당을 두고 유학 교육을 실시하였다.
④ 고려와 조선은 지방에 향교를 설치하여 유학을 교육하였다.
⑤ 신라 신문왕은 중앙에 국학을 설립하였다.

0533 선종의 특징 　답②

깊이있는 정답풀이

지도는 신라 말의 9산선문을 나타낸 것이다. 선종은 문자를 뛰어넘어 구체적인 실천 수행을 통하여 각자의 마음속에 내재된 깨달음을 얻는다는 실천적인 경향이 강한 불교 종파로, 신라 말 지방에서 독자적인 세력을 구축하고자 한 호족의 이념적 지주가 되었다. 선종 승려들은 호족과 결합하여 각 지방에 근거지를 두기도 하였는데, 이를 통해 지방 문화의 역량이 강화되었다.

개념잡는 오답풀이

① 선종은 신라 말 왕권이 약화되고 지방 호족 세력이 대두한 시기에 유행하였다.
③ 선종은 지방의 호족 세력과 결합하였다.
④ 선종은 교리보다 실천 수행을 중시하였다.
⑤ 통일 신라의 화엄 사상을 정립한 인물은 의상이고, 불교 대중화에 기여한 대표적인 인물은 원효이다.

0534 풍수지리설의 도입 　답③

깊이있는 정답풀이

도선이 당에 들어가 배우고 온 점, 왕건의 아버지에게 예언한 점 등을 통해 (가) 사상이 풍수지리설임을 알 수 있다. 풍수지리설은 땅의 형세나 모양이 국가의 운명이나 개인의 삶에 영향을 준다는 이론으로 신라 말 경주 중심의 지리 관념에 변화를 가져왔으며, 지방 호족은 풍수지리설을 활용하여 경주의 운수가 다하였다고 주장하며 자신의 세력을 확대하려 하였다.

개념잡는 오답풀이

ㄷ. 4세기 전반 고구려의 장수왕은 수도를 평양으로 옮기고 남진 정책을 본격적으로 추진하였다. 이 시기 풍수지리설은 전래되지 않았다.

0535 의천의 활동 　답①

깊이있는 정답풀이

'교종을 중심으로 불교 통합', '흥왕사', '교장도감' 등을 통해 자료의 인물은 고려의 의천임을 알 수 있다. 의천은 국청사를 중심으로 해동 천태종을

창시하여 교종의 입장에서 선종을 통합하고자 하였꿈. 또한 초조대장경의
내용을 보완하기 위해 교장도감을 설치하고 불교 경전 해석서인 『교장』을
편찬하였다.

개념잡는 오답풀이

② 아미타 신앙을 전파하여 불교 대중화에 힘쓴 인물은 통일 신라의 승려
  원효이다.
③ 참선과 교학 공부를 함께 하자는 정혜쌍수를 내세운 인물은 고려의 지눌
  이다.
④ 황룡사 9층 목탑의 건립을 건의한 인물은 신라의 자장이다.
⑤ 백련결사를 제창한 인물은 고려의 요세이다.

0536 지눌의 활동   답 ④

깊이있는 정답풀이

제시된 자료는 지눌이 저술한 『권수정혜결사문』이다. 지눌은 참선과 교학
이 원래 다르지 않으니 같이 수행해야 한다는 정혜쌍수, 내가 곧 부처라는
깨달음을 위한 노력과 함께 꾸준한 수행으로 깨달음의 확인을 아울러 강
조한 돈오점수를 주장하였다. 또한 명리에 집착하는 당시 불교계의 타락
을 비판하고 이를 개혁하려는 결사 운동을 순천 송광사(수선사)에서 벌였
다. 수선사 결사 운동은 승려 본연의 자세로 돌아가 예불 독경과 참선 수
행, 노동에 고루 힘쓰자는 개혁 운동이었다.

개념잡는 오답풀이

① 세속 5계는 신라의 원광이 제시한 화랑도의 실천 윤리이다.
② 화엄종을 창시한 인물은 통일 신라의 승려 의상이다. 의상은 부석사를
  창건하여 화엄종의 본찰로 삼았다.
③ 불국사를 창건한 인물은 통일 신라의 김대성이다. 김대성은 불국사와
  함께 석굴암도 건설하였다.
⑤ 『왕오천축국전』을 저술한 인물은 통일 신라의 혜초로, 인도 및 중앙아
  시아를 다녀온 후 기행문인 『왕오천축국전』을 편찬하였다.

0537 고려의 불교   답 ②

깊이있는 정답풀이

(가)는 화엄종을 중심으로 교종을 통합하고 해동 천태종을 창시하여 선종
까지 포섭하려고 노력한 의천이다. 의천은 국청사를 창건하였다. (나)는
선종 승려를 중심으로 불교 개혁 운동인 수선사 결사를 이끌고, 선·교 일
치를 주장하며 정혜쌍수, 돈오점수를 제창한 지눌이다.

개념잡는 오답풀이

① 요세가 백련결사를 이끌었다.
③ 지눌은 선종을 중심으로 교종을 포용하였다.
④ 화엄종을 개창한 인물은 통일 신라의 의상이다.
⑤ 신라 말에 선종은 호족의 후원으로 확산되어 9산선문이 성립하였다.

> **(1등급 가이드)**
>
> 고려 시대의 불교 통합 운동을 잘 정리해 두어야 합니다. 특히 의천과 지눌
> 의 활동을 중심으로 사상, 중심 사찰, 수행 방법을 꼼꼼히 비교하면 도움이
> 되겠네요.

0538 고려 시대 풍수지리설의 발달   답 ⑤

깊이있는 정답풀이

고려 북진 정책의 이론적 근거였으며, 묘청의 서경 천도 운동, 남경 지정
등의 배경 사상은 풍수지리설이다. 신라 말 도선과 같은 선종 승려들이 중
국에서 유행한 풍수지리설을 들여 왔다. 산이나 물, 땅의 모양을 살펴 도
읍, 주거지, 묘지 등을 정하는 풍수지리설은 경주 중심의 국토관에서 벗어
나 다른 지방의 중요성을 자각하는 계기를 마련하였고, 지방 중심으로 국
토를 재편성하려는 주장으로까지 발전하였다. 고려 시대에 풍수지리설은
미래의 길흉화복을 예언하는 도참사상이 더해져 더욱 비중이 커졌다.

개념잡는 오답풀이

① 고려는 고구려 계승 의식을 명확히 내세웠는데, 이는 고구려의 시조 주
  몽과 유화 부인에게 제사 지냈다는 것을 통해 알 수 있다.
② 충효를 강조하는 성리학은 고려 후기 사회 개혁의 사상적 기반이 되었
  고, 조선의 통치 이념이 되었다.
③ 도교는 불로장생과 현세의 복을 추구하는 종교로 왕실과 지배층의 관심을
  받았다. 궁궐에서는 하늘에 제사를 지내는 초제가 성행하였다.
④ 고려는 외침이 있을 때 대장경을 만드는 등 불교에 의존하는 경향을 보
  였다.

0539 국자감의 특징   답 ②

깊이있는 정답풀이

국자감은 고려 성종 때 개경에 건립되어 관리 양성과 유학 교육을 담당하
였고, 유학부와 기술학부로 구성되었다.

개념잡는 오답풀이

① 충선왕이 원의 수도에 세운 만권당은 원의 학자와 고려 학자 간 교류
  통로가 되었다.
③ 학부에 따라 입학 자격에 차등을 두었다.
④ 고려 중기에 사립 교육 기관으로 사학 12도가 있었다.
⑤ 서원과 향교에서 유학자에게 제사를 지냈다.

0540 고려의 관학 진흥책   답 ②

깊이있는 정답풀이

고려 중기 최충의 문헌공도를 비롯한 사학 12도가 융성하자 고려 정부는
관학 진흥을 위해 노력하였다. 국자감 안에 서적포를 설치하여 도서 출판
을 활발히 하고, 국자감에 7재라는 전문 강좌를 설치하였다. 또한 양현고
라는 장학 재단을 설치하였다.

개념잡는 오답풀이

① 4부 학당은 조선 시대 한성의 각 부에 설치된 관립 교육 기관이다.
③ 고려 성종이 향교를 세우고 경학박사를 파견하였다.
④ 경당은 고구려의 민간 교육 기관이다.
⑤ 독서삼품과는 통일 신라 원성왕이 마련한 관리 등용 제도이다.

0541 고려 시대의 유학 발달   답 ⑤

깊이있는 정답풀이

고려 중기에 문벌 사회가 형성되면서 유교는 사회 개혁보다 지배 체제의
안정을 추구하는 보수적인 성격으로 바뀌어 갔다. 또한 해동공자로 불렸

던 최충의 9재 학당 등 유학을 전문적으로 가르치는 사립 교육 기관이 설립되었고, 이후 개경에는 사학 12도가 나타나 크게 발전하였다. 사학의 융성으로 관학이 위축되자 관학 진흥책이 추진되었는데, 숙종은 국자감 안에 서적포를 두어 서적을 간행하였으며, 예종은 국자감에 전문 강좌인 7재를 설치하고, 양현고라는 장학 재단을 마련하였다.
⑤ 고려 말 신진 사대부는 성리학을 수용하여 이를 바탕으로 사회를 개혁하려 하였다.

0542 고려 말 성리학의 수용　　답 ⑤

🔍 깊이있는 정답풀이

고려 후기의 신진 사대부는 현실 사회의 모순을 개혁하기 위한 사상으로 성리학을 수용하였다. 이에 성리학의 형이상학적 측면보다 일상생활과 관계되는 실천적 기능을 강조하였다.

✅ 개념잡는 오답풀이

① 고려에 성리학을 본격적으로 소개한 인물은 안향이다.
② 도교는 초제를 통해 국가 종교로서의 역할을 하였다.
③ 성리학은 신진 사대부가 적극적으로 수용하였고, 이들은 권문세족의 부정과 부패를 비판하였다.
④ 경전의 자구 해석을 중시한 것은 훈고학이다.

0543 『삼국사기』　　답 ②

🔍 깊이있는 정답풀이

고려 인종 때 김부식 등이 왕명을 받아 『삼국사기』를 편찬하였다. 이 책은 유교적 합리주의 사관에 기초하여 쓰였으며, 현존하는 가장 오래된 우리나라의 역사서이다. 『삼국사기』는 기전체 형식을 따라 본기(왕조 역사), 지(제도사), 열전(인물), 표(연표)로 구성되었다.

✅ 개념잡는 오답풀이

① 이제현이 쓴 『사략』에는 성리학적 관념이 반영되었다.
③ 일연의 『삼국유사』는 불교사 이외에 고대의 설화 등을 수록하여 전통문화를 보여 주는 한편, 단군을 우리 민족의 시조로 처음 수록하였다.
④ 이규보의 『동명왕편』은 고구려를 건국한 주몽의 삶과 업적을 서술한 영웅 서사시로, 고려의 고구려 계승 의식을 잘 보여 준다.
⑤ 이승휴의 『제왕운기』는 중국사와 한국사를 병행하여 서술하면서, 한국사를 단군으로부터 시작하였다.

0544 『삼국사기』의 편찬　　답 ④

🔍 깊이있는 정답풀이　　🔍 추론 TIP 용산에 장사 지내고 → 『삼국사기』의 사실적 역사 서술

고려 중기에 김부식은 왕의 명령으로 『삼국사기』를 편찬하였다. 『삼국사기』는 우리나라에서 현존하는 가장 오래된 역사서로 유교적 합리주의 사관에 따라 편찬되었다.

✅ 개념잡는 오답풀이

① 동명왕의 업적을 칭송한 서사시는 이규보의 『동명왕편』이다.
② 일연의 『삼국유사』와 이승휴의 『제왕운기』에서는 단군을 우리 민족의 시조로 내세웠다.
③ 일연의 『삼국유사』는 불교사를 중심으로 고대의 민간 설화를 기록하였다.

0545 『삼국유사』　　답 ②

🔍 깊이있는 정답풀이

불교사를 중심으로 설화, 민간 신화 등을 수집하여 일연이 저술한 역사서는 『삼국유사』이다. 『삼국유사』는 『삼국사기』에서 다루지 않은 역사를 담고 있어 삼국 시대 역사를 이해하는 데 중요한 자료가 된다.

✅ 개념잡는 오답풀이

① 『사략』은 성리학자 이제현이 저술하였다.
③ 『동명왕편』은 이규보가 지은 영웅 서사시이다.
④ 김부식 등이 『삼국사기』를 편찬하였다.
⑤ 통일 신라의 승려 혜초는 인도와 서역 등을 순례하고 『왕오천축국전』을 남겼다.

0546 고려의 문화유산　　답 ⑤

🔍 깊이있는 정답풀이

영주 부석사 무량수전과 평창 월정사 팔각 구층 석탑은 고려 시대의 대표적인 문화유산이다. 고려 시대에는 목판 인쇄술이 발달하여 초조대장경, 팔만대장경 등이 제작되었다. 또한 신라의 자기 기술을 바탕으로 송의 기술을 받아들여 청자를 만들었다. 12세기부터는 상감 기법을 이용한 상감 청자가 제작되었는데 청자 상감 운학문 매병이 대표적이다.

✅ 개념잡는 오답풀이

ㄱ. 석굴암은 8세기 통일 신라에서 제작되었다.
ㄴ. 이불병좌상은 두 부처가 나란히 앉아 있는 모습을 표현한 발해의 불상이다.

0547 고려의 문화　　답 ①

🔍 깊이있는 정답풀이

제시된 자료는 『삼국사기』와 『삼국유사』로 고려 시대 대표적인 역사서이다. 고려 중기에는 최충의 9재 학당을 비롯한 사학 12도가 융성하였다.

✅ 개념잡는 오답풀이

② 불국사 삼층 석탑은 통일 신라 시대에 제작되었다.
③ 백제는 오경박사를 두어 유교 경전을 가르쳤다.
④ 삼국과 가야의 문화는 일본 아스카 문화 발전에 영향을 주었다.
⑤ 백제의 무령왕릉은 중국 남조의 영향을 받아 벽돌무덤으로 축조되었다.

0548 이황의 활동　　답 ④

🔍 깊이있는 정답풀이

조선의 성리학을 심화시켰으며 『성학십도』를 저술하였다는 내용을 통해 밑줄 친 '이 인물'이 이황임을 알 수 있다. 이황은 인간의 도덕적 행위의 근거로서 심성을 중시하였다. 그의 사상은 임진왜란 이후 일본에 전해져 에도 막부 시대 성리학의 발전에 영향을 미쳤다.

🔲 **개념잡는 오답풀이**

① 『북학의』는 실학자 박제가의 저술이다.

② 조선 세종 때 왕명에 따라 『삼강행실도』가 편찬되었다. 이황은 선조 때의 인물이다.

③ 조선 중종 때 조광조는 사림을 등용하기 위해 현량과 실시를 주장하였다.

⑤ 원 간섭기에는 고려의 충선왕이 원에 세운 만권당에서 고려와 원의 학자들이 교류하였다.

0549 서원과 향약
답 ⑤

🔍 **깊이있는 정답풀이**

16세기 지방에는 서원이 많이 세워지고, 향약이 보급되었다. 지방 사족들은 서원을 중심으로 자신들의 권위를 강화하였고, 향약을 운영하여 향촌의 질서를 유지하였다. 서원과 향약의 확대로 사족들은 향촌을 더욱 견고하게 지배하였다. 또한 향약이 보급되면서 백성들의 일상생활에 성리학적 윤리가 영향력을 미치게 되었다.

🔲 **개념잡는 오답풀이**

① 서원과 향약은 농민 봉기와는 관련 없다. 조선 시대에는 삼정의 문란으로 농민 봉기가 빈번하게 발생하였다.

② 조선은 고려와 달리 억불 정책을 실시하여 불교 행사가 축소되었다.

③ 서민 문화는 조선 후기 경제력이 향상된 서민들이 향유하는 문화로 서원, 향약과는 관련이 없다.

④ 문벌은 여러 세대에 걸쳐 높은 관리를 배출한 집안으로 고려 전기에 지배층을 형성하였다.

0550 조선 전기 과학 기술
답 ⑤

🔍 **깊이있는 정답풀이**

측우기가 개발되었다는 내용을 통해 밑줄 친 '이 시기'가 조선 전기 세종 때임을 알 수 있다. 조선 전기에는 백성의 생활을 안정시키고 나라를 부강하게 하고자 과학 기술을 중시하였다. 특히 국왕의 권위를 높이고 농업에 도움을 줄 수 있는 천문학에 많은 관심을 기울였는데, 세종 때는 한성을 기준으로 한 역법서인 『칠정산』이 제작되었고 앙부일구나 자격루와 같은 시간 측정 기구도 만들어졌다. 또한 유교의 덕치와 민본 사상을 바탕으로 훈민정음을 창제하고 『농사직설』 등의 서적을 편찬하였다.

⑤ 수원 화성은 조선 정조 때에 축조되었다. 수원 화성을 쌓을 때 정약용이 개발한 녹로, 거중기 등의 기구를 사용하여 공사 기간을 줄일 수 있었다.

0551 조선 전기 양반 문화
답 ②

🔍 **깊이있는 정답풀이**

조선 전기에는 유교 윤리를 바탕으로 한 양반 중심의 문화가 발달하였다. 회화 작품으로는 안견의 「몽유도원도」와 강희안의 「고사관수도」가 대표적이다. 공예 분야에서는 순백의 백자가 널리 제작되었다.

🔲 **개념잡는 오답풀이**

ㄴ. 고려 시대에는 불교가 지방 곳곳으로 널리 확산되면서 논산 관촉사 석조 미륵보살 입상 등 거대한 불상이 제작되었다.

ㄹ. 12세기부터 상감 기법을 활용한 청자가 제작되었다. 조선 시대에는 분청사기, 백자 등이 널리 사용되었다.

0552 조선 후기 새로운 문물의 유입
답 ②

🔍 **깊이있는 정답풀이**

조선 후기 사절단인 연행사는 청의 도읍인 연경(북경)에 간 사신이란 의미이다. 연행사들은 예수회 선교사인 서양인들과 만나고 교류하면서 서양의 과학 지식을 수용하였고, 18세기에는 홍대용, 박지원, 박제가 등이 연행사로 다녀온 뒤 청의 문물을 적극적으로 수용하자는 북학파를 형성하였다.

🔲 **개념잡는 오답풀이**

① 고려 충렬왕 때 이후 원의 수시력을 사용하기 시작하였다.

③ 신라 말 도선 등에 의해 들어온 풍수지리설은 도참사상과 결합하여 고려에서도 유행하였다.

④ 원의 수도 연경에 있던 고려 충선왕은 만권당을 설립하고, 그곳에서 원의 학자들과 교류하면서 성리학에 대한 이해를 심화시켰다.

⑤ 고려 말 원 간섭기에는 몽골식 복장과 음식 등이 유행하였다.

0553 조선 후기의 개혁론
답 ⑤

🔍 **깊이있는 정답풀이**

18세기 전반에 농업 중심의 개혁론을 제시한 실학자들은 농촌 사회의 안정을 꾀하기 위해 농민의 처지에서 각종 제도의 개혁을 추구하였다. 18세기 후반에는 상공업 발전과 기술 혁신을 주장하는 실학자들이 나타났다. 이들은 청의 문물을 적극 수용하여 부국강병과 이용후생에 힘쓰자고 주장하였다. 이들을 북학파라고 한다.

⑤ 실학자들은 정권에서 밀려난 경우가 많았기 때문에 농업 중심 개혁론과 상공업 중심 개혁론을 막론하고 어느 것이든 정부 정책에 제대로 반영되지 못하였다.

0554 실학자들의 주장
답 ②

🔍 **깊이있는 정답풀이**

(가) 유형원은 농민 유망의 근본 원인이 지주 전호제에 있다고 보고 이를 타파하기 위해 농민들에게 토지를 분배하여 자영농을 육성하자는 균전제 실시를 주장하였다. (나) 박제가는 농민 생활을 향상시키기 위해 농업도 중요하지만 상공업이 더욱 중요하다고 보았으며, 상공업 진흥을 위해서는 기술 발전이 필수적이므로 발달한 청의 문물을 수용하자는 북학론을 제기하였다. 북학파의 실학 사상은 19세기 후반에 박규수, 오경석, 유홍기 등의 개화사상으로 이어졌다.

🔲 **개념잡는 오답풀이**

ㄴ. 유형원은 신분에 따라 토지를 차등 지급할 것을 내세웠다.

ㄹ. 박제가는 소비를 늘려야 생산이 촉진될 수 있다고 주장하였다.

0555 정약용의 활동
답 ①

🔍 **깊이있는 정답풀이**

정조 때 거중기를 설계하고, 실학을 집대성하였다는 내용을 통해 (가)에 들어갈 인물이 정약용임을 알 수 있다. 정약용은 농업 중심 개혁론을 펼쳐 토지를 공동으로 경작한 뒤 노동량에 따라 분배하자는 여전론을 내세웠다.

🔲 **개념잡는 오답풀이**

② 『동사강목』은 안정복이 저술한 역사서이다.

③ 「대동여지도」는 김정호가 제작한 전국 지도이다.
④ 기묘사화로 조광조와 그 일파가 축출되었다.
⑤ 청에 대한 기행문 중 대표적인 것은 박지원의 『열하일기』이다.

0556 박지원의 활동　　답 ②

깊이있는 정답풀이

제시된 자료는 실학자 박지원의 소설 『양반전』이다. 조선 후기에는 성리학의 교조화를 비판하고 실제 생활에 도움이 되는 것들을 연구하는 실학이 발달하였다. 상공업 중심 개혁론자인 박지원은 『열하일기』를 저술하여 상공업 진흥을 위해 수레와 선박의 이용을 주장하였고, 『허생전』과 『양반전』을 통해 양반층의 비생산성을 비판하였다.

개념잡는 오답풀이

① 박제가는 소비의 중요성을 강조하였다.
③ 유수원은 사농공상의 직업적 평등과 전문화를 주장하였다.
④ 마을 단위의 공동 농장 제도인 여전론을 주장한 인물은 정약용이다.
⑤ 영업전을 설정하여 자영농 육성을 주장한 인물은 이익이다.

0557 박제가의 활동　　답 ⑤

깊이있는 정답풀이

연행사의 일행으로 청에 다녀온 박제가는 『북학의』를 저술하여 청 문물의 수용을 주장하였다. 박제가는 서얼 출신으로 이덕무, 유득공과 함께 규장각 검서관에 등용되었다.

개념잡는 오답풀이

ㄱ. 백운동 서원은 16세기 풍기 군수 주세붕이 건립하였다.
ㄴ. 명 멸망 이후 조선이 명을 대신하여 중화의 문명을 계승한다는 조선 중화주의가 대두하였다.

0558 조선 후기 국학의 발달　　답 ③

깊이있는 정답풀이

조선 후기 실학자와 일부 지식인은 민족의 전통과 현실에 관심을 두고 중국 중심의 세계관을 비판하며 우리나라의 역사, 지리, 국어 등을 연구하였다. 안정복은 『동사강목』에서 중국 중심의 사관에서 벗어나 민족사의 독자적 정통성을 내세웠다. 국토에 관심이 높아지면서 『택리지』 등의 지리서와 「대동여지도」와 같은 지도도 제작되었다.

개념잡는 오답풀이

① 병자호란에서 패배한 이후 청을 정벌하여 오랑캐에게 당한 수모를 씻고 명에 대한 의리를 지키자는 북벌론이 등장하였다.
② 신라 말 골품제에 불만을 품은 일부 6두품은 당에 건너가서 활동하거나 지방 호족과 함께 새로운 사회 건설을 모색하였다.
④ 조선 전기 통치의 정당성을 확보하고 백성의 생활 안정을 위해 과학 기술을 중시하면서 천문 기구 발명, 금속 활자의 개량 등이 이루어졌다.
⑤ 고려 말 신진 사대부는 개혁 사상으로 성리학을 수용하여 권문세족의 부정과 불교의 폐단을 비판하였다.

0559 천주교의 확산　　답 ⑤

깊이있는 정답풀이

'위패를 불태우고 조문을 거절하였다'는 내용에서 '서양의 사설'이 서학, 즉 천주교임을 알 수 있다. 제시된 자료 속 사건은 진산 사건으로, 1791년 윤지충과 권상연이 부모와 조상의 신주를 불사르고 천주교식으로 제사를 지낸 일을 말한다. 서학은 처음에는 학문으로 연구되다가 18세기 이후 남인 계열의 실학자들에 의해 신앙으로 받아들여졌다.

개념잡는 오답풀이

① 고려 말 신진 사대부는 성리학을 바탕으로 사회를 개혁하려 하였다.
② 업설은 불교의 교리로 삼국 시대 지배층 사이에 유행하였다.
③ 이기론은 성리학의 이론이다.
④ 인내천은 동학의 기본 이념이다.

0560 동학의 특징　　답 ③

깊이있는 정답풀이

제시문은 동학에 대한 설명이다. 최제우가 창시한 동학은 서양과 서학에 반대한다는 의미를 가지고 있다. 동학은 사람이 곧 하늘이라는 인내천 사상을 강조하였고, 『동경대전』을 경전으로 삼았으며 유·불·선과 민간 신앙의 요소를 포함하였다. 동학에 많은 사람들이 가담하자 조선 정부는 최제우가 사람들을 현혹한다는 혹세무민의 죄로 처형하였다.
③ 천주교는 전래 초기에 조상에 대한 제사를 거부하고 신분 질서를 부정하였다. 이로 인해 조선 정부는 천주교를 탄압하였다.

0561 동학의 확산　　답 ⑤

깊이있는 정답풀이

최시형이 '사람이 곧 하늘이라'라는 내용의 설법을 한 점을 통해 동학에 관한 자료임을 알 수 있다. 최제우가 창시한 동학은 평등을 강조하여 백성들의 큰 호응을 얻으며 빠르게 확산하였다. 이에 정부는 동학을 사교로 규정하고 교조 최제우를 처형하였다.

개념잡는 오답풀이

① 16세기 이후 사림은 서원을 세우고 향약을 보급하여 성리학적 윤리를 확산시켰다.
② 영조, 흥선 대원군 등이 서원을 철폐하였다.
③ 조선은 건국 직후부터 억불 정책에 따라 불교 사원이 소유한 토지와 노비를 거두어들이고, 승려의 수를 줄이려고 하였다.
④ 1862년에 일어난 임술 농민 봉기의 배경으로 삼정의 문란이 지목되자 조선 정부는 삼정이정청을 설치하였다.

0562 서민 문화의 발달　　답 ③

깊이있는 정답풀이

조선 후기에는 사람들의 일상생활 모습을 그린 풍속화가 유행하였는데 김홍도와 신윤복의 그림이 유명하였다. 이 시기에는 농업과 상업이 발달하면서 경제적 여유가 생긴 서민이 즐기는 문화가 발달하였다. 한글 소설과 사설시조 등이 유행하였고 사람들이 많이 모이는 장터나 포구 등에서는 탈춤과 판소리 등 공연이 자주 열렸다. 또한 서민들의 취향을 반영한 민화가 유행하였다.
③ 고려 후기에는 단군을 민족의 시조로 하는 『삼국유사』, 『제왕운기』 등이 편찬되었다.

STEP 3 서술형 풀어 보기 129~131쪽

0563 백제의 성립과 천신 신앙

(1) 답 백제
(2) 모범답안 첫 번째 자료를 통해 백제가 고구려에서 남하한 이주민과 한강 유역의 토착민이 결합하여 성립하였음을, 두 번째 자료를 통해 백제가 건국 시조를 천신과 연결하는 천신 신앙을 내세웠음을 알 수 있다.

채점 기준	배점
첫 번째 자료를 통해 백제가 고구려계 이주민과 토착민의 결합으로 성립한 사실을, 두 번째 자료를 통해 백제가 천신 신앙을 내세웠음을 모두 서술한 경우	상
두 자료 중 하나만으로 백제 성립의 특징 또는 백제의 천신 신앙에 대한 내용을 서술한 경우	중
단순히 백제가 한강 유역에 성립하였다고만 서술한 경우	하

0564 삼국 시대 불교의 특징

모범답안 (가)를 통해 불교의 호국적 성격을 알 수 있으며, (나)를 통해 신라 왕실이 왕즉불 사상을 내세워 불교를 왕권 강화에 이용하였음을 알 수 있다.

채점 기준	배점
(가), (나)를 통해 알 수 있는 불교의 특징을 모두 서술한 경우	상
(가), (나) 중 한 가지 특징만 서술한 경우	하

0565 삼국의 도교 신앙

(1) 답 (가) 산수무늬 벽돌 (나) 사신도(현무도)
(2) 모범답안 도교는 신선 사상을 바탕으로 산천 숭배, 민간 신앙 등이 합해져 불로장생과 현세의 복을 추구하였다. 삼국 시대에 전래되어 왕실과 귀족 사회를 중심으로 유행하였다.

채점 기준	배점
도교의 특징을 두 가지 모두 서술한 경우	상
도교의 특징을 한 가지만 서술한 경우	하

0566 신라 말 선종의 유행

모범답안 선종, 선종은 호족 세력의 후원을 받았으며, 새로운 사회 건설에 필요한 사상적 기반을 만들어 갔다. 또 지방 문화의 발달에도 영향을 끼쳤다.

채점 기준	배점
선종임을 밝히고, 선종이 신라 말 사회에 끼친 영향을 서술한 경우	상
선종만 쓴 경우	하

0567 고려 후기의 역사서

(1) 답 (가) 『제왕운기』 (나) 『삼국유사』
(2) 모범답안 무신 정변과 몽골의 침입을 겪으면서 자주 의식을 강조하고 전통문화를 바르게 이해하려는 경향이 나타났다.

채점 기준	배점
무신 정변과 몽골의 침입, 자주 의식 강조, 전통문화 이해 경향을 모두 포함하여 서술한 경우	상
위 내용 중 두 가지를 서술한 경우	중
위 내용 중 한 가지만 서술한 경우	하

0568 고려의 불교 진흥 정책

모범답안 연등회와 같은 불교 행사를 국가 차원에서 성대하게 개최하였으며, 승과를 실시하고 신망이 높은 승려를 국사와 왕사로 삼아 불교의 권위를 높였다.

채점 기준	배점
국가 차원에서 연등회 개최, 승과 실시, 국사와 왕사 제도 실시 중 두 가지를 서술한 경우	상
국가 차원에서 연등회 개최, 승과 실시, 국사와 왕사 제도 실시 중 한 가지만 서술한 경우	하

0569 지눌의 불교 개혁 운동

(1) 답 지눌
(2) 모범답안 불교 본연의 모습을 찾으려는 신앙 결사 운동의 일환으로 수선사 결사를 제창하고 독경과 참선, 노동에 고루 힘쓸 것을 강조하였다.

채점 기준	배점
수선사 결사를 결성하였음을 정확히 서술한 경우	상
단순히 신앙 결사 운동을 전개하였다고만 서술한 경우	하

0570 고려 말 성리학의 영향

모범답안 성리학, 신진 사대부들이 성리학을 개혁 사상으로 받아들여 불교계의 폐단을 비판하였고, 고려 말의 혼란한 사회를 근본적으로 바꾸고자 하였다.

채점 기준	배점
성리학을 쓰고, 신진 사대부들이 개혁 사상으로 수용, 불교 폐단 비판을 모두 포함하여 서술한 경우	상
성리학을 쓰고, 위 내용 중 한 가지만 서술한 경우	하

0571 농업 중심 개혁론

(1) **답** (가) 이익, (나) 정약용
(2) **모범답안** 토지 소유의 불균등을 해결하여 자영농을 육성하고, 이를
통해 농민의 삶을 안정시켜야 한다고 주장하였다.

채점 기준	배점
토지 소유의 불균등 해소, 자영농 육성을 모두 서술한 경우	상
위 내용 중 한 가지만 서술한 경우	하

0572 조선 후기 세계관의 변화

모범답안 중국 중심의 세계관에서 벗어나게 되었으며, 서양의 문물에 대
한 관심을 불러일으켜 조선의 과학 기술과 실용적인 학문 발달에 영향을
주었다.

채점 기준	배점
중국 중심의 세계관 탈피, 과학 기술 발달, 실용적 학문 발달을 모두 서술한 경우	상
중국 중심의 세계관 탈피를 포함하여 두 가지를 서술한 경우	중
중국 중심의 세계관 탈피라고만 서술한 경우	하

0573 북학파

(1) **답** 박지원
(2) **모범답안** 박지원, 홍대용, 박제가 등 북학파 실학자들은 상공업을 진
흥하여 국가를 부강하게 하고, 이를 위해 청의 선진 문물을 적극적으
로 수용해야 한다고 주장하였다.

채점 기준	배점
상공업 진흥과 청 문물 수용을 모두 서술한 경우	상
위 내용 중 한 가지만 서술한 경우	하

0574 천주교와 동학의 공통점

모범답안 (가) 천주교 (나) 동학, 천주교와 동학은 평등사상을 주장하여
백성들에게 큰 호응을 얻었으나, 성리학적 사회 질서를 부정한다는 이유
로 정부의 탄압을 받았다.

채점 기준	배점
(가) 천주교, (나) 동학을 쓰고, 평등사상 주장, 정부의 탄압을 공통점으로 제시한 경우	상
(가) 천주교, (나) 동학을 쓰고, 위 내용 중 한 가지만 서술한 경우	중
(가) 천주교, (나) 동학이라고만 쓴 경우	하

0575 ⑤	0576 ②	0577 ①	0578 ⑤	0579 ③	0580 ③
0581 ③	0582 ①	0583 ①	0584 ②	0585 ④	0586 ③
0587 ③	0588 ①	0589 ②	0590 ②	0591 ④	0592 ④
0593 ①	0594 ③				

서술형 문제 0595~0598 해설 참조

0575 고구려의 대외 관계 **답** ⑤

깊이있는 정답풀이

수의 군대가 살수를 건너려 할 때 을지문덕의 군대가 공격하였다는 내용
을 통해 (가) 국가가 고구려임을 알 수 있다. 5세기 고구려는 중국의 남북
조 모두와 조공·책봉 관계를 맺으며 실리를 추구하였다.

개념잡는 오답풀이

① 고조선이 한 무제의 공격을 받아 멸망하였다.
② 백제는 4세기 후반 동진으로부터 불교를 수용하였다.
③ 신라는 한강 하류 유역을 차지하고 당항성을 통해 중국과 직접 교류하
였다.
④ 9세기 신라의 장보고는 청해진을 설치하여 해적을 소탕하고 해상 교역
을 장악하였다.

0576 발해의 대외 관계 **답** ②

깊이있는 정답풀이

일본에서 '견고려사'로 기록하여 고구려를 계승한 국가로 인식하였다는 내
용을 통해 (가) 국가가 발해임을 알 수 있다. 발해는 건국 초기 당의 산둥
반도를 공격하는 등 당과 대립하였다. 이후 발해의 문왕은 당에 사신을 파
견하는 등 적극적인 친선 정책을 펼쳐 당과의 관계를 개선하였다.

개념잡는 오답풀이

ㄴ. 신라는 매소성과 기벌포 등에서 당군을 물리치고 삼국 통일을 완성하
였다.
ㄹ. 신라는 당과 연합하여 백제와 고구려를 멸망시켰다.

0577 고려 윤관의 활동 **답** ①

깊이있는 정답풀이

숙종에게 별무반 창설을 건의하였다는 내용을 통해 (가) 인물이 윤관임을
알 수 있다. 12세기 초 윤관은 직접 별무반을 이끌고 여진 정벌에 나서 동
북 9성을 개척하였다.

개념잡는 오답풀이

② 매소성 전투는 신라와 당이 벌인 전투이다. 전투에서 신라가 승리하였다.
③ 10세기 전반 고려가 후삼국을 통일하였다.
④ 고구려는 안시성 전투에서 승리하며 당의 침략을 막아 냈다.
⑤ 고려의 강감찬은 귀주에서 거란의 군대를 크게 무찔렀다.

0578 원 간섭기의 상황 **답** ⑤

깊이있는 정답풀이

개경에 돌아온 이래 몽골의 공물 요구가 있었다는 내용을 통해 대화에 나

타난 시기가 원 간섭기임을 알 수 있다. 원 간섭기에는 정동행성이 고려의 내정을 간섭하였고, 새로운 지배 세력이 된 권문세족이 농장을 확대하였다.

☑ **개념잡는 오답풀이**

ㄱ. 초조대장경은 개경으로 환도하기 전인 대몽 항쟁 시기에 소실되었다.

ㄴ. 거란의 1차 침략 시기 서희의 담판으로 거란의 군대가 물러가고 고려는 강동 6주 지역을 확보하였다.

0579 조선 후기 일본과의 관계　　답 ③

🔍 **깊이있는 정답풀이**

도쿠가와 이에야스가 국서를 보냈다는 점, 사신을 보내 통교한다는 점 등을 통해 임진왜란 이후 일본의 에도 막부와 국교를 재개하고자 하는 상황임을 알 수 있다. 조선은 일본에 회답 겸 쇄환사를 파견하여 국교를 재개하고 이후 명칭을 통신사로 바꾸어 10여 차례 파견하였다.

☑ **개념잡는 오답풀이**

① 3포왜란은 임진왜란 발발 전인 1510년에 일어났다. 왜란의 결과 조선은 일본과의 교역을 더욱 제한하였다.

② 조선은 쓰시마섬을 토벌한 이후 3포를 개항하고, 계해약조를 체결하여 제한된 범위 안에서만 교역을 허용하였다.

④ 고려 말 홍건적과 왜구의 침략을 막아 내는 과정에서 최영, 이성계 등 신흥 무인 세력이 성장하였다.

⑤ 통일 이후 신라는 일본이 조공국으로 간주하자, 8세기 후반 공식적인 외교 관계를 단절하였다.

0580 북벌 운동의 배경　　답 ③

🔍 **깊이있는 정답풀이**

효종 대왕이 군사 정책에 관해 묻고 북쪽으로 나아가 보려는 마음을 하루라도 잊은 적이 없었다는 내용을 통해 밑줄 친 '계획'이 북벌 운동임을 알 수 있다. 병자호란에서 패배한 조선은 삼전도에서 청에 굴욕적으로 항복하고 군신 관계를 맺었다. 이후 효종은 이러한 굴욕을 씻고자 북벌 운동을 전개하였다.

☑ **개념잡는 오답풀이**

① 병자호란 이후 조선은 청에 정기적으로 연행사를 파견하였다.

② 정묘호란의 결과 조선은 후금과 형제 관계를 맺었다. 북벌 운동은 병자호란의 패배와 관련 있다.

④ 명 멸망 이후 조선이 명을 대신하여 중화의 문명을 계승한다는 조선 중화주의가 대두하였다.

⑤ 조선과 청 사이에 국경 분쟁이 발생하자 이를 해결하기 위해 백두산정계비를 세워 양국의 국경을 확정하였다.

0581 통일 신라의 경제 상황　　답 ③

🔍 **깊이있는 정답풀이**

일본 도다이사에서 발견되었으며 촌락의 범위와 인구수, 가호와 토지의 구성 등이 담겨 있다는 내용을 통해 (가) 국가가 통일 신라임을 알 수 있다. 통일 신라는 신라촌락문서를 작성하여 이를 근거로 세금을 징수하였다. 한편, 성덕왕 때에는 백성에게 정전을 지급하였다.

☑ **개념잡는 오답풀이**

① 조선 인조 때 풍흉에 관계없이 토지 1결당 쌀 4~6두를 전세로 징수하는 영정법이 시행되었다.

② 고구려는 빈민을 구제하기 위해 진대법을 시행하였다.

④ 고려 말 목화 재배가 시작되었다.

⑤ 고려는 활구(은병), 해동통보, 삼한통보 등 다양한 화폐를 주조하였다.

0582 전시과 제도 이해　　답 ①

🔍 **깊이있는 정답풀이**

개정된 내용에 따라 관품을 기준으로 전지와 시지를 지급하였다는 내용을 통해 (가) 제도가 전시과임을 알 수 있다. 고려는 전시과 제도를 시행하여 관리 등 직역 담당자를 18등급으로 구분하여 전지와 시지를 나누어 주고 수조권을 행사하도록 하였다. 지급받은 토지는 원칙적으로 세습이 불가하였다.

☑ **개념잡는 오답풀이**

ㄷ. 고려 말 경기 지역의 토지에 한하여 전·현직 관리에게 등급에 따라 수조권을 지급하는 과전법이 시행되었다.

ㄹ. 녹읍과 식읍은 조세 수취 외에 노동력 징발이 가능하였다.

0583 관수 관급제 시행 배경　　답 ①

🔍 **깊이있는 정답풀이**

국가가 경작자로부터 조세를 징수하여 수조권자에게 지급한다는 내용을 통해 (가) 제도가 관수 관급제임을 알 수 있다. 직전법 시행 이후 관리가 수조권을 남용하는 폐단이 발생하자 관수 관급제가 시행되었다.

☑ **개념잡는 오답풀이**

② 통일 신라의 신문왕은 관료전을 지급하고 녹읍을 폐지하였다.

③ 무신 정변 이후 고려의 전시과 체제가 붕괴되었다.

④ 조선 후기 모내기가 확대되고 광작이 이루어지면서 일부 농민이 부농으로 성장하였다.

⑤ 고려 후기 권문세족이 불법적으로 막대한 규모의 토지와 노비를 소유하였다.

0584 조선 후기 경제 상황　　답 ②

🔍 **깊이있는 정답풀이**

이앙을 하는 세 가지 장점이 제시된 점을 통해 자료의 농법은 모내기법임을 알 수 있다. 조선 후기 모내기법이 전국적으로 확산되면서 벼와 보리의 이모작이 확대되고 광작이 시행되어 농민층이 분화하였다. 또한 장시가 활성화되고 상품 화폐 경제가 발달하면서 상품 작물의 재배도 활기를 띠었다. 한편, 군포 2필을 1필로 줄여 거두는 균역법이 시행됨에 따라 나라에서는 줄어든 군포 수입을 충당하기 위해 선무군관포를 징수하였다.

② 전분6등법은 세종 때에 제정되었고, 17세기 전반 인조 때에 영정법으로 대체되었다.

0585 신라의 신분제　　답 ④

🔍 **깊이있는 정답풀이**

개인의 정치적, 사회적 활동 범위를 제한하였다는 점, 3~1두품이 평민과 동등하게 간주되었다는 점 등을 통해 (가) 제도가 신라의 골품제임을 알수 있다. 골품제에 따라 왕족이 성골과 진골을 차지하였다.

개념잡는 오답풀이

① 발해는 지배층의 다수를 고구려 유민이 차지하였고, 평민은 대부분 말갈인으로 구성되었다.
② 고구려는 건국 초기 제가 회의에서 중대사를 결정하였다.
③ 조선 순조 때 중앙 관청 소속의 공노비 6만여 명을 해방시켰다.
⑤ 백제에 대한 설명이다.

0586 고려 사회의 개방성 　답 ③

깊이있는 정답풀이

백임지가 농민에서 군인을 거쳐 높은 지위에 올랐다는 점, 조인규가 몽골어를 익혀 장군이 되었다는 내용을 통해 고려 시대 신분 상승과 관련된 자료임을 알 수 있다. 고려는 엄격한 신분제 사회였지만, 제한적이나마 지위와 신분을 상승시킬 수 있는 개방적인 사회였다.

개념잡는 오답풀이

① 신라는 폐쇄적인 신분제인 골품제를 운영하였다.
② 신라 말 지방에서 호족 세력이 등장하였다.
④ 고려 전기 대대로 고위 관직을 역임하는 문벌이 정권을 차지하였다.
⑤ 조선 후기에는 양반이 증가하고 상민이 감소하는 등 신분제가 동요하였다.

0587 조선의 신분제 　답 ③

깊이있는 정답풀이

양천 제도를 법제화하였지만 실제로는 반상 제도가 일반화되었다는 내용을 통해 (가) 국가가 조선임을 알 수 있다. 조선은 양천 제도에 따라 양인과 천인으로 신분을 나누었으나, 실제로는 반상 제도에 따라 양반, 중인, 상민, 천민의 네 신분층으로 구분되었다. 천민은 대부분 노비였고 광대, 무당 등도 이에 속하였다.

개념잡는 오답풀이

① 고려 시대의 백정은 특정한 직역이 없는 일반 백성을 의미하였다.
② 노비는 비자유민으로 세금을 부담하지 않았다.
④ 고려 시대에 향리는 직역을 세습하고 토지를 지급받았지만, 조선 시대에는 토지를 지급받지 못하였고 역할도 수령을 보좌하여 행정 실무를 담당하는 것으로 축소되었다.
⑤ 고려 시대에 대한 설명이다.

0588 신량역천 　답 ①

깊이있는 정답풀이

수군, 나장, 봉수군, 역졸 등에 종사하였다는 내용을 통해 신량역천에 대한 대화임을 알 수 있다. 조선 시대에는 신분은 양인이지만 천한 일을 하는 계층을 신량역천이라 하였다.

개념잡는 오답풀이

② 음서는 공신이나 고위 관리의 자손이 과거를 거치지 않고 관직에 진출할 수 있도록 한 제도이다.
③ 노비는 재산으로 여겨졌으며, 매매와 상속이 가능하였다.

④ 서얼에 대한 설명이다.
⑤ 고려 시대 향·부곡·소 등 특수 행정 구역의 주민들은 더 많은 세금을 부담하는 등 일반 군현민에 비해 차별을 받았다.

0589 조선 후기 사회 모습 　답 ②

깊이있는 정답풀이

자료는 노비종모법을 제안하는 내용이다. 조선 후기 신분제가 동요하면서 상민의 수가 감소하자 정부는 노비종모법을 시행하고 공노비를 해방하는 등 상민의 수를 늘려 국가 재정을 확보하고자 하였다. 조선 후기 모내기법이 확산되면서 일부 농민은 광작을 통해 부농으로 성장하였다. 또한 상품 화폐 경제가 발전하면서 일부 사상은 독점적 도매상인인 도고로 성장하였다. 이와 같이 부유해진 상민들은 납속책과 공명첩을 활용하여 신분 상승을 추구하였다. 새롭게 신분이 상승한 세력(신향)은 기존 사족(구향)과 향촌의 지배권을 놓고 대립하였고, 그 과정에서 향전이 발생하기도 하였다.
② 조선 전기 훈구와 사림이 대립하는 과정에서 사화가 발생하였다.

0590 신라 말의 동향 　답 ②

깊이있는 정답풀이

선종의 영향으로 승탑의 건립이 유행하였다는 내용을 통해 밑줄 친 '이 시기'가 신라 말임을 알 수 있다. 신라 말에는 선종이 확산되었으며 지방 호족 등의 후원을 받으며 9산선문이 성립하였다.

개념잡는 오답풀이

① 도교는 삼국 시대에 전래하여 귀족들 사이에서 유행하였다.
③ 고려 전기 최승로가 성종에게 시무 28조를 올렸다.
④ 고려 후기 일연은 『삼국유사』를 저술하였다.
⑤ 고려 후기 불교계에서는 결사 운동이 전개되었고, 요세는 참회와 염불 수행을 강조하며 백련사 결사를 결성하였다.

0591 성리학 　답 ④

깊이있는 정답풀이

안향이 본격적으로 소개하였고, 이제현이 만권당에서 원의 학자와 교류하면서 이해가 넓어졌다는 내용을 통해 (가) 유학 사상이 성리학임을 알 수 있다. 성리학은 고려 말 신진 사대부의 사상적 기반이 되었으며, 조선 시대에는 이황과 이이의 노력으로 독자적인 체계를 갖추었다.

개념잡는 오답풀이

ㄱ. 통일 신라의 승려 원효는 아미타 신앙을 전파하여 불교의 대중화에 기여하였다.
ㄷ. 왕건은 '훈요 10조'에서 불교와 풍수지리설 등을 강조하였다.

0592 지눌의 활동 　답 ④

깊이있는 정답풀이

고려 시대의 승려로 돈오점수와 정혜쌍수를 주장하며 선종과 교종을 통합하고자 하였다는 내용을 통해 (가) 인물이 지눌임을 알 수 있다. 지눌은 수선사 결사를 결성하고 독경과 참선, 노동에 고루 힘써야 한다는 점을 강조하였다.

① 묘청 등 서경 세력에 해당한다.
② 팔만대장경은 대몽 항쟁 시기에 제작되었다. 지눌은 최충헌 집권 시기에 활동하였다.
③ 의천은 송에 유학하고 돌아와 해동 천태종을 창시하였다.
⑤ 통일 신라의 승려인 의상에 해당한다.

0593 서원의 특징 답 ①

🔍 깊이있는 정답풀이

사당, 강당, 동재와 서재로 이루어진 점을 통해 (가)는 서원임을 알 수 있다. 16세기 각지에 건립된 서원은 훌륭한 유학자에게 제사 지내며 성리학을 연구하고 인재를 키우는 교육 기관이다. 사림 세력은 서원을 통해 지방 백성을 통제하고 세력을 확대하였다.

☑ 개념잡는 오답풀이

② 조광조는 도교 행사를 주관하던 소격서를 폐지하였다.
③ 서원은 성리학이 확산하는 데 기여하였다.
④ 고려 중기 최충의 문헌공도 등 사학 12도가 융성하면서 관학이 위축되었다.
⑤ 조선 초기 여진에 대한 교린 정책으로 국경 지역에 무역소가 설치되었다.

0594 동학의 특징 답 ③

🔍 깊이있는 정답풀이

최제우가 유·불·선의 교리와 민간 신앙을 통합하여 창시하였다는 내용을 통해 밑줄 친 '이 종교'가 동학임을 알 수 있다. 최제우가 처형된 이후 제2대 교주가 된 최시형이 교리와 조직을 정비하면서 동학의 교세는 더욱 확산되었다.

☑ 개념잡는 오답풀이

① 조선은 성리학을 통치 이념으로 하였다.
② 조선 시대 『소학』과 『주자가례』가 백성에게 보급되면서 성리학적 사회 윤리가 점차 확산되었다.
④ 정부는 천주교 신자들이 조상에 대한 제사를 거부하자, 성리학적 사회 질서를 부정한다는 이유로 천주교를 탄압하였다.
⑤ 천주교는 사신들에 의해 서학이라는 학문으로 소개되었다. 18세기 후반 남인 계열의 일부 실학자가 신앙으로 받아들이기 시작하였다.

0595 고려의 대몽 항쟁

(1) 답 몽골
(2) ✔모범답안 고려는 수도를 강화도로 옮기고 몽골과 장기 항전을 도모하였다. 처인성에서는 김윤후가 부곡민을 이끌고 몽골 장수 살리타를 사살하며 승리하였고, 충주성에서는 노비가 주축이 된 군대가 몽골군을 물리쳤다.

채점 기준	배점
항전의 내용을 두 가지 서술한 경우	상
항전의 내용을 한 가지만 서술한 경우	하

0596 조선의 교린 정책

✔모범답안 조선은 여진을 토벌하고 4군과 6진 지역을 개척하였다. 또한 왜구의 약탈이 끊이지 않자 이종무를 파견하여 쓰시마섬을 토벌하였다.

채점 기준	배점
조선의 강경책 내용을 두 가지 모두 서술한 경우	상
위 내용 중 한 가지만 서술한 경우	하

0597 대동법

(1) 답 대동법
(2) ✔모범답안 기존에 가호를 기준으로 토산물을 징수하던 공납을 토지를 기준으로 쌀, 무명, 삼베, 동전 등으로 징수하였다.

채점 기준	배점
부과 기준과 납부 방식의 변화를 모두 서술한 경우	상
위 내용 중 한 가지만 서술한 경우	하

0598 조선 후기 서민 문화

✔모범답안 조선 후기 문학에서는 『홍길동전』, 『춘향전』과 같은 한글 소설과 서민들의 감정을 사실적으로 묘사한 사설시조가 유행하였다. 또 양반의 위선을 비판하고 사회를 풍자하는 판소리와 탈춤 공연이 성행하였다. 회화에서는 당시 사람들의 생활 모습을 생동감 있게 표현한 풍속화와 서민의 기원을 담은 민화가 유행하였다.

채점 기준	배점
조선 후기 서민 문화의 내용을 세 가지 서술한 경우	상
조선 후기 서민 문화의 내용을 두 가지 서술한 경우	중
조선 후기 서민 문화의 내용을 한 가지만 서술한 경우	하

Ⅲ 근대 국가 수립의 노력

01 국제 질서의 변동과 개항

STEP 1	O/X 문제로 교과서 핵심 자료 보기				142~143쪽
0599 X	0600 O	0601 X	0602 O	0603 X	0604 X
0605 O	0606 O	0607 X	0608 X	0609 O	0610 O
0611 X	0612 O	0613 X	0614 O	0615 O	0616 O
0617 X	0618 O	0619 O	0620 X	0621 O	0622 O

STEP 2	객관식 풀어 보기				144~151쪽
0623 ①	0624 ④	0625 ⑤	0626 ⑤	0627 ③	0628 ②
0629 ③	0630 ④	0631 ②	0632 ③	0633 ①	0634 ①
0635 ③	0636 ①	0637 ②	0638 ③	0639 ①	0640 ⑤
0641 ④	0642 ①	0643 ②	0644 ①	0645 ②	0646 ③
0647 ③	0648 ⑤	0649 ④	0650 ⑤	0651 ③	0652 ①
0653 ⑤	0654 ④				

0623 청의 개항 과정　　답 ①

깊이있는 정답풀이

영국이 아편 단속을 빌미로 청을 공격하면서 일어난 전쟁은 제1차 아편 전쟁이다. 이 전쟁에서 패한 청은 영국과 난징 조약을 맺어 5개 항구를 개방하고 홍콩을 영국에 넘겨주었다.

개념잡는 오답풀이

② 일본에서는 개항 이후 반막부 세력이 에도 막부를 무너뜨리고 일왕 중심의 새로운 정부를 수립하였다.

③ 조선 정부는 1862년 임술 농민 봉기의 주된 원인인 삼정의 문란을 시정하고자 삼정이정청을 설치하였다.

④ 흥선 대원군은 신미양요 이후 통상 수교를 거부한다는 의지를 널리 알리기 위해 전국 각지에 척화비를 세웠다.

⑤ 19세기 중반 북학파의 실학자의 사상을 계승한 박규수, 오경석, 유홍기 등이 통상 개화론을 주장하였다.

0624 청과 일본의 문호 개방　　답 ④

깊이있는 정답풀이

🔍 추론 TIP 아편 전쟁(1840) → 난징 조약(1842) → 청의 개항 미일 화친 조약(1854) → 일본의 개항

표의 왼쪽 내용에서 아편으로 인해 벌어진 사건이고, 영국과 체결했다는 내용을 통해 (가)는 난징 조약(1842)임을 알 수 있다. 오른쪽에서 요코하마에 상륙한 미국과 체결했다는 내용을 통해 (나)는 미일 화친 조약(1854)임을 알 수 있다. 두 조약은 각각 청과 일본이 개항하는 계기가 되었다.

개념잡는 오답풀이

① 난징 조약에만 해당한다.

② 난징 조약에 이어 맺은 후먼 추가 조약(1843)과 미일 수호 통상 조약(1858)에 해당한다.

③ 난징 조약은 아편 전쟁의 결과로 맺어졌다.

⑤ 난징 조약과 미일 화친 조약과는 무관하다. 참고로 조선에서는 제물포 조약으로 공사관 경비를 위한 일본군의 주둔을 허용하였다.

0625 흥선 대원군 집권 시기 서양 세력과의 충돌　　답 ⑤

깊이있는 정답풀이

제시된 사건들은 흥선 대원군이 집권하던 시기에 있었던 사실들이다. (라) 병인박해는 1866년 프랑스 선교사 및 천주교 신자들이 박해를 받은 사건이다. 이 사건이 원인이 되어서 병인양요가 일어났다. 병인박해가 시작되고 얼마 지나지 않아 (다) 미국 국적의 제너럴 셔먼호가 대동강을 따라 평양에 와서 통상을 요구하며 횡포를 부리자 평양 관민이 제너럴 셔먼호를 불태워 침몰시켰다(제너럴 셔먼호 사건). (가) 제너럴 셔먼호 사건을 빌미로 미국의 로저스 제독이 이끄는 함대가 강화도를 침공하는 신미양요가 발생하였다. 미군이 강화도에서 철수한 뒤에 흥선 대원군은 (나) 전국 각지에 척화비를 세워 통상 수교 거부 정책을 더욱 강화하였다.

0626 흥선 대원군의 대내외 정책　　답 ⑤

깊이있는 정답풀이

흥선 대원군은 왕실의 권위를 회복하기 위해 임진왜란 때 불탄 이후 방치되었던 경복궁을 중건하였다. 국가 재정 확충을 위해 토지 조사 사업(양전 사업)을 벌여 토지 대장에서 누락되었던 토지를 색출하였다. 군정의 문란을 해결하기 위해 호포제를, 환곡의 문란을 해결하기 위해 사창제를 실시하였다. 통상 수교 거부 정책을 추진하면서 국방 강화를 위해 무기를 개량하고 강화도에 포대를 설치하여 해안 경비를 강화하였다.

⑤ 러시아는 제2차 아편 전쟁 결과 체결된 베이징 조약을 중재한 대가로 연해주를 차지하였다. 조러 통상 조약은 개항 이후인 1884년에 체결되었다.

0627 병인양요의 배경　　답 ③

깊이있는 정답풀이

🔍 추론 TIP 양공(양헌수)의 정족산성 전투 → 병인양요(1866) → 병인박해가 병인양요의 원인

> 10월 3일 적군이 정족산성 아래로 몰려오니 양공이 사기를 돋우어 전투를 독려하였다. 전 장병은 일제히 총포를 발사하면서 적군을 공격하였다. 적의 지휘관이 말에서 떨어져 죽으니 오랑캐 병사는 시체를 메고 달아났다. 마침내 양공은 강화부를 수복하고 군사와 백성을 위로하니, 민심이 비로소 안정되었다.

프랑스는 병인박해 당시 자국 선교사가 처형된 것을 구실로 조선의 강화도를 침략하였다. 병인양요 때 양헌수 부대의 활약으로 결국 프랑스군은 강화도에서 퇴각하였다.

개념잡는 오답풀이

① 1875년에 일어난 운요호 사건은 강화도 조약 체결의 배경이 되었다.

② 고려의 최씨 무신 정권은 몽골의 침략에 항전하려고 강화도로 천도하였다.

④ 1866년에 일어난 제너럴 셔먼호 사건은 1871년에 일어난 신미양요의 원인이 되었다.

⑤ 조선이 청의 군신 관계 요구를 거부하자, 청 태종이 조선을 침략하여 병자호란이 일어났다.

(1등급 가이드)

병인양요는 신미양요와 함께 흥선 대원군의 통상 수교 거부 정책과 관련하여 자주 출제됩니다. 특히 병인양요에서 프랑스가 강화부를 점령한 사실, 로즈 제독의 함대가 침입했다는 사실을 파악해 두고 신미양요와의 차이점에 주목하여 해당 사건을 정리해 두면 도움이 됩니다.

0628 병인양요의 전개 답 ②

깊이있는 정답풀이

자료에서 양헌수가 서양인과 전투하여 물리쳤다는 내용으로 보아 해당 전투가 발생한 사건이 1866년 병인양요임을 알 수 있다. 병인박해를 구실로 군함을 보내 조선을 침략한 프랑스군은 갑곶진에 상륙한 뒤 강화부를 점령하여 재물을 약탈하고 조선인을 살해하였다. 이에 맞서 문수산성에서 한성근 부대가, 정족산성(삼랑성)에서 양헌수 부대가 항전하였다.

개념잡는 오답풀이

① 신미양요 직후의 사실이다.
③ 조선 정부가 갑신정변 이후 추진하였으나 실패하였다.
④ 신미양요와 관련된 내용이다.
⑤ 흥선 대원군이 프랑스와의 동맹을 시도하였으나 실패하였고, 이후 병인박해가 발생하였다.

0629 병인양요의 발생 시기와 원인 답 ③

깊이있는 정답풀이

㉠은 병인양요(1866)의 배경인 병인박해에 대한 내용이다. 흥선 대원군은 러시아를 견제하기 위해 프랑스 세력을 이용하려 하였으나 실패하였다. 그러자 프랑스인 천주교 선교사 9명을 포함한 천주교도 8,000여 명을 처형하였고, 이를 구실로 프랑스 함대가 강화도를 공격하였다. ㉡은 오페르트 도굴 미수 사건에 대한 내용이다. 1868년에 독일 상인 오페르트가 충남 덕산에 위치한 흥선 대원군의 아버지인 남연군의 묘를 도굴하여 유해를 미끼로 통상을 요구하려다 실패하였다. ③ 병인양요 당시 양헌수가 이끄는 부대가 정족산성에서 프랑스군을 물리쳤다.

개념잡는 오답풀이

① 미국은 제너럴 셔먼호 사건(1866)을 구실로 조선과 통상 교섭을 하려 하였으나, 조선이 이를 거부하자 군함을 이끌고 조선을 침략하여 초지진과 덕진진을 함락시켰다(1871, 신미양요).
② 흥선 대원군은 신미양요 직후 전국에 척화비를 세워 통상 수교 거부 의지를 명확히 밝혔다.
④ 일본은 운요호 사건(1875)을 일으켜 무력으로 조선을 개항시켰다.
⑤ 조프(불) 수호 통상 조약이 체결되어 천주교 포교가 허용된 것은 1886년의 일이다.

0630 오페르트의 도굴 미수 사건 답 ④

깊이있는 정답풀이

제시된 자료는 1868년에 일어난 오페르트 도굴 미수 사건에 대한 것이다. 당시 독일 상인 오페르트는 두 차례에 걸쳐 통상을 요구하다가 거절당하자 흥선 대원군의 아버지 남연군의 묘를 도굴하려고 했으나 실패하고 달아났다. 이를 계기로 국내에는 서양인들을 오랑캐로 여기는 풍조가 널리 퍼졌으며, 흥선 대원군의 통상 수교 거부 정책은 더욱 강화되었다.

개념잡는 오답풀이

① 병인박해가 원인이 되어 일어났다.
② 1875년 운요호 사건을 빌미로 일본이 개항을 강요하였다.
③ 1863년 고종이 즉위하면서 실권을 장악한 흥선 대원군의 왕권 강화 정책에 해당한다.
⑤ 프랑스를 끌어들여 러시아의 남하를 저지하려고 한 흥선 대원군의 교섭 노력이 실패하면서 병인박해가 일어났다.

0631 제너럴 셔먼호 사건 답 ②

깊이있는 정답풀이

제시된 자료의 '평안 감사 박규수', '이양선 1척이 강을 거슬러 올라갔다'는 내용에서 1866년에 일어난 제너럴 셔먼호 사건과 관련된 것임을 알 수 있다. 오페르트 도굴 미수 사건은 1868년, 신미양요는 1871년에 일어났다. 강화도 조약은 1876년, 조미 수호 통상 조약은 1882년에 각각 체결되었다.

0632 제너럴 셔먼호 사건의 영향 답 ③

깊이있는 정답풀이

미국 상선 제너럴 셔먼호가 통상을 요구하면서 관리를 사로잡고 총포를 발사하는 등 횡포를 부리자 평양의 관민들이 합세하여 제너럴 셔먼호를 불태워 침몰시켰다. 이는 1871년 미국 군함이 강화도를 침범한 신미양요의 빌미가 되었다.

개념잡는 오답풀이

① 운요호 사건을 빌미로 체결된 강화도 조약과 청의 알선으로 체결된 조미 수호 통상 조약 등에 해당한다.
② 병인박해를 빌미로 일어난 병인양요 때의 사실이다.
④ 1873년 흥선 대원군이 하야할 때까지 통상 수교 거부 정책은 유지되었다.
⑤ 문호 개방 이후의 상황에 해당한다.

0633 신미양요의 전개 답 ①

깊이있는 정답풀이

제시된 깃발은 광성보에서 미군과 격돌한 어재연 장군의 수자기이다. 미군은 신미양요(1871) 때 광성보에서 이 깃발을 빼앗아 가져갔고, 2007년 우리나라에 장기 대여 형식으로 반환하였다. 신미양요는 미국이 제너럴 셔먼호 사건을 구실로 강화도를 공격한 사건으로, 광성보 등에서 치열한 전투가 벌어졌다.

개념잡는 오답풀이

ㄴ. 병인박해와 관련된 것으로 병인양요의 원인이 되었다.
ㄹ. 병인양요 때 강화도에 쳐들어온 프랑스군은 퇴각하면서 외규장각의 도서를 약탈하였다.
ㅁ. 오페르트 도굴 미수 사건으로 조선에서는 서양 세력에 대한 반감이 더욱 확산되었다.

0634 흥선 대원군 집권 시기 주요 사건과 관련된 장소 답 ①

깊이있는 정답풀이

(나) 강화 광성보에서는 신미양요 때 어재연 부대가 미군과 격전을 벌였다. (다) 1866년에 벌어진 병인양요 때 프랑스 함대는 양화진까지 와서 한강의 수로 등을 정찰한 뒤 강화도를 침략하였다. (라) 1866년 7월, 미국의 제너럴 셔먼호가 대동강을 따라 평양까지 올라와 통상을 요구하며 행패를 부리자, 분노한 평양 주민들과 관군이 함께 배를 불태웠다. (마) 1868년에 독일 상인 오페르트가 조선에 통상을 요구하며 충남 덕산에 있는 흥선 대원군 아버지의 묘를 도굴하려다 실패하였다. (가) 강화 정족산성은 병인양요 때 양헌수가 이끄는 조선군이 프랑스군을 격퇴한 곳이다.

0635 척화비 건립 시기　답 ③

깊이있는 정답풀이

밑줄 친 '이 비석'은 척화비를 의미한다. 병인양요와 신미양요 때 프랑스와 미국의 연이은 침공을 격퇴한 이후 흥선 대원군은 서양 세력에 대하여 자신감을 가지게 되었고, 이에 1871년 척화비를 각지에 세워 서양과의 수교를 거부한다는 의지를 보여 주었다. ③ 운요호 사건은 1875년에 일어났다.

개념잡는 오답풀이

①, ④ 병인양요와 제너럴 셔먼호 사건은 1866년에 일어났다.
② 척화비는 신미양요 이후 건립되었다.
⑤ 오페르트 도굴 미수 사건은 1868년에 일어났다.

0636 척화비 건립　답 ①

깊이있는 정답풀이

추론 TIP 서양 오랑캐가 침범하는데 화친을 주장하는 것은 나라를 파는 일 → 척화비 내용 → 신미양요 이후 건립

> 서양 오랑캐가 침범하는데 싸우지 않는 것은 화친하는 것이요, 화친을 주장하는 것은 나라를 파는 일이다. 이를 자손만대에 경계하노라. 병인년에 짓고 ___(가)___ 에 세운다.

(가)는 1871년인 신미년에 해당한다. 흥선 대원군은 신미양요를 겪은 이후 전국 각지에 척화비를 세우고 서양의 통상 수교 요구에 대한 거부 의지를 분명히 하였다. ① 신미양요에서 어재연이 이끄는 조선군은 광성보에서 미군과 맞서 싸웠다.

개념잡는 오답풀이

② 1866년 병인박해 때 9명의 프랑스 선교사와 천주교도가 처형되었다.
③ 1866년 병인양요 때 양헌수는 정족산성에서 프랑스군을 공격하였다.
④ 1866년에 일어난 제너럴 셔먼호 사건은 평양 주민이 관군과 함께 미국 상선을 불태워 침몰시킨 사건이다.
⑤ 1866년 병인양요 때 한성근은 문수산성에서 프랑스군과 격전을 벌였다.

(1등급 가이드)

흥선 대원군의 외교 정책을 널리 알린 척화비는 신미양요 이후에 전국적으로 건립되었다는 것을 꼭 기억해 두어야 합니다. 1871년에는 제너럴 셔먼호 사건을 구실로 미국이 침략한 신미양요가 일어났고요.

0637 흥선 대원군 집권 시기의 상황　답 ②

깊이있는 정답풀이

제시된 정책은 흥선 대원군의 집권기에 추진된 것들이다. 흥선 대원군은 국가 재정을 확충하고 왕권을 강화하기 위해 서원을 철폐하고, 사창제를 실시하였으며, 『대전회통』을 편찬하여 통치 체제를 정비하였다. 아울러, 경복궁 중건 과정에서 부족한 재원을 마련하기 위해 당백전을 발행하였다.
② 『조선책략』은 개항 이후에 수신사 김홍집을 통해 전해졌다.

0638 흥선 대원군 집권 시기의 대외 상황　답 ③

깊이있는 정답풀이

제시된 자료들은 차례대로 신미양요, 척화비 건립, 오페르트 도굴 미수 사건, 병인양요로 모두 흥선 대원군 집권기에 있었던 사건과 관계있는 것이다.

③ 외국인 거류지는 흥선 대원군 실각 후 개항이 이루어지면서 부산, 인천 등에 만들어지기 시작하였다.

0639 개국 통상론의 등장　답 ①

깊이있는 정답풀이

제시된 자료의 오경석, 유홍기는 북학파 실학자들의 사상을 이어받고 개항과 통상을 주장하였던 초기 개화사상가이다.

개념잡는 오답풀이

② 김옥균 등은 오경석과 유홍기에게 영향을 받아 개화파를 형성하였고, 1880년대 정부에 소속되어 개화 정책을 주도하였다.
③ 김옥균 등 급진 개화파가 주장한 사실이다.
④ 이항로 등이 주장한 통상 반대론과 척화 주전론은 흥선 대원군의 통상 수교 거부 정책을 뒷받침하였다.
⑤ 김옥균 등 급진 개화파가 주장한 내용이다.

0640 운요호 사건　답 ⑤

깊이있는 정답풀이

제시된 자료는 1868년 메이지 유신으로 에도 막부가 무너지고 새로이 들어선 일본의 메이지 정부와 조선 사이의 외교 관계 수립 과정을 정리한 것이다. ㉠은 일본 메이지 정부의 외교 문서인 서계이며, ㉡은 운요호 사건을 뜻한다. 서계를 둘러싼 양국 간의 외교 문제는 1873년 흥선 대원군이 하야하고 고종이 친정을 실시하면서 해결의 실마리가 풀리기 시작하였다. 그러나 일본은 1875년에 운요호 사건을 일으켜 포함 외교에 의한 강제 개항을 시도하였으며, 결국 조선은 1876년 강화도 조약을 체결함으로써 일본에게 문호를 개방하였다.

⑤ 치외 법권과 최혜국 대우가 규정된 조약은 1882년에 체결된 조미 수호 통상 조약이 대표적이다. 강화도 조약에는 부산을 비롯한 3개 항구 개항, 조선 연안 측량과 치외 법권(영사 재판권) 허용 등이 규정되었으나 최혜국 대우 조항은 없었다.

0641 강화도 조약의 체결 배경　답 ④

깊이있는 정답풀이

자료에서 호칭에 차등을 둔 점이 논란이 되었다는 점, 대일본국과 대조선국으로 바꿔 호칭이 조정된 점 등을 통해 해당 조약은 강화도 조약임을 알 수 있다. 1875년 일본은 운요호를 조선에 보내 초지진을 포격하고 영종도에서 살인과 약탈을 저질렀으며, 이를 빌미로 조선에 문호 개방을 요구하였다.

개념잡는 오답풀이

① 임오군란 및 제1차 한일 협약 등과 관련된 내용이다.
② 구식 군인들이 일으킨 임오군란을 계기로 조선은 일본과 제물포 조약을 체결하였다.
③ 1883년 개정된 조일 통상 장정에서는 일본의 최혜국 대우 조항이 포함되었다.
⑤ 급진 개화파의 주도로 일어난 갑신정변 이후 조선은 일본과 한성 조약을 체결하였다.

깊이있는 정답풀이

밑줄 친 '수호 조규 12조'는 강화도 조약(조일 수호 조규)이다. 이 조약에서 일본은 치외 법권(영사 재판권)을 조선에 강요하였다.

개념잡는 오답풀이

② 거중 조정 조항은 조미 수호 통상 조약에 규정되었다.
③ 최혜국 대우는 조미 수호 통상 조약에 최초로 규정되었고, 일본은 개정된 조일 통상 장정(1883)에 포함하였다.
④ 천주교 포교에 대한 자유가 인정된 최초의 조약은 조프(불) 수호 통상 조약이다.
⑤ 제1조에 '조선은 자주국이다.'라고 규정하여 조선에 대한 청의 종주권을 부정하였다.

0643 강화도 조약의 내용　답 ⑤

깊이있는 정답풀이

🔍 **추론 TIP** 옛 우호를 다시 고쳐 조약을 체결, 강화부에서 체결 → 1876년에 체결된 강화도 조약 → 불평등 조약

> 대조선국과 대일본국은 원래 우의 두텁게 세월을 지내왔다. 지금 양국의 참된 의사를 확인하여 **옛 우호를 다시 고쳐 친목을 굳게 하고자 한다.** 이를 위하여 일본국 정부는 특명전권변리대신 육군중장 겸 참의개척장관 구로다 기요타카, 특명부전권변리대신 의관 이노우에 가오루를 **조선국 강화부에 파견**하고 조선국 정부는 판중추부사 신헌, 도총부 총관 윤자승을 파견하여 각기 정부의 논지(論旨)에 따라 다음과 같이 <u>조약</u>을 체결한다.

조선은 강화도 조약을 체결하여 문호를 개방하였다. 강화도 조약은 조선이 맺은 최초의 근대적 조약이지만 치외 법권(영사 재판권)과 해안 측량권을 허용한 불평등 조약이었다.

개념잡는 오답풀이

① 강화도 조약은 운요호 사건을 계기로 체결되었다. 청의 알선으로 체결된 조약은 조미 수호 통상 조약 등 서양 열강과 체결된 조약들이다.
② 1882년에 체결된 조청 상민 수륙 무역 장정에 해당한다.
③ 강화도 조약의 부속 조약인 조일 수호 조규 부록에 해당한다.
④ 강화도 조약에 이어 체결한 조일 무역 규칙에는 정부 소속 일본 선박의 항세 면제 등을 규정하였고, 이후 수출입 상품에 대한 무관세를 허용하였다.

(1등급 가이드)

조선이 개항 과정에서 일본을 비롯한 여러 나라와 맺은 각 조약에 담겨 있는 내용이나 각 조항의 의미를 묻는 문제가 출제되는 경우가 많습니다. 특히 치외 법권(영사 재판권), 해안 측량권, 최혜국 대우 규정의 개념을 잘 이해하고 있어야 도움이 됩니다.

0644 조일 수호 조규 부록과 조일 무역 규칙　답 ①

깊이있는 정답풀이

강화도 조약 체결 직후 추가로 맺은 조일 수호 조규 부록에서는 개항장 내 일본인 조계(거류지) 설정과 일본 화폐의 유통을, 조일 무역 규칙에서는 사실상 수출입 상품에 대한 무관세와 양곡의 무제한 유출을 허용하였다.

① 일본에 대한 최혜국 대우는 1883년 개정된 조일 통상 장정에 들어가 있다.

0645 강화도 조약의 조항　답 ③

깊이있는 정답풀이

③ 강화도 조약(조일 수호 조규)에서 일본의 조선 해안 측량권을 허용하였는데, 이는 대표적인 불평등 조항이며, 일본의 조선 침략의 발판을 마련하기 위해 규정된 것이다. (다) 운요호 사건은 강화도 조약이 체결되는 배경이 되었다.

0646 조일 수호 조규 부록　답 ③

깊이있는 정답풀이

일본 화폐의 유통을 허용하고 있는 점에서 제시된 자료가 1876년 강화도 조약에 이어서 체결된 조일 수호 조규 부록의 내용임을 알 수 있다. 조선은 강화도 조약에서 부산을 비롯한 3개 항구의 개항, 조선의 연안 측량과 치외 법권 허용 등을 규정하였다. 이어 체결한 조일 수호 조규 부록에서는 일본 외교관의 자유로운 여행과 개항장에서의 일본인 조계(거류지) 설정, 일본 화폐 유통을 허용하였다. 그리고 조일 무역 규칙에서는 양곡의 무제한 유출과 사실상 일본의 수출입 상품에 대한 무관세를 허용하였다.

개념잡는 오답풀이

ㄱ. 강화도 조약을 체결한 후에 조일 수호 조규 부록과 조일 무역 규칙을 체결하였다.
ㄹ. 일본 화폐의 유통을 허용한 것이지 화폐 발행권을 빼앗긴 것은 아니었다. 이 조약으로 개항장에서 조선 화폐와 일본 화폐가 함께 유통되었다.

0647 조일 수호 조규 부록과 조미 수호 통상 조약　답 ③

깊이있는 정답풀이　📑 **흐름 TIP** 강화도 조약(1876) → 조일 수호 조규 부록(1876), 조일 무역 규칙(1876) → 조일 통상 장정 개정(1883)

(가)는 일본인의 통행 거리, 일본 화폐 사용 등의 내용을 통해 조일 수호 조규 부록임을 알 수 있다. (나)는 조선과 미국의 거중 조정 등의 내용을 통해 조미 수호 통상 조약임을 알 수 있다. 조미 수호 통상 조약은 치외 법권(영사 재판권)과 최혜국 대우를 규정하여 조선에 불리한 불평등 조약이었다.

개념잡는 오답풀이

① 조일 수호 조규 부록에는 관세 부과 조항이 없었다.
② 제물포 조약과 조청 상민 수륙 무역 장정에 해당한다.
④ 조청 상민 수륙 무역 장정에 해당한다.
⑤ 조미 수호 통상 조약에 해당한다.

0648 『조선책략』에 대한 반발　답 ⑤

깊이있는 정답풀이

1880년 2차 수신사로 일본에 건너간 김홍집에 의해 『조선책략』이 국내에 유포되었다. 이에 이만손 등 영남 유생들이 영남 만인소를 올려 『조선책략』과 개화파의 주장을 조목조목 비판하였고, 개화 반대 운동을 전개하였다.

개념잡는 오답풀이

① 흥선 대원군은 신미양요(1871) 직후 전국에 통상 수교 거부 의지를 밝힌 척화비를 건립하였다.
② 최익현은 1870년대 개항에 반대하며 일본과 서양 열강이 모두 같은 침략자일 뿐이라는 왜양 일체론을 주장하였다.

③ 이항로는 척화 주전론을 내세우며 통상 수교 반대 운동을 전개하여 흥선 대원군의 대외 정책을 지지하였다.
④ 유인석은 을미사변과 단발령에 반발하여 1895년에 의병을 일으켰다.

0649 『조선책략』의 유포 배경　답 ④

깊이있는 정답풀이

제시된 자료는 일본 주재 청의 외교관이었던 황준헌이 조선, 일본, 중국의 외교 정책에 대해 저술한 『조선책략』의 내용이다. 러시아의 남하를 막기 위해서는 조선이 중국·일본·미국과 연대해야 함을 주장한 것으로, 1880년 2차 수신사로 일본에 파견되었던 김홍집이 가져와 고종에게 올림으로써 국내에 유포되었다.

개념잡는 오답풀이

① 천주교에 대한 포교의 자유는 1886년 조선과 프랑스가 맺은 수호 조약을 통해 인정되었다.
② 조선과 러시아는 1884년에 청의 알선 없이 독자적으로 수교하였다.
③ 급진 개화파는 청이 조선에서 병력을 대거 철수하자 일본의 군사적 지원을 약속받고 1884년 갑신정변을 일으켰다.
⑤ 갑신정변 이후 청의 간섭이 심해지자 조선 정부는 러시아와 비밀 협약 체결을 추진하였으나 실패하였다.

0650 1880년의 모습　답 ⑤

깊이있는 정답풀이

추론 TIP '친중국'과 '결일본' → 황준헌의 『조선책략』의 내용 → 1880년 2차 수신사 김홍집에 의해 유포

'**친중국**'에 대해서는 조선이 이를 믿고 있다. 하지만 '**결일본**'에 대해서는 반신반의일지 모르나 일본이 조선에 대해 사단을 일으킬 때에는 중국이 조선을 도울 것이며, 더구나 일본은 현재 외양은 훌륭하나 실상은 재주가 없다. 정부와 민간이 싸움으로 사이가 벌어져 있고 국가의 금은창고가 비어 있어 조선 침략 같은 것은 도모할 여지가 없는 상태이다.

1880년 2차 수신사로 일본에 파견된 김홍집은 그곳에서 청의 외교관 황준헌을 만나 필담을 나누고 『조선책략』을 가지고 돌아왔다. ⑤ 부산은 1876년 강화도 조약을 통해 일본에 개항되었다.

개념잡는 오답풀이

① 조사 시찰단은 1881년에 파견되었다.
② 신식 군대인 별기군은 1881년에 설치되었다.
③ 1882년 임오군란을 진압한 청은 독일인 묄렌도르프를 외교 고문으로 파견해 조선의 내정에 간섭하였다.
④ 1882년 체결된 조미 수호 통상 조약에 따라 미국 공사가 한성에 부임하였다.

1등급 가이드

황준헌의 『조선책략』은 2차 수신사로 일본에 다녀 온 김홍집에 의해 유포되었다는 점, 조미 수호 통상 조약 체결과 1880년대 위정척사 운동이 활발해지는 배경이 되었다는 점 등을 묻는 문제에 자주 등장하는 자료입니다. 따라서 『조선책략』에 담겨 있는 친중국, 결일본, 연미국의 의미를 정확히 알아 두어야 합니다.

0651 조미 수호 통상 조약　답 ③

깊이있는 정답풀이

제시된 자료는 1882년 체결된 조미 수호 통상 조약으로 미국인의 치외 법권, 최혜국 대우 등의 불평등 조항을 담고 있다. 미국과의 수교는 일본의 대륙 진출과 러시아의 남하를 견제하고 조선에 대한 종주권을 국제적으로 인정받으려는 청의 의도 속에서 이루어졌다.

개념잡는 오답풀이

ㄱ. 거문도 사건은 러시아의 남하를 저지하기 위하여 영국이 1885년에 일으킨 사건이다.
ㄹ. 제14조의 최혜국 대우 조항은 강화도 조약에 규정되지 않았고, 조미 수호 통상 조약에서 최초로 규정되었다.

0652 조선과 일본·미국의 관계　답 ①

깊이있는 정답풀이

제시된 자료의 (가)는 일본, (나)는 미국으로, 갑은 1876년 강화도 조약, 을은 1882년 조미 수호 통상 조약을 설명하고 있다. 미국은 1871년 신미양요 때 초지진과 덕진진을 함락시키고 광성보를 일시 점령하였다가 어재연 부대의 항전으로 퇴각하였으며, 일본은 1875년 운요호 사건 때 초지진을 포격한 적이 있었다. 이러한 두 나라의 행위는 모두 포함 외교를 통한 강제 개항을 염두에 둔 것이었다.

개념잡는 오답풀이

②, ⑤ 청은 러시아와 일본을 견제하고 조선에 대한 종주권을 국제적으로 인정받으려는 의도에서 미국을 비롯한 서양 열강과 조선의 수교를 알선하였다.
③ 미국은 처음에 조선과의 수교 알선을 일본에 요구하였으나 일본은 조선 침략을 독점하기 위하여 성의를 보이지 않았다.
④ 강화도 조약의 부속 조약인 조일 무역 규칙을 체결한 일본에만 해당한다. 미국과의 조약 내용에는 비록 비율은 낮지만 관세 조항이 들어 있었다.

0653 강화도 조약과 조미 수호 통상 조약　답 ⑤

깊이있는 정답풀이

추론 TIP 일본국 관원이 심판 → 강화도 조약(1876)
미국 법률로 처벌, 관세 지불 → 조미 수호 통상 조약(1882)

(가) 제1조　조선은 자주국이며 일본과 평등한 권리를 갖는다.
　제10조　일본국 인민이 조선국에서 지정한 각 항구에 머무르는 동안에 죄를 범한 것이 조선국 인민과 관계되더라도 모두 일본국 관원이 심의하여 처리한다.
(나) 제4조　미국 인민이 상선이나 해안에서 조선국 인민의 생명과 재산에 손해를 주는 등의 일이 있을 때에는 미국의 영사관 혹은 미국에서 파견한 관원에게 넘겨 미국 법률로 체포하고 처벌한다.
　제5조　무역을 목적으로 조선국에 오는 미국 상인 및 상선은 모든 수출입 상품에 대하여 관세를 지불해야 한다.

(가)는 강화도 조약으로 우리나라 최초의 근대적 조약이나 치외 법권과 조선 해안 측량권 등을 규정한 불평등 조약이다. (나)는 조미 수호 통상 조약으로 치외 법권 인정, 최혜국 대우 등을 규정한 불평등한 조약이다. 그러나 '양국 중 한 나라에 다른 나라가 침략하면 서로 돕는다(거중 조정).'라는

규정과 조선의 관세 주권을 인정한 규정이 마련되었다. ⑤ 조선은 강화도 조약을 체결한 뒤 일본에 수신사를, 조미 수호 통상 조약을 체결한 뒤 미국에 보빙사를 파견하였다.

개념잡는 오답풀이

① 거중 조정은 다른 나라가 침략하면 서로 돕는다는 것으로 강화도 조약에는 규정되어 있지 않다.

② 일본 공사관의 경비병 주둔을 허용한 조약은 임오군란 후 체결된 제물포 조약이다.

③ 조미 수호 통상 조약은 청의 알선으로 체결되었다. 무력시위의 결과로 체결된 것은 강화도 조약이다.

④ 조선이 맺은 최초의 근대적 조약은 강화도 조약이다.

> **(1등급 가이드)**
>
> 강화도 조약은 반드시 사료를 통해 구체적인 항목을 추론할 수 있도록 훈련해야 합니다. 나아가 미국과의 조약인 조미 수호 통상 조약과 비교하여 공통점과 차이점을 파악합시다.

0654 조프(불) 수호 통상 조약　　답 ④

깊이있는 정답풀이

(가)는 1882년 조선이 미국과 맺은 조미 수호 통상 조약이고, (나)는 1886년 조선이 프랑스와 맺은 조프(불) 수호 통상 조약이다. 서양과 최초로 맺은 조약인 조미 수호 통상 조약에서는 치외 법권과 최혜국 대우가 인정되었고, 거중 조정 조항이 추가되었다. ④ 조프(불) 수호 통상 조약에서는 천주교 포교의 자유가 인정되었다.

개념잡는 오답풀이

① 조일 무역 규칙으로 무관세가 허용되었으며, 이 조약에 따라 양곡의 무제한 유출이 가능해졌다.

② 조청 상민 수륙 무역 장정에서 청 상인의 내지 통상권이 규정되었다. 이후 최혜국 대우에 따라 외국 상인들의 내지 통상권이 확대되었다.

③ 일본은 임오군란 때 피해를 당했다며 조선에 제물포 조약을 강요하였고, 일본 공사관을 경비한다는 명목으로 일본군을 한성에 주둔시켰다.

⑤ 보빙사는 조미 수호 통상 조약에 따른 미국의 공사 파견에 대한 답례로 조선이 미국에 보낸 사절단이다.

STEP 3 서술형 풀어 보기　　152~153쪽

0655 청과 일본의 근대 개혁 비교

(1) **답** (가) 청, (나) 일본

(2) **모범답안** 청은 중체서용의 입장에서 중국의 전통 체제와 사상을 근본으로 삼고 서양의 기술을 수용하고자 한 반면, 일본은 문명개화론에 입각하여 서양의 기술뿐 아니라 제도와 문화, 사상도 수용하고자 하였다.

채점 기준	배점
청과 일본의 개혁 방침을 모두 서술한 경우	상
위의 내용 중 한 가지만 서술한 경우	하

0656 신미양요의 배경

(1) **답** 신미양요

(2) **모범답안** 1866년 미국 상선 제너럴 셔먼호가 대동강을 거슬러 올라와 통상을 요구하며 난동을 부리자 평양의 관민이 힘을 합쳐 배를 불태워 침몰시켰다(제너럴 셔먼호 사건). 이 사건을 빌미로 1871년 미국이 강화도를 침략하였다.

채점 기준	배점
제너럴 셔먼호 사건이 전쟁의 배경임을 명확하게 서술한 경우	상
제너럴 셔먼호 사건을 언급하지 않은 채 미국의 통상 요구 과정에서 일어난 조선과의 충돌만 서술한 경우	하

0657 통상 수교 거부 정책의 의의와 한계

모범답안 서양 세력의 침투를 일시적으로 저지하였다는 점에서 의의가 있으나, 국제 정세에 제대로 대응하지 못하여 결국 조선의 근대화를 지연시켰다는 비판을 받기도 한다.

채점 기준	배점
일시적으로 서양 세력의 침투 저지, 조선의 근대화 지연을 모두 서술한 경우	상
위 내용 중 한 가지만 서술한 경우	하

0658 통상 개화론

(1) **답** 통상 개화론

(2) **모범답안** 통상 개화론은 강화도 조약 체결에 영향을 주었고, 김옥균, 박영효, 김홍집 등에게 전해져 개화파 형성에 영향을 주었다.

채점 기준	배점
통상 개화론을 쓰고 강화도 조약 체결과 개화파 형성을 모두 서술한 경우	상
통상 개화론을 쓰고 위 내용 중 한 가지를 서술한 경우	중
통상 개화론만 쓴 경우	하

0659 강화도 조약의 불평등성

모범답안 일본에게 조선 해안을 자유롭게 측량할 수 있는 권리와 치외 법권(영사 재판권)을 인정하였다.

채점 기준	배점
조선 해안 측량권 허용, 치외 법권(영사 재판권) 인정을 모두 서술한 경우	상
위 내용 중 한 가지만 서술한 경우	하

0660 「조선책략」 유포의 영향

(1) **답** 조선책략

(2) **모범답안** 미국과의 수교 움직임이 나타나자 영남 유생들은 만인소를 올려 반대하였다. 그러나 조선 정부는 청의 알선으로 미국과 조미 수호 통상 조약을 체결하고 미국에 문호를 개방하였다.

채점 기준	배점
영남 유생들의 만인소 작성, 정부의 조미 수호 통상 조약 체결을 모두 서술한 경우	상
위 내용 중 한 가지만 서술한 경우	하

0661 조미 수호 통상 조약

✔ 모범답안 조미 수호 통상 조약, 치외 법권(영사 재판권)과 최혜국 대우를 규정한 불평등 조약이다.

채점 기준	배점
조미 수호 통상 조약을 쓰고, 불평등 조약임을 뒷받침하는 근거로 치외 법권(영사 재판권), 최혜국 대우를 모두 서술한 경우	상
조미 수호 통상 조약을 쓰고, 위 내용 중 한 가지만 서술한 경우	하

0662 조미 수호 통상 조약의 체결 배경

✔ 모범답안 청, 청은 미국을 끌어들여 러시아와 일본을 견제하고, 조선이 청의 속국임을 분명히 하고자 하였다.

채점 기준	배점
청이라고 쓰고, 청의 러시아와 일본 견제, 조선에 대한 영향력 강화를 모두 서술한 경우	상
청이라고 쓰고, 위 내용 중 한 가지만 서술한 경우	하

02 근대 국가 수립을 위한 노력(1)

0663 X	0664 O	0665 O	0666 O	0667 O	0668 O
0669 O	0670 O	0671 O	0672 O	0673 O	0674 X
0675 O	0676 O	0677 X	0678 O	0679 O	0680 X
0681 O	0682 O	0683 X	0684 O	0685 O	0686 X

0687 ①	0688 ⑤	0689 ④	0690 ④	0691 ④	0692 ①
0693 ③	0694 ①	0695 ⑤	0696 ②	0697 ②	0698 ⑤
0699 ④	0700 ⑤	0701 ②	0702 ③	0703 ④	0704 ④
0705 ④	0706 ④	0707 ②	0708 ⑤	0709 ③	0710 ③
0711 ③	0712 ①	0713 ③	0714 ②	0715 ④	0716 ③
0717 ③	0718 ①				

0687 통리기무아문 운영 시기의 사실 답 ①

🔍 깊이있는 정답풀이

통리기무아문은 1880년에 개화 정책을 총괄하기 위해 설치되었다. 이후 1882년에 일어난 임오군란을 계기로 통리기무아문이 폐지되었다. 한편 별기군은 1881년에 창설된 신식 군대로, 일본인 교관으로부터 훈련을 받았다.

⏰ 개념잡는 오답풀이

② 조미 수호 통상 조약 체결 이후 미국 공사가 부임하자 이에 대한 답례로 조선 정부는 1883년 보빙사를 미국에 파견하였다.

③ 1875년 일본이 운요호 사건을 일으켰다. 이 사건을 계기로 이듬해 강화도 조약이 체결되었다.

④ 1884년 우정총국 개국 축하연을 이용하여 김옥균, 홍영식 등 급진 개화파가 갑신정변을 일으켰다. 이들은 개화당 정부를 수립하고 개혁 정강을 발표하였다.

⑤ 1876년 강화도 조약의 부속 조약으로 조일 수호 조규 부록과 조일 무역 규칙이 체결되었다.

0688 개화 정책의 추진 답 ⑤

🔍 깊이있는 정답풀이

개항 이후 조선 정부는 개화 정책의 일환으로 일본의 근대 문물 시찰과 개화 정책에 대한 정보를 수집하기 위해 1881년 조사 시찰단을 파견하였다. 조사 시찰단은 약 4개월 동안 일본에 머물면서 일본의 정부 기관, 군사 시설 등을 시찰하였다.

⏰ 개념잡는 오답풀이

① 1875년 운요호 사건이 일어났고, 이듬해 강화도 조약이 체결되었다.

② 조선이 러시아와 교섭을 추진하자 영국은 러시아를 견제한다는 구실로 거문도를 불법 점령하였다.

③ 흥선 대원군은 통상 수교 거부 정책을 추진하여 서양의 통상 요구를 거절하였다.

④ 세도 정치 시기 조선의 연해에 빈번하게 이양선이 출몰하였다.

0689 김홍집의 활동 답 ④

깊이있는 정답풀이

제시된 자료의 밑줄 친 '그'는 김홍집이다. 김홍집은 1880년 2차 수신사로 일본에 다녀오면서 황준헌의 『조선책략』을 국내에 들여와 유포함으로써 개화 반대 운동이 크게 일어나는 빌미를 제공하였다. 온건 개화파에 속한 김홍집은 1894~1895년 갑오·을미개혁 때는 여러 차례에 걸쳐 총리대신으로서 내각을 이끌면서 개혁을 추진하였으나, 1896년 아관 파천이 일어나 친러 내각이 수립되고 개혁이 중단되는 상황에서 피살되었다.

개념잡는 오답풀이

ㄹ. 박영효에 해당한다. 1894년 9월 이후 청일 전쟁에서 승세를 잡아가던 일본은 갑신정변 실패로 일본에 망명해 있던 박영효를 귀국시켜 연립 내각을 구성하고 제2차 갑오개혁을 추진하였다. 그러나 1895년 삼국 간섭으로 일본 세력이 퇴조하자 박영효는 실각하고 다시 일본에 망명하였다.

0690 조사 시찰단의 활동 답 ④

깊이있는 정답풀이

제시된 자료의 '1881년' ,'박정양, 어윤중', '문물 시찰' 등의 내용을 통해 조사 시찰단에 대한 내용임을 알 수 있다. 조사 시찰단은 귀국 후 보고서를 제출해 정부의 개화 정책을 뒷받침하였다.

개념잡는 오답풀이

① 운요호 사건이 조일 수호 조규(강화도 조약)의 배경이다.
② 청에 파견되었던 영선사가 귀국하여 기기창을 설립하였다.
③ 2차 수신사로 일본에 갔던 김홍집이 『조선책략』을 가져와 미국과 조약을 체결하는 데 영향을 주었다.
⑤ 조사 시찰단은 일본을 시찰하고 대부분 바로 귀국하였다.

0691 조사 시찰단의 시찰 내용 답 ④

깊이있는 정답풀이

제시된 자료에서 메이지 유신 후 일본 정부의 성과를 조사한 점, 파견된 사절단으로 '조사'가 포함된 점 등을 통해 해당 사절단이 조사 시찰단임을 알 수 있다. 정부는 개화 정책에 반대하여 여론을 의식하여 비밀리에 1881년 일본에 조사 시찰단을 파견하였다. 이들은 일본의 정부 기관과 근대 시설을 돌아본 뒤 보고서를 작성하여 고종에게 제출하였다.

개념잡는 오답풀이

① 1, 2차 수신사가 각각 1876년, 1880년에 파견되었다.
② 갑신정변 이후 고종은 내무부를 설치하고, 자주적 개화 정책을 펼쳤다.
③ 청에 파견된 영선사와 관련된 내용이다.
⑤ 미국에 파견된 보빙사(답례 사절단)에 해당한다.

> (1등급 가이드)
>
> 개항 이후 조선 정부의 개화 정책을 뒷받침하기 위한 사절단의 파견은 자주 출제됩니다. 조사 시찰단, 영선사, 보빙사를 함께 비교해 두면 해당 활동을 파악하는 데 도움이 됩니다. 덧붙여 일본에 파견된 조사 사찰단과 수신사와의 차이점을 파악해둘 필요가 있어요.

0692 영선사의 활동 답 ①

깊이있는 정답풀이

제시된 대화는 무기 만드는 방법을 배우기 위하여 청의 톈진에 기술자들을 보내야 한다는 것이다. 개항 이후 개화 정책을 추진하던 조선 정부는 1881년 김윤식을 영선사로 임명하여 기술자, 유학생과 함께 청에 파견하였다. 이들은 청의 톈진에 있는 기기국에서 근대식 무기와 자연 과학을 공부하였으나, 임오군란 발발과 정부의 재정적인 뒷받침 부족으로 1년 만에 귀국하였다. 그러나 1883년 기기창이 설치되어 신식 무기가 제조되는 토대가 되었다.

개념잡는 오답풀이

ㄷ, ㄹ. 1882년 임오군란을 진압한 청은 조청 상민 수륙 무역 장정을 체결하여 경제적 침투를 강화하였으며, 고문을 파견하여 조선의 내정과 외교에 간섭하였다.

0693 보빙사의 활동 답 ③

깊이있는 정답풀이

제시된 자료에 '민영익', '사절단', '전년에 체결한 조약', '유길준' 등을 통해 밑줄 친 '사절단'이 보빙사임을 알 수 있다. ③ 1882년 조미 수호 통상 조약의 체결 이후 미국 공사의 내한에 대한 답례와 친선을 위하여 보빙사를 파견하였다. 보빙사는 서양에 파견된 최초의 사절단으로 민영익, 홍영식 등 11명으로 구성되었다. 민영익과 서광범은 유럽을 거쳐 서구의 신문물을 관찰하였고, 그중 유길준은 미국에 남아 갑신정변이 발발할 때까지 유학하였다.

개념잡는 오답풀이

① 강화도 조약의 후속 조치로 1차 수신사가 파견되었다.
② 2차 수신사로 일본에 간 김홍집이 청의 황준헌이 작성한 『조선책략』을 국내에 가지고 돌아왔다.
④ 조사 시찰단은 개화 반대 여론으로 인해 비밀리에 일본으로 파견되었다.
⑤ 영선사는 청의 기기국에서 무기 제조 기술을 습득하고 돌아와 국내에 기기창을 설립하였다.

0694 위정척사 운동의 특징 답 ①

깊이있는 정답풀이

제시된 자료는 최익현이 개항에 반대하며 주장한 왜양 일체론이다. 1870년대 강화도 조약이 체결될 무렵에 개항 반대 운동을 이끈 대표적인 인물은 최익현, 유인석 등이다. 이들은 흥선 대원군의 통상 수교 거부 정책을 지지하였으며, 성리학적 전통 질서를 수호하고자 하였다. 위정척사 운동은 을미사변 이후 일제의 침략이 가시화되자 항일 의병으로 이어졌다.
① 북학파의 영향을 받은 세력은 개화를 적극 주장하였다.

0695 영남 만인소의 주장 답 ⑤

깊이있는 정답풀이

제시된 주장은 러시아의 침략을 막기 위해 미국과 손을 잡아야 한다는 『조선책략』의 내용을 반박하고 있다. 이와 같은 주장은 1881년 이만손을 중심으로 한 영남 유생들이 적극적으로 주장한 것으로, 정부의 개화 정책 및 미국과의 수교에 반대하였다.

✅ 개념잡는 오답풀이

① 척화 주전론은 흥선 대원군이 정권을 잡았던 1860년대에 제기되었다.
② 미국을 끌어들여 러시아를 견제하자는 외세 의존적인 태도를 비판하고 있다.
③ 『조선책략』의 주장이 받아들여지면서 조선이 미국과 수교하게 되었다.
④ 강화도 조약은 1876년에 체결되었다.

0696 위정척사 운동의 전개 답 ②

🔍 깊이있는 정답풀이

제시된 자료는 고종이 내린 개화 윤음이다. 고종은 온건 개화론자였던 김윤식 등의 도움으로 이 윤음을 발표하고 척화비를 제거하도록 명하는 한편, 통치 기구와 군사 제도를 정비하고 박문국을 설치해 『한성순보』를 발간하는 등 개화 정책을 다시 추진했다.

✅ 개념잡는 오답풀이

①,④ 당시 고종과 온건 개화파는 청의 양무운동을 본받아 성리학적 사회 질서를 유지하면서 서양의 과학 기술을 수용하려는 입장을 가졌다. 문명개화론은 급진 개화파가 내세웠던 주장이다.
③ 당시 고종은 박문국을 설치하여 『한성순보』를 발간하였다.
⑤ 성리학적 사회 질서의 유지를 강조한 것은 위정척사 세력이다.

0697 위정척사 운동 답 ②

🔍 깊이있는 정답풀이

사양 오랑캐의 화가 심하다는 점, 사학을 전파하고 재화를 약탈하고자 한다는 점 등을 통해 자료의 주장이 서양과의 통상을 거부하는 위정척사 세력의 주장임을 알 수 있다. 위정척사 세력은 성리학적 질서를 수호하고 성리학 이외의 사상은 배척하였다.

✅ 개념잡는 오답풀이

① 독일의 부들러와 유길준이 조선 중립화론을 주장하였다.
③ 위정척사 세력은 흥선 대원군의 통상 수교 거부 정책을 지지하였다.
④ 박규수, 오경석 등은 통상 개화론을 주장하였다.
⑤ 급진 개화파는 문명 개화론의 입장에서 서양의 과학 기술은 물론, 그들의 사상과 제도까지 모두 수용하고자 하였다.

0698 위정척사 운동의 전개 답 ⑤

🔍 깊이있는 정답풀이

이항로가 척화주전을 내세우던 (가) 시기는 1860년대 후반, 영남 만인소 사건이 일어난 (나) 시기는 1881년이다. 1870년대 정부가 일본과 강화도 조약의 체결을 추진하자 최익현은 왜양일체론을 내세우며 일본과의 개항에 반대하였다.

✅ 개념잡는 오답풀이

① 보빙사는 조미 수호 통상 조약이 체결된 이듬해인 1883년에 파견되었다.
② 갑신정변은 1884년에 일어났다.
③ 갑신정변의 결과 조선은 일본과 한성 조약을 체결하였다.
④ 1862년 임술 농민 봉기가 일어나자 정부는 삼정이정청을 설치하여 삼정의 문란을 해결하고자 하였다.

0699 임오군란의 원인 답 ④

🔍 깊이있는 정답풀이

제시된 자료의 '무위영, 장어영 소속 군인', '일본인 교관', '민겸호' 등의 내용을 통해 임오군란에 대한 자료임을 알 수 있다. 임오군란은 구식 군인들에 대한 차별 대우가 원인이 되어 일어났다.

✅ 개념잡는 오답풀이

① 임오군란의 결과 개화 정책이 전면 중단되었다.
② 흥선 대원군은 1860년대 정치 기강을 바로잡기 위해 비변사를 혁파하였다.
③ 영남 유생들은 『조선책략』의 내용을 비판하며 상소(만인소)를 올렸다.
⑤ 천주교에 대한 대규모 박해로 대표적인 것인 1866년의 병인박해이다. 병인박해는 병인양요의 원인이 되었다.

0700 임오군란의 전개 답 ⑤

🔍 깊이있는 정답풀이

임오군란으로 인해 조선은 일본과 제물포 조약을 체결하였다. 제물포 조약은 일본에 대한 배상금 지불 및 일본 공사관의 경비병 주둔 내용을 포함하고 있다. 임오군란 과정에서 개화 정책은 중단되었고, 흥선 대원군이 일시적으로 집권하였다.

✅ 개념잡는 오답풀이

①, ② 갑오개혁의 개혁 정강에 차별적 신분 제도 철폐, 공사 노비제 폐지가 규정되었다.
③ 임오군란은 구식 군인들이 주도하였다.
④ 운요호 사건은 1875년 일본이 조선에 통상을 요구하며 일으킨 것이다.

0701 임오군란의 결과 답 ②

🔍 깊이있는 정답풀이

(가)는 제물포 조약으로, 조선은 이 조약으로 일본에 배상급을 지급하였으며 일본군의 한성 주둔 등을 허용하였다. (나)는 조청 상민 수륙 무역 장정으로, 이를 통해 조선이 청의 속방임을 명시하고 청 상인의 내륙 진출을 허용하였다.
① 조선은 제물포 조약으로 일본군의 한성 주둔을 허용하였다.
③ 조청 상민 수륙 무역 장정에 조선이 청의 속방임이 규정되어 있다.
④ 조청 상민 수륙 무역 장정에 청 상인이 양화진과 한성에서 점포를 개설할 수 있다는 내용이 포함되어 있다.
⑤ (가), (나)는 모두 임오군란의 결과 체결된 조약이다.

✅ 개념잡는 오답풀이

② 일본 공사관의 신축비를 부담하게 한 것은 갑신정변 이후 일본과 체결한 한성 조약의 내용이다.

0702 임오군란의 결과 답 ③

🔍 깊이있는 정답풀이

선혜청 당상 민겸호가 군인들에게 살해되었고, 흥선 대원군이 수습을 위해 입궐하였다는 내용을 통해 밑줄 친 '군란'이 1882년에 일어난 임오군란임을 알 수 있다. 임오군란의 결과 조선은 일본과 제물포 조약을 체결하여 일본 공사관의 경비병 주둔을 허용하였다.

☑ 개념잡는 오답풀이

① 조선 정부는 개화 정책의 일환으로 1881년 신식 부대인 별기군을 창설하였다.

② 흥선 대원군은 신미양요 직후 전국적으로 척화비를 건립하였다.

④ 개항 이후 개화 정책을 총괄하기 위해 통리기무아문이 설치되었다.

⑤ 조선은 강화도 조약에서 일본에 영사 재판권을 인정하였다.

0703 임오군란의 영향 답 ④

깊이있는 정답풀이

제시된 첫 번째 자료의 '통리기무아문과 무위영, 장어영을 폐지'하였다는 내용과 두 번째 자료의 '중전의 입던 옷으로 장사 지낸다'는 내용을 통해 임오군란의 과정에서 있던 일임을 알 수 있다. 임오군란 이후 개화를 추진하는 방식과 외교의 방향 등을 둘러싸고 개화파 안에서 입장 차이가 커졌다. 김홍집, 김윤식 등 동도서기론을 주장한 온건 개화파는 사회를 점진적으로 개혁해야 한다고 주장하였고, 김옥균, 박영효 등 문명개화론을 내세운 급진 개화파는 근대 사상과 제도까지 적극 수용해야 한다고 주장하였다.

개념잡는 오답풀이

① 1860년대 서구 열강의 통상 요구가 거세지자 위정척사 사상을 가진 유생들이 척화 주전론을 내세우며 통상 반대 운동을 전개하였다.

② 흥선 대원군은 임오군란으로 한때 재집권하였다.

③ 청과 일본은 갑신정변 이후 조선에 군대 파병 시 상호 통보를 규정한 톈진 조약을 맺었다.

⑤ 갑신정변 이후 독일 공사 부들러와 미국 유학에서 돌아온 유길준 등이 조선의 중립화론을 주장하였다.

0704 급진 개화파의 개혁안 답 ④

깊이있는 정답풀이

제시된 자료는 갑신정변을 주도했던 급진 개화파에 대한 설명이다. 급진 개화파는 개혁 정강에서 내각 제도 확립, 조세 제도의 개혁, 청과의 사대 관계 청산, 능력에 따른 인재 등용 등을 주장하였다.

④ 급진 개화파는 임오군란 이후 청의 간섭이 확대되자 입지가 좁아졌고, 이를 타개하기 위해 정변을 일으켜 개화당 정부를 수립하였다.

0705 갑신정변의 배경 답 ④

깊이있는 정답풀이

개화당 정부가 수립되고, 개혁 정강이 발표되었으며 청군이 출동하고 일본군이 후퇴하는 내용을 통해 (가) 사건이 1884년에 일어난 갑신정변임을 알 수 있다. 임오군란 이후 청은 조선에 군대를 주둔시키고 고문을 파견하여 내정을 간섭하였다. 김옥균 등 급진 개화파는 이에 반발하여 갑신정변을 일으켰다.

개념잡는 오답풀이

① 1895년 일본이 명성 황후를 시해하였다(을미사변).

② 갑신정변 이후 조선은 일본과 한성 조약을 체결하여 일본에 배상금을 지불하고 일본 공사관 신축 비용을 부담하였다.

③ 동학 농민 운동은 1894년에 일어났다.

⑤ 1885년 영국은 러시아의 남하를 저지한다는 구실로 거문도를 불법 점령하였다.

0706 갑신정변의 영향 답 ④

깊이있는 정답풀이

갑신정변 이후 청과 일본은 조선에서 양국 군대의 동시 철수, 향후 조선에 파병할 경우 상호 통지 등을 내용으로 하는 톈진 조약을 체결하였다.

개념잡는 오답풀이

① 1882년 구식 군인에 대한 차별 대우 등을 배경으로 임오군란이 일어났다.

② 1881년 이만손 등은 『조선책략』의 유포에 반발하여 만인소를 올렸다.

③ 임오군란의 결과 조선은 청과 조청 상민 수륙 무역 장정을 체결하였다.

⑤ 임오군란 이후 청은 마건상과 묄렌도르프를 조선에 각각 내정과 외교 고문으로 파견하였다.

0707 급진 개화파의 개혁 내용 답 ②

깊이있는 정답풀이

제시된 자료의 (가) 세력은 급진 개화파로, 이들은 1880년대 개화 정책을 추진하면서 박문국을 설치하고, 이곳에서 우리나라 최초의 신문인 한성순보를 발행하였다. 그러나 정부의 재정난과 청의 내정 간섭을 받는 상황에서 개화 정책의 추진은 어려웠다.

개념잡는 오답풀이

ㄴ. 집강소는 동학 농민 운동 과정에서 전주 화약 체결 이후 전라도 곳곳에 설치된 농민군의 자치적 개혁 기구이다.

ㄹ. 1894년 제1차 갑오개혁 때 조세 금납제가 시행되었다.

> (1등급 가이드)
> 북학파에서 시작된 개화파의 형성과 관련된 흐름을 관련 인물들과 함께 잘 기억해 두어야 합니다. 임오군란 이후 온건 개화파와 급진 개화파로 분화되었다는 내용을 함께 정리하세요.

0708 갑신정변 답 ⑤

깊이있는 정답풀이

급진 개화파는 1884년 갑신정변 과정에서 개화당 정부를 수립하고, 청에 대한 사대 관계 청산, 문벌 폐지, 조세 제도 개혁, 내각 제도 확립 등을 담은 14개조 개혁 정강을 발표하였다.

개념잡는 오답풀이

① 동학 농민군이 주장한 내용이다.

② 독립 협회가 발표한 헌의 6조의 내용이다.

③ 제2차 갑오개혁 시기에 고종이 발표한 홍범 14조의 내용이다.

④ 갑신정변에서는 토지 개혁이 아닌 조세 제도의 개혁을 추진하였다.

0709 갑신정변의 발생 답 ③

깊이있는 정답풀이

제시된 자료는 김옥균이 개화 추진에 필요한 차관 도입에 실패하였기 때문에 최후의 선택을 하게 될지도 모르겠다고 말하는 모습이다. 김옥균의 귀국 후 궁지에 몰린 개화당은 결국 갑신정변을 일으켰다(1884). 청과 프랑스 사이에 베트남 문제를 둘러싸고 청프 전쟁의 기운이 보이자, 청은 이에 대한 대비로 서울에 주둔시킨 청군 병력 중에서 절반을 빼내 베트남 전선에 이동시켰다. 김옥균 등 급진 개화파는 이를 청의 간섭에서 벗어날 수 있는 절호의 기회로 여기고, 마침내 정변을 일으킬 시기가 왔다고 판단하여 거사를 일으켰다.

0710 갑신정변의 경과 답 ③

깊이있는 정답풀이

호름 TIP 일본에서 차관 교섭 실패 → 갑신정변 발생 → 3일 만의 실패 → 청의 내정 간섭 심화

갑신정변이 실패하자 급진 개화파는 일본 공사관에 피신했다가 일본으로 망명하였다. 일본은 조선 정부와 한성 조약을 맺고 배상금과 공사관 신축비를 받아 냈다.

개념잡는 오답풀이

① 갑오개혁과 관련된 내용이다.
② 임오군란 과정에서 있었던 일이다.
④ 임오군란 이후 청은 고문으로 마건상과 묄렌도르프를 파견하였다.
⑤ 1896년 아관 파천에 해당한다.

(1등급 가이드)

갑신정변의 배경, 전개 과정, 결과 등 항목을 나누어 갑신정변을 여러 각도로 묻는 문항이 자주 출제됩니다. 항목별로 나누어 정리하고, 임오군란과도 비교하여 차이점을 파악해 두세요.

0711 갑신정변 때의 14개조 개혁 정강 답 ③

깊이있는 정답풀이

제시된 내용은 갑신정변 당시 개화당 정부가 제시한 14개조 정강 중 일부이다. 1항은 청과의 사대 관계 폐지, 2항은 문벌 폐지와 인민 평등권 확립, 9항은 보부상의 특권 혁파, 12항은 재정의 일원화와 관련된 내용이다.
③ 갑신정변을 주도한 급진 개화파는 토지 제도가 아닌 조세 제도의 개혁을 주장하였다.

0712 갑신정변 이후 체결된 조약 답 ①

깊이있는 정답풀이

밑줄 친 '이 사건'은 1884년에 일어난 갑신정변이다. 갑신정변이 청군의 무력 개입으로 실패하면서 청과의 경쟁에서 불리해진 일본은 1885년에 청과 담판을 지어 양국 군대의 철수와 공동 출병을 약속한 텐진 조약을 체결하였다.

개념잡는 오답풀이

②, ⑤ 임오군란의 결과 조선은 청과 조청 상민 수륙 무역 장정, 일본과 제물포 조약을 맺었다.
③ 조일 통상 장정은 조일 무역 규칙을 개정하면서 1883년에 체결되었다.
④ 러시아와 일본을 견제하려는 청의 적극적인 알선으로 1882년 조미 수호 통상 조약이 체결되었다.

0713 텐진 조약의 체결 시기 답 ③

깊이있는 정답풀이 **추론 TIP** 청·일 양국 군대의 철수, 추후 조선에 군대 파병 시 사전 통보 → 텐진 조약

1. 청·일 양국 군대는 4개월 이내에 조선에서 동시 철병할 것
2. 청·일 양국은 조선 국왕이 군대를 교련하여 스스로 지킬 수 있게 하되, 외국 무관 1인 내지 여러 명을 채용하고 두 나라의 무관은 조선에 파견하지 않을 것
3. 장차 조선에서 변란이나 중대사로 두 나라 중 한 나라가 출병할 필요가 있을 때는 먼저 문서로 조회하고 사건이 진정된 뒤에는 즉시 병력을 전부 철수하여 잔류시키지 않을 것

갑신정변 당시 청군이 진압에 나서자 급진 개화파를 지원하던 일본군이 철수하였다. 갑신정변은 실패로 끝났고, 청과 일본은 외교 교섭을 진행하여 1885년 텐진 조약을 체결하였다.

(1등급 가이드)

조선이 개항한 이후 시기에 청과 일본이 체결한 텐진 조약, 시모노세키 조약의 내용과 성격을 조선의 상황과 연결하여 정리해야 합니다.

0714 갑신정변의 한계 답 ②

깊이있는 정답풀이

제시된 자료는 급진 개화파가 서양 풍속에 물들어 우리의 풍속을 버렸고, 일본 군사의 힘에 의존하여 임금을 위협하며 정변을 꾀하였다가 실패하였다는 이유를 들어 갑신정변을 비판하고 있다. 개화당은 문명개화론의 입장에서 서양의 제도와 문물을 적극적으로 수용하려 하였다. 일본 제국주의의 침략적 성격을 제대로 인식하지 못해 일본을 끌어들이는 잘못을 저질렀다고 할 수 있지만 서양 제도를 무분별하게 도입한 것은 아니다. 갑신정변은 충분한 준비나 청군을 막을 힘도 없이 소수의 개화파가 일본에 의존하여 성급하게 추진하였기 때문에 실패할 수밖에 없었다.
② 미국은 급진 개화파의 군사 요청을 거절하였다.

0715 한성 조약 답 ④

깊이있는 정답풀이 **추론 TIP** 일본 공관 수리비 부담, 일본 호위병 주둔 허용 → 한성 조약

제1조 조선국에서는 국서를 일본에 보내어 사의를 표명한다.
제2조 이번에 살해당한 일본인 인민의 유가족과 부상자를 구제하며, 상인들의 화물을 훼손·약탈한 것을 보상하기 위하여 조선국에서 11만 원을 지불한다.
제4조 일본 공관을 새로운 자리로 옮겨서 지으려고 하는데, 조선국에서는 택지와 건물을 공관 및 영사관으로 넉넉히 쓸 수 있게 해주어야 하며, 그것을 수리하고 증축하는 데에 다시 조선국에서 2만 원을 지불하여 공사 비용으로 충당한다.
제5조 일본 호위병의 병영은 공관 부근에 택하여 정하고 임오속약 제5관에 의하여 시행한다.

제시된 자료는 1885년에 조선이 일본과 체결한 한성 조약의 일부 내용이

다. 1884년 갑신정변 당시 일본군은 청군과의 충돌을 우려하여 철수하였으며, 김옥균 등도 일본군과 함께 일본 공사관으로 후퇴한 뒤 인천을 통하여 일본으로 망명하였다. 한편, 당시 일본은 공사관이 불타고 일본인 사상자가 발생하였다. 정변이 실패하고 정부가 이를 수습하는 과정에서 일본은 조선에 책임을 물어 배상금 지불과 공사관 신축비 부담 등을 요구하였다. 결국, 조선은 한성 조약을 체결하여 일본의 요구를 수용하였다.

0716 거문도 사건의 배경

답 ③

깊이있는 정답풀이

제시문은 1885~1887년 사이 영국군이 거문도를 점령한 거문도 사건에 대한 것이다. 갑신정변 직후 조선에 대한 러시아의 영향력이 강화되고, 조선이 러시아와 비밀 협상을 체결하려고 하자 이에 자극을 받은 영국이 러시아의 남하를 견제한다는 구실로 거문도를 점령하였다.

개념잡는 오답풀이

ㄱ. 영국이 일본의 조선 지배권을 인정한 것은 1902년 제2차 영일 동맹과 관계 있다.

ㄹ. 청일 전쟁 이후 프랑스, 러시아, 독일은 삼국 간섭을 통해 일본의 랴오둥반도 진출을 저지하였다.

0717 조선 중립화론의 대두 배경

답 ③

깊이있는 정답풀이

제시된 자료의 '중립국', '러시아를 막는 중요한 계기' 등의 내용을 통해 유길준의 조선 중립화론임을 알 수 있다. 갑신정변 직후 청의 내정 간섭이 심화되자 조선은 러시아를 끌어들이려고 하였다. 조선이 러시아와 가까워지자 영국은 거문도를 무력으로 점령하였다. 이와 같은 상황에서 유길준은 한반도 중립화론을 정부에 건의하였으나, 정책에 반영되지는 않았다.

개념잡는 오답풀이

① 최초의 의병은 을미사변(1895) 직후에 일어난 을미의병이다.
② 갑신정변 직후 청의 내정 간섭이 심해지자 조선은 청을 견제하기 위해 러시아와 연결을 시도하였다.
④ 포츠머스 조약은 1904년에 발발한 러일 전쟁의 결과로 체결되었다.
⑤ 1882년 차별 대우와 생활고에 시달리던 구식 군인들은 난을 일으켜 정부 고관의 집과 궁궐, 일본 공사관을 공격하였다(임오군란).

0718 갑신정변 이후의 상황

답 ①

깊이있는 정답풀이

제시된 자료의 (가) 시기에는 갑신정변 이후 청의 내정 간섭이 심화되었으며, 청 상인과 일본 상인의 상권 다툼이 점차 치열해졌다. 결국, 청일 전쟁이 발발하게 되었다.

개념잡는 오답풀이

ㄷ. 임오군란 이후 청의 간섭이 심해지자 급진 개화파와 온건 개화파로 나뉘었다. 갑신정변(1884)이 실패한 이후 급진 개화파는 몰락하였다.
ㄹ. 병인양요와 신미양요는 각각 1866년과 1871년에 일어났다.

0719 조선 정부의 개화 정책

✔ 모범답안 통리기무아문을 설치하고, 그 아래 12사를 두어 개화 정책의 실무를 맡겼다. 또한 신식 군대인 교련병대(별기군)를 창설하고, 5군영을 무위영과 장어영으로 통합하였다.

채점 기준	배점
통리기무아문 설치, 교련병대(별기군) 창설, 5군영을 2영으로 통합 등을 모두 서술한 경우	상
통리기무아문 설치를 포함하여 두 가지를 서술한 경우	중
위 내용 중 한 가지만 서술한 경우	하

0720 위정척사 운동의 전개

✔ 모범답안 1860년대에는 병인양요를 전후로 서양의 무력 침략에 맞서 싸우자는 이항로와 기정진의 척화 주전론을 바탕으로 통상 반대 운동이 전개되었다. 1870년대에는 조선이 일본과 강화도 조약을 체결하려고 하자 최익현의 왜양 일체론을 선두로 개항 반대 운동이 일어났다. 1880년대에는 영남 유생 이만손 등이 만인소를 올려 정부의 개화 정책과 미국과의 수교에 반대하는 개화 반대 운동이 일어났다.

채점 기준	배점
다음 내용을 모두 서술한 경우 1860년대 – 척화 주전론, 통상 반대 운동 1870년대 – 왜양 일체론, 개항 반대 운동 1880년대 – 개화 정책과 미국과의 수교 반대, 개화 반대 운동	상
위 내용 중 두 가지를 서술한 경우	중
위 내용 중 한 가지만 서술한 경우	하

0721 위정척사 운동의 의의와 한계

✔ 모범답안 위정척사 운동은 반외세·반침략 운동의 성격을 띠었으며 일제의 침략에 저항하는 항일 의병 운동으로 계승되었다는 의의가 있다. 반면에 정부의 개화 정책을 지연시켰으며 성리학에 바탕을 둔 양반 중심의 사회 질서를 지키고자 하였다는 한계가 있다.

채점 기준	배점
위정척사 운동의 의의와 한계를 모두 서술한 경우	상
위 내용 중 한 가지만 서술한 경우	하

0722 개화를 둘러싼 입장

✔ 모범답안 박정양은 일본이 서양의 문물을 전면적으로 수용하여 오히려 국력이 약해졌다고 보고 급진적인 개화를 경계하고 있는 반면, 홍영식은 조선도 일본처럼 노력하면 강대국이 될 수 있다고 하면서 서양의 제도와 기술을 모두 받아들이는 전면적인 개화 정책이 필요하다고 보고 있다.

채점 기준	배점
박정양은 급진적인 개화 정책을 부정적으로, 홍영식은 긍정적으로 보고 있다고 서술한 경우	상
위 내용 중 한 인물의 입장만 서술한 경우	하

0723 갑신정변

(1) 답 갑신정변
(2) ✔모범답안 급진 개화파는 우정총국 개국 축하연을 기회로 정변을 일으켜 민씨 정권의 핵심 인물들을 제거하고, 이들은 내각 제도 수립, 문벌 폐지 등을 주요 내용으로 하는 개혁 정강을 마련하였으나, 청군이 개입과 일본군의 철수로 3일 만에 진압되었다.

채점 기준	배점
갑신정변의 의의와 한계를 모두 서술한 경우	상
위 내용 중 한 가지만 서술한 경우	하

0724 갑신정변 이후 정세

(1) 답 갑신정변
(2) ✔모범답안 갑신정변을 일으킨 급진 개화파는 청과의 전통적인 사대 관계를 청산해 자주독립을 확고하게 하고, 국왕의 전제권을 제한하며, 조세 제도를 개혁하고, 문벌을 폐지해 인민 평등권을 확립하려 하였다.

채점 기준	배점
청과의 사대 관계 청산, 문벌 폐지, 조세 개혁 제도, 국왕의 전제권 제한을 모두 서술한 경우	상
청과의 사대 관계 청산, 문벌 폐지, 조세 개혁 제도, 국왕의 전제권 제한 중 두 가지를 서술한 경우	중
청과의 사대 관계 청산, 문벌 폐지, 조세 개혁 제도, 국왕의 전제권 제한 중 한 가지만 서술한 경우	하

0725 갑신정변의 한계

(1) 답 갑신정변
(2) ✔모범답안 일부 지식인들이 중심이 된 위로부터의 개혁으로 일본에 의존하고 토지 개혁 운동을 추진하지 않아 민중의 지지를 이끌어 내지 못하고 실패하였다.

채점 기준	배점
갑신정변의 한계(위로부터의 개혁, 일본에 의존, 민중의 지지를 얻지 못함)를 모두 서술한 경우	상
갑신정변의 한계를 한 가지만 서술한 경우	하

0726 갑신정변 이후의 정세

(1) 답 (가) 러시아, (나) 영국
(2) ✔모범답안 갑신정변 이후 고종은 청의 지나친 내정 간섭에서 벗어나고자 러시아와 조러 비밀 협약을 추진하였다. 그러자 러시아와 대립 관계에 있던 영국이 러시아의 남하를 견제한다는 명분으로 거문도를 불법으로 점령한 거문도 사건을 일으켰다.

채점 기준	배점
조러 비밀 협약 추진, 거문도 사건이 일어난 배경을 모두 서술한 경우	상
위의 내용 중 한 사건의 배경만을 서술한 경우	중
조러 비밀 협약 추진, 거문도 사건을 단순히 나열한 경우	하

03 근대 국가 수립을 위한 노력(2)

STEP 1 O/X 문제로 교과서 핵심 자료 보기 170~171쪽

0727 X	0728 X	0729 O	0730 X	0731 O	0732 O
0733 O	0734 O	0735 X	0736 O	0737 O	0738 O
0739 O	0740 O	0741 O	0742 X	0743 O	0744 X
0745 O	0746 O	0747 O	0748 O	0749 X	0750 O

STEP 2 객관식 풀어 보기 172~184쪽

0751 ④	0752 ②	0753 ⑤	0754 ①	0755 ⑤	0756 ③
0757 ①	0758 ②	0759 ③	0760 ③	0761 ④	0762 ⑤
0763 ④	0764 ⑤	0765 ④	0766 ⑤	0767 ③	0768 ①
0769 ④	0770 ①	0771 ②	0772 ②	0773 ④	0774 ④
0775 ④	0776 ⑤	0777 ④	0778 ③	0779 ⑤	0780 ④
0781 ③	0782 ①	0783 ④	0784 ④	0785 ①	0786 ③
0787 ①	0788 ①	0789 ③	0790 ⑤	0791 ③	0792 ②
0793 ③	0794 ④	0795 ⑤	0796 ④	0797 ④	0798 ③
0799 ④	0800 ③	0801 ②	0802 ①		

0751 동학 농민 운동 직전 농민들의 생활　　답 ④

🔍 깊이있는 정답풀이

개항 이후 동학 농민 운동 발발 이전까지 농민 봉기는 대체로 증가하는 추이를 나타내었다. 일본에 대한 배상금, 개화 정책의 추진 비용 등으로 정부의 재정 부담이 증가하면서 농민의 세금 부담이 늘어났고, 탐관오리의 수탈도 계속되었다. 또한 개항 이후 일본 상인의 곡물 유출로 곡물 가격이 폭등하였으며, 외국산 면직물의 유입으로 농촌의 가내 수공업도 큰 타격을 입었다. 이와 같이 농민들이 생활이 악화되면서 농민 봉기도 빈번하게 발생하였다.

🔶 개념잡는 오답풀이

ㄱ. 1894년 고부 군수 조병갑의 학정에 반발하여 전봉준 등이 봉기하였다.
ㄷ. 세도 정치 시기 안동 김씨 등이 권력을 독점하면서 정치 기강이 해이해지고 부정부패가 만연하였다.

0752 교조 신원 운동　　답 ②

🔍 깊이있는 정답풀이

제시문에 나온 '1892~1893년 동학교도들이 벌인 것', '억울하게 처형된 동학의 창시자 최제우의 누명을 벗기고' 등의 내용을 통해 교조 신원 운동임을 알 수 있다. 교조 신원 운동은 삼례에서 시작하여 서울 광화문에서의 복합 상소 운동, 보은 집회 등으로 확산되었다.

🔶 개념잡는 오답풀이

① 독립 협회는 언론·출판·집회·결사의 자유 등을 요구하였다.
③ 정부는 황국 협회와 군대를 동원하여 독립 협회를 해산시켰다.
④ 제2차 동학 농민 운동 때 남·북접 연합 부대는 논산에서 집결하였고, 우금치에서 최후의 전투를 벌였다.
⑤ 독립 협회는 만민 공동회를 개최하여 러시아의 이권 요구를 규탄하는 자주 국권 운동을 벌였다.

0753 동학 농민 운동의 전개 과정　답 ⑤

깊이있는 정답풀이

🔍 **추론 TIP** 사발통문 작성 → 고부 농민 봉기 → 안핵사 이용태의 탄압 → 무장에서 동학 농민군 봉기 → 백산에서 4대 강령과 격문 발표 → 전주성 점령

(가) • 고부성을 격파하고 군수 조병갑을 효수할 것
　　 • 군기창과 화약고를 점령할 것
　　 • 군수에게 아첨하여 인민을 못살게 구는 탐관오리를 응징할 것
　　 • 전주영을 함락하고 서울로 곧바로 나아갈 것
(나) • 사람을 죽이거나 가축을 잡아먹지 말라.
　　 • 충효를 다하여 세상을 구하고 백성을 편안하게 하라.
　　 • 일본 오랑캐를 몰아내고 나라의 정치를 깨끗이 한다.
　　 • 군대를 몰고 서울로 들어가 권세가와 귀족을 모두 없앤다.

(가)는 고부 농민 봉기가 일어나기 직전에 작성된 사발통문의 내용, (나)는 농민군의 제1차 봉기 당시 백산에서 발표된 농민군의 4대 강령의 내용이다. 고부 농민 봉기 이후 안핵사 이용태의 탄압에 맞서 전봉준은 손화중 등과 무장에서 농민군을 조직하여 봉기하였다. 이후 백산에서 농민군의 4대 강령과 격문을 발표하였고, 전주성을 점령하였다.

개념잡는 오답풀이

① 청일 양국 군대가 상륙하자 동학 농민군은 전주성에서 정부와 전주 화약을 맺었다.
② 일본이 무력으로 경복군을 점령하자 동학 농민군은 2차 봉기를 일으켰다. 이때 전봉준의 남접 부대와 손병희의 북접 부대가 논산에 집결하였다.
③ 동학 농민군은 백산에서 4대 강령과 격문을 발표한 이후 황토현과 황룡촌에서 정부군을 물리치고 전주성을 점령하였다.
④ 동학 농민 봉기가 일어나자 자국민 보호를 구실로 군대를 파견한 일본은 조선 정부의 철병 요구를 거부하고 무력을 동원하여 경복궁을 점령하였다.

（1등급 가이드）

1894년에 일어난 동학 농민 운동을 계기로 청과 일본 군대가 조선에 들어와 청일 전쟁이 일어나고 일본의 강요로 갑오개혁이 진행되었다는 사실은 매우 복잡하게 느껴집니다. 동학 농민 운동의 전개 과정을 정리할 때 당시 청과 일본이 어떤 상황에 있었는지를 연결시켜 정리하면 도움이 됩니다.

0754 고부 농민 봉기와 제1차 봉기　답 ①

깊이있는 정답풀이

제시된 자료에서 첫 번째 상황은 고부 농민 봉기를 일으킨 농민들을 회유하는 장면이다. 두 번째 상황은 제1차 봉기를 일으킨 동학교도들이 전주성을 함락한 장면이다. 두 장면 사이에는 백산 봉기, 황토현·황룡촌 전투 등의 과정이 들어갈 수 있다.

개념잡는 오답풀이

② 전주성이 함락되자 조선 정부는 청에 군사 지원을 요청하였다.
③ 제2차 농민 봉기가 진압된 후 농민군 중 일부가 활빈당으로 활동하였다.
④ 전주성 함락 이후 조선 정부는 동학 농민군과 전주 화약을 체결하였다.
⑤ 동학 농민군은 전주 화약을 체결한 뒤 전라도 일대에 집강소를 설치하였다.

0755 집강소의 설치　답 ⑤

깊이있는 정답풀이

집강소는 동학 농민 운동 때 농민군이 운영한 자치적 개혁 기구로, 전주 화약 이후 전라도 각지에 설치되었다. 폐정 개혁안을 실천했으며 행정과 치안을 담당하였다. 나주와 남원 등지에서는 집강소 설치에 반대하는 정부군의 대항에 부딪히기도 하였다.

⑤ 서울 복합 상소는 고부 농민 봉기 전 교조 신원 운동 중 하나로 전개되었다.

0756 전주 화약의 체결 배경　답 ③

깊이있는 정답풀이

제시문의 ㉠은 1894년 4월 동학 농민 운동 과정에서 농민군이 전주성을 함락하는 모습이다. ㉡은 1894년 5월 동학 농민군과 정부군이 전주 화약을 맺고 농민군이 스스로 해산하는 모습이다. 두 사건 사이에는 조선 정부의 요청을 받은 청군이 아산만에 상륙하자 일본군이 자국민 보호를 구실로 인천에 상륙하였다.

개념잡는 오답풀이

① 1894년 1월의 상황으로 동학 농민군의 제1차 봉기 직전에 벌어졌다.
② 1894년 6월 조선 정부는 독자적인 개혁을 추진하기 위해 교정청을 설치하였다.
④ 1895년에 을미개혁이 단행되었다.
⑤ 1894년 11월 우금치에서 농민군이 관군과 일본군에게 패배하였다.

0757 동학 농민군의 제1차 봉기　답 ①

깊이있는 정답풀이

제시된 지도는 동학 농민군의 제1차 봉기를 나타낸 것이다. 동학 농민군은 고부를 점령하고 백산에 집결한 뒤 제폭구민과 보국안민 등의 구호를 담은 격문과 농민군 4대 강령을 발표하였다.

개념잡는 오답풀이

ㄷ. 위정척사는 성리학을 지키자는 주장으로 보수적인 양반 유생들이 제기하였다.
ㄹ. 척양척왜는 동학 농민군의 제2차 봉기에서 등장한 구호이다.

0758 동학 농민군의 요구 사항　답 ②

깊이있는 정답풀이

제시문은 동학 농민군이 무장에서 제1차 봉기를 일으키면서 발표한 창의문이다. 동학 농민군이 지향한 사회 모습은 폐정 개혁안에 잘 나타나 있다. 동학 농민군은 탐관오리·횡포한 부호·불량한 유림과 양반의 징벌, 노비 문서의 소각과 칠반천인의 차별 개선, 무명 잡세와 공사채의 폐지, 과부의 재가 허용, 왜와 통하는 자의 엄징, 토지의 균등 분작, 관리 채용 시 지벌 타파 등을 주장하였다.

개념잡는 오답풀이

ㄴ. 1900년에 활동하였던 활빈당의 요구 내용이다. 동학 농민 운동은 철도 부설권과 관련이 없다.
ㄹ. 1898년 관민 공동회에서 발표한 헌의 6조에 나오는 내용이다.

0759 폐정 개혁안 답 ③

깊이있는 정답풀이

제시된 자료에 나온 ㉠의 정신은 갑오개혁에 반영되어 신분제가 폐지되었다. ㉡ 백정은 신분적 특징을 나타내는 평량갓을 썼는데, 이를 폐지하자고 한 것은 신분적 차별 폐지의 주장을 의미한다. ㉢ 무명 잡세는 정당한 세목을 붙이지 않고, 수령이 임의로 징수하여 마음대로 사용하는 여러 가지 잡다한 세금을 말한다.

개념잡는 오답풀이

㉣ 갑신정변 때는 지조법의 개혁을 주장하였는데, 이는 토지 제도의 개혁이 아니라 조세 개혁에 해당한다.

0760 교정청의 설치 배경 답 ③

깊이있는 정답풀이

제시문은 동학 농민 운동을 계기로 조선에 출병한 일본군이 조선에 내정 개혁을 요구하자, 조선 정부가 이미 교정청을 설치하여 개혁을 하려고 하니 내정에 간섭하지 말라고 답변하는 내용이다. 전주 화약 이후 정부는 개혁의 필요성을 인식하고 교정청을 설치하여 자주적 개혁을 추진하였다.

개념잡는 오답풀이

① 청일 전쟁에서 승기를 잡은 일본은 조선의 내정에 적극 간섭하기 시작하였고, 제2차 갑오개혁을 추진하였다.
② 한성 조약은 갑신정변의 결과 체결된 것이다.
④ 1895년 청일 전쟁이 일본의 승리로 끝난 뒤 일본이 랴오둥반도를 차지하자 러시아가 프랑스와 독일을 끌어들여 일본을 압박해 반환하도록 하였다.
⑤ 삼국 간섭 이후 고종과 명성 황후가 러시아 세력을 끌어들이자 일본이 명성 황후를 시해하였다.

0761 동학 농민 운동의 전개 과정 답 ④

깊이있는 정답풀이

태인, 고부 등지에서 봉기가 일어났으며 전주성이 함락되었다는 점, 청에 원군을 요청하는 점 등을 통해 밑줄 친 '봉기'가 동학 농민군의 제1차 봉기임을 알 수 있다. 무장에서 봉기한 농민군은 전라도 각지를 점령하고 전주성까지 함락하였다. 이 과정에서 황토현과 황룡촌에서 관군과 전투를 벌여 승리하였다.

개념잡는 오답풀이

① 1893년 보은에서 동학교도들이 교조 신원 운동을 전개하였다.
② 을미개혁 시기 태양력을 도입하였다.
③ 을미사변 이후 신변의 위협을 느낀 고종은 러시아 공사관으로 거처를 옮겼다(아관 파천).
⑤ 유인석은 을미의병 당시의 의병장이다.

0762 동학 농민 운동의 전개 답 ⑤

깊이있는 정답풀이

(마) 고부 군수 조병갑의 횡포로 고부 농민 봉기가 발생한 이후 안핵사 이용태의 잘못된 대응으로 동학 농민군의 제1차 봉기가 일어났다. 동학 농민군은 (가) 황토현에서 관군을 격파하고 전주성을 점령한 후 (나) 조선 정부와 전주 화약을 체결하였다. 이후 (다) 전라도 각지에 집강소를 설치하

고 폐정 개혁안을 실천에 옮겼다. 하지만 일본군이 경복궁을 점령하고 청일 전쟁을 일으키자 다시 봉기하여 북상하던 중 (라) 공주 우금치에서 관군과 일본군에게 패함으로써 동학 농민 운동은 실패로 끝나고 말았다.

0763 제2차 봉기 직전의 상황 답 ④

깊이있는 정답풀이

제시된 첫 번째 자료는 백산 격문으로, ㉠은 농민군의 제1차 봉기임을 알 수 있다. 두 번째 자료에서 일본 오랑캐가 군대를 동원하여 우리 임금을 핍박하였다는 내용을 통해 ㉡은 일본군의 경복궁 점령에 대한 내용임을 알 수 있다. 청군에 이어 일본군이 국내로 들어오자 정부와 농민군 사이에서 전주 화약이 체결되었다.

개념잡는 오답풀이

① 일본의 경복궁 점령 이후 일어난 제2차 봉기에서 우금치 전투가 벌어졌다.
② 제2차 봉기에서 농민군은 북접과 남접이 연합 부대를 형성하였다.
③ 경복궁을 점령한 일본의 강요로 구성된 정부가 군국기무처를 설치하였다.
⑤ 농민들은 백산 격문 발표 이전인 고부 농민 봉기 당시 만석보를 파괴하였다.

(1등급 가이드)

동학 농민 운동의 시기별 전개 과정은 크게 고부 농민 봉기, 제1차 봉기, 제2차 봉기로 나누어 정리할 필요가 있어요. 여기에 일본군의 경복궁 점령 이후 갑오개혁이 추진되었다는 점도 꼭 기억합시다.

0764 동학 농민 운동의 성격 변화 답 ⑤

깊이있는 정답풀이

(가)는 동학 농민군이 무장에서 제1차 봉기를 할 때 발표한 창의문으로 부패한 정치를 바로잡고 보국안민(나라를 돕고 백성을 편안하게 함)을 목표로 봉기하였음을 보여 준다. (나)는 제2차 봉기를 할 때 발표한 격문으로, 국권을 유린하는 왜적을 내쫓기 위해 의병을 일으켰다고 말하고 있다. '올해 6월'의 사건은 일본군이 경복궁을 점령한 사실을 가리킨다. 전주 화약 이후 정부는 청과 일본에게 군대 철병을 요구하였으나 일본군은 오히려 경복궁을 점령하고 청일 전쟁을 일으켰다. 이에 농민군은 다시 봉기를 하였고 남접과 북접이 연합하여 서울로 향하던 중 공주 우금치에서 일본군과 관군의 연합군에 맞서 싸웠으나 패배하였다.

개념잡는 오답풀이

① 교정청은 전주 화약 이후 정부가 독자적인 개혁을 추진하기 위해 설치한 기구이다.
② 보은 집회는 동학 농민 운동이 일어나기 전인 1893년에 열렸다.
③ 우금치 전투는 제2차 봉기 때 동학 농민군이 일본군과 관군의 연합군에게 패배한 싸움이다.
④ 박영효는 제2차 갑오개혁을 주도하였으나, 1895년 삼국 간섭 직후에 정변을 꾀하였다는 혐의를 받고 일본으로 망명하였다.

0765 전봉준의 활동 답 ④

깊이있는 정답풀이

자료는 전봉준의 재판 기록이다. 전봉준은 고부 농민 봉기를 주도하였고,

안핵사 이용태의 탄압에 반발하여 제1차 봉기를 일으켰다. 이후 전주 화약을 맺고 농민군을 해산하였지만, 일본이 경복궁을 점령하고 임금을 위협하자 다시 봉기하였다(제2차 봉기). 논산에서 집결한 남접과 북접의 부대는 서울로 북상하던 중 우금치에서 관군과 일본군에게 패배하였다.

① 1882년 구식 군인에 대한 차별 등을 배경으로 임오군란이 일어났다.
② 전봉준은 제2차 봉기 실패 이후 체포되어 처형당하였다. 이후 을미사변과 단발령에 반발한 을미의병이 일어났다.
③ 군국기무처는 제1차 갑오개혁을 추진한 기구이다. 김홍집, 어윤중, 유길준 등이 참여하였다.
⑤ 조선 정부는 개화 정책에 대한 정보를 수집하기 위해 홍영식, 박정양 등을 조사 시찰단으로 일본에 파견하였다.

0766 동학 농민군의 제2차 봉기가 일어난 배경 　답 ⑤

깊이있는 정답풀이

'1894년', '고부 군수의 가렴주구', '안핵사 이용태' 등을 통해 전봉준을 심문한 기록임을 알 수 있으며, '7월에 또다시 난을 일으킨 것'은 동학 농민군의 제2차 봉기를 의미한다. ⑤ 당시 조선의 요청으로 청이 군대를 파병하자 거류민 보호를 내세워 조선에 들어온 일본군은 경복궁을 무력으로 점령한 뒤 개혁을 강요하면서 내정을 간섭하였다. 이에 동학 농민군이 반침략의 기치를 들고 다시 봉기(제2차 봉기)하였다.

개념잡는 오답풀이

①은 을사조약(1905), ④는 을미사변(1895)을 설명한 것이다.
② 개항 이후 방곡령을 선포하는 배경이 되었다.
③ 제1차 한일 협약(1904)에 담긴 내용이다.

0767 동학 농민 운동의 전개 지역 　답 ③

깊이있는 정답풀이

동학 농민 운동은 ② 1894년 (다) 전라도 '고부' 지역에서 고부 농민 봉기를 수습하기 위해 파견된 안핵사의 탄압에 항거하여 전봉준의 주도 아래 시작되었다. 동학 농민군은 ⑤ '황토현' 전투에서 처음으로 승리하고 이어서 황룡촌에서 관군을 격파한 후 전주성까지 점령하였다. 이후 외국군의 개입을 우려한 동학 농민군은 ① '전주'에서 정부와 전주 화약을 맺고 스스로 해산하였다. 하지만 청일 전쟁에서 승기를 잡은 일본이 무력으로 경복궁을 점령하자 농민군은 다시 봉기를 일으켰고 ④ '공주' 우금치에서 일본군과 관군에 맞서 싸웠으나 패하였다.
③ 농민들이 군수 조병갑의 탐학에 저항한 지역은 '고부'이다. 논산은 남접과 북접이 집결했던 지역이다.

0768 제1차 봉기의 구호 　답 ①

깊이있는 정답풀이

제시된 자료의 '황토현, 황룡천 등지에서 승리를 거두었으나'라는 내용을 통해 동학 농민군의 제1차 봉기에 관련된 내용임을 알 수 있다. 이 시기에 동학 농민군은 폐정 개혁안을 제시하고 정부와 전주 화약을 맺었다. 개혁안에는 조세 제도 개혁, 신분 차별 철폐, 탐관오리 척결, 일본 침략에 대한 반대, 토지 평균 분작 등의 내용을 담았으며, 농민군은 전라도 일대에 집강소를 설치하고 폐정 개혁안을 실천하였다.

② 을미의병과 관련 있다.
③ 독립 협회 활동과 관련 있다.
④ 관민 공동회는 독립 협회가 주관하였다.
⑤ 고종의 환궁 요구는 을미사변 이후 아관 파천 시기에 해당한다.

0769 동학 농민 운동의 영향 　답 ④

깊이있는 정답풀이

제시된 가상 일기에서 '초토사', '27개 조목', '해산하기로 하였다.' 등의 내용을 통해 동학 농민군의 제1차 봉기에 대한 자료임을 알 수 있다. 동학 농민군은 폐정 개혁안을 요구하였고, 여기에는 신분제 철폐 요구가 담겨 있었다. 동학 농민 운동은 실패로 끝났지만, 농민군의 요구는 제1차 갑오개혁에 반영되어 신분제의 철폐를 이끌었다.

개념잡는 오답풀이

① 갑신정변은 1884년에 일어난 사건이다.
② 독립 협회는 1896년에 만들어졌다.
③, ⑤ 교육과 산업을 일으켜 국권을 수호하고자 했던 애국 계몽 운동은 1905년을 전후로 전개되었다.

0770 군국기무처의 개혁 추진 　답 ①

깊이있는 정답풀이

제시문에 나온 '김홍집 총리대신', '흥선 대원군의 재집권', '청일 전쟁' 등의 내용을 통해 밑줄 친 '이 기구'는 군국기무처임을 알 수 있다. 군국기무처는 제1차 갑오개혁을 주도하였으며, 이 개혁 때 신분제 폐지, 6조를 8아문으로 변경, 연좌제와 고문 폐지, 과부의 재가 허용 등이 이루어졌다. 경제 부분에서는 은본위 화폐제도 채택, 탁지아문으로 국가 재정 일원화, 도량형 통일 등이 이루어졌다.

개념잡는 오답풀이

ㄷ, ㄹ. 제2차 갑오개혁 시기에 8도가 23부로 바뀌었으며, 재판소가 설치되어 사법권이 독립되었다.

0771 교정청과 군국기무처 　답 ②

깊이있는 정답풀이

🔍 추론 TIP 동학 농민군의 요구에 따라 설치 → 교정청
회의 총재가 영의정 김홍집 → 군국기무처

> • 우리 정부는 왕명을 받들어 　(가)　 을/를 설치하고 당상관 15명을 두어 먼저 폐정 몇 가지를 개혁하였는데, 모두 동학당이 사정을 하소연한 일이었다. 자주적 개혁을 추진함으로써 일본인들의 요구와 끼어듦을 막고자 하였다.
> • 　(나)　 회의총재(會議總裁)는 영의정 김홍집이 맡고, 내무독판 박정양 …… 모두 회의원으로 임명하여 날마다 와서 모여 크고 작은 사무를 협의하여 품지(稟旨)하여 거행하도록 하였다. 이 기구는 서울 주재 일본 공사관의 서기관 스기무라의 발의에 따라 설치되었으며, 대원군이 그 이름을 정하였다.

교정청은 전주 화약 체결 직후 조선 정부가 독자적인 개혁 추진을 위해 설치한 기구이다. 군국기무처는 일본군의 경복궁 점령 직후 개혁을 추진하기 위해 설치되었으며, 제1차 갑오개혁을 주도하였다.

ㄴ. 1880년에 개화 정책을 추진하기 위해 설치된 통리기무아문에 해당한다.

ㄹ. 태양력 채택과 단발령 시행은 제3차 갑오개혁(을미개혁)에 해당한다. 군국기무처는 제2차 갑오개혁이 시작되면서 폐지되었다.

(1등급 가이드)

동학 농민 운동 이후 설치된 대표적인 기구로 1894년에 설치된 교정청과 군국기무처의 설치 배경과 특징 등을 자주적 개혁, 김홍집 등의 키워드를 중심으로 정리해 두면 쉽게 문제를 해결할 수 있습니다.

0772 제1차 갑오개혁 시기의 사회 모습 답②

🔍 깊이있는 정답풀이

제시된 중앙 정치 기구에 궁내부와 의정부가 분리되어 있고, 의정부 아래 8아문이 설치된 것으로 보아 제1차 갑오개혁 시기임을 알 수 있다. 제2차 갑오개혁 때에는 8아문이 7부로 바뀌었다. 제1차 갑오개혁에서 경제적 측면의 개혁으로는 탁지아문으로의 재정 일원화, 은본위 화폐 제도 채택, 조세 금납제, 도량형 통일 등을 들 수 있다.

✅ 개념잡는 오답풀이

① 을미사변은 1895년의 삼국 간섭 이후에 일어난 상황이다.

③ 교정청은 제1차 갑오개혁 이전에 설치되었다.

④ 의회식 중추원 관제는 독립 협회의 요구에 따라 정부와 협상하여 1898년에 반포되었다.

⑤ 1895년 을미개혁에 대한 내용이다.

0773 제1차 갑오개혁 답④

🔍 깊이있는 정답풀이
🔍 추론 TIP 개국기년 사용, 군국기무처 → 제1차 갑오개혁
→ 급진 개화파와 동학 농민군의 개혁 요구 반영

- 이제부터는 국내외의 공사 문서에 개국기년을 쓴다.
- 청국과의 조약을 개정하고 각국에 특명전권대사를 파견한다.
- 문벌, 양반과 상인(常人)들의 등급을 없애고 귀천에 관계없이 인재를 선발하여 등용한다.
- 과부가 재혼하는 것은 귀천을 막론하고 자신의 의사대로 하게 한다.
- 비록 평민이라도 나라에 이롭고 백성을 편안하게 할 수 있는 의견이 있으면 군국기무처에 글을 올려 회의에 부친다.

1894년 일본은 경복궁을 무력으로 점령하고 조선에 개혁을 강요하였다. 이에 조선은 김홍집을 중심으로 한 새로운 정권을 수립하였고, 군국기무처를 설치하여 제1차 갑오개혁을 전개하였다. 제1차 갑오개혁은 과부의 재가 허용, 공사 노비제 폐지 등 동학 농민군의 요구 사항을 반영하였다.

✅ 개념잡는 오답풀이

① 대한 제국 수립 후 추진된 광무개혁에 해당한다.

② 급진 개화파가 일으킨 갑신정변은 청군의 개입으로 실패하였다.

③ 개항 이후 조선 정부는 동도서기론을 바탕으로 점진적 개혁을 추진하였다.

⑤ 김옥균 등 급진 개화파의 주도로 갑신정변이 일어났다.

0774 제2차 갑오개혁의 내용 답④

🔍 깊이있는 정답풀이

제시된 글은 박영효에 관한 설명이다. 일본은 제2차 갑오개혁에서 박영효를 등용하여 김홍집과 연립 내각을 구성하였다. 제2차 갑오개혁에서는 재판소를 설치하여 사법 제도의 근대화를 꾀하였다.

✅ 개념잡는 오답풀이

① 도량형은 제1차 갑오개혁 때 통일되었다.

② 연좌제는 제1차 갑오개혁 때 폐지되었다.

③ 종두법은 을미개혁 때 전국적으로 시행되었다.

④ 태양력은 을미개혁 때 사용되었다.

(1등급 가이드)

이 문제는 급진 개화파의 박영효가 제2차 갑오개혁에 연립 내각으로 참여했다는 사실을 알아야 해결할 수 있는 문제입니다. 갑신정변 이후 급진 개화파의 행적을 한 번 정리하면 도움이 되겠네요.

0775 을미사변 직후의 상황 답④

🔍 깊이있는 정답풀이

제시문에 나온 '궁내부 대신 이경직', '일본인 폭도', '왕비를 칼로 찔렀다.' 등을 통해 을미사변의 상황임을 알 수 있다. 을미사변 직후 친일 내각이 수립되어 제3차 갑오개혁(을미개혁)이 추진되었으며 태양력 사용, 단발령 실시, 우편 사무 재개 등이 실시되었다. 을미사변과 단발령의 영향으로 을미의병이 일어나 일본군을 공격하기도 하였다.

④ 삼국 간섭은 청일 전쟁에서 일본이 승리하고 랴오둥반도를 할양받자, 러시아, 프랑스, 독일이 이에 반대하여 랴오둥반도를 청에 반환하게 만든 사건이다. 이 사건으로 조선에 친러 내각이 수립되자, 이를 무너뜨리기 위해 일본은 을미사변을 강행하였다.

0776 제1차 ~ 3차 갑오개혁(을미개혁) 답⑤

🔍 깊이있는 정답풀이

제시된 표의 (가)는 제1차 갑오개혁, (나)는 제2차 갑오개혁, (다)는 제3차 갑오개혁(을미개혁)의 내용이다. 제1차 갑오개혁은 흥선 대원군을 섭정으로 하는 김홍집 등의 주도로 군국기무처가 설치되어 추진되었다. 이 시기의 개혁은 왕권을 약화시키고 왕실과 정부의 사무를 분리하는 방향으로 이루어졌다. 제2차 갑오개혁은 군국기무처가 폐지되고 일본에서 돌아온 박영효가 참여한 김홍집·박영효 연립 내각이 추진하였다. 이 시기에 이루어진 재판소 설치와 그에 따른 사법권의 독립은 과거 지방관이 가졌던 사법권을 폐지한 것으로 지방관의 권한 축소를 의미한다. 제3차 갑오개혁(을미개혁)은 을미사변 이후 이루어졌다.

⑤ 제2차 갑오개혁 시기에 고종은 국민을 대상으로 하는 새로운 교육의 필요성과 중요성을 강조하며 교육입국 조서를 발표하였고, 이에 따라 한성 사범 학교 관제 등이 발표되었다.

(1등급 가이드)

갑오개혁의 내용은 세세한 항목을 비교하는 문제가 자주 출제됩니다. 제1차 갑오개혁, 제2차 갑오개혁, 제3차 갑오개혁(을미개혁)의 대표적인 정책을 정확히 구분하여 기억해 둘 필요가 있습니다.

0777 단발령의 실시　답 ④

깊이있는 정답풀이

제시문은 을미개혁 때 이루어진 단발령 실시에 대한 내용으로 일본 군대의 무력을 동원한 김홍집 내각이 고종에게 단발의 모범을 보이도록 강요하는 장면이다. 단발령 실시를 계기로 전국적인 의병이 일어나자 이 틈을 타 친러파의 주도로 고종이 처소를 러시아 공사관으로 옮기는 아관 파천이 일어났다. 이후 김홍집 내각이 무너지고 고종은 친일 관료의 처단을 명령하였으며, 김홍집은 성난 군중들에게 맞아 죽었다.

개념잡는 오답풀이

① 1882년 임오군란 중에 일어난 상황이다.
② 제1차 갑오개혁 때의 모습이다.
③ 제2차 갑오개혁 때의 모습으로, 고종은 종묘에 나가 독립 서고문과 홍범 14조를 반포하였다.
⑤ 제1차 갑오개혁 직전의 모습이다.

0778 제3차 갑오개혁(을미개혁)의 내용　답 ③

깊이있는 정답풀이

제시문에 나온 '짐이 머리카락을 자르니'를 통해 고종이 단발령을 선언하고, 실천하는 모습이라는 것을 알 수 있으며, 이는 을미개혁 시기의 일이다. 을미개혁에서는 '건양' 연호 제정, 태양력 사용, 종두법 실시, 우편 사무 재개 등이 이루어졌다.

개념잡는 오답풀이

ㄱ. 제1차 갑오개혁 때 도량형을 통일하였다.
ㄹ. 제2차 갑오개혁 때 8아문을 7부로 고쳐 의정부를 내각으로 개편하였다.

0779 아관 파천의 배경　답 ⑤

깊이있는 정답풀이

제시된 자료에서 '단발령으로 일어난 전국적 시위', '위급한 상황에서 벗어나' 등의 내용을 통해 을미의병이 일어난 가운데 아관 파천을 단행하고자 하는 상황임을 알 수 있다. 김홍집을 중심으로 한 친일 연립 내각은 단발령 등 을미개혁을 추진하였고, 이에 을미의병이 일어났다. 위기감을 느낀 고종은 경복궁을 나와 러시아 공사관으로 처소를 옮기는 아관 파천을 단행하였다.
⑤ 동학 농민 운동 시기에 조선 정부는 전주 화약을 체결한 후 청, 일본 양국에 철병을 요구하였다. 그러나 일본은 요구를 거부하고, 무력으로 경복궁을 기습 점령하여 조선 정부를 장악한 후 청일 전쟁을 일으켰다.

0780 삼국 간섭 ~ 대한 제국 수립　답 ④

깊이있는 정답풀이

제시된 자료의 (가)는 일본이 명성 황후를 시해한 을미사변(1895. 8.)이고, (나)는 시모노세키 조약 체결 직후 러시아, 독일, 프랑스가 일본에 랴오둥반도의 반환을 요구한 삼국 간섭(1895. 4.)이다. (다) 러시아 공사관에서 돌아온 고종은 황제 즉위식을 거행하고 대한 제국을 수립하였다(1897. 10.). (라)는 을미사변 후 고종이 일본의 위협을 피해 러시아 공사관으로 옮겨 거처한 사건으로, 아관 파천(1896. 2.)을 말한다. 따라서 사건이 일어난 순서대로 나열하면 (나) – (가) – (라) – (다)이다.

0781 독립 협회 활동 당시의 상황　답 ③

깊이있는 정답풀이

제시된 사진은 독립 협회가 세운 독립문으로, 독립 협회의 활동이 시작된 것은 아관 파천 시기이다. 이때 러시아 등 열강의 이권 침탈이 본격화되었고 러시아와 일본의 세력 균형이 이루어진 가운데 친러 내각이 수립되고 갑오·을미개혁이 중단되었다. 독립 협회는 민중 계몽을 통해 열강의 이권 침탈을 반대하는 자주 국권 운동을 전개하였으며, 자유 민권 신장에 기여하였다. 그러나 보수 세력들은 독립 협회가 공화정을 수립하려 한다고 모함하였고, 고종은 황국 협회와 군대를 동원하여 독립 협회를 강제로 해산시켰다.

개념잡는 오답풀이

ㄱ. 단발령에 저항한 의병은 을미의병(1895)으로, 독립 협회 창립 이전이다.
ㄹ. 신분제 폐지는 독립 협회 창립 이전인 갑오개혁 때 이루어졌다.

0782 독립 협회　답 ①

깊이있는 정답풀이

제시된 자료는 독립 협회와 관련된 것이다. 독립 협회는 개화 지식인과 정부 관료들이 참여하여 조직하였으나 독립문 건립에 보조금을 내면 누구나 회원이 되도록 해 점차 민중에 기반을 둔 정치·사회 단체로 발전하였다. 독립 협회는 독립문을 설립하고 독립관을 개수하여 자주 국권 의식을 키웠으며, 한글판과 영문판으로 독립신문을 발간하여 국문 보급에도 큰 영향을 끼쳤다. 이와 같은 독립 협회의 활동은 이후 애국 계몽 운동에 큰 영향을 끼쳤다.
① 구본신참은 대한 제국이 내세운 시정 방향이다.

0783 독립 협회의 활동　답 ④

깊이있는 정답풀이

제시된 자료에서 영은문 자리에 독립문을 세우고 모화관을 독립관으로 새로 고친다는 내용을 통해 (가) 단체가 독립 협회라는 것을 알 수 있다. ㄴ, ㄹ. 독립 협회는 관민 공동회에서 헌의 6조를 결의하였고, 중추원을 의회와 같은 기구로 개편하고자 하였으며, 민중 계몽을 위해 토론회와 강연회를 개최하였다. 또한 아관 파천 이후 러시아의 간섭과 이권 침탈이 심해지자 구국 운동 상소문(1898)을 올리고, 만민 공동회를 열어 자주 국권 운동을 전개하였다.

개념잡는 오답풀이

ㄱ. 1907년 대구에서 서상돈, 김광제 등이 국채 보상 운동을 시작하였다. 이후 국채 보상 기성회가 설립되었으며, 대한매일신보 등의 언론 기관이 힘을 보태 전국으로 확산되었다.
ㄷ. 독립 협회는 입헌 군주제를 지향하였다.

0784 만민 공동회의 개최　답 ④

깊이있는 정답풀이

제시된 자료 중 서울 종로에서 우리나라 최초의 대중 집회를 주도하였다는 내용을 통해 (가) 단체는 독립 협회임을 알 수 있다. 독립 협회는 영은문터에 독립문을 세웠으며, 토론회를 열어 민중을 계몽하였고, 독립신문을 발간하였다. 또한 러시아의 간섭을 규탄하여 결국, 러시아는 재정 고문을 철수시키고, 절영도 조차 요구를 철회하였다.
④ 신분제는 제1차 갑오개혁으로 폐지되었다.

0785 독립 협회의 이권 수호 운동　答 ①

깊이있는 정답풀이

🔍 추론 TIP　러시아의 절영도 조차 요구 → 독립 협회의 활동 시기인 1898년

> 지금 러시아가 우리 대한을 향하여 절영도를 요구하고 있습니다. …… 지금 황제 폐하께서는 자주독립의 권리를 세워 만국과 더불어 나란히 서게 되었거늘, 그 신하된 자들이 만약 한 치 한 자의 땅이라도 다른 나라 사람에게 준다면 이는 황제 폐하에게는 반역하는 신하요, 대대의 임금에게는 죄인이며, 우리 대한 이천만 동포 형제에게는 원수가 됩니다.

아관 파천 이후 열강의 이권 침탈이 갈수록 심해지는 상황에서 1898년에 독립 협회는 만민 공동회를 개최하여 러시아의 침략 행위를 비판하였다. 또한 러시아의 요구를 거절할 것을 결의하는 등 이권 수호 운동을 전개하여 러시아의 절영도 조차 요구를 좌절시켰다.

개념잡는 오답풀이

② 신분제는 1894년 제1차 갑오개혁 때 폐지되었다.
③ 황제권을 강화한 대한국 국제는 1899년에 반포되었다.
④ 경인선은 1899년 노량진에서 제물포 구간에 개통되었다.
⑤ 오산 학교는 1907년에 개교하였다.

0786 관민 공동회의 개최　答 ③

깊이있는 정답풀이

제시된 자료에서 (가)의 '경운궁에 환궁'을 통해 1897년에 고종이 러시아 공사관에서 돌아온 상황임을 알 수 있다. (나)의 '독립 협회에 관한 한계' 등을 통해 독립 협회가 활동하고 있었고, 대한 제국 정부에 의해 통제받는 상황임을 알 수 있다. 따라서 (가), (나) 사이 시기에는 관민 공동회가 개최되었음을 추론할 수 있다.

개념잡는 오답풀이

① 1896년 7월에 독립 협회가 창립되었다.
② 공사 노비제가 법적으로 폐지된 것은 제1차 갑오개혁 시기이다.
④ 고종은 1905년 을사늑약이 체결되자 헤이그에 특사를 파견하였다.
⑤ 일본이 대한 제국의 군대를 해산시킨 것은 1907년의 사실이다.

0787 헌의 6조의 내용　答 ①

깊이있는 정답풀이

제시된 자료는 독립 협회가 1898년 개최한 관민 공동회에서 채택된 헌의 6조로, 국권 수호와 민권 보장 및 국정 개혁의 내용을 담고 있다. 즉, 이권에 관한 계약과 조약은 대신과 중추원 의장이 함께 서명하라는 주장에서 이권 수호와 의회의 역할 중시를 엿볼 수 있고, 중대 범죄에 대한 재판과 피고의 인권 존중 주장 내용에서 신체의 자유 보호 등의 민권 의식을 찾아볼 수 있다. 고종은 헌의 6조의 요구를 수용하기로 약속하여 의회식 중추원 관제를 반포하기에 이르렀으나, 보수적 관료들의 반발로 실천에 옮겨지지 못하고 오히려 독립 협회는 탄압을 받았다.
① 헌의 6조의 1항에 황권을 공고히 한다는 내용이 있으나, 이는 외세에

의존하지 않는 자주독립 국가임을 강조한 것으로, 독립 협회는 전제 군주제가 아닌 내각 중심의 정치를 펴는 입헌 군주제를 추구하였다.

0788 박정양 내각의 개혁　答 ①

깊이있는 정답풀이

제시문을 통해 1898년에 대중의 요구에 따라 전면적인 내각 개편이 평화적인 방법으로 이루어졌음을 알 수 있다. 이는 독립 협회의 주장에 따라 박정양을 수반으로 하는 내각이 구성된 사실을 말한다. 독립 협회는 박정양을 비롯한 정부 대신들이 참여한 관민 공동회를 개최하여 헌의 6조를 결의하는 한편, 개혁적인 박정양 내각과 협상을 벌여 의회식 중추원 관제를 반포하기도 하였다.

개념잡는 오답풀이

②, ④ 1894년 제1차 갑오개혁 때 궁내부를 신설하여 왕실 사무와 국정 사무를 분리하여 국왕의 권한을 제한하였다. 또한 죄인에게 가해지던 고문과 연좌제 등 봉건적 악습을 폐지하였다.
③ 대한국 국제는 대한 제국 시기인 1899년에 반포되었다.
⑤ 보수 세력이 독립 협회가 공화정을 실시하려 한다고 모함하자 고종은 독립 협회의 해산 명령을 내렸다. 이에 서울 시민과 독립 협회 회원들이 만민 공동회를 열어 반발하였으나, 정부는 황국 협회를 동원하여 만민 공동회를 탄압하였다.

0789 대한 제국 시기의 중추원　答 ③

깊이있는 정답풀이

🔍 추론 TIP　의정부 논의 사항 심의, 의관을 인민 협회에서 선출 → 중추원 관제

> 제1조 이 기구는 다음 사항을 심사·논의하여 정하는 곳으로 할 것
>   1. 법률과 칙령의 제정, 폐지 혹은 개정에 관한 사항
>   2. 의정부에서 논의하여 상주하는 사항
>   3. 칙령에 따라 의정부에서 자문하는 사항
> 제3조 이 기구 의관 반수는 정부에서, 반수는 인민 협회 중에서 27세 이상의 사람이 정치·법률·학식에 통달한 자로 투표 선거할 것

제시된 자료의 밑줄 친 '이 기구'는 중추원이다. 자주 국권, 자유 민권, 자강 개혁 운동을 전개한 독립 협회는 국민 참정권 운동을 전개하면서 의회를 설립하고자 하였다. 이에 정부와 독립 협회가 합의를 통해 중추원 설립을 공포하고 관선 의원과 민선 의원을 동수로 하는 의회 설립 전 단계에까지 이르게 되었다.

개념잡는 오답풀이

① 흥선 대원군이 추진한 통치 체제 개혁 노력이다.
② 일본에 의해 설치된 기구는 아니다.
④ 통리기무아문에 대한 설명이다.
⑤ 황제의 전제권을 약화시키는 구실을 하였다.

（1등급 가이드）

제시된 사료를 통해 중추원을 추론하기 위해서는 독립 협회가 만들고자 한 중추원의 기능을 상세히 알아 둘 필요가 있습니다. 참정권을 확대하려한 독립 협회의 노력이 결국 대한 제국 정부와의 갈등을 초래하였다는 것도 연결하여 기억하세요.

0790 독립 협회의 한계 　　　　　　　　　　　　답 ⑤

깊이있는 정답풀이　🔍 **추론 TIP** 열강의 침략 의도를 파악하지 못함 → 독립 협회의 한계

> • 조선에서는 해육군을 많이 길러 외국이 침범하는 것을 막을 까닭
>   도 없고, 다만 나라 안에 해육군이 조금 있어 동학이나 의병 같은
>   지방의 도둑 떼나 평정시킬 만하면 넉넉하다. 만일, 어떤 나라가
>   조선을 침범하고자 하여도 조선 정부가 세상에 행세만 잘 했을 것
>   같으면 조선을 다시 남의 나라 속국이 되게 가만 둘 리가 없다. 그
>   러므로 조선에서 외국과 싸움할 염려가 없는데, 만일 조선이 싸움
>   이 되도록 일을 할 것 같으면 그 때는 화를 면하지 못할 것이다.
>   　　　　　　　　　　　　　　　　　　　　　　– 독립신문, 1897. 5. 25.
> • 어느 나라이든지 개명에 뜻이 있어 진보하려고 하면, 세계에서 먼저
>   개명한 각 나라들이 힘써 보호하고 도와주어 아무쪼록 동등한 나라
>   로 대접하되, 만약 그 나라의 정치가 밝지 못하고 …… 아무리 보호
>   하고 도와주어도 효험이 없을 것 같으면 …… 그 땅을 오이 나누듯이
>   한 조각씩 차지하여 도탄에 빠진 백성들을 구원해 주니 …….
>   　　　　　　　　　　　　　　　　　　　　　　– 독립신문, 1899. 6. 17.

첫 번째 자료에서는 동학 농민 운동이나 의병에 참여한 민중을 도둑 떼로
묘사하고 군사력 강화의 필요성을 부정하며, 다른 열강들의 도움으로 나
라를 지킬 수 있다는 태도를 보인다. 또한 두 번째 자료에서 '열강들이 개
화를 도와 동등한 나라로 만들어 줄 것'이라는 내용을 통해 독립 협회가 제
국주의 열강의 침략적 의도를 제대로 파악하지 못하고 있음을 알 수 있다.

개념잡는 오답풀이

ㄱ. 광무 개혁에 대한 설명이다.
ㄴ. 독립 협회는 만민 공동회를 개최하는 등 민중의 입장을 대변하는 단체
　　였다.

0791 갑오·을미개혁 기간의 주요 사건 　　　　　　답 ③

깊이있는 정답풀이

홍범 14조는 제2차 갑오개혁 시기에 반포되었고, 단발령은 을미개혁 시기
에 시행되었다. 따라서 (가)에는 제2차 갑오개혁과 을미개혁 사이에 있었
던 사건이 들어가야 한다. 삼국 간섭 이후 박영효가 일본으로 망명하면서
제2차 갑오개혁은 중단되었다. 명성 황후 등을 중심으로 친러 정책이 추
진되자 일본은 명성 황후를 시해하는 만행을 저질렀다(을미사변). 이어 성
립된 김홍집 내각이 을미개혁을 추진하였다.

개념잡는 오답풀이

① 궁내부는 제1차 갑오개혁 기간에 신설되었다.
② 교정청은 제1차 갑오개혁 직전 조선 정부가 자주적인 개혁을 추진하기
　　위해 설치하였다.
④ 전주 화약 체결 이후 일본군은 철수하지 않고 경복궁을 기습 점령하였
　　다. 이어 제1차 갑오개혁이 시작되었다.
⑤ 을미사변과 단발령 실시에 반발하여 을미의병이 활동하는 가운데 고종
　　은 러시아 공사관으로 거처를 옮겼다(아관 파천).

0792 대한 제국 시기의 사실 　　　　　　　　　　답 ②

깊이있는 정답풀이

제시된 자료의 '황제 즉위식', '황궁우' 등을 통해 고종이 러시아 공사관에

서 경운궁으로 돌아온 이후 수립한 대한 제국 시기의 사실을 고르는 문항
이라는 것을 알 수 있다. 대한 제국은 대한국 국제를 공포하여 황제권을
강화하였으며, 구본신참의 원칙에 따라 광무개혁을 실시해 양전 사업, 상
공업 진흥 정책 등을 추진하였다.

개념잡는 오답풀이

① 제2차 갑오개혁 때 발표되었다.
③ 재정을 호조로 일원화할 것을 주장한 것은 갑신정변 때이다.
④ 을미개혁(제3차 갑오개혁) 때 연호를 '건양'으로 하였다.
⑤ 제1차 갑오개혁 직전에 개혁 추진 기구로 교정청을 설치하였다.

0793 광무개혁의 원칙 　　　　　　　　　　　　答 ③

깊이있는 정답풀이

제시문은 광무개혁 시기에 실시되었던 개혁안이다. 광무개혁은 '구본신참'
의 원칙(옛것을 근본으로 삼아 새 것을 참고함) 아래 추진되었다.

개념잡는 오답풀이

① 광무개혁은 황제권 강화에 역점을 두었다.
② 독립 협회는 결국 황국 협회와의 충돌 이후 해산되었다.
④ 광무개혁 시기에는 서양의 교통·통신·과학 기술을 적극 도입하였다.
⑤ 광무개혁 때 국가 재정을 확보하기 위해 지계를 발급하였다.

0794 광무개혁의 내용 　　　　　　　　　　　　答 ④

깊이있는 정답풀이

제시된 자료에서 양전 사업과 지계 발급, 그리고 양잠 회사를 설립하고 자
본을 모집한다는 내용 등으로 보아 광무개혁에 대한 것임을 알 수 있다.
광무개혁은 구본신참의 원칙하에 개혁성과 복고성을 절충한 것이었다. 특
히, 상공업 진흥 정책을 실시하여 섬유·철도·운수 등의 분야에서 근대적
시설과 회사를 설립하고, 실업·기술 교육 기관을 설립하였다. 이를 위해
유학생을 파견하여 선진 문물을 배워 오게 하였다.

개념잡는 오답풀이

① 홍범 14조는 제2차 갑오개혁과 관련 있다.
② 8아문 23부는 각각 제1차, 제2차 갑오개혁과 관련 있다. 광무개혁에서
　　는 23부를 13도로 개편하였다.
③ 대한 제국의 광무개혁은 정치적인 면에서는 복고적·보수적 성격을 보
　　였으며, 양전 사업이나 상공업 진흥 정책과 같은 경제 부문에서는 개혁
　　적 성격을 띠었다. 전체적으로 점진적인 개혁을 표방하였으므로, 일본
　　의 메이지 유신을 모방한 것이라고는 할 수 없다.
⑤ 독립협회의 활동 내용이다.

0795 대한 제국 정부의 정책 　　　　　　　　　　答 ⑤

깊이있는 정답풀이

제시된 사진은 고종이 러시아 공사관에서 환궁한 이후 대한 제국 수립을
선포하고 황제 즉위식을 거행했던 환구단이다. 이후 대한 제국은 구본신
참의 원칙을 바탕으로 일련의 개혁을 추진하였다. 청과 대등한 관계에서
통상 조약을 체결하고 황제를 칭하는 등 자주적 입장을 강조했으며 상공

업 진흥책, 지계 발급을 통해 근대적인 경제 체제를 만들려고 노력하였다. 하지만 정치적인 측면에서는 황제의 권한을 강화하는 등 복고주의적 성격이 강하다는 한계점을 갖고 있다.
⑤ 교육입국 조서는 제2차 갑오개혁의 전개 과정에서 발표되었다.

0796 대한 제국 정부의 성격 답 ④

깊이있는 정답풀이

제시된 자료는 대한 제국 시기에 발표된 대한국 국제이다. 대한국 국제는 황제의 전제 군주권을 강화하는 내용을 담고 있어 당시 정치 개혁이 복고적인 방향으로 이루어졌음을 보여 준다. 따라서 당시 관료층은 이 방향에서 정책을 결정하고 행동했을 것으로 추론할 수 있다.

개념잡는 오답풀이

ㄱ. 광무개혁은 구본신참의 원칙에서 추진되었다.
ㄷ. 대한 제국은 황제에게 모든 권력을 집중시키는 전체 군주제를 지향하였다.

0797 갑오개혁의 의의와 한계 답 ④

깊이있는 정답풀이

제시된 대화는 갑오개혁에 대한 상반된 평가이다. 갑오개혁은 갑신정변과 동학 농민 운동 등에서 제기된 요구를 수렴한 근대적 개혁이었다는 긍정적 평가와 일본의 간섭과 침략적 의도 속에서 이루어져 민중의 지지를 이끌어 내지 못했고 국방력 강화에 소홀하였다는 부정적 평가를 받는다.
④ 대한 제국 수립 후 추진된 광무개혁에 대한 설명이다. 광무개혁은 구본신참의 원칙 아래 점진적 개혁을 시행하였다.

0798 독립 협회의 활동 답 ③

깊이있는 정답풀이

영은문의 옛 터 부근에 독립문을 세우고 모화관을 고쳐 독립관이라 한다는 점을 통해 (가) 단체가 독립 협회임을 알 수 있다. 독립 협회는 만민 공동회를 개최하여 열강의 이권 침탈과 러시아의 내정 간섭을 규탄하였다.

개념잡는 오답풀이

① 제1차 갑오개혁 시기에 신분제가 폐지되었다.
② 전주 화약 이후 동학 농민군은 전라도 일대에 집강소를 설치하고 폐정 개혁을 실행하였다.
④ 위정척사 운동은 보수적인 유생들이 전개하였다.
⑤ 독립 협회는 개혁적 성향의 관료와 개화 지식인들의 주도로 설립되었다. 보부상의 주도로 설립된 단체는 황국 협회이다.

0799 광무개혁의 한계 답 ④

깊이있는 정답풀이

지계를 발급하기 위해 지계아문을 설치하였다는 내용을 통해 (가) 개혁이 광무개혁임을 알 수 있다. 광무개혁은 러시아와 일본이 세력 균형을 이루는 상황에서 자주독립과 근대화를 지향하였다는 의의가 있는 반면, 황제권 강화에 중점을 두어 민권 보장에 소홀하였다는 한계가 있다.

개념잡는 오답풀이

① 광무개혁은 갑오·을미개혁 이후에 실시되었다.
② 독립 협회는 주로 러시아를 배척의 대상으로 삼고 일본, 미국, 영국 등의 침략성을 간과하는 한계를 보였다.
③ 위정척사 세력은 성리학적 질서를 강조하여 근대화를 지연시키는 한계를 보였다.
⑤ 갑신정변은 일본의 군사력에 의존하였으며 민중의 지지를 받지 못하였다는 한계가 있다.

0800 김홍집의 활동 답 ③

깊이있는 정답풀이

제2차 수신사로 일본에 파견되었으며 영의정과 총리대신을 역임하였고, 아관 파천 이후 비극적인 죽음을 맞이하였다는 내용을 통해 밑줄 친 '이 인물'이 김홍집임을 알 수 있다. 김홍집은 군국기무처의 총재로 제1차 갑오개혁을 주도하였다.

개념잡는 오답풀이

① 조선 정부는 1881년 영선사 김윤식이 이끄는 일행을 청에 파견하여 근대식 무기 제조 기술과 군사 훈련법을 배워 오도록 하였다.
② 김홍집은 대한 제국 수립 이전에 사망하였다.
④ 독립 협회는 1898년 관민 공동회를 개최하였는데, 이 자리에는 박정양 등의 관리가 참석하였다.
⑤ 동학 농민군은 전주 화약 이후 전라도 각지에 집강소를 설치하여 폐정 개혁을 실행하였다.

0801 홍범 14조의 반포 시기 답 ②

깊이있는 정답풀이

제시된 강령은 홍범 14조의 일부이다. 제1차 갑오개혁 진행 중에 일본이 적극 간섭하면서 김홍집·박영효 연립 내각이 수립되고 군국기무처가 폐지되었으며, 제2차 갑오개혁이 추진되었다. 1894년 12월 고종은 종묘에 나가 자주독립을 선포하는 독립 서고문을 바치고 홍범 14조를 반포하였다. 홍범 14조는 제2차 갑오개혁의 기본 강령이 되었다. 한편, 삼국 간섭은 1895년 러시아, 프랑스, 독일의 입력으로 청일 전쟁에서 승리한 일본이 랴오둥반도를 청에 반환한 사건이다.

0802 홍범 14조와 갑오개혁 답 ①

깊이있는 정답풀이

제2차 갑오개혁은 국정 개혁의 기본 강령인 홍범 14조에 근거하여 진행되었다. 정치 분야에서는 8아문을 7부로 고쳐 내각을 편성하고 내각 총리대신이 통할하게 하였다. 지방은 8도를 23부로 개편하고, 부·목·군·현 등을 군으로 통일하여 23부에 소속시켜 지방관의 권한을 축소하였다. 또한 탁지부 아래에 관세사와 징세서를 설치하여 조세 징수 업무를 맡도록 하였다. 더불어 교육 입국 조서를 반포하고 외국어 학교 관제 등을 발표하여 근대 교육 제도를 마련하였다.
① 제3차 갑오개혁(을미개혁)에서 '건양'이라는 연호를 사용하였다.

0803 교조 신원 운동

(1) **답** (가) 교조 신원 운동

(2) **모범답안** 교조 최제우의 누명을 벗겨 주고, 포교의 자유를 보장받으려 하였다.

채점 기준	배점
목적에 해당하는 두 가지 내용을 모두 서술한 경우	상
위 내용 중 한 가지만 서술한 경우한 경우	하

0804 동학 농민 운동의 성격

모범답안 신분제를 비롯한 봉건적 악습을 타파하고, 정치와 사회 개혁을 통해 양반 중심의 지배 질서를 무너뜨리고자 하였다.

채점 기준	배점
봉건적 악습, 양반 중심의 지배 질서를 모두 포함하여 서술한 경우	상
봉건적 악습, 양반 중심의 지배 질서를 모두 포함하여 서술한 경우	하

0805 동학 농민군의 제2차 봉기

모범답안 일본은 경복궁을 점령하고 청일 전쟁을 일으켰으며 전쟁에서 승기를 잡은 이후 관군과 연합하여 농민군을 진압하려 하였다. 이에 농민군은 일본군 타도를 외치며 다시 봉기하여 서울로 북상하려 하였으나 공주 우금치에서 패하여 진압되었다.

채점 기준	배점
일본의 경복궁 점령, 농민군 진압 시도, 우금치 전투 패배로 진압됨을 모두 서술한 경우	상
위 내용 중 일부만 서술한 경우	하

0806 제1차 갑오개혁의 내용

모범답안 정치 분야에서는 청과의 사대 관계 청산(연호 폐지)과 과거제 폐지, 경제 분야에서는 재정 기구의 일원화, 사회 분야에서는 신분제 폐지와 과부의 재가 허용을 들 수 있다.

채점 기준	배점
정치 분야(청과의 시대 관계 청산 과거제 폐지), 경제 분야(재정 일원화), 사회 분야(신분제 폐지·과부의 재가 허용)의 개혁안을 모두 서술한 경우	상
세 분야 중 두 분야의 개혁안을 서술한 경우	중
세 분야 중 중 한 분야의 개혁안만을 서술한 경우	하

0807 갑오개혁의 한계

(1) **답** 갑오개혁

(2) **모범답안** 개혁 주도 세력이 일본에 의존하였고, 토지 제도 개혁을 외면해 민중의 지지를 이끌어 내지 못하였으며, 국방력 강화와 공업 진흥에 소홀하였다.

채점 기준	배점
일본에 의존, 민중의 외면, 국방력 강화와 공업 진흥에 소홀하였음을 모두 서술한 경우	상
일본에 의존하였음을 포함하여 두 가지 이상 서술한 경우	중
일본에 의존하였다고만 서술한 경우	하

0808 을미개혁

(1) **답** 김홍집

(2) **모범답안** 김홍집 내각은 을미개혁을 추진하였다. '건양'이라는 연호를 사용하고 태양력을 도입하였고, 단발령을 실시하였으며, 종두법을 확대 시행하였다.

채점 기준	배점
을미개혁의 명칭과 개혁의 내용 두 가지를 모두 서술한 경우	상
을미개혁의 명칭과 개혁의 내용 한 가지만 서술한 경우	중
을미개혁의 명칭만 쓴 경우	하

0809 독립 협회의 활동

모범답안 (가): 러시아의 이권 침탈에 반대하여 절영도 조차 요구를 저지하였다.

(나): 관민 공동회에서 헌의 6조를 결의하여 의회식 중추원 관제를 만드는 데 기여하였다.

(다): 신체의 자유와 재산권 보호, 언론·출판·집회·결사의 자유를 확보하기 위해 노력하였다.

채점 기준	배점
(가)~(다) 토론회 주제에 부합하는 활동을 각각 서술한 경우	상
(가)~(다) 토론회 주제 중 두 가지에 부합하는 활동을 각각 서술한 경우	중
(가)~(다) 토론회 주제 중 한 가지에 부합하는 활동만을 서술한 경우	하

0810 독립 협회의 한계

모범답안 독립 협회는 러시아 외의 다른 열강에 대해서는 우호적인 태도를 보였으며, 제국주의 열강과의 외교 관계를 잘 수립하는 것이 최선이라고 보는 등 열강의 침략 의도를 제대로 간파하지 못했다.

채점 기준	배점
열강에 대한 편향적 태도, 열강의 침략 의도 파악 실패를 모두 서술한 경우	상
위 내용 중 한 가지만 서술한 경우	하

0811 헌의 6조와 대한국 국제

(1) **답** (가) 헌의 6조, (나) 대한국 국제

(2) **모범답안** (가)에서는 중추원을 의회와 같이 개편하고 군주의 권리를

제한하는 정치 체제를, (나)에서는 주권이 황제에게 있는 전제 군주정을 지향하고 있다.

채점 기준	배점
(가) 의회식 중추원 개편·군주의 권리 제한, (나) 전제 군주정 지향을 모두 서술한 경우	상
위의 내용 중 한 가지만 서술한 경우	하

0812 광무개혁의 성격

(1) 답 광무개혁
(2) 모범답안 광무개혁은 '옛것을 근본으로 삼고 새것을 참고한다.'라는 구본신참의 원칙 아래 진행된 점진적인 개혁이었다.

채점 기준	배점
구본신참의 원칙, 점진적 개혁을 모두 서술한 경우	상
위의 내용 중 한 가지만 서술한 경우	하

0813 지계 발급의 목적

(1) 답 지계
(2) 모범답안 실제 경작 농지의 면적을 정확히 파악하고, 토지 소유권을 국가가 파악하여 조세 수입을 증대시키려 하였다. 또 근대적 토지 소유권을 확립하고자 하였다.

채점 기준	배점
실제 경작 농지의 면적 파악, 조세 수입 증대, 근대적 토지 소유권 확립을 모두 서술한 경우	상
위 내용 중 두 가지를 서술한 경우	중
위 내용 중 한 가지만 서술한 경우	하

0814 제1차 갑오개혁과 광무개혁

(1) 답 (가) 제1차 갑오개혁, (나) 광무개혁
(2) 모범답안 제1차 갑오개혁 시기 개국 기년이 사용되었고, 6조가 8아문으로 개편되었으며, 과거제와 신분제가 폐지되었다. 광무개혁 시기에는 대한국 국제가 반포되었고, 원수부가 설치되었으며 토지 소유자에게 지계가 발급되었다.

채점 기준	배점
제1차 갑오개혁과 광무개혁의 내용을 두 가지씩 모두 서술한 경우	상
제1차 갑오개혁과 광무개혁의 내용을 한 가지만 서술한 경우	중
제1차 갑오개혁과 광무개혁의 중 한 가지 개혁의 내용만 서술한 경우	하

04 국권 침탈과 국권 수호 운동

STEP 1 O/X 문제로 교과서 핵심 자료 보기   190~191쪽

0815 X	0816 O	0817 O	0818 O	0819 O	0820 O
0821 O	0822 X	0823 O	0824 O	0825 X	0826 X
0827 O	0828 O	0829 X	0830 O	0831 X	0832 O
0833 O	0834 O	0835 X	0836 O	0837 O	0838 O

STEP 2 객관식 풀어 보기   192~208쪽

0839 ④	0840 ①	0841 ④	0842 ①	0843 ①	0844 ②
0845 ③	0846 ①	0847 ④	0848 ⑤	0849 ④	0850 ⑤
0851 ②	0852 ③	0853 ⑤	0854 ①	0855 ③	0856 ⑤
0857 ①	0858 ①	0859 ④	0860 ③	0861 ③	0862 ⑤
0863 ⑤	0864 ②	0865 ⑤	0866 ②	0867 ④	0868 ②
0869 ①	0870 ②	0871 ②	0872 ⑤	0873 ⑤	0874 ②
0875 ④	0876 ②	0877 ①	0878 ⑤	0879 ⑤	0880 ④
0881 ②	0882 ②	0883 ③	0884 ①	0885 ③	0886 ③
0887 ③	0888 ⑤	0889 ⑤	0890 ④	0891 ⑤	0892 ②
0893 ③	0894 ②	0895 ②	0896 ②	0897 ②	0898 ②
0899 ①	0900 ②	0901 ⑤	0902 ⑤	0903 ②	0904 ②
0905 ④	0906 ①				

0839 일본의 한국 지배 승인 관련 조약   답 ④

깊이있는 정답풀이

제시된 자료의 (가)는 미국, (나)는 영국이다. 러일 전쟁이 일본에게 유리하게 전개되자 미국은 가쓰라·태프트 밀약을 통해, 영국은 제2차 영일 동맹을 통해 일본의 한국 지배를 인정하였다. 조선은 1882년 조미 수호 통상 조약을 체결하면서 서양 국가로는 처음으로 미국에게 문호를 개방하였다. 이 조약에는 치외 법권, 최혜국 대우 등 불평등한 내용도 있었지만, 양국 중 어느 한 나라가 제3국의 압박을 받으면 서로 도와준다는 거중 조정의 조항도 있었다. 을사늑약 체결을 강요당한 고종은 이의 무효화를 위해 노력하면서 거중 조정 조항에 따라 당시 미국 대통령인 루스벨트에게 친서를 보내 도와줄 것을 요청하기도 하였다. 한편, 세계 각 지역에서 러시아의 세력 확장을 견제하던 영국은 1880년대 중반 조선과 러시아가 비밀 협약을 체결한다는 소식이 전해지자, 러시아를 견제한다는 명목을 내세워 거문도를 불법으로 점령하기도 하였다. 그리고 영국은 1900년대에 이르러 러시아의 남하를 견제하기 위해 일본과 두 차례의 동맹을 체결하기도 하였다.

개념잡는 오답풀이

ㄷ. 아관 파천 이후 두만강과 압록강 유역의 삼림 채벌권을 가져간 나라는 러시아였다. 러시아는 울릉도의 삼림 채벌권을 가져가기도 하였다.

0840 한일 의정서   답 ①

깊이있는 정답풀이

제시된 자료에서 일본이 전략상 필요한 지점을 수시로 이용한다는 점 등을 통해 제시된 조약은 한일 의정서임을 알 수 있다. 일본은 러일 전쟁을 일으킨 후 서울에 난입하였고, 한국 내에서 군사 기지를 마음대로 사용할 수 있도록 하는 한일 의정서를 강제로 체결하였다.

② 헤이그 특사는 을사늑약의 부당함을 알리기 위해 파견되었다. 일제는 이를 구실 삼아 고종을 강제 퇴위시켰다.

③ 제1차 한일 협약과 관련 있다.

④ 러일 전쟁이 발발하기 직전의 상황이다.

⑤ 청일 전쟁의 결과와 관련된 내용이다.

0841 한일 의정서 이후 체결된 조약들 답 ④

ⓒ 깊이있는 정답풀이

제시된 (가)는 을사늑약(1905), (나)는 한일 신협약(1907), (다)는 한일 의정서(1904)에 해당한다. 일본은 러일 전쟁 중에 군사적 요충지를 선점하기 위하여 한일 의정서의 체결을 강요하였다. 이후 을사늑약이 체결되어 대한 제국은 외교권을 박탈당하였으며, 통감부가 설치되어 일본의 내정 간섭을 받아야만 하였다. 한일 신협약에서는 통감의 내정 간섭을 크게 강화하고, 정부 각 부서에 일본인 차관을 임명하였다.

ⓒ 개념잡는 오답풀이

ㄱ. (다) - (가) - (나)의 순서로 체결되었다.

ㄷ. 제1차 한일 협약(1904)이 체결되면서 일본은 외교 분야에 미국인 스티븐스를, 재정 분야에 일본인 메가타를 파견하였다. (나) 한일 신협약에서는 일본인을 정부 각 부의 차관으로 임명하도록 하였다.

> (1등급 가이드)
> 일본의 국권 침탈 과정에서 체결된 조약들의 체결 순서와 차이점을 비교하여 정리해 둡시다.

0842 제1차 한일 협약 답 ①

ⓒ 깊이있는 정답풀이

제시된 자료에서 밑줄 친 '이 협약'은 제1차 한일 협약이다. 한반도를 둘러싸고 치열하게 세력 다툼을 벌이던 러시아와 일본은 결국 전쟁을 벌였다(1904). 전쟁 이전에 대한 제국은 국외 중립을 선언하였으나, 일본은 전쟁을 자신들에게 유리하게 돌리고자 한일 의정서 체결을 강요하여 조선의 군사 요충지를 마음대로 사용하였다. 전세가 유리해지자 일제는 제1차 한일 협약을 체결하여 한국의 외교와 재정 분야에 외국인 고문을 두도록 하였다. 이에 따라 일본인 메가타를 재정 고문으로, 친일 미국인 스티븐스를 외교 고문으로 임명하였다. 이때 파견된 일본인 재정 고문 메가타는 화폐 정리 사업을 단행하여 대한 제국을 재정적으로 일본에 예속시켰다.

ⓒ 개념잡는 오답풀이

② 일본은 대한 제국의 재정적 어려움을 구실로 군대를 해산시켰다.

③ 1907년 한일 신협약에 따라 대한 제국의 행정 각 부에 일본인 차관을 두었다.

④ 일본은 덕수궁을 군대로 포위하고 을사늑약 체결을 강요하였다.

⑤ 고종은 을사늑약의 무효화를 위해 헤이그 특사를 파견하였다.

0843 을사늑약의 내용 답 ①

ⓒ 깊이있는 정답풀이

제시된 자료는 「시일야방성대곡」의 일부분으로 을사늑약과 관련 있다. 러일 전쟁이 유리하게 돌아가는 상황에서 일본은 미국, 영국, 러시아로부터

한국에 대한 독점 지배권을 인정받았다. 이후 일본은 고종과 정부 대신들을 위협하여 을사늑약 체결을 강요하였다. 을사늑약으로 일본은 대한 제국의 외교권을 빼앗고, 서울에 통감부를 설치한다는 내용을 규정하였다.

ⓒ 개념잡는 오답풀이

② 사법권은 1909년 기유각서 체결로 박탈되었고, 이듬해 6월 경찰권까지 박탈되었다.

③ 제1차 한일 협약의 결과 외교·재정 분야에 외국인 고문이 파견되었다.

④ 일본은 러일 전쟁 중 대한 제국과 한일 의정서를 강제로 체결하여 한국 내에서 군사 기지를 마음대로 사용할 수 있게 되었다.

⑤ 한일 신협약에 따라 대한 제국의 정부 각 부에 일본인 차관이 파견되었다.

0844 을사늑약의 체결 결과 답 ②

ⓒ 깊이있는 정답풀이

제시문의 '가쓰라·태프트 밀약', '제2차 영일 동맹', '포츠머스 조약' 등을 통해 1905년의 상황임을 알 수 있다. '민영환 자결'을 통해서 밑줄 친 '조약'이 을사늑약임을 추론할 수 있다. 을사늑약이 체결됨에 따라 대한 제국은 외교권을 박탈당하였다. 이후 통감부가 설치되었고, 초대 통감으로 이토 히로부미가 부임하였다.

ⓒ 개념잡는 오답풀이

① 한일 신협약(정미7조약, 1907)에 따라 일본인 차관이 임명되었다.

③, ④ 1907년 대한 제국의 군대가 해산되자 해산된 군인들이 의병에 합류하였으며, 의병 연합 부대가 조직되어 서울 진공 작전이 전개되었다.

⑤ 한일 의정서(1904)에 따라 일본군이 한국의 영토를 군사 기지로 사용할 수 있는 권리를 가져갔다.

0845 을사늑약의 체결과 저항 답 ③

ⓒ 깊이있는 정답풀이

제시된 자료에서 외교권을 강탈하였다는 내용을 통해 (가) 조약이 을사늑약(1905)임을 알 수 있다. 일본은 을사늑약 체결로 대한 제국의 외교권을 박탈하였으며, 조선에 통감을 파견해 내정 간섭을 강화하였다. 이에 대한 저항으로 민영환, 조병세 등은 자결을 하였고, 나철, 오기호 등은 을사5적 암살단을 조직하였다. 그리고 황성신문은 「시일야방성대곡」을 실어 을사늑약의 부당함을 호소하였다. ③ 최익현은 을사의병의 의병장들 중 한 명으로, 을사의병은 을사늑약에 대한 저항으로 일어난 의병 항쟁이다.

ⓒ 개념잡는 오답풀이

① 러일 전쟁 중에 강제로 체결된 것은 한일 의정서(1904. 2.)로, 한국의 군사 기지를 일본이 마음대로 사용할 수 있도록 하였다.

② 대한 제국 군대의 해산은 1907년 한일 신협약의 부속 각서 내용이다.

④ 제1차 한일 협약(1904. 8.) 이후 고문 정치가 시작되었다.

⑤ 조청 상민 수륙 무역 장정(1882)으로 청 상인의 내지 통상권이 허용되었다. 이에 최혜국 조항에 따라 모든 열강의 내륙 진출을 허용하게 되었다.

0846 미국과 대한 제국의 관계 답 ①

ⓒ 깊이있는 정답풀이

제시된 자료의 내용과 같이 조선에 대한 종주권을 확인받으려는 청의 알선으로 조선은 1882년 서양 국가와는 처음으로 미국과 수교를 맺었다. 이

때 체결한 조미 수호 통상 조약에는 거중 조정의 조항이 들어 있었다. 고종은 을사늑약이 강제로 체결되자 이를 근거로 들어 미국에 구원을 요청하였으나 미국은 이미 일본과 가쓰라·태프트 밀약을 맺은 상태였기 때문에 고종의 요청에 응하지 않았다.

✅ 개념잡는 오답풀이

ㄴ. ⓒ 1904년에 체결한 한일 의정서의 제3조에는 '일본 정부는 한국의 독립 및 영토 보전을 확실히 보증한다.'는 내용이 포함되어 있으나, 일본은 을사늑약을 통해 외교권을 박탈함으로써 이 협정 내용을 위반하였다. 정부 각 부에 차관을 파견한 것은 1907년 한일 신협약 이후이다.

ㄷ. ⓒ 대한 제국을 보호국화하는 조약은 1905년에 강제 체결된 을사늑약이다.

0847 한일 신협약의 체결 배경　　답 ④

🔍 깊이있는 정답풀이

제시된 자료의 내용을 통해 1907년에 체결된 한일 신협약(정미7조약)이라는 것을 알 수 있다. 고종이 헤이그에서 열리는 민국 평화 회의에 이상설, 이준, 이위종을 특사로 파견하자, 일본은 이를 빌미로 한일 신협약을 강요하였다. 이 조약으로 통감이 내정의 전권을 장악하고, 통감이 추천하는 일본인이 정부의 주요 관직(차관)을 차지하였다.

✅ 개념잡는 오답풀이

① 가쓰라·태프트 밀약은 1905년에 체결되었다.

② 한일 신협약의 부속 각서를 통해 대한 제국의 군대가 해산되었다.

③ 일본은 제1차 한일 협약(1904)을 통해 재정과 외교 등 각 부에 고문을 파견하였다.

⑤ 고종의 강제 퇴위, 군대 해산 이후 13도 연합 부대가 편성되어 서울 진공 작전이 전개되었다.

0848 헤이그 특사의 활동　　답 ⑤

🔍 깊이있는 정답풀이

제시된 문제에서 대한 제국 시기 유럽의 한 회의에서 발표하려 했다는 것과 제시된 자료 중 '한국인이 일본인의 이기적인 침략에 대항' 등의 내용을 통해 만국 평화 회의에 파견된 헤이그 특사의 호소문이라는 것을 알 수 있다. 일본이 대한 제국에 을사늑약을 강요하자 고종은 1907년 헤이그에 특사를 파견하였다. 일본은 이를 빌미로 고종을 강제로 퇴위시키고, 군대를 해산시켰다. 헤이그 특사의 호소문은 세계 각국 기자들의 동정과 지지를 받아 여러 신문에 게재되었다.

✅ 개념잡는 오답풀이

ㄱ. 영국과 일본은 러시아를 견제하기 위해 1902년 제1차 영일 동맹을 체결하였다.

ㄴ. 일본은 1904년 제1차 한일 협약을 체결함으로서 한국에 외국인 고문을 임명하였다.

0849 헤이그 특사 파견의 결과　　답 ④

🔍 깊이있는 정답풀이

제시된 가상 일기의 '이상설',' 이준',' 만국 평화 회의',' 헤이그' 등을 통해

헤이그 특사 파견에 대한 내용임을 추측할 수 있다. 을사늑약(1905) 체결 이후 고종은 조약의 부당성을 세계에 알리고자 헤이그에 특사를 파견하였다. 이후 일본은 ④ 헤이그 특사 파견을 구실로 고종을 강제 퇴위시켰다.

✅ 개념잡는 오답풀이

① 삼국 간섭은 청일 전쟁 뒤에 맺어진 시모노세키 조약으로 일본이 랴오둥반도를 차지하자 러시아, 프랑스, 독일 3국이 일본을 압박하여 이를 반환하게 한 사건이다.

② 을미사변 이후 고종이 러시아 공사관으로 피신하였다(1896).

③ 메이지 유신으로 근대화한 일본은 군함 운요호를 보내 무력으로 조선의 개항을 요구하였다(1875).

⑤ 1882년 조미 수호 통상 조약의 체결 이후 1883년 조선은 미국에 보빙사를 파견하였다.

0850 일본의 국권 침탈 과정　　답 ⑤

🔍 깊이있는 정답풀이

(마) 제1차 한일 협약으로 재정 고문 메가타, 외교 고문 스티븐스가 임명되었다(1904. 08.). (다) 가쓰라·태프트 밀약으로 미국이 일본의 대한 제국 지배를 용인하였다(1905. 7.). (라) 포츠머스 조약으로 러시아는 대한 제국에 대한 일본의 지배권을 인정하였다(1905. 9.). (나) 을사늑약으로 대한 제국의 외교권이 강탈당하고 이토 히로부미가 초대 통감으로 부임하였다(1905. 11.). (가) 한일 신협약(정미7조약)의 부속 각서를 통해 대한 제국의 군대가 해산되었다(1907).

0851 조약 체결과 국권 피탈　　답 ②

🔍 깊이있는 정답풀이　🔍 추론 TIP　일본인 재정 고문 → 제1차 한일 협약(1904)　통감의 추천으로 관리 임명 → 한일 신협약(1907)

> (가) 한국 정부는 일본 정부가 추천한 일본인 1명을 재정 고문으로 삼아 …… 재무에 관한 사항은 일체 그의 의견을 물어 시행해야 한다.
> (나) 한국 황제 폐하는 한국 전부에 관한 일체 통치권을 완전히, 또 영구히 일본 황제 폐하에게 양여한다.
> (다) 일본국 정부는 한국과 타국 간에 현존하는 조약의 실행을 완수하는 임무를 담당하고, 한국 정부는 금후 일본국 정부의 중개를 거치지 않고서는 국제적 성질을 가진 어떤 조약이나 약속을 맺지 않을 것을 서로 약속한다.
> (라) 한국 고등 관리의 임면은 통감의 동의를 얻어 행한다. 한국 정부는 통감이 추천한 일본인을 한국 관리로 임명한다.

(가)는 1904년 8월에 체결된 제1차 한일 협약이고, (나)는 1910년 8월에 체결된 한국 병합 조약이다. (다)는 1905년 11월에 강요된 을사늑약이고, (라)는 1907년 7월에 체결된 한일 신협약이다. 따라서 이를 체결된 순서대로 나열하면 (가) – (다) – (라) – (나)이다.

> (1등급 가이드)
> 국권 침탈 과정에서 일본과 맺은 조약들의 내용은 조약의 원문에서 핵심이 되는 키워드를 찾는 연습을 통해 반드시 기억해 둡시다.

0852 일본의 국권 침탈 과정　　　답 ③

깊이있는 정답풀이

제시된 표와 같이 일본은 각종 조약의 체결을 강요하여 우리의 주권을 빼앗아 나갔다. 이 과정에서 우리 민족의 저항이 전개되었으나 일본은 강압적인 방법으로 탄압하였다.

③ 고종은 네덜란드에서 열린 국제회의인 만국 평화 회의에 헤이그 특사를 파견하여 을사늑약의 부당함을 알리려고 하였으나 실패하였다. 한반도의 자주독립 문제가 제대로 논의된 첫 국제회의는 1943년에 열린 카이로 회담이다.

0853 일진회　　　답 ⑤

깊이있는 정답풀이

제시된 자료는 일진회의 주장이다. 원래 일진회는 송병준 등이 조직하였던 단체인데, 동학 내의 친일 세력인 이용구 등이 조직한 진보회를 흡수하여 전국적인 기반을 갖게 되었다. 이들은 을사늑약에 찬성하고 고종 황제의 강제 퇴위, 의병 토벌에 앞장섰을 뿐만 아니라 한일 병합을 일본에 청원하였다.

개념잡는 오답풀이

① 제국신문은 1898년 이종일이 간행한 민족 신문이다.
② 헌정 연구회는 1905년 결성되었다.
③ 일진회는 을사늑약 체결 이전인 1904년에 조직되었다.
④ 일진회는 친일적인 활동을 전개하였으므로 무장 투쟁과는 관련이 없다.

0854 대한 제국의 국권 피탈　　　답 ①

깊이있는 정답풀이

제시된 자료를 쓴 황현은 일제에게 국권을 피탈당하자 스스로 목숨을 끊어 일제의 국권 강탈에 항의하였다. 자료에서 '조칙은 지금부터 다시 없을 것이라.'라는 구절을 통해 국권 피탈 상황임을 파악할 수 있다.

개념잡는 오답풀이

② 을사늑약 직후에는 민영환이 자결을 통해 이에 대한 항의의 뜻을 표하였다.
③ 제1차 갑오개혁에 해당한다.
④ 을사늑약으로 통감부가 설치되었다.
⑤ 한일 신협약 체결과 관련 있다.

0855 을미의병　　　답 ③

깊이있는 정답풀이

제시문은 을미의병(1895)과 관련된 자료이다. 을미의병은 을미사변과 단발령이 계기가 되어 일어났으며, 유인석, 이소응 등 위정척사 사상을 가진 유생층이 주도하였다. 을미의병은 단발령 철회와 고종의 의병 해산 권고 조칙에 따라 해산하였다. 해산 이후 잔여 세력들이 활빈당을 조직하였다.

개념잡는 오답풀이

ㄴ. 의병 지도자들은 이인영을 총대장으로 하여 13도 연합 부대(13도 창의군)를 편성하고 서울 진공 작전을 전개하였다.
ㄷ. 정미의병 시기 의병 투쟁이 전국적으로 확산되었다.

0856 을미의병의 특징　　　답 ⑤

깊이있는 정답풀이　　　🔍 추론 TIP 왕후의 영혼 위로(명성 황후) → 을미의병

> 적을 토벌하여 복수하는 것으로 말씀드린다면 우리 전하의 적개심을 풀어드리며 왕후의 영혼을 거의 위로해 드리게 될 것입니다. …… 존화양이(尊華攘夷)로 말씀드린다면 우리 국가의 옛 법도를 따르게 되어서 도도히 흐르는 광란으로 이미 엎어진 것을 거의 회복하게 될 것입니다.
>
> — 유인석, 『의암집』

제시된 자료는 유인석이 쓴 창의문이다. 유인석은 1895년에 일어난 을미의병 때 의병 운동에 나섰다. 을미의병은 위정척사 사상을 지닌 유생을 중심으로 일어났는데, 농민과 동학 농민군의 잔여 세력도 의병에 적극 가담하였다.

개념잡는 오답풀이

① 1907년 유생 의병장들은 13도 연합 부대(13도 창의군)를 결성하였다.
② 을사의병 때에는 유생뿐만 아니라 평민 출신 의병장이 크게 활약하였다.
③ 정미의병에는 각지의 해산 군인이 의병에 가담하였다.
④ 1907년 의병 전쟁이 확산되면서 13도 창의군이 서울 진공 작전에 나섰지만 실패하였다.

0857 을미의병의 활동　　　답 ①

깊이있는 정답풀이

제시문은 의병장 유인석의 격문이다. '임금과 아비의 원수', '오랑캐'는 국모를 시해한 일본을 가리킨다. 그리고 '왕의 옷 및 부모의 몸은 보전되어야만 한다.'는 주장에서 단발령에 대한 항거로 의병을 일으켰음을 알 수 있다. 을미사변과 단발령에 반발하여 일어난 을미의병 중 유인석, 이소응 부대의 활동이 가장 두드러졌다. 유인석은 위정척사 사상을 가진 유생으로 충북 제천에서 의병을 일으켜 부패 관리들을 죽였으나, 관군에게 패하고 만주로 망명하여 독립운동을 하였다. 을미의병은 아관 파천 직후 고종이 내린 의병 해산 권고 조칙에 따라 대부분 자진 해산하였다.

개념잡는 오답풀이

② 평민 출신 의병장이 등장한 것은 을사의병 이후부터였다. 그리고 정미의병 때는 유생 출신보다 평민 출신 의병장이 대다수를 차지하였다.
③, ④, ⑤는 정미의병에 대한 설명이다.

0858 을미의병 시기의 모습　　　답 ①

깊이있는 정답풀이　　　🔍 추론 TIP 임금이 내린 열 줄의 지시→ 아관 파천 후 고종이 단발령 철회 → 의병 해산

> 이제 하늘의 위엄이 진동함에 흉악한 역적이 소탕되었으니, 역적을 치는 일로 다시 의병을 일으키지는 말아야 한다. 단발의 문제는 편리한 대로 하게 한 만큼 의병을 일으킬 명분이 아니다. 우리 임금께서 백성들의 심정을 살피어 진심으로 내린 열 줄의 지시가 지극히 간절하니 …… 칙사가 도착하는 날에 무기를 놓고 부대를 해산하고 집으로 돌아가서 맡은 일에 힘쓰도록 하라.

1895년 을미사변과 단발령 실시에 반발해 위정척사 사상을 가진 유생층을 중심으로 을미의병이 일어났다. 그러나 고종이 러시아 공사관으로 거

처를 옮기는 아관 파천을 단행한 후 단발령을 철회하고 의병 해산 권고 조
칙을 내리자 대부분 해산하였다.

개념잡는 오답풀이

② 정미의병 당시 13도 창의군은 1908년에 서울 진공 작전을 전개하였으
  나 실패하였다.
③ 1894년에 일본군이 경복궁을 점령하자 동학 농민군이 다시 봉기하여
  서울로 진격하였으나 공주 우금치에서 일본군에게 패하였다.
④ 1894년에 제1차 갑오개혁이 시작되면서 설치된 군국기무처는 제2차
  갑오개혁 때 폐지되었다.
⑤ 구식 군인들은 신식 군인인 별기군과의 차별 대우에 반발해 1882년에
  임오군란을 일으켰다.

> **(1등급 가이드)**
> 을미의병과 관련된 사료는 매우 다양하게 제시될 수 있습니다. 그러나 '국
> 모', '단발', '오랑캐' 등의 키워드를 제대로 찾을 수 있다면 아무리 어려운
> 문장을 만나더라도 함정에 빠지지 않고 답을 찾아낼 수 있을 거예요.

0859 을사의병의 배경 　　　 답 ④

깊이있는 정답풀이

제시문에 등장하는 민종식과 최익현은 을사의병을 이끈 대표적인 의병장
이다. 1905년 일제가 외교권 박탈과 통감부 설치를 내용으로 하는 을사늑
약의 체결을 강요하자 을사늑약 폐기를 요구하는 다양한 저항 운동이 일
어났는데, 을사의병도 그런 저항 운동의 하나였다.

개념잡는 오답풀이

① 해산 군인이 의병에 합류한 것은 정미의병이다.
② 을사의병은 유생 출신 의병장이 주도하였고, 평민 출신 의병장이 등장하
  였다.
③, ⑤는 정미의병과 관련된 설명이다.

0860 정미의병의 활동 　　　 답 ③

깊이있는 정답풀이

제시된 자료는 정미의병과 관련된 것이다. 정미의병은 고종 황제의 강제
퇴위와 더불어 군대 해산(1907)에 저항하여 일어났는데, 해산 군인의 합
류로 의병의 전투력과 조직력이 한층 강화되었다. 정미의병 당시 홍범도
등 다수의 평민 의병장들이 명성을 날리기도 하였다. 의병 활동이 전국적
으로 확산되고 항일 구국 전쟁으로 발전되자 이후 의병 지도자들은 13도
연합 부대(13도 창의군)를 결성하여 서울 진공 작전을 전개하였다. 이 무
렵 이인영은 각국 영사관에 격문을 보내 의병을 국제법상 교전 단체로 인
정해 줄 것을 요구하기도 하였다.

③ 을사의병 때의 일이다.

0861 정미의병의 특징 　　　 답 ③

깊이있는 정답풀이

제시된 그래프는 정미의병 당시 의병장의 신분을 나타낸 것이다. 1907년
정미의병은 고종의 강제 퇴위와 군대 해산을 계기로 봉기하였다. 정미의
병에는 해산된 군인들이 합류함으로써 의병의 조직력과 전투력이 크게 향

상되었다. 다양한 신분이 의병 운동에 합류하였고, 특히 평민 출신 의병장
등이 활약한 호남 지방에서는 가장 치열한 의병 전쟁이 전개되었다. 그러
나 1909년 의병을 진압하기 위해 일제가 남한 대토벌 작전을 전개하면서
국내에서 의병이 크게 위축되었고, 살아남은 의병들은 국외로 이주해 독
립군으로 활동하였다.

개념잡는 오답풀이

ㄹ. 1909년 일제의 남한 대토벌 작전 이후 위축된 의병은 국외로 이동해
  무장 독립 투쟁을 전개하였다.

0862 1907년 군대 해산 이후의 모습 　　　 답 ⑤

깊이있는 정답풀이 | **추론 TIP** 대한 제국 군대 해산 → 해산된 군인의 의병 합류(정
미의병)

> 짐이 생각건대 쓸데없는 비용을 절약하여 이용후생에 응용함이 급
> 무라. 현재 군대는 용병으로서 상하의 일치와 국가 안전을 지키는
> 방위에 부족한지라. 훗날 징병법을 발표하여 공고한 병력을 구비할
> 때까지 황실 시위에 필요한 자를 빼고 모두 일시에 해산하노라.

제시된 자료는 고종 강제 퇴위 이후 즉위한 순종이 대한 제국의 군대 해산
을 명령한 조칙이다. 대한 제국 군대가 해산되자 군인들이 의병에 합류하
여 전국적인 의병 전쟁이 전개되었다(정미의병). 이후 13도 연합 부대인
13도 창의군이 결성되었고, 총대장 이인영은 각국 영사관에 의병을 국제
법상 교전 단체로 인정해 줄 것을 요구하였다.

개념잡는 오답풀이

① 최익현은 1905년 을사늑약에 반발하여 의병을 일으켰고, 순창 일대를
  장악하였다.
② 고종은 1907년에 헤이그 만국 평화 회의에 이준 등을 특사로 파견해
  을사늑약의 무효를 주장하고자 하였다.
③ 전봉준이 이끄는 동학 농민군은 1894년 일본군이 경복궁을 점령하자
  다시 봉기하였고, 우금치에서 일본군과 격전을 벌였다.
④ 1905년 을사늑약 체결 직후 이토 히로부미가 초대 통감으로 부임하였다.

> **(1등급 가이드)**
> 을미의병, 을사의병, 정미의병으로 이어지는 항일 의병 운동을 파악하는
> 문제가 자주 출제됩니다. 을미사변과 단발령에 반발한 을미의병, 을사늑약
> 에 반발한 을사의병, 고종의 강제 퇴위와 대한 제국 군대 해산으로 일어난
> 정미의병 등 각 의병 봉기의 원인은 물론, 각 시기별 의병의 특징을 정리해
> 두어야 합니다.

0863 서울 진공 작전 　　　 답 ⑤

깊이있는 정답풀이

제시문의 '동대문 밖 삼십 리', '서울로 공격', '대한매일신보' 등의 내용을
통해 13도 연합 부대(13도 창의군)의 서울 진공 작전을 묘사한 것임을 알
수 있다. 이들은 각국 영사관에 격문을 보내 의병을 국제법상 교전 단체로
인정해 달라고 요구하였으며, 국외 동포에게 격문을 보내기도 하였다.

개념잡는 오답풀이

ㄱ. 활빈당의 잔여 세력이 참여하였던 의병은 을사의병이다.
ㄴ. 평민 출신 의병장 신돌석이 활약했던 의병은 을사의병이다.

0864 정미의병의 요구 사항 답 ②

깊이있는 정답풀이

제시된 자료에서 태황제(고종)를 복위시키고, 외교권을 되돌려 주고, 통감부를 철거하라는 내용이 포함된 점을 통해 해당 의병은 1907년 이후에 일어난 정미의병임을 알 수 있다. 제시된 조항은 의병장 허위가 통감부에 요구한 30개조의 일부이다. 정미의병은 해산된 군인들을 비롯하여 유생, 농민, 상인, 포수 등 다양한 신분과 계층이 참여하였다.

개념잡는 오답풀이

① 을사의병과 관련된 내용이다.

③ 을미의병에 대한 설명이다.

④ 자료에서는 일본인 재정 고문 메가타가 주도한 화폐 정리 사업에 대한 반발을 확인할 수 있다.

⑤ 동학 농민 운동과 관련된 내용이다.

0865 남한 대토벌 작전 답 ⑤

깊이있는 정답풀이

제시문에서 일본군이 온 마을을 수색하며 의심스러운 사람이면 모조리 죽였다는 내용을 통해 1909년의 '남한 대토벌 작전'에 대한 설명임을 알 수 있다. 1908년 서울 진공 작전 실패 이후에도 호남 지역을 중심으로 의병 운동이 치열하게 전개되자, 일본은 1909년 9월부터 2개월 동안 호남 지방을 해안과 육지에서 완전히 봉쇄한 뒤 마치 빗질하듯 공격하는 이른바 '남한 대토벌 작전'을 펼쳤다. 이에 호남의 여러 지역은 일본군의 무자비한 살육, 방화, 약탈 등으로 잿더미가 되었다.

0866 시기별 의병 활동 답 ③

깊이있는 정답풀이

제시문 중 (가)는 '부모로부터 받은 머리카락을 깎았으니'라는 내용에서 단발령에 대한 반발로 일어난 을미의병임을 알 수 있다. (나)는 '황제를 양위'라는 내용에서 1907년 고종의 강제 퇴위와 군대 해산을 계기로 일어난 정미의병임을 알 수 있다. 서울 진공 작전은 정미의병 시기에 일어났다. (다)의 '작년 10월에 저들이 한 행위'는 일본이 강제 체결한 을사늑약으로, 이에 반발하여 일어난 을사의병임을 알 수 있다. 을사의병의 특징은 신돌석과 같은 평민 출신 의병장이 등장하였다는 점이다.

개념잡는 오답풀이

ㄱ. 의병은 전국에 걸쳐 일어났다. 호남 의병의 활동이 치열했던 시기는 정미의병 때이며, 서울 진공 작전 실패 이후이다.

ㄹ. (가) – (다) – (나)의 순서로 전개되었다.

> **(1등급 가이드)**
>
> 항일 의병을 정리할 때 그들이 내세운 주장을 분석하여 의병의 특징을 찾아 내는 것이 중요합니다.

0867 1909년 이후 의병 활동 답 ④

깊이있는 정답풀이

제시문과 같은 일제의 '남한 대토벌 작전'으로 국내에서 의병 활동이 어려워졌다. 이에 살아남은 의병들은 만주, 연해주 등으로 이동하여 무장 독립

투쟁을 전개하였다.

개념잡는 오답풀이

① 13도 창의군은 1908년 서울 진공 작전을 전개하였다.

② 을미의병 때 고종의 해산 권고 조칙에 따라 대부분의 의병이 부대를 해산하였다.

③ 동학 농민 운동이나 을미의병에 참여했던 사람들 중 일부는 활빈당으로 활동하였다.

⑤ 13도 연합 부대는 서울 진공 작전을 전개하였고, 각국 영사관에 의병을 국제법상 교전 단체로 인정해 줄 것을 요구하기도 하였다.

0868 을사늑약에 대한 항거 답 ⑤

깊이있는 정답풀이

추론 TIP 민영환의 유서 → 을사늑약의 무효화를 요구하며 자결 → 1905년의 상황

> 나라의 수치와 백성의 욕됨이 바로 여기에 이르렀으니, 우리 인민은 장차 생존경쟁 가운데에 모두 멸망하리라. 대저 살기를 바라는 자는 반드시 죽고 죽기를 기약하는 자는 삶을 얻나니, 제공(諸公)들은 어찌 헤아리지 못하는가? 영환은 다만 한 번 죽음으로써 황은(皇恩)에 보답하고 그리하여 우리 2천만 동포 형제에게 사죄하려 하노라. …… 바라건대 우리 동포 형제들은 더욱더 분발하고 힘을 써서 그대들의 뜻과 기개를 굳건히 하여 학문에 힘쓰고, 마음으로 단결하고 힘을 합쳐서 우리의 자유 독립을 회복한다면, 죽은 자는 마땅히 저 어두운 저 세상에서 기뻐 웃을 것이다.
>
> – 대한매일신보

제시된 자료는 민영환이 을사늑약의 불법성에 항의하여 자결하면서 남긴 유서의 일부이다. 1905년 일제의 강요로 체결된 을사늑약으로 대한 제국은 외교권을 일본에 빼앗겼다. 이에 우리 민족은 다양한 방법으로 을사늑약 체결에 반대하는 활동을 하였다. ⑤ 1905년 독립 협회를 계승해 조직된 헌정 연구회는 을사늑약 체결에 반대하던 지도부가 체포되어 활동이 중단되었다.

개념잡는 오답풀이

① 대한 자강회는 을사늑약 이후인 1906년에 조직되었다.

② 1907년 고종의 강제 퇴위와 군대 해산에 반발해 13도 연합 의병 부대인 13도 창의군이 결성되었다. 13도 창의군은 1908년에 서울 진공 작전을 전개하였으나 실패하였다.

③ 단발령은 1895년 을미개혁 때 실시되었고, 이에 반발해 을미의병이 일어났다.

④ 신식 군대와의 차별 대우에 반발한 구식 군인들은 1882년에 임오군란을 일으켰다.

> **(1등급 가이드)**
>
> 을사늑약은 그 내용은 물론, 조약 체결에 항거한 우리 민족의 다양한 저항이 자주 출제됩니다. 자결, 의거 등 저항 유형별로 대표 인물을 정리합시다.

0869 나철의 의거 활동 답 ①

깊이있는 정답풀이

제시된 자료의 '자신회'와 '대종교'를 통해 나철에 대한 것임을 알 수 있다. ① 나철(나인영)은 을사늑약 체결 후 오기호 등과 함께 을사5적을 처단하

기 위해 '자신회'라는 5적 암살단을 조직하였다. 이후 그는 전통적인 단군 신앙을 바탕으로 한 대종교를 창시하였다.

🔲 **개념잡는 오답풀이**

② 미국인 스티븐스는 일본에서 파견된 외교 고문으로, 그를 사살한 사람은 장인환이었다(1908).
③ 전·현직 관료인 민영환, 조병세, 홍만식, 송병선 등은 을사늑약 체결에 자결로 저항하였다.
④ 이재명이 을사5적 중 한 명인 이완용을 명동 성당 앞에서 습격하여 부상을 입혔다.
⑤ 「시일야방성대곡」은 을사늑약 체결에 저항하여 황성신문에 실린 글이다.

0870 안중근의 의거 ＠ ①

🔍 **깊이있는 정답풀이**

제시문은 안중근이 1909년 만주 하얼빈에서 우리나라의 초대 통감으로 왔던 이토 히로부미를 사살한 후 체포되어 사형이 집행되기 전 최후 진술한 내용이다. 안중근은 자신이 의병의 참모 중장으로서 독립 전쟁을 일으켜 적장의 우두머리를 죽인 것이라면서 이토 히로부미의 죄상을 낱낱이 열거하였다.

🔲 **개념잡는 오답풀이**

② 전봉준이 동학 농민 운동 당시 남접군을 이끌었다.
③ 13도 창의군은 총대장 이인영을 중심으로 편성되었고, 1908년에 서울 진공 작전을 전개하였다.
④ 1908년 샌프란시스코에서 일어난 전명운, 장인환의 스티븐스 사살에 대한 설명이다.
⑤ 이준, 이위종, 이상설이 헤이그 특사로 파견되었다.

0871 안중근의 활동 ＠ ⑤

🔍 **깊이있는 정답풀이**

제시된 자료에서 이토 히로부미를 하얼빈에서 사살했다는 사실을 통해 밑줄 친 '그'가 안중근임을 알 수 있다. 안중근은 연해주에서 의병을 이끌고 의병장으로 활약하던 중 한국 침략의 원흉인 이토 히로부미를 1909년에 만주 하얼빈에서 처단하였다. 그는 뤼순 감옥에서 사형 집행을 앞두고 『동양 평화론』을 집필하였으나 완성하지 못하였다.

🔲 **개념잡는 오답풀이**

ㄱ. 대성 학교는 1908년 안창호 등이 평양에 세운 학교이다.
ㄴ. 『독사신론』은 신채호가 저술한 것으로, 민족주의 사학의 연구 방향을 제시하였다.

0872 안중근의 「동양 평화론」 ＠ ①

🔍 **깊이있는 정답풀이**

제시된 자료는 안중근의 『동양 평화론』 중 일부이다. 안중근은 이 저서에서 서양 제국주의의 침략을 막아내고 평화를 지키기 위해서는 동양 삼국이 연대해야 함을 강조하면서 한국을 침략하는 일본을 비판하였다. ① 안중근은 하얼빈에서 초대 통감이었던 이토 히로부미를 저격하였다.

🔲 **개념잡는 오답풀이**

② 이재명은 명동 성당 앞에서 이완용을 습격하였다.
③ 나철, 오기호는 을사5적을 처단하고자 암살단인 자신회를 조직하였다.

④ 민영환 등은 을사늑약에 반발하여 자결하였다.
⑤ 장인환, 전명운은 미국 샌프란시스코에서 스티븐스를 사살하였다.

0873 장인환과 전명운의 의거 ＠ ⑤

🔍 **깊이있는 정답풀이**

장인환, 전명운은 외교 고문으로 파견되었던 미국인 스티븐스를 샌프란시스코에서 저격하여 사살하였다. 스티븐스는 일제의 한국 침략이 정당하다고 주장하였으며, 통감부의 한국 통치를 찬양하였다.

🔲 **개념잡는 오답풀이**

① 장인환, 전명운은 미국에서 활동하였다.
② 이재명은 이완용 암살을 시도하였으나 실패하였다.
③ 나철, 오기호는 을사5적을 처단하기 위해 암살단을 조직하였다.
④ 안중근은 이토 히로부미를 하얼빈에서 저격하였다.

0874 개항 이후 민족 운동의 전개 ＠ ②

🔍 **깊이있는 정답풀이**

제시된 자료의 (가) 시기는 을미사변과 단발령을 계기로 을미의병이 발생했던 시기이다. 을미의병 때 일반 농민과 동학 농민군의 잔여 세력도 적극 참여하였다. (다) 을사늑약 체결 이후에는 을사의병이 봉기했는데, 이때 평민 출신 의병장이 처음 등장하였다. (라) 시기에 군대가 해산되면서 해산 군인이 참여한 정미의병이 봉기하였다. 이때의 의병은 연합 전선을 형성하여 13도 창의군이 결성되어 서울 진공 작전을 전개하였다. (마) 1909년 기유각서 체결 이후 의병장 안중근은 만주 하얼빈에서 한국 침략의 원흉인 이토 히로부미를 처단하였다.
② (라) 시기인 1907년에 조직된 신민회에 대한 설명이다.

0875 애국 계몽 운동의 성격 ＠ ④

🔍 **깊이있는 정답풀이**

제시된 자료에서 '지성을 계발하여 실력을 양성하면' 등의 내용을 통해 애국 계몽 운동임을 알 수 있다. 사회 진화론의 영향을 받은 애국 계몽 운동은 교육과 식산 흥업, 국민 계몽을 통해 민족의 실력을 양성하여 국권을 회복하려고 하였다. 이러한 애국 계몽 운동은 항일 의병 운동과 함께 국권 회복을 위한 흐름의 또 다른 축이었으나, 대부분 항일 의병 운동에는 비판적이었다.

🔲 **개념잡는 오답풀이**

① 전봉준 등 농민들을 중심으로 전개되었다.
③ 보수적 유생들이 성리학적 사회 질서의 유지를 내세웠다.

0876 대한 자강회의 성격 ＠ ⑤

🔍 **깊이있는 정답풀이**

제시된 자료는 애국 계몽 운동 단체인 대한 자강회의 취지서이다. 일본의 내정 간섭이 심화되자 개화 지식인들 사이에서는 사회 진화론의 관점에서 국권을 수호하려는 움직임이 나타났다. 이들은 교육과 산업을 진흥하였고 국민을 계몽하였다.

⑤ 의병 활동은 애국 계몽 운동과 성격이 다른 즉각적인 무장 투쟁에 해당한다.

0877 보안회

깊이있는 정답풀이

제시된 글에서 1904년에 국내 토지가 외국인에게 넘어가는 것을 경계하고 반대한다는 내용을 통해 일제의 황무지 개간권 요구에 반대한 보안회의 활동임을 추론할 수 있다.

개념잡는 오답풀이

② 신민회는 1907년에 만들어진 항일 비밀 결사이다.
③ 신간회는 1927년에 만들어져 활동하였다.
④ 독립 협회는 1896년에 설립되어 근대화 운동을 전개한 단체이다.
⑤ 황국 협회는 독립 협회를 견제하기 위해 대한 제국의 황제 측근 관료들이 1898년에 보부상들을 내세워 조직한 단체이다.

0878 보안회의 활동

답 ⑤

깊이있는 정답풀이

추론 TIP 국가의 국토 독점, 한 사람이 사유하는 권리 불가 → 보안회의 주장

> 만국 공법 제2장에 따르면 "한 나라는 반드시 국토를 독점적으로 관할하여 통제하고 운영할 수 있는 권리를 가진다. 따라서 국가는 토지, 물산, 민간 재산 등을 관리할 권한을 가지며, 다른 나라는 이 권리를 함께 가질 수 없다. …… 이는 한 나라가 공유하는 권리이지 한 사람이 사유하는 권리가 아니므로 국가가 함부로 그 권리를 포기할 수 없다."라고 하였습니다. ㅡ「황성신문」

제시된 자료에서 토지·물산, 민간 재산 등을 관리할 권한을 다른 나라와 함께 나눌 수 없다고 한 점 등을 통해 해당 내용이 일본의 황무지 개간권 요구를 비판하기 위한 논리임을 알 수 있다. 이는 보안회의 주장에 해당한다. 보안회는 유생, 전직 관리 등의 주도로 설립되었으며, 러일 전쟁 중 일본이 황무지 개간권을 요구하자 이에 반대하며 요구를 철회시켰다.

개념잡는 오답풀이

① 신민회와 관련된 내용이다.
② 신민회는 만주 삼원보에 독립군 기지를 건설하고, 이후 신흥 강습소를 설립하였다.
③, ④는 대한 자강회에 대한 설명이다.

(1등급 가이드)

애국 계몽 운동 단체 중 보안회는 헌정 연구회, 대한 자강회, 신민회 등과의 차이점을 묻는 선지로도 자주 활용되니 비교하여 정리해 둡시다.

0879 대한 자강회

답 ③

깊이있는 정답풀이

제시된 자료에 나온 '자강의 방도', '외국인의 보호' 등의 내용을 통해 1906년에 설립된 대한 자강회임을 추론할 수 있다. 대한 자강회는 입헌 군주제 수립을 주장하였으며, 대중적인 계몽 활동을 전개하였다. 또한 고종 강제 퇴위 반대 시위를 주도하였는데, 이 과정에서 통감부가 제정한 보안법에 의해 강제 해산되었다.

개념잡는 오답풀이

ㄱ. 대한 자강회는 입헌 군주제 수립을 주장하였다.
ㄹ. 국채 보상 운동은 1907년부터 전개되었다.

0880 신민회 설립 취지

답 ④

깊이있는 정답풀이

추론 TIP 새로운 사상, 새로운 교육, → 신국가 건설 → 신민회

> 백성의 풍습이 완고하고 부패하였으니 새로운 사상이 급하고, 백성이 어리석으니 새로운 교육이 급하며 …… 도덕이 타락하였으니 새로운 윤리가 급하고, 문화가 쇠퇴하였으니 새로운 학습이 급하며, 실업이 쇠퇴하였으니 새로운 모범이 급하고, 정치가 부패하였으니 새로운 개혁이 급하다. …… 무릇 우리 한국인은 내외를 가릴 것 없이 통일 연합으로 그 길을 정하고, 독립과 자유로 그 목적을 세워야 할 것이다. 간단히 말하면 새로운 정신을 불러일으키고 새로운 단체를 조직해서 새로운 국가를 건설할 뿐이다.

제시문은 신민회의 설립 취지문이다. 신민회는 취지문에 밝힌 것처럼 신사상과 신교육 등 모든 면에서 새로운 국가의 건설을 목표로 1907년에 비밀리에 설립되었다. 신민회는 일제의 탄압을 피해 비밀 결사 조직의 형태를 취했으나 합법적인 대중 활동에 힘을 쏟았다. 신민회는 일제의 침략으로부터 국권의 회복과 동시에 공화 정체에 기초한 국민 국가 건설을 목표로 삼았다. 대성 학교와 오산 학교를 설립하여 민족주의 교육을 실시하고, 대한매일신보와 태극 서관 등을 통해 출판물을 보급하였으며, 자기 회사를 세워 민족 산업을 키우려고 노력하였다. 한편, 국외 독립군 기지를 건설하여 독립군을 양성하려는 무장 투쟁의 전략도 세웠다.

④ 신민회는 국권을 빼앗긴 이후인 1911년에 105인 사건으로 와해되었다. 1910년대는 총독부에 의한 무단 통치가 행해졌던 시기이다.

0881 헌정 연구회와 신민회

답 ②

깊이있는 정답풀이

추론 TIP 제왕의 권위를 헌법에 정해진 바에 따라 존중 → 입헌 군주제, 교육과 산업을 개량 → 신민회

> (가) 1. 제왕의 권위는 헌법에 정해진 바에 따라 존중할 것
> 　　 3. 국민의 권리는 법률에 정해진 바에 따라 자유로이 행사할 것
> (나) 우리의 목적은 우리 한국의 부패한 사상과 습관을 혁신하고 국민을 새롭게 하며, 쇠퇴한 교육과 산업을 개량하고 사업을 혁신하게 하여, 새로운 자유 문명국을 성립하게 함에 있다.

(가)는 헌정 연구회 강령이고, (나)는 신민회 정치적 목적을 나타낸 「대한 신민회의 통용 장정」 중 일부이다. 헌정 연구회는 입헌 군주제 수립을 목표로 활동하였고, 신민회는 공화 정체의 근대 국민 국가 건설을 목표로 하였다.

(1등급 가이드)

애국 계몽 운동 단체들이 지향한 정치 체제는 입헌 군주제 또는 공화정입니다. 특히 신민회가 공화 정체를 지향했다는 사실을 꼭 기억하세요.

0882 신민회의 활동

답 ②

깊이있는 정답풀이

신민회는 1907년 안창호, 양기탁 등이 조직한 비밀 결사이다. 이 단체는 교육·문화·경제 부분에서 활동하였는데, 구체적으로는 대성 학교·오산 학교를 설립하여 인재를 양성하고, 태극 서관·자기 회사 등을 운영하여

민족 산업을 육성하였다. 또한, 대한매일신보를 활용하여 일제의 침략을
비판하였다.

🗹 개념잡는 **오답풀이**

ㄴ. 최남선, 박은식 등 언어학자들이 한국 고전을 정리하여 간행하기 위해
   1910년에 설립하였다.
ㄹ. 대한 자강회는 고종의 강제 퇴위 반대 운동을 전개하다 통감부에 의해
   해산되었다.

0883 신민회의 국외 독립군 기지 건설 답 ③

🔍 깊이있는 **정답풀이**

제시문은 신민회가 추진한 국외 독립군 기지 건설 운동에 관한 내용이다.
한국 병합을 앞두고 일제의 탄압이 심해지자 신민회는 실력 양성 운동만
으로는 국권 회복이 어렵다고 판단하고, 국외에 독립군 기지를 만들어 독
립 전쟁을 해야 한다고 주장하였다. 이것은 일종의 군사적 측면에서의 실
력 양성 운동이라고 할 수 있다. 1911년 105인 사건으로 신민회가 사실상
해체되면서 어려움이 있었지만, 독립군 기지 건설 노력은 이후에도 계속
되어 만주의 삼원보에 독립군 기지를 건설하고 이곳에 신흥 강습소를 세
워 독립군을 양성하였다.

🗹 개념잡는 **오답풀이**

ㄱ. 동학 농민군이 진압된 후 잔여 세력은 영학당이라는 조직을 결성하고
   1899년경 봉기를 일으켰다. 이들은 전라도 고부·흥덕·무장 일대를
   장악하였으나 곧 관군에게 진압되었다.
ㄹ. 정미의병이 중심이 된 서울 진공 작전은 국내에서 전개된 항일 의병 운동
   이다.

0884 신민회의 실력 양성 운동 답 ①

🔍 깊이있는 **정답풀이**

제시된 자료에 국민을 새롭게 한다는 점과 새로운 국가를 건설한다는 점,
학교를 건설하고 실업장을 설립한다는 점 등을 통해 (가) 단체가 신민회임
을 알 수 있다. 신민회는 민족주의 교육을 실시하고 민족 산업을 육성하는
등 실력 양성을 도모하는 한편, 국외 독립군 기지 건설에 앞장섰으나 일제
가 날조한 105인 사건으로 해산되었다.

🗹 개념잡는 **오답풀이**

② 독립 협회가 자주 국권을 상징하는 독립문 건립을 추진하였다.
③ 대한 자강회가 고종의 강제 퇴위 반대 운동을 전개하다가 통감부의 탄
   압을 받아 해산되었다.
④ 1907년 국채 보상 기성회가 조직되어 나라 빚을 갚아 국권을 회복하자
   는 취지 아래 모금 운동을 주도하였다.
⑤ 보안회는 대한 제국의 이권을 수호하기 위해 일제의 황무지 개간권 요
   구에 반대 운동을 전개하였다.

0885 신민회의 해산 답 ③

🔍 깊이있는 **정답풀이**

제시문은 105인 사건 판결문의 내용으로, '남만주에 한인 집단 촌락을 건
설하고 무관 학교를 설립하여 독립 전쟁을 일으킨다.'는 내용을 통해 신민
회가 추진한 국외 독립군 기지 건설에 관한 것임을 알 수 있다. 대표적인

애국 계몽 운동 단체인 신민회는 평양의 대성 학교와 정주의 오산 학교를
비롯한 여러 학교를 세워 인재를 길렀고, 민족 산업을 육성하고자 하였으
며 국민 계몽을 위한 활동을 전개하였다. 한편 국외 독립군 기지를 건설하
여 독립군을 기르고, 독립 전쟁을 준비하였다. 한국 병합 이후 국내 신민
회 조직은 일제가 날조한 105인 사건 과정에서 무너지고 말았다(1911).

🗹 개념잡는 **오답풀이**

① 관민 공동회는 독립 협회가 주도한 집회이다.
② 황토현 전투는 동학 농민 운동의 전개 과정에서 벌어졌다.
④ 신민회는 공화 정체에 입각한 근대 국민 국가 건설을 궁극적인 목표로 삼
   았다.
⑤ 을미의병의 부대들은 고종의 의병 해산 권고 조칙에 따라 자진 해산하
   였다.

> ﹝1등급 가이드﹞
>
> 1890년대부터 1910년 국권 피탈 전까지 독립 협회를 비롯해 많은 단체가
> 등장합니다. 그중 독립 협회, 신민회 등은 자주 문제로 출제되는 주제예요.
> 독립 협회와 신민회의 주요 활동 내용을 정리해 두면 쉽게 문제를 해결할
> 수 있을 겁니다.

0886 독립 협회와 신민회 답 ③

🔍 깊이있는 **정답풀이** 🔍 **추론 TIP** 영은문의 옛터에 독립문 건립 → 독립 협회
백성의 교육 강조(오산 학교 연설) → 신민회

> (가) 오늘 우리는 국왕이 서대문 밖 영은문의 옛터에 독립문이라 명
>   명할 문을 건립할 것을 승인한 사실을 경축하는 바이다. ……
>   이 문은 다만 중국으로부터의 독립을 의미하는 것이 아니라 일
>   본으로부터, 러시아로부터, 그리고 모든 유럽 열강으로부터의
>   독립을 의미하는 것이다.
> (나) 나라가 날로 기울어 가는데 그저 앉아 있을 수는 없습니다.
>   …… 중요한 것은 백성들이 깨어나는 일입니다. 그러기 위해서
>   는 교육이 필요합니다. 오늘 이 자리에 7명의 학생밖에 없지만
>   차츰 70명, 700명에 이르는 날이 올 것입니다.

제시문의 (가)는 독립 협회, (나)는 신민회와 관련된 자료이다. 독립 협회
는 민중의 입장을 대변하는 개혁을 추진하였으며 신민회보다 먼저 만들어
져 활동하였다. 신민회는 실력 양성을 위해 학교, 회사 설립을 추진하였
고, 무장 투쟁을 위해 만주에 독립군 기지를 설립하였다.

🗹 개념잡는 **오답풀이**

① (가) 독립 협회는 민중의 의사가 반영된 국정 개혁을 추진하였다.
② (가) 독립 협회가 (나) 신민회보다 먼저 만들어졌다.
④ 고종 황제 강제 퇴위 반대 운동은 대한 자강회가 주도하였다.
⑤ (가) 독립 협회는 입헌 군주제, (나) 신민회는 공화 정체를 건설하고자
   하였다.

> ﹝1등급 가이드﹞
>
> 1890년대부터 1910년 국권 피탈 전까지 독립 협회를 비롯해 많은 단체가
> 등장합니다. 그중 독립 협회, 신민회 등은 자주 문제로 출제되는 주제예요.
> 독립 협회와 신민회의 주요 활동 내용을 정리해 두면 쉽게 문제를 해결할
> 수 있을 겁니다.

깊이있는 정답풀이

제시된 자료는 1907년에 전개된 국채 보상 운동에 대해 이야기하고 있다. 국채 보상 운동은 우리나라의 시설 개선 명목으로 일본이 차관을 강요하여 나라빚이 급증하자 일어나게 되었다.

개념잡는 오답풀이

① 경복궁 중건 사업은 흥선 대원군이 일으킨 것이다.
② 러일 전쟁과 국채 보상 운동은 직접적인 관련이 없다.
④ 박문국, 기기창은 1880년대 개화 정책의 추진 과정에서 설치되었다.
⑤ 임오군란으로 일본 공사관이 불타자 일본은 배상금을 요구하였다.

0888 국채 보상 운동의 전개 　답 ⑤

깊이있는 정답풀이

제시된 자료에서 '국채 1,300만 원', '이것을 갚으면 나라가 존재하고, 갚지 못하면 나라가 망할 것' 등을 통해 (가) 운동이 국채 보상 운동임을 유추할 수 있다. ㄷ. 1907년 김광제, 서상돈 등은 일본에서 빌려 온 차관을 갚아 국권을 회복하자는 국채 보상 운동을 제창하였다. 대구에서 시작된 이 운동은 국채 보상 기성회를 조직하여 대한매일신보, 황성신문, 제국신문, 만세보 등 언론 기관의 홍보에 힘입어 전국적으로 확산되었지만, ㄹ. 일제의 방해와 탄압으로 중단되고 말았다.

개념잡는 오답풀이

ㄱ. 국채 보상 운동은 대구에서 시작되었다.
ㄴ. 군국기무처는 제1차 갑오개혁 시기에 설치된 국정 총괄 기구이다.

0889 국채 보상 운동의 사례 　답 ⑤

깊이있는 정답풀이

제시문의 부인 박씨가 1원을 내고, 여자아이도 은반지를 냈으며, 여학생이 비단옷을 의연했고, 머리채를 잘라 의연한 여학생도 있다는 내용에서 국채 보상 운동임을 알 수 있다. 국채 보상 운동은 1907년 대구에서 시작되어 각종 계몽 운동 단체와 언론 기관이 참여하는 가운데 전국으로 확산되었다. 이에 놀란 일본은 이 운동을 항일 민족 운동으로 규정하여 매국 단체인 일진회를 이용하여 방해하는 한편, 모금 운동에 앞장 선 양기탁을 성금 횡령죄로 누명을 씌워 구속하는 등 탄압을 가하였다. 이로 인해 국채 보상 운동은 위축되어 중단되고 말았다.
⑤ 국채 보상 운동을 전개하기 위해 서울에서는 국채 보상 기성회가 조직되고, 대한매일신보 등 언론 기관이 모금 운동에 앞장섰다. 고종 황제와 정부 대신들도 모금에 참여하였으나, 부호들은 소극적이었다.

0890 국채 보상 운동의 의의 　답 ④

깊이있는 정답풀이

제시문에서 '대구에 기념비', '유네스코 세계 기록 유산' 등을 통해 국채 보상 운동에 대한 설명임을 알 수 있다. 1907년 서상돈 등을 중심으로 대구에서 시작된 국채 보상 운동은 국민의 호응을 얻어 전국으로 확산되었다. 남자들은 금연으로 성금을 내자는 운동을 벌였으며, 부녀자들은 비녀와 가락지 같은 패물을 모아 성금으로 내기도 하였다. 일본 유학생과 미주, 러시아의 교포들도 운동에 동참하였다.

개념잡는 오답풀이

① 한성순보는 1884년에 종간되었다.
② 만민 공동회는 1898년에 열렸다.
③ 방곡령 등에 관련된 내용이다.
⑤ 국채 보상 운동은 일본의 방해와 탄압으로 중단되었다.

0891 국채 보상 운동의 취지 　답 ⑤

깊이있는 정답풀이　🔍 추론 TIP 국채를 갚아 국권을 회복 → 국채 보상 운동

> 대략 2천만 명 중 여자가 천만 명이며, 그중에 반지가 있는 사람이 반은 넘을 것이다. 반지 한 쌍에 2원씩만 해도 1,000만 원이 여인들의 수중에 있다고 할 수 있다. …… 이렇게 국채를 갚고 보면 국권만 회복할 뿐 아니라 우리 여자들이 한 일이 세상에 전파되어 남녀의 동등권을 찾을 것이다.

일본은 통감부 설치 이후 식민지 경제의 기반을 마련하기 위해 각종 명목으로 차관을 강요하였다. 또한 1905년에 재정 고문 메가타가 화폐 정리 사업을 추진하면서 일본으로부터 막대한 차관을 들여와 대한 제국의 국채가 크게 늘어나게 되었다. 국채 보상 운동은 일본의 강요로 도입한 차관 1,300만 원을 갚아 일본의 경제적 예속에서 벗어나자는 경제적 구국 운동으로, 1907년 대구에서 시작되어 전국으로 확산되었다.

개념잡는 오답풀이

① 1894년 갑오개혁으로 조선은 신분제를 폐지하는 등 근대적 개혁을 추진하였다.
② 호포제는 흥선 대원군이 농민의 군포 부담을 줄여주기 위해 실시하였다.
③ 1904년 일제는 러일 전쟁 중 대한 제국의 황무지 개간권을 요구하였다.
④ 시전 상인들은 상권 수호 운동을 전개하기 위해 1898년에 황국 중앙 총상회를 조직하였다.

（1등급 가이드）

국채 보상 운동은 근대 경제의 저항 운동 차원에서 가장 출제 빈도가 높은 주제입니다. 국채 보상 운동의 배경, 시작 지역, 운동 내용, 지원 등의 항목을 구분하여 정리하면 도움이 됩니다.

0892 서북 학회, 기호 흥학회의 활동 　답 ②

깊이있는 정답풀이

제시된 자료의 서북 학회, 기호 흥학회 등은 국권을 수호하기 위해 민중 계몽과 신교육이 시급하다고 생각한 애국지사들이 설립한 학회이다. 이들 학회는 학보나 월보를 발간하여 민중 계몽에 힘썼고, 신교육 보급을 위해 사립 학교 설립을 적극 추진하였다.

개념잡는 오답풀이

② 최남선과 박은식 등이 1910년에 조직한 조선 광문회에 대한 설명이다.
③ 애국 계몽 운동가들은 의병 활동에 대해 대체로 부정적인 인식을 가지고 있었다.
④ 애국 계몽 운동가들은 사회 진화론의 관점에서 국권 회복의 방법을 모색하였다.
⑤ 신민회의 국외 독립군 기지 건설 추진과 관련된 내용이다.

0893 통감부의 언론 탄압 　　　답 ③

깊이있는 정답풀이

제시된 자료는 1907년 통감부가 만든 신문지법이다. 대한매일신보 등의 언론 기관이 일제의 침탈을 반대하고 이를 비판하는 논조의 글을 자주 신문에 싣자 일제의 통감부는 이를 탄압하기 위하여 신문지법을 제정하였다. 일제가 제정한 신문지법에 따라 대한매일신보 등이 자주 압수되어 제대로 발간되기가 힘들었으며, 반일 논조가 많이 약화되었다.

개념잡는 오답풀이

① 독립신문은 서재필에 의해 순 한글판과 영문판으로 간행되었다. 그러나 독립 협회가 해산되고 서재필이 다시 미국에 망명하면서 독립신문은 부실을 면치 못하다가 폐간되었다.
② 해조신문은 1908년 연해주에 이주한 동포들이 창간하였다.
④ 천도교의 기관지인 만세보는 1906년 창간되었다가 재정난으로 1907년 신문지법 제정 이전에 폐간되었다.
⑤ 1905년 을사늑약 직후 황성신문에 「시일야방성대곡」이 게재되었다.

0894 대한매일신보 　　　답 ⑤

깊이있는 정답풀이

영국인 베델이 설립하였으며 일본의 침략을 고발하는 기사를 게재하였다는 내용을 통해 (가) 신문이 대한매일신보임을 알 수 있다. 대한매일신보는 국채 보상 운동을 지원하였으며, 일제가 제정한 신문지법의 탄압을 받았다.

개념잡는 오답풀이

ㄱ. 한성순보는 박문국에서 발행되었다.
ㄴ. 한성순보는 순한문으로 발간되었다. 대한매일신보는 한글, 영문, 국한문으로 발행되었다.

0895 일제의 국권 피탈 과정 　　　답 ③

깊이있는 정답풀이

일제가 한일 신협약을 체결한 이후 한국인의 구국 운동을 탄압하기 위해 시행된 정책이 (가)에 들어가야 한다. 일제는 「신문지법」, 「보안법」을 제정하여 언론 활동을 통한 구국 운동을 탄압하였다.

개념잡는 오답풀이

① 을사늑약 체결 결과 대한 제국은 외교권을 일제에 빼앗겼다.
② 일본은 1898년 경부선 부설권을 차지하였고, 러일 전쟁 중 부설하였다.
④ 재정·외교 고문 용빙에 관한 협정서(제1차 한일 협약)에 따라 재정 고문으로 메가타가 파견되었다.
⑤ 1889년 함경도 관찰사 조병식이 방곡령을 선포하였으나 일제는 '1개월 전 통보' 규정을 어겼다고 조선 정부를 위협하여 철회시켰다.

0896 애국 계몽 운동의 한계 　　　답 ②

깊이있는 정답풀이

일부 애국 계몽 운동가들은 사회 진화론을 중시하여 실력 양성에만 치중하는 경향을 보였으며, 항일 의병 운동에 대해 부정적인 인식을 보였다.

개념잡는 오답풀이

ㄴ. 개항 초에 민씨 세력은 청의 종주권을 인정하면서 열강에 대응하려 하였다.
ㄹ. 위정척사 세력은 양반 중심의 성리학적 질서를 중시하였다.

0897 애국 계몽 운동에 대한 평가 　　　답 ②

깊이있는 정답풀이

제시된 대화에서 '교육과 산업 진흥', '국민 계몽' 등의 내용을 통해 애국 계몽 운동에 대한 것임을 알 수 있다. 애국 계몽 운동은 국가 멸망의 위기에 총을 들지 않은 운동이며, 그들이 주장한 '선 실력 양성, 후 독립론'은 실력 양성 이전에는 일제의 한국 지배를 인정하는 논리라는 비판을 받기도 했다. 하지만 국민의 근대 의식을 일깨워 민족 운동의 올바른 방향을 제시하였다는 긍정적 평가를 받기도 한다. 애국 계몽 운동은 언론을 통한 계몽 운동, 역사와 한글 연구의 국학 운동, 국채 보상 운동과 같은 경제적 민족 운동 등 다양한 형태로 전개되었다.
② 매국노 이완용 처단과 같은 항일 의거 활동은 실력 양성을 주장하는 애국 계몽 운동과 성격을 달리 하는 국권 회복 운동이다.

0898 애국 계몽 운동과 항일 의병 운동 　　　답 ⑤

깊이있는 정답풀이

제시된 자료의 (가)는 1906년에 만들어진 대한 자강회의 취지문이다. (나)는 최익현이 을사늑약에 분노하여 의병을 일으키면서 쓴 격문이다. (가)는 애국 계몽 운동을, (나)는 항일 의병 운동의 특징을 잘 보여 준다. 애국 계몽 운동을 전개한 지식인들은 사회 진화론을 수용하고, 실력 양성을 위한 산업의 발달과 교육의 진흥을 꾀하였다. 항일 의병 운동을 전개한 의병장들은 위정척사 사상을 지닌 유생들이 많았고, 무력을 동원한 즉각적인 국권 회복을 추구하였다.
⑤ 고종의 강제 퇴위는 1907년의 일이다.

0899 근대 민족 운동의 전개 　　　답 ①

깊이있는 정답풀이

제시된 표의 (나) 독립 협회는 민중을 계몽하였고, 국민의 기본권과 참정권 확보를 위해 노력하였다. (다) 대한 제국 시기의 광무개혁은 식산 흥업 정책을 추진하여 섬유, 철도, 운수, 광업, 금융 분야에서 근대적인 공장과 회사 설립을 전개하였다. (라) 신민회는 국권 회복과 공화 정체의 근대 국민 국가의 건설을 주장하였다. 특히, 신민회는 문화적·경제적 실력 양성 운동을 전개하면서 국외에 독립군 기지와 무관 학교를 설립하는 등 군사적 실력 양성 운동도 펼쳤다. 안창호는 평양에서 대성 학교를 세웠다. (마) 안중근은 침략의 원흉인 이토 히로부미를 만주 하얼빈에서 사살하였으며, 「동양 평화론」을 썼다.
① 동학의 2대 교주 최시형 등의 활동이다. 전봉준은 보은 집회 이후인 고부 농민 봉기 때 농민군을 이끌었다.

0900 독도 　　　답 ⑤

깊이있는 정답풀이

제시된 자료의 '동도와 서도', '지증왕 때 이사부가 우산국 정벌' 등의 내용을 통해 밑줄 친 '이 섬'은 독도임을 유추할 수 있다. 독도는 울릉도에 부속된 섬으로 삼국 시대 이래 우리나라의 고유 영토였다. 숙종 때에는 안용복이 일본에까지 건너가 울릉도와 독도가 조선의 영토임을 확인하고 오기도 하였다. ⑤ 일본은 러일 전쟁 중에 독도를 다케시마라는 이름으로 시마네현에 불법 편입하였다(1905).

✅ 개념잡는 오답풀이

① 최익현은 을사의병을 일으켰으나 관군이 출동하자 항전을 중지하고 체포되었으며, 일본군에게 넘겨진 뒤 쓰시마섬에 유배되어 순국하였다.
② 신미양요(1871) 때 미군이 공격한 섬은 강화도이다.
③ 러시아는 석탄 창고를 설치할 부산 절영도의 조차를 요구하였으나, 독립 협회가 대대적인 반대 운동을 벌여 이를 저지하였다.
④ 러시아를 견제하기 위해 영국이 불법 점령한 섬은 거문도이다.

0901 「대한 제국 칙령 제41호」 답 ⑤

🔍 깊이있는 정답풀이

제시된 자료는 1900년 대한 제국이 독도가 우리 영토임을 밝힌 「대한 제국 칙령 제41호」이다. 고종은 칙령을 통해서 독도를 울릉도의 관할 구역으로 명기하였고, 『관보』에 게재하였다. 대한 제국 칙령은 독도가 우리의 영토임을 증명하는 국제법상 근거가 되며, 오늘날 이 날을 기념하여 '독도의 날'을 운영하고 있다.
⑤ 시마네현 고시는 러일 전쟁 중인 1905년 일본이 독도를 일본의 영토로 선언한 것인데, 「대한 제국 칙령 제41호」보다 5년 늦게 선포되었다.

0902 독도가 우리 영토인 이유 답 ⑤

🔍 깊이있는 정답풀이

제시된 자료의 밑줄 친 '이 섬'은 독도이다. 일본은 러일 전쟁 중인 1905년에 일방적으로 독도를 일본의 섬으로 정하고 시마네현에 소속시켰다. 독도가 우리 영토인 것은 각종 기록이나 옛 지도를 통해 입증되고 있는 사실이며, 무주지라고 해서 주인이 없는 영토라는 것은 억지 주장으로 국제법상으로도 인정될 수 없다. 당시 대한 제국은 울릉도 군수의 보고를 접하고 독도의 일본 영토 편입을 인정하지 않았으며, 이미 1900년에 『관보』를 통해 독도가 우리 영토임을 국내외에 고시하였다.
⑤ 일본이 1909년 간도 협약을 통해 만주의 이권 확보를 대가로 청에 넘겨준 영토는 간도이다.

0903 간도 답 ④

🔍 깊이있는 정답풀이

1712년 청과 조선은 백두산정계비를 세워 압록강과 토문강을 두 나라의 국경선으로 정하였다. 비문 해석을 둘러싸고 양측이 맞서는 가운데, 대한 제국은 이미 간도에 많은 조선인이 거주하는 점을 감안해 간도 관리사를 파견하여 간도 지역을 관리하였다. 이후 일제는 을사늑약으로 대한 제국의 외교권을 빼앗고, 1909년 청과 간도 협약을 체결하였다. 간도 협약을 통해 일제는 만주의 철도 부설권을 획득하였으며, 청은 간도에 대한 영유권을 인정받게 되었다.
④ 삼국 간섭(1895)은 청일 전쟁에서 승리한 일본이 청으로부터 랴오둥반도를 할양받은 것에 러시아, 프랑스, 독일이 반발하여 일어난 사건이다. 삼국 간섭으로 일본은 청에 랴오둥반도를 돌려줘야 했다. 삼국 간섭과 관련된 영토는 랴오둥반도로 간도와는 관련이 없다.

0904 간도 협약 답 ②

🔍 깊이있는 정답풀이

제시된 조약은 청과 일본이 1909년에 제결한 간노 협약이다. 간도는 일찍

이 우리 민족의 활동 무대였고 19세기 후반 이후에는 많은 조선인들이 이곳으로 이주하였다. 대한 제국은 이곳을 둘러싸고 청과 간도 귀속 문제가 발생하자 이범윤을 간도 관리사로 파견하였으며, 일제는 을사늑약 체결 이후 이곳에 간도 파출소를 설치하기도 하였다.
② 대성 학교는 신민회 소속 안창호가 평양에 설립한 학교이다.

0905 간도 협약 답 ④

🔍 깊이있는 정답풀이

1905년 을사늑약으로 대한 제국의 외교권을 빼앗은 일본은 1909년 만주의 철도 부설권을 얻어 내기 위해 간도 협약을 맺어 간도를 청에게 넘겨주었다.

✅ 개념잡는 오답풀이

① 백두산정계비의 토문강을 청은 두만강으로, 우리 정부는 쑹화강의 지류로 해석하였다. 간도 협약에서는 청과 한국의 국경을 두만강 원천지에 있는 정계비를 기점으로 석을수(石乙水)로 하였다.
② 백두산정계비는 1712년 숙종 때 세워졌다.
③ 간도 협약에서 청은 토문강 이북의 개간지, 즉 간도에 한국 국민이 거주하는 것을 승인한다고 하였다.
⑤ 헤이그 특사는 을사늑약의 무효화를 위해 1907년에 파견되었다.

0906 대한 제국의 간도 관리 정책 답 ①

🔍 깊이있는 정답풀이　🔍 추론 TIP　간도 → 간도 관리사 이범윤 파견 → 대한 제국 시기

> 이곳은 토문강 아래 두만강 서쪽의 땅을 통칭하는 이름인데, '도(島)'라고 한 것은 잘못 전해진 말이다. 예전에는 우리나라와 청이 출입을 금지하여 그 땅을 비워 둔 지가 수백 년이나 되었다. 근래에 서북민들이 관리들의 착취를 괴로워하여 가족들을 데리고 몰래 들어가 살았는데, 그 수가 10여 만 호나 되었지만 소속이 없었다. …… 이에 우리 정부는 이범윤을 파견하여 살피도록 하였다. － 『매천야록』

제시된 자료에서 토문강 아래 두만강 서쪽 지역이라는 점, 이범윤을 파견하여 살피도록 하였다는 점 등을 통해 밑줄 친 '우리 정부'가 대한 제국임을 알 수 있다. 대한 제국은 간도 지역의 영유권을 확보하기 위해 이범윤을 간도 관리사로 임명하였다. 한편, 대한 제국은 광무개혁을 추진하면서 일부 지역에서 토지 소유 증명 문서인 지계를 발급하였다.

✅ 개념잡는 오답풀이

② 일본은 용암포에 정박 중이던 러시아 함대를 기습 공격하여 러일 전쟁을 일으켰다.
③ 을사늑약으로 대한 제국의 외교권을 빼앗은 일제는 1909년 청과 간도 협약을 맺어 간도를 청의 영토로 인정하였다.
④ 조선 정부는 제1차 갑오개혁을 추진하면서 개혁 주도 기구로 군국기무처를 설치하였다.
⑤ 백두산정계비는 조선 숙종 때 조선과 청의 대표가 백두산 일대를 답사하고 국경을 확정해 세웠다.

> (1등급 가이드)
> 백두산정계비 건립, 19세기 간도 귀속 문제, 일제와 청의 간도 협약 체결 등 주요 사건이 어느 시기에 일어났는지 정확하게 알아둡시다.

0907　제1차 한일 협약의 결과

✔모범답안 일본은 재정 고문에 일본인 메가타, 외교 고문에 친일 미국인 스티븐스를 파견하였다. 이들은 한국의 재정과 외교 분야를 감독하고 통제하는 등 본격적으로 간섭하였다.

채점 기준	배점
재정 고문에 메가타, 외교 고문에 스티븐스를 파견했으며 이들이 내정에 간섭했다고 서술한 경우	상
위 내용 중 한 가지만 서술한 경우	하

0908　을사늑약의 결과

(1) 답 을사늑약(제2차 한일 협약)
(2) ✔모범답안 대한 제국은 외교권을 박탈당하였고, 일본이 설치한 통감부가 외교 업무 등 내정에 간섭하였다.

채점 기준	배점
대한 제국의 외교권 박탈, 일본의 통감부 설치를 모두 서술한 경우	상
위 내용 중 한 가지만 서술한 경우	하

0909　한일 신협약(정미7조약)의 결과

✔모범답안 일본인 통감이 한국의 법령 제정, 고등 관리 임면 등 내정권을 장악하였다. 또한 부속 각서를 체결하여 각 부처에 일본인 차관을 임명하고 대한 제국의 군대를 해산시켜 무장 해제하였다.

채점 기준	배점
일본인 통감의 내정권 장악, 각 부처에 차관 임명, 대한 제국의 군대 해산을 모두 서술한 경우	상
위 내용 중 두 가지를 서술한 경우	중
위 내용 중 한 가지만 서술한 경우	하

0910　을미의병의 특징

✔모범답안 유인석, 이소응 등 위정척사 사상을 가진 유생들이 주도하였고, 동학 농민 운동에 참여하였던 일부 농민들이 가담하였다. 고종이 단발령을 취소하고 의병 해산 권고 조칙을 내리자 스스로 해산하였다.

채점 기준	배점
위정척사 사상을 가진 유생들의 주도, 동학 농민 운동에 참여한 농민들 가담, 고종의 의병 해산 권고 조칙 이후 스스로 해산하였음을 모두 서술한 경우	상
위정척사 사상을 가진 유생들의 주도, 고종의 의병 해산 권고 조칙 이후 스스로 해산하였음을 서술한 경우	중
위 내용 중 한 가지만 서술한 경우	하

0911　정미의병의 배경

✔모범답안 헤이그 특사 파견이 빌미가 되어 고종이 강제로 퇴위당하고, 한일 신협약(정미7조약)의 부속 각서에 따라 대한 제국의 군대가 해산되었다.

채점 기준	배점
고종 강제 퇴위, 대한 제국의 군대 해산을 모두 서술한 경우	상
위 내용 중 한 가지만 서술한 경우	하

0912　정미의병의 특징

✔모범답안 해산된 군인들이 의병에 가담하여 전투력이 강화되었고, 유생과 농민, 해산 군인뿐만 아니라 노동자, 상인, 학생 등 다양한 계층이 참여한 전국적인 항일 전쟁으로 발전하였다.

채점 기준	배점
해산된 군인들의 가담으로 전투력 강화, 다양한 계층이 참여한 전국적인 항일 전쟁을 모두 서술한 경우	상
위 내용 중 한 가지만 서술한 경우	하

0913　애국 계몽 운동의 내용

✔모범답안 학교를 세워 인재를 키우고, 월보 등 매체를 통해 국민을 계몽하며, 산업을 육성하여 민족의 실력을 양성하고자 하였다. 이를 토대로 근대 국민 국가를 건설하고 국권을 수호하려는 애국 계몽 운동을 전개하였다.

채점 기준	배점
민족의 실력을 양성하여 근대 국가를 수립하고 국권을 회복하려는 애국 계몽 운동을 전개하였다고 서술한 경우	상
민족의 실력 양성을 통해 국권을 회복하고자 하였다고 서술한 경우	중
민족의 실력 양성을 추구하였다고만 서술한 경우	하

0914　애국 계몽 운동의 의의와 한계

✔모범답안 민족의식을 고취하고 근대 의식을 일깨우는 데 큰 역할을 하였다. 그러나 사회 진화론을 바탕으로 실력 양성만을 강조하여 일제의 지배를 용인하거나 의병 투쟁을 비판하는 한계를 보이기도 하였다.

채점 기준	배점
민족의식과 근대 의식 고취, 실력 양성만을 강조하여 일제의 지배 용인, 의병 투쟁 비판 등을 모두 서술한 경우	상
위 내용 중 한 가지만 서술한 경우	하

0915　신민회의 활동

(1) 답 신민회
(2) ✔모범답안 대성 학교와 오산 학교 등을 세워 민족주의 교육을 실시했고, 자기 회사와 태극 서관 등을 운영해 민족 산업을 육성하려 하였다. 또한 장기적인 독립운동의 기반을 닦기 위해 국외 독립군 기지 건설에도 적극적으로 나서 만주 삼원보에 한인촌을 건설하고 신흥 강습소(신흥 무관 학교)를 세워 독립군 양성에 주력하였다.

채점 기준	배점
대성 학교와 오산 학교 설립, 자기 회사와 태극 서관 운영, 삼원보에 한인촌 건설, 신흥 강습소(신흥 무관 학교) 설립 중 세 가지 이상 서술한 경우	상
신흥 강습소(신흥 무관 학교) 설립을 포함하여 두 가지를 서술한 경우	중
위 내용 중 한 가지만 서술한 경우	하

0916 국채 보상 운동의 확산 배경

(1) 답 국채 보상 운동
(2) 모범답안 국채 보상 운동은 각종 애국 계몽 운동 단체와 대한매일신보, 황성신문 등 언론 기관의 적극적인 홍보에 힘입어 전국으로 확산되었다.

채점 기준	배점
애국 계몽 운동 단체, 대한매일신보 등 언론 기관의 홍보 때문이었다고 서술한 경우	상
대한매일신보 등 언론 기관의 홍보 때문이었다고만 서술한 경우	하

0917 대한 제국 정부의 독도 정책

모범답안 대한 제국 정부는 1900년 「대한 제국 칙령 제41호」를 내려 울릉도를 울도군으로 높여 독도를 관할하게 하였다. 또한 이를 국가 공식 기관지인 「관보」에 게재함으로써 대내외적으로 독도가 우리 영토임을 명백하게 밝혔다.

채점 기준	배점
「대한 제국 칙령 제41호」에 독도 관할 명시, 이를 공식 기관지인 「관보」에 실었다고 서술한 경우	상
「대한 제국 칙령 제41호」에 독도 관할을 명시하였다고만 서술한 경우	하

0918 대한 제국 시기의 간도

(1) 답 간도
(2) 답 간도 협약
(3) 모범답안 일본이 만주의 철도 부설권, 탄광 개발권 등을 얻는 조건으로 간도 협약을 체결하여 간도를 청의 영토로 인정하였다. 그러나 일본이 부당하게 대한 제국의 외교권을 빼앗은 상태에서 우리 민족의 의사와는 무관하게 진행되었다.

채점 기준	배점
일본의 만주 철도 부설권과 탄광 개발권 획득 목적, 부당한 외교권 박탈 상태에서 청의 영토로 넘어갔음을 모두 서술한 경우	상
위 내용 중 한 가지만 서술한 경우	하

05 사회, 경제 변화와 문화 변동

0919 O	0920 O	0921 O	0922 O	0923 X	0924 O
0925 O	0926 O	0927 X	0928 X	0929 O	0930 O
0931 O	0932 O	0933 O	0934 O	0935 O	0936 O
0937 O	0938 X	0939 O	0940 O	0941 O	0942 O

0943 ①	0944 ②	0945 ③	0946 ⑤	0947 ④	0948 ③
0949 ③	0950 ⑤	0951 ③	0952 ③	0953 ②	0954 ⑤
0955 ④	0956 ③	0957 ③	0958 ④	0959 ①	0960 ⑤
0961 ②	0962 ②	0963 ④	0964 ⑤	0965 ③	0966 ④
0967 ②	0968 ⑤	0969 ④	0970 ④	0971 ②	0972 ①
0973 ⑤	0974 ③	0975 ③	0976 ①	0977 ②	0978 ⑤
0979 ④	0980 ②	0981 ③	0982 ③	0983 ④	0984 ④
0985 ①	0986 ④	0987 ⑤	0988 ⑤	0989 ③	0990 ⑤
0991 ①	0992 ④	0993 ③	0994 ②	0995 ④	0996 ③
0997 ①	0998 ⑤	0999 ①	1000 ②	1001 ①	1002 ⑤
1003 ⑤	1004 ②	1005 ④	1006 ①	1007 ②	1008 ⑤
1009 ①	1010 ⑤				

0943 거류지 무역 답 ①

Q 깊이있는 정답풀이

일본 상인이 거류지를 벗어나서 분쟁이 생겼다는 내용을 통해 자료가 거류지 무역이 이루어진 시기의 사실임을 알 수 있다. 1876년 체결된 조일 수호 조규 부록에서 개항장에서 일본 화폐 사용이 허용되었고, 일본인의 활동 범위가 규정되었다.

개념잡는 오답풀이

② 화폐 정리 사업은 일본인 재정 고문 메가타의 주도로 전개되었다.
③ 독립 협회는 이권 수호 운동을 전개하여 러시아의 절영도 조차 요구를 저지하고 한러 은행을 폐쇄시켰다.
④ 일본이 막대한 차관을 제공하여 대한 제국의 재정을 장악하려 하자 이에 대항하여 국채 보상 운동이 일어났다.
⑤ 시전 상인들이 외국 상인의 침투에 대항하여 1898년 황국 중앙 총상회를 조직하였다.

0944 개항 이후 일본과의 무역 답 ②

Q 깊이있는 정답풀이

제시된 그래프는 1890년의 대일 수출입 상황을 나타낸 것이다. 개항 이후 일본과의 무역 규모는 급증하였다. 일본 상인은 주로 영국산 면제품을 싸게 사서 조선에 비싸게 파는 중계 무역으로 큰 수익을 얻었고, 그 자금으로 곡물을 대량으로 구매해 갔다. 이러한 미면 교환 체제가 자리 잡으면서 쌀값이 폭등하여 조선 민중은 굶주림에 시달렸고, 농촌의 면직물 공업도 큰 타격을 받았다. 한편, 쌀 수출로 인한 식량 부족과 곡가 상승을 막기 위해 방곡령이 내려지기도 하였다.
② 개항 이후 일본 상인들은 개항장에서 일본 화폐를 사용할 수 있었다.

0945 조청 상민 수륙 무역 장정의 결과　답 ③

깊이있는 정답풀이

제시된 자료는 조청 상민 수륙 무역 장정(1882)의 일부이다. 이 조약으로 청 상인을 비롯한 외국 상인의 내륙 진출이 허용되면서 거류지 무역으로 수출입 상품을 중개하던 국내 상인들이 큰 타격을 입었고, 시전 상인의 상권도 위협받았다.

0946 개항 이후 외국 상인들의 활동　답 ⑤

깊이있는 정답풀이

제시된 자료에서 (가) 개항장에서만 활동하던 외국 상인들이 (나) 내륙으로 이동하여 활동하게 된 계기를 묻고 있다. 임오군란(1882) 이후 체결된 ⑤ 조선과 청의 조청 상민 수륙 무역 장정(1882. 8.)에 따라 청 상인들은 한성(서울)에서 상점을 개설할 수 있었고, 허가를 받으면 개항장 밖에서도 활동할 수 있었다. 그러자 일본은 제물포 조약을 체결하면서 조일 수호 조규 속약(1882)도 체결하여 일본 상인의 개항장 활동 범위를 50리로 확대하고 2년 후(1884) 다시 100리로 확대하였다. 또한 개정된 조일 통상 장정(1883)에 최혜국 대우 조항이 포함되어 상권을 확대하였다. 따라서 조청 상민 수륙 무역 장정을 계기로 청 상인과 일본 상인이 우리나라 내륙까지 진출할 수 있게 되었다.

개념잡는 오답풀이

① 독립 협회는 관민 공동회를 통해 국정 개혁안(헌의 6조)을 정부에 건의하였다.

② 청일 전쟁에서 일본이 승리하였지만 러시아 주도로 삼국 간섭이 이루어졌다.

③ 영국의 거문도 불법 점령으로 러시아, 영국, 일본, 청이 대립하자 조선 중립화론이 대두하였다.

④ 황국 중앙 총상회(1898)는 외국 상인의 내륙 침투로 피해를 입은 인해 시전 상인들을 보호하기 위해 설립된 것이다.

0947 조일 통상 장정　답 ④

깊이있는 정답풀이

제시된 조일 통상 장정은 1883년에 체결된 것으로 이는 1876년 강화도 조약 체결 당시 맺은 조일 무역 규칙(통상 장정)을 개정한 것이다. 조일 무역 규칙에서는 무관세를 허용하였으나, 1882년의 조미 수호 통상 조약에서 관세 규정이 들어감에 따라 일본도 조선의 개정 요구를 받아들여 조일 통상 장정에서 관세 조항이 신설되었다.

개념잡는 오답풀이

① 조일 통상 조약은 1883년에 개정되었다.

② 1882년의 조청 상민 수륙 무역 장정과 관련된 내용이다.

③ 청의 알선으로 1882년 조미 수호 통상 조약이 체결되었다.

⑤ 강화도 조약 체결 당시 맺은 조일 수호 조규 부록(부속 조약)의 내용이다.

0948 1882년 이후의 경제 상황　답 ③

깊이있는 정답풀이

제시된 (가) 시기에는 조청 상민 수륙 무역 장정이 체결되어, 청 상인이 특혜를 누리며 조선에서의 상업 활동이 활발해지고 일본과 치열한 경쟁을

하게 되었다. 그러나 청일 전쟁에서 일본이 승리한 이후 청 상인은 점차 도태되고 일본 상인이 조선의 무역을 독점하게 되었다. 이 시기에 일본 상인이 쌀과 콩 등 곡물을 대량 수입해 가면서 국내 식량이 부족해져 곡물값이 급등하고, 흉년까지 겹치자 조선의 지방관들이 방곡령을 내려 곡물의 유출을 금지하고자 하였다. 그중 1889년과 1890년 함경도와 황해도의 관찰사가 내린 방곡령은 외교 분쟁으로 확대되었다.

개념잡는 오답풀이

ㄱ. 국채 보상 운동은 1907년에 일어났다.

ㄹ. 화폐 정리 사업은 1905년에 재정 고문으로 부임한 일본인 메가타가 실시하였다.

0949 청·일과 맺은 무역 관련 조약　답 ③

깊이있는 정답풀이

제시된 (가)는 조청 상민 수륙 무역 장정의 일부로 치외 법권에 해당하는 조문 내용이다. (나)는 개정된 조일 통상 장정의 일부로, 최혜국 대우에 대한 내용이다. 이 조약에는 조선에서 흉년이 들었을 경우에는 방곡령을 내릴 수 있다는 조항이 있어 조선의 지방관이 방곡령을 내리는 데 이용되었다. 그러나 1개월 전에 통보할 것을 규정함으로써 조선의 산업 보호권이 침해당하였다. 실제로 조선에서 방곡령이 선포되었을 때 일본은 이 규정을 근거로 손해 배상을 요구하였다.

개념잡는 오답풀이

ㄱ. 최혜국 대우 조건을 최초로 규정한 조약은 조미 수호 통상 조약(1882)이었다.

ㄹ. 1876년에 체결된 조일 수호 조규 부록과 조일 무역 규칙의 내용이다.

0950 조청 상민 수륙 무역 장정 체결 결과　답 ⑤

깊이있는 정답풀이

조선 정부가 최초로 외국인에게 한성 거주와 통상을 허용하였으며 균점되지 않는다고 한 점 등을 통해 (가) 조약이 조청 상민 수륙 무역 장정임을 알 수 있다. 조청 상민 수륙 무역 장정 이후 외국 상인의 내지 통상이 허용되면서 청과 일본 상인이 조선의 상권을 둘러싸고 본격적으로 경쟁하였다.

개념잡는 오답풀이

① 조일 통상 장정 체결 이후 여러 차례 방곡령이 선포되었다. 일부 지역의 방곡령은 일본이 '1개월 전 통지' 규정을 위반을 내세우며 철회를 요구하여 철회되기도 하였다.

② 1898년 황실과 미국인의 합작으로 한성 전기 회사가 설립되었다.

③ 강화도 조약에 따라 부산, 원산, 인천이 개항되었다.

④ 한일 신협약에 따라 일본인이 행정 각부에 일본인 차관이 임명되면서 통감부가 대한 제국의 내정을 장악하게 되었다.

0951 청일 전쟁의 배경　답 ③

깊이있는 정답풀이

제시된 그래프는 1886~1893년 사이의 청·일로부터의 수입액 변화를 나타낸 그래프로, 청의 수입액이 갈수록 증가함을 알 수 있다. 임오군란 이후 조청 상민 수륙 무역 장정이 체결되면서 청 상인은 조선 시장에서 상권

을 점차 넓혀갔다. 그 결과 1890년대 초에는 조선에 대한 청과 일본의 수출 총액이 거의 비슷해졌고, 이는 청일 전쟁이 일어나는 원인이 되었다.

개념잡는 **오답풀이**

① 1884년에 일어난 갑신정변은 급진 개화파가 주도하였다.
② 러일 전쟁은 1904년에 일어났고, 일본의 승리로 끝났다.
④ 제1차 갑오개혁은 1894년에 추진되었다.
⑤ 화폐 정리 사업은 일본인 재정 고문 메가타가 주도하여 1905년에 실시되었다.

0952 청·일 상인의 상권 경쟁 답 ③

깊이있는 **정답풀이**

조청 상민 수륙 무역 장정이 체결된 1882년 이후 외국 상인의 내륙 진출이 허용되었고, 청 상인이 본격적으로 진출함에 따라 청·일 상인 간의 상권 경쟁이 치열하게 전개되었다.

개념잡는 **오답풀이**

ㄱ. 조선 상인을 매개로 한 개항장 무역은 외국 상인의 내륙 진출이 허용된 이후 부터 쇠퇴하였다.
ㄹ. 조청 상민 수륙 무역 장정은 조선이 청의 속국임을 명시하여 청 우위의 무역이 전개될 수밖에 없었다.

0953 열강의 이권 침탈 답 ②

깊이있는 **정답풀이**

제시된 지도는 열강의 이권 침탈을 보여 준다. 철도는 상품과 군대를 수송하는 침략의 도구로 이용될 수 있었기 때문에 한반도와 대륙 진출을 노리는 일본은 철도 건설에 심혈을 기울여 대한 제국의 철도 운송을 독점하였다. 특히 아관 파천 후 열강들은 저마다 최혜국 대우 조항을 내세워 경쟁적으로 이권을 빼앗았다. 미국은 평안도 운산 금광, 러시아는 함경도 경성 금광, 독일은 강원도 당현 금광, 영국은 평안도 은산 금광, 일본은 충청도 직산의 금광 채굴권을 획득하는 등 광산 채굴권이 외국인에게 넘어가 우리 민족 자본의 축적을 저해하는 요인이 되었다.
② 청일 전쟁과 아관 파천을 거치면서 제국주의 열강들은 광산, 삼림, 철도 등 주요 이권 침탈에 본격적으로 뛰어들었다.

0954 일본의 이권 침탈 답 ⑤

깊이있는 **정답풀이**

제시된 (가) 철도는 서울에서 대전을 거쳐 부산을 운행하는 철도이므로 경부선이다. 경부선 부설권은 일본이 처음부터 획득한 이권이었다. ㄷ. 일본은 한국 병합을 하기 전부터 조선의 토지를 약탈하기 위해 동양 척식 주식회사(1908)를 설립하였다. ㄹ. 일본은 청일 전쟁에서 승리하여 청으로부터 랴오둥반도를 할양받았으나, 러시아·프랑스·독일의 삼국 간섭으로 청에 반환하였다.

개념잡는 **오답풀이**

ㄱ. 러시아가 용암포를 점령하고 강제로 조차하였고, 이는 러일 전쟁의 단서가 되었다.
ㄴ. 제너럴 셔먼호가 평양의 관민에 의해 침몰하자 이를 구실로 미국이 쳐들어와 신미양요가 일어났다.

0955 러시아의 이권 침탈 답 ④

깊이있는 **정답풀이**

제시된 (가) 국가는 러시아이다. 러시아는 압록강과 두만강 유역의 삼림 채벌권과 울릉도의 삼림 채벌권을 침탈하였다. 청일 전쟁과 아관 파천을 거치면서 열강의 경제적 침탈은 더욱 심해졌는데, 열강들은 광산, 삼림, 철도, 전차, 해운, 어업, 전기 등 수많은 이권을 빼앗아 갔다.

개념잡는 **오답풀이**

ㄱ. 프랑스가 가져간 경의선 부설권을 일본이 1904년에 사들였다.
ㄷ. 한성~의주 전신 가설권은 1885년 청이 빼앗아 갔다.

(1등급 가이드)
독립 협회가 특히 반대한 나라와 그 나라의 이권 침탈 내용을 한 번에 묻는 문제입니다. 독립 협회의 이권 수호 운동이 주로 반러에 초점이 맞춰졌다는 사실과 열강의 이권 침탈 내용을 지도와 함께 기억해 둡시다.

0956 경부선 철도 건설 시기 답 ③

깊이있는 **정답풀이**

제시문은 경부선 철도 건설 중인 1904년 9월에 일어난 사건을 다룬 것으로 당시 철도 건설에 대한 민중의 분노가 매우 컸음을 보여 준다. 일본은 경부선 철도를 건설하면서 농민 소유의 농토를 철도 부지에 강제 편입시키고, 농민들을 강제로 철도 부역에 동원하여 그 피해가 극심하였다.

개념잡는 **오답풀이**

ㄱ. 통감 정치는 을사늑약(1905. 11.)에 의해 시작된 것으로, 경부선 철도 건설 시기에는 통감이 존재하지 않았다.
ㄹ. 경부선 철도 건설은 러일 전쟁(1904~1905) 중에 이루어졌다. 청일 전쟁은 1894~1895년에 전개되었다.

0957 화폐 정리 사업 당시의 모습 답 ③

깊이있는 **정답풀이**

제시된 상황은 화폐 정리 사업이 추진되었던 시기의 모습이다. 제1차 한일 협약에 따라 대한 제국의 재정 고문으로 왔던 메가타가 추진한 화폐 정리 사업(1905)은 조선의 엽전(상평통보)과 전환국에서 발행하여 갑오개혁 때부터 사용된 백동화를 일본의 제일 은행에서 발행한 새 화폐로 교환하는 사업이었다.

개념잡는 **오답풀이**

① 조일 통상 장정은 1883년에 개정되었다.
② 조세 금납제는 갑오개혁의 내용이다. 화폐 정리 사업은 화폐의 금본위제에 바탕을 두고 있다.
④ 당백전은 흥선 대원군 때 경복궁 중건의 비용 마련을 위해 발행한 화폐이다.
⑤ 개항 이후 일본 금융 기관의 침투에 대응하기 위해 조선은행, 한성은행, 대한 천일 은행 등의 민간 은행이 설립되었다. 그러나 이 은행들은 화폐 정리 사업으로 제일 은행이 대한 제국의 금융을 장악하면서 몰락하거나 지주성을 잃게 되어 일본의 지배를 받게 되었다.

0958 화폐 정리 사업의 결과 답 ④

깊이있는 정답풀이

제시문에서 '구 백동화를 일본의 제일 은행권으로 교환하는 작업', '재정 고문 메가타' 등을 통해 밑줄 친 '이 사업'이 1905년 일제의 재정 고문인 메가타가 주도한 화폐 정리 사업임을 알 수 있다. 화폐 정리 사업은 조선 화폐의 기능을 없애고 일본 화폐를 조선에 유통시키려는 목적으로 진행되었고, 이를 통해 일제는 경제적 침탈을 위한 기반을 마련하고자 하였다. 화폐 정리 사업 이후 백동화를 사용할 수 없게 되었으므로 자연스럽게 통화량도 급감하였고 국내 상공업자들이 타격을 입었다. 한편 일본은 화폐 정리에 필요한 자금으로 대규모 차관을 제공함으로써 한국의 재정을 예속시키고자 했다.

개념잡는 오답풀이

ㄱ. 메가타는 화폐 주조 기관인 전환국을 폐쇄하였다.

ㄷ. 상권 수호 운동을 전개한 황국 중앙 총상회는 1898년에 조직되었다.

0959 화폐 정리 사업의 결과 답 ①

깊이있는 정답풀이

제시문에서 '구 백동화 통용 금지'등의 내용을 통해 자료와 관련된 정책이 화폐 정리 사업(1905)임을 알 수 있다. 이 사업에서는 백동화와 상평통보 등 조선의 화폐를 회수하고 일본 제일 은행권을 본위 화폐로 삼았다. 제1차 한일 협약으로 파견된 메가타는 탁지부 고문으로 화폐 정리 사업을 진행하였다. 화폐 정리 사업으로 더 이상 백동화를 사용할 수 없게 되어 통화량이 급감하였다. 또한 국내 상공업자들이 타격을 입었으며 대한 제국의 재정과 금융이 일본에 예속되었다.

① 전환국은 1883년 설치된 조폐 기관으로, 당시 정부는 개화 정책의 일환으로 전환국을 설치하였다.

0960 화폐 정리 사업의 결과 답 ⑤

깊이있는 정답풀이

제시된 조사 주제는 화폐 정리 사업에 대한 것이다. 일본은 러일 전쟁 중 제1차 한일 협약을 체결하고, 재정 고문으로 일본인 메가타를 파견하였다. 메가타는 1905년 한국의 화폐를 일본 제일 은행이 발행한 화폐로 바꾸는 화폐 정리 사업을 추진하였고, 이에 필요한 자금을 일본에서 차관으로 도입하여 마련하였다. 그 결과 일본은 대한 제국의 재정과 금융 부분을 완전히 장악하게 되었다.

개념잡는 오답풀이

ㄱ. 은본위 화폐 제도는 갑오개혁 때 이루어졌다. 화폐 정리 사업에서는 일본의 화폐 제도에 따라 금본위 화폐 제도를 실시하였다.

ㄴ. 화폐 정리 사업에 따라 이전에 화폐를 주조하던 전환국이 폐지되고 일본의 제일 은행이 화폐 발행을 전담하게 되었다.

0961 경제적 구국 운동의 전개 답 ②

깊이있는 정답풀이

제시된 표와 같이 개항 이후 제국주의 열강들의 조선에 대한 경제 침탈이 극심해졌다. 하지만 우리 민족은 이에 대응하여 저항 운동을 벌였다. (가) 일본으로 곡물 유출이 급증하자 이를 막기 위해 지방 관찰사들이 방곡령을 내렸다. (다) 일본은 식민 지배를 위한 자금을 마련하기 위해 우리나라에 일본의 차관을 강요하였다. 이에 차관을 갚아 국권을 회복하자는 국채

보상 운동이 전개되었다. (라) 러일 전쟁 직후 일본은 황무지 개간권을 요구하였는데, 이에 보안회는 저지 운동을 벌여 요구를 철회시켰다. (마) 개항 이후 청과 일본 상인들이 내륙 상권을 침탈하자 시전 상인들은 철시 투쟁을 벌였다.

② 덕대는 17세기 이후 등장한 광산 전문 경영인이다.

0962 상권 수호를 위한 회사 설립 답 ②

깊이있는 정답풀이

개항 이후 외국의 근대적인 회사와 자본의 내륙 진출로 국내 상인의 활동이 위축되는 상황에서 객주와 보부상 등 일부 상인들은 변화를 시도하였다. 개화파들도 근대적인 회사에 관심을 기울였다. 이에 자극을 받아 상회사들이 설립되었는데, 1880년대 초에 세워진 대동 상회는 평안도 상인 20명이 자본을 모아 인천항에 설립한 유통 회사로 전국 곳곳에 직원을 파견하여 쌀이나 소가죽 등을 사고팔았으며, 나중에는 해외 무역에도 진출하였다. 이러한 회사들은 민간인에 의해 이루어져 어느 정도 민족 자본의 성장이라는 성과를 거두기는 하였으나, 성장 속도가 너무 느리고 규모 또한 너무 작을 뿐더러 정부의 정책도 빈곤하여 외국의 자본과 기술에 밀려 결국 몰락의 길을 걸을 수밖에 없었다.

개념잡는 오답풀이

ㄴ. 기기창과 박문국은 정부가 개화 정책을 추진하는 과정에서 1883년에 설립한 근대 산업 시설이다.

ㄹ. 통리기무아문은 1881년에 개화 정책을 추진하기 위해 조직된 정부 기구이다.

0963 상회사의 특징 답 ④

깊이있는 정답풀이

추론 TIP 서양에서 먼저 설립 → 여러 사람이 함께 하는 형태 → 외국의 회사 제도 도입 고지 → 상회사

요즈음 서양에서는 [(가)]을/를 설립하고 있는데, 이는 부강의 기초이다. …… 서양은 한 사람의 힘으로 무역할 수 없으면 열 명이 함께하고, 열 명의 힘으로도 되지 않으면 백 명, 천 명이 함께한다. 그래서 크고 작은 일이 성사되어 집안이 넉넉해지고 나라가 부강하여 …… [(가)]의 사업이 시일을 다투는 급무이므로 서양의 성법(成法)을 동지들께 알린다.

– 유길준

제시된 자료는 유길준의 회사설이다. 개항 이후 외국 자본에 의해 국내 생산 구조와 상업 분야가 흔들리자 국내 경제 체제를 개혁하는 일이 시급하였다. 이에 유길준이 근대적 회사 설립의 필요성을 제기하였는데, 이것이 상회사이다. 외국 상인의 침탈에 대응하고자 객주를 비롯한 조선 상인들은 상회사를 세워 상권을 지키려 하였다.

개념잡는 오답풀이

① 화폐 정리 사업에 대한 내용이다.

② 상회사는 1880년대 초에 설립되기 시작하였다.

③ 개정된 조일 통상 장정을 근거로 방곡령이 내려지기도 하였다.

⑤ 시전 상인들은 1898년 황국 중앙 총상회를 조직하였다.

> **1등급 가이드**
>
> 개항 이후 열강의 침탈과 저항 과정에서 등장한 다양한 회사와 상권 수호 운동을 사례를 중심으로 외워두어야 합니다.

0964 황국 중앙 총상회의 설립 　　　　　　　　　답 ⑤

깊이있는 정답풀이

제시된 신문 기사는 외국 상인들의 상권 침탈을 규탄하는 내용이다. 한성의 시전 상인들은 외국 상인들의 철수를 요구하며 시위를 벌였으며, 1898년에는 황국 중앙 총상회를 조직하여 외국 상인들의 국내 상업 활동 금지를 요구하는 등 상권 수호 운동을 전개하였다.

개념잡는 오답풀이

① 방곡령은 곡물 유출을 막기 위한 조치였다.
② 농광 회사는 일본의 황무지 개간권 요구를 저지하기 위해 세워졌다.
③ 원산 학사는 최초의 사립 학교로, 근대 학문을 교육하였다.
④ 국채 보상 운동은 상권 수호보다는 경제 자주권 실현을 목표로 전개되었다.

0965 상권과 이권 수호 운동 　　　　　　　　　답 ③

깊이있는 정답풀이

제시된 자료와 같이 아관 파천 이후 철도 부설권, 광산 채굴권, 삼림 채벌권 등 제국주의 열강의 이권 침탈이 본격화되었다. 이에 독립 협회가 중심이 되어 러시아의 절영도 조차 요구 저지, 한러 은행 폐쇄, 프랑스·독일의 광산 채굴권 요구 저지 등의 이권 수호 운동을 전개하였다. 한편, 시전 상인들은 황국 중앙 총상회를 조직하여 외국 상인들의 불법적인 상행위를 막고자 하였으며, 철시 운동을 전개하였다.

개념잡는 오답풀이

ㄱ. 물산 장려 운동은 1920년대 초반에 민족 자본 육성을 위해 평양에서 시작된 실력 양성 운동이었다.
ㄹ. 국채 보상 운동은 1907년에 전개된 모금 운동으로 대한 제국의 경제적 예속을 막기 위한 것이었다.

0966 시전 상인들의 상권 수호 노력 　　　　　　답 ④

깊이있는 정답풀이

제시문은 청 상인이 전국의 곳곳에서 상업 활동을 전개하고 있다는 내용이다. 이와 같은 상황이 벌어지게 된 것은 1882년 조청 상민 수륙 무역 장정의 체결 이후로, 이 장정에 의해 청 상인은 내륙 진출을 허가 받아 전국을 무대로 활동할 수 있었다. 이처럼 1880년대에 들어 외국 상인의 활동 범위가 넓어지면서, 서울을 비롯한 전국 각지에서 청 상인들과 일본 상인들의 상권 침탈 경쟁이 치열해졌다. 상권을 잠식당한 서울의 상인들은 이에 맞서 철시를 단행하고, 외국 상점들의 퇴거를 요구하며 격렬한 시위를 벌이기도 하였다.

개념잡는 오답풀이

① 황국 협회는 대한 제국 정부가 독립 협회를 탄압하기 위해 1898년 보부상을 이용하여 만든 어용 조직이다.
② 금난전권은 조선 초기에 시전 상인들이 가졌던 권리이다.
③ 유생들의 통상 반대 상소는 개항을 전후한 시기에 일어났다.
⑤ 조청 상민 수륙 무역 장정은 개정을 추진한 적이 없다.

0967 황국 중앙 총상회의 설립 목적 　　　　　　답 ②

깊이있는 정답풀이

제시된 자료에서 외국 상인의 장사를 막아 시전 상인을 보호하는 것을 목적으로 하며, 전국의 상인들을 의무적으로 가입하게 한다는 내용을 통해

이 단체가 황국 중앙 총상회라는 것을 알 수 있다. 황국 중앙 총상회는 시전 상인들이 1898년에 조직한 단체로, 외국 상인들의 국내 상업 활동에 맞서 자신들의 상권을 수호하기 위한 활동을 전개하였다.

개념잡는 오답풀이

① 만민 공동회를 개최한 독립 협회를 탄압하였던 단체는 보부상 단체인 황국 협회이다. 황국 중앙 총상회는 독립 협회와 함께 상권 수호 운동을 전개하였다.
③ 국채 보상 운동은 1907년에 전개된 운동으로, 당시에 황국 중앙 총상회는 이미 해체된 상태였다.
④ 1904년에 조직된 보안회의 활동이다.
⑤ 민간 은행으로 조선 은행, 한성 은행, 대한 천일 은행 등이 설립되었는데, 이들 은행과 황국 중앙 총상회는 무관하다.

0968 방곡령 실패의 이유 　　　　　　　　　답 ⑤

깊이있는 정답풀이

제시된 자료의 방곡령은 곡물의 유출을 막기 위해 실시되었다. 개항 이후 일본 상인들의 지나친 곡물 반출과 흉년으로 곡물이 부족해지고 가격이 폭등하였다. 이에 함경도와 황해도 등지의 지방관이 방곡령을 선포하였다. 그러나 일본은 1883년 개정된 조일 통상 장정의 규정을 근거로 방곡령 철회와 막대한 배상금까지 요구하였고, 우리 정부는 이러한 요구를 수용할 수밖에 없었다.

개념잡는 오답풀이

① 아관 파천(1896)으로 열강의 경제 침탈이 가속화되었으나 이는 방곡령 실패와는 관련이 없다.
② 러일 전쟁에서 일본이 승리를 거두고 포츠머스 조약을 체결하였다.
③ 조청 상민 수륙 무역 장정은 내륙 무역 허용과 관련 있다.
④ 일본의 차관 제공에 따른 경제 예속화를 저지하기 위해 국채 보상 운동이 전개되었다.

0969 방곡령 실시 　　　　　　　　　　　　답 ④

깊이있는 정답풀이

제시된 지도에 표시된 지역은 방곡령이 선포되었던 곳이다. 1876년에 체결된 조일 무역 규칙에서는 양곡의 무제한 유출이 허용되었다. 이에 일본 상인이 조선의 곡물을 사들이면서 곡물 가격이 폭등하였다. 식량 사정이 악화되자 조선 정부는 1883년 조일 통상 장정을 개정하여 방곡령을 실시할 수 있게 되었다. 그러나 일본은 함경도 관찰사가 방곡령을 내리자, 조선이 통보를 늦게 하였다는 구실로 조선 정부를 압박하여 배상금까지 받아 냈다.

개념잡는 오답풀이

① 한성 조약은 갑신정변 이후에 일본과 체결하였다.
② 제물포 조약은 임오군란 이후에 일본과 체결하였다.
③ 조일 수호 조규는 1876년에 조선의 문호를 개방한 조약이다.
⑤ 조일 무역 규칙은 1876년에 체결되었고, 수출입 상품에 대한 무관세와 양곡의 무제한 유출 등을 허용하였다.

> **(1등급 가이드)**
> 방곡령 선포와 관련된 조약, 방곡령 실시 등의 내용은 잘 기억해야 합니다. 그중 함경도와 황해도에서 내려진 1889년과 1890년의 방곡령이 외교 문제로 불거졌다는 사실이 주로 출제됩니다.

0970 방곡령 실시의 배경과 결과 답 ④

깊이있는 정답풀이

방곡령은 천재와 병란 등의 사정으로 식량이 부족하거나 곡물값이 폭등할 경우 지방관이 자신의 직권으로 그 지방에서 산출된 곡물을 다른 지방 또는 외국으로 유출되지 못하도록 하는 조치를 말한다. 1889년과 1890년의 함경도, 황해도의 방곡령은 일본과의 외교적 마찰까지 가져온 대표적인 경우이다. 이때 조선은 일본이 절차상의 트집을 잡아 손해 배상을 요구하자 결국 굴복하고 말았다.

개념잡는 오답풀이

ㄱ. 한성의 시전 상인은 황국 중앙 총상회를 결성하여 상권 수호 운동을 전개하였다.

ㄷ. 보안회는 일본의 황무지 개간권 요구에 반대하는 운동을 전개하였다.

0971 방곡령 답 ②

깊이있는 정답풀이

제시된 자료에 나타난 '1889년 함경도', '장정' 등을 통해 밑줄 친 금지령이 방곡령임을 알 수 있다. 방곡령은 ㄱ. 조일 통상 장정에 근거하여 시행되었으나, 1개월 전에 미리 일본에 통보하여야 한다는 규정으로 인해 결국 철회되었으며 ㄷ. 일본에 배상금까지 지불하였다.

개념잡는 오답풀이

ㄴ. 방곡령은 곡물의 유출로 식량 사정이 악화되었을 때 시행된 제도이다.

ㄹ. 대동 상회, 황국 중앙 총상회는 일제의 상권 침탈에 저항하여 활동하였다.

0972 황무지 개간권 요구 반대 운동 답 ①

깊이있는 정답풀이

제시문은 일본이 러일 전쟁 중인 1904년에 대한 제국에 토지, 임야 및 기타의 황무지 개간권을 요구하는 내용이다. 이에 국민들의 광범위한 반대 운동이 일어났다. 일부 관리들은 농광 회사를 설립하여 황무지를 우리 스스로 개간할 것을 주장하였고, 보안회가 조직되어 연일 민중 집회를 열고 일제의 개간권 요구 반대 운동을 전개하였다. 이러한 반대 운동에 부딪혀 일제는 마침내 황무지 개간권 요구를 철회하였다.

개념잡는 오답풀이

ㄷ. 독립 협회는 이미 1898년에 해산되었다. 황무지 개간권 요구는 1904년에 일어난 사실이다.

ㄹ. 대동 상회는 1880년대에 평안도 상인들의 자본을 바탕으로 인천항에 설립된 상회사이다.

0973 농광 회사의 설립 배경 답 ⑤

깊이있는 정답풀이 🔍 추론 TIP 국내 진황지 개간 → 농광 회사 → 러일 전쟁 시기 일본의 황무지 개간권 반대 운동

> • 이 회사의 고금(股金, 주권)은 액면 50원씩이고, 총 1천만 원을 발행하고, 주당 불입금은 5년간 총 10회 5원씩 나눠서 낸다.
> • 이 회사는 국내 진황지 개간, 관개 사무와 산림천택(山林川澤), 식양채벌(殖養採伐) 등의 사무 이외에 금·은·동·철·석유 등의 각종 채굴 사무에 종사한다.

러일 전쟁 중 일본은 토지를 약탈하기 위해 황무지의 개간권을 양도하라고 요구하였다. 이에 정부 관리들은 농광 회사를 세워 우리 손으로 황무지를 개간하고자 하였고, 보안회가 조직되어 거국적으로 반대 운동을 펼쳤다.

개념잡는 오답풀이

① 을사늑약은 1905년에 체결되었다.

② 국채 보상 운동은 1907년에 전개되었다.

③ 헤이그 특사 파견을 구실로 일제는 1907년에 고종을 강제 퇴위시켰다.

④ 1907년에 비밀 결사인 신민회가 조직되었다.

> **(1등급 가이드)**
> 농광 회사의 설립 목적과 활동을 정리하면서 보안회와 혼동하는 경우가 있습니다. 유사한 목적에서 등장하였기 때문입니다. 여기에 독립 협회의 절영도 조차 저지 운동까지 같이 제시되면 어렵게 느껴지므로 세 단체의 활동을 잘 구분해 두세요.

0974 개항 이후의 경제 상황 답 ④

깊이있는 정답풀이

④ 경의선 철도는 서울을 기점으로 신의주에 이르는 철도이다. 이 철도는 1896년 프랑스가 부설권을 획득하였으나 재력 부족으로 부설권을 상실하고, 1899년 박기종이 주도하는 대한 철도 회사가 부설권을 얻게 되었다. 그러나 결국 경의선 철도 부설권은 일제에 넘어가게 되었다.

개념잡는 오답풀이

① 대동 상회, 장통 상회는 1883년에 설립되었다.

② 조선은행은 1896년에 만들어졌다.

③ 한성 전기 회사는 1898년에 만들어졌다.

⑤ 농광 회사는 일제의 황무지 개간권 요구에 맞서 개간 사업을 목적으로 1904년에 만들어졌다.

0975 조선 정부의 근대 학교 설립 답 ③

깊이있는 정답풀이

제시된 자료와 같이 갑오개혁 때 고종은 교육입국 조서를 반포하여 관립 학교 관제를 제정하였다. 이를 토대로 한성 사범 학교와 소학교가 설립되었으며, 외국어 학교 등 각종 관립 학교가 세워졌다.

개념잡는 오답풀이

ㄴ. 원산 학사는 1883년 개화파 관리와 함경도 덕원 주민들이 세운 우리나라 최초의 근대식 사립 교육 기관이다.

ㄹ. 이화 학당은 1886년 외국의 개신교 선교사가 세운 여학교였다.

0976 동문학 답 ①

깊이있는 정답풀이

제시된 자료와 같이 조선 정부는 미국 등 서구 열강과의 관계가 확대되자 1883년에 외국어 전문 교육 기관인 동문학을 세웠다.

개념잡는 오답풀이

② 육영 공원은 1886년에 세워진 관립 교육 기관으로, 외국어에만 국한하지 않고 법률, 지리 등의 근대 학문을 가르쳤다.

③ 원산 학사는 1883년에 설립된 최초의 근대식 사립 학교이다.

④ 배재 학당은 1885년 미국 선교사가 설립한 근대적 교육 기관이다.

⑤ 신흥 무관 학교는 신민회가 만주 삼원보에 무장 독립 투쟁을 위해 설립하였다.

0977 교육입국 조서　　　답 ②

깊이있는 정답풀이

자료에서 '짐(朕)이 정부에 명하여 학교를 널리 세우고 인재를 양성한다.'는 내용을 통해 해당 조치는 교육입국 조서임을 알 수 있다. 갑오개혁 이후 정부가 과거제를 폐지하고 교육입국 조서를 반포하면서 소학교, 한성 중학교, 한성 사범 학교 및 외국어 학교 등이 설립되었다.

개념잡는 오답풀이

① 신민회의 국외 독립군 기지 건설과 관련 있다.

③ 1908년 일제에 의해 제정되었다.

④ 1880년대의 상황이다.

⑤ 1880년대에 세워진 동문학은 영어 교육 기관, 육영 공원은 현직 관리와 양반 자제들에게 근대 학문을 교육한 기관이다.

（1등급 가이드）

근대 교육 기관은 시기를 비교하여 묻는 형태로 자주 출제되는 항목입니다. 1880년대, 1890년대, 1905년 전후 사립 학교 설립의 항목을 나누어 비교하여 정리해 두면 도움이 됩니다.

0978 육영 공원　　　답 ⑤

깊이있는 정답풀이

제시문은 알렌의 주도로 육영 공원에 미국인 교사가 초빙된 과정을 보여 준다. 육영 공원은 우리나라 최초의 근대식 관립 교육 기관으로 근대 교육을 실시하였으나, 영어 교육을 지나치게 강조하고 현직 관리와 양반 자제 등 상류층만을 대상으로 삼는 성격을 보여 국민 대중 교육에는 한계를 보였다.

개념잡는 오답풀이

① 독립 협회는 육영 공원을 지원하지 않았다.

②는 대성 학교와 오산 학교, ③은 원산 학사, ④는 동문학에 대한 설명이다.

0979 육영 공원의 특징　　　답 ②

깊이있는 정답풀이

제시된 신문에서 '보빙사의 건의', '근대 학문 교육', '상류층 자제' 등의 내용을 통해 (가) 학교가 1886년 건립된 육영 공원이라는 것을 알 수 있다. 육영 공원에서는 헐버트와 같은 미국인 교사를 초빙하여 근대적 학문을 가르쳤다.

개념잡는 오답풀이

① 최초의 근대적 교육 기관인 원산 학산에서는 무술도 가르쳤다.

③ 교육입국 조서 발표 이후에는 한성 사범 학교 등이 건립되어 근대적 교육이 적극적으로 전개되었다.

④ 1883년 건립된 동문학은 영어 통역관 양성을 주 목적으로 운영하였다.

⑤ 러일 전쟁과 을사늑약을 전후하여 애국 계몽 운동이 일어났고, 그중 신민회에서 내성 학교, 오산 학교를 건립하였다.

0980 원산 학사　　　답 ②

깊이있는 정답풀이

제시된 자료에서 '덕원 부사', '학교를 설립하여 총명한 자를 뽑아 교육' 등의 내용을 통해 원산 학사에 대한 것임을 알 수 있다. 개항 이후 정부의 개화 정책이 추진되는 가운데 1883년 함경도 덕원에서는 덕원 부사의 건의와 주민들의 노력으로 최초의 사립 학교인 원산 학사를 설립하였다. 원산 학사는 유교 경전에 밝으면서도 서양의 문물을 배워 실생활에 응용할 수 있는 인재를 양성하고자 근대 학문과 무술을 교육 과정에 포함하였다.

개념잡는 오답풀이

ㄴ. 교육입국 조서는 갑오개혁 때 발표되었으므로 관련이 없다.

ㄹ. 신민회는 대성 학교와 오산 학교를 설립하였다.

0981 평등 사회로의 움직임　　　답 ③

깊이있는 정답풀이

(가)는 갑신정변으로, 이를 주도한 급진 개화파는 문벌 폐지와 인민 평등권 확립을 주장하는 등 근대적 개혁을 시도하였다. (나)는 동학 농민 운동으로, 인간 평등과 사회 개혁을 추구한 아래로부터의 개혁이었다. 동학 농민 운동은 양반 중심의 봉건 질서 붕괴를 촉진하고 갑오개혁에 영향을 끼쳤다. (다)는 갑오개혁으로, 이때 신분제 폐지, 조혼 금지, 과부의 재가 허용, 고문과 연좌법 폐지 등이 이루어져 근대 평등 사회의 기틀이 마련되었다. (라)는 독립 협회의 활동으로, 독립 협회는 입헌 군주제 추구, 의회 설립 운동 등을 전개하여 근대적 정치 의식을 확산시켰다.

개념잡는 오답풀이

ㄱ. 갑신정변은 소수 지식인 중심의 위로부터의 개혁으로, 민중의 의사를 반영하지 못하였다는 한계를 보였다.

ㄹ. 독립 협회는 입헌 군주제를 지향하였다. 다만, 의회를 설립하여 국민의 뜻이 정책 결정에 반영되도록 하고자 국민 참정권 운동을 전개하였다.

0982 평등 사회를 위한 노력　　　답 ③

깊이있는 정답풀이

제시된 자료는 개항 이후 평등 사회를 실현하는 데 큰 영향을 미친 사건을 나열한 것이다. 19세기에 들어와 평등 의식이 확산되기 시작하면서 ③ 갑오개혁 때 신분제가 폐지되어 법적으로 근대적 평등 사회의 기틀이 마련되었고, 독립 협회의 민중 계몽으로 민중의 정치·사회적 의식이 높아지는 가운데 자유 민권 운동이 전개되었다.

개념잡는 오답풀이

①은 동학 농민 운동의 폐정 개혁안, ②는 독립 협회의 헌의 6조, ④는 갑신정변의 14개조 개혁 정강, ⑤는 갑오개혁 내용의 일부이다.

0983 근대적 사회 의식의 성장　　　답 ④

깊이있는 정답풀이

제시문과 같이 개항 이후 평등 사회를 이루려는 노력은 다방면에서 전개되었다. 갑신정변에서는 인민 평등권의 확립이 제기되었고, 동학 농민 운동 세력은 노비 문서의 소각, 천인 차별 철폐 등을 주장하였다. 그리고 마침내 이러한 요구들이 어느 정도 수용되어 갑오·을미개혁에서 신분제가 철폐되었다. 그러나 이는 법제상 폐지된 것이며, 신분 차별 의식이 완전히 사라진 것은 아니었다. 차별 의식은 평민과 천민들의 사회 활동을 통해서 점차 극복되어 갔으며, 민중의 사회 의식 성장을 위한 독립 협회 등 개화 자강 계열의 운동이 활발하게 전개되었다.
④ 대한국 국제는 대한 제국이 전제 군주 국가임을 표명한 것으로 평등 사회 실현과는 거리가 멀다.

0984 개항기 여성의 권리 신장　　답 ④

깊이있는 정답풀이

제시된 선언문은 1898년 서울 북촌에 사는 양반 부인 수백 명이 설립한 찬양회의 선언문인 「여권통문」이다. 이 단체는 천부인권 사상에 기초하여 남녀평등을 내세운 여성 운동 단체로 만민 공동회에도 참여하였다.
④ 우리나라 최초의 여학교인 이화 학당은 1886년에 건립되었다.

0985 한성순보　　답 ①

깊이있는 정답풀이

추론 TIP 박문국에서 발행, 국내 일까지 나라 안에 알림 → 한성순보, 관보적 성격

> 조정에서도 **박문국을 설치**하고 관리를 두어 외국 소식을 폭넓게 번역하고, **아울러 국내 일까지 실어 나라 안에 알리는 동시에 여러 나라에 반포**하기로 하였다. 이름을 ［（가）］(이)라 하여 견문을 넓히고 여러 의문점을 풀어 주며 상리에도 도움을 주고자 하였다.

최초의 신문인 한성순보는 정부가 개화 정책을 홍보하고 정세를 소개하기 위해 1883년에 발행한 것으로 관보적 성격을 가졌다. 한성순보는 1884년 갑신정변 때 박문국이 파괴되어 발행이 중단되었다.

개념잡는 오답풀이

② 신문지법은 1907년에 공포되었으며, 신문 창간의 허가제 실시 등 일제가 한국 신문을 탄압하는 데 이용하였다.
③ 국채 보상 운동은 1907년에 전개되었으므로, 이때 발행되던 대한매일신보, 황성신문 등에 해당한다.
④ 베델이 발행인으로 참여한 대한매일신보에 해당한다.
⑤ 한성순보는 순 한문으로 발행되었다. 한글판과 영문판이 함께 발행된 신문으로는 독립신문과 대한매일신보 등이 대표적이다.

（1등급 가이드）

개항 이후 발행된 대표적 신문의 발행 시기, 특징 등을 묻는 문제가 자주 출제됩니다. 교과서에 나오는 여러 신문 중에서 대한매일신보, 독립신문, 한성순보 등이 자주 출제되므로, 관련 내용을 잘 기억해 두어야 합니다.

0986 독립신문　　답 ④

깊이있는 정답풀이

추론 TIP 신문의 가치 전환, 관민의 합심 강조 → 독립신문

> • **우리 신문이 생긴 이후로 한 가지 개명된 것은 인민들이 차차 신문이 긴요한 물건인 줄을 알아** …… 실상을 말하거니와 인민이 이만큼 열린 것은 우리 신문의 효험이라 할 수 있겠다.
> • 지금 폐단을 없앨 방법과 재략은 다름 아니라, 갑자기 백성의 권리를 모두 주어 나라 일을 하려 할 것도 아니요, **관민이 합심하여 정부와 백성의 권리가 서로 절반씩 된 후에야** 대한이 억만 년 무강할 줄로 나는 아노라.

제시된 글은 대중 계몽에 노력한 독립신문과 관련된 것임을 알 수 있다. 독립신문은 한글판과 함께 영문판을 간행하면서 당시 우리나라의 상황을 세계에 올바로 알리는 데에 기여하였고, 자주 국권 사상과 자유 민권 사상을 고취하였다. 독립 협회가 영은문을 헐고 독립문을 세워 자주독립 의식을 고취한 것처럼 독립신문은 청으로부터의 독립을 표방하였고, 누구나 쉽게 읽을 수 있도록 국문 전용과 띄어쓰기를 실시하였다. 독립신문은 서재필이 정부의 지원을 받아 창간하였으나 점차 정부로부터 탄압을 받았다.
④ 외국인을 사장으로 내세워 일본의 검열을 피한 것은 대한매일신보였다.

0987 독립신문의 발행 목적　　답 ⑤

깊이있는 정답풀이

제시된 자료에서 설명된 내용과 한쪽에 '영문'으로 기록된다는 것을 통해 밑줄 친 '이것'이 독립신문임을 알 수 있다. 독립신문은 외국의 문물과 제도를 국내에 쉽게 알리기 위해 순 한글로 만들어졌고, 우리의 사정을 외국에 알리기 위해 영문판으로도 제작되었다.

개념잡는 오답풀이

① 한성순보는 우리나라 최초의 신문으로 열흘에 한 번 간행되었다.
② 독립신문은 대한 제국 수립 이전인 1896년에 창간되었다.
③ 독립신문은 부녀자들뿐만 아니라 일반 민중을 대상으로 하였다. 주로 부녀자들을 대상으로 한 신문은 제국신문이다.
④ 독립신문은 서재필 등 개화파 지식인들이 주도하여 창간하였다.

0988 대한매일신보　　답 ⑤

깊이있는 정답풀이

제시된 자료의 밑줄 친 '이 신문'은 대한매일신보이다. 대한매일신보는 영국인 베델이 사장, 양기탁이 발행 책임을 맡았다. 일찍부터 반일 논조의 성격을 띠었고, 의병 투쟁에 호의적이어서 독자들로부터 큰 호응을 얻었다. 또한 국채 보상 운동을 확산시키는 데 결정적인 역할을 하였다. 이에 일제는 베델을 추방하는 공작을 펴는 한편 신문지법을 이용하여 탄압하기도 하였다.

개념잡는 오답풀이

ㄱ. 신문지법은 일제가 대한매일신보 등과 같은 반일적인 신문사를 탄압하기 위해 1907년 제정한 법령이었다. 일제는 1908년에 신문지법을 개정하여 대한 매일신보에 대한 탄압을 강화하였다.
ㄴ. 대한매일신보는 민간 자본으로 발간되었다. 정부의 후원과 지원금에 힘입어 창간된 신문은 독립신문이다.

0989 대한매일신보의 발간 시기　　답 ③

깊이있는 정답풀이

제시된 자료의 (가) 신문은 대한매일신보이다. 대한매일신보는 1904년부터 1910년까지 발간되었다. ㄴ. 1907년 고종의 강제 퇴위와 군대 해산에 항거하여 정미의병이 일어났다. ㄷ. 제1차 한일 협약에 따라 파견된 일본인 재정 고문 메가타는 대한 제국을 재정적으로 예속시키고자 1905년 화폐 정리 사업을 단행하여 일본 제일 은행권을 본위 화폐로 삼았다.

ⓒ 개념잡는 오답풀이

ㄱ. 1898년 독립 협회는 만민 공동회를 통해 러시아의 절영도 조차 요구 등 이권 침탈을 저지하는 운동을 전개하여 성공시켰다.

ㄹ. 고딕 건축 양식을 띤 명동 성당은 1892년부터 축조되기 시작하여 1898년에 완공되었다.

(1등급 가이드)

각 신문의 창간 시기와 함께 폐간 시기까지 꼼꼼히 챙겨야 변별력 높은 문제에 대비할 수 있습니다. 특히 다른 근대 문물과 비교하는 문제의 경우 정확한 연도를 모르면 절대 해결할 수 없으므로 치밀한 연도 학습이 반드시 필요합니다.

0990 황성신문　　답 ⑤

ⓒ 깊이있는 정답풀이

황성신문은 한문 교육을 받은 유학자들이 주로 구독하였으며, 국한문 혼용체로 발간되었다.

ⓒ 개념잡는 오답풀이

① 천도교 세력은 기관지로 만세보를 발행하였다.

② 대한 협회는 기관지로 『대한 협회 회보』를 간행하였다.

③ 대한매일신보에 을사늑약의 불법성을 폭로하는 고종 황제의 친서가 게재되었다.

④ 독립신문에 대한 설명이다.

0991 황성신문의 발간 시기　　답 ①

ⓒ 깊이있는 정답풀이

제시된 자료는 황성신문에 실린 「시일야방성대곡」 중 일부로 이 논설은 을사늑약의 부당성을 비판한 것이다. 을사늑약 체결 이후 민중의 근대 의식과 민족 의식을 고취시키기 위한 활동이 활발하게 전개되었는데, 역사학에서는 『베트남 망국사』와 같은 외국의 건국 또는 망국사를 소개하여 국가적 위기 의식을 고취시키고자 하였다.

ⓒ 개념잡는 오답풀이

② 동문학은 1880년대 정부가 만든 영어 교육 기관이다.

③ 만민 공동회는 독립 협회가 주도한 근대적 민중 집회이다.

④ 조선 총독의 부임은 국권 피탈 이후의 상황이다.

⑤ 1898년 서울의 시전 상인들이 황국 중앙 총상회를 조직하여 상권 수호 운동을 벌였다.

0992 제국신문　　답 ④

ⓒ 깊이있는 정답풀이

제시된 자료는 제국신문에 대한 설명이다. 제국신문은 1898년에 이종일에 의해 창간되었으며, 서민층과 부녀자들에게 인기를 끌었다. 순 한글로 간행하였고, 국민을 계몽하고자 하였다. 제국신문은 국채 보상 운동 확산에 기여하였으나, 일제의 신문지법으로 탄압을 받아 재정난으로 곤란을 겪다가 결국 1910년에 폐간되었다. ㄴ. 신문지법에 규정된 보증금제로 인

하여 재정난을 겪고 있던 황성신문, 제국신문 등이 폐간되었다. ㄹ. 국채 보상 운동은 대한매일신보, 제국신문, 황성신문, 만세보 등 각종 신문이 후원하여 전국적으로 확대될 수 있었다.

ⓒ 개념잡는 오답풀이

ㄱ. 대한매일신보는 영국인 베델을 내세워 일제의 감시를 비교적 덜 받았다.

ㄷ. 한성순보는 정부 정책을 홍보하는 관보적 성격을 가졌다.

0993 개항기의 신문　　답 ③

ⓒ 깊이있는 정답풀이

(가)는 1904년에 창간된 대한매일신보로, 국채 보상 운동이 전국적으로 확대되는 데 앞장섰다. (나)는 1883년에 창간된 최초의 신문인 한성순보로 정부의 개화 정책을 홍보하고 정세를 소개하였다. (다)는 제국신문으로 1898년에 창간되었고, (라)는 독립신문으로 1896년에 창간된 최초의 순 한글 신문이다.

0994 개항기의 역사서 편찬　　답 ②

ⓒ 깊이있는 정답풀이

제시된 서적들은 신채호가 저술한 역사서이다. 애국 계몽 운동 시기의 국사 연구는 민족 의식과 독립 의지를 심어주는 데 기여하였다. 특히 신채호, 박은식에 의해 성립된 근대 사학은 유교적 역사 인식 극복 및 민중 계몽에도 크게 기여하였다. 일제는 1909년 2월 출판법을 반포하여 교과서나 일반 서적들의 내용을 일일이 검열하는 등 국사와 국어 연구에 탄압을 가하였다.

② 제시된 서적들은 을사늑약 이후 국권 강탈 직전까지인 애국 계몽 운동 시기에 간행된 대표적인 역사책들이다.

0995 개항기의 한국사 연구　　답 ④

ⓒ 깊이있는 정답풀이　🔍 추론 TIP 역사로써 애국심 고취, 영웅 중시 → 개항기 계몽 사학

- 오호라, 어떻게 하면 우리 2천만의 귀에 항상 애국이란 한 글자가 울리게 할까. 가로되 오직 역사로써 할지니라. 오호라, 어떻게 하면 우리 2천만의 눈에 항상 나라라는 한 글자가 배회하게 할까. …… 가로되 오직 역사로써 할지니라.
- 무릇 역사는 국가의 정신이요 영웅은 국가의 원기라. …… 그 국민이 문명할수록 역사를 더욱 존중하고 영웅을 더욱 숭배하니, 그 역사를 숭배함이 그 국가를 사랑하는 사상이라.

제시된 자료는 근대 계몽 사학 연구와 관련 있는 신채호와 박은식의 글이다. 을사늑약 이후 한국사에 대한 관심이 고조되면서 역사를 통하여 근대 의식과 역사 의식을 고취하기 위한 계몽 사학이 성립되었다. 신채호는 『독사신론』을 통해 민족주의 사학의 방향을 제시하였으며, 박은식 등은 조선 광문회를 설립하여 역사 연구에 힘썼다.

ⓒ 개념잡는 오답풀이

① 소중화주의는 명이 멸망한 17세기 무렵 유행하였다.

② 고증학에서 치밀한 고증과 객관성을 중시하였다.

③ 이제현의 『사략』 등 성리학자들의 역사 서술과 관련 있다.

⑤ 조선 후기 실학자 이익, 안정복 등의 역사 인식과 관련 있다.

0996 계몽 사학의 발달　　　　　답 ③

깊이있는 정답풀이

제시문과 같이 근대 계몽 사학이 성립되어 박은식, 신채호 등이 활동한 시기는 1905년 이후의 애국 계몽 운동 시기이다. 이 시기에는 문화적·경제적 실력 양성을 위한 애국 계몽 운동이 전개되는 가운데 역사 연구도 활발하였는데, 구국 위인전을 저술하거나 외국의 건국 또는 흥망사를 다룬 역사책이 번역되었다.

개념잡는 오답풀이

ㄱ. 만민 공동회는 독립 협회에서 주관하여 1898년에 개최한 민중 집회이다.
ㄹ. 독립신문은 1896년 발행되어 1899년에 폐간되었다.

0997 신채호의 활동　　　　　답 ①

깊이있는 정답풀이

제시된 자료는 신채호에 대한 것이다. 신채호는 『독사신론』, 『이순신전』, 『을지문덕전』 등을 저술하였는데 특히, 『독사신론』은 역사 서술의 주체를 민족으로 설정하여 왕조 중심의 전통 사관을 극복하고, 일제의 식민주의 사학에 대응하는 민족주의 사학의 연구 방향을 제시하였다.

개념잡는 오답풀이

ㄷ. '혼'을 강조한 역사학자는 박은식이다.
ㄹ. 조선 광문회는 박은식과 최남선이 발족하였다.

0998 박은식의 활동　　　　　답 ⑤

깊이있는 정답풀이

제시문은 박은식이 작성한 유교 구신론이다. 박은식은 새로운 시대에 유교를 전승·보급하기 위해서는 실천적인 유교 정신이 중요함을 강조하였다. 또한 국혼을 강조하는 민족주의 역사학을 전개하였다.

개념잡는 오답풀이

①은 장지연, ②는 안국선, ③은 신채호, ④는 황현에 대한 설명이다.

0999 박은식의 활동　　　　　답 ①

깊이있는 정답풀이

제시문은 박은식에 대한 설명이다. 박은식은 최남선과 함께 우리의 고전이 일본에 유출되는 것을 막기 위해 조선 광문회를 설립하여, 『춘향전』, 『심청전』 등 민족 고전에 대한 정리 작업을 전개하였다.

개념잡는 오답풀이

② 대성 학교는 안창호, 양기탁 등 신민회 회원들에 의해 설립되었다.
③ 이해조는 『자유종』을 통해 여성 차별 및 신분 차별을 반대하는 계몽 운동을 전개하였다.
④는 손병희, ⑤는 신채호와 관련 있다.

1000 주시경의 활동　　　　　답 ②

깊이있는 정답풀이

제시된 자료는 주시경의 주장이다. 1907년 주시경은 지석영과 함께 국문

연구소를 설립하여 국어 문법을 연구하고 정리하였다. 주시경은 『국어 문법』을 발간하여 국문 연구의 새로운 장을 열기도 하였다. 1921년에는 주시경의 제자들이 국문 연구소를 모체로 하여 조선어 연구회를 설립하였고, 1931년에는 조선어 학회로 이름이 바뀌었다. 조선어 학회는 한글 맞춤법 통일안을 발표하고 표준어를 제정하였다. 이를 기초로 『우리말 큰사전』을 편찬하려 하였으나 일제의 방해로 실패하였다.

개념잡는 오답풀이

① 조선어 연구회는 주시경이 죽은 뒤인 1921년에 조직되었다.
③ 잡지 『한글』은 조선어 연구회의 기관지였다.
④ 조선어 학회 사건은 1942년에 일어났다.
⑤ '한글 맞춤법 통일안'은 조선어 학회에서 제정하였다.

1001 신소설의 발달　　　　　답 ①

깊이있는 정답풀이

개항 이후 새로운 문물이 유입하며 문학에서도 신소설이 유행하였다. 박은식의 『몽배금태조』, 안국선의 『금수회의록』, 이인직의 『혈의 누』, 이해조의 『화의 혈』·『자유종』 등이 대표적인 신소설로 유행하였다.

개념잡는 오답풀이

② 동문학은 1883년에 설립된 외국어 교육 기관이다.
③ 한글 소설은 조선 후기에 등장하였다.
④ 조선학 운동은 1930년대 후반에 형성된 국학 운동이다.
⑤ 신경향파 문학은 1920년을 전후하여 등장한 사회주의 문학이다.

1002 원각사　　　　　답 ⑤

깊이있는 정답풀이

제시된 자료의 한국 최초의 서양식 극장인 원각사는 1908년에 건립되어 『은세계』, 『치악산』 등 신극이 공연되었다.

개념잡는 오답풀이

① 알렌의 건의로 최초의 서양식 병원인 광혜원(제중원)이 건립되었다.
② 고종은 환구단(원구단)에서 황제 즉위식을 거행하였다.
③ 이완용은 명동 성당에서 이재명의 습격을 받았다.
④ 우정총국 개국 축하연에서 갑신정변이 일어나 우정총국의 업무가 중단되었다.

1003 개항 이후의 종교계의 모습　　　　　답 ⑤

깊이있는 정답풀이

개항 이후 천주교 세력은 경향신문을 발간하였으며, 유교 세력 중 박은식은 유교 구신론을 통해 유학의 새로운 방향을 찾으려고 하였다. 기독교 계열은 병원을 짓고, 이화 학당을 설립하였다. 불교계는 한용운이 『불교 유신론』을 집필하였다. 대종교는 나철, 오기호 등이 단군 신앙을 기반으로 창시하여 민족 운동을 전개하였다.

⑤ 1886년 조선 정부는 프랑스와 조약을 체결하여 천주교 포교를 허용하였다.

1004 천도교의 활동　　답 ②

깊이있는 정답풀이

제시된 자료에서 동학의 이름을 바꾸려 한 점, 친일 세력을 몰아낸 점 등을 통해 밑줄 친 '이 종교'는 천도교임을 알 수 있다. 손병희는 동학을 천도교로 개칭하고 정통성을 계승해 나가면서 교육·문화 사업에 힘쓰고 민족 의식을 고취하였다. 기관지로는 『만세보』를 발행하였다.

개념잡는 오답풀이

①은 대종교, ③은 개신교, ④는 천주교, ⑤는 유교와 관련된 내용이다.

(1등급 가이드)

출제 빈도가 높은 천도교의 내용은 대종교와 유사하여 혼동하는 경우가 많습니다. 두 종교를 정확히 구분할 수 있도록 비교하여 정리해 두세요.

1005 개항 이후의 사회 변화　　답 ④

깊이있는 정답풀이

개항 이후 근대 문물과 과학 기술이 들어와 교통·통신·전기·의료·건축 등 각 분야에 새로운 시설이 갖추어졌다. 철도는 열강의 이권 침탈 과정에서 부설되었는데, 경인선(1899)이 최초로 개통되었다. 경인선은 원래 미국에게 그 부설권이 특허되었으나, 이후 일본의 경인 철도 합자 회사가 완공시켜 개통되었다. 경부선(1905)과 경의선(1906)은 러일 전쟁 과정에서 일본이 군사적 목적으로 부설하였다.

개념잡는 오답풀이

① 전환국은 1883년 화폐를 만들기 위해 설치되었다.
② 고딕 건축 양식으로 지어진 명동 성당은 1898년에 건축되었다.
③ 한성주보는 1886년에서 1888년까지 발간된 국한문 혼용 신문이다.
⑤ 함경도 덕원 지역 주민들이 우리나라 최초의 근대식 사립 학교인 원산 학사(1883)를 설립하였다.

1006 최초의 근대 교육 기관이 설치된 지역　　답 ①

깊이있는 정답풀이

제시된 자료의 원산은 강화도 조약에 근거하여 1880년에 개항한 항구로서, 가장 먼저 외래 문물을 수용하는 창구 역할을 하였다. 1883년 원산에서 우리나라 최초로 근대식 교육을 실시한 원산 학사가 설립된 것도 이러한 배경에서 비롯되었다. 1889년 함경도에 방곡령이 내려졌을 때 원산항에서의 수출이 금지되어 일본인의 항의를 받기도 하였다. 또한 일본은 경원선 부설권을 가져가 서울과 원산을 잇는 철로를 확보하였다.
① 국채 보상 기성회는 서울에 설립되었다.

1007 전차의 개통　　답 ②

깊이있는 정답풀이

제시된 자료의 경인선 철도는 1899년에 개통되었다. 같은 해에 서대문과 청량리 사이에 전차가 개통되었다.

개념잡는 오답풀이

① 광혜원은 1885년에 세워진 최초의 근대식 의료 기관이다.
③ 원산 학사는 1883년에 개교하였다.

④ 독립 협회는 1896년에 만들어졌으며, 고종은 1897년에 러시아 공사관에서 경운궁으로 환궁하였다.
⑤ 『독사신론』은 대한매일신보에 1908년부터 게재되었다.

1008 개항기의 생활 모습　　답 ⑤

깊이있는 정답풀이

제시된 자료는 1905년에 개통된 경부선과 관련된 광고 내용이다. 개항 이후 전기와 전차, 전신, 우편, 철도 등 다양한 근대 문물이 수용되면서 사람들의 생활에도 많은 변화가 나타났다. 대한매일신보는 1904년에 창간되었고, 손탁 호텔은 1902년 고종이 내탕금으로 세운 호텔이다. 서대문과 청량리 사이를 다니는 전차는 1899년에 개통되었고, 노량진과 제물포 사이를 운행하는 철도는 1899년에 개통되었다.
⑤ 나철은 1909년에 대종교를 창시하였다.

(1등급 가이드)

여러 근대 문물 중 특히 철도 부설권은 일본이 모두 장악했다는 것을 기억하세요. 그리고 근대 문물의 수용 내용은 순서를 묻는 문제로도 변형하여 출제될 수 있으니 연도를 같이 외워두는 것이 도움이 되겠네요.

1009 1900년대 이주 동포의 생활　　답 ①

깊이있는 정답풀이

제시된 노래는 만주 지역으로 이주하는 동포들의 마음을 담은 것이다. 19세기 후반, 경제적 빈곤과 사회적 혼란 속에서 생계 유지가 어려운 한인들이 만주와 연해주로 생계의 터전을 찾아 이주하였다. 한편, 의병들과 애국 계몽 운동가들도 독립운동의 근거지를 만들기 위해 만주와 연해주로 이주하였다. 그리하여 한인 사회가 형성되기 시작하였으며, 한인 마을도 형성되었다. 이를 기반으로 독립군 기지 건설 운동이 전개되면서 항일 무장 투쟁의 기반이 만들어졌다. ① 만주에서는 신민회를 중심으로 독립군 기지 건설 운동이 활발하게 이루어졌다.

개념잡는 오답풀이

② 미주 지역 이주민들이 사탕수수 농장에서 일하였다.
③ 러시아는 연해주 동포들에게 정책적으로 토지를 분배하지는 않았다.
④ 대한인 국민회는 미주 한인 사회와 관련 있다.
⑤ 연해주 지역에 신한촌을 건설하였다.

1010 1899년의 모습　　답 ⑤

깊이있는 정답풀이

제시된 내용 중 '경인선 개통', '대한 제국 수립 2주년'을 통해 1899년의 일임을 알 수 있다. 1899년 대한 제국은 대한국 국제를 반포하여 대한 제국이 만고불변의 전제 군주 국가임을 국내외에 천명하였다. 이는 대한 제국의 복고적 성향과 깊은 관련이 있다.

개념잡는 오답풀이

① 덕수궁 석조전은 1910년에 완성되었다.
② 신문지법은 1907년에 제정되었다.
③ 군국기무처는 1894년 제1차 갑오개혁을 주도한 기구였다.
④ 박문국은 1883년에 설치되어 한성순보를 발간하였다.

1011 조청 상민 수륙 무역 장정의 영향

(1) **답** 조청 상민 수륙 무역 장정

(2) **모범답안** 청 상인에 이어 일본 상인들도 최혜국 대우를 내세워 조선의 내륙으로 점차 진출하였고, 이에 따라 개항장과 내륙을 이어 주던 객주, 여각, 보부상 등 중개 상인들이 몰락하였다. 또한 서울의 시전 상인들도 상권을 크게 위협받게 되었다.

채점 기준	배점
조선의 중개 상인 몰락, 서울 시전 상인들의 상권 위협을 모두 서술한 경우	상
위 내용 중 한 가지만 서술한 경우	하

1012 청일 전쟁 이후 상권의 변화

(1) **답** 청일 전쟁

(2) **모범답안** 일본이 청일 전쟁에서 승리하면서 조선에서 정치적 영향력이 확대되었다. 이는 상권 경쟁에도 영향을 주어 일본에서 수입한 총액이 증가하는 계기가 되었다.

채점 기준	배점
일본의 승리로 조선에서의 정치적 영향력이 확대되어 수입액 총액이 증가하였다고 서술한 경우	상
일본이 승리하였다고만 서술한 경우	하

1013 화폐 정리 사업의 목적과 결과

(1) **답** 화폐 정리 사업

(2) **모범답안** 일본은 대한 제국의 금융과 재정을 장악하고자 화폐 유통의 혼란을 빌미로 화폐 정리 사업을 추진하였다. 화폐 정리 사업의 결과 한국의 상인들과 민간 은행들이 큰 타격을 입었고, 대한 제국은 거액의 국채를 부담하게 되었다.

채점 기준	배점
대한 제국의 금융과 재정 장악 목적, 한국 상인들과 민간 은행들의 타격, 대한 제국의 국채 부담 가중을 모두 서술한 경우	상
대한 제국의 금융과 재정 장악 목적을 포함하여 두 가지를 서술한 경우	중
위 내용 중 한 가지만 서술한 경우	하

1014 시전 상인의 상권 수호 운동

모범답안 청과 일본 상인의 한성 진출로 시전 상인의 상권이 크게 침해되었다. 이에 시전 상인들은 외국 상인의 철수를 요구하는 시위와 철시 운동을 전개하였다. 또한 황국 중앙 총상회를 결성하여 외국 상인에 대항하였다.

채점 기준	배점
시전 상인의 대응을 두 가지 모두 서술한 경우	상
위의 내용 중 한 가지만 서술한 경우	하

1015 방곡령의 실시 배경과 결과

모범답안 개정된 조일 통상 장정에 방곡령 선포 규정이 포함되었다. 그러나 일본은 통보받은 날부터 수출 금지 일자까지 1개월이 되지 않아 규정을 어겼다면서 취소를 요구하였고, 결국 정부는 방곡령을 철회하고 일본에 배상금을 지불하였다.

채점 기준	배점
조일 통상 장정에 방곡령 선포 규정 포함, 방곡령 철회, 일본에 배상금 지불을 모두 서술한 경우	상
조일 통상 장정에 방곡령 선포 규정 포함, 방곡령 철회를 서술한 경우	중
위 내용 중 한 가지만 서술한 경우	하

1016 상권 수호 운동의 전개

모범답안 조선 상인들은 대동 상회, 장통 상회 등 상회사를 설립하여 외국 상인과 경쟁하려 하였다. 또한 시전 상인들은 철시 투쟁을 전개하고 황국 중앙 총상회를 조직하여 외국 상인들의 국내 활동을 제한하고자 하였다.

채점 기준	배점
상회사 설립, 철시 투쟁, 황국 중앙 총상회 조직 중 두 가지 이상 서술한 경우	상
위 내용 중 한 가지만 서술한 경우	하

1017 보안회의 활동

(1) **답** 보안회

(2) **모범답안** 보안회는 러일 전쟁 중 일본이 대한 제국에 황무지 개간권을 요구하며 토지를 침탈하려 하자, 이를 저지하기 위해 결성되었다. 보안회는 대규모의 반대 운동을 전개하였고, 결국 일본이 황무지 개간권 요구를 철회하도록 만들었다.

채점 기준	배점
일본의 황무지 개간권 요구 저지 목적으로 결성, 일본의 황무지 개간권 요구 저지 성공을 모두 서술한 경우	상
위 내용 중 한 가지만 서술한 경우	하

1018 철도 건설이 미친 영향

모범답안 철도는 한국인에게 근대적 시간관념을 전파하기도 하였다. 그러나 철도 부설 과정에서 일본은 토지를 억지로 빼앗고, 공사 기간을 단축하고자 한국인 인부를 강제로 동원하였다. 이렇듯 철도는 한국의 토지를 비롯한 이권을 침탈하는 도구로 쓰였다.

채점 기준	배점
근대적 시간관념 전파, 한국인의 토지와 노동력을 착취하여 침략의 도구로 쓰였음을 모두 서술한 경우	상
위 내용 중 한 가지만 서술한 경우	하

1019 근대 학교 설립

(1) **답** 교육입국 조서
(2) **✔모범답안** 한국의 젊은이들에게 근대 학문을 가르치기 위한 것으로 근대 교육의 확산에 기여하였고 민권 의식과 평등사상, 민족의식을 일깨우는 데 큰 역할을 하였다.

채점 기준	배점
근대 학문을 가르치기 위한 목적으로 근대 교육의 확산 및 인권 의식과 평등사상, 민족의식을 일깨우는 데 기여하였다고 서술한 경우	상
목적과 영향 중 한 가지만 서술한 경우	하

1020 대한매일신보의 의의

(1) **답** 대한매일신보
(2) **✔모범답안** 대한매일신보는 치외 법권을 적용받던 영국인 베델을 사장으로 내세웠기 때문에 일본의 검열을 받지 않고 발행되었다. 이에 힘입어 일본의 침략 행위와 한국인의 친일 행위를 비판하는 논설을 실을 수 있었다.

채점 기준	배점
영국인 베델을 사장으로 내세워 일본의 검열을 피할 수 있었다고 서술한 경우	상
영국인 베델이 사장이었다고만 서술한 경우	하

1021 근대 의식의 확산

✔모범답안 민중이 모여 자신들의 의견을 공개적으로 이야기하였고, 백정 출신의 연설에 여러 사람이 박수를 보냈다는 점을 통해 근대적 민권 의식이 확산되고 있었음을 알 수 있다.

채점 기준	배점
민중의 공개적인 의견 개진, 백정의 연설에 박수를 보냈다는 사실을 근대적 민권 의식의 확산과 연결하여 서술한 경우	상
민중의 공개적인 의견 개진, 백정의 연설에 박수를 보냈다는 사실만을 서술한 경우	하

1022 개항기 한국사 연구의 목적

(1) **답** 신채호
(2) **✔모범답안** 역사 속 영웅들을 통해 민중의 애국심과 민족의식을 일깨워 국권을 회복하고자 하였다.

채점 기준	배점
애국심과 민족의식을 일깨워 국권 회복을 이루고자 하였다고 서술한 경우	상
애국심과 민족의식을 일깨우려고 했다고만 서술한 경우	하

1023 병인양요의 전개   **답** ④

🔍 깊이있는 정답풀이

외규장각 의궤가 약탈되어 프랑스 국립도서관에 보관되어 있었다는 내용을 통해 (가) 전쟁이 병인양요임을 알 수 있다. 1866년 프랑스는 병인박해를 구실로 강화도를 침략하였다(병인양요). 이 전쟁 중에 양헌수 부대는 프랑스 군대에 맞서 정족산성에서 승리하였다.

개념잡는 오답풀이

① 1885년 영국이 러시아의 남하를 저지한다는 구실로 거문도를 불법 점령하였다.
② 동학 농민 운동 당시 일본은 제물포에 병력을 파견하였고, 이어 경복궁을 기습적으로 점령하였다.
③ 신미양요 직후 흥선 대원군은 전국적으로 척화비를 건립하였다.
⑤ 1866년 미국 상선 제너럴 셔먼호가 대동강을 거슬러 올라와 행패를 부리자 박규수는 제너럴 셔먼호를 공격하여 소각시켰다.

1024 통상 수교 거부 정책의 전개   **답** ④

🔍 깊이있는 정답풀이

(가)는 1868년 오페르트의 남연군 묘 도굴 미수 사건의 상황, (나)는 1871년 신미양요 직후 척화비를 건립하는 상황에 해당한다. 제너럴 셔먼호 사건을 구실로 1871년에 미국이 강화도를 침략하면서 신미양요가 일어났다.

개념잡는 오답풀이

① 병인박해는 1866년에 일어났다.
② 1875년 운요호 사건이 일어났다.
③ 갑신정변 이듬해인 1885년 청과 일본이 톈진 조약을 체결하였다.
⑤ 동학 농민 운동 당시 일본은 경복궁을 기습적으로 점령하였다.

1025 조선책략의 영향   **답** ⑤

🔍 깊이있는 정답풀이

자료는 제2차 수신사 김홍집이 일본에서 가져온 『조선책략』이다. 『조선책략』이 유포되면서 미국에 대한 관심이 높아졌고, 그 결과 1882년 서양 국가와는 최초로 미국과 통상 조약을 체결하였다. 한편 위정척사 세력은 『조선책략』의 유포에 반발하였고, 영남 유생들은 이만손을 중심으로 만인소를 올렸다.

개념잡는 오답풀이

ㄱ. 강화도 조약 체결 이후 세 차례에 걸쳐 수신사가 파견되었다.
ㄴ. 임오군란(1882) 당시 조선에 파견된 청의 군대는 군란 진압 이후에도 조선에 주둔하였다.

1026 임오군란의 결과   답 ⑤

깊이있는 정답풀이

선혜청에서 쌀에 겨를 섞어서 지급하였으며 군인들이 분노하여 창고지기를 구타하였다는 내용을 통해 제시된 상황이 임오군란의 배경임을 알 수 있다. 임오군란이 발발(1882)하자 청의 군대가 조선에 파견되었다. 청군은 군란을 진압하고 흥선 대원군을 군란의 책임자로 지목하여 청으로 압송하였다.

개념잡는 오답풀이

① 갑신정변의 결과 한성 조약이 체결되었다.
② 개항 이후 조선 정부는 개화 정책을 총괄하는 기구로 통리기무아문을 설치하였다.
③ 병인양요 당시 프랑스 군대가 외규장각 도서를 약탈하였다.
④ 고부 농민 봉기가 발생하자 정부는 고부 군수 조병갑을 파면하고 후임 군수로 박원명을 파견하여 농민군을 회유하였다.

1027 위정척사 운동의 전개   답 ③

깊이있는 정답풀이

자료는 위정척사 운동의 전개 양상을 보여 주고 있다. 왜양일체론은 1876년 강화도 조약 체결에 반대하여 최익현이 제기하였다. 항일 의병 운동은 1895년 을미의병을 시작으로 꾸준히 이어졌다. 『조선책략』이 유포되고 정부가 미국과 통상 조약을 체결하려 하자, 1881년 이만손을 중심으로 영남 유생들이 만인소를 올려 미국과의 수교에 반대하였다.

개념잡는 오답풀이

① 황국 협회는 1898년 정부가 독립 협회를 해산시키기 위해 동원하였다.
② 갑신정변 이후 한반도를 둘러싼 열강의 대립이 격화되자 부들러, 유길준 등이 조선 중립화론을 제기하였다.
④ 양무운동을 개혁의 모델로 삼은 세력은 온건 개화파이다.
⑤ 위정척사 세력은 1860년대 척화주전론을 주장하며 흥선 대원군의 쇄국 정책을 지지하였다.

1028 급진 개화파의 활동   답 ⑤

깊이있는 정답풀이

사대당과 대립하고 있는 점, 청의 속국에서 벗어나고자 하는 점 등을 통해 밑줄 친 '우리당'이 급진 개화파의 개화당임을 알 수 있다. 급진 개화파는 우정총국 개국 축하연 자리를 이용하여 갑신정변을 일으켰다.

개념잡는 오답풀이

① 흥선 대원군은 경복궁 중건 과정에서 재정이 부족하자 당백전을 발행하여 충당하고자 하였다.
② 경복궁을 기습 점령한 일본이 조선에 내정 개혁을 요구하자 조선 정부는 자주적인 개혁을 추진하고자 교정청을 설치하였다.
③ 급진 개화파는 일본의 메이지 유신을 모델로 전면적인 개혁을 추구하였다. 위정척사 운동은 보수적 유생들을 중심으로 성리학적 사회 질서를 지키려는 목적으로 전개되었다.
④ 제2차 갑오개혁 시기 고종이 교육 입국 조서를 반포하였다.

1029 톈진 조약의 체결 배경   답 ①

깊이있는 정답풀이

자료는 1885년 청과 일본이 체결한 톈진 조약의 내용이다. 갑신정변은 청군의 출동과 일본군의 후퇴로 3일 만에 진압되었다. 이듬해 청과 일본 사이에 톈진 조약이 체결되었는데, 이 조약에 조선에서 청과 일본 양국 군대의 철수와 향후 조선에 파병 시 상대국에 미리 알리도록 할 것을 규정하였다.

개념잡는 오답풀이

② 1882년 구식 군인이 봉기하며 임오군란이 일어났다.
③ 병인박해 당시 프랑스 신부를 비롯한 천주교 신자들이 처형되었고, 프랑스는 이를 구실로 병인양요를 일으켰다.
④ 청일 전쟁을 일으킨 일본은 풍도 해전에서 승리하였다.
⑤ 1866년 미국 상선 제너럴 셔먼호가 평양에서 통상을 요구하였다.

1030 동학 농민 운동의 전개 과정   답 ④

깊이있는 정답풀이

(가)는 동학 농민군의 제1차 봉기 상황이고, (나)는 동학 농민군의 제2차 봉기 상황이다. 전주성을 점령한 동학 농민군은 정부와 전주 화약을 체결한 뒤 전라도 각지에 집강소를 설치하여 폐정 개혁을 추진하였다.

개념잡는 오답풀이

① 우금치 전투 이후 전봉준이 체포되어 처형되었다.
② 삼국 간섭은 1895년에 일어났다.
③ 보은 집회는 동학 농민 운동이 일어나기 전인 1893년에 개최되었다.
⑤ 고부 농민 봉기 이후 안핵사로 파견된 이용태가 고부 농민 봉기의 주모자를 탄압하자 이에 반발하여 제1차 봉기가 일어났다.

1031 고부 농민 봉기의 전개   답 ⑤

깊이있는 정답풀이

고부 군수가 만석보를 세워 착복하였다는 내용을 통해 고부 농민 봉기의 배경이 되는 상황임을 알 수 있다. 농민들은 고부 군수 조병갑의 학정에 대항하여 전봉준을 중심으로 사발통문을 돌려 봉기를 준비하였고, 이어 고부 관아를 공격하였다.

개념잡는 오답풀이

① 동학 농민군의 잔여 세력은 영학당, 활빈당 등을 조직하여 활동하였다.
② 갑신정변 당시 급진 개화파가 개혁 정강을 발표하였다.
③ 임오군란 당시 봉기한 구식 군인들이 일본 공사관을 습격하였다.
④ 1890년대 초반 동학교도들이 최제우의 억울함을 풀어 줄 것과 포교의 자유를 허용할 것을 요구하며 교조 신원 운동을 전개하였다.

1032 제1차 갑오개혁의 내용   답 ①

깊이있는 정답풀이

군국기무처가 주도하였으며 궁내부가 신설되고 경무청이 설치되었다는 내용을 통해 (가)에는 제1차 갑오개혁의 내용이 들어가야 함을 알 수 있다. 제1차 갑오개혁에서 청의 연호 대신 개국 기년이 사용되었고, 과거제가 폐지되었다.

✅ 개념잡는 오답풀이

ㄷ. 을미개혁 때 종두법이 확대 시행되었다.

ㄹ. 제1차 갑오개혁에서 6조를 8아문으로 개편하였고, 제2차 갑오개혁에 서 8아문을 7부로 개편하였다.

1033 제2차 갑오개혁 당시의 상황　　답 ④

🔍 깊이있는 정답풀이

자료는 제2차 갑오개혁 시기인 1895년에 발표된 홍범 14조이다. 청일 전쟁에서 승기를 잡은 일본은 조선의 내정에 적극적으로 관여하기 시작하였다. 이에 일본에서 박영효를 불러들여 김홍집과 연립 내각을 출범시키고 제2차 갑오개혁을 추진하였다.

✅ 개념잡는 오답풀이

① 독립신문은 1896년에 창간되었다.

② 1897년 고종은 환구단을 건설하고 황제에 즉위하였다.

③ 태양력은 을미개혁 시기에 시행되었다.

⑤ 군국기무처는 제1차 갑오개혁을 주도하였다.

1034 대한 제국 정부의 활동　　답 ①

🔍 깊이있는 정답풀이

고종 황제가 국가를 제작하라고 명하였다는 내용을 통해 (가) 정부가 대한 제국 정부임을 알 수 있다. 1897년 수립된 대한 제국 정부는 근대 문물을 적극적으로 도입하였다. 이에 따라 1899년 경인선이 개통되었고, 서대문과 청량리 구간의 전차도 개통되었다.

✅ 개념잡는 오답풀이

② 1881년 신식 군대인 별기군이 창설되었다.

③ 1896년 고종이 러시아 공사관으로 거처를 옮기는 아관 파천이 단행되었다.

④ 임오군란의 결과 1882년 제물포 조약이 체결되었다.

⑤ 을미개혁에서 연호를 '건양'으로 정하였다.

1035 관민 공동회의 특징　　답 ①

🔍 깊이있는 정답풀이

박정양이 독립 협회가 개최하는 집회에 참여하겠다고 말하는 내용을 통해 밑줄 친 '이 집회'가 관민 공동회임을 알 수 있다. 독립 협회는 박정양 등 정부 대신이 참여한 관민 공동회를 개최하여 개혁의 기본 방향인 헌의 6조 결의를 주도하였다. 헌의 6조는 고종의 재가를 얻었다.

✅ 개념잡는 오답풀이

② 독립 협회는 만민 공동회를 개최하여 러시아의 재정 고문 철수와 한러 은행의 폐쇄를 요구하였다.

③ 고종은 1897년 각계의 요청을 받아들여 황제에 즉위하였다.

④ 1907년에 나랏빚을 갚기 위해 전개된 국채 보상 운동에 해당한다.

⑤ 1904년 보안회는 일본이 황무지 개간권을 요구하자 반대 운동을 전개하여 이를 지지시켰다.

1036 거류지 무역의 특징　　답 ③

🔍 깊이있는 정답풀이

외국 상인이 개항장 주변 10리 이내에서만 상업 활동을 하였다는 내용을 통해 거류지 무역 시기의 상황임을 알 수 있다. 1882년 조청 상민 수륙 무역 장정의 체결 이후 외국 상인이 거류지를 벗어나 내륙에 진출하게 되다. 거류지 무역 시기 조선의 객주, 보부상 등 일부 상인은 일본 상인과 내륙의 조선 상인을 중개하면서 부를 축적할 수 있었다.

✅ 개념잡는 오답풀이

① 황국 중앙 총상회는 1898년에 결성되었다.

② 1908년 신민회 주도로 평양에 자기 회사가 설립되었다.

④ 1896년 최초의 민간 은행인 조선은행이 설립되었다.

⑤ 조청 상민 수륙 무역 장정 체결 이후 청과 일본 상인이 조선의 상권을 둘러싸고 경쟁하였다.

1037 재정 고문 메가타의 활동　　답 ③

🔍 깊이있는 정답풀이

자료는 재정·외교 고문 용빙에 관한 협정서(제1차 한일 협약, 1904)의 일부이다. 이 조약에 따라 재정 고문으로 일본인 메가타가 파견되었다. 메가타는 백동화 등 구 화폐를 일본 제일 은행권으로 교환하는 화폐 정리 사업을 실시하였다.

✅ 개념잡는 오답풀이

① 을사늑약의 결과 통감부가 설치되었고 초대 통감으로 이토 히로부미가 부임하였다.

② 1883년에 조일 통상 장정이 체결되었다. 이에 따라 조선은 일본에 관세를 부과하고 방곡령을 행사할 수 있게 되었지만, 일본에 최혜국 대우를 허용하였다.

④ 독립 협회는 러시아인 재정 고문의 철수를 요구하였다.

⑤ 외국 상인이 내륙으로 진출하자 조선 상인들은 대동 상회 등 상회사를 설립하여 대항하였다.

1038 1899년에 있었던 사실 파악　　답 ⑤

🔍 깊이있는 정답풀이

자료는 전차 개통식의 장면을 보여 주고 있다. 1899년 서대문에서 청량리 구간에 전차가 개통되었다. 같은 해 경인선이 개통되어 노량진에서 제물포로 기차 운행이 시작되었다.

✅ 개념잡는 오답풀이

① 오산 학교는 1908년에 개교하였다.

② 1880년대 개신교 선교사들은 배재 학당, 이화 학당 등을 설립하였다.

③ 광혜원은 1885년에 설립되었다.

④ 「독사신론」은 1908년 대한매일신보에 게재되었다.

1039 국채 보상 운동의 전개　　답 ⑤

🔍 깊이있는 정답풀이

자료는 국채 보상 운동 당시 제기된 주장이다. 국채 보상 운동은 1907년에 일본의 강요로 도입된 차관을 갚고 일본의 경제적 예속에서 벗어나기 위해 일어났다. 대구에서 시작된 이 운동은 대한매일신보 등 언론 기관의 협조를 받아 전국적으로 확대되었다.

① 동학 농민 운동 당시 농민군은 폐정 개혁을 주장하였다.
② 국채 보상 운동은 통감부의 탄압을 받았다.
③ 독립신문은 1899년에 폐간되었다.
④ 국채 보상 운동은 배상금 지급과 관련 없다. 임오군란, 방곡령 사건 등으로 조선 정부는 일본에 배상금을 지급하였다.

1040 일제의 국권 침탈 과정　　답 ⑤

🔍 깊이있는 정답풀이

(가)는 1904년에 체결된 한일 의정서, (나)는 1905년에 체결된 포츠머스 조약이다. 한일 의정서 체결 이후 같은 해 일제는 재정·외교 고문 용빙에 관한 협정서(제1차 한일 협약)를 체결하여 재정 고문으로 메가타, 외교 고문으로 스티븐스를 파견하였다.

☑ 개념잡는 오답풀이

① 통감부는 포츠머스 조약 이후 체결된 을사늑약의 결과 설치되었다.
② 기유각서는 1909년에 체결되었다.
③ 1907년 대한 제국의 군대가 해산되었다.
④ 러일 전쟁 발발 직전 고종이 국외 중립 선언을 하였으나, 러일 전쟁 발발 직후 한일 의정서가 체결되어 일본에 군사적 요충지 사용을 허용하였다.

1041 서울 진공 작전의 전개　　답 ⑤

🔍 깊이있는 정답풀이

서울로 향하여 통감부를 타격하고 신협약을 파기하려 한 점, 선발대가 동대문 부근에 이르렀으나 일본군의 엄습을 받은 점 등을 통해 서울 진공 작전에 대한 내용임을 알 수 있다. 1908년 13도 창의군이 서울 진공 작전을 전개하였다.
갑신정변은 1884년, 동학 농민 운동은 1894년, 을미사변은 1895년, 을사늑약 체결은 1905년, 고종 강제 퇴위는 1907년, 국권 피탈은 1910년에 일어났다.

1042 을사늑약에 대한 저항　　답 ④

🔍 깊이있는 정답풀이

자료는 1905년에 체결된 을사늑약이다. 만민 공동회는 1898년 독립 협회가 개최하였다.

☑ 개념잡는 오답풀이

을사늑약이 체결되자 이에 대한 반대 투쟁이 다양하게 전개되었다. 조병세, 민영환 등은 늑약의 무효화를 요구하며 자결하였고, 『황성신문』은 「시일야방성대곡」을 게재하였다. 고종은 헤이그 특사를 파견하여 을사늑약의 무효를 주장하였고, 최익현, 민종식 등은 의병을 일으켜 저항하였다.

1043 강화도 조약의 체결

(1) 답 강화도 조약
(2) ✔ 모범답안 강화도 조약에서는 조선을 자주국으로 규정하였고, 부산을 비롯한 3개 항구를 개항하기로 하였다. 또한 일본에게 조선 연안에 대한 측량권을 허용하였고, 영사 재판권도 인정하였다.

채점 기준	배점
강화도 조약의 내용을 세 가지 모두 서술한 경우	상
강화도 조약의 내용을 두 가지 서술한 경우	중
강화도 조약의 내용을 한 가지만 서술한 경우	하

1044 개화파의 형성과 분화

(1) 답 (가) 온건 개화파, (나) 급진 개화파
(2) ✔ 모범답안 (가) 세력은 동도서기론에 입장에서 유교적 질서를 유지하면서 서양의 과학 기술을 수용하여 개혁하고자 하는 입장인 반면, (나) 세력은 서양의 과학 기술뿐만 아니라 사상과 제도까지 수용하여 개혁을 추진하자는 입장이다.

채점 기준	배점
온건 개화파와 급진 개화파의 개화 방식을 모두 옳게 서술한 경우	상
온건 개화파와 급진 개화파의 개화 방식 중 한 가지만 옳게 서술한 경우	하

1045 대한매일신보

(1) 답 대한매일신보
(2) ✔ 모범답안 대한매일신보는 일제의 국권 침탈을 비판하고 항일 의병 투쟁을 호의적으로 보도하였다. 또한 국채 보상 운동이 일어나자 적극적으로 지원하였다.

채점 기준	배점
대한매일신보의 활동 두 가지를 모두 서술한 경우	상
대한매일신보의 활동을 한 가지만 서술한 경우	하

1046 신민회의 활동

(1) 답 신민회
(2) ✔ 모범답안 신민회는 오산 학교, 대성 학교 등을 세워 민족 교육을 실시하였고, 자기 회사, 태극 서관을 운영하여 민족 산업을 키우려 하였다. 또한 삼원보에 한인촌을 건설하고 신흥 강습소를 설립하였다.

채점 기준	배점
신민회의 활동 세 가지를 모두 서술한 경우	상
신민회의 활동 중 두 가지만 서술한 경우	중
신민회의 활동 중 한 가지만 서술한 경우	하

메가스터디 고등 학습 시리즈

메가스터디 N제
한국사1 1046제 정답 및 해설

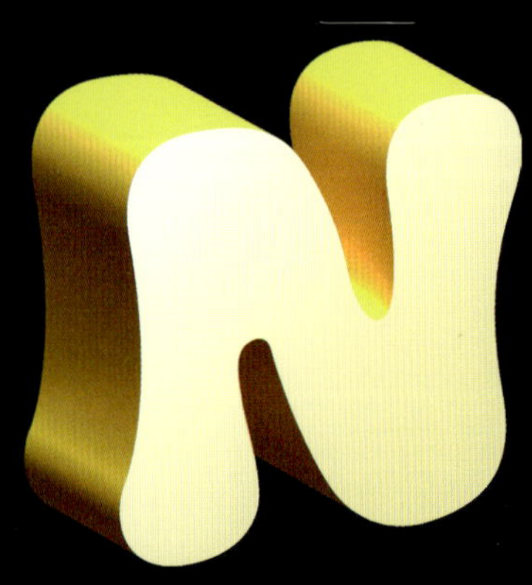

메가스터디BOOKS

내용 문의 02-6984-6915 | 구입 문의 02-6984-6868,9 | www.megastudybooks.com

2022 개정 교육과정

수학이 쉬워지는 **완**벽한 **솔**루션

완쓸

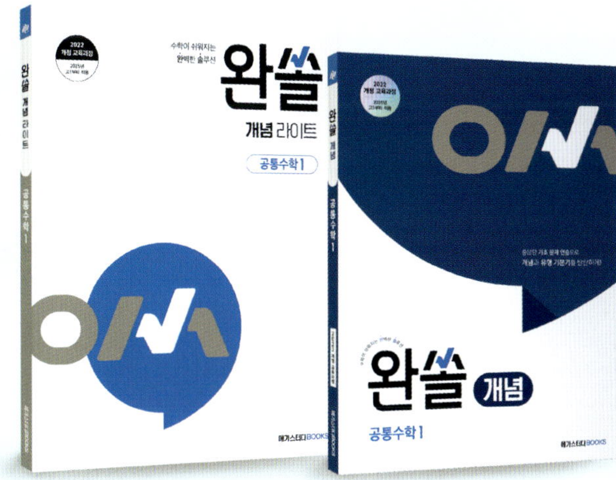

| 완쏠 개념 라이트 | 완쏠 개념 | 완쏠 유형 입문 | 완쏠 유형 |

4주 단기 완성

공통수학1 | 공통수학2 | 대수 | 미적분Ⅰ | 확률과 통계
<완쏠 유형 입문>은 공통수학1, 공통수학2 출간

개념 솔루션

· 고등수학 핵심 개념 정리
· 교과서 및 기출문제 완벽 반영
· 다양한 난이도 문제로 내신 만점 도전

이럴 땐, 개념 라이트
고등수학 핵심 개념을 빠르고 쉽게 단기 완성

유형 솔루션

· 유형 학습을 깊이 있고 완벽하게!
· 다양한 실전 문제로 내신과 수능을 동시에!
· 고난도 문제 훈련으로 시험 변별력 확보

이럴 땐, 유형 입문
유형별 연산 학습으로 수학 기본기 완성

메가스터디 BOOKS

메가스터디BOOKS

내신·학평 **1등급** 필수 문제집

메가스터디 N제

국어 고1 국어 　영어 고1 영어, 고2 영어 　수학 공통수학1, 공통수학2
과학 통합과학1, 통합과학2 　사회 통합사회1, 통합사회2 　한국사 한국사1, 한국사2

**핵심 개념과
빈출 자료를 한눈에!**

교과서와 기출 분석으로
중요 개념과 빈출 포인트를 한 번에!
효율적인 학습의 완성

**내신·학평
확고한 1등급**

학평 기출 유형부터
최다 오답, 고난도, 서술형까지!
어떤 문제가 나와도 자신있게!

**쉽고 자세한
해설**

명쾌한 정답과 해설,
상세한 오답 풀이로
빈틈없는 실력 완성